●収録内容一覧

■2025年度中学受験用

駒場東邦中学校

10年間(＋3年間HP掲載)スーパー過去問

入試問題と解説・解答の収録内容

2024年度（令和６年度）	算数・社会・理科・国語 実物解答用紙DL
2023年度（令和５年度）	算数・社会・理科・国語 実物解答用紙DL
2022年度（令和４年度）	算数・社会・理科・国語 実物解答用紙DL
2021年度（令和３年度）	算数・社会・理科・国語
2020年度（令和２年度）	算数・社会・理科・国語
2019年度（平成31年度）	算数・社会・理科・国語
2018年度（平成30年度）	算数・社会・理科・国語
平成29年度	算数・社会・理科・国語
平成28年度	算数・社会・理科・国語
平成27年度	算数・社会・理科・国語
平成26～24年度（HP掲載） 「カコ過去問」 （ユーザー名）koe （パスワード）w8ga5a1o	問題・解答用紙・解説解答DL **◇著作権の都合により国語と一部の問題を削除しております。** ◇一部解答のみ（解説なし）となります。 ◇９月下旬までに全校アップロード予定です。 ◇掲載期限以降は予告なく削除される場合があります。

～本書ご利用上の注意～　以下の点について，あらかじめご了承ください。

★別冊解答用紙は巻末にございます。実物解答用紙は，弊社サイトの各校商品情報ページより，一部または全部をダウンロードできます。
★編集の都合上，学校実施のすべての試験を掲載していない場合がございます。
★当問題集のバックナンバーは，弊社には在庫がございません（ネット書店などに一部在庫あり）。

JN050094

合格を勝ち取るための

『スーパー過去問』の使い方

本書に掲載されている過去問をご覧になって,「難しそう」と感じたかもしれません。でも,多くの受験生が同じように感じているはずです。なぜなら,中学入試で出題される問題は,小学校で習う内容よりも高度なものが多く,たくさんの知識や解き方のコツを身につけることも必要だからです。ですから,初めて本書に取り組むさいには,点数を気にしすぎないようにしましょう。本番でしっかり点数を取れることが大事なのです。

過去問で重要なのは「まちがえること」です。自分の弱点を知るために,過去問に取り組むのです。当然,まちがえた問題をそのままにしておいては意味がありません。

本書には,長年にわたって中学入試にたずさわっているスタッフによるていねいな解説がついています。まちがえた問題はしっかりと解説を読み,できるようになるまで何度も解き直しをしてください。理解できていないと感じた分野については,参考書や資料集などを活用し,改めて整理しておきましょう。

このページも参考にしてみましょう！

◆どの年度から解こうかな 「入試問題と解説・解答の収録内容一覧」

本書のはじめには収録内容が掲載されていますので,収録年度や収録されている入試回などを確認できます。

※著作権上の都合によって掲載できない問題が収録されている場合は,最新年度の問題の前に,ピンク色の紙を差しこんでご案内しています。

◆学校の情報を知ろう‼ 「学校紹介ページ」

このページのあとに,各学校の基本情報などを掲載しています。問題を解くのに疲れたら息ぬきに読んで,志望校合格への気持ちを新たにし,再び過去問に挑戦してみるのもよいでしょう。なお,最新の情報につきましては,学校のホームページなどでご確認ください。

◆入試に向けてどんな対策をしよう？「出題傾向＆対策」

「学校紹介ページ」に続いて,「出題傾向＆対策」ページがあります。過去にどのような分野の問題が出題され,どのように対策すればよいかをアドバイスしていますので,参考にしてください。

◇別冊「入試問題解答用紙編」

本書の巻末には,ぬき取って使える別冊の解答用紙が収録してあります。解答用紙が非公表の場合などを除き,(注)が記載されたページの指定倍率にしたがって拡大コピーをとれば,実際の入試問題とほぼ同じ解答欄の大きさで,何度でも過去問に取り組むことができます。このように,入試本番に近い条件で練習できるのも,本書の強みです。また,データが公表されている学校は別冊の１ページ目に過去の「入試結果表」を掲載しています。合格に必要な得点の目安として活用してください。

本書がみなさんの志望校合格の助けとなることを,心より願っています。

株式会社　声の教育社　編集部

駒場東邦中学校

所在地	〒154-0001 東京都世田谷区池尻4-5-1
電　話	03-3466-8221
ホームページ	https://www.komabajh.toho-u.ac.jp/
交通案内	京王井の頭線「駒場東大前駅」より徒歩10分 東急田園都市線「池尻大橋駅」より徒歩10分

くわしい情報は
ホームページへ

トピックス

★2019年度入試より，インターネット出願になりました。
★例年，学校説明会は10月の3日間に8～9回開催されます（予約制）。

創立年
昭和32年

男子校

高校募集
なし

応募状況

年度	募集数	応募数	受験数	合格数	倍率
2024	240名	644名	627名	297名	2.1倍
2023	240名	611名	586名	304名	1.9倍
2022	240名	565名	555名	292名	1.9倍
2021	240名	645名	623名	285名	2.2倍
2020	240名	605名	576名	290名	2.0倍
2019	240名	548名	527名	294名	1.8倍
2018	240名	513名	500名	284名	1.8倍
2017	240名	532名	514名	272名	1.9倍
2016	240名	606名	589名	278名	2.1倍
2015	240名	662名	655名	268名	2.4倍

入試情報（参考：昨年度）

・出願期間：2024年１月10日10：00
　　　　　～2024年１月26日16：00
　　　　　〔インターネット出願〕
・試 験 日：2024年２月１日　８：00までに集合
・選抜方法：学力試験（国語・社会・算数・理科）
・合格発表：2024年２月２日　９：00より
　　　　　〔校内掲示・出願サイト〕

本校の特色

①　中学・高校の教材を有機的，かつ系統的に整理し，６か年一貫教育によって学習を能率化し，教育効果をあげています。
②　英語・数学・理科実験においては，学習効果をあげるため，学年によって一学級を分割した少数教育を行います。
③　高学年においては，生徒の適性・能力・希望に応じた教育課程を編成しています。
④　実践力を養うために，日々の努力の積み重ね学習と規律ある生活態度を重んじます。

教育目標

生徒・教員・保護者三者相互の理解と信頼によって，明るく楽しい学園をつくり，生徒各自の個性を伸ばし，能力を高め，豊かな知性と科学的教養を身につけた，健康で実践力に富む有為な人材を育成することを目標としています。

2023年度の主な大学合格実績

＜国公立大学・大学校＞
東京大，京都大，東京工業大，一橋大，東北大，北海道大，筑波大，東京外国語大，千葉大，横浜国立大，東京医科歯科大，電気通信大，東京農工大，防衛大，防衛医科大，東京都立大

＜私立大学＞
慶應義塾大，早稲田大，上智大，東京理科大，明治大，青山学院大，立教大，中央大，法政大，東京慈恵会医科大，順天堂大，昭和大，日本医科大

編集部注─本書の内容は2024年2月現在のものであり，変更されている場合があります。正式な情報は，学校のホームページ等で必ずご確認ください。

算数 出題傾向＆対策

◆基本データ（2024年度）

試験時間／満点	60分／120点
問　題　構　成	・大問数…４題 　応用小問１題（４問）／応用問題３題 ・小問数…13問
解　答　形　式	必要な単位などは解答用紙にあらかじめ記入されている。「答えの出し方」を書く必要のある設問や作図などもある。
実際の問題用紙	Ｂ５サイズ，小冊子形式
実際の解答用紙	Ｂ４サイズ

◆過去10年間の出題率トップ５

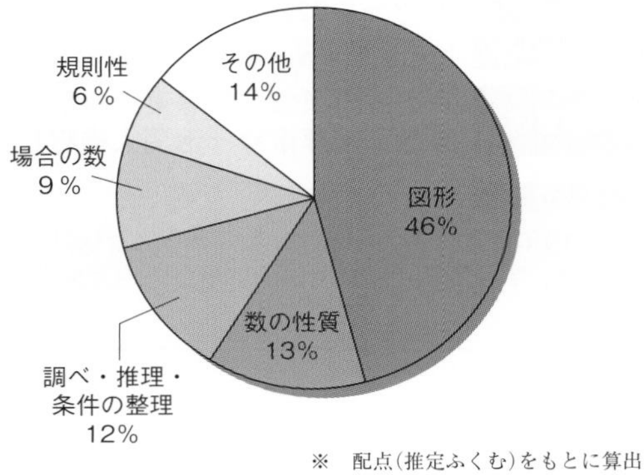

※　配点（推定ふくむ）をもとに算出

◆近年の出題内容

【 2024年度 】			【 2023年度 】		
大問	1	つるかめ算，条件の整理，時計算，場合の数，構成，面積	大問	1	条件の整理，面積，相似，辺の比と面積の比，場合の数，調べ
	2	平面図形－角度，長さ，面積		2	平面図形－図形の移動，作図，面積
	3	図形と規則		3	数列，整数の性質
	4	数列		4	立体図形－分割，作図，体積

◆出題傾向と内容

本校の算数は，総問題数は少なく，いわゆる超難問のたぐいは出題されないものの，**推理的な思考力を必要とするものが多く**，解くのに時間がかかるものも少なくありません。また，出題内容を見ると，最近は平面図形・立体図形と数の性質からの出題が大半をしめていることがわかります。

図形は，図形を移動させたり拡大させたりするもの，変化する面積・体積に関するもの，三角形の合同や相似と面積比を組み合わせたものなどがよく出されています。また，最近では，複数の立体図形を組み合わせた問題が目につきます。

数の性質からは規則性や場合の数などがよく取り上げられます。また，**場合の数**などは，数え上げる問題もありますが，ほとんどは**筋道だてて計算する必要のある問題**です。

特殊算は，出題率が高いとはいえないものの，時計算，倍数算，周期算などを中心に１～２題出される年もあります。

◆対策～合格点を取るには？～

図形に関するいろいろな問題に慣れておくことが大切です。平行移動，回転などは，数多くの問題にふれて，**解法のパターンを覚えておく**のがよいでしょう。作図が出題されることもあるので，練習しておく必要があります。

数の性質に関しては，規則性，数列，場合の数が重要なポイントです。いずれも相当な整理・分類の力が必要で，条件を落とさないようにすることが大切です。

応用問題では，いくつかの設問をふくむ**長文の文章題に慣れておく必要**があります。また，演習問題にあたるばかりでなく，日常での思考力・推理力をはたらかせることが大切であるため，**ものごとを論理的に考えることを心がけておく**とよいでしょう。基本事項をしっかり身につけたうえで，問題集で少し高いレベルのものをやるようにしてください。その場合でも，通りいっぺんに解いて答えがあっていればよしとするのではなく，一つひとつ，ここはどうしてこうなるのか，なぜこの解法を使うのかといったことを段階的に確かめながらやることです。

算数　出題分野分析表

分野	年度	2024	2023	2022	2021	2020	2019	2018	2017	2016	2015
計算	四則計算・逆算			○	○	○	○		○		○
	計算のくふう					○		○			
	単位の計算										
和と差	和差算・分配算										
	消去算										
	つるかめ算	○									
	平均とのべ			○	○						
	過不足算・差集め算										
	集まり								○		
	年齢算										
割合と比	割合と比										
	正比例と反比例										
	還元算・相当算										
	比の性質										○
	倍数算								○		
	売買損益							○			
	濃度										
	仕事算										
	ニュートン算										
速さ	速さ					○					
	旅人算										
	通過算										
	流水算										○
	時計算	○					○			○	
	速さと比										
図形	角度・面積・長さ	●	◎	◎	◎	●	◎	●	●	◎	●
	辺の比と面積の比・相似		◎	◎		○	●	○		●	
	体積・表面積		○					○	○		
	水の深さと体積										
	展開図							◎			
	構成・分割	○	○	●	◎	○	○	◎	●		
	図形・点の移動		○	○		○	○	◎	○	○	○
表とグラフ											
数の性質	約数と倍数										
	N進数			○							
	約束記号・文字式					○	○			○	
	整数・小数・分数の性質		○	◎	○		○	○	○	●	○
規則性	植木算										
	周期算					○		●			
	数列	○	○								
	方陣算										
	図形と規則	○					○				
場合の数		○	○	○	●			◎			◎
調べ・推理・条件の整理		○	◎	●	○	○		○		○	●
その他									○		

※ ○印はその分野の問題が１題，◎印は２題，●印は３題以上出題されたことをしめします。

社会　出題傾向＆対策

◆基本データ（2024年度）

試験時間／満点	40分／80点
問　題　構　成	・大問数…１題 ・小問数…10問
解　答　形　式	用語記入や記号選択に加え，記述問題も多く見られる。記述問題は１～２行程度の長さで字数制限がなく，解答をわく内で適切にまとめることが求められる。
実際の問題用紙	Ｂ５サイズ，小冊子形式
実際の解答用紙	Ｂ４サイズ

◆過去10年間の分野別出題率

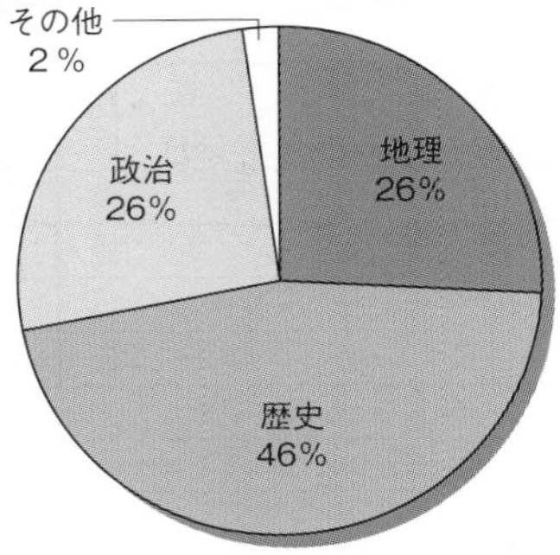

※　配点（推定ふくむ）をもとに算出

◆近年の出題内容

【 2024年度 】	【 2023年度 】
〔**総合**〕「社会」という言葉を題材とした問題	〔**総合**〕戦争を題材とした問題

◆出題傾向と内容

試験時間に対して問題量はやや少なく，問題をスピーディーに解くことよりも，**あたえられた文章や資料と持ち合わせた知識を結びつけ，設問に的確に答えていくことが重視されています**。また，地理，歴史，政治・経済の分野が一つの大問の中に組み合わされた総合問題として出題されています。グラフや図などの資料がふんだんに用いられていることも，特ちょうの一つといえるでしょう。

では，各分野の出題内容を見ていきましょう。

地理分野では，地図の読み取りのほか，地勢や産業などの各領域から出されるのはもちろんとして，時事的な話題を加味しつつ，日本と世界の動向を反映した独自の問題や環境問題などがよく見られます。また，歴史とからめて，歴史上のできごとの場所を問うものもあります。

歴史分野では，古地図などの史料を示しながら，小学校で学習するおよそ全範囲から出されています。最近では明治維新や日本の戦後改革など，近・現代史の出題が増加しています。

政治・経済の分野は，憲法と政治，国際政治と国連，環境問題などが出題されていますが，近年行われた国政選挙や年金問題など，時事的なテーマについても問われています。

◆対策～合格点を取るには？～

本校の問題では，地理，歴史，政治・経済のどれもしっかりした知識が必要です。たとえば，歴史の勉強では，自分で年表をつくってみることが大切です。このとき大事なのは，用語を教科書などで調べて，**漢字を使って正しく書く**ことです。これは年表づくりだけではなく，白地図を使った地理の勉強にもあてはまります。

地理では，地方別に産業・自然・気候などの基礎事項をまとめておくこと。**かなり細かい地名まできかれる**のが特色ですから，白地図学習が有効でしょう。また，工業地域についての問題がよく出題されますから，立地条件・地名など，正確に記憶しておくことが必要です。

歴史では，できごとの起こった原因やその背景をまず考えることです。特に**文化史が問われることが他校より比較的多い**ようですから，注意しておきましょう。

政治・経済の問題では，憲法に関する出題がくり返されています。日本国憲法と大日本帝国憲法とのちがいなどをまとめておきましょう。政治・経済の勉強では，**ニュースに興味を持つことが大切**です。実際に，今あなたをとりまく社会――町や市，国や世界へとつながっていく日常の生活に関心を持つことです。

社会 出題分野分析表

分野			2024	2023	2022	2021	2020	2019	2018	2017	2016	2015
日本の地理		地図の見方	○	○						○	○	
		国土・自然・気候				○			○			
		資源		○								
		農林水産業	○		○	○	○		○	○		○
		工業						○		○	○	○
		交通・通信・貿易			○				○			
		人口・生活・文化					○				○	○
		各地方の特色						○				
		地理総合	○			○	○				○	○
世界の地理					○		○					○
日本の歴史	時代	原始～古代	○	○	○	○	○	○	○	○		
		中世～近世	○	○	○	○	○	○	○	○	○	○
		近代～現代	○	○	○	○	○	○	○	○		○
	テーマ	政治・法律史										
		産業・経済史								○		
		文化・宗教史										
		外交・戦争史		○								
		歴史総合	○			○	○			○	○	○
世界の歴史												
政治		憲法		○	○			○			○	○
		国会・内閣・裁判所	○	○	○	○	○		○	○	○	
		地方自治	○									
		経済								○	○	○
		生活と福祉				○						
		国際関係・国際政治	○	○	○		○	○				
		政治総合				○	○		○		○	○
環境問題			○		○				○			
時事問題												
世界遺産												
複数分野総合			★	★	★	★	★	★	★	★	★	★

※ 原始～古代…平安時代以前，中世～近世…鎌倉時代～江戸時代，近代～現代…明治時代以降
※ ★印は大問の中心となる分野をしめします。

理科　出題傾向＆対策

◆基本データ（2024年度）

試験時間／満点	40分／80点
問題構成	・大問数…５題 ・小問数…25問
解答形式	記号選択と１～３行程度の記述が大半をしめている。そのほかに，用語を記入する問題も出されている。記号選択は，複数選ぶものも見られる。グラフの作成もある。
実際の問題用紙	Ｂ５サイズ，小冊子形式
実際の解答用紙	Ｂ４サイズ

◆過去10年間の分野別出題率

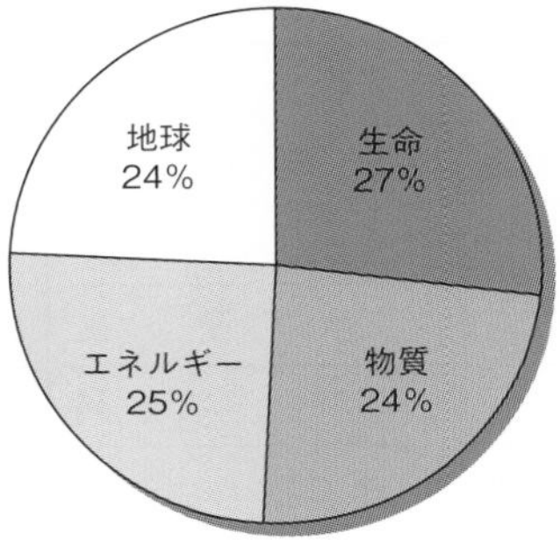

※　配点（推定ふくむ）をもとに算出

◆近年の出題内容

【 2024年度 】			【 2023年度 】		
大問	1	〔**総合**〕小問集合	大問	1	〔**総合**〕小問集合
	2	〔**地球**〕星と星座，星座早見		2	〔**物質**〕物質の性質と判別
	3	〔**エネルギー**〕音の速さの測定		3	〔**地球**〕地層と化石
	4	〔**物質**〕ガスコンロでの加熱		4	〔**生命**〕フクジュソウ
	5	〔**生命**〕ヒトや動物の心臓のつくり		5	〔**エネルギー**〕ふりこ

◆出題傾向と内容

「生命」からはフクジュソウ，動物の骨格，カイコガ，海の生き物，カタバミ，ジャガイモ，ダンゴムシ，消化器官と，植物・動物・人体から入れかわり出題されています。「物質」からは気体・水溶液の性質，物質の状態変化がよく出されます。「エネルギー」からは力のつり合い（高度な計算問題も多い）の出題率がやや高く，ついで電気と磁石などです。「地球」からは天体の動き，岩石と地層，気象などからの出題が多くなっています。

実験・観察を主体にして考えさせる問題が多く，丸暗記だけでは点がとれないようにくふうされています。そして，これらの実験・観察はポピュラーなものが多いわりには，その結果をしめすグラフや図には見なれないものもあり，読み取りが難しくなっています。

さらに，“理科読解問題”とでも呼べる，長文の問題が出されることもあります。これは基礎的な知識をもとにしながらも，正確な理解力・記述力を試そうとする出題といえるでしょう。

◆対策～合格点を取るには？～

出題の多くは知識だけで答えられるものではなく，実験・観察・観測の結果を総合的に分析して，筋道を立てて思考していく必要のあるものばかりです。したがって，対策としては以下の４点があげられます。①自分で実験や観察を積極的に行い，表やグラフなども用いてその結果をまとめておく。②基本的な知識を確実にするために教科書をよく読み，ノートに整理しておく。③問題はできるだけ多くこなし，法則や公式を覚えるだけでなく，それを活用する応用力を身につけておく。④過去に出題された実験・観察問題を分類・整理して，今後の出題の可能性を考えてみる。

すべての問題で実験・観察がらみが多いということから，**学校での授業をおろそかにしない**ようにし，実験・観察にはすすんでとりくみ，基礎的な原理や法則を確実に身につけておく必要があります。また，**身近な自然現象にはつねに深い関心をもつ**ように心がけ，「なぜそうなるのか」という疑問を放りっぱなしにしないことも大切です。興味を持って自分で調べたり，先生に聞いたりして，考え方のはばを広げましょう。

理科 出題分野分析表

分野		2024	2023	2022	2021	2020	2019	2018	2017	2016	2015
生命	植物	○	★	○	○		○	○	★	★	○
	動物		○	○	○	★	★	★		○	★
	人体	★	○					○		○	○
	生物と環境			★	★		○			○	○
	季節と生物					○					
	生命総合										
物質	物質のすがた		○		★	○			○		
	気体の性質	○	○			★				○	
	水溶液の性質		○	★		○	★		○	★	★
	ものの溶け方			○				★	○		
	金属の性質										
	ものの燃え方	★									
	物質総合		★						★		○
エネルギー	てこ・滑車・輪軸		○			○	○	○		○	★
	ばねののび方							○			
	ふりこ・物体の運動		★						○		
	浮力と密度・圧力		○	○	★	★					○
	光の進み方		○					★	○	★	○
	ものの温まり方						○	○			
	音の伝わり方	★									
	電気回路	○		★			○		★		
	磁石・電磁石						★			○	
	エネルギー総合										
地球	地球・月・太陽系					★	○		★	○	
	星と星座	★						○			★
	風・雲と天候	○		○	○		★	○	○	★	
	気温・地温・湿度	○			★						
	流水のはたらき・地層と岩石		★	★		○		★	○		○
	火山・地震						○				
	地球総合									○	
実験器具		○		○			○		○	○	
観察											
環境問題				○							
時事問題			○	○							
複数分野総合		★	★	★		★	★	★	★	★	★

※ ★印は大問の中心となる分野をしめします。

国語 出題傾向＆対策

◆基本データ（2024年度）

試験時間／満点	60分／120点
問題構成	・大問数…１題 　文章読解題１題 ・小問数…12問
解答形式	記号選択のほかに，25～120字程度で書かせる記述問題が出題されている。本文中のことばの書きぬきなどは見られない。
実際の問題用紙	Ｂ５サイズ，小冊子形式
実際の解答用紙	Ｂ４サイズ

◆過去10年間の分野別出題率

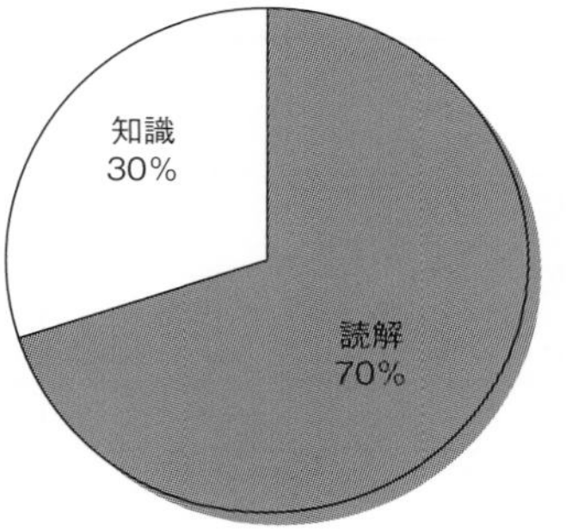

※　配点(推定ふくむ)をもとに算出

◆近年の出題内容

【 2024年度 】	【 2023年度 】
〔**小説**〕村上雅郁「タルトタタンの作り方」(『きみの話を聞かせてくれよ』所収)（約8300字）	〔**小説**〕川和田恵真『マイスモールランド』（約9300字）

◆出題傾向と内容

超長文の読解題１題(小説・物語文)のみの出題が続いています。素材文は少年少女向けのものが多く，たまに外国の有名な小説の翻訳が取り上げられています。設問は内容の読み取りに関するものが大部分をしめており，小説・物語文ならではの心情の読み取り，特に場面ごとの登場人物の心情の変化などに重点がおかれるのが特ちょうです。語句の文中での意味に関する問題も出されていますが，標準的な語句の意味を文脈に応じて読み取れるかを問うものになっており，難しい語句の知識を要求するものではありません。

また，解答方法は**記述式のウェートが高い**といえます。文章中のことばを用いて内容を整理させる問題のほかに，自分のことばで書かせる問題が毎年いくつかあり，100字をこえる字数を書かせるものも見られます。

なお，漢字の書き取りが15問ほどあります。レベルは標準といったところで，配点の２割をしめると思われるため，確実に得点に結びつけたいところです。

◆対策～合格点を取るには？～

本校の国語は，読解力と表現力をみる問題がバランスよく出題されていますから，**読解力をつけ，その上で表現力を養う**ことをおすすめします。

まず，物語文，随筆文，説明文など，ジャンルは何でもよいですから精力的に読書をし，的確な読解力を養いましょう。長い作品よりも短編のほうが主題が読み取りやすいので，特に国語の苦手な人は，短編から入るのもよいでしょう。新聞のコラムや社説を毎日読むようにするのも，よい訓練になります。

そして，書く力をつけるために，感想文を書いたり，あらすじをまとめたりするとよいでしょう。ただし，本校の場合はつっこんだ設問が多いので，適切に答えるには相当な表現力が求められます。文脈や心情の流れをしっかりつかみ，次に自分の考えや感想をふまえて全体を整理し，その上で文章を書くことが大切です。

なお，ことばのきまり・知識に関しては，参考書を１冊仕上げるとよいでしょう。また，漢字や熟語については，読み書きはもちろん，同音(訓)異義語，その意味についても辞書で調べておくようにしましょう。

国語 出題分野分析表

分野		年度	2024	2023	2022	2021	2020	2019	2018	2017	2016	2015
読解	文章の種類	説明文・論説文										
		小説・物語・伝記	★	★	★	★	★	★	★	★	★	★
		随筆・紀行・日記										
		会話・戯曲										
		詩										
		短歌・俳句										
	内容の分類	主題・要旨										
		内容理解	○	○	○	○	○	○	○	○	○	○
		文脈・段落構成										
		指示語・接続語										
		その他										
知識	漢字	漢字の読み										
		漢字の書き取り	○	○	○	○	○	○	○	○	○	○
		部首・画数・筆順										
	語句	語句の意味	○	○	○	○	○	○	○	○	○	○
		かなづかい										
		熟語										
		慣用句・ことわざ									○	○
	文法	文の組み立て										
		品詞・用法										
		敬語										
	形式・技法											
	文学作品の知識											
	その他											
	知識総合											
表現	作文											
	短文記述											
	その他											
放送問題												

※ ★印は大問の中心となる分野をしめします。

カコを追いかけ
ミライをつかめ

2024年度 駒場東邦中学校

【算　数】（60分）〈満点：120点〉

1　(1)　①　□にあてはまる1以上の整数の組は何個ありますか。

11×[ア]+23×[イ]=2024

②　□にあてはまる1以上の整数の組を1つ答えなさい。

8×[ウ]+11×[エ]+23×[オ]=2024

(2)　現在，時計の針は10時[カ]分[キ]秒を指しています。長針と短針のつくる角度が現在と20分後で変わらないとき，[カ]，[キ]にあてはまる数を(カ，キ)の形ですべて答えなさい。ただし，キの値《あたい》は分数《ぶんすう》で答えなさい。

(3)　右の図のような正方形のタイルを並べて模様をつくります。次の形に並べるとき，何通りの模様が考えられますか。ただし，タイルは回転して使ってもよいですが，裏面は使いません。また，回転して同じ模様になるものは1つの模様とみなします。

①

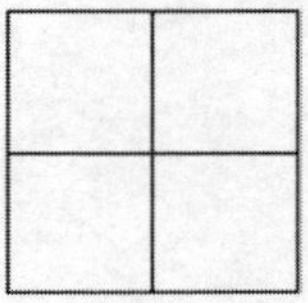

②

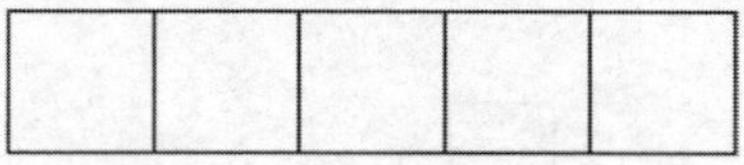

③

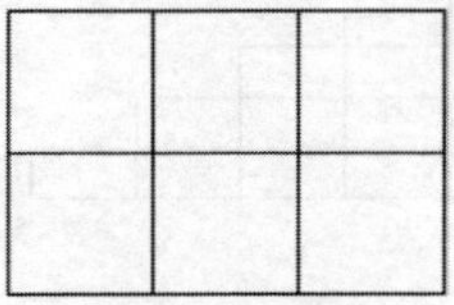

(4)　①　下の図のように，1辺の長さが4cmの正三角形ABCと1辺の長さが3cmの正三角形DEFがあり，辺ACと辺DEが交わる点をGとします。三角形AGDにおいて角Aの大きさが30°のとき，三角形AGDと三角形GECの面積の比を最も簡単な整数の比で表しなさい。

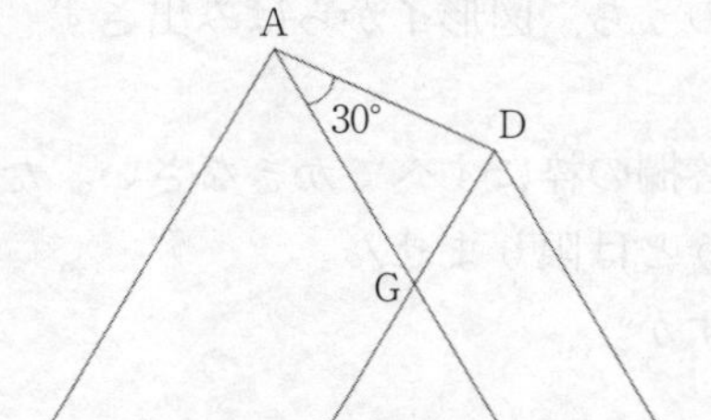

②　1辺の長さが3cmの正三角形と1辺の長さが4cmの正三角形の面積の和は，1辺の長さが5cmの正三角形の面積に等しいことを，①を利用して説明しなさい。

2　１辺の長さが６cm の正十一角形があります。この正十一角形の各頂点を中心として半径６cm の円をかき，11個の円の内側全体を図形**ア**とします。

このとき，次の問いに答えなさい。ただし，円周率は3.14とします。

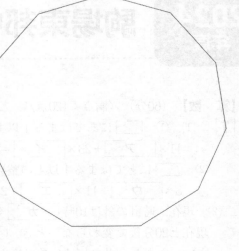

(1)　正十一角形の11個の角の大きさの和を求めなさい。

(2)　正十一角形の内側にあり，**ア**の外側にある部分のまわりの長さを求めなさい。

(3)　**ア**を正十一角形によって２つの部分に分け，それらの面積を比べます。正十一角形の内側にある部分を**イ**，外側にある部分を**ウ**とします。

このとき，**イ**と**ウ**のうち，どちらの方が何 cm^2 大きいですか。

3　たて１cm，横２cm の長方形**ア**を，下の図のようにピラミッド状に10段並べた図形**イ**を考えます。

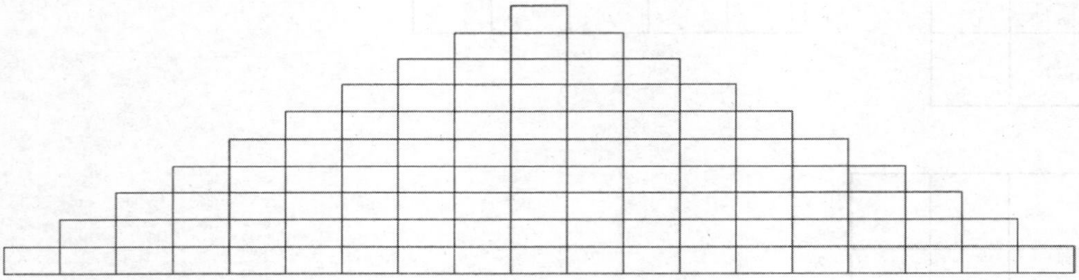

このとき，次の問いに答えなさい。

(1)　長方形**ア**を何個並べましたか。

(2)　図形**イ**において長方形**ア**の頂点を結んでできる正方形のうち，正方形の辺が長方形**ア**の辺に平行なものは全部で何個ありますか。

(3)　図形**イ**において長方形**ア**の頂点を結んでできる正方形のうち，図形**イ**からはみ出さず，正方形の辺が長方形**ア**の辺に平行でないものを考えます。

①　そのような正方形のうち，大きさが異なるものを解答欄《らん》の枠《わく》にすべてかきなさい。ただし，１つの枠にかける正方形は１つとし，すべての枠を使うとは限りません。

②　そのような正方形は図形**イ**の中に全部で何個ありますか。

4 同じ整数を2回かけてできる数を平方数といいます。平方数を次のように○を用いて表すことにします。例えば，45×45＝2025ですから，2025は45の平方数であり，これを2025＝㊺と表します。

このとき，次の問いに答えなさい。

(1) □にあてはまる数を答えなさい。

1から5までの連続する整数の平方数の和①＋②＋③＋④＋⑤を，次のような考え方で計算します。

①＋②＋③＋④＋⑤

＝1×1＋2×2＋3×3＋4×4＋5×5

＝1＋(2＋2)＋(3＋3＋3)＋(4＋4＋4＋4)＋(5＋5＋5＋5＋5)

＋で結ばれている15個の数を図1のように並べます。これらの数を，120°反時計回りに回転させた位置（図2）と時計回りに回転させた位置（図3）に並べます。

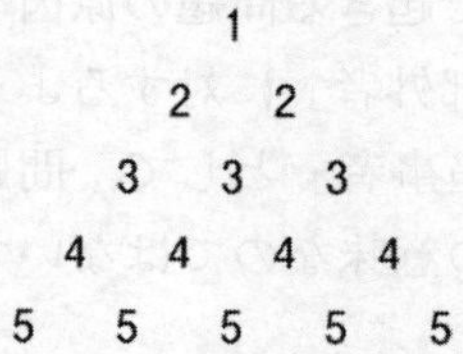

図1

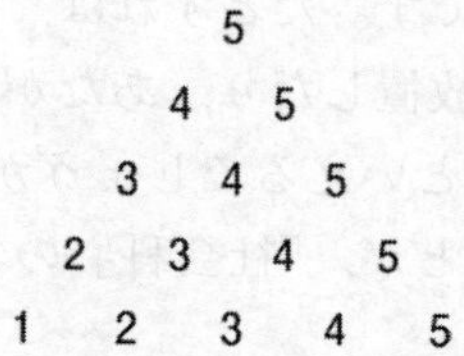

図2

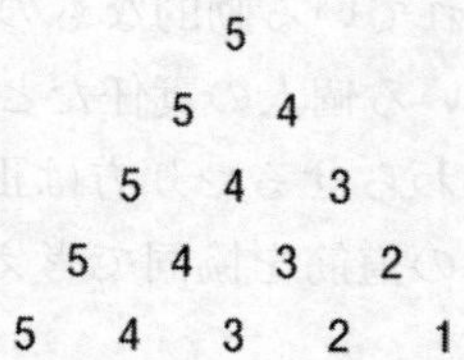

図3

3つの図において，同じ位置にある3個の数をたすと，どの位置でも［ア］になります。このことを利用して①＋②＋③＋④＋⑤を計算すると［イ］になります。

同じように考えて，1から11までの連続する整数の平方数の和①＋②＋……＋⑪を計算すると［ウ］になります。

(2) 2024は2から連続する**偶数**の平方数の和で表すことができます。その表し方を，○を用いて答えなさい。ただし，途中を「……」で省略してもかまいません。

(3) 3から連続する**3の倍数**の平方数の和で表すことができる5けたの整数のうち，最も大きいものを求めなさい。

【社　会】（40分）〈満点：80点〉

次の文章を読み，問いに答えなさい。

皆《みな》さんは「社会」という言葉で何を思い浮《う》かべますか。

家族も学校も会社も，国も「社会」です。国際「社会」という言葉もありますね。「社会」の姿は，時代により地域により，さまざまな変化を見せてきました。では「社会科」とは何を学ぶ科目なのでしょう。

英語の“society（ソサイエティ）”を「社会」と訳したのは福沢諭吉《ふくざわゆきち》だと言われています。ただ，福沢自身は「社会」のほかに，「人間交際」，「仲間連中」などの訳語もあててきました。なぜなら“society（ソサイエティ）”は，大小さまざまな人間の集団や人間の関わり合いをそもそもの意味として持つ言葉だからです。もととなったフランス語では，societyの形容詞である“social（ソシアル）”は，「相互扶助《そうごふじょ》」の意味で，他者を仲間として接し，特に困った人々を援助する考え方を含《ふく》んでいます。「社会」とは，皆さんがその一員として，そこで関わり，助け合うことが想定されている動的なものなのです。だとすれば，社会で起きる問題の原因や解決を，問題を抱えている個人の責任だと考え放置したり，あたかも「部外者」に対するように一時的に同情し，終わらせるやり方は正しいといえるでしょうか。「当事者」として，問題の背景を探り，解決への道筋を協同で考えることが，「社会科」の学びの意味なのではないでしょうか。

そんな「社会」で，「連帯」，「共生」という言葉が盛んに唱えられています。それは「分断」，「対立」が問題視されていることの裏返しなのかもしれません。「社会」がわたしたちの相互作用で変化することを忘れてしまうと，「社会」はいつのまにか巨大なかたまりとなって，「異質」な存在を排除《はいじょ》したり，複数のかたまり同士がぶつかる「分断」の場となり，わたしたちにはなすすべもない気持ちになってしまうでしょう。でもその「社会」が，わたしたちの関わり合い・助け合いでできていることを考えれば，わたしたちにも何かできることが見つかる気がしませんか。

問１　福沢諭吉は，欧米の発展の原動力とみなされた思想や文化を日本に積極的に紹介《しょうかい》した一人です。彼の思想をまとめた次の文の空欄《くうらん》（**A**）にあてはまるものとして適当なものを，**ア**～**エ**から１つ選びなさい。

> 人間は生まれながらに平等であるが，現実の社会の中には，賢《かしこ》い人も愚《おろ》かな人も，貧しい人も豊かな人もいる。このような差が生じる理由は（　**A**　）。

ア　両親の財産の多い少ないによる

イ　もってうまれた素質による

ウ　学問をしたかしないかによる

エ　物事を前向きにとらえるかとらえないかによる

問２　社会を構成する人々を結びつけるもののひとつに宗教があります。その宗教について述べた文として正しいものを，**ア**～**エ**から１つ選びなさい。

ア　仏教が日本に伝わる前の日本列島では，豊かな収穫《しゅうかく》を約束する神が，唯一《ゆいいつ》の神として君臨し，人々の信仰を集めていた。

イ　聖武天皇の時代に活躍《かつやく》した行基は，仏教を広めながら，橋や道，ため池や水路をつくる活動を推進し，人々の支持を得ていた。

ウ　藤原道長は，この世で苦しむ民衆一人一人が阿弥陀仏《あみだぶつ》に救われることを願って，京都宇治の地に平等院鳳凰《ほうおう》堂を建設した。

エ　島原・天草の地で，宣教師たちの主導により発生した島原の乱が鎮圧《ちんあつ》された後，幕府はキリスト教の取りしまりを全国規模で強化した。

問3　食事も社会において重要な意味を持ちます。皆さんも友人と一緒《いっしょ》に食事を取りながら会話することで，より交友が深まった経験があると思います。このことは，歴史上，さまざまな時代でも見られました。

(1)　各時代の食事や食料事情の特徴《とくちょう》について述べた文として**誤っているもの**を，**ア〜エ**から1つ選びなさい。

ア　縄文時代には，地域ごとの自然環境《かんきょう》に応じながら，クリなど木の実の採集，魚や貝の漁，そして動物を狩ることで食料を確保したと考えられている。

イ　平城京跡《あと》などから出土した木簡から，全国各地の食料品や特産品などが租として納められたことが明らかになった。

ウ　明治時代になると，西洋の文化を取り入れたことで人々の食生活にも変化が起こり，東京などの都市部では牛鍋《ぎゅうなべ》を食べる人も登場した。

エ　1960〜1970年代に，家電の「三種の神器」のひとつである電気冷蔵庫が普及《ふきゅう》したことで，生鮮《せいせん》食品を貯蔵できるようになり，買い物の回数や買い方が変化した。

(2)　鎌倉幕府では，将軍と御家人《ごけにん》が参加する年始の宴会《えんかい》が重要な行事とされ，一部の有力な御家人が準備を担当しました。以下の**表1**はその宴会の準備を担当した御家人を整理したものです。

表1　正月1日〜5日の宴会を準備した鎌倉幕府の御家人

西暦（年）	正月1日	正月2日	正月3日	正月4日	正月5日
1191	千葉常胤《ちばつねたね》	三浦義澄《みうらよしずみ》	小山朝政《おやまともまさ》	宇都宮朝綱《うつのみやともつな》	—
1213	大江広元《おおえのひろもと》	北条義時《ほうじょうよしとき》	北条時房《ときふさ》	和田義盛《わだよしもり》	—
1226	北条泰時《やすとき》	北条朝時《ともとき》	三浦義村《よしむら》	—	—
1244	北条経時《つねとき》	北条時定《ときさだ》	北条朝時	—	—
1248	北条時頼《ときより》	北条重時《しげとき》	—	—	—
1265	北条時宗《ときむね》	北条政村《まさむら》	北条時盛《ときもり》	—	—

※担当者が確認できない日付の欄には「—」を記している。

（『吾妻鏡《あづまかがみ》』より作成）

①　**表1**のなかで，下線を引いた人物が就いた地位の名称を**漢字**で答えなさい。

②　1213年以降，**表1**の宴会準備の担当者はどのように移り変わったのでしょうか。その背景を以下の**史料1**から読み取った上で，説明しなさい。

史料1　鎌倉幕府内で起きた御家人どうしの争いに関する文

・（1213年5月2日）和田義盛（初代将軍源頼朝に最初から従っていた有力な御家人）が挙兵して北条義時を討《う》とうとし，将軍の御所《ごしょ》（住まいのこと）などで合戦になったが，義時に協力する御家人が多く，義盛は敗れて和田一族は滅亡《めつぼう》した。

（『北条九代記《ほうじょうきゅうだいき》』）

・(1247年6月5日)三浦泰村《やすむら》(三浦義澄の孫)が挙兵したので，北条時頼は軍を派遣《はけん》して合戦となり，三浦一族を滅亡させた。(同月15日)泰村に協力した千葉秀胤《ひでたね》(千葉常胤のひ孫)を滅ぼした。　　(『葉黄記《ようこうき》』)

※引用の際に，わかりやすく改めたところがある。

問4　室町時代に入って，特に現在の近畿地方とその周辺では，それまでとは異なり，力を付けた農民たちが自立して村の運営に関わるようになりました。そのあり方は，その後の日本の村の原型になり，現代の地域社会につながったとされています。

また，室町時代の村では，農民だけではなく武士や商人など，さまざまな人々が生活していました。そして，個人では解決できない問題やもめごとを解決するため，ルール(掟《おきて》)を定めました。以下の**史料2**は，1489年に近江国今堀郷《おうみのくにいまぼりごう》(現在の滋賀県東近江市《ひがしおうみし》)で定められた掟の一部です。

(1)　**史料2**から読み取れる内容を述べた文のうち，室町時代の村の特徴として**誤っているもの**を，**ア**～**エ**から1つ選びなさい。

史料2　室町時代の村の運営について書かれた掟

①　村より屋敷《やしき》を借り受けて，村人以外の者を住まわせてはならない。

②　村人のなかに保証人がいなければ，よそ者を住まわせてはならない。

③　村の人々が共同で利用できる森の樹木や木の葉を，燃料や肥料にするため勝手に取った者について，村人だった場合は村人としての身分をはく奪《だつ》する。村人ではない者だった場合は村から追放する。

(『今堀日吉神社文書《いまぼりひえじんじゃもんじょ》』)

※引用の際に，わかりやすく改めたところがある。

ア　村人としての身分を持つ者と，村人ではない者との間に格差はなかった。

イ　一定の条件を満たせば，村人以外の者でも，村のなかで暮らすことができた。

ウ　村の人々が共同で利用する資源は厳しく管理され，自由に利用できなかった。

エ　村で定められた掟に違反《いはん》した場合，追放などの処分が下されることがあった。

(2)　室町時代には，神社を中心とした祭りも村人が自分たちで運営するようになりました。掟にも，村で行われる祭りに関する条文がしばしば書かれています。室町時代の村の特徴をまとめた以下の①～④の内容もふまえ，祭りが村人たちにとって重要だった理由を説明しなさい。

①　農作業に必要な水路や水車などの設備を，自分たちで維持《いじ》・管理した。

②　戦乱や他の村との争いでは，自分たちや村を守る必要があった。

③　不当な課税・要求をする幕府の守護や地域の有力者などに対し，まとまって抵抗《ていこう》した。

④　自然災害が起きた場合，年貢《ねんぐ》などの負担を減額・免除《めんじょ》することを幕府の守護や地域の有力者などに集団で訴《うった》えた。

問5　江戸時代は身分や地域ごとに人々はまとまって互《たが》いに助け合って暮らしていましたが，全国を結びつける商業の発達，識字率の上昇《じょうしょう》，印刷物の出版などにより，多様なものの考え方(思想)や学問が発達しました。そうした学問のひとつに国学があります。国学が成立した背景について説明した下記の文の空欄(**A**)と(**B**)にあてはまる語句を**漢字**で答えなさい。

> 国学は，奈良時代に成立した歌集である『(**A**)』や神話から奈良時代までの天皇の歴史などを記した『(**B**)』，『日本書紀』の本当の意味の理解を目指すところからはじまりました。そうすることで，儒教《じゅきょう》や仏教の影響《えいきょう》を受ける前の日本人のものの考え方や感じ方を知ることができると考えたのです。こうした発想には，日本は中国をはじめとする他の国々とは異なる独自性をもっているという認識が含まれており，時に，日本が他国より優れていることを信じて疑わない姿勢と結びつくことがありました。

問6　戦争が発生すると，社会はひとつの「かたまり」になることを求められます。特に太平洋戦争は総力戦でした。総力戦の特徴は，利用できるあらゆる資源や労働力，科学技術を，戦争に必要な武器や物資の生産に優先的にまわし，国民が自ら進んで戦争に協力するような雰囲気をつくり出そうとするところにあります。そのために，日中戦争がはじまった頃からたくさんのポスターや広告などが作成され，人々の目につくところに掲示《けいじ》されたり，新聞に掲《けい》載《さい》されたりしました。

下の**図1**，**図2**の2枚のポスター，そして**史料3**のハガキは，作成された年は異なりますが，いずれも国民に積極的な貯蓄《ちょちく》をうながしています。国が，貯蓄を求めた理由は何でしょうか。目標額の変化をふまえた上で，次のページの**年表**も参考にしながら説明しなさい。

図1　1939年のポスター

図2　1942年のポスター

(田島奈都子《なつこ》 編著『プロパガンダ・ポスターにみる日本の戦争』より)

史料3　ある銀行が国の方針に従い預金者に送ったハガキの文面と裏面のイラスト

> ただいま「270億貯蓄総攻撃」期間中であります。敵撃滅《げきめつ》の飛行機，軍艦《ぐんかん》を一機，一艦でも多く※前線へ送るため，是非《ぜひ》この総攻撃戦にご参加をお願いいたします。
>
> 昭和18(1943)年　12月　十五銀行

※戦争において敵と直接接している場所

総の旧字体

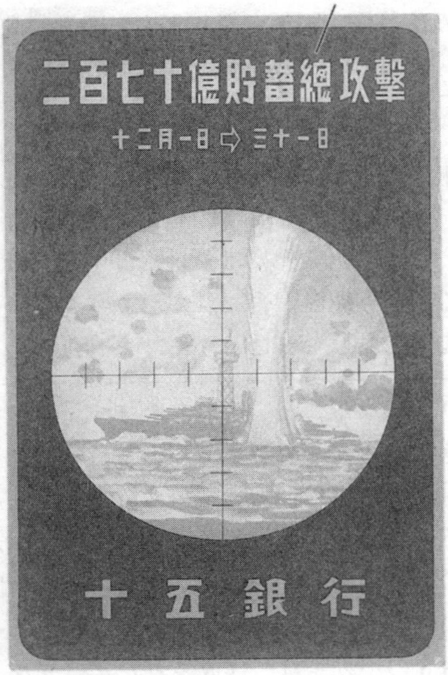

年表

1937年７月	日中戦争が始まる。
1940年６月	砂糖・マッチの配給制開始。以降，食料や生活必需品《ひつじゅひん》は次々と配給制に。
1941年12月	日本軍，マレー半島，真珠湾《しんじゅわん》を奇襲《きしゅう》攻撃し，太平洋戦争が始まる。
1942年６月	日本軍，ミッドウェー海戦で敗北。日本軍の劣勢《れっせい》は決定的。
1944年７月	サイパン島の陥落《かんらく》以降，アメリカ軍機による本土空襲が激化。

問７　「学校」も「社会」です。そこで起きるさまざまな問題を解決するためにルールがつくられます。X中学校では，昼休みの校庭，体育館と音楽室の使用者ルールをめぐり議論が起きています。次は，X中学校の基本情報と簡単な見取り図，生徒会長選挙に立候補した生徒がそれについて掲《かか》げた公約と学年別得票数をまとめたものです。これらに関する中１生徒の会話を読み，続く問いに答えなさい。

図３　X中学校の基本情報と見取り図

体育館	校舎	
	５階：音楽室，美術室，技術家庭科室，その他	
	４階：中１教室（生徒数100名）	
	３階：中２教室（生徒数150名）	
体育館 ※体育館への通用路は１階	２階：中３教室（生徒数120名）	
	１階：理科室，食堂，職員室，その他	校庭

表2　生徒会長選挙の候補者・公約と学年別得票数まとめ

候補者の学年／部	公約	中1	中2	中3
候補者A −中3／サッカー部	校庭と体育館は，3学年それぞれが同じ日数になるように学年別使用日を設定する。音楽室は昼の使用はなしとする。	70	5	5
候補者B −中2／部所属なし	校庭，体育館，音楽室とも，生徒数に比例させた学年別使用日を設定する。	0	75	20
候補者C −中3／野球部	校庭と体育館は，運動部の生徒，音楽室は文化部の生徒に限定して使用できることとする。	20	20	10
候補者D −中2／合唱部	校庭はソフトボール部，体育館はダンス部，音楽室は合唱部と，全国大会に出場するなどの実績をあげている団体が優先的に使用できることとする。	5	5	5
候補者E −中3／科学部	特にルールは定めず，現状通り先着順とする。	1	5	65
候補者F −中2／卓球部	全校生徒による投票でルールを決める。	4	40	15

中1生徒の会話

生徒1：会長選挙，中1の支持がひとりも得られなかったB先輩《せんぱい》が当選したのはおかしいと思うんだよね。学年ごとの使用日の数を同じにするのが平等でしょ。

生徒2：でも生徒数に比例して決めるのが平等だという考え方も，実績をあげている団体を優先するという考え方も，一理あるとは思うな。

生徒1：それを言うなら，下級生で立場も弱く，場所も条件の悪い僕《ぼく》たち中1に不利にならないようなルールを決めるのが①平等だよ。

生徒3：僕はサッカー部だからA先輩に入れたいし，学年ごとに同じ日数という公約にも賛成なんだけど，音楽室が使用できなくなるのは嫌《いや》で，投票先を迷ったんだよね。

生徒1：それって国会議員を選ぶ選挙の時にもありそうだよね。ある議員や政党の，この政策には賛成だけど，別の政策には反対という場合。

生徒2：それを考えると，特定の政策や法案に限っての賛否を直接問うような国民投票ができるといいよね。夏の自由研究でスイスの例について調べたけど，国民の政治に対する関心も高まるし，スイスだと議会の決定を国民投票でくつがえすこともできるから，議員も真剣《しんけん》に議論したり説明したりと，良いことづくしだと思ったな。

生徒1：でも②国民投票にも問題があるでしょ。だからF先輩は中1の得票数がのびなかったわけだし。

生徒3：F先輩の提案って，どういう選択肢《せんたくし》で投票にかけるかもすごく重要だよね。もし「生徒数に比例させた学年別の使用日を設定する」に賛成か反対かを聞く2択だったら，結果はどうなっただろう。先輩たちの「賛成」キャンペーンを前に弱気になる中1も出てきたかな。

生徒2：E先輩の提案で思ったんだけど，現状のままで困らない人っているんだよね。僕たちが現状を変えたいのなら，中1も誰か立候補すべきだったね。

生徒3：選挙が終わったからといって遅くはないんじゃない。③生徒議会もあるんだし，僕たちの意見をどう反映させられるか考えようよ。

(1) 下線部①について，生徒１が述べた「平等」と同じ考え方をしているものを，**ア～エ**から１つ選びなさい。

ア 性別を理由に仕事の募集《ぼしゅう》や採用，給料などの面で差別的な扱《あつか》いをしないこと。

イ 会社に勤める年数が同じ人には同じ額の給料を支払《しはら》うこと。

ウ 実績を多くあげた人にはより多くの給料を支払うこと。

エ 女性の議員や会社役員を増やすために，あらかじめ一定数を女性に割り当てること。

(2) 下線部②について，生徒１は何が国民投票の問題点だと考えているかを推測して答えなさい。

(3) 2016年に行われたEU(ヨーロッパ連合)からの離脱《りだつ》の是非を問う国民投票の結果を受けて，すでにEUから離脱した国の名前を答えなさい。

(4) 日本における国民投票に関連する説明として**誤っているもの**を，**ア～エ**から１つ選びなさい。

ア 日本国憲法では，憲法改正には国民投票での過半数の賛成が最終的に必要だと定められている。

イ 日本国憲法が施行《しこう》されて以降，国民投票は一度も実施されたことがない。

ウ 成人年齢が18歳に引き下げられたのと同時に，国政選挙の選挙権と国民投票の投票権年齢も18歳以上に引き下げられた。

エ 都道府県や市区町村においては，住民が条例の制定や改廃《かいはい》を直接請求《せいきゅう》する仕組みがある。

(5) 下線部③に関連して，日本の国や地方での議会や行政に関する説明として正しいものを，**ア～オ**から１つ選びなさい。

ア 都道府県知事は都道府県議会における指名で決定する。

イ 内閣総理大臣を指名できるのは衆議院のみである。

ウ 国の税金の集め方や使い方の案を考えるのは財務省だが，決定するのは内閣である。

エ 市の税金の集め方や使い方の案を考えるのは市役所だが，決定するのは市議会である。

オ 区が使うお金は区民から税金として集めており，都や国からまわってくるお金はない。

問８ 地球環境問題やエネルギー問題では，国際社会は「連帯」の必要に迫《せま》られています。温室効果ガスの削減《さくげん》や再生可能エネルギーの導入もその課題のひとつです。

(1) 二酸化炭素をはじめとする温室効果ガスの排出《はいしゅつ》量から，植林や森林管理などによる吸収量を差し引いて，合計を実質的にゼロにする考えを，**ア～エ**から１つ選びなさい。

ア トレーサビリティ　**イ** カーボンニュートラル

ウ モーダルシフト　**エ** エコツーリズム

(2) 再生可能エネルギーには，農作物を利用したバイオ燃料も含まれます。このバイオ燃料に用いられる農作物の日本国内における現状について述べた文として**誤っているもの**を，**ア～エ**から１つ選びなさい。

ア 砂糖の原料で，台風や強風で倒《たお》れても立ちあがり，水不足でも育つ自然災害に強いテンサイは，沖縄で主に栽培《さいばい》される。

イ 水田は，日本の耕地面積の半分以上を占《し》めているが，米の消費量は減少傾向が続いている。

ウ　日本は，飼料として世界で最も多くトウモロコシを輸入しているため，世界のバイオ燃料需要《じゅよう》による価格変動の影響を大きく受ける。

エ　日本は，大豆の多くをアメリカからの輸入に頼っており，遺伝子組み換《か》え品種には表示が義務付けられている。

(3)　再生可能エネルギーによる発電は，季節により発電量が安定しにくいという弱点があります。次の**資料１**は，北陸電力管内における冬季と夏季の再生可能エネルギーの発電実績を示したものです。北陸電力管内で夏季に比べ，冬季に太陽光発電による発電量が少なくなり，風力発電による発電量が多くなる理由を説明しなさい。

資料１　北陸電力管内における再生可能エネルギーの発電量の推移

【冬季】

2023年１月１日～31日までのデータを破線で，各時刻の31日間における中央値を実線で示す。

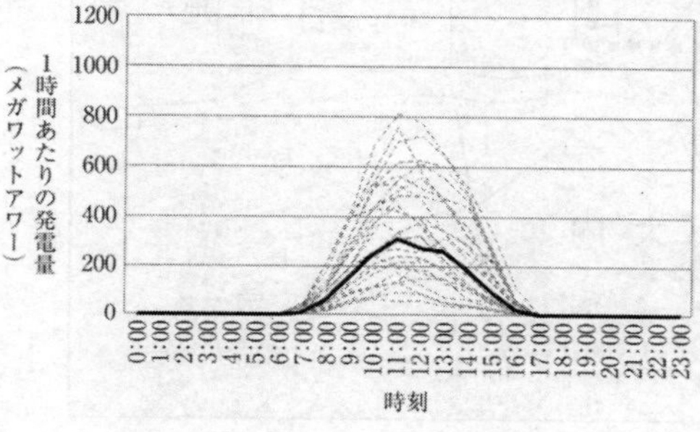

太陽光

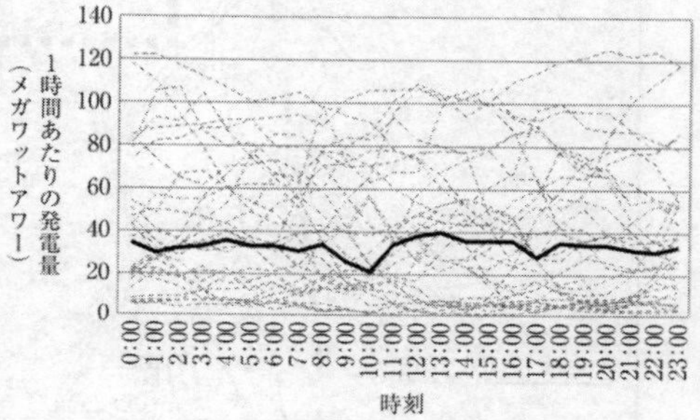

風力

【夏季】

2022年８月１日～31日までのデータを破線で，各時刻の31日間における中央値を実線で示す。

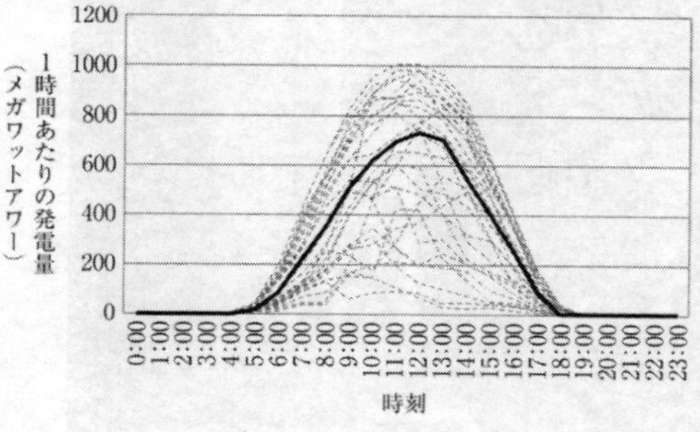

太陽光

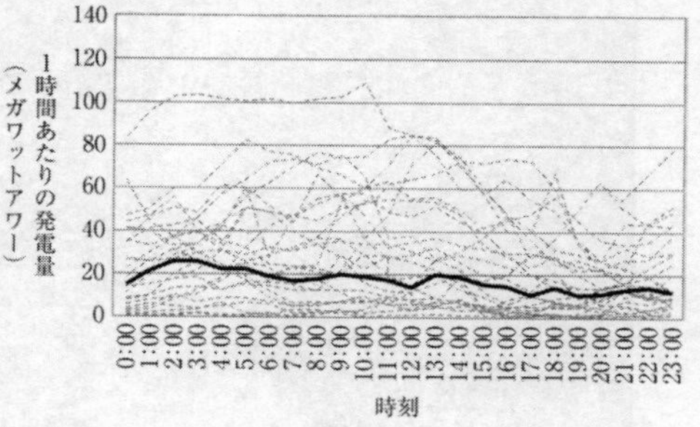

風力

※中央値＝数値を小さい順に並べた時にちょうど真ん中にくる値

（北陸電力送配電ホームページより作成）

問 9　この社会のどこかで起きた出来事は，決して他人事ではなく，さまざまな変化となってその後のわたしたちの生活に関わってきます。**資料 2** は，福島県のある地域の過去の地形図と現在の衛星写真を並べたものです。

資料 2

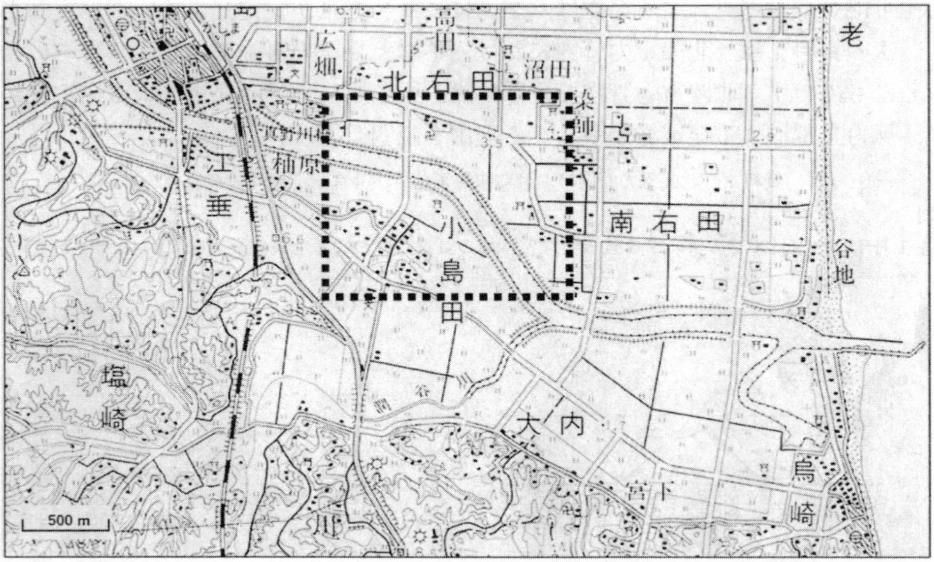

国土地理院発行５万分の１地形図(1993年)

現在の衛星写真(地理院最新写真)

※白い太枠内が大規模太陽光発電所　　　　　　　　　(今昔マップオンザウェブより作成)

(1) **資料2**の四角で記した範囲《はんい》を拡大し，最新の地理院地図で示したものが**図4**です。この地図には，**図5**の地図記号が2019年以降みられるようになりました。この地図記号が示すものとして正しいものを，**ア〜エ**から１つ選びなさい。

図4

図5

ア　博物館　　**イ**　老人ホーム　　**ウ**　自然災害伝承碑《でんしょうひ》　　**エ**　図書館

(2) **表3**は2021年度の都道府県別発電実績（太陽光）の上位５道県を示しています。ここから太陽光の発電実績において福島県や宮城県が上位にきていることがわかります。背景の一つには，2011年に発生した，ある出来事により海岸付近の平野に大規模太陽光発電所が多く設置されたことがあります。**資料2**はそうした地域の一つです。なぜ大規模太陽光発電所が設置されたのか，ある出来事が何かを示し，土地利用の変化にも注意しながら，説明しなさい。

表3　太陽光の都道府県別発電実績（2021年度）

順位	都道府県名	発電量
1	福島県	1,549,150
2	茨城県	1,372,329
3	岡山県	1,346,434
4	北海道	1,186,774
5	宮城県	1,126,874

単位：メガワットアワー

問10　冒頭の文章における「社会」に関する考え方に基づけば，次の説明のうち最も適当なものはどれか，**ア〜オ**から１つ選びなさい。

ア　「社会」とは，政治や経済の制度のことであるため，「社会」を変えるには選挙権や働く権利が不可欠である。

イ　国際「社会」とは，国家同士による話し合いの場のことであるため，個人やNGOなどの市民団体，国を持たない民族がその場に参加することはできない。

ウ　「社会」とは，複数の集団により構成されるものであるため，個人の働きかけで社会の分断をなくすことはできない。

エ　社会保障とは，「社会」において「相互扶助」の考えに基づいて行われる助け合いのしくみであるため，その財源にあたる保険料を負担できない人は，社会保障のさまざまな給付を受けることができない。

オ　世界でも日本でも子どもの貧困が問題となっているが，それを個人の問題とはせず「社会」の問題として，貧困を生み出し固定化する構造を考え解決することが重要である。

【理　科】（40分）〈満点：80点〉

1　次の(1)〜(5)の問いに答えなさい。

(1)　次のａ〜ｃについて，正しければ○，間違っていれば×を書きなさい。

ａ．乾電池《かんでんち》に２個の豆電球を並列につないだとき，片方の豆電球が切れていても，もう一方の豆電球は点灯する。

ｂ．電気用図記号の電池の＋と－の向きは，図１のように対応する。

ｃ．電気用図記号の電球は，図２のように対応する。

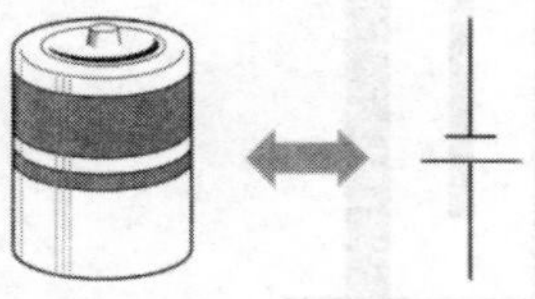

図１

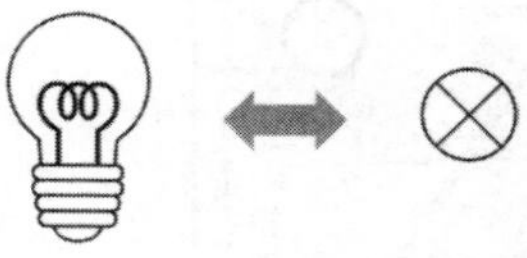

図２

(2)　雨量や降水量を表す単位として適切なものを次の**ア**〜**カ**から１つ選び，記号で答えなさい。

ア．kg　　**イ**．g　　**ウ**．dL　　**エ**．mL　　**オ**．mm　　**カ**．cm

(3)　日本国内では，約1300か所の気象観測所において，降水量などが自動で観測され，天気予報などで利用されています。このような気象観測システムの名前を，カタカナで答えなさい。

(4)　図３は，ろ過の実験を示しています。ろ過についての説明として，適切なものを次の**ア**〜**オ**から２つ選び，記号で答えなさい。なお，BTB溶液《ようえき》は酸性で黄色，中性で緑色，アルカリ性で青色に変化します。

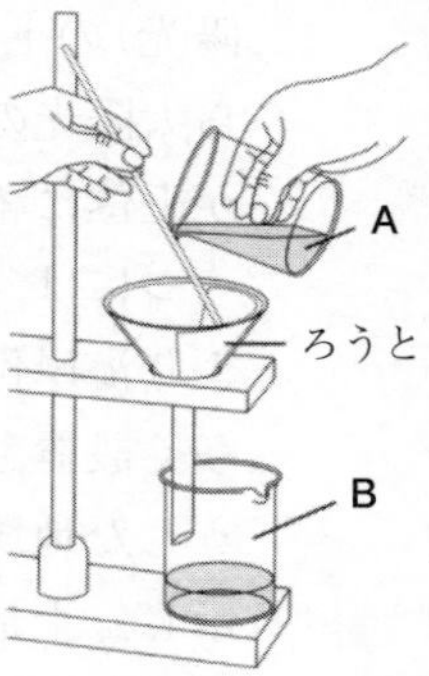

図３

ア．ミョウバンの水溶液をろ過すると，水だけを取り出すことができる。

イ．砂つぶの混ざった食塩の水溶液をろ過すると，水溶液から砂つぶを取り除くことができる。

ウ．ビーカー**A**にコーヒーシュガー（茶色い砂糖）の水溶液を入れた。この水溶液をろうとに注ぐと，ビーカー**B**には無色の水溶液がたまる。

エ．ビーカー**A**にアンモニア水を入れ，BTB溶液を加えた。この水溶液をろうとに注ぐと，ビーカー**B**には青色の水溶液がたまる。

オ．ビーカー**A**に水を入れ，溶《と》け残りができるまで食塩を加えた。この水溶液をろうとに注ぎ，ビーカー**B**にたまった水溶液には，さらに食塩を溶かすことができる。

(5)　植物は葉に日光を受けて栄養をつくり，成長しています。そして，日光をたくさん受けるために，植物によって茎《くき》や葉のつくりが違います。ツルレイシは茎が細く，図４のようにまきひげで棒《ぼう》につかまって茎を支えています。

　ツルレイシと同じようにまきひげで茎を支える植物として，適切なものを次の**ア**〜**オ**から１つ選び，記号で答えなさい。

ア．アサガオ　　**イ**．フジ　　**ウ**．ヘチマ

エ．ツタ　　**オ**．イチゴ

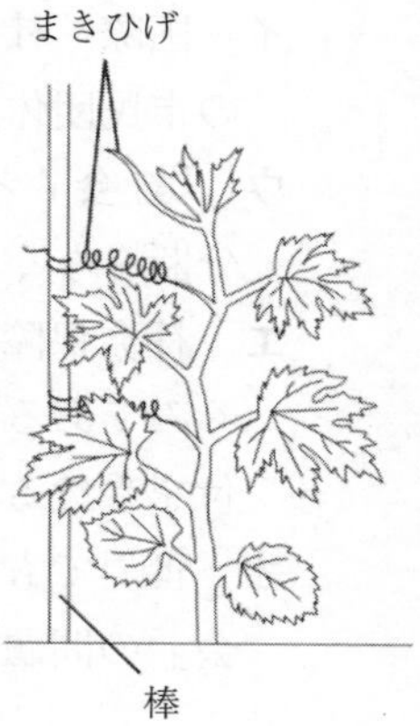

図４

2 東京で使用する星座早見は，図１に示した円盤《えんばん》(パーツＡ)に星座を描《えが》き，図２に示したような窓の開いた用紙(パーツＢ)を重ねることによって作成することができます。なお，パーツＢの窓の部分は，図２では白色で示しています。

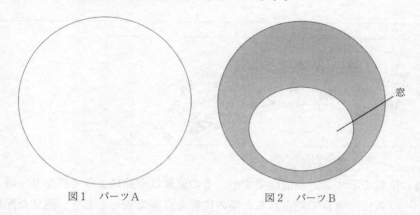

図１　パーツＡ

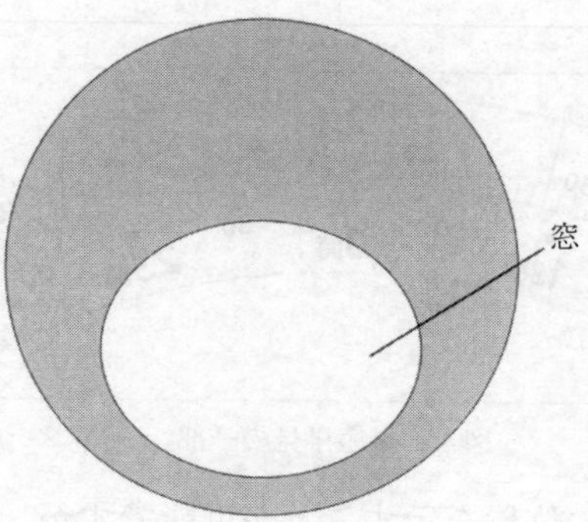

図２　パーツＢ

(1) 星座早見を見ながらオリオン座を観察しました。オリオン座をつくる明るい星を白丸で示したとき，夜空で見える並び方として，適切なものを次の**ア**～**エ**から１つ選び，記号で答えなさい。

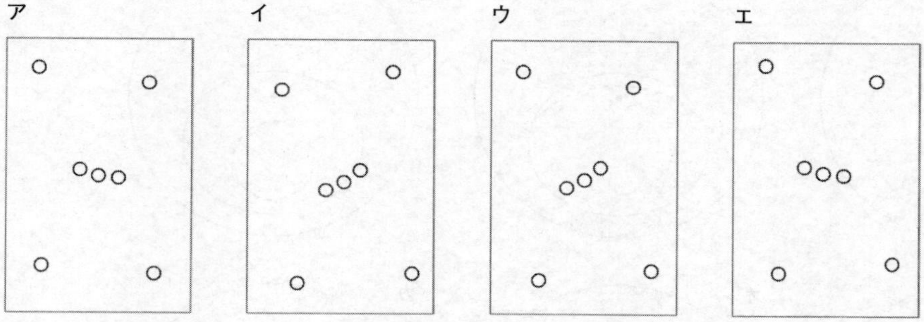

(2) 夏の大三角をつくる星の名前を，すべて答えなさい。

(3) パーツＡの中心付近にある星の名前を，漢字で答えなさい。

(4) パーツＢには東と西が記入されています。東と西が記入されている位置として，適切なものを図３の**ア**～**カ**からそれぞれ１つ選び，記号で答えなさい。

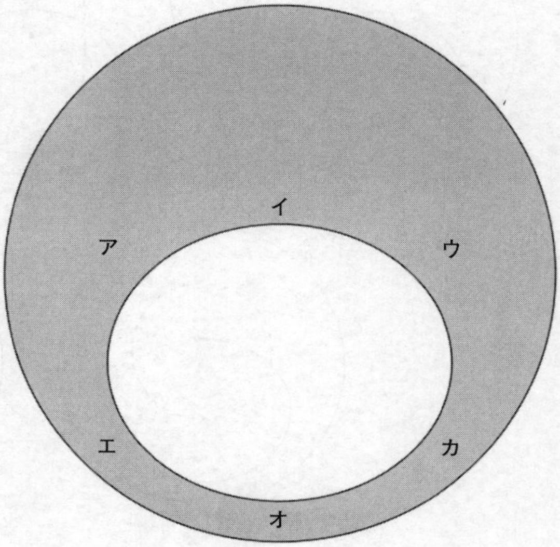

図３　パーツＢ

(5)　図４に星座早見の一部を示します。次の文中の(　)にあてはまる整数を答えなさい。

> **２月10日の０時に見える星空は，３月(　　)日の21時30分に見える星空とほぼ同じである。**

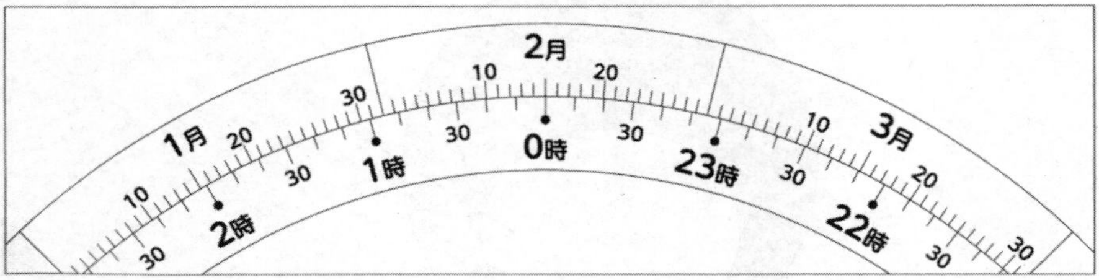

図４　星座早見の一部

(6)　星座早見でも，太陽の位置を示すことが可能ですが，その位置は季節によって異なり，線として表現されます。パーツＡに，東京で見られる太陽の位置を点線で表したとき，適切な配置となっているものを，次の**ア～ク**から１つ選び，記号で答えなさい。なお，黒い点はパーツＡの中心を，内側の実線はパーツＢを重ねたときの窓の位置を示しています。

ア

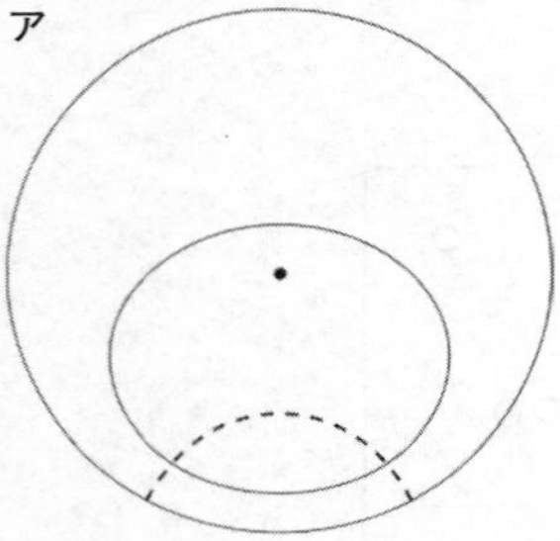

イ

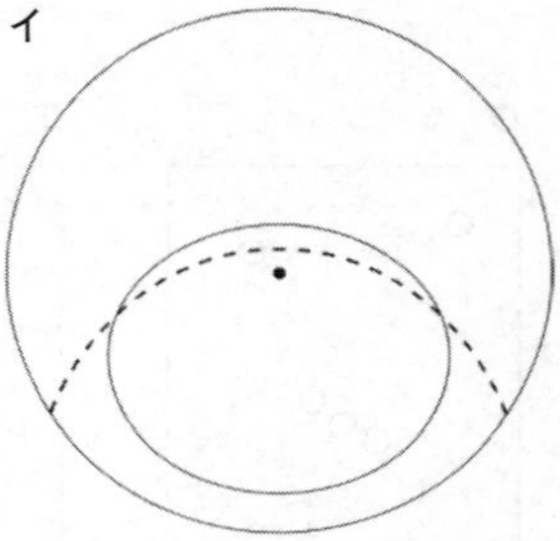

ウ

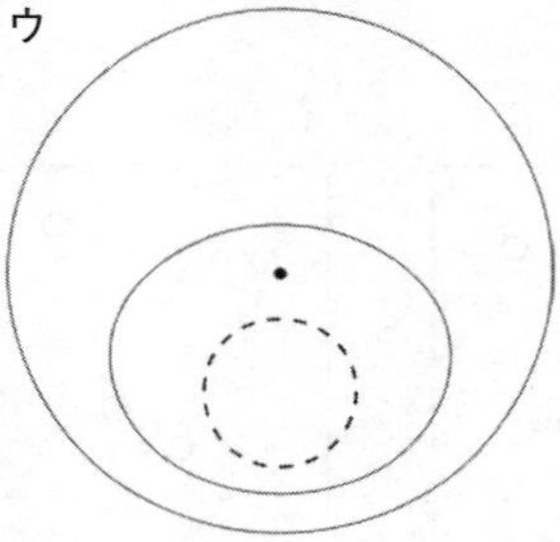

エ

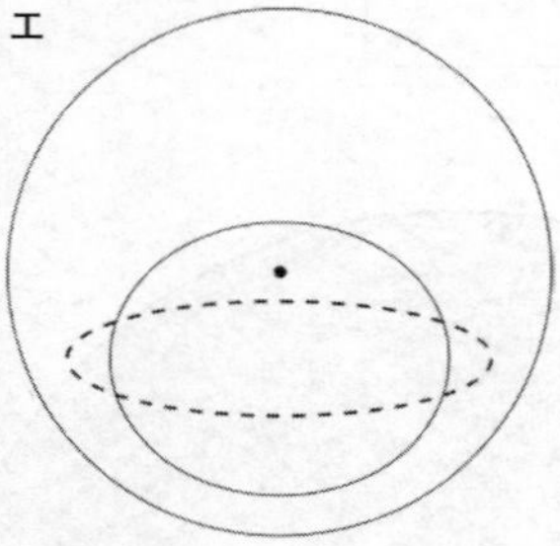

オ

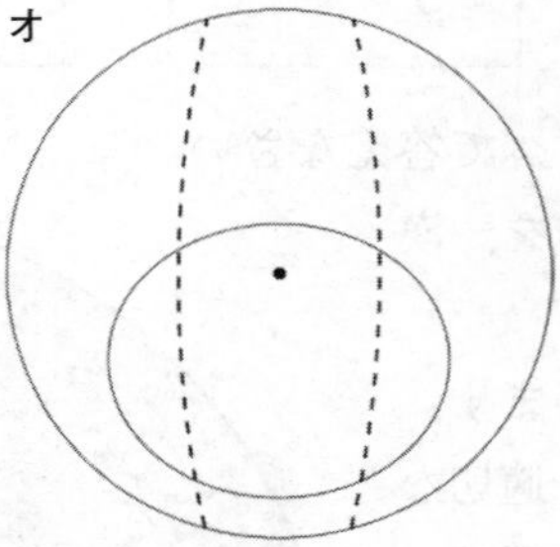

カ

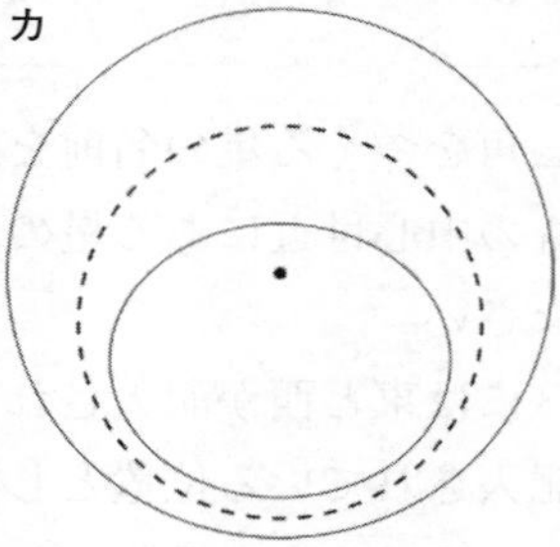

キ

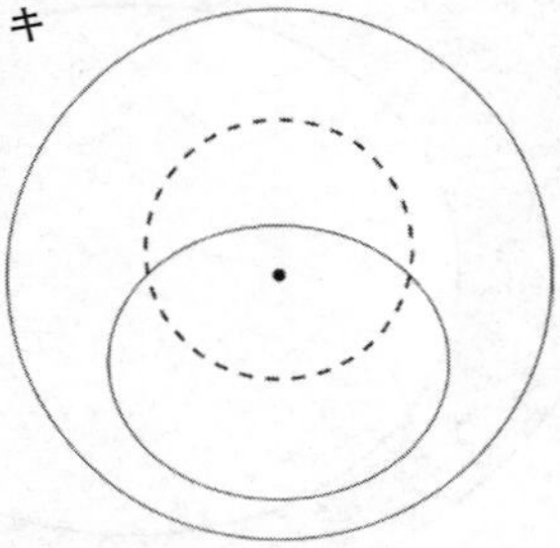

ク

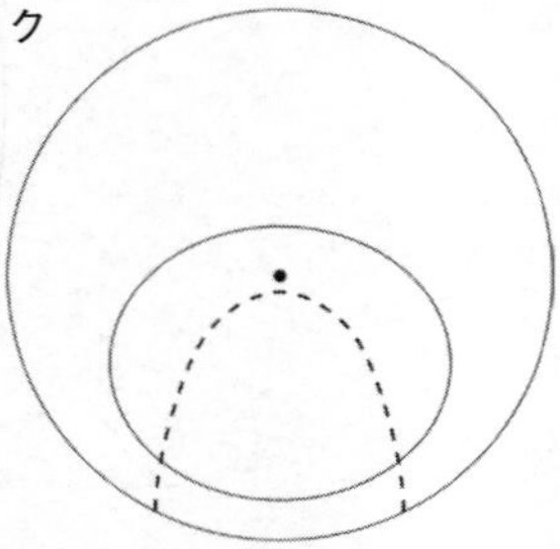

(7)　国や地域が変わると，東京で使用している星座早見が，そのまま使用できないことがあります。しかし，パーツBの窓の形を変えることで，ある程度まで対応できます。右の図5は，北極のある地点(N地点)に対応させたパーツBであり，白い部分が窓です。この窓の形から推測できることとして，間違っているものを次の**ア**～**カ**からすべて選び，記号で答えなさい。ただし，北極では1日中太陽が沈まない期間がありますが，その期間は考えないものとします。

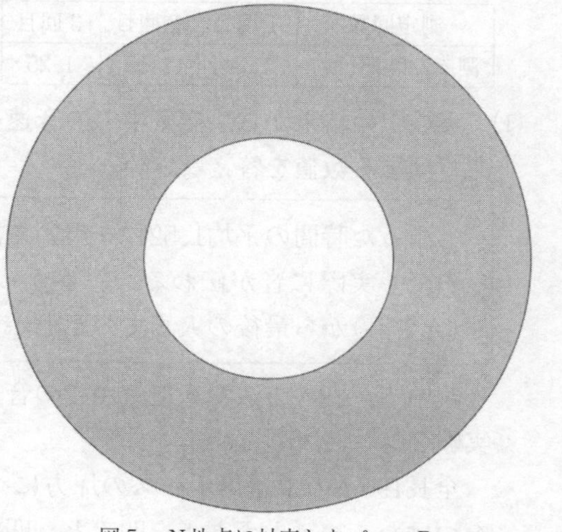

図5　N地点に対応したパーツB

ア．パーツAの中心にある星は，東京とは異なる。
イ．N地点では，真上(頭上)がパーツAの中心である。
ウ．N地点で見える星座は，1年間ほとんど変わらない。
エ．N地点では，地面の近くに見える星座は，一晩中地面の近くに見える。
オ．N地点と東京では，同じ星座が見えることがある。
カ．1年間で比べたとき，N地点では日本よりも多くの種類の星座を見ることができる。

3　小学校では糸電話などを使い，音が振動《しんどう》として糸や空気を伝わっていく様子を観察しました。ところで，音が伝わるのにも時間がかかります。駒場東邦中学校の授業で，音の伝わる速さ(以下，音速と呼ぶ)を測定する実験を行った様子を紹介《しょうかい》しましょう。

＜実験1＞

3m間隔《かんかく》で21人の生徒が立ち，一番端《はし》の人がホイッスルを鳴らす。ホイッスルを「ピッ」と鳴らし，ホイッスルの音が聞こえたら手を挙げてもらうようにし，その様子をビデオカメラで撮影《さつえい》した。

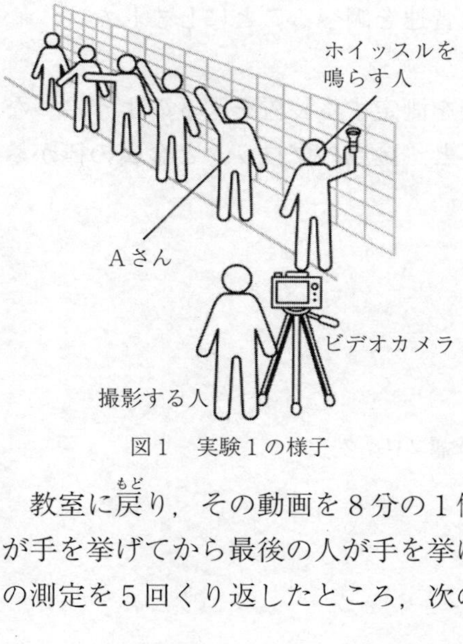

図1　実験1の様子

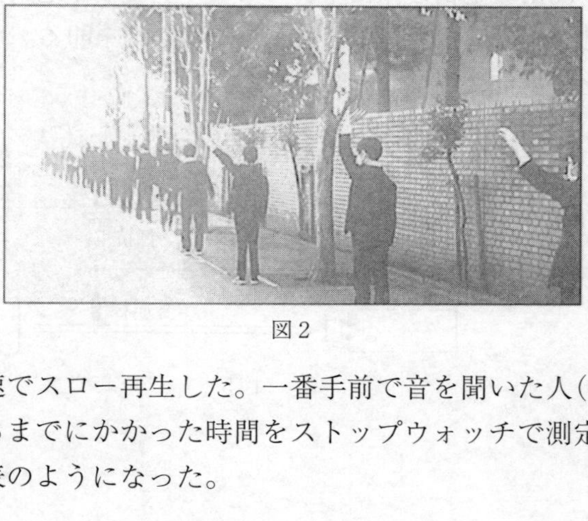

図2

教室に戻《もど》り，その動画を8分の1倍速でスロー再生した。一番手前で音を聞いた人(Aさん)が手を挙げてから最後の人が手を挙げるまでにかかった時間をストップウォッチで測定し，その測定を5回くり返したところ，次の表のようになった。

測定回数	1回目	2回目	3回目	4回目	5回目	平均
測った時間〔秒〕	1.74	1.55	1.25	1.46	1.60	1.52

(1)　実験1の結果から，空気中での音速を以下のように求めました。次の文章中の空欄《くうらん》①～③にあてはまる数値を答えなさい。

> 測った時間の平均1.52秒を用いて計算する。動画は8分の1倍速でスロー再生しているので，実際に音が伝わるのにかかった時間は(①)秒である。一番手前の手を挙げた人(Aさん)から最後の人までの距離《きょり》が(②)mなので，音速は秒速(③)mである。

続いて，別の方法でも空気中での音速を測ってみました。

＜実験2＞

全長190mの水道用ホースの片方にペットボトルをつけ，もう片方にはマイクとスピーカーをつけた。ペットボトルを叩《たた》くと，叩いた音がホース中の空気を伝わってホースの端まで届き，スピーカーから音が聞こえた。叩いてから音が聞こえるまで，少しだけ時間があった。

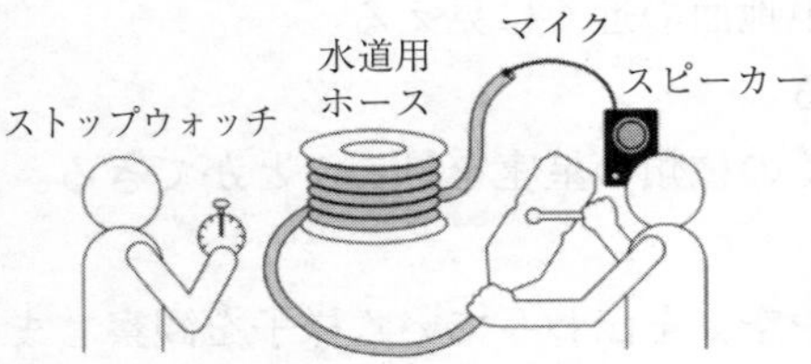

図3　実験2の様子

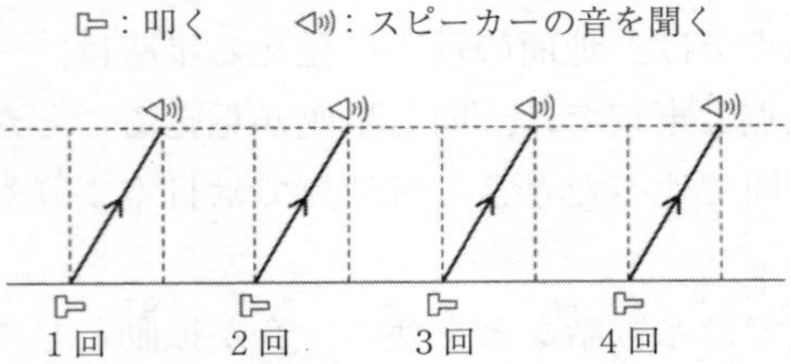

図4

図4のように，ペットボトルを叩いてからスピーカーの音を聞くまでの時間と，スピーカーの音を聞いてからペットボトルを叩くまでの時間が等しくなるよう，規則正しくくり返しペットボトルを叩いた。

(2)　ペットボトルを叩いた1回目から10回目までにかかった時間を測ると，10.0秒でした。音速は，秒速何mですか。

今度は，空気中を伝わる音速ではなく固体を伝わる音速を調べることにしました。

＜実験3＞

1.00mの金属の棒にオシロスコープという電気信号を測定する装置を図5のようにつなぎ，電池をつないだ金属のブロックで棒の端を叩く。すると，金属のブロックと金属の棒がふれることで抵抗に電気が流れる。

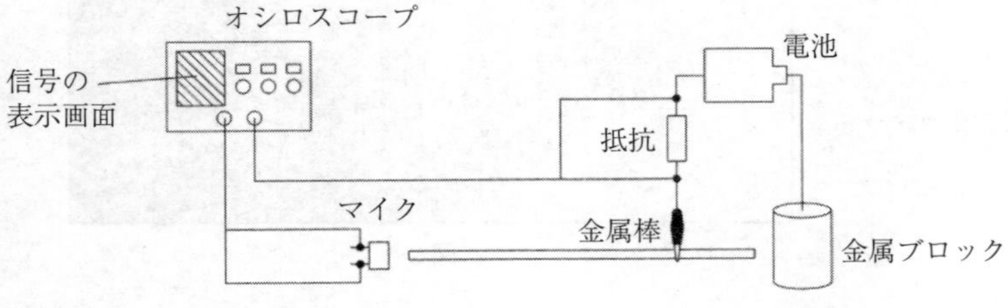

図5

抵抗の両端をオシロスコープで計測すると，オシロスコープに電気信号が入り，時間と共にその電気信号がどうなるかが画面に表示される。

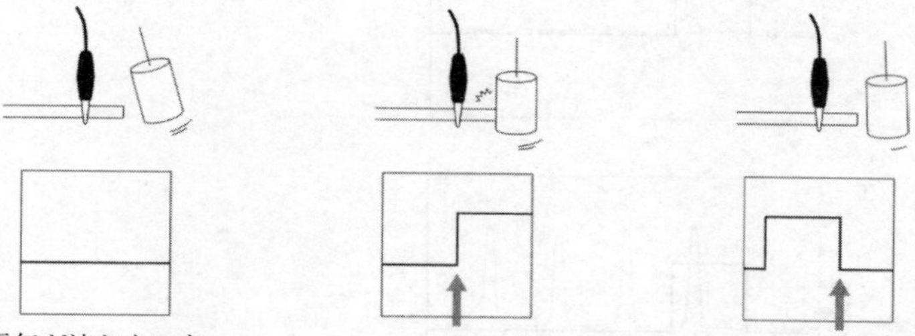

電気が流れないと信号にはならない

金属ブロックがふれた瞬間《しゅんかん》

金属ブロックがはなれた瞬間

図６

棒の反対側の端にはマイクを置く。マイクが拾った音もオシロスコープへ電気信号として入り，時間と共に電気信号がどうなるかが画面に表示される。

マイクで音が聞こえたときの電気信号

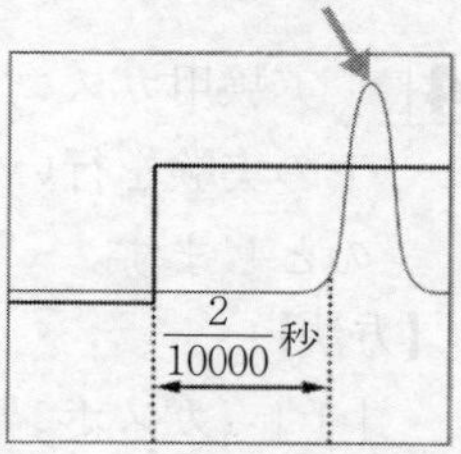

(3)　金属棒を叩いてから，マイクで音が聞こえるまでのオシロスコープの画面の表示は右図のようでした。金属の棒を伝わる音速は，秒速何mですか。必要があれば小数第１位を四捨五入して整数で答えなさい。

画面に表示する時間の幅を変えると，図７のように複数の電気信号が現れたので，棒の両端で音が反射して往復していると想像できます（図８）。例えば図７中の※の信号は，音が棒の端で４回反射したあとにマイクが拾ったときのものです。

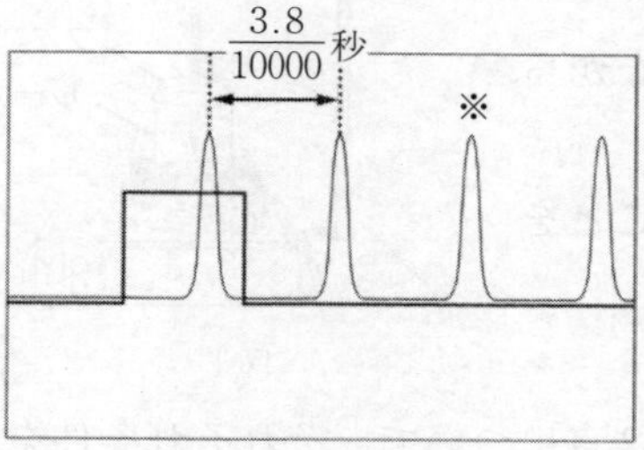

図７

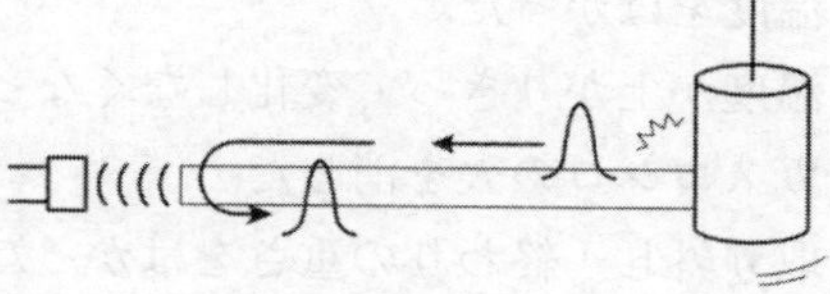

図８

(4)　図７の信号の間隔から金属の棒を伝わる音速を求めると，音速は秒速何mになりますか。必要があれば小数第１位を四捨五入して整数で答えなさい。

(5)　金属棒を別の種類の金属Aに変えて同じ実験をしました。金属Aを伝わる音速は，先ほどの金属よりも遅いことがわかっています。オシロスコープに表示されるものとして，適切なものを次の**ア**～**エ**から１つ選び，記号で答えなさい。なお，表示される時間の幅はどれも図７と同じです。

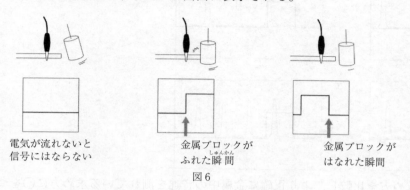

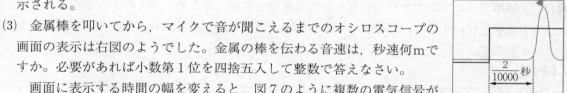

ア

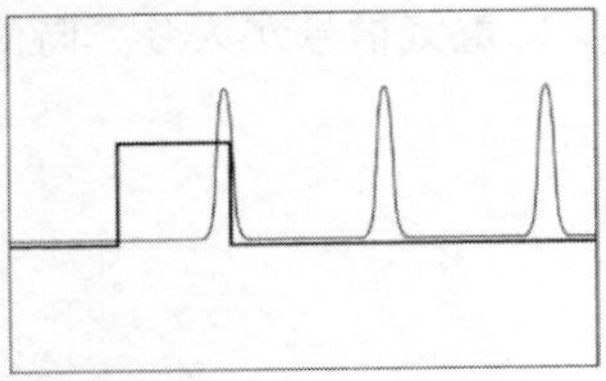

イ

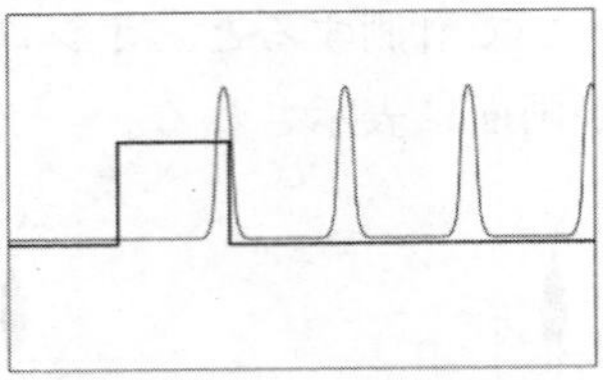

ウ

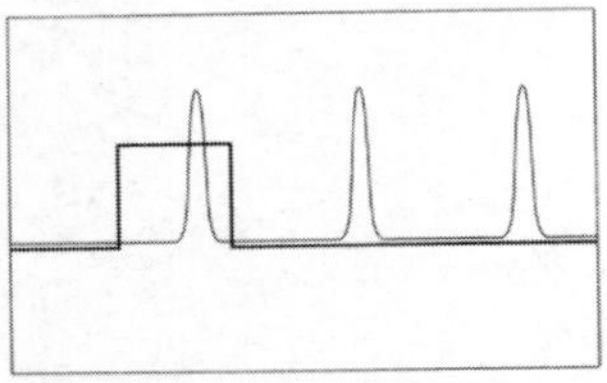

エ

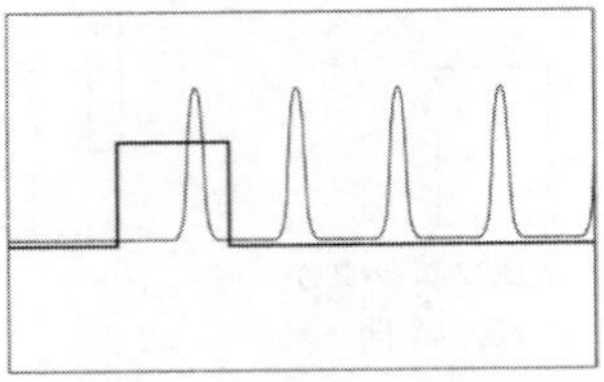

(6) (3)の求め方と(4)の求め方を比較し，より正確に金属中の音速を測れている求め方に○をつけなさい。また，そのように判断した理由を答えなさい。

4 実験用ガスコンロで水を温めたときの温度変化を調べるため，図１のような器具を使い，以下の実験を行いました。なお，ビーカー内の水はよく混ざっており，温度のばらつきはないものとします。

【方法】

［１］ ガスボンベの始めの重さをはかってから，ガスコンロに取り付けた。

［２］ ビーカーに水を300mL入れてアルミニウムはくのフタを付け，ガスコンロに乗せ，温度計を入れた。

［３］ ガスコンロに点火して火の強さを調整し，水を温めながら30秒ごとに水の温度をはかった。

［４］ 水が沸騰《ふっとう》し，温度が上がりきって変化しなくなったことを確認してから，ガスコンロの火を消した。

［５］ ガスボンベを取り外し，終わりの重さをはかった。

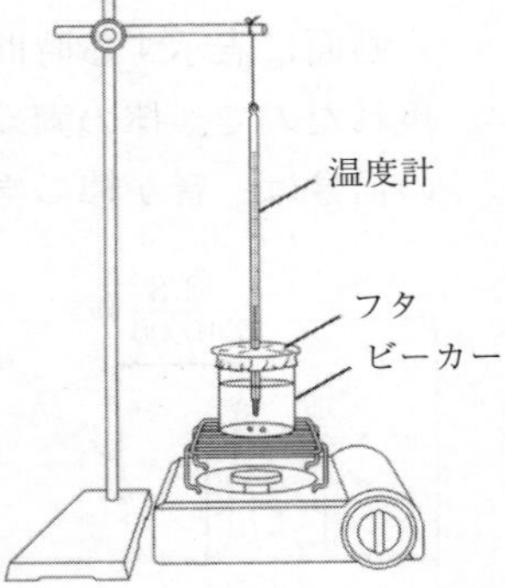

図１

この［１］～［５］を，**A** 火の強さ，**B** ビーカーのフタの２点について，それぞれ条件を変え，６通りの組み合わせで行った。

A 火の強さ……「強火」，「中火」，「弱火」の３通り（図２）。なお，火の強さは［３］で調整してから消すまで変えなかった。

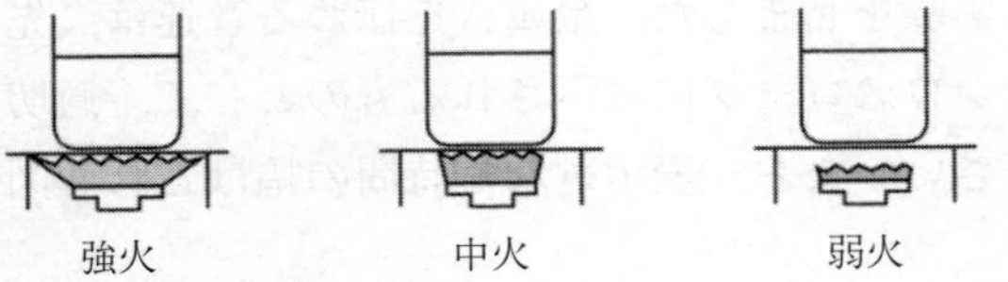

図２

B ビーカーのフタ……「フタあり」，「フタなし」の２通り。「フタなし」は［２］でビーカーにアルミニウムはくのフタを付けなかった。

測定した値や記録した時間から，次のような計算をした。

「ガス使用量」=「ガスボンベの始めの重さ」−「ガスボンベの終わりの重さ」

「１分あたりガス使用量」=「ガス使用量」÷「火を消すまでの時間」

「湯が沸《わ》くガスの量」=「１分あたりガス使用量」×「温度が上がりきるまでの時間」

【実験の結果】

結果をまとめた表は，下のようになった。

A 火の強さ	強火		中火		弱火	
B ビーカーのフタ	あり	なし	あり	なし	あり	なし
ガスボンベの始めの重さ(g)	345.3	309.6	320.2	340.2	319.8	333.4
ガスボンベの終わりの重さ(g)	309.6	273.9	302.2	319.8	308.9	319.1
ガス使用量(g)	35.7	35.7	18.0	20.4	10.9	14.3
温度が上がりきるまでの時間(分)	6.0	6.5	6.0	7.0	11.0	15.0
火を消すまでの時間(分)	7.5	7.5	7.5	8.5	12.5	16.5
湯が沸くガスの量(g)	28.6	30.9	14.4	〈a〉	9.6	〈b〉

また，「中火フタあり」と「中火フタなし」について，水の温度変化をグラフにすると，図３のようになった。

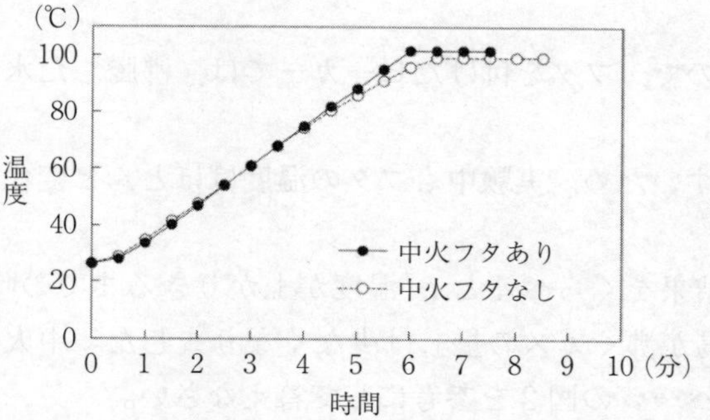

図３

(1) 実験で用いたガスボンベのガスやガスコンロに関する説明として，適切なものを次の**ア**～**オ**から２つ選び，記号で答えなさい。

ア．ガスは，本来は臭《にお》いのない気体だが，安全のため臭いが付けられている。

イ．ガスボンベの中には，押し縮められて体積が小さくなったガスが，気体のまま閉じこめられている。

ウ．正常なガスコンロでは，炎《ほのお》はオレンジ色で外側の方が温度が高い。

エ．ガスコンロを使うときは平らな場所に置き，火がついているときは動かさない。

オ．ガスコンロの火を消したら，すぐにガスボンベを外して片付ける。

(2) ガスコンロに点火したすぐ後に，ビーカーの外側がくもるのが観察されました。その理由を説明した次の文中の空欄①と②にあてはまる言葉として，適切なものを次のページの**ア**～**オ**からそれぞれ１つずつ選び，記号で答えなさい。

(　①　)が，ビーカーに(②)水滴となり，外側に付いたから。

①にあてはまる言葉	②にあてはまる言葉
ア．空気中の水蒸気 **イ**．ガスが燃えてできた水蒸気 **ウ**．ビーカーの水が蒸発して出た水蒸気	**エ**．冷やされて **オ**．温められて

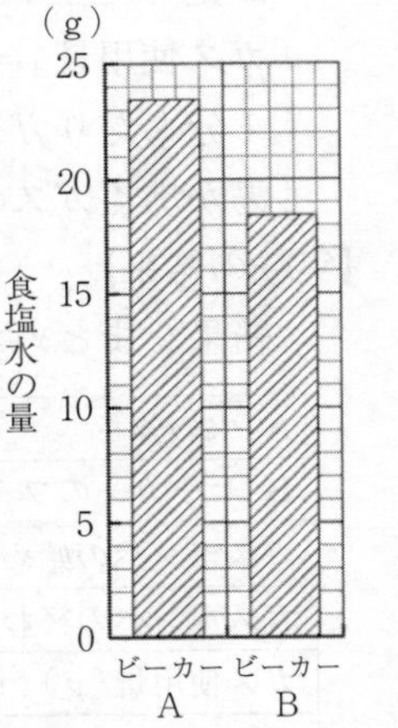

例　ビーカーの食塩水の量

(3)　前のページの表の空欄〈a〉と〈b〉の値を，小数第1位まで求めなさい。また，求めた値と表の値を使い，「湯が沸くガスの量」のグラフを，右の例にならって作成しなさい。グラフの縦軸《じく》の題，目盛り，単位も記入すること。

(4)　実験で用いたフタに関する結果のまとめや考察として，適切なものを次の**ア**～**オ**から1つ選び，記号で答えなさい。

ア．どの火の強さでも，フタを付けた場合「温度が上がりきるまでの時間」が短くなり，「湯が沸くガスの量」が多くなった。

イ．中火では，フタを付けなかった場合「温度が上がりきるまでの時間」が長くなり，上がりきったときの温度が高くなった。

ウ．フタがない場合，温められた水が水蒸気となってビーカーから出て行きやすく，水の温度が上がりにくくなる。

エ．アルミニウムはくは水蒸気を通さないので，フタを付けたビーカーでは，沸騰した水から出た水蒸気が完全に閉じこめられている。

オ．アルミニウムは金属なので熱を伝えやすいため，実験中もフタの温度はほとんど変化しない。

(5)　「強火フタあり」と「中火フタあり」の結果をくらべると，「温度が上がりきるまでの時間」は同じなのに，「中火フタあり」の方が「湯が沸くガスの量」は少なくなりました。中火の方が少ないガスの量で湯が沸いた理由を，20ページの図2を参考にして答えなさい。

(6)　実験と同じ器具を使い，ゆで卵を作ることにします。ガスボンベのガス1.0gが燃えるとき3.0gの二酸化炭素が出るとすると，次の[1]～[3]の手順でゆで卵を作るときに出る二酸化炭素は何gですか。小数第1位を四捨五入して整数で答えなさい。

[1]　300mLの水を，中火でフタをして温める。

[2]　水の温度が上がりきったら，すぐ弱火にしてフタを外し，卵を入れる。

[3]　弱火にしてから9分間，卵をときどき転がしながら，フタをせずにゆでる。

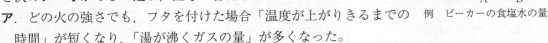

5 下の図1，図2は，ヒトの心臓を前(腹側)から見た断面図と表面図です。

ヒトの心臓は左右の肺の間にあり，心臓からは肺につながる血管と肺以外の各臓器へとつながる血管が出ており，心臓から出ていく血液が流れる血管を動脈，心臓へ戻ってくる血液が流れる血管を静脈といいます。

心臓は血管内の血液を流すためのポンプであり，筋肉でできています。ポンプは，①心臓の壁が収縮して中の血液を心臓の外へ押し出す「部分X」と，「部分X」に流し込む血液を一時ためておく「部分Y」からできています。

また，図2のように，②心臓の周りを取り囲んでいる血管も見られます。

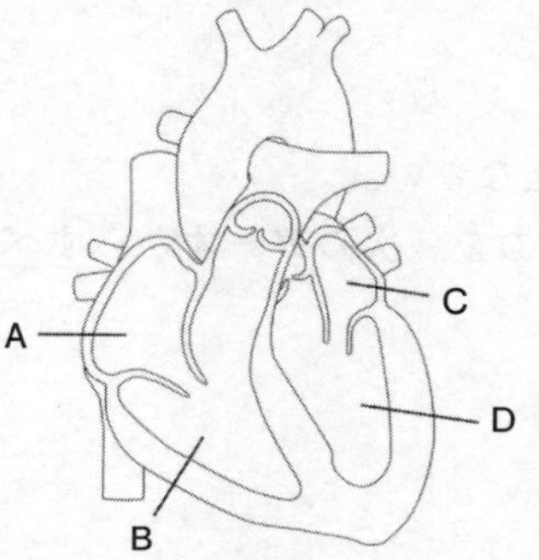

図1　心臓を前から見た断面図

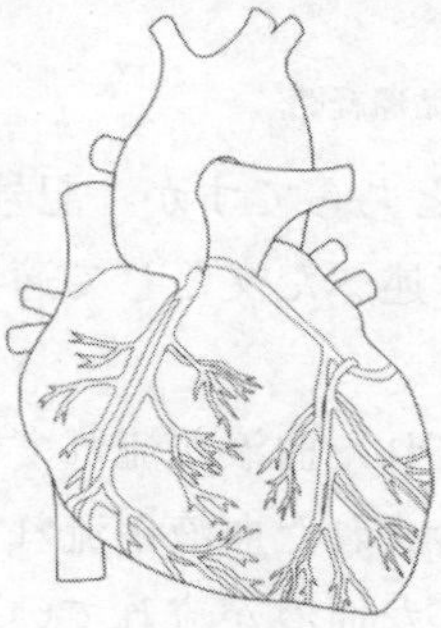

図2　心臓を前から見た表面図

(1) 図1の**A**～**D**のうち，下線部①の「部分Y」にあてはまるものとして，適切なものをすべて選び，記号で答えなさい。

(2) 下線部②の血管は，心臓の周りを取り囲み，枝分かれして細くなり，心臓をつくる筋肉の中にまで入る血管です。この血管の役割を答えなさい。

心臓の動きを拍動《はくどう》といい，それによっておこる血管の動きを脈拍といいます。拍動と脈拍の関係を調べるために，校庭を1周走った直後に，1分間の拍動数と脈拍数を同時に測ったところ，拍動数が140，脈拍数が(③)でした。

(3) 上の文章の空欄③に入る数値として，適切なものを次の**ア**～**オ**から1つ選び，記号で答えなさい。

ア．40　**イ**．80　**ウ**．100　**エ**．140　**オ**．180

(4) 脈拍について述べた文として，適切なものを次の**ア**～**エ**から1つ選び，記号で答えなさい。

ア．手首で脈拍を測るとき，静脈は腕《うで》の表面の方にあり，動脈は内側の方にあるため，静脈の動きを測っている。

イ．静脈は動脈に比べて血管の壁が薄いので，脈拍は静脈の動きである。

ウ．動脈は血液の流れるいきおいが規則正しく変化しているので，脈拍は動脈の動きである。

エ．からだをめぐる血液は常に同じいきおいで流れるため，脈拍は動脈と静脈のどちらの動きでもある。

図3は魚の心臓と血管の様子を模式的に示したものです。矢印は血液の循環《じゅんかん》経路を示しています。魚の心臓は，ヒトとは違い2つの部屋(**f**，**g**)に分かれていますが，ヒトと同じように心臓の壁が収縮して中の血液を心臓の外へ押し出す「部分X」と，「部分X」に流し込む血液を一時ためておく「部分Y」からできています。

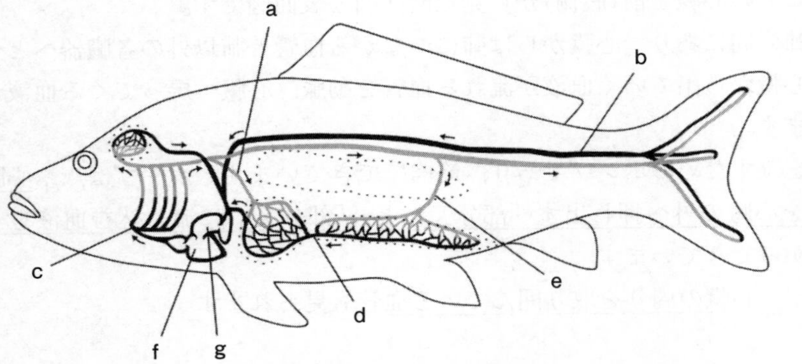

図3　魚の心臓と血液循環経路

(5)　魚の心臓で，「部分X」は**f**と**g**のどちらですか。記号で答えなさい。

(6)　図3の**a**～**g**を流れる血液について述べた文として適切なものを，次の**ア**～**オ**から<u>すべて選び</u>，記号で答えなさい。

ア．**a**，**b**，**e**には，酸素が多く含まれた血液が流れている。

イ．**c**，**d**には，二酸化炭素が多く含まれた血液が流れている。

ウ．**e**には，栄養分が最も多く含まれた血液が流れている。

エ．**f**，**g**には，酸素が多く含まれた血液が流れている。

オ．**f**，**g**には，二酸化炭素が多く含まれた血液が流れている。

は虫類の心臓はふつう3つの部屋に分かれていますが，は虫類の中でもワニの心臓はヒトと同じように4つの部屋に分かれています。しかし，ヒトの心臓(図4)とは違い，図5に示すように**B**から2本の血管**G**と**J**が出ていて，血管**J**は**D**から出ている血管**I**と，④<u>パニッツァ孔《こう》</u>といわれる部分でつながっています。ワニの心臓では図5の**B**に入った血液の大部分は，陸上で活動しているときには  へ流れ，水中に潜《もぐ》っているときには  へ流れています。ワニの心臓から送られる血液は，このような特殊《とくしゅ》な心臓により，⑤<u>陸上と水中で血液の流れが変わります</u>。

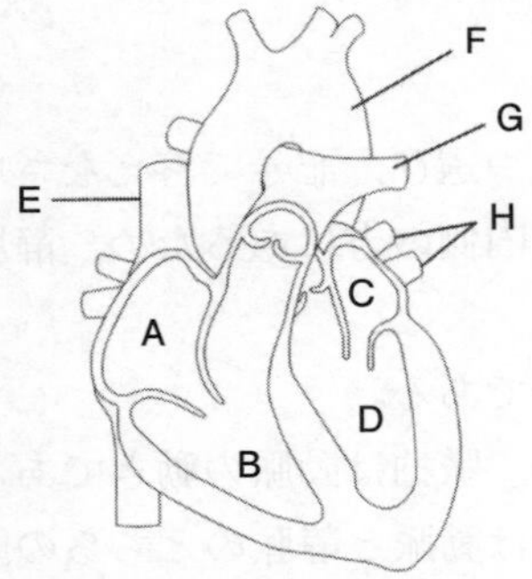

図4　ヒトの心臓(断面図)

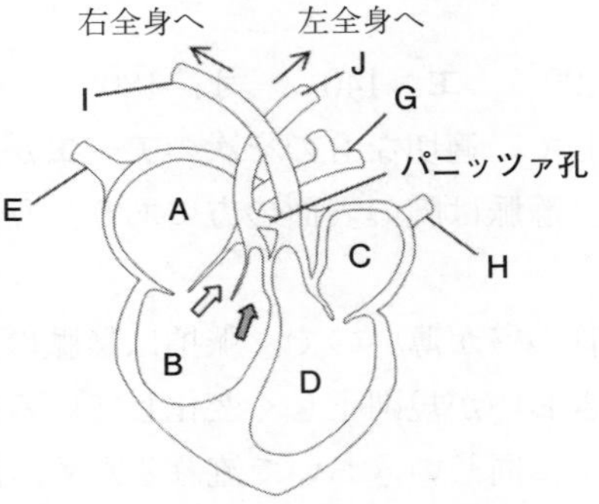

図5　ワニの心臓(断面図)

(7) 下線部④について，陸上で活動しているときにパニッツァ孔を流れる血液の向きを矢印で表すと，下の拡大図**ア**，**イ**のどちらになりますか。記号で答えなさい。

ア

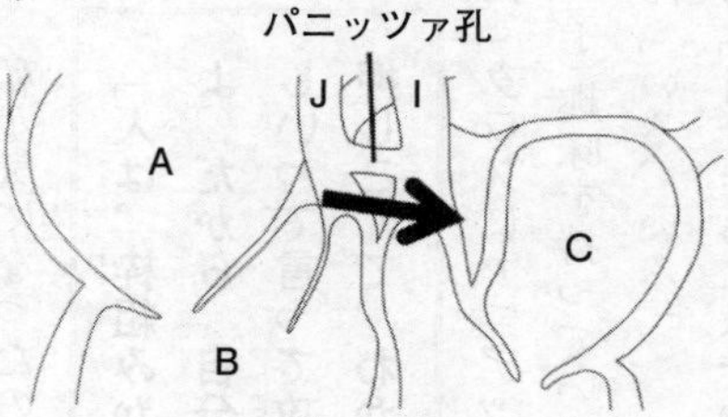

イ

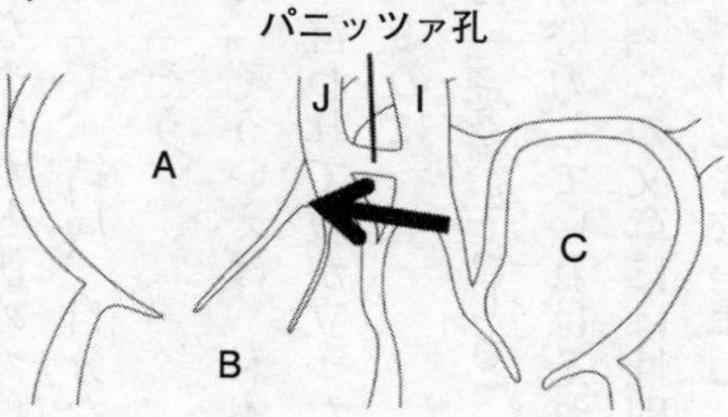

(8) 下線部⑤について，水中に潜っているときに，血液の流れが変わる利点を説明しなさい。

Bさん「うん、自分のこととして考えてしまった」

Aさん「私が気になったのは、30ページの黒野先輩のこのセリフ」

「人は、枠組《わくぐ》みから外れたやつがいるのがこわいんだよ。だから、自分がわからないものに出会うと、おかしいって言って攻撃《こうげき》したり、わかりやすいでたらめに押しこんで、わかった気になったり、する」

Aさん「クラスにマニアックな(一つの事に異常なまでに熱中する様子)趣味を持っている人っているじゃない?」

Bさん「いる、いる」

Aさん「自分たちにはその人の趣味が理解しきれないから、へんなやつだと決めつける」

Bさん「で、結局、自分たちが正しい側にいると思うんだよね」

Aさん「そう」

Bさん「そういえば、私も何かと『受験生らしくしなさい』って言われて腹が立ったな。自分は自分のやり方で勉強しているのに」

Aさん「『受験生らしさ』って型にはまらなくても、自分なりに努力していればそれでいいのにね」

Aさん「この文章には性別をめぐる問題が出てくるけれど、それだけじゃないよね。社会や身の回りを見渡《みわた》すと、黒野が言うことと同じことがあちこちで起こっている」

Bさん「本当にそうだ」

Aさん「たとえば【　★　】というのも同じパターンだよね」

Bさん「さすが、鋭《するど》い」

Aさん「受験が終わったら色々な体験にチャレンジしようね」

Bさん「うん、一緒《いっしょ》にね」

問い

Aさんと Bさんの話し合いが成立するように、あなたが考える26ページの□の具体例を、前後の文脈をふまえて、【★】に入る形で答えなさい。字数指定はありませんが、解答用紙の枠内に一行で収めること。

オ　龍一郎は弱い立場にある人の気持ちが分からず鈍《にぶ》いところがあるが、虎之助は人の本音を気にしてしまい、好意的な意見ですら素直《すなお》に受け取れないほど自分に自信がないから。

問8　――線部⑥「ぼくらは自分のままでいたいだけ」（30ページ）とありますが、虎之助が「ぼくら」と思ったのはなぜですか。四十五字以内で答えなさい。

問9　――線部⑦「ぼくは、もっと先輩と話がしたいです」（29ページ）とありますが、このときの虎之助の心中の説明として最も適切なものを次の中から一つ選び、記号で答えなさい。

ア　祇園寺先輩のはっきりしない生き方にとまどいを覚え、心に浮《う》かんだ自分の疑問をたずねてみたいと思っている。

イ　自分が今までより強くなることで、見た目とちがって傷つきやすい祇園寺先輩を守ってあげたいと思っている。

ウ　正直に内面を打ち明けてくれた祇園寺先輩のことが頭を離《はな》れず、この恋愛《れんあい》感情に似た気持ちを伝えたいと思っている。

エ　自分よりも男らしく生きる祇園寺先輩に憧《あこが》れ、もっと親しくなって対等に話せる間柄《あいだがら》になろうとしている。

オ　祇園寺先輩の今までの葛藤《かっとう》や本当の気持ちに触《ふ》れ、自分の中で形をなしてきた思いを先輩に伝えようとしている。

問10　――線部⑧「今までずっと押《お》さえこんできた思いが、明確な言葉となって夕日の下に響《ひび》く」（29ページ）とありますが、この箇所《かしょ》から分かる虎之助の変化はどのようなものですか。本文全体をふまえて、女子たちに対する「今までずっと押さえこんできた思い」がどのようなものか分かるようにして、百字以上、百二十字以内で説明しなさい。

問11　……線部から読み取れることとして適切なものを、次の中から二つ選び、記号で答えなさい。

ア　周囲から「ウサギ王子」（36ページ）と呼ばれる祇園寺羽紗《うさ》をはじめ、轟《とどろき》虎之助、その兄である龍一郎は、いずれも本人の性格と名前に含《ふく》まれる動物のイメージが一致《いっち》していないため、人から理解されにくいという悩《なや》みを抱えている。

イ　「なんだろうね、この人」（34ページ）、「そういうこと？」（同ページ）のように、会話文以外でも祇園寺や黒野の思っていることがはさみこまれ、物語にリズムと面白味《おもしろみ》を与えている。

ウ　「きみだって、自分が食べるために焼いているんじゃないのか？」（33ページ）、「ケーキを食べるやつははずかしいやつなのか？」（同ページ）のように、黒野は他人の心中を察知して発言し、話を展開する役割を持っている。

エ　タルトタタン一つを取っても、「お店の味じゃだめだった」（33ページ）と言うように、自分自身の作り方にこだわる祇園寺は、既製品《きせいひん》の味で満足してしまう多くの人々に対して、もどかしさを感じていることが読み取れる。

オ　「ケーキ型から外す」（30ページ）、「それを切り分け、一切れずつお皿に取った」（同ページ）という一連の流れは、人間は誰《だれ》もが最初は「型」に従っているが、いずれは一人立ちしていかねばならないという虎之助の強い信念を示している。

カ　「においますね」（29ページ）、「においますねえ」（同ページ）という女子たちの言葉は、「ケーキのあまいにおいがする」と「何かを隠《かく》しているのではないかと感じる」という二つの意味を持っている。

問12　本文を読んだAさんとBさんが次のような話し合いをしました。これを読み、後の問いに答えなさい。

Aさん「この文章、とても他人事とは思えなかったな。いろんな意味で」

オ　優雅《ゆうが》な

B 「おごそかな」(30ページ)

ア　近寄りがたく重々しい

イ　とまどいおびえた

ウ　明るくはればれとした

エ　いつも通り落ち着いた

オ　おだやかで充実《じゅうじつ》した

C 「黄色い笑い声」(29ページ)

ア　ばかにしたような笑い声

イ　元気いっぱいの笑い声

ウ　照れたような笑い声

エ　ほがらかな笑い声

オ　かん高い笑い声

問3　――線部①「黒野先輩《くろのせんぱい》がため息をついた」(35ページ)とありますが、それはなぜですか。二十五字以内で答えなさい。

問4　――線部②「『スイーツ男子』より『お菓子《かし》作りが好きな女子』のほうが、ずっと理解されやすい」(35ページ)とありますが、それはなぜですか。三十字以内で答えなさい。

問5　――線部③「私《わたし》はぶんなぐられたようなショックを受けた」(31ページ)とありますが、その理由として最も適切なものを次の中から一つ選び、記号で答えなさい。

ア　自分の中では心地《ここち》よく誇《ほこ》りでもあった男勝《おとこまさ》りであることが、友だちの女の子にとってはこわい印象を与《あた》えていたことに気付かされたから。

イ　友だちの女の子に作ってくれたケーキが美味《おい》しいと伝えただけで、今の自分のありように関わらず、やはり女の子だと当たり前のように決めつけられてしまったから。

ウ　今まで性別を気にせず好きなように過ごし、自由でいたいと思っていたが、友だちになった女の子と仲良くするには自分を変えないといけないと思ったから。

エ　いくらかっこいいキャラクターを演じ、女の子らしさから逃《のが》れようとしても、自分は女子であるという事実は変えることができないと分かったから。

オ　自由であるために強くあろうと心掛《こころが》けてきたが、今回あまいケーキを食べたことで、苦労して作り上げたそのイメージを壊《こわ》してしまったことに気が付いたから。

問6　――線部④「わかってるんだ。本末転倒《ほんまつてんとう》だってことは」(31ページ)とありますが、祇園寺《ぎおんじ》がどのようになったことが「本末転倒」なのですか。八十字以内で答えなさい。

問7　――線部⑤「だれかに『人がなんて言おうと関係ない』なんて、言えない」(30ページ)とありますが、その理由として最も適切なものを次の中から一つ選び、記号で答えなさい。

ア　虎之助《とらのすけ》はそもそも自分のイメージを他人に決めてほしいと思っており、龍一郎《りゅういちろう》のように周囲を気にせず一人で自分の道を歩めるほどの強さを持っていないから。

イ　龍一郎は優等生であるためなかなか自分の心情を理解してくれないが、虎之助は普通の人にはなじみのない趣味《しゅみ》を持っているため、その趣味を周囲に認めてもらう必要があるから。

ウ　虎之助はいつも比較《ひかく》されてきた優等生の龍一郎に劣等感《れっとうかん》を抱《いだ》いており、兄の言うことをそのまま受け入れて自分の言葉として口にするのは気が進まないから。

エ　龍一郎は優等生で周囲に認められ、他人の言葉に左右されず意志を貫《つらぬ》き通せるが、生きづらさを抱《かか》えている虎之助は周囲の小さな言葉にも影響《えいきょう》を受けてしまうから。

ホなどで文字を入力する方法)で、画面に文字をつむぐ。

「先輩。また、タルトタタンを焼きに行ってもいいですか?」

「⑦ぼくは、もっと先輩と話がしたいです」

既読《きどく》はすぐについた。だけど、返信はなかなか来なかった。

「あれ、虎じゃん。どこ行ってたの?」

その声に顔をあげると、クラスメイトの女子たちがこっちを見ていた。

部活帰りだろうか。数人、かけよってきて、勝手に頭をなでてくる。

「家、こっちのほうじゃないよね? お出かけ? いいなあ」

「……秘密」

ぼくはかわいた声で答える。すると、女子のひとりが言った。

「あれ? なんか、あまいにおいがする。もしかしてケーキ焼いた?」

ぼくは無視する。女子たちがキャッキャと言いあう。

「においますねえ」

「においますね」

「どこで焼いたんだろ。よそのおうち?」

「よそのおうちって、だれのおうちよ」

「そりゃあ……あれですよ、彼女《かのじょ》、とか」

C黄色い笑い声。はじけるような笑顔《えがお》。

無邪気《むじゃき》にはしゃいでいる、自覚のない加害者の15ムれ……。

ぼくは歯を食いしばった。

背中を向けて、その場を立ち去る。一刻も早く。

「あれ、待ってよ虎。なに? おこっちゃった?」

頭の中がぐらぐらする。胸のおくでなにかが燃えている。ちりちりとのどをこがす、不愉快《ふゆかい》な熱。口の中に残っているタルトタタンの味。断りもなく頭をなでてくる手の感触。どこからかこだまする、今にも泣きそうな祇園寺先輩の声。

――ばかみたい。こんなにおいしいのに。むかつく。

「虎ちゃん、かわいい顔が台なしですよ~?」

「ほんとほんと! ほら、いつもみたいに笑って!」

ぼくはふり返って、さわいでいる女子たちをにらみつける。

それから、大きく息を吸いこみ、精いっぱいの声でさけんだ。

⑧今までずっと押さえこんできた思いが、明確な言葉となって夕日の下に響く。

女子たちの表情が固まるのを見ながら、ぼくは思った。

強くなりたい。ゆれないように。

自分が自分であるために、闘《たたか》えるように。

(村上雅郁《まさふみ》『きみの話を聞かせてくれよ』「タルトタタンの作り方」より)

問1 ‖線部1~15のカタカナを漢字に直しなさい。

問2 〰〰線部A「凛《りん》とした」(36ページ)、B「おごそかな」(30ページ)、C「黄色い笑い声」(29ページ)とありますが、この言葉の本文中の意味として最も適切なものを後の中からそれぞれ一つずつ選び、記号で答えなさい。

A「凛とした」(36ページ)

ア 抑揚《よくよう》のない　イ 引きしまった

ウ かぼそい　エ かろやかな

ふれた話に落としこもうとする。それが、ほんとうにいやなんだ」

黒野先輩は言った。

「人は、枠組《わくぐ》みから外れたやつがいるのがこわいんだよ。だから、自分がわからないものに出会うと、おかしいって言って攻撃《こうげき》したり、わかりやすいでたらめに押しこんで、わかった気になったり、する」

くっくと笑う先輩。ぼくはなにも言えなかった。

焼きあがったタルトタタンをすこし冷まして、ケーキ型から外す。

ぼくたちはそれを切り分け、一切れずつお皿に取った。黒野先輩がいそいそと、あめ色のリンゴを頬張《ほおば》って笑う。

「ふぐふぐ。すばらしいね」

祇園寺先輩は、Bおごそかな表情でタルトタタンを口に運んだ。

ひと口。もうひと口。

しずしずと味わうようにそれをかんで、こくんとのみこむ。

「……おいしい」

先輩はつぶやいた。そうして、泣きそうな声で続けた。

「ばかみたい。こんなおいしいのに。むかつく」

そのまま、祇園寺先輩はうつむいて、なにかを考えこんでいた。ぼくはやっぱり、なにも言えなかった。だまってタルトタタンを食べた。リンゴとカラメルの香り。

あまずっぱい味が口いっぱいに広がって、だけど、今日はただただ、かなしい。

帰り道。

黒野先輩と別れたあと、学校の近くを歩きながら、ぼくは龍一郎(虎之助の兄)のことを考えた。

サッカー部のキャプテン。13ブンブ両道の優等生。あの人はいつもぼくに言う。

「人がなんて言おうと関係ない。自分の道を行けよ」

でも、龍一郎はきっと、ぼくが歩いている道の14ケワしさを知らない。

ぼくの歩幅《ほはば》を、体力を、道に落ちているちいさな石のひとつひとつが、はだしの足をきずつける感触《かんしょく》を……それは、おたがいにそうなのかもしれないけれど、少なくともぼくは、⑤だれかに「人がなんて言おうと関係ない」なんて、言えない。

人になにかを言われることは、つらい。

自分の道を歩いているだけで、その道に勝手な名前をつけられるのは、歩き方に文句をつけられるのは、どんなに好意的でも笑われるのは、ほんとうにつらい。

祇園寺先輩の思いつめた表情。ウサギ王子の抱《かか》えた秘密。

――女の子みたいって、女の子らしいって、そう言われるの、ほんとにこわい。

そうだ。

⑥ぼくらは自分のままでいたいだけ。そうあるように、ありたいだけ。

それを、関係のないだれかに、勝手なこと、言われたくなかった。

ポケットでスマホがふるえる。ぼくはそれを取りだして、ラインアプリを開いた。

「今日はありがとう。いろいろぐちを言ってしまってごめん」

祇園寺先輩からのメッセージ。

ぼくはしばらく考えて、ちいさくうなずいた。フリック入力(スマ祇園寺先輩はしみじみとうなずいて言う。

それからちいさく笑った。なつかしむように、だけどかなしそうに。

「六年生のころ、友だちになった女の子がいたの。世間一般《いっぱん》に言われている意味で、つまりはそれも偏見《へんけん》だけど、女の子らしい女の子だった。フリフリしたかわいい服を着て、絵を描《か》くことと、お菓子作りが好きで。その子が私にタルトタタンの味を教えてくれた」

そう言って、祇園寺先輩は、ぎゅっと眉間《みけん》にしわをよせる。

「その子の家で、その子が作ってくれたタルトタタンを食べたとき。こんなにおいしいものがあるのかって、そう思った。だから、そう伝えた。そしたら、あの子、ほっとしたように笑って、言ったんだ」

――私さ、羽紗ちゃんのこと、ちょっとこわいって思っていたけど、気のせいだった。

――なあんだ。やっぱり羽紗ちゃんも女の子なんだ。

「その声はひどく弾《はず》んでいて。だけど③私はぶんなぐられたようなショックを受けた」

ぼくは黒野先輩の顔をちらりとうかがった。とくに感想はないようだ。もしかすると、すでに知っている話なのかもしれない。祇園寺先輩は続けた。

「それから、私はその子と距離《きょり》を置いた。ううん、その子だけじゃない。あまいものや、女の子らしいとされるものからも、ますます距離を置くようになった」

私は「らしさ」にとらわれたくなかったんだ――そう、先輩は言った。

自由でありたかった。そんな自分のことが好きだった。

「……だから、やっぱり女の子じゃんとか、女の子らしいところもあるんだねとか、言われたくなかった。そういう目で見られるくらいなら、死んだほうがまし」

思いつめた顔で、先輩は言った。

ぼくは、いつになくしずかな、なにか、12シンセイなものにふれたような気持ちになった。

心はしんとしていて、だけど、そこのほうではふつふつとなにかが燃えている。

らしさ。

男の子らしさ。女の子らしさ。自分らしさ。

ボーイッシュ女子。スイーツ男子。

虎は虎だから。羽紗は羽紗だから。

轟くん、かわいいし。ケーキ焼く男子とか、アリよりのアリっしょ。

今はいろんな趣味があっていいと思う。羽紗を見てると勇気が出る。自由でいていいんだって思える。なあんだ、やっぱり女の子なんだ……。

いろんな言葉が、声が、ぼくの内側で響《ひび》いては消える。

黒野先輩が言った。

「『ボーイッシュな女子らしさ』にとらわれてないか？」

ぼくはおずおずとうなずいた。祇園寺先輩はちいさく笑った。

「そうだね。④わかってるんだ。本末転倒《ほんまつてんとう》だってことは。私はけっきょく、べつのらしさにとらわれていて、ぜんぜん自由なんかじゃない。でも……」

紅茶の入ったマグを両手で包むように持って、先輩は続ける。

「無理なの。私、女の子みたいって、女の子らしいって、そう言われるの、ほんとにこわい。そんなの、その人の偏見だってのも、わかってる。だけど、だめなんだよ。そう言ってくる人たちは、私のことを『無理して男子ぶってる女の子』っていうふうに見る。そういうありそう言って、10ヒタイの汗《あせ》を袖《そで》でぬぐう祇園寺先輩。
「リンゴ、あめ色になってきたぞ」
「わかりました。火を止めちゃってください」
「ＩＨだけどな」
「黒野、揚《あ》げ足《あし》をとるなよ」
あめ色に煮つまったリンゴをケーキの型に敷《し》きつめる。そのとき、先に汁《しる》を入れておく。これがカラメルになる。リンゴの上に三ミリほどにのばしたタルト生地をのせ、フォークでまんべんなく穴をあける。そして百九十度に熱したオーブンで、一時間半、焼く。
「一時間半。長いな」
黒野先輩は言った。オーブンのふたをしめて、スイッチを入れる。
「でも、なんとなく、やりとげた気分だ」
祇園寺先輩の言葉に、黒野先輩が肩をすくめる。
「まあ、王子にしては及第点《きゅうだいてん》だろ」
「えらそうに言わないの」

祇園寺先輩は紅茶をいれてくれた。
それから、ケーキが焼けるまで、ぽつぽつとぼくらは話をした。
なんでもないような話。どうでもいい、くだらない話。
だけど、時間とともに、それは大切な話に変わっていく。
「私さ、むかしから、男勝《おとこまさ》りって言われてたんだ」
祇園寺先輩はそんなことを言った。
「男子相手にけんかもしたし、スポーツも得意だったし。ほら、見た目もこんなだし。名前はウサギなのに、ライオンみたいって、みんなに言われてた」
ぼくはうなずいた。
「ぼくは虎なのにハムスターみたいだって言われます」
「まじでよけいなお世話だな」
うんざりしたようにそう言って、黒野先輩が紅茶をすする。
ぼくは、気になっていたことをたずねた。
「あの……だけど、先輩はどうして、そこまで自分のイメージにこだわるんですか？」
祇園寺先輩はしばらくだまっていた。黒野先輩もなにも言わない。
聞いちゃまずかったかなと、心配になってきたころ、ようやく祇園寺先輩は口を開いた。
「私はさ、うれしかったんだよ。小三で剣道をはじめて。どんどん強くなって。ボーイッシュだとか、かっこいいとか、そういうふうに言われるのが」
紅茶をひと口飲んで、先輩は続けた。
「誇《ほこ》らしくてならなかった。べつに女子らしくなくていいんだって、いや、こういう女子もいるんだって、私が生きていることで、11ショウメイできている気がした。羽紗を見てると勇気が出るって、自由でいていいんだって思えるって、そんなふうに言ってくれる子もいた」
大切な思い出をなぞるように、そう言う祇園寺先輩。
「だけど……」と、ぼくは言いよどんだ。
先輩はだまってぼくの言葉を待っている。だけど、なんだろう。言っていいのかな。失礼かもしれない。迷っていると、黒野先輩が笑った。
「そうだな。あんまり、今の王子は自由には見えないよな」
そのとおりだった。
今まで作りあげてきたイメージを守ろうとするあまり、ケーキを食べることすら、自分にゆるせずにいる。少なくとも、それを他人に知られたくないと思っている。
「そうだね。こんなのはもう、呪《のろ》いみたいなもの」

真剣《しんけん》な顔だった。ぼくはなんて答えればいいのかわからなかった。

「……じゃあ、はじめましょうか」

まず、リンゴを四つ切りにして、皮をむき、芯《しん》を取る。鍋《なべ》にバターと砂糖を入れて、リンゴがしんなりしてくるまで炒《いた》める。水気が出てきたら弱火にして、一時間ほどこげないように混ぜながらあめ色になるまで煮《に》つめる。

というわけで、リンゴの皮むきがはじまったのだけれど、祇園寺先輩の手つきを見るに、もうしわけないけど納得《なっとく》してしまった。不器用だ。皮をむいているだけなのに、実が半分くらいになりそう。それを黒野先輩があおるあおる。

「へいへい、ウサギ王子。知ってます？　皮をむくのは、実を食べるためなんだぜ？」

「うるさい。包丁投げるぞ」

祇園寺先輩はリンゴから目を離《はな》さずにおそろしいことを言う。けらけら笑う黒野先輩。

「っていうかさ、ピーラー（皮むき器）あるじゃん。ピーラー使えよ」

「あれは一度指をスライスしたから二度と使わない」

ぼくは気になっていたことをたずねた。

「どうして、タルトタタンを作りたいんですか？」

先輩の答えは端的《たんてき》だった。「食べたいから」

「自分で？　だれかにあげたいとか、そういうことじゃなくて？」

黒野先輩が笑う。

「きみだって、自分が食べるために焼いているんじゃないのか？」

ぼくはとまどった。そうだけど、そうなんだけど……。

「だったら、食べに行くとか、買ってくるとか、すればいいんじゃ」

リンゴと格闘《かくとう》しながら、祇園寺先輩は言った。

「試《ため》したけどお店の味じゃだめだった。それに、人に見られたらはずかしいし」

ぼくはだまりこんだ。ケーキを食べるのは、はずかしいことなんだろうか。

「ケーキを食べるやつははずかしいやつなのか？」

黒野先輩が代わりにたずねる。「はずかしいやつ」ってすごい表現だ。

「そうじゃない」

手元から視線をあげて、祇園寺先輩が言う。

「でも、私みたいなやつが、ケーキが好きだと、へんでしょ。イメージがこわれる」

その声にはきりきりと痛みの9ケハイがあって、だけどぼくには、先輩がなぜそこまで自分のイメージにこだわるのか、さっぱりわからなかった。

「そんなのとっととこわせばいいって、ずっと言ってるんだけどな」

黒野先輩はそう言って、漫画のページをめくった。

リンゴを煮つめている間に、タルトの生地《きじ》を作る。鍋を混ぜるのは黒野先輩に任せた。

「こがすなよ、黒野」

「皮むきも満足にできない王子に、言われたくはないな」

薄力粉《はくりきこ》、塩、砂糖をボウルにふるい入れ、冷たいバターをくわえて切るように混ぜる。そこに、水で溶《と》いた卵黄《らんおう》をすこしずつ入れ、混ぜながらまとめていく。

「あ、こねる感じじゃなくて、切るように……」

祇園寺先輩の手つきを見ながら、ぼくは言う。粉が飛び散っている。

「なかなかむずかしいね」

《数日後、虎之助と黒野はタルトタタンの材料を買って祇園寺の家に向かう。》

会計を終え、ぼくは黒野先輩についてスーパーを出た。学校の近くだし、どうしても人の目が気になってしまう。きょろきょろしてしまう。

そんなぼくの様子を見て察したのか、黒野先輩が言った。

「だいじょうぶ。だれにも会わない」

「……いや、わからない、でしょ？」

「いいや、会わない。おれといっしょにいれば、めんどうなことは起こらない。だから安心していい。楽しく行こうぜ」

そう言って、すこし猫背《ねこぜ》ですたすたと歩いていく黒野先輩。

ぼくはそれからもびくびくしていたけれど、けっきょく祇園寺先輩の家に着くまで、だれにも会わずにすんだ。黒野先輩はインターフォンを押すと、低い声で言った。

「警察だ。おとなしくドアを開けろ」

なんだろうね、この人。

『わかった。今開ける』

平然とこたえる祇園寺先輩の声。

黒野先輩はぼくのほうをふり返って、顔をしかめた。

「おい、あいつノーリアクションだよ」

一応うなずいておく。

しばらくして、ドアが開いた。顔を出した祇園寺先輩はＴシャツにハーフパンツをはいている。ラフな格好だ。ぼくが会釈《えしゃく》すると、先輩はちいさくうなずいた。

「よく来た。入って」

「おじゃましまーす」

黒野先輩がそう言って、玄関《げんかん》でスニーカーをぬぎ、そそくさと家にあがる。

ぼくもそれに続いた。

「王子、親御《おやご》さんは？」

「王子って言うな。ふたりとも出かけた」

「ほうほう。タルトタタン焼き放題ですね。轟虎之助、洗面所こっちだぜ」

黒野先輩は何度も来ているのだろうか。なれている感じがする。

念入りに手を洗って、それからキッチンに通された。

よそのお宅のキッチンって、なんだか緊張《きんちょう》する。ガスコンロじゃなくてＩＨ(電子コンロ)だ。

「じゃ、さっそくはじめようぜ、シェフ」

黒野先輩が言った。どこから出してきたのか、漫画《まんが》を読んでいる。

「シェフじゃないだろ」

あきれたように祇園寺先輩が肩《かた》をすくめる。「こういう場合は、パティシエ(お菓子職人)だ」

そういうこと？

ぼくはカバンからレシピを印刷した紙と、ケーキの型を取りだす。

「えっと、祇園寺先輩」

ぼくは言った。

「基本的には、レシピどおりに作るだけです。だから、教えられることはとくにないです。レシピも、ネットで適当に8ヒロってきたやつだし」

先輩はうなずいた。

「はずかしながら、レシピどおりに作るってこと自体が、すでに私にはむずかしいんだ」

「これから言うことは、5タゴン無用。私たちだけの秘密にしてほしい」

その目力というか、気迫《きはく》のようなものに、ぼくは何度もうなずく。

「あと、こうやって私たちが会っていることも、もちろんだれにも言わないで」

「わ、わかりました」

ぼくの返事に、祇園寺先輩はちいさく息をついた。

それから、きゅっとくちびるをひき結んで、また視線を落とす。

再び沈黙。

しびれを切らしたように、①黒野先輩がため息をついた。

「……轟虎之助。祇園寺先輩はさ、おまえさんに頼みがあるんだと」

祇園寺先輩が6サッキのこもった目でそっちをにらむ。関係ないぼくまで思わずすくみあがってしまうほどの迫力。しかし涼しい顔で、黒野先輩は続けた。

「タルトタタン（リンゴを用いたケーキ）の作り方を、教えてほしいそうだ」

「え……？」

タルトタタンの作り方を教える？　ぼくが？

祇園寺先輩の顔を見ると、それこそ、リンゴのようにまっ赤になっている。

「作れるんだろ？　タルトタタン。このまえそう言ってたよな。教えてやってくれ」

黒野先輩が言う。ぼくはたずねた。

「な、なんで、ぼくなんですか？」

祇園寺先輩は言った。

「知りあいには頼めないから。きみと私に7セッテンはない……今まではない。これからは隠《かく》しとおせばいいし。だから、表面上、私たちは知らない者同士ということにしてほしいの」

どうして、そこまで秘密にしたいんだろう。

その疑問が顔に出ていたのかもしれない。祇園寺先輩は、自嘲的《じちょうてき》に笑って言った。

「私なんかが、ケーキを焼いていたら、へんでしょ」

「どうしてですか？」

べつに、いいんじゃ。だれがケーキ焼いても。

それに、祇園寺先輩は……女子じゃないか。

ボーイッシュとか、「ウサギ王子」とか、言われているけれど、女子にはかわりない。

タルトタタンくらい、作っても、なにもおかしくないでしょ？

もちろん、そんなのは性差別だ。わかってる。男子だろうが女子だろうが、ケーキを焼きたければ焼けばいい。あまいものが食べたいなら食べればいい。

それをなんだかんだ言う人がいるなら、そっちのほうがおかしい。よけいなお世話、というやつだ——そのことは、ぼくがいちばんよく知っている。

だけど、それでも……。

女子なら、ケーキを焼いても、どうこう言われたり、しないでしょ？

②「スイーツ男子」より「お菓子《かし》作りが好きな女子」のほうが、ずっと理解されやすい。

そんなふうに言おうかとも思ったけど、言えなかった。

先輩がひどく思いつめた顔をしていたから。

「……とりあえず、ライン（メッセージを送るためのソフト）のＩＤ（連絡先を示す文字列）を交換《こうかん》しとこうか」

黒野先輩が言って、ポケットからスマホを取りだした。

2024年度 駒場東邦中学校

【国　語】（六〇分）〈満点：一二〇点〉

注意　『、』『。』『「』『」』も一字に数えます。

次の文章を読み、後の問いに答えなさい。

　中学一年生の轟《とどろき》虎之助《とらのすけ》は、ケーキ作りを趣味《しゅみ》にしている。昨年卒業した兄の龍一郎《りゅういちろう》は、在校時サッカー部のキャプテンで学校の有名人だったが、虎之助は兄とちがって背が低く、顔立ちが女子っぽい。ある日の放課後、剣道《けんどう》部に所属している一学年上の黒野《くろの》に呼び止められ、生徒会室に連れて行かれる。

　三階の廊下《ろうか》に出て、先輩《せんぱい》といっしょに角を曲がる。手洗い場の流しを通りすぎ、パソコン室のとなり、生徒会室の扉《とびら》を、黒野先輩はノックした。

　生徒会室？

「連れてきましたー」

「入って」

　A凛《りん》とした声。黒野先輩はドアを開け、ぼくを見た。

「どうぞ、お先に」

　ためらいながらも、おずおずと中に入るぼく。

「轟虎之助くん」

　アルトの声（低めの女性の声）で、その人が女子だとわかった。背が高い。薄暗《うすぐら》い部屋に窓からの1ギャッコウで、顔はよく見えない。だれだろう。

「電気くらい、つけとけよ」

　そう言って、黒野先輩が蛍光灯《けいこうとう》のスイッチを押《お》した。部屋にいた女子の顔が照らされる。

　短くした髪《かみ》に、きりっとした眉《まゆ》。涼《すず》し気《げ》な一重《ひとえ》のまぶた。するどい瞳《ひとみ》。きゅっと結んだ口元。スカートではなくスラックス（ズボン）をはいていて、それがひどく似あっている。

　ぼくは、その人がだれかに気づいて、ぎょっとした。

「祇園寺《ぎおんじ》先輩……」

　先輩は2イガイそうに眉をあげた。「私《わたし》のこと、知ってるんだ？」

「いや……まあ」

　生徒会長の名前くらい、さすがに知っている。

　祇園寺羽紗《うさ》。

　新船《あらふね》中学校生徒会長兼《けん》剣道部副部長。有名人だ。ボーイッシュな（少年のような）雰囲気《ふんいき》と整った3ヨウシから、学校中の女子たちのあこがれの的となっているカリスマ。通称《つうしょう》「ウサギ王子」……。

　そんな人が、ぼくなんかになんの用だろう？

「ウサギ王子よ、轟虎之助はたいそういそがしいらしい」

　黒野先輩がそう言って、パイプ椅子《いす》に腰《こし》かける。

「さっさと用事をすませて、4カイホウしてやりましょう」

　祇園寺先輩はうなずいた。「ああ、そうだね……うん、わかってる」

　そう言って、視線を落とす。足元をじっと見つめ、先輩はだまりこんでいる。

　沈黙《ちんもく》が苦しくなって、ぼくはたずねた。

「あの……ぼく、なにかしましたか？」

「いや、そうじゃない。ちょっと、頼《たの》みたいことがあって」

　祇園寺先輩は首を横にふってそう言うと、ぼくをまっすぐに見た。

2024年度

駒場東邦中学校　▶解説と解答

算　数　(60分)＜満点：120点＞

解　答

1 (1) ①　7個　②　(例)　**ウ**…219，**エ**…8，**オ**…8　(2) $\left(11,\ 49\frac{1}{11}\right)$，$\left(44,\ 32\frac{8}{11}\right)$　(3) ①　6通り　②　20通り　③　36通り　(4) ①　1：2　②　(例)　解説を参照のこと。　2 (1) 1620度　(2) 31.4cm　(3) ウの方が226.08cm^2大きい　3 (1) 100個　(2) 141個　(3) ①　解説の図1を参照のこと。　②　96個　4 (1) **ア**…11，**イ**…55，**ウ**…506　(2) ②＋④＋……＋㉒　(3) 93744

解　説

1　つるかめ算，条件の整理，時計算，場合の数，構成，面積

(1) ①　ア＝0とすると，イ＝2024÷23＝88となる。また，アを23増やすとイは11減るから，考えられるアとイの組み合わせは右の図1のようになる。よって，アまたはイが0の場合を含《ふく》めると，88÷11＋1＝9(個)あるので，これらを除くと，9－2＝7(個)となる。　②　8と2024はどちらも8の倍数だから，エとオも8の倍数にすればよい。そこで，エ＝オ＝8とすると，8×ウ＝2024－11×8－23×8＝1752となり，ウ＝1752÷8＝219と求められる。よって，ウ＝219，エ＝8，オ＝8という組が考えられる。

図1

＋23　＋23

ア	0	23	46	…	184
イ	88	77	66	…	0

－11　－11

〔ほかの解き方〕　①を利用すると，たとえば，8×$\underline{0}$＋11×$\underline{\underline{23}}$＋23×77＝2024となる。ここで$\underline{\quad}$を11増やすと$\underline{\underline{\quad}}$は8減るので，8×11＋11×15＋23×77＝2024とすることができる。よって，ウ＝11，エ＝15，オ＝77なども考えられる。

(2)　下の図2と図3の場合が考えられる。図2は，長針と短針が反対側で一直線になる時刻の10分前と10分後と考えることができる。10時ちょうどに長針と短針がつくる小さい方の角度は，360÷12×2＝60(度)だから，反対側で一直線になる時刻は，10時ちょうどから長針が短針よりも，180－60＝120(度)多く動いた時刻である。ここで，長針は1分間に，360÷60＝6(度)，短針は1分間に，360÷12÷60＝0.5(度)動くので，長針は短針よりも1分間に，6－0.5＝5.5(度)多く動く。よって，120÷5.5＝$21\frac{9}{11}$(分)より，反対側で一直線になる時刻は10時$21\frac{9}{11}$分とわかるから，図2の現在の時刻は，10時$21\frac{9}{11}$分－10分＝10時$11\frac{9}{11}$分と求められる。60×$\frac{9}{11}$＝$49\frac{1}{11}$(秒)より，これは10時11分$49\frac{1}{11}$秒となる。次に，図3は，長針と短針が重なる時刻の10分前と10分後と考えることができる。10時ちょうどに長針と短針がつくる大きい方の角度は，360－60＝300(度)なので，300÷5.5＝$54\frac{6}{11}$(分)より，長針と短針が重なる時刻は10時$54\frac{6}{11}$分とわかる。したがって，図3の現在の時刻は，10

時$54\frac{6}{11}$分－10分＝10時$44\frac{6}{11}$分と求められる。$60\times\frac{6}{11}=32\frac{8}{11}$(秒)より，これは10時44分$32\frac{8}{11}$秒となる。

図２

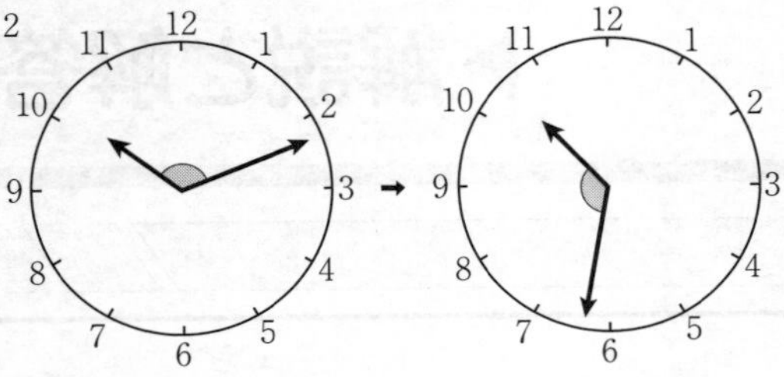

図３

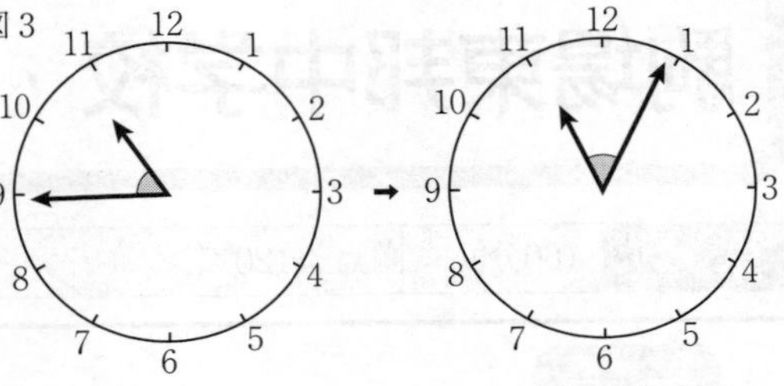

(3)　①　右の図４の６通りの模様ができる。

図４

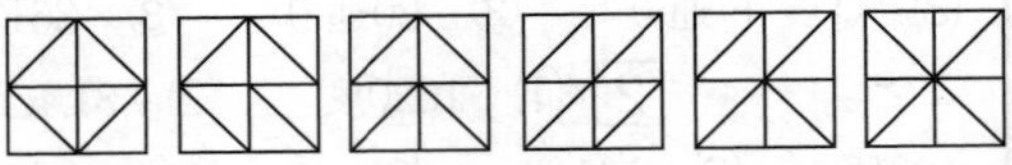

②　下の図５のように，両端《りょうたん》が異なる場合(㋐)と両端が同じ場合(㋑，㋒)に分けて考える。㋐の場合，残りの３枚はそれぞれ２通りの模様が考えられるので，２×２×２＝８(通り)となる。また，㋑の場合，２種類の模様を{○●}と表すことにすると，残りの３枚の並べ方は左から順に，○○○，○○●，○●○，○●●，●○●，●●●の６通りある。㋒の場合も同様だから，全部で，８＋６×２＝20(通り)と求められる。　③　下の図６のように，左上と右下が異なる場合(㋔)と，左上と右下が同じ場合(㋕，㋖)に分けて考える。㋔の場合，残りの４枚はそれぞれ２通りの模様が考えられるから，２×２×２×２＝16(通り)となる。また，㋕の場合，回転して同じになるものを除くと，残りの４枚の並べ方は下の図７の10通りある。㋖の場合も同様なので，全部で，16＋10×２＝36(通り)とわかる。

図５

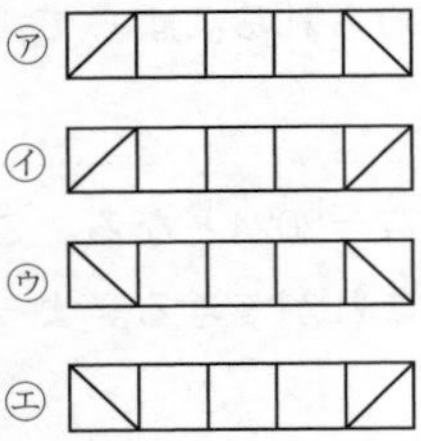

図６

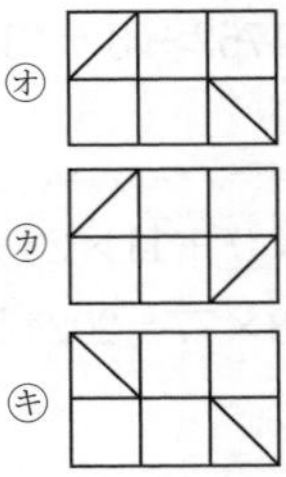

図７

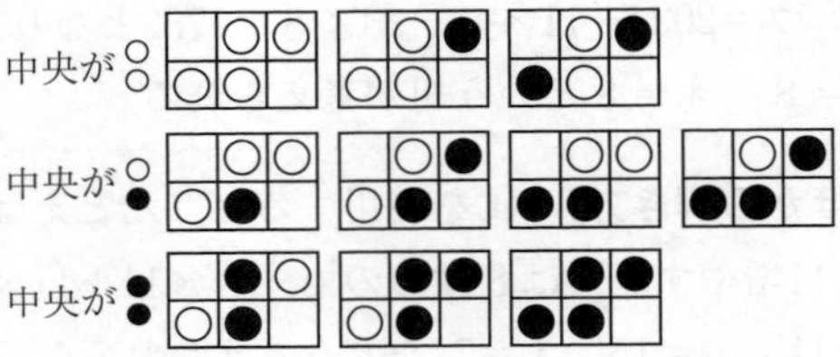

〔注意〕　図５で，㋓を回転すると㋐と同じになるので，㋓の場合を考える必要はない。また，㋑と㋒で，○○●と●○○，○●●と●●○は，どちらも回転すると同じになることに注意する。図６の場合も同様である。

(4)　①　右の図８で，角BADの大きさは，60＋30＝90(度)であり，ABとDEは平行だから，角ADGの大きさも90度になる。よって，三角形AGDは正三角形を半分にした形の三角形なので，GD＝$\boxed{1}$とすると，AG＝$\boxed{2}$となる。すると，GE＝３－$\boxed{1}$(cm)，GC＝４－$\boxed{2}$(cm)と表すことができる。また，三角形GECも正三角形だから，３－$\boxed{1}$＝４－$\boxed{2}$より，$\boxed{2}$－$\boxed{1}$＝$\boxed{1}$が，４－３＝１(cm)とわかる。

図８

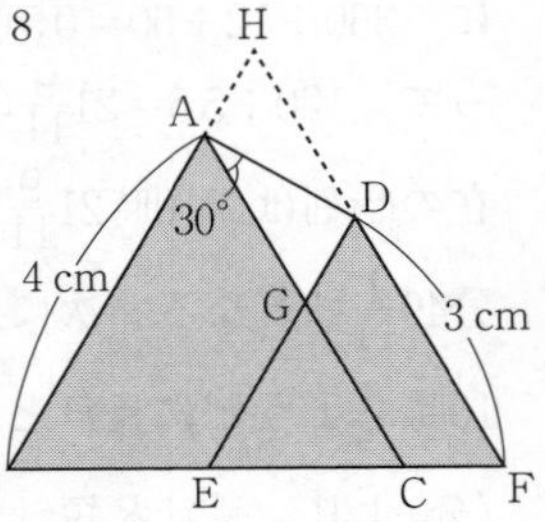

よって，AG＝１×２＝２(cm)，GE＝３－１＝２(cm)なので，三角形AGDは三角形GECを半分にしたものとわかる。したがって，三角形AGDと三角形GECの面積

の比は１：２である。　② 図８のように，BAとFDをそれぞれ延長して交わる点をＨとすると，三角形HBFは１辺の長さが，４＋１＝５(cm)の正三角形になる。また，四角形HAGDは平行四辺形だから，その面積は三角形AGDの面積の２倍になる。すると①より，四角形HAGDの面積は三角形GECの面積と等しいことがわかる。そこで，三角形DEFと三角形ABCの面積の和は，かげをつけた部分の面積に四角形HAGDの面積を加えたもの(つまり三角形HBFの面積)と等しくなる。よって，１辺の長さが３cmの正三角形と１辺の長さが４cmの正三角形の面積の和は，１辺の長さが５cmの正三角形の面積と等しいことがわかる。

2 平面図形―角度，長さ，面積

⑴ N角形の内角の和は，180×(N－２)で求められるから，正十一角形の内角の和は，180×(11－２)＝1620(度)になる。

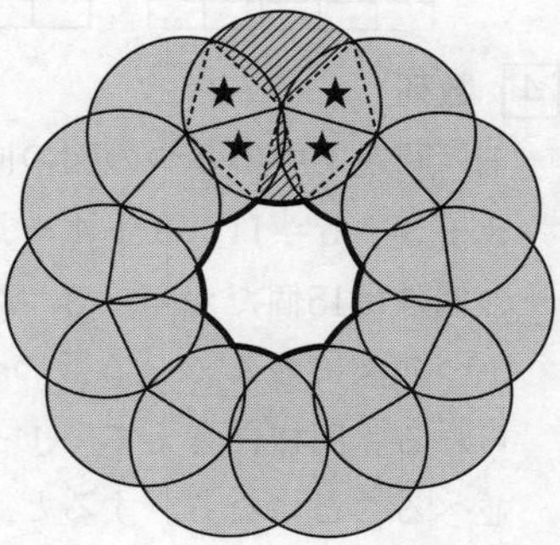

⑵ アは右の図のかげの部分なので，求めるのは太線部分の長さである。ここで，★印をつけた三角形の辺はすべて円の半径にあたるから，これらの三角形はすべて正三角形とわかる。また，正十一角形の１つの内角の大きさは，$1620\div 11=\frac{1620}{11}$(度)なので，斜線《しゃせん》部分のおうぎ形(小さい方)の中心角は，$\frac{1620}{11}-60\times 2=\frac{300}{11}$(度)と求められる。また，太線部分は全部で11か所あるから，中心角の合計は，$\frac{300}{11}\times 11=300$(度)となり，太線部分の長さの合計は，$6\times 2\times 3.14\times\frac{300}{360}=31.4$(cm)とわかる。

⑶ イにもウにも★印をつけた正三角形と斜線部分のおうぎ形が同じ数ずつあるので，面積の差は斜線部分のおうぎ形の面積の差11個分とわかる。また，斜線部分のおうぎ形(大きい方)の中心角は，$360-\frac{1620}{11}-60\times 2=\frac{1020}{11}$(度)だから，斜線部分のおうぎ形１個あたりの中心角の差は，$\frac{1020}{11}-\frac{300}{11}=\frac{720}{11}$(度)となる。よって，11個分の中心角の差は，$\frac{720}{11}\times 11=720$(度)なので，イとウの面積の差は，$6\times 6\times 3.14\times\frac{720}{360}=226.08$(cm^2)と求められる(ウの方が大きい)。

3 図形と規則

⑴ 上から１段目，２段目，…とすると，１段目から順に，１個，３個，５個，…と並んでいる。また，10段目に並べた個数は，２×10－１＝19(個)だから，１＋３＋５＋…＋19＝(１＋19)×10÷２＝100(個)とわかる。

⑵ １辺の長さが２cmのものは，１～２段目に１個，２～３段目に３個，…，９～10段目に，２×９－１＝17(個)ある。よって，これらの合計は，１＋３＋…＋17＝(１＋17)×９÷２＝81(個)となる。次に，１辺の長さが４cmのものは，２～５段目に２個，３～６段目に４個，…，７～10段目に12個あるので，これらの合計は，２＋４＋…＋12＝(２＋12)×６÷２＝42(個)とわかる。同様にして求めると，１辺の長さが６cmのものは，１＋３＋５＋７＝16(個)，１辺の長さが８cmのものは２個あるから，全部で，81＋42＋16＋２＝141(個)と求められる。

⑶ ① 下の図１の(a)～(d)のような４種類の正方形をかくことができる。なお，かげをつけた三角形がそれぞれ合同であることから，これらの図形が正方形になることがわかる。また，下の図２のような正方形も考えられるが，これは図形イからはみ出てしまうので，条件に合わない。　② それぞれの正方形について，⑵と同様に上の段から順に求める。すると，(a)の場合は，２＋４＋…

＋12＝（２＋12）×６÷２＝42（個），(b)の場合は，２＋４＝６（個）となる。また，(c)と(d)は向きを変えたものも考えられるので，(c)の場合は，（２＋４＋６＋８）×２＝40（個），(d)の場合は，（１＋３）×２＝８（個）とわかる。よって，全部で，42＋６＋40＋８＝96（個）と求められる。

図１

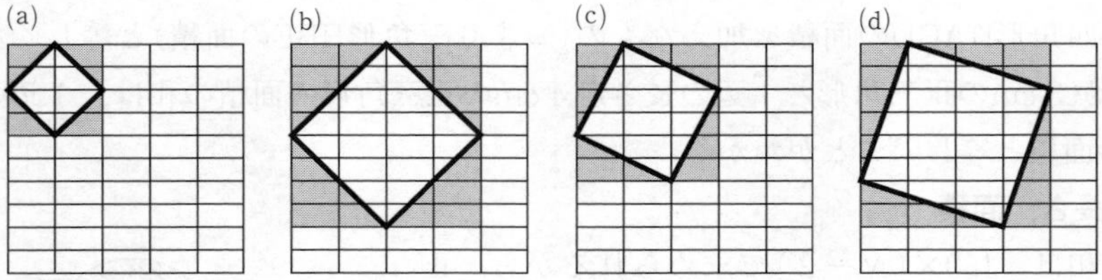

図２

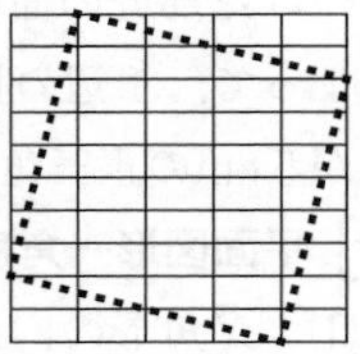

4 数列

⑴　問題文中の３つの図の同じ位置にある３個の数をたすと，１＋５＋５＝11，２＋４＋５＝11，３＋３＋５＝11，３＋４＋４＝11のようにすべて11（…ア）になる。また，１つの図に並んでいる数の個数は15個だから，３つの図に並んでいるすべての数の合計は，11×15＝165とわかる。よって，１つの図に並んでいる数の合計，つまり，①＋②＋③＋④＋⑤の値は，165÷３＝55（…イ）と求められる。同様に考えて，①＋②＋…＋⑪を計算すると，はじめの並べ方の一番下の段には11を11個並べることになる。すると，同じ位置にある３個の数の和は，１＋11＋11＝23になる。また，１つの図に並んでいる数の個数は，１＋２＋…＋11＝（１＋11）×11÷２＝66（個）なので，３つの図に並んでいるすべての数の合計は，23×66＝1518となり，①＋②＋…＋⑪＝1518÷３＝506（…ウ）と求められる。

⑵　２から連続する偶数《ぐうすう》の平方数の和は，右の図１のように表すことができる。よって，この式の値が2024になるのは，＿＿の値が，2024÷４＝506になるときである。また，⑴のウから，①＋②＋…＋⑪＝506となることがわかるから，N＝11となる。したがって，最後にたした数は，２×11＝22の平方数なので，2024＝②＋④＋……＋㉒と表すことができる。

図１

$$2\times2+4\times4+6\times6+8\times8+\cdots+(2\times N)\times(2\times N)$$
$$=4+16+36+64+\cdots+4\times N\times N$$
$$=4\times1+4\times4+4\times9+4\times16+\cdots+4\times N\times N$$
$$=4\times(\underline{1+4+9+16+\cdots+N\times N})$$

⑶　３から連続する３の倍数の平方数の和は，右の図２のように表すことができる。この式の値が５けたになるのは，＿＿の値が，99999÷９＝11111以下のときである。つまり，①＋②＋③＋…＋Ⓝの値が11111以下のときである。そこで，⑴と同様にして，N＝30の場合を求めると，同じ位置にある３個の数の和は，１＋30＋30＝61，１つの図に並んでいる数の個数は，（１＋30）×30÷２＝465（個）だから，①＋②＋…＋㉚＝61×465÷３＝9455と求められる。さらに，これを利用すると，①＋②＋…＋㉛＝9455＋31×31＝10416，①＋②＋…＋㉜＝10416＋32×32＝11440（＞11111）と求められる。よって，５けたで最も大きくなるのは＿＿の値が10416の場合であり，９×10416＝93744とわかる。

図２

$$3\times3+6\times6+9\times9+12\times12+\cdots+(3\times N)\times(3\times N)$$
$$=9+36+81+144+\cdots+9\times N\times N$$
$$=9\times1+9\times4+9\times9+9\times16+\cdots+9\times N\times N$$
$$=9\times(\underline{1+4+9+16+\cdots+N\times N})$$

社会 （40分）＜満点：80点＞

解答

問1 ウ　**問2** イ　**問3** ⑴ イ　⑵ ① 執権　② （例） 当初は幕府の有力御家人が担当を分担していたが，他の御家人たちを次々と滅ぼし，権力を握っていった北条氏が，しだいにその役を独占するようになった。　**問4** ⑴ ア　⑵ （例） 農作業を進める上で，また，村を防衛し，守護や地域の有力者などに対抗するため，村人は団結する必要があった。祭りは，そうした村人の団結を強める絶好の機会であったから。　**問5** A 万葉集　B 古事記　**問6** （例） 日中戦争が長期化し，さらに太平洋戦争で日本が劣勢となる中で，ますます多額の軍事費が必要となった。そうした軍事費の財源として国民の貯蓄が利用されたから。

問7 ⑴ ア　⑵ （例） 単純な多数決であるため，多数派の意見が反映されやすくなること。⑶ イギリス　⑷ ウ　⑸ エ　**問8** ⑴ イ　⑵ ア　⑶ （例） 北陸電力管内の多くは日本海側の気候に属する地域であるため，冬季には雨や雪の日が多く日照時間が短くなり，また，北西の季節風が強く吹くため。　**問9** ⑴ ウ　⑵ （例） 東日本大震災のさいに津波の被害を受けた沿岸部の土地を有効利用するとともに，電力事業で地域の復興をはかるため。

問10 オ

解説

「社会」という言葉の意味を題材とした総合問題

問1 『学問のすゝ《(す)》め』は，1872～76年にかけて17編まで刊行された福沢諭吉の啓蒙《けいもう》書。人間の自由平等や学問の重要性を説いたこの本は当時の大ベストセラーとなり，人々に大きな影響《えいきょう》をあたえた。資料の文章はその書き出しの部分を要約したもので，空欄《くうらん》Aにはウが当てはまる。原文では，「賢人《けんじん》と愚人《ぐじん》との別は学ぶと学ばざるとによって出来るものなり」などと述べられている。

問2 ア 宗教には，唯一《ゆいいつ》の神を信ずる「一神教」と，多くの神々を信仰する「多神教」があるが，神道《しんとう》に代表される日本古来の宗教は，「八百万《やおよろず》の神々」という言葉があることからもわかるように，典型的な多神教である。　イ 奈良時代の僧である行基について述べた文であり，内容も正しい。ウ 平等院は，藤原頼通《よりみち》が父の道長から譲《ゆず》り受けた宇治(京都府)の別荘を寺院として改めたもので，鳳凰《ほうおう》堂は阿弥陀如来《あみだにょらい》像を安置するための阿弥陀堂として建設されたものである。　エ 1637年に起きた島原・天草一揆(島原の乱)は，領主の課す重税やキリシタンへの弾圧《だんあつ》に苦しめられていた島原・天草地方の農民らが起こしたもの。当時，スペイン人らの宣教師の多くは海外に追放されていたから，彼らが一揆を主導したということはない。

問3 ⑴ 特産物などを都まで運んで納める税は調である。租は口分田を支給された農民が，収穫《しゅうかく》した米の一部をその地方の役所に納める税である(イ…×)。　⑵ ① 表中の下線を引いた人物は，すべて鎌倉幕府の執権《しっけん》の地位についている。執権は鎌倉幕府の将軍を補佐して政治を行う役職で，初代の時政《ときまさ》以来，北条氏がその地位を独占《どくせん》した。義時《よしとき》は第２代，泰時《やすとき》は第３代，経時《つねとき》は第４代，時頼《ときより》は第５代，時宗《ときむね》は第８代の執権である。　② 源頼朝死後の鎌倉幕府は，将軍のもと，幕府創設に功績のあった有力御家人たちによる合議制によって政治が進められていた。しかし，史料１にもあるように，北条氏が他の有力御家人たちを次々と滅《ほろ》ぼし，権力を独占するようになっていった。執権という地位は，当初は政所《まんどころ》(一般政務を受け持つ)の別当(長官)であったが，義時が政所と侍所《さむらいどころ》(軍事・警察を受け持つ)の別当をかねるようになると，幕府の最高職となっていった。表１にあるように，幕府で行われる年始の宴会《えんかい》の準備をする担当も，当初は頼朝以来の有力御家人が分担していたが，しだいに北条氏一族で占《し》められるようになり，特に正月１日は執権がその役を務めるようになっていった。こうした変化にも，幕府内の権力闘争《とうそう》の結果が表れているといえる。

問４　(1)　史料２の③を見ると，村の人々が共同で利用できる森の樹木や木の葉を勝手に取った者に対する処罰《しょばつ》が，村人であった場合とそうでない場合であつかいが異なるから，村人としての身分を持つ者と村人ではない者との間に格差があったことがわかる(ア…×)。なお，イは②より，ウとエは③より，それぞれ正しいことがわかる。　(2)　①～④の文章からわかることは，村を維持《いじ》し，生活を守るためには，村人たちが団結する必要があるということである。したがって，祭りが村人たちにとって重要であったのは，それが村人たちの団結を強める絶好の機会であったからだと考えられる。

問５　国学とは，『古事記』，『日本書紀』，『万葉集』といった古典を研究することで，儒教《じゅきょう》や仏教の影響を受ける以前の日本人固有の精神を明らかにしようとする学問である。したがって，ここではＡが『万葉集』，Ｂが『古事記』ということになる。『万葉集』は奈良時代末に成立したわが国最古の歌集で，天皇・貴族から農民・兵士にいたるまでさまざまな身分の人々の作品約4500首が集められている。また，漢字の音訓を用いて日本語を表記する「万葉仮名」で書かれていることでも知られる。『古事記』は稗田阿礼《ひえだのあれ》が暗記していた神話や伝承を太安万侶《おおのやすまろ》が筆録したもので，712年に朝廷に献上《けんじょう》された。表記は漢文体が中心であるが，漢字の音訓を用いて日本語を表記している部分もある。なお，720年に完成した『日本書紀』は朝廷の命により国の正史として編さんされたものであり，中国の歴史書の形式にならい，漢文による編年体(天皇の在位期間ごとに出来事を年代順に記載《きさい》していくもの)で書かれている。また，資料の文章にもあるように，国学によって生まれた日本の文化の独自性を重視する認識や，日本が外国より優れているとする考え方は，幕末に広まった尊王攘夷《じょうい》思想に大きな影響をあたえた。

問６　1937年に始まった日中戦争は長期化し，国家総動員法の制定や配給制の開始など，国民生活を巻き込むものとなり，さらに太平洋戦争の開戦により戦争は総力戦の様相を呈《てい》していった。こうした状況においては当然，軍事費が増大するが，それを賄《まかな》うために利用されたのが国民の貯蓄《ちょちく》である。資料のポスターやハガキにある貯蓄額の目標が，「100億」「230億」「270億」と年を追うごとに増大していることが，そのことを物語っている。具体的には，当時は国家予算の大半が軍事費につぎ込まれ，その財源の多くは国債《こくさい》(軍事公債)の発行により賄われていた。そして，その国債を買い入れていたのが日本銀行であり，その資金として利用されたのが，国民が民間の銀行に預けた貯蓄であった。つまり，国が国民に対してさかんに貯蓄を呼びかけたのは，史料３にもあるように，それが軍事費に直結するものであったからである。

問７　(1)　生徒１が主張しているのは，人数が少なく，教室も職員室や体育館から遠い中１の生徒にも不利にならないようなルールにしてほしいということ。つまり，弱い立場の人が不利にならないように配慮するのが「平等」だということである。そうした考え方に最も近いのは，職場での男女差別の禁止について述べたアと考えられる。エもそれに近いが，職場における男女差別解消のための方法の１つについて述べており，「生徒１が述べた『平等』と同じ考え方をしているもの」という意味では，アの方がより適切と思われる。　(2)　候補者Ｆの公約である「全校生徒による投票でルールを決める」方法は民主的に思えるが，生徒数が多い中２に有利な結果になる可能性がきわめて高い。同様に，国民投票も多数決であるから，有権者数の多い世代や多数派の意見が通りやすく，有権者数の少ない世代や少数派には不利な結果になりやすい点が問題であると，生徒１は考えていると推測される。

⑶　2016年６月，イギリスでEU(ヨーロッパ連合)からの離脱の是非《ぜひ》を問う国民投票が行われ，離脱に賛成する票が51.9%を占めた。この結果を受け，イギリス政府とEU本部の間で交渉《こうしょう》が進められ，2020年１月，イギリスは正式にEUから離脱した。　⑷　2007年に成立した国民投票法(「日本国憲法の改正手続に関する法律」)により，憲法改正を承認するかどうかを問う国民投票の投票権年齢は18歳以上と定められたが，国政選挙などの選挙権年齢や民法が定める成人年齢が18歳以上に引き下げられるまでは20歳以上とするとされた。その後，2015年６月に公職選挙法が改正され選挙権年齢が18歳以上に引き下げられ(施行は2016年６月から)，2018年６月には民法が改正され成人年齢が18歳以上に引き下げられた(施行は2022年４月から)。したがって，ウが誤り。なお，設問文の「日本における国民投票に関連する説明」とは，憲法改正のさいの国民投票のほか，国政選挙などの選挙や地方自治における直接請求権など，「国民や住民が直接政治に参加する仕組み」について問うものと考えられるから，エは正しい。　⑸　ア　都道府県知事は，住民による直接選挙によって選ばれる。　イ　内閣総理大臣は，国会が指名し，天皇が任命する。衆参両議院で指名が異なる場合，両院協議会を開いても意見が一致しないときは，衆議院の指名が優先される。　ウ　国の税金の集め方や使い方の案とは，予算案のこと。予算案は内閣が作成(原案の作成は財務省が担当する)し，国会での審議・議決を経て成立するから，決定するのは国会ということになる。　エ　市の予算案は市役所が作成し，市長が市議会に提出する。そこでの審議・議決を経て成立するから，決定するのは市議会である。よって，正しい。　オ　東京23区は特別区(特別地方公共団体)と呼ばれ，市町村と同じように首長(区長)と議会(区議会)が存在する。区の税収の中心となるのは，住民税など区民から集めた税金であるが，国から委託《いたく》された業務にあてる費用である国庫支出金は，国からまわってくるお金といえる。また，一般の市町村とは異なり特別区は国から支給される地方交付税交付金の対象とはならないが，特別区間の財政格差を是正するため，東京都から特別区財政調整交付金が毎年支払われている。

問８　⑴　植物は成長するときに二酸化炭素を吸収するので，燃やしたときの二酸化炭素排出量は差し引きゼロとみなされる。この考え方は，カーボンニュートラルと呼ばれる。カーボンは「炭素」，ニュートラルは「中立」を意味する英語である(イ…○)。なお，トレーサビリティは，個々の食品が，いつ，どこで生産され，どのような流通経路をたどって消費者のもとに届いたかを，その商品から追跡できるようにした仕組みである(ア…×)。モーダルシフトは，温室効果ガスの排出量を削減《さくげん》するため，トラックなどから環境《かんきょう》負荷が少なく大量輸送のできる鉄道や船舶《せんぱく》などに切りかえることである(ウ…×)。エコツーリズムは，旅を通じて，自然環境の保護や，その地域の歴史・文化などへの理解を深めようという考え方である(エ…×)。　⑵　アはサトウキビについて述べた文章である。同じく砂糖の原料となるテンサイは，日本では北海道が国内生産量の100%を占めている(2022年)。

⑶　北陸電力管内に属しているのは富山県，石川県，福井県東部，岐阜県北部などであり，この地域の多くは冬季に北西の湿《しめ》った季節風が吹《ふ》く日本海側の気候に属する。したがって，冬は雨や雪の日が多く，日照時間が不足するため，太陽光発電による発電量が少なくなり，風力発電による発電量が多くなる。

問9　(1)　図5は2019年から導入されるようになった「自然災害伝承碑《ひ》」の地図記号である。地震や津波，洪水《こうずい》，土砂災害，火山の噴火などの自然災害が発生した場所に設けられている石碑やモニュメントを示すもので，過去に起きた災害を記録し，将来の教訓とするという重要性が考慮され，地図記号として使われるようになった。記号のデザインは，従来からあった「記念碑」の記号の中央に縦線を入れた形になっている(ウ…◯)。なお，アの博物館は(🏛)，イの老人ホームは(⌂)，エの図書館は(🕮)の地図記号で表される。　(2)　福島県と宮城県の太平洋沿岸部は，2011年3月11日に起きた東日本大震災のさい，津波により建物などが流され多くの犠牲《ぎせい》者を出したほか，農地が海水につかり塩分が残ったことで耕作がしづらくなる被害も生じた。さらに，福島県の沿岸部では福島第一原子力発電所の事故により，放射性物質が広く拡散して土地が汚染《おせん》される事態も起きた。こうした事情から，復興事業を進めるにあたり，沿岸部は市街地や農地としての利用が難しい中で，土地を有効利用することと，再生可能エネルギーを利用した発電事業で地域の活性化をはかるというねらいから，多くの太陽光発電所が建設されることとなった。

問10　冒頭の文章によれば，福沢諭吉が「社会」と訳した英語のsociety（ソサイエティ）は，「大小さまざまな人間の集団や人間の関わり合いをそもそもの意味として持つ言葉」であり，そのもととなったフランス語では，societyの形容詞であるsocial（ソシアル）は「相互扶助《そうごふじょ》」の意味であり，「他者を仲間として接し，特に困った人々を援助する考え方」を含んでいるとある。こうした考え方にもとづけば，子どもの貧困について個人の問題ではなく社会の問題としてとらえるべきだとするオが最も適切であると考えられる。

理　科　(40分)　＜満点：80点＞

解　答

[1] (1)　a　○　　b　×　　c　○　　(2)　オ　　(3)　アメダス　　(4)　イ，エ　　(5)　ウ
[2] (1)　ウ　　(2)　デネブ，アルタイル，ベガ　　(3)　北極星　　(4)　**東**…ア　　**西**…ウ　　(5)　20　　(6)　キ　　(7)　ア，カ　　[3] (1)　①　0.19　　②　57　　③　300　　(2)　秒速342m　　(3)　秒速5000m　　(4)　秒速5263m　　(5)　ア　　(6)　(4)／**理由**…(例)　(3)の時間には音が棒とマイクの間を進む時間も含まれるが，(4)の時間は音が棒の中を往復する時間のみだから。　[4] (1)　ア，エ　　(2)　①　イ　　②　エ　　(3)　〈a〉　16.8　　〈b〉　13.0　　**グラフ**…右の図　　(4)　ウ　　(5)　(例)　中火の場合は炎の熱がビーカーの底に集中して当たるが，強火の場合は外ににげる熱が増えるから。　(6)　67g　　[5] (1)　A，C　　(2)　(例)　心臓をつくる筋肉に養分と酸素を届け，不要物を回収する血液を送る。　(3)　エ　　(4)　ウ　　(5)　f　　(6)　イ，オ　　(7)　イ　　(8)　(例)　肺へ送る分の血液を全身の方へ直接送ることで，残りの酸素を効率よく利用できる。

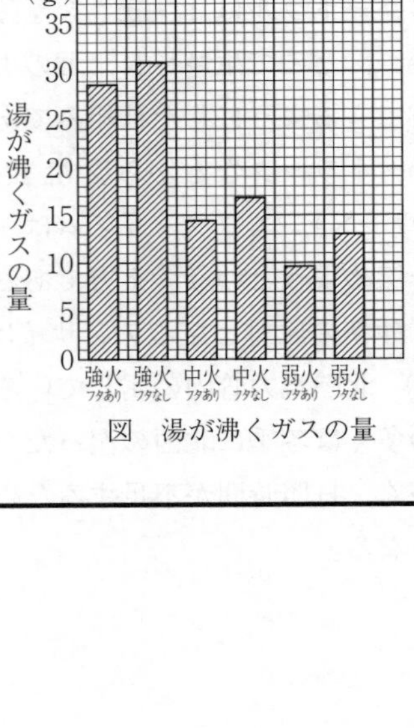

図　湯が沸くガスの量

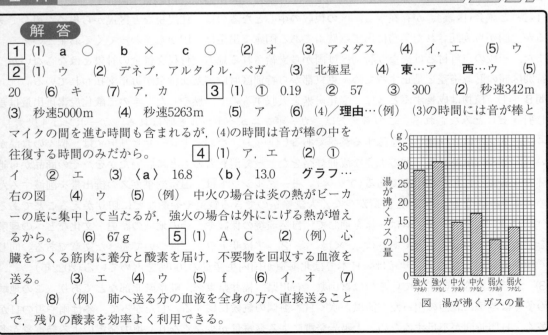

解 説

1 小問集合

⑴　bについて，電気用図記号の電池(電源)は，＋極を長い線，－極を短い線で表す。

⑵　降水量は，降った雨がどこにも流れ出ることがなく，その場にたまった場合の水の深さを表しており，単位はmm(ミリメートル)を用いている。

⑶　気象庁が運用しているアメダス(地域気象観測システム)は，日本各地の約1300か所で降水量，気温，風向・風速などを自動で観測し，それらのデータを収集・処理して，天気予報などに利用するシステムである。

⑷　ろ過は，固体の混じった液体を，固体と液体に分離《ぶんり》する操作である。溶《と》け残りのある水溶液《すいようえき》を溶け残り(固体)と水溶液(液体)に分離することはできるが，水溶液を溶質(溶けている物質)と溶媒《ようばい》(物質を溶かしている水)に分離することはできない。なお，ウについて，ビーカーBにたまるのはコーヒーシュガーの水溶液で，その水溶液はすき通った茶色をしている。エについて，アンモニア水はアルカリ性なので，BTB溶液を加えると青色になる。よって，ビーカーBにたまるのは青色になったアンモニア水である。オについて，溶け残りのある食塩の水溶液は飽和《ほうわ》(これ以上溶けない状態)している。よって，ビーカーBには飽和した食塩の水溶液がたまるので，さらに食塩を溶かすことはできない。

⑸　アサガオ，フジ，ツタは茎《くき》自身がつる状になっていて，支柱などにまきつく。ヘチマやツルレイシはまきひげで支柱などにまきつき，茎を支える。イチゴはつる状の茎が地面をはってのびる。

2 星と星座，星座早見についての問題

⑴　オリオン座が南中したときには，中央の三つ星が右上がりに並んで見える。また，三つ星を囲む四角形の上の辺はやや右下がりとなっていて，三つ星の並びとは平行になっていない。

⑵　夏の大三角は，はくちょう座のデネブ，わし座のアルタイル，こと座のベガを結んでできる三角形のことをいう。

⑶　星座早見は図1のパーツAの中心と図2のパーツBの中心をつなぎ止めたつくりになっていて，パーツBを固定してパーツAを回転させたとき(つまり1日の星の動きを再現させたとき)，その中心にある星はパーツBの窓の中で動かない。このことからもわかるように，パーツAの中心には夜空で1日中動くことのない北極星がある。

⑷　図3で，パーツBの中心(北極星がある)に近い側のイが北で，その反対側のオが南となる。また，星座早見は見たい方角を下にして持ち，上にかかげて使うものなので，東西方向は地図とは逆になり，東がア，西がウとなる。

⑸　図4で，2月15日0時に見える星空は，3月25日21時30分に見える星空とほぼ同じであることがわかる。よって，それぞれを5日戻《もど》すと，2月10日0時に見える星空は，3月20日21時30分に見える星空とほぼ同じといえる。

⑹　天球上の太陽の位置が1年間に移動するさいの道すじを黄道《こうどう》といい，星座早見ではキのような円となる。このことは，東京で太陽が1年中，12時ごろに南に見えることからもわかる。黄道上には星占《うらな》いに出てくる12の星座がある(黄道12星座という)。

⑺　アについて，東京でもN地点でも星座は北極星を中心に回転するように見えるので，どちらの星座早見もパーツAの中心は北極星である。カについて，図5ではパーツBを固定してパーツAを

回転させても窓に見える星座はほとんど変わらない。つまり，N地点で見える星座は1年間ほとんど変わらない。しかし，東京では季節によって窓の中に見えるパーツAの範囲《はんい》が移り変わるので，N地点よりも多くの種類の星座を見ることができる。

3 ものを伝わる音の速さの測定についての問題

⑴ ①　8分の1倍速のスロー再生では実際の時間を8倍に引きのばして再生する。よって，実際の時間は，1.52÷8＝0.19(秒)である。　② 21人の生徒のうち，一番端《はし》の人がホイッスルを鳴らすので，手を挙げるのは20人になる。したがって，求める距離《きょり》は，3×(20－1)＝57(m)となる。
③ ①，②より，音速は秒速，57÷0.19＝300(m)と求められる。

⑵ 図4では，縦軸《じく》がホースの長さ(190m)，横軸が時間を表していて，ペットボトルを叩《たた》いてから次にペットボトルを叩くまでの時間は横軸の2目盛り分となっている。よって，ペットボトルを叩いた1回目から10回目までにかかった時間は横軸の，2×(10－1)＝18(目盛り分)となり，これが10.0秒だから，横軸の1目盛り分は(10.0÷18)秒になる。したがって，音速は秒速，190÷(10.0÷18)＝342(m)とわかる。

⑶ 図より，金属棒に金属ブロックがふれた瞬間《しゅんかん》から，その反対側の端でマイクが音を拾ったときまでの時間が$\frac{2}{10000}$秒とわかる。これを1.00mの金属棒を音が伝わった時間と考えると，求める音速は秒速，1.00÷$\frac{2}{10000}$＝5000(m)である。

⑷ 金属棒を伝わる音がマイクに拾われてから次に再びマイクに拾われるまでの時間が，図7に示された$\frac{3.8}{10000}$秒である。この間に音は金属棒を1往復しているので，求める音速は，1.00×2÷$\frac{3.8}{10000}$＝5263.1…より，秒速5263mとなる。

⑸ 伝わる音速がもとの金属棒より遅《おそ》い場合は，金属棒に金属ブロックがふれた瞬間《しゅんかん》から，その反対側の端でマイクが音を拾ったときまでの時間が$\frac{2}{10000}$秒より長くなる。また，金属棒を伝わる音がマイクに拾われてから次に再びマイクに拾われるまでの時間も$\frac{3.8}{10000}$秒より長くなる。つまり，マイクで音が聞こえたときの電気信号を表す波形の始まりが右側にずれ，波の間隔《かんかく》が広くなる。

⑹ 図5の実験装置では，金属棒とマイクの間にすき間が開いているため，⑶の方法では，音が金属棒の間を伝わる時間と金属棒とマイクの間を伝わる時間の合計の時間を測定することになる。しかし，⑷の方法では，音が金属棒の間を往復する時間のみを測定することになるため，⑷の方法の方がより正確に金属中の音速を測れているといえる。

4 水の温まり方についての問題

⑴ イについて，ガスボンベの中には圧力をかけて気体のガスを液体にしたものが入っている。ウについて，完全燃焼しているときの炎《ほのお》は青白色で，これが正常な状態である。炎がオレンジ色をしているときは不完全燃焼している。オについて，火を消した直後は温度が高くなっており，ガスボンベをさわるとやけどをするおそれがあるので，時間を置いて冷めてからガスボンベを外すようにする。

⑵ ガスが燃えると二酸化炭素のほかに水蒸気が発生するが，それが冷たいビーカーにふれることで冷やされ，水滴《すいてき》となって付着するため，点火直後にビーカーの外側がくもったのである。

⑶ 表の上の方に書かれている計算式に基づいて求めると，〈a〉は，20.4÷8.5×7.0＝16.8(g)，〈b〉は，14.3÷16.5×15.0＝13.0(g)となる。また，例にしたがってグラフを作成すると，解答に示

したようになる。

⑷　アは，最後の「多くなった」を「少なくなった」に変えると正しい文章になる。イは，最後の「高くなった」を「低くなった」に変えると正しい文章となる。エとオについては，この実験からは確認することができない。

⑸　図２で，強火の場合は炎が広がってビーカーの底からはみ出していて，はみ出した炎の熱はビーカー内の水を温めるのに使われないままにげてしまっている。中火の場合は広がった炎の範囲がビーカーの底とおよそ一致《いっち》しており，炎の熱が効率よくビーカー内の水を温めるのに使われている。

⑹　中火でフタをして温め，水の温度が上がりきるまでの間に使用するガスの量は14.4ｇなので，この間に発生する二酸化炭素は，3.0×14.4＝43.2(ｇ)である。また，弱火でフタなしの場合，９分間で使用するガスの量は，14.3÷16.5×９＝7.8(ｇ)となる。よって，この間に発生する二酸化炭素は，３×7.8＝23.4(ｇ)になる。以上より，発生する二酸化炭素は全部で，43.2＋23.4＝66.6より，67ｇと求められる。

5　ヒトや動物の心臓のつくりとはたらきについての問題

⑴　部分Ｘは心臓から外へ血液を送り出す心室，部分Ｙは心室に流しこむ血液を一時ためておく心《しん》房《ぼう》である。ヒトには心室も心房も２つずつあり，図１で，Ａは右心房，Ｂは右心室，Ｃは左心房，Ｄは左心室である。

⑵　心臓の周りを取り囲む血管には，心臓をつくる筋肉に届けられる血液が通る。届いた血液は，筋肉が必要とする養分と酸素をわたし，二酸化炭素などの不要な物質をもらう。

⑶，⑷　脈拍《みゃくはく》は，心臓の拍動により動脈の血管に圧力が加わることで生じる動脈の動きである。したがって，１分間の拍動数と脈拍数は等しい。

⑸　図３で，ｆは部分Ｘに当たる心室，ｇは部分Ｙに当たる心房である。

⑹　魚における血液循環《じゅんかん》は，心臓→えら→全身→心臓となっている。えらはｃの先にあり，ここで酸素を取り入れ，二酸化炭素を放出している。よって，ａ，ｅには酸素が多く含《ふく》まれた血液(動脈血)，ｂ，ｃ，ｄおよび心臓(ｆ，ｇ)には二酸化炭素が多く含まれた血液(静脈血)が流れている。また，ｄは消化管を通った後の血液が流れているため，その血液は栄養分を最も多く含む。

⑺　ワニが陸上で活動しているときには，Ｂに入った血液の大部分は血管Ｇに流れ，肺に向かう。そして，肺から戻ってきた血液がＤから押《お》し出されると，血管Ｉに流れていくが，一部はパニッツァ孔《こう》を通って血管Ｊへ流れていく。一方，水中に潜《もぐ》っているときは，Ｂの血液の大部分は肺には行かずに血管Ｊに流れ，一部はパニッツァ孔を通って血管Ｉへ流れていく。

⑻　水中に潜っているときは，気体の交換《こうかん》ができない肺に多くの血液を流す必要性がなく，心臓に戻ってきた血液をそのまま全身に流す方が，血液中の残りの酸素を効率よく全身に届けることができる。

国語　(60分)　＜満点：120点＞

解答

問１　下記を参照のこと。　問２　Ａ　イ　Ｂ　ア　Ｃ　オ　問３　(例)　祇園寺が話を切り出すのを待ちきれなくなったから。　**問４**　(例)　お菓子作りは女の子が好きなことだと一般に思われているから。　**問５**　イ　**問６**　(例)　女の子らしさにとらわれず自由でありたいと思い，女の子らしいとされるものをさけてきた結果，「ボーイッシュな女子」らしさにとらわれて，自由にふるまえなくなったこと。　**問７**　エ　**問８**　(例)　ありのままの自分を認められないことに苦しんでいる点で，祇園寺と自分は共通すると感じたから。　**問９**　オ　**問10**　(例)　以前は女の子みたいだと言われてつらくても言い返せず，ありのままの自分でいたいという気持ちを表に出せなかったが，「らしさ」にとらわれて苦しむ祇園寺を見たことで，自分が自分であるためには強い気持ちで自分の思いを表明すべきだと思うようになった。　**問11**　ウ，カ　**問12**　(例)　中学生は勉強と部活だけしていればよいと言われる

●漢字の書き取り

問１　１　逆光　２　意外　３　容姿　４　解放　５　他言　６　殺気　７　接点　８　拾　９　気配　10　額　11　証明　12　神聖　13　文武　14　険　15　群

解説

出典：村上雅郁《むらかみまさふみ》「タルトタタンの作り方」(『きみの話を聞かせてくれよ』所収)。ケーキ作りが趣《しゅ》味《み》の「ぼく」は，ボーイッシュな祇園寺先輩《ぎおんじせんぱい》に頼《たの》まれてタルトタタンの作り方を教えたとき，「らしさ」に苦しんでいる先輩の姿を見て共感する。そして，自分が自分であるために，「らしさ」を押《お》しつけてくる者に対しては強く闘《たたか》おうと思うようになった。

問１　**１**　「逆光」は，対象の背後からさしてくる光のこと。　**２**　「意外」は，思っていたのとは違うこと。　**３**　「容姿」は，顔立ちと体つきのこと。　**４**　「解放」は，解き放って自由にすること。　**５**　「他言」は，他人に言うこと。　**６**　「殺気」は，敵意をもつあらあらしいようすのこと。　**７**　「接点」は，関わりのある部分のこと。　**８**　音読みは「拾得物」などの「シュウ」。**９**　「気配」は，何となく感じられること。　**10**　音読みは「金額」などの「ガク」。　**11**　「証明」は，事実であること，また，真理であることを，証拠《しょうこ》を出して示すこと。　**12**　「神聖」は，とうとく，けがれがないこと。　**13**　「文武」は，文学と武術のこと。「文武両道」は，学術や文化の面と武術や軍事などの面のこと。　**14**　音読みは「冒険」などの「ケン」。　**15**　音読みは「群衆」などの「グン」。

問２　**A**　「凛《りん》と」は，寒さがきびしいさま，または，態度や声などが引きしまっているさま。　**B**　「おごそか」は，態度や体の動きなどがいかめしく重々しくて近寄りがたいさま。　**C**　「黄色い」は，声について言われる場合は，かん高い，という意味。

問３　祇園寺は，なかなか肝心《かんじん》の話を始めず，「再び沈黙《ちんもく》」してしまった。そのようすを見ていた黒《くろ》野《の》は，待ちきれなくなり，このままでは時間が過ぎるばかりだろうというあきらめるような気分になった。

問４　「女子なら，ケーキを焼いても，どうこう言われたり，しないでしょ？」というように，世間の人々は一般《いっぱん》に，「お菓子《かし》作り」は女の子が好むものだと思っている。また，「スイーツ」が好きなのも一般的には女の子だと思われているので，「スイーツ男子」は違和感《いわかん》を持たれやすく，なかなか理解されない。

問５　祇園寺は，「小三で剣道をはじめて。どんどん強くなって。ボーイッシュだとか，かっこいいとか，そういうふうに言われる」のが「うれしかった」し，「誇《ほこ》らしくて」ならず，「べつに女子らしくなくていいんだ」と思っていた。しかし，友だちの女の子が作ってくれたタルトタタンを食べておいしいと伝えたところ，「やっぱり羽紗《うさ》ちゃんも女の子なんだ」と決めつけられてしまい，祇園寺は，ショックだったのである。

問６　「ボーイッシュだとか，かっこいいとか，そういうふうに言われる」ことをうれしいと思っていた祇園寺は，「らしさ」にとらわれず「自由」でありたかった。ところが，「女子らしくなく」あろうとするために「ボーイッシュな女子らしさ」にとらわれることになり，かえって「自由」でなくなってしまった。「自由」という大事なものを守るために，今の自分のイメージにこだわり，それにとらわれるようになってしまったのであるから，これは「本末転倒《ほんまつてんとう》」ということになる。

問７　龍一郎《りゅういちろう》は，「サッカー部のキャプテン」で「文武両道の優等生」であるため，「ぼくが歩いている道の険しさを知らない」のである。「ぼく」は，「道に落ちているちいさな石のひとつひとつが，はだしの足をきずつける感触《かんしょく》」を持ち，「人になにかを言われることは，つらい」と強く感じているため，そう簡単に「人がなんて言おうと関係ない」とは言えない。

問８　祇園寺は，「女の子みたいって，女の子らしいって，そう言われるの，ほんとにこわい」と言い，ありのままの自分を他人から認めてもらえないことに苦しんでいる。ケーキ作りを趣味とする「ぼく」もまた，「自分の道を歩いているだけで，その道に勝手な名前をつけられるのは，歩き方に文句をつけられるのは，どんなに好意的でも笑われるのは，ほんとうにつらい」と感じている。そのため，「ぼく」は，祇園寺と自分は同じ苦しみを抱《かか》えている仲間であるように感じた。

問９　「『らしさ』にとらわれたくなかった」という祇園寺の話を聞いていた「ぼく」は，祇園寺が言った「いろんな言葉」が「内側で響《ひび》いては消える」のを感じているだけで，実際には何も言えずにいた。しかし，その帰り道，自分の感じていたつらさと「女の子みたいって，女の子らしいって，そう言われるの，ほんとにこわい」という祇園寺の言葉を思い起こして，自分の感じていたことは「ぼくらは自分のままでいたいだけ。そうあるように，ありたいだけ」ということだ，とわかってきた。そこで「ぼく」は，もう少し祇園寺先輩と話をして，自分の思いを伝えたいと思った。

問10　「ぼく」は，これまで，女の子みたいだとからかわれ，「自分の道を歩いているだけで，その道に勝手な名前をつけられるのは，歩き方に文句をつけられるのは，どんなに好意的でも笑われるのは，ほんとうにつらい」と思っていたが，その気持ちを表に出すことはできなかった。しかし，「女の子らしさ」を拒否《きょひ》したために，逆に「ボーイッシュな女子らしさ」にとらわれて苦しんでいる祇園寺に接したことで，「自分のままでいたいだけ。そうあるように，ありたいだけ。／それを，関係のないだれかに，勝手なこと，言われたくなかった」という自分の気持ちが，さらに強くなってきた。そして「ぼく」は，今また女子たちがからかってきたのに対し，「さわいでいる女子たちをにらみつけ」て，自分のままでいたいという思いをぶつけ，「強くなりたい。ゆれないように。／自分が自分であるために，闘えるように」と思った。

問11　黒野は，祇園寺に代わって話を切り出した。その後も，「タルトタタンを作りたい」のは「食べたいから」と祇園寺が言うのに対して「ぼく」が「自分で？　だれかにあげたいとか，そういうことじゃなくて？」と問うと，すかさず「きみだって，自分が食べるために焼いているんじゃないのか？」と言った。さらに，「食べに行くとか，買ってくるとか」して「人に見られたらはずかしい」

と祇園寺が言うのを聞いて，「ぼく」が「ケーキを食べるのは，はずかしいことなんだろうか」と思ってだまりこむと，黒野が「ケーキを食べるやつははずかしいやつなのか？」と「代わりにたずね」ている。黒野は，他人の思いを察して話が進むような発言をしているといえる。よって，ウが合う。「ぼく」が祇園寺の家から帰るときに出会った女の子たちは，ケーキを焼いたらしい「あまいにおい」に気づいたが，それをどこで焼いたのかについて「よそのおうちって，だれのおうちよ」「そりゃあ……あれですよ，彼女，とか」などと言い，「ぼく」が何か隠《かく》しているかのような言い方をしている。「においますね」という言葉は，ケーキの「あまいにおい」がするということと，何かあやしいものが感じられるということの，二つの意味を表している。よって，カが選べる。

問12　黒野の言葉は，一般的な「らしさ」の枠組《わくぐ》みから外れた者に対する風当たりの強さを批判するものである。女の子が女の子らしくなかったり，男の子が男の子らしくなかったりすると，異様なものでも見るかのように，攻撃《こうげき》したり変なやつだと決めつけたりするのが世間一般の傾向《けいこう》であるが，それでは，「らしさ」から外れた者は自分らしく自由に生きることが難しくなってしまうのである。したがって，「性別をめぐる問題」以外で「らしさ」の押しつけがあることがらを取り上げればよい。「社会や身の回りを見渡《みわた》すと」とあり，また空らんの後の会話に「いろいろな体験にチャレンジしよう」とあるので，例えば「子どもらしさ」のように年齢《ねんれい》に関わることや，「中学生らしさ」のように身分・立場に関わることなど，特定の型にはめてそこからのはみ出しを認めようとしない例をあげればよい。

Dr.福井の
入試に勝つ！脳とからだのウルトラ科学

睡眠時間や休み時間も勉強!?

みんなは寝不足になっていないかな？　もしそうなら大変だ。睡眠時間が少ないと，体にも悪いし，脳にも悪い。なぜなら，眠っている間に，脳は海馬《かいば》という部分に記憶をくっつけているんだから。つまり，自分が眠っている間も頭は勉強しているわけだ。それに，成長ホルモン（体内に出される背をのばす薬みたいなもの）も眠っている間に出されている。昔から言われている「寝る子は育つ」は，医学的にも正しいことなんだ。

寝不足だと，勉強の成果も上がらないし，体も大きくなりにくく，いいことがない。だから，睡眠時間はちゃんと確保するように心がけよう。ただし，だからといって寝すぎるのもダメ。アメリカの学者タウブによると，10時間以上も眠ると，逆に能力や集中力がダウンしたという研究報告があるんだ。

睡眠時間と同じくらい大切なのが，休み時間だ。適度に休憩するのが勉強をはかどらせるコツといえる。何時間もぶっ続けで勉強するよりも，50分勉強して10分休むことをくり返すようにしたほうがよい。休み時間は，散歩や体操などをして体を動かそう。かたまった体をほぐして，つかれた脳を休ませるためだ。マンガを読んだりテレビを見たりするのは，頭を休めたことにならないから要注意！

頭の疲れに関連して，勉強の順序にもふれておこう。算数の応用問題や理科の計算問題，国語の読解問題などを勉強するときには，脳のおもに前頭葉という部分を使う。それに対して，国語の知識問題（漢字や語句など）や社会などの勉強では，おもに海馬《かいば》という部分を使う。したがって，それらを交互に勉強すると，１日中勉強しても疲れにくい。

Dr.福井（福井《ふくい》一成《かずしげ》）…医学博士。開成中・高から東大・文Ⅱに入学後，再受験して翌年東大・理Ⅲに合格。同大医学部卒。さまざまな勉強法や脳科学に関する著書多数。

Memo

2023年度 駒場東邦中学校

【算　数】（60分）〈満点：120点〉

1　(1)　１より大きい整数Nについて以下の操作を考えます。

・Nが偶数《ぐうすう》のときNを２でわる

・Nが奇《き》数《すう》のときNを３倍して１をたす

この操作を１ステップとし，整数が１になるまでこのステップをくり返します。例えば，５は

5 → 16 → 8 → 4 → 2 → 1

となるので，５ステップで１になります。

７ステップで１になる整数をすべて答えなさい。

(2)　右の図のように，１辺の長さが１cmの正方形を６個並べ，３点A，B，Cをとります。AとB，BとCをそれぞれ結び，それぞれ３等分した点をとり，結びます。ここで，ABを３等分した点のうち，Bに近いほうをDとします。

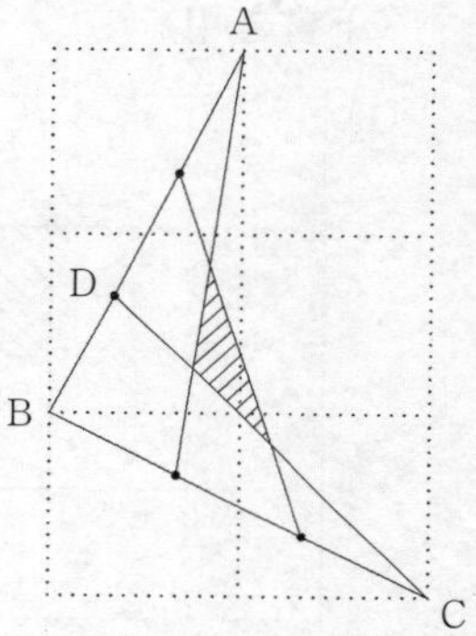

①　三角形BCDの面積を求めなさい。

②　斜線《しゃせん》部分の面積を求めなさい。

(3)　整数Aに対してAの各位の数の和をBとするとき，BがAの約数である整数Aを考えます。例えば，$A=48$のとき$B=4+8=12$より，BはAの約数なので条件を満たします。

①　４つの数字０，２，２，３を並べかえた４けたの整数は全部で何個ありますか。また，それらの整数のうち，条件を満たす整数をすべて答えなさい。

次に，条件を満たす整数Aをその各位の数の和Bでわった商を考えます。例えば，41から50までの整数について，条件を満たす整数は42，45，48，50であり，それぞれの商を考えると

$42\div(4+2)=7$

$45\div(4+5)=5$

$48\div(4+8)=4$

$50\div(5+0)=10$

となります。このとき，一番小さい商は４，一番大きい商は10です。

②　2001から2050までの整数について，同じように商を考えると，一番小さい商は［ア］，一番大きい商は［イ］です。

［ア］，［イ］にあてはまる数を答えなさい。

2 次の問いに答えなさい。ただし，円周率は3.14とします。

(1) 1辺の長さが1cmの正方形**ア**のまわりを，1辺の長さが1cmの正方形を図の位置から矢印の方向にすべらないように，点Pがもとの位置にもどるまで転がします。

点Pが動いてできる線を解答用紙の図にコンパスを用いてかきなさい。また，その線で囲まれた図形の面積を求めなさい。

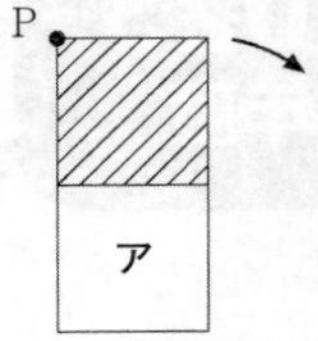

(2) 1辺の長さが1cmの正方形**ア**のまわりを，たての長さが1cm，横の長さが2cmの長方形を図の位置から矢印の方向にすべらないように，**点Qがもとの位置にもどるまで**転がします。

点Qが動いてできる線を解答用紙の図にコンパスを用いてかきなさい。また，その線で囲まれた図形の面積を求めなさい。

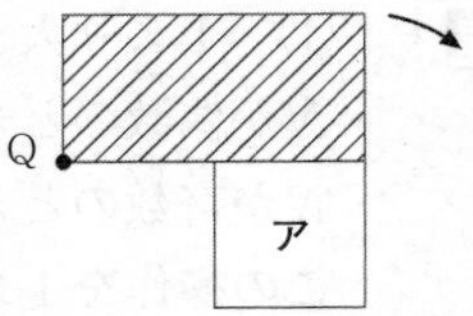

〈下書き用〉

(1)

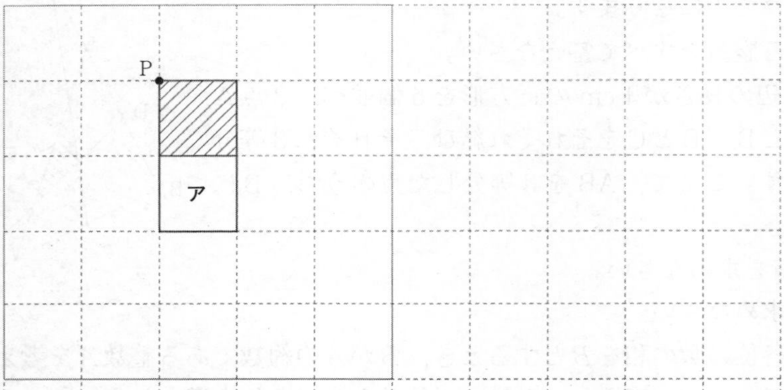

(2)

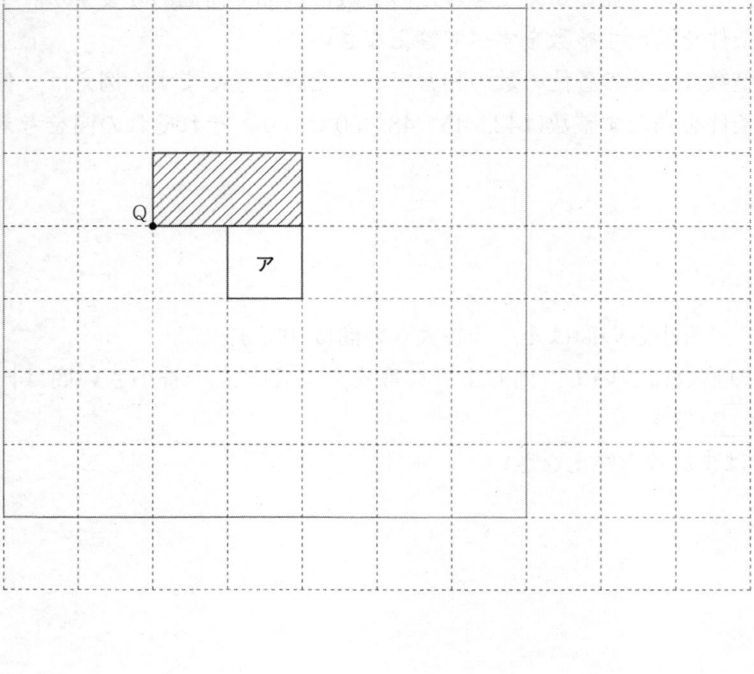

3 次の問いに答えなさい。

(1) 1から70までのすべての整数の和を求めなさい。

(2) 1から70までの整数のうち，［ア］から［イ］までの連続した整数を除きます。残った整数の和を求めたところ2023になりました。

［ア］，［イ］にあてはまる整数の組みあわせをすべて求めなさい。ただし，［ア］が1，［イ］が10のときは(1，10)のように答えなさい。

4 1辺の長さが6 cmの立方体ABCD-EFGHがあります。次の点を含む平面で切ったときの切り口を解答用紙の図に斜《しゃ》線《せん》で示しなさい。また，2つに分けられた立体のうち，大きいほうの体積を求めなさい。ただし，角すいの体積は

(底面積)×(高さ)÷3

で求めることができます。

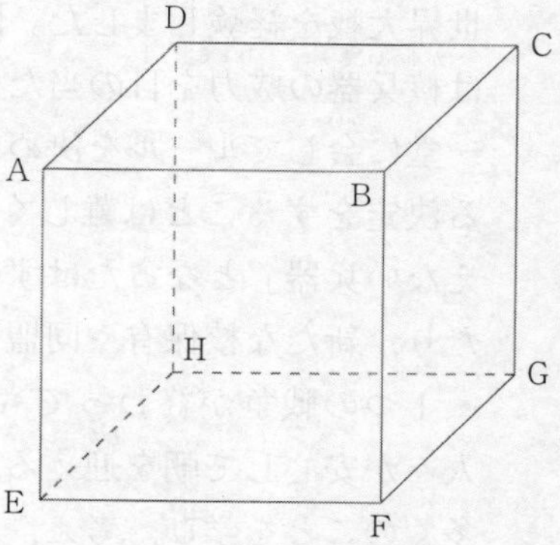

(1) BC，CDを2等分した点をそれぞれM，Nとしたとき，3点F，M，N

(2) 各辺を3等分して，

AD上でAP：PD＝2：1となる点をP，

EF上でEQ：QF＝1：2となる点をQ，

CG上でCR：RG＝2：1となる点をR

としたとき，3点P，Q，R

〈下書き用〉

(1)

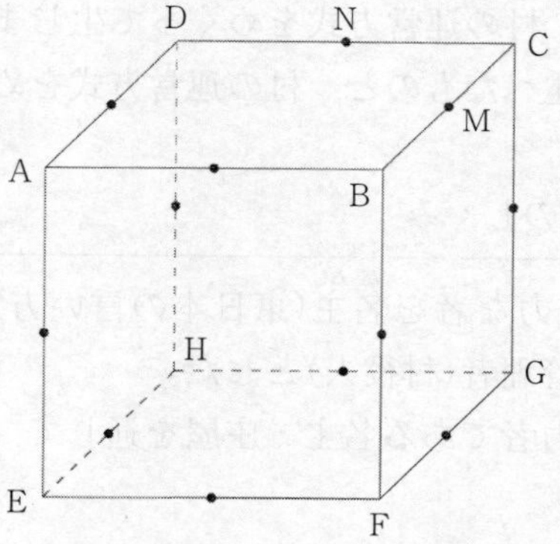

(2)

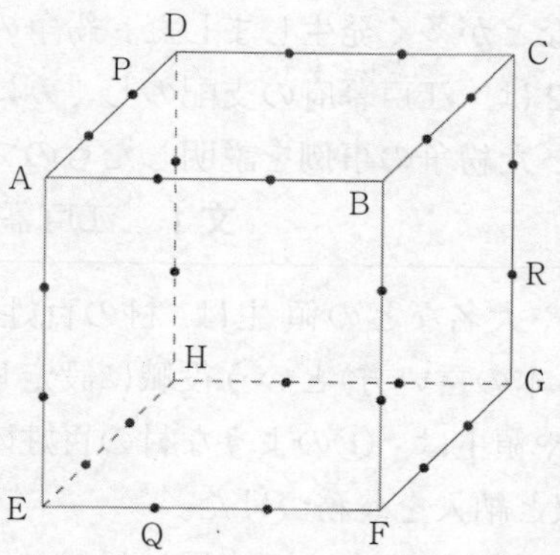

【社　会】（40分）〈満点：80点〉

次の文章を読み，問いに答えなさい。

2022年２月のロシアによるウクライナ侵攻《しんこう》は，世界に大きな衝撃《しょうげき》を与《あた》えました。しかし人間の歴史は，争いの歴史でもあります。農作物や水の利用をめぐって集落の中で争うこともあれば，土地をめぐって隣接《りんせつ》する集落や豪族《ごうぞく》同士の争いになることもありました。また，資源や貿易といった経済問題が争いの原因になることもあれば，宗教をめぐる争いも起きました。特に近代になると，地域をこえて自国の利益を主張する国家間の戦争が増え，20世紀には２回の世界大戦を経験しました。国家の全てを動員する総力戦は各地に大きな被害《ひがい》をもたらし，人々は核兵器《かくへいき》の威力《いりょく》を目《ま》の当《あ》たりにしました。そして戦争の反省から，さまざまな考え方の国々が一堂に会《かい》してルールを決めたり，国際機関を設立しました。しかし，参加国の全てが合意できる決定をすることは難しく，たとえば軍備の縮小もいっぺんには進みません。近年では，「使えない兵器」となったはずの核兵器についても，あえて威力を落とし使用する戦術が検討されたり，新たな核保有や同盟国との核共有をめざす動きも起きています。

１つの戦争が終わっても争いが続いたり，新たな対立の関係が生まれています。世界中の人々が安心して朝を迎《むか》えることは難しいように思えます。ですが，だからこそ，わたしたちは多くのことを学び，考え，理想を掲《かか》げて，諦《あきら》めずに対話を続けてゆくことが大切なのではないでしょうか。

問１　対立や紛争《ふんそう》の原因はさまざまです。豊臣秀吉《とよとみひでよし》や徳川家康《とくがわいえやす》の登場により，日本では列島社会を統一的に支配するしくみが整っていきました。その過程で，刀狩や検地も進み，各地の支配のしくみも大きく変わっていきました。戦国時代にみられた武士同士の戦いが少なくなる一方で，各地の村では，周辺の村との摩擦《まさつ》や，村内での紛争がみられ，河川・山林・資源をめぐる争いなどが多く発生しました。紛争の一つは，村の運営方式をめぐって生じました。次の**文１**・**２**は，江戸幕府《えどばくふ》の支配のしくみについて述べたものと，村の運営方式をめぐって実際に起こった紛争の事例を説明したものです。

文１　江戸幕府の支配のしくみ

①　幕府や大名などの領主《りょうしゅ》は，村の百姓の中の有力な者を名主《なぬし》(東日本の言い方)・庄《しょう》屋《や》(西日本の言い方)という役職に設定し，村の管理者(村役人)とした。
②　幕府や領主は，①のような村の百姓の中の有力者である名主・庄屋を通じて，年貢《ねんぐ》の徴収《ちょうしゅう》と納入を義務《ぎむ》づけた。
③　幕府や領主は，名主・庄屋に対し，法度《はっと》(命令)を村内に伝達する責任を負わせた。
④　各地の村では，名主・庄屋(村役人)が中心となり，自分たちの村を運営した。
⑤　名主や庄屋は，村の構成員である惣百姓《そうびゃくしょう》(一般百姓)を統括《とうかつ》する役割をになった。
⑥　名主・庄屋は，役職に対する見返りとして，屋敷地《やしきち》(住宅とその周辺地のこと)の年貢免除や，給米《きゅうまい》(給料《きゅうりょう》となる米)の支給などの特権を一部認められていた。

文２　摂津国芥川郡東天川村《せっつのくにあくたがわぐんひがしあまかわむら》における紛争の事例
(1608年，現在の大阪府高槻市《おおさかふたかつきし》)

①　東天川村の惣百姓は，自分たちの村の庄屋となった弥次郎兵衛《やじろうべえ》を批判する運動を展

開し，幕府の役人にあてて12条の内容を訴《うった》えた。庄屋は幕府の聞き取りに応じて，反論を展開した。

② 第1条では，庄屋が年貢を徴収するときに，惣百姓の同意をえずに1パーセント分を上乗《うわの》せし，自分のものにしていると批判した。それに対して庄屋は，上乗せは村民が同意したことであると説明した。

③ 第2条では，検地をする際に，測定の間違いが発生した場合に備えて，不足分をおぎなうために検地役人から預けられていた土地を，庄屋が自分のものにしたと訴えた。庄屋は，その土地は自分が検地に際して負担した出費への見返りだと主張した。

④ 訴状《そじょう》では，他の問題点も指摘されたが，訴状にみられる惣百姓の言《い》い分《ぶん》と，庄屋の反論にはかなりの開きがあり，認識の食い違いが大きかった。

⑤ 庄屋の弥次郎兵衛は，1608年以降も話し合いを重ね，1615年に村役人となりうる人たちと協議し，今後はどの百姓が庄屋に任命されても，少しも苦情を申し上げることはしないと約束した。そしてあまりに惣百姓の言い分が身勝手だと主張し，庄屋の役職をやめたいと幕府の代官に訴え出た。

支配のしくみにみられるように，江戸時代には各村に名主や庄屋の役職が設定されています。しかし，江戸時代のはじめ各地の村では，有力な百姓が名主・庄屋の役職への就任《しゅうにん》を避《さ》けようとしています。それはどのような理由によると考えられるでしょうか。**文1**をふまえ名主・庄屋がおかれた立場に注目し，**文2**にみられる問題点に関連づけながら説明しなさい。

問2 右の**図1**は，1980年代にアメリカ合衆国《がっしゅうこく》(以下アメリカ)で労働者が日本製の自動車をハンマーでたたいて壊《こわ》している様子です。このころアメリカでは日本の製品に対する反発や不買運動が起きていました。その理由を，日本とアメリカとの間の輸出入額と，日本の輸出入総額に占めるアメリカの割合の移り変わりを示した**表1**，日本とアメリカとの主な輸出入品目・金額・割合を示した次のページの**表2**を参照して説明しなさい。

図1 日本車を破壊《はかい》するアメリカの労働者

（「東洋経済 ONLINE」より）

表1 日本の対アメリカ貿易の輸出入額・割合

	輸出		輸入	
年	金額(千ドル)	割合(%)	金額(千ドル)	割合(%)
1960	1,101,649	27.2	1,553,534	34.6
1965	2,479,232	29.3	2,366,146	29.0
1970	5,939,819	30.7	5,559,579	29.4
1975	11,148,605	20.0	11,608,066	20.1
1980	31,367,269	24.2	24,407,981	17.4
1985	65,277,567	37.2	25,793,009	19.9
1987	83,579,939	36.5	31,490,462	21.1

（『日本国勢図会《こくせいずえ》 1988年版』より）

表2　日本の対アメリカ貿易の輸出入品目・金額・割合(1987年)

輸出			輸入		
品目	金額(千ドル)	割合(%)	品目	金額(千ドル)	割合(%)
機械類	33,118,512	39.6	機械類	6,600,550	21.0
自動車	25,223,414	30.2	木材	1,960,868	6.2
自動車部品	5,153,903	6.2	航空機	1,578,433	5.0
精密機械	4,325,048	5.2	魚介(ぎょかい)類	1,449,938	4.6
鉄鋼	2,360,503	2.8	とうもろこし	1,194,489	3.8
金属製品	1,232,973	1.5	肉類	1,006,935	3.2
磁気テープ	786,983	0.9	有機薬品	948,558	3.0
有機薬品	776,565	0.9	大豆	920,588	2.9
二輪自動車	651,610	0.8	たばこ	836,472	2.7
プラスチック	589,534	0.7	果実	712,121	2.3

(『日本国勢図会 1989年版』より)

※輸出の「機械類」は主に事務用機器，通信機器，ビデオテープレコーダー，エンジン，半導体など。
　輸入の「機械類」は主に事務用機器。

問3　日本の原始・古代社会でも，人々はさまざまな形で争い・戦いをくり広げました。原始・古代社会で生じた争い・戦いなどについて述べた文として**誤っているもの**を，**ア〜エ**から1つ選びなさい。

ア　弥生《やよい》時代に米作りが広がると，土地や田へ引く水，たくわえた食料，鉄の道具などをめぐって村同士の争いが起こるようになり，人々は集落の周囲をほりやさくで囲むようになった。

イ　古墳《こふん》に納められたひつぎからは，豪族の遺骨とともに，鏡や剣《つるぎ》，よろい，かぶと，刀を持ったはにわなどが出土することから，すぐれた武力を持つ人が大きな力をにぎった社会であったことがわかる。

ウ　聖徳太子《しょうとくたいし》の死後，蘇我《そが》氏の力が天皇《てんのう》をしのぐほど強くなったため，天皇中心の政治を実現しようと考えた中大兄皇子《なかのおおえのおうじ》や中臣鎌足《なかとみのかまたり》は，645年に蘇我氏をたおし，中国から帰国した留学生や僧《そう》らとともに新しい国づくりを始めた。

エ　8世紀の中ごろ，都では病気がはやり，多くの人々がなくなり，各地でききんや災害が起こり，さらに貴族の反乱が起こるなど混乱していたため，桓武《かんむ》天皇は仏教を通して世の中の不安をしずめようとした。

問4　平安時代には武芸を職業として朝廷《ちょうてい》や貴族に仕え，合戦や警備にあたる武士が登場します。武士はやがて，地方の反乱や都の権力争いの中で勢力をのばしていきました。平泉《ひらいずみ》(現在の岩手県《いわてけん》)で少年時代を過ごした源義経《みなもとのよしつね》もその一人で，義経は東国の武士団などをうまく使い，平氏との戦いを進めました。次の**説明文**①〜③は，源義経が関わった戦いについて述べたものです。また，次のページの**図2**は，①〜③の戦いが起こった場所を記号**A〜C**で示したものです。**説明文**①〜③と記号**A〜C**の組み合わせとして正しいものを，下の**ア〜カ**から1つ選びなさい。

説明文

①　戦いの当初，潮《しお》の流れに乗った平氏軍が優勢だったが，潮の流れが変わると形勢も逆転し，義経らの源氏軍が優勢になった。

②　平氏軍は急ながけの下に陣《じん》をしき，守りを固めたが，義経は陣地のがけを鹿《しか》が通ること

を聞いて，がけの上から奇襲攻撃《きしゅうこうげき》を行った。

③　屋島へにげこんだ平氏軍に対して，義経は暴風雨に乗じて，通常よりも短い時間で一気に平氏の背後にまわり，平氏を追いやった。

図２

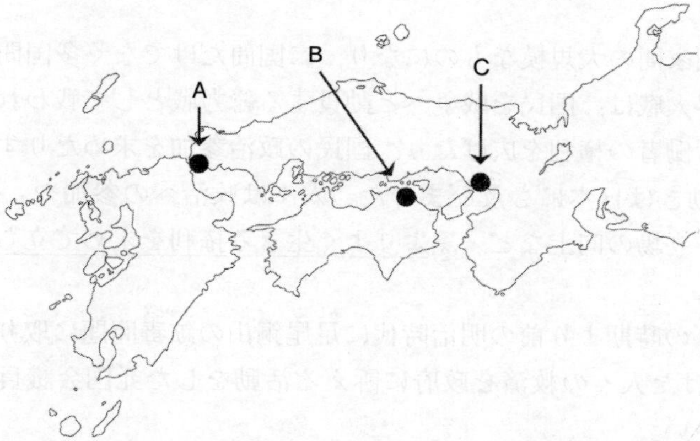

ア　①―A　②―B　③―C　　イ　①―A　②―C　③―B

ウ　①―B　②―A　③―C　　エ　①―B　②―C　③―A

オ　①―C　②―A　③―B　　カ　①―C　②―B　③―A

問５　戦うためには兵士や武器が必要ですが，それらは時代や場所により変化し，戦い方や国のあり方に影響を与えました。これについて，次の**図３・４**をみて問いに答えなさい。

図３

（『セリム＝ナーメ』より）

図４

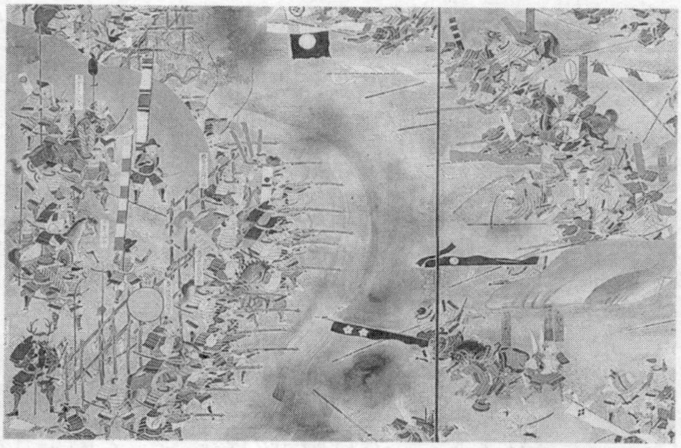

（徳川美術館所蔵資料より）

(1)　新しい武器の登場は，戦術を変えたことで知られています。**図３**は1514年に現在のイラン北西のチャルディラーンで，現イランの地を中心とした王朝と，現トルコの地を中心とした王朝がぶつかったときの様子です。1575年に日本で起きた，**図４**の合戦にたとえられることが多い戦いです。**図４**の合戦を何といいますか。

(2)　**図３・４**の戦いの後には，軍の主力となる兵や武器がそれ以前とは変化しました。これらの戦いでは，どのような武器を使ったどのような兵の軍が，どのような兵を中心とした軍を破ったのでしょうか。

(3) 明治時代になると政府は富国強兵策《ふこくきょうへいさく》をとり，近代的な軍隊をつくろうとしました。それまでの兵力は各藩《はん》の武士の力にたよっていましたが，新たに「国民」を兵力とする軍隊(国民軍)をつくろうとします。国民皆兵《こくみんかいへい》を原則として1873年に出された，兵役《へいえき》の義務を定めた法令は何ですか。

問6 近代になると，戦争は国家間の大規模なものになり，二国間だけでなく多国間の世界大戦が起きました。第一次世界大戦は，国民を戦争へと動員する総力戦として戦われました。総力戦の中，欧米《おうべい》諸国では労働者の権利を広げたり，国民の政治参加を求めたりする声が高まり，国際的な民主主義の動きは日本にも及びました。人々は政治への参加や，①生活環境《かんきょう》の改善，労働条件の改善，立場の向上など，②よりよく生きる権利を求めて立ち上がりました。

(1) 下線部①について，この時期より前の明治時代に足尾《あしお》銅山の鉱毒《こうどく》問題に取り組み，鉱山の操業《そうぎょう》停止と被害を受けた人々の救済を政府に訴える活動をした元国会議員は誰ですか，人物名を**漢字**で答えなさい。

(2) 下線部②について，この動きに関連する出来事について述べた文として**誤っているもの**を，**ア～エ**から1つ選びなさい。

ア 政府は，政治や社会のしくみを変えようとする運動や思想を保護するため，治安維持《ちあんいじ》法《ほう》を定めた。

イ 京都市《きょうとし》で全国水平社《ぜんこくすいへいしゃ》の創立大会が開かれ，差別をなくす運動がしだいに全国へと広がっていった。

ウ 普通《ふつう》選挙を求める運動が広く展開された結果，1925年には25才以上の全ての男子が，衆議院議員の選挙権を持つことになった。

エ 平塚《ひらつか》らいてう《(ちょう)》は，仲間とともに，これまで男性よりも低くみられていた女性の地位の向上をめざす運動を続けた。

(3) 世界大戦は，国家が人々の生活を管理し，物資だけではなく国民の感情もふくめて国家のあらゆるものを動員した戦争でした。そうした中，戦争中には次のような出来事も起きました。

1942年8月末，九州《きゅうしゅう》に台風(昭和《しょうわ》17年台風第16号)が接近し，死者・行方不明者約1000人の被害が出ました。この大きな被害の原因の一つは，戦時体制下の情報統制にあったとされます。これは戦争の際には，どのような情報が，なぜ規制されていたからでしょうか。これについて述べた次の文の空欄《くうらん》【　】にあてはまる適切な語句を答えなさい。

【 1 】は【 2 】を決める大切な情報なので，敵国に知られてはならないから。

(4) 戦争中はさまざまな物資が必要となり，生産量が急に増えるものがあります。次のページの**図5**は，日本における地下資源**X**の産出量の移り変わりを示したもので，第二次世界大戦中に最も多くなりました。**図6**の長崎《ながさき》県にある端島《はしま》(軍艦島《ぐんかんじま》)は，地下資源**X**を採掘《さいくつ》していた場所の一つです。この地下資源**X**は，日本では明治時代に本格的な採掘が始まり，**図7**をみると，当時の主な輸出品にもなっていました。端島をふくめ，筑豊《ちくほう》や三池《みいけ》などの九州北部，茨城《いばらき》県から福島《ふくしま》県にかけての太平洋《たいへいよう》沿岸である常磐《じょうばん》地区，石狩《いしかり》や釧路《くしろ》などの北海道《ほっかいどう》各地が主要な産地であった地下資源**X**を答えなさい。

図5　日本の地下資源**X**の産出量の移り変わり

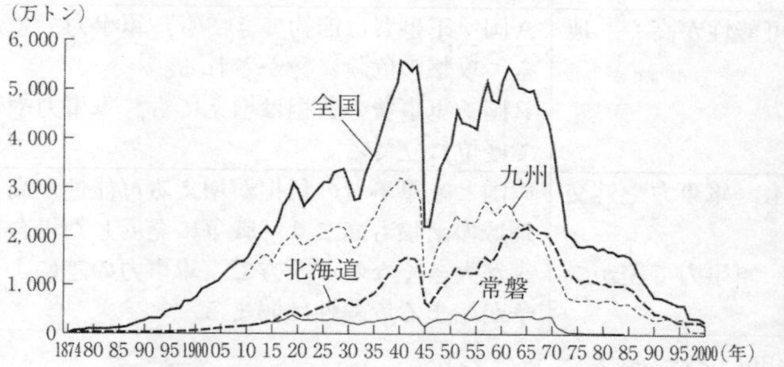

（杉山伸也《すぎやましんや》『日本経済史 近世―現代』より）

図6

（「長崎市公式観光サイト」より）

図7　1890（明治23）年の日本の主な輸出品の割合（%）

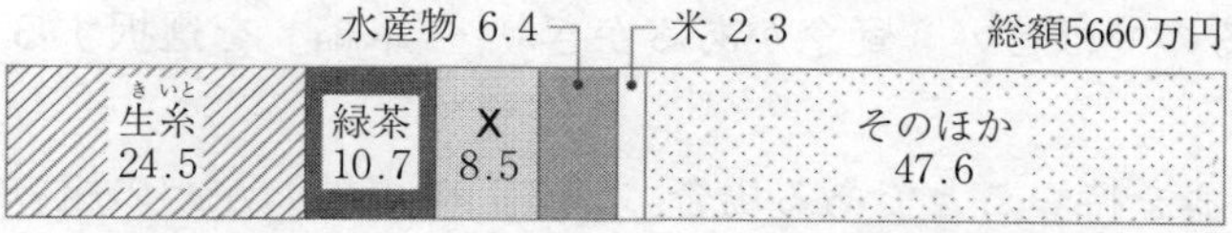

（『日本貿易精覧』より作成）

問7　紛争や国家間の対立が戦争に発展しないように，または防衛のために，各国は外交や軍備でさまざまな政策をとり，国際社会において条約を結びます。

(1)　現在の日本において外国と条約を結ぶ仕事をする機関と，外国と結んだ条約を認める仕事をする機関の名前を**漢字**で答えなさい。

(2)　(1)は三権分立の一例ですが，このほかに現在の日本で採用されている三権分立の例として正しいものを，**ア～カ**から**2つ**選びなさい。

ア　衆議院で内閣不信任決議案が可決されたら，内閣はただちに総辞職しなければならない。

イ　内閣は，臨時国会の召集《しょうしゅう》を決定できる。

ウ　天皇は内閣に対して，国事行為の助言と承認を与える。

エ　最高裁判所の全ての裁判官は，内閣により指名される。

オ　裁判所は，国会の定める法律が憲法に違反《いはん》していないかを調べる。

カ　国民は，最高裁判所の裁判官がその任に適しているかを審査する。

(3)　隣《とな》り合い対立するAとBの２国があるとします。両国の軍事力は同程度ですが，この先，相手国を信用し軍備を縮小するか，信用せず軍備を拡大するか，その選択《せんたく》の組み合わせによる結果をまとめたのが次のページの**表3**です。表から読み取れることとして正しいものを，下の**ア～オ**から１つ選びなさい。

表3　両国の選択とその結果

	B国　軍縮	B国　軍拡
A国 軍縮	両国とも軍事費を節約できる可能性が高く，地域の平和も保たれる。	A国：軍事費は節約できても，軍事力で差がつき，攻撃《こうげき》の危険に脅《おびや》かされる。 B国：軍事費の負担は増えても，軍事力や外交で優位に立てる。
A国 軍拡	A国：軍事費の負担は増えても，軍事力や外交で優位に立てる。 B国：軍事費は節約できても，軍事力で差がつき，攻撃の危険に脅かされる。	両国とも軍事費の負担が増える可能性が高く，地域の緊張も高まり，戦争に発展した場合に被害が大きくなる。一方で，軍事力の差により戦争が始まる危険性は弱まる。

ア　「軍縮」を選択して良い結果につながることはない。

イ　お互《たが》いに相手国の出方がわかれば，必ず「軍縮」を選択する。

ウ　お互いに相手国の出方がわかれば，必ず「軍拡」を選択する。

エ　相手国に出しぬかれるのではという疑念があるかぎり，「軍縮」を選択するのは難しい。

オ　「軍拡」の内容が核兵器を持つことである場合，「軍縮」「軍拡」がどの組み合わせになっても核保有が自国民を守ることにつながる。

(4)　核兵器の開発，実験，保有，使用や使用するとおどすことなどを禁止する核兵器禁止条約が2021年に発効しましたが，日本は参加していません。唯一の被爆国で，核兵器も持っていない日本がこの条約に参加していない理由に，核保有国が主張する「核抑止《よくし》論(核を保有することがかえって戦争抑止につながるという理論)」と，日本もその恩恵《おんけい》にあずかっているという考えがあります。核兵器に他の兵器と異なるどのような性質があるから，核を持つことが戦争を防ぐことにつながると考えられてきたのか，説明しなさい。

問8　日本国憲法の平和主義は，前文と第9条に書かれていますが，そこに**書かれていない内容**はどれですか。**ア〜エ**から1つ選びなさい。

ア　政府の行為によって，再び戦争が起こらないようにする。

イ　武力で他国との争いを解決することはしない。

ウ　核兵器を作らず，持たず，持ちこませない。

エ　陸海空軍などの戦力を持たない。

問9　1つの戦争が終わっても争いが解決するとは限りません。戦いが続いたり，より激しくなる場合もあれば，戦争の結果で，新たにさまざまな問題も生じています。

(1)　第二次世界大戦後，新たにイスラエルが建国されると，もともとその地に暮らしていたアラブ人(パレスチナ人)は居場所を奪《うば》われてしまいました。これをきっかけに，西アジアの諸国を巻き込んで何度も戦争が起きているパレスチナ問題は，現在も解決されないままです。右の**図8**は，パレスチナ人の子どもがイスラエルの戦車に石を投

図8

(インサイド・アラビアより)

げている様子です。こうした写真や映像は，世界に衝撃を与え，パレスチナ問題への国際的な関心を高めました。この理由について述べた次の文の空欄【　】にあてはまる適切な語句を答えなさい。

パレスチナの人々のイスラエル軍への【 1 】の方法が，石を投げるという原始的なやり方で，石と戦車は両勢力の【 2 】の差を象徴《しょうちょう》している。このように，パレスチナの人々の石を投げざるをえない苛酷《かこく》な現実があきらかになったから。

(2)　国連難民高等弁務官事務所(UNHCR)によると，2021年末時点で，世界で紛争や迫害《はくがい》で故郷や祖国を追われた人は8930万人に達しています。このうち，UNHCR に難民として支《し》援《えん》されている人などの約７割は右の**表４**の５か国に集中しています。**表４**中の**A**と**B**の国についてそれぞれ次の説明文を読み，国名を答えなさい。

表４　難民の出身国上位５か国(2021年)

順位	国名	人数
1位	シリア	約680万人
2位	ベネズエラ	約460万人
3位	A	約270万人
4位	南スーダン	約240万人
5位	B	約120万人

(UNHCR 日本「数字で見る難民情勢(2021)」より)

A　2001年に起きた同時多発テロの首謀者《しゅぼうしゃ》をかくまっているとして，タリバン政権だったこの国にアメリカ合衆国が軍事侵攻して攻撃をしました。新たな政権が誕生しましたが，その後も続くテロ活動で多くの人が難民になりました。日本人の中村哲《なかむらてつ》医師がこの国の医療《いりょう》や農業の発展に尽力《じんりょく》していました。

B　長く軍事政権が続いていた国でしたが，アウン・サン・スー・チーさんらの運動で近年民主化が進みました。しかし2021年に軍のクーデターが発生し，国内が混乱しています。また，国民の大半が仏教を信仰《しんこう》するこの国では，イスラム教の少数民族であるロヒンギャが迫害され，数十万人が隣国《りんごく》などに難民として逃《のが》れています。

問10　駒場東邦《こまばとうほう》中・高の周辺地域は，かつて日本軍の施設《しせつ》が多くあった場所でした。次のページの**図９**・**10**は1939年発行の２種類の地形図，**図11**は2015年発行の地形図で，それぞれ駒場東邦中・高の周辺地域を示したものです。３つの**図**から読み取れることを説明した文として**誤っているもの**を，13ページの**ア**～**カ**から１つ選びなさい。

図 9

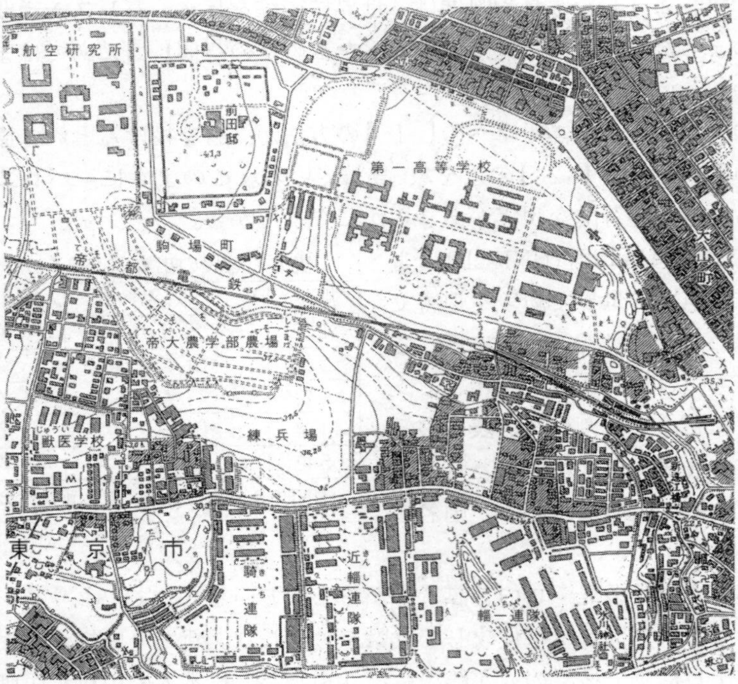

図10

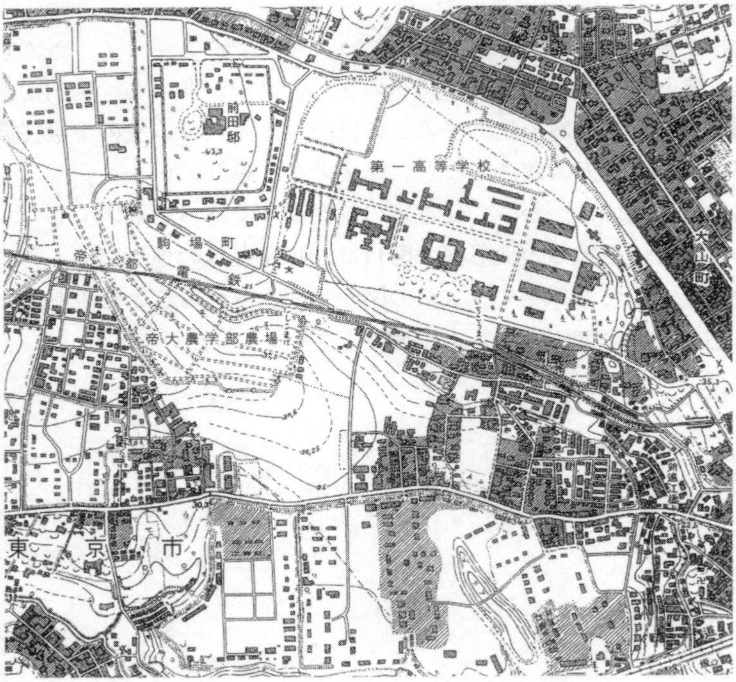

（山田《やまだ》　誠《まこと》『戦時《せんじ》改描図《かいびょうず》論考《ろんこう》』より）

図11

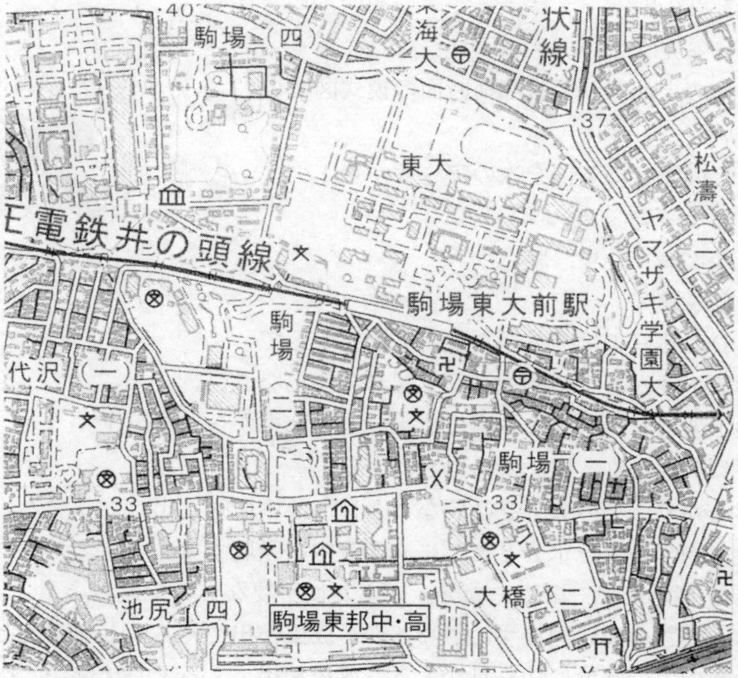

（国土地理院発行　２万５千分の１地形図より。縮尺は変更《へんこう》されています。）

ア　1939年には帝都《ていと》電鉄（現在の京王《けいおう》電鉄井《い》の頭《かしら》線）の駅が２つあったが，現在は１つになっている。

イ　**図９**には詳《くわ》しく描《えが》かれているのに，**図10**では名前が省略されたり，建物などが簡略化されているのは，主に日本軍の関連施設だったからである。

ウ　帝都電鉄（京王電鉄井の頭線）の線路の南側には，戦後に高校が６校できた。

エ　かつて前田邸《まえだてい》があった場所の南西の角に，現在，図書館がある。

オ　かつて練兵場があった場所には，現在，多くの住宅が建てられている。

カ　駒場東邦中・高の北側に老人ホームが２つある。

【理　科】（40分）〈満点：80点〉

1　次の(1)〜(7)の問いに答えなさい。

(1)　図１はヒトのおへその上あたりの腹部横断面の模式図です。次の問いに答えなさい。

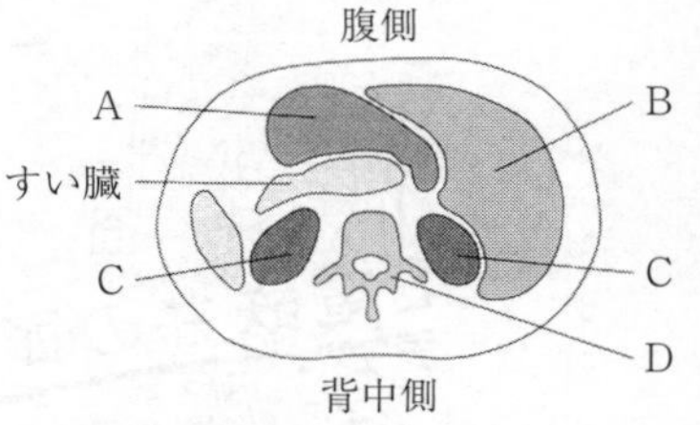

図１

①　図１のA，B，Cの器官の名前を次の**ア**〜**オ**から１つずつ選び，記号で答えなさい。

ア．心臓　　**イ**．かん臓　　**ウ**．肺

エ．胃　　**オ**．じん臓

②　図１のB，C，Dの器官のはたらきを説明した文として適切なものを次の**ア**〜**オ**から１つずつ選び，記号で答えなさい。

ア．からだの中の不要になったものや余分な水分を血液中からこし出す。

イ．小さな骨が縦につながり，頭やからだを支える。

ウ．養分をたくわえたり，その養分を必要なときに血液中に送り出したりする。

エ．消化された食べ物の養分を水分とともに，血液中に吸収する。

オ．血液を全身に循環《じゅんかん》させて，酸素や養分，からだに不要なものを運ぶ。

(2)　下図はキアゲハのさなぎの模式図です。さなぎから成虫が出てくることを羽化《うか》といいます。羽化するとき，さなぎのどの部分に切れ目ができ，成虫が出てくるでしょうか。次の**ア**〜**エ**から１つ選び，記号で答えなさい。なお，図の中の太線は切れ目を表しています。

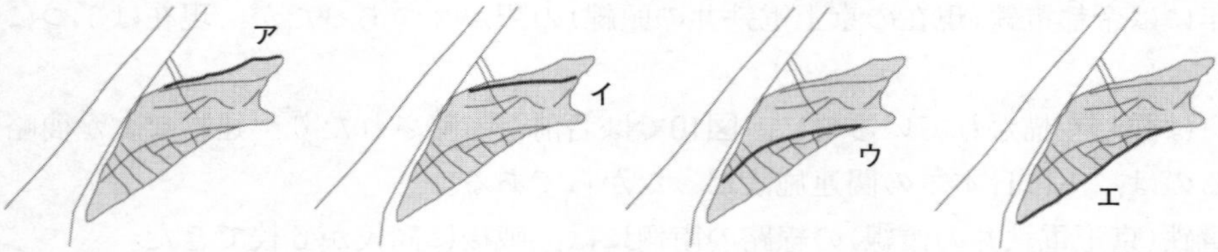

(3)　2021年12月25日にギアナ宇宙センターから打ち上げられた新型宇宙望遠鏡によって，これまで以上にくわしい宇宙の観測が可能になりました。2022年７月12日には，新型宇宙望遠鏡が得たフルカラーの画像が初めて公開されました。この新型宇宙望遠鏡の名前を次の**ア**〜**エ**から１つ選び，記号で答えなさい。

ア．ケプラー宇宙望遠鏡　　**イ**．ハッブル宇宙望遠鏡

ウ．ジェイムズ・ウェッブ宇宙望遠鏡　　**エ**．すばる望遠鏡

(4)　2020年12月６日，小惑星《しょうわくせい》探査機「はやぶさ２」が地球へもどってきました。現在，小惑星リュウグウから回収された粒子《りゅうし》を使ってさまざまな調査が行われています。2022年には，生命の起源に結びつくアミノ酸や水の存在が確認されました。リュウグウから回収された粒子を調べた結果として，誤っているものを次の**ア**〜**エ**から１つ選び，記号で答えなさい。

ア．2010年にはやぶさが小惑星イトカワから回収した粒子よりも量が多かった。

イ．人工的なクレーターの形成によって，表面だけでなく内部の試料を採取できていた。

ウ．うま味成分であるグルタミン酸が含《ふく》まれていた。

エ．生きているバクテリアがたくさん含まれていた。

(5)　以下はある洗剤《せんざい》のパッケージに書かれていた成分です。あとの問いに答えなさい。

成分 / 塩酸(9.5%)，界面活性剤，洗浄助剤《せんじょうじょざい》

① この成分の洗剤を保存する容器の材質として適切でないものを次の**ア**～**エ**から１つ選び，記号で答えなさい。

ア．プラスチック　**イ**．アルミニウム　**ウ**．ガラス　**エ**．陶器《とうき》

② ①で選んだ材質の容器にこの洗剤を入れたとき，どのようなことが起こりますか。最も適切なものを次の**ア**～**エ**から１つ選び，記号で答えなさい。

ア．容器が高温になって発火する。

イ．容器がすぐに割れる。

ウ．容器が洗剤によって溶《と》ける。

エ．容器から黒いけむりが発生する。

(6) 図２のように，Ｌ字の矢印をかいた紙があります。水を入れたコップのすぐ後ろに矢印をかいた紙を置くと，水を通して見える矢印は図３のようになりました。この紙をコップから遠ざけると，図４のようになりました。

Ｌ字の矢印

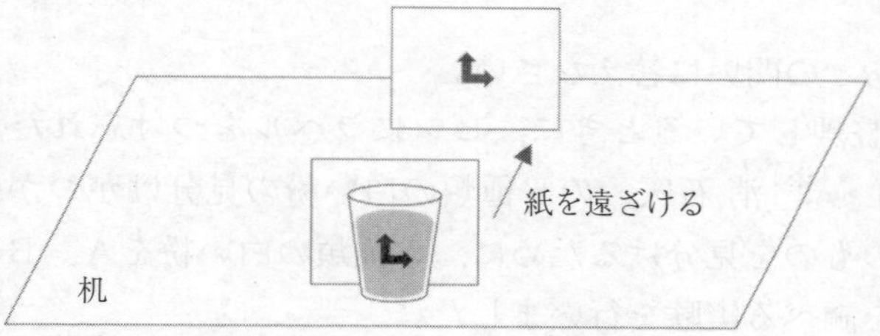

図２　実験のようす

図３

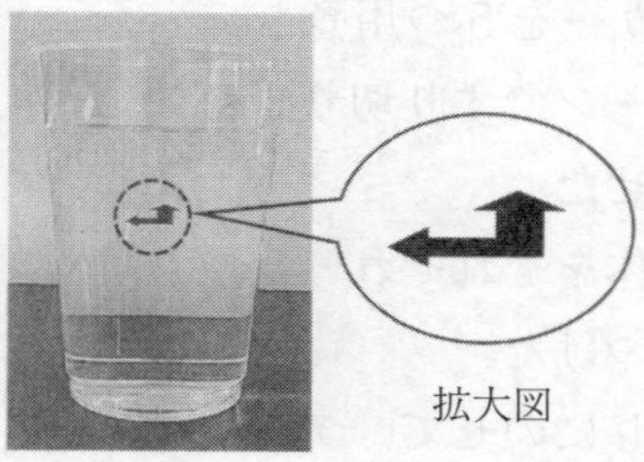

図４

次に，虫めがね(とつレンズ)を紙の前に置くと，虫めがねを通して見える矢印は図５のようになりました。上の実験と同じようにして，紙をレンズから遠ざけると虫めがねを通して見える矢印の向きに変化がありました。このとき，矢印はどのように見えますか。最も適切な図を次の**ア**～**キ**から１つ選び，記号で答えなさい。

図５

(7)　図6のように，重さ10g，長さ40cmの棒の端《はし》に，金属球A(重さ30g，体積10cm^3)と金属球B(重さ80g，体積10cm^3)をつるし，糸で棒をつるしました。その後，ゆっくりと水そうの水の中に入れて水平に静止するように糸の位置を調整しました。2つの金属球が水中にあるとき，棒をつるしている糸は左端から何cmの位置でしょうか。

なお，水中にしずんでいる金属球は，水から上向きの力(浮力《ふりょく》)を受けます。その力の大きさは，水中にある金属球の体積と等しい体積の水の重さに等しくなります。また，水1cm^3の重さは1gとし，糸の重さと体積は無視できるものとします。

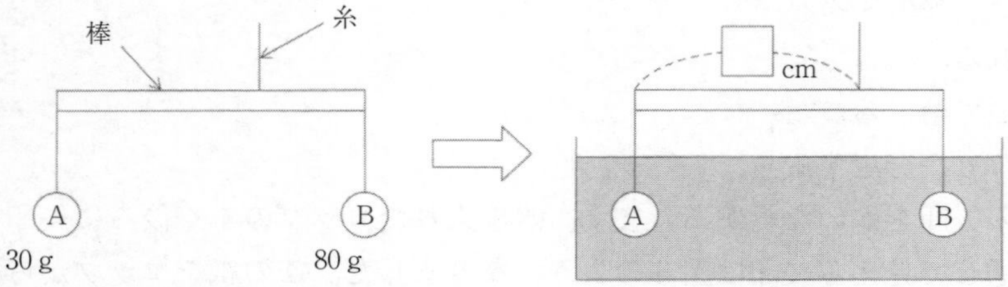

図6

2　以下の文章を読み，あとの問いに答えなさい。

実験室にあるものを整理しているときに，ビンにラベルをつけ忘れたため「食塩」「砂糖」「小麦粉」「ミョウバン」「(※)消石灰《しょうせっかい》」の5種類の白い粉の見分けがつかなくなってしまいました。そこで，これらのものを見分けるために，5種類の白い粉をA，B，C，D，Eとして，それぞれのものの性質を調べる実験を行いました。

(※消石灰は水に少量溶かすことができて，その水溶液《すいようえき》を石灰水と呼んでいます。)

実験①　水100gを入れたビーカーを5つ用意し，そこにA～Eの粉をスプーンですり切り1杯《ぱい》加えて十分によくかき混ぜた。

実験②　実験①で粉を加えた液体をそれぞれ一部取って赤色のリトマス紙につけた。

実験③　それぞれの粉を燃焼さじにのせて，アルコールランプの火であぶったときに，黒くこげるかどうかを観察した(図1)。

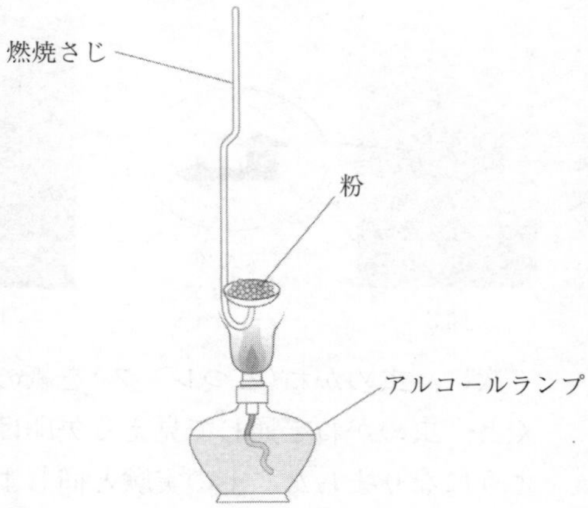

図1

実験①～③の結果

実験①　B，C，Eは全部溶けたが，AとDは溶け残りが出た。

実験②　Aのみ赤色のリトマス紙が青く変化した。

実験③　DとEは黒くこげたが，A，B，Cはこげなかった。

(1)　水に粉を入れてかき混ぜ，溶け残りがない水溶液のようすにはどのような特徴《とくちょう》がありますか，その特徴を1つ答えなさい。

(2)　実験②ではAのみが赤色のリトマス紙を青く変化させました。この水溶液は酸性，中性，アルカリ性のどれと考えられますか。

(3)　実験③ではDとEが黒くこげました。なお，これらはどちらも植物からつくられたものです。

これらを燃焼させたときに発生する気体について説明した文として適切なものを次の**ア**～**オ**から１つ選び，記号で答えなさい。

ア．水によく溶ける。

イ．食塩水を白くにごらせる。

ウ．この気体で満たした容器の中に火のついた線香《せんこう》を入れると激しく燃える。

エ．植物は，葉に日光があたっているときに，この気体をよく取り入れる。

オ．この気体は肺で体内に取り込《こ》まれたあと，赤血球によって全身に運ばれる。

実験①～③のみではＢとＣが特定できなかったので，以下のような手順で実験④を行いました(図２)。

手順Ⅰ　室温が20℃のもとで，20℃の水100ｇを入れたビーカーを用意し，そこにＢの粉を５ｇ加えてガラス棒で十分によくかき混ぜる。全部溶けたらもう５ｇ加えてかき混ぜる。５ｇずつ加えてかき混ぜる作業を溶け残りが出るときまでくり返す。Ｃについても同様の操作を行う。

手順Ⅱ　40℃の水100ｇを入れたビーカーを用意し，ＢとＣについて手順Ⅰと同様の操作を行う。

手順Ⅲ　60℃の水100ｇを入れたビーカーを用意し，ＢとＣについて手順Ⅰと同様の操作を行う。

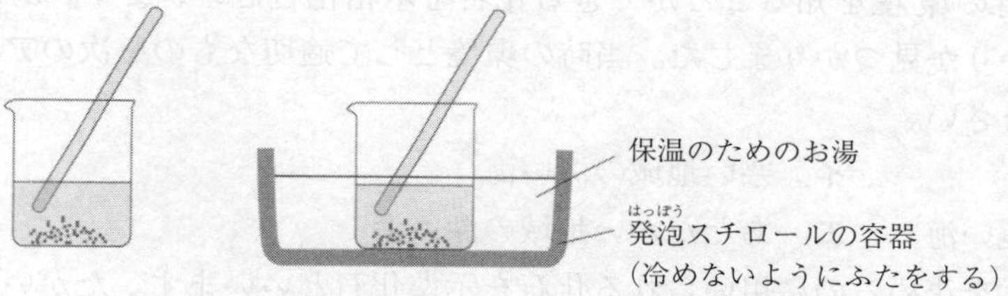

図２　手順Ⅰ(左)，手順Ⅱと Ⅲ(右)

実験④の結果を表１および表２に示しました。

表１　実験④の結果：粉Ｂ

加えた量の合計〔ｇ〕	20℃	40℃	60℃
5	○	○	○
10	○	○	○
15	×	○	○
20		○	○
25		×	○
30			○
35			○
40			○
45			○
50			○
55			○
60			×

表２　実験④の結果：粉Ｃ

加えた量の合計〔ｇ〕	20℃	40℃	60℃
5	○	○	○
10	○	○	○
15	○	○	○
20	○	○	○
25	○	○	○
30	○	○	○
35	○	○	○
40	×	×	×

○：全部溶けた
×：溶け残りが出た

(4)　Ａ，Ｃ，Ｄはそれぞれどの粉ですか。適切なものを次の**ア**～**オ**から１つずつ選び，記号で答えなさい。

ア．食塩　　**イ**．砂糖　　**ウ**．小麦粉　　**エ**．ミョウバン　　**オ**．消石灰

(5)　食塩の水溶液を蒸発皿へ入れて，実験用ガスコンロで加熱してすみやかに水を蒸発させると食塩の白い固体を得ることができます。次の問いに答えなさい。

①　砂糖の水溶液で同じ実験を行ったらどうなりますか，次の**ア**，**イ**から1つ選び，記号で答えなさい。

ア．砂糖の白い固体を得ることができた。

イ．砂糖の白い固体を得ることができなかった。

②　①の答えを選んだ理由を答えなさい。

3　以下の文章を読み，あとの問いに答えなさい。

大昔の生きものが地中にうもれて，そのからだや，すんでいた生活のあとなどが残っているものを化石といいます。かたい骨や貝殻《かいがら》など，こわれにくく分解されにくいものが化石になりやすいといわれています。

地層を直接観察できるがけや切り通し，川や海岸に転がっているれきの中に化石を見つけることができます。また，化石を含む岩石を使って建てられたビルの柱や床《ゆか》にも化石を見つけることができます。

(1)　地層がたい積した当時の環境《かんきょう》を知ることができる化石を示相化石といいます。ある地層からは，サンゴの化石ばかりが見つかりました。当時の環境として適切なものを次の**ア**～**エ**から1つ選び，記号で答えなさい。

ア．寒い地域の浅い海　　**イ**．寒い地域の深い海

ウ．あたたかい地域の浅い海　　**エ**．あたたかい地域の深い海

(2)　地層がたい積した年代を決めるのに用いられる化石を示準化石といいます。たがいに離《はな》れた3地域A～Cにおいて，化石**ア**～**エ**がどこにうまっているのかを調べました。図1は，その結果を示したものです。矢印は化石が見られた範囲《はんい》を示しています。また，火山灰①～③は，それぞれ同じ時代に同じ火山から噴出《ふんしゅつ》した火山灰です。**ア**～**エ**の化石のうち示準化石として適切なものを1つ選び，記号で答えなさい。

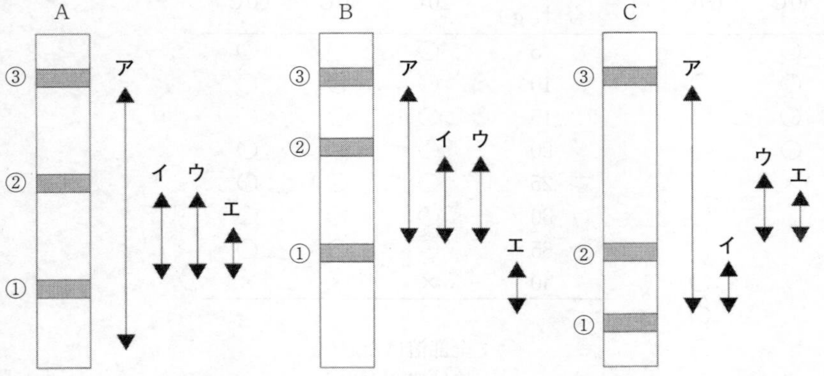

図1　柱状図(図の中の白色はどろや砂，灰色は火山灰)

(3)　ロッキー山脈のカンブリア紀の地層などから産出する化石動物群をバージェス動物群と呼んでいます。カンブリア紀以前の化石には見られない，眼《め》や口，あし，かたい殻《から》やトゲをもつ化石が多く見つかっています。このことから，カンブリア紀について説明した文として適切なものを次の**ア**～**エ**から1つ選び，記号で答えなさい。

ア．「食べる・食べられる」の関係が成立していた。
イ．海から陸へ生きものが進出した。
ウ．太陽の光が地球にとどいていなかった。
エ．カンブリア紀以前に生物はいなかった。

(4)　図２は古生代の示準化石です。この化石の名前を次の**ア**～**エ**から１つ選び，記号で答えなさい。
ア．アノマロカリス　　**イ**．オパビニア
ウ．サンヨウチュウ　　**エ**．ハルキゲニア

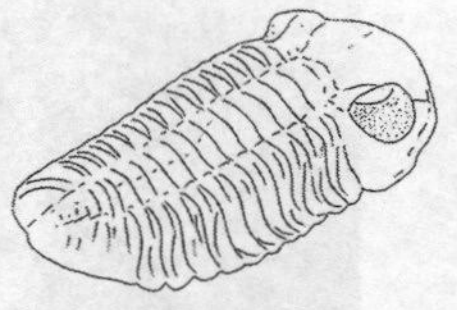
図２

(5)　図３はアンモナイトの化石です。アンモナイトについて説明した文として誤っているものを次の**ア**～**エ**から１つ選び，記号で答えなさい。
ア．形が棒状のものやU字状のものがある。
イ．日本では発見されていない。
ウ．右巻きのものや左巻きのものがある。
エ．恐竜《きょうりゅう》と同じ時代(中生代)の示準化石である。

図３

(6)　図４はサメの歯の化石です。サメの歯は，アンモナイトと同じように，世界中でよく見つかる化石です。一方，サメの骨の化石はほとんど見つかっていません。サメの骨の化石がほとんど見つかっていない理由を答えなさい。

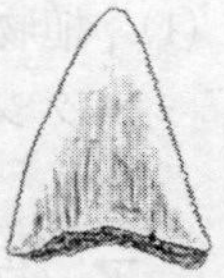
図４

(7)　2019年，「むかわ竜《りゅう》」として知られていた恐竜の学名が「カムイサウルス・ジャポニクス」となりました。一部欠けていますが，全身の骨格がほぼそろっている化石です。カムイサウルスを含むハドロサウルス類は草食恐竜で，白亜紀《はくあき》後期の世界中に分布していました。世界中のハドロサウルス類の化石を比べることで，どのようなことが分かりますか，３つに分けて，それぞれ一行で答えなさい。

4　以下の文章を読み，あとの問いに答えなさい。

ウメの花が咲《さ》くころ，明るい林の中の地面では，フクジュソウの黄色い花が咲き始めました(次のページの図１)。花を支えている茎《くき》が伸《の》び，細く切れ込んだニンジンのような葉が広がります。花には多数の花びら，おしべ，めしべ，がくはありますが，みつはありません。花はご飯茶わんやパラボラアンテナのような形になっていて，太陽の日ざしを正面から受け止めるように太陽を追いかけて向きを変えます。しばらく見ていると，ハナアブやハエのなかまがやってきて花粉を食べたり，花の上で動き回ったりじっとしていたり，小さなハエは花の中に入ったりしていました。花が散った後，金平糖《こんぺいとう》のような実ができ，６月ごろになると熟してパラパラと地面に落ちました。落ちた「たね」は，そのまま土の中にうもれるものもあれば，はたらきアリによって巣に運ばれたり，巣に運び込まれた後に巣の周りに捨てられたりするものもありました。そして，林の木々が葉を広げる初夏には，フクジュソウは枯《か》れて地面から姿を消してしまいました。図鑑《ずかん》で調べたところ，「たね」は翌年の春に発芽し，ふたばを広げた後に地上に出ている部分は枯れてしまうことがわかりました。

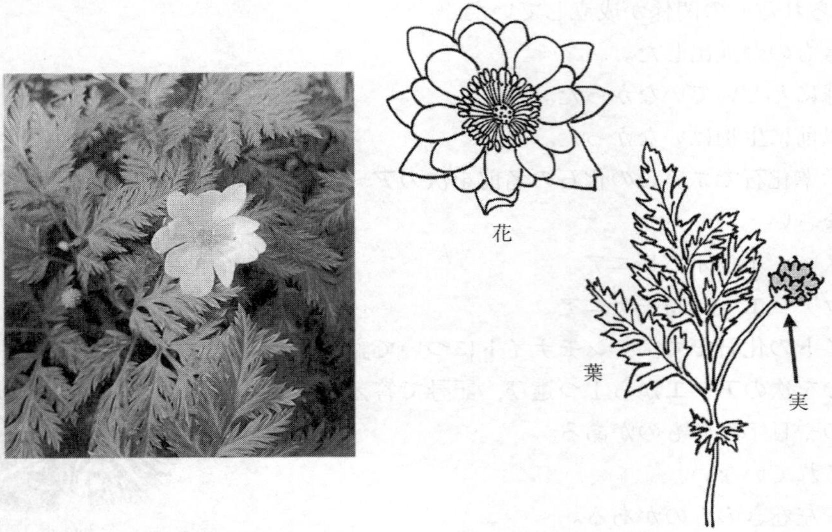

図1　フクジュソウの花・葉・実

(1)　植物の花には，花びらが1枚1枚離れているものと花びらがくっついているものがあります。フクジュソウと同じ花びらのつくりをもつ植物を次の**ア**～**オ**からすべて選び，記号で答えなさい。

ア．ウメ　　**イ**．ユリ　　**ウ**．ツツジ　**エ**．アサガオ　　**オ**．アブラナ

(2)　フクジュソウのように早春に活動を始め，初夏には葉を落としてしまう植物を次の**ア**～**オ**から1つ選び，記号で答えなさい。

ア．タンポポ　**イ**．ハルジオン　　**ウ**．ナズナ

エ．カタクリ　　**オ**．カタバミ

(3)　ハナアブもアリも昆虫《こんちゅう》ですが，生活のしかたが違《ちが》うので体の構造も違う部分があります。フクジュソウを訪《おとず》れるハナアブとはたらきアリの体のつくりを説明した文として適切なものを次の**ア**～**エ**から1つ選び，記号で答えなさい。

ア．ハナアブは4枚の翅《はね》をもつが，はたらきアリは翅をもたない。

イ．ハナアブは左右の眼が小さくて離れているが，はたらきアリの眼は大きくて上部が接している。

ウ．ハナアブの口はブラシのようになっているが，はたらきアリの口には大きなあごがある。

エ．ハナアブの触角《しょっかく》は頭と同じくらいの長さで細いが，はたらきアリの触角は短く太い。

(4)　文章中の下線部について，フクジュソウの花は太陽を追いかけて向きを変えることで日中の花の温度が高くなります。そのため，ハナアブやハエのなかまは花を訪れることにより体を温めることができます。このこと以外に，ハナアブやハエのなかまが得られる利点を答えなさい。

(5)　フクジュソウの「たね」と呼ばれるものは「痩果《そうか》」と呼ばれる果実で，うすくてかたい果実の皮の中に1つの種子が包まれています。果実の皮と種子の皮が密着しているので種子のように見えますが果実の一種です。次の**ア**～**オ**の果実の中から痩果をすべて選び，記号で答えなさい。

ア．エンドウ　　**イ**．タンポポ　　**ウ**．アサガオ　　**エ**．ヘチマ　　**オ**．ヒマワリ

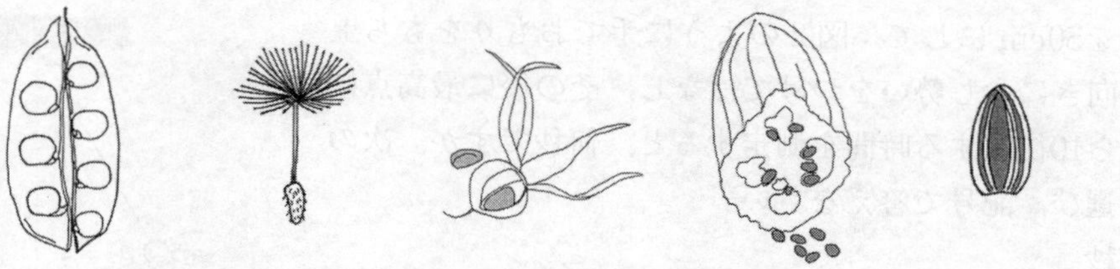

(6)　植物の種子散布には，風に乗って遠くへ運ばれる風散布や，動物にくっついたり，鳥に食べられフンとともに排《はい》せつされたりすることで遠くへ運ばれる動物散布など，いろいろなものがあります。フクジュソウの「たね」には，アリが好むエライオソームという部分があり(図２)，アリはエサとして「たね」を巣まで運び，エライオソームだけを切り取って食べ，残った「たね」を巣の中や外に捨てます。このようなアリによる種子散布をアリ散布と呼んでいます。フクジュソウにとってアリ散布の利点の一つは生息域を広げることですが，これ以外にどのような利点が考えられますか，具体的に説明しなさい。

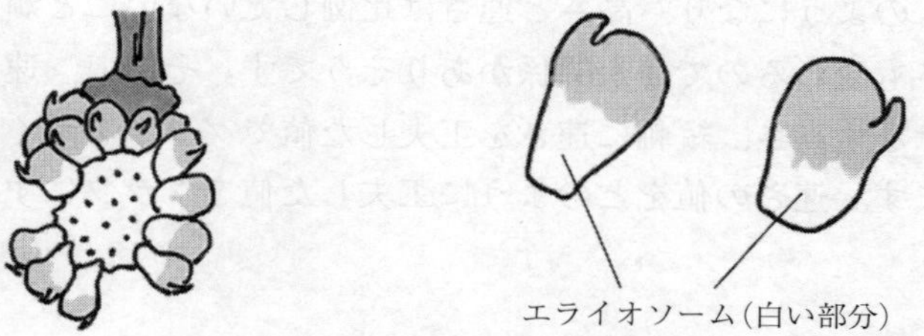

図２　フクジュソウの実(左)と「たね」(右)

5　以下の文章を読み，あとの問いに答えなさい。

駒太郎《こまたろう》君は重さの無視できる軽い糸を天井《てんじょう》からつり下げて，その先におもり(重さ50ｇ)をつけて振《ふ》り子を作りました(図１)。

振れはば(角度)は10°で一定にし，振り子の長さを変えて10往復する時間を計り，５回測定して平均しました。その結果を表１に示しました。ただし，振り子が振れているときに，糸がたるんだり伸び縮みしたりしないものとします。

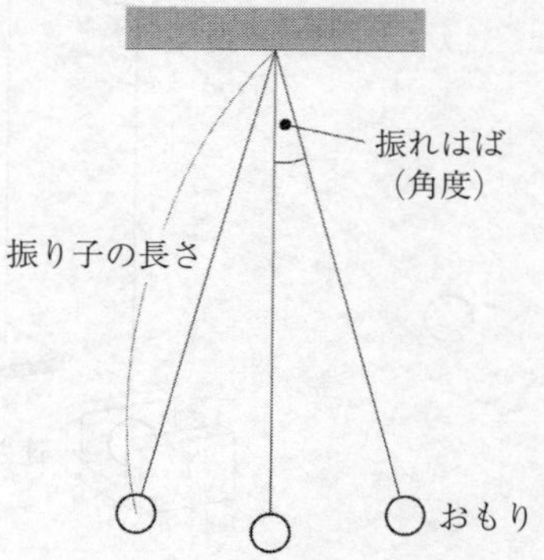

図１

表１．おもりの重さ50ｇにおける実験結果

振り子の長さ〔cm〕	20	30	40	45	50	60
10往復の時間〔秒〕	9.0	11.0	12.7	13.5	14.2	15.5
振り子の長さ〔cm〕	70	80	90	100	110	120
10往復の時間〔秒〕	16.8	18.0	19.0	20.0	21.1	22.0

(1)　10往復するのに27秒かかる振り子を作りました。次の問いに答えなさい。

①　この振り子の長さは何cmですか。

②　おもりを静かにはなしてから８分経過すると，振れはばが小さくなりゆっくりとした動きになりました。このときに10往復する時間を測定すると，何秒ですか。あとの**ア**～**ウ**から適切なものを１つ選び，記号で答えなさい。

ア．27秒より短い　　**イ**．27秒　　**ウ**．27秒より長い

(2)　振り子の長さを50cmにして，図２のように手でおもりをもち上げて図の矢印の向きに少し勢いをつけてはなし，その後に最高点に達したところから10往復する時間を測定すると，何秒ですか。次の**ア**～**ウ**から１つ選び，記号で答えなさい。

ア．12.8～13.7秒

イ．13.8～14.7秒

ウ．14.8～15.7秒

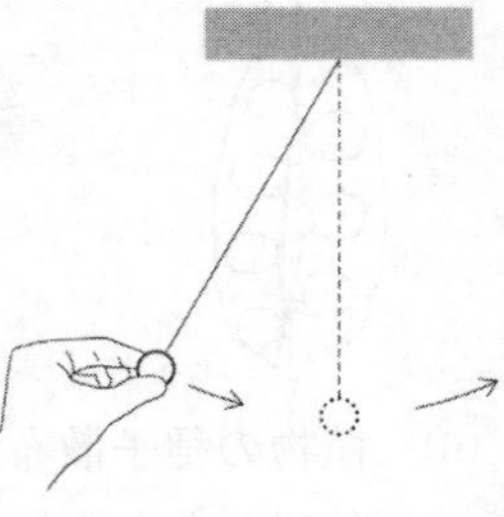

図２

(3)　１分間に48回往復する振り子Ａ，１分間に60回往復する振り子Ｂがあります。この２つの振り子のおもりを同時に静かにはなします。その後，往復する回数が一方に比べて他方が１回だけ多くなるのは何秒後ですか。

(4)　振り子の長さ80cm，おもりの重さ50ｇで振り子を作り，おもりをはなす高さを変えて，図３のように最下点でおもりの速さを機械で測定すると，結果は表２のようになりました。この値《あたい》をグラフにすると次のページの図４のようになり，高さと速さは比例していないことが分かります。しかし，高さを変えると速さも変わるので何か関係がありそうです。そこで，速さの値にある工夫をして横軸《じく》におもりをはなす高さ，縦軸に速さを工夫した値でグラフをかくと，その２つが比例していることを示せます。速さの値をどのように工夫した値をグラフにすればよいか，簡潔に説明しなさい。

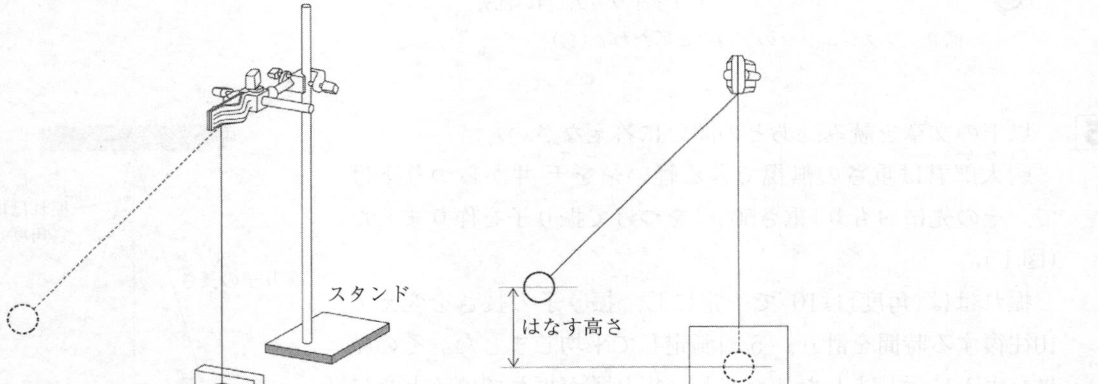

図３　実験のようす

表２．振り子の長さ80cm，おもりの重さ50ｇにおける実験結果

はなす高さ〔cm〕	0	5	10	15	20	25	30	35	40
最下点の速さ〔m/秒〕	0	1.0	1.4	1.7	2.0	2.2	2.4	2.6	2.8

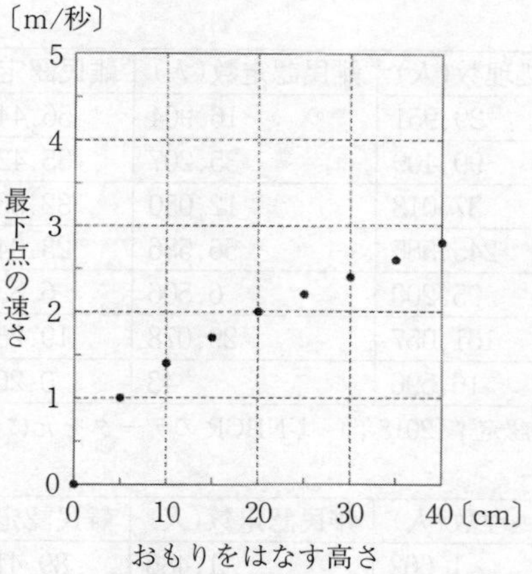

図4　おもりをはなす高さと最下点の速さの関係

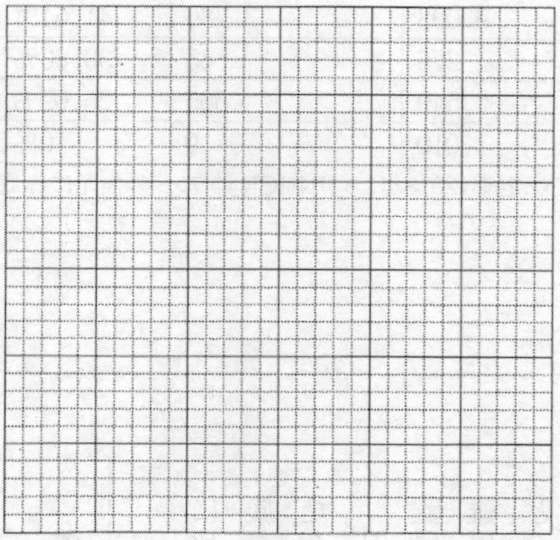

答えを考えるために自由に使ってよい

(5)　振り子を何度も使って実験していたら，振り子が振れているときに糸からおもりがとれてしまいました。駒太郎君の振り子は，最下点でとれました(図５)。一方，友達の邦彦《くにひこ》君の振り子は，最高点でとれました(図６)。それぞれ，糸からとれた後のおもりはどのように動いたでしょうか。図５は**ア～オ**，図６は**カ～コ**からそれぞれ１つずつ選び，記号で答えなさい。

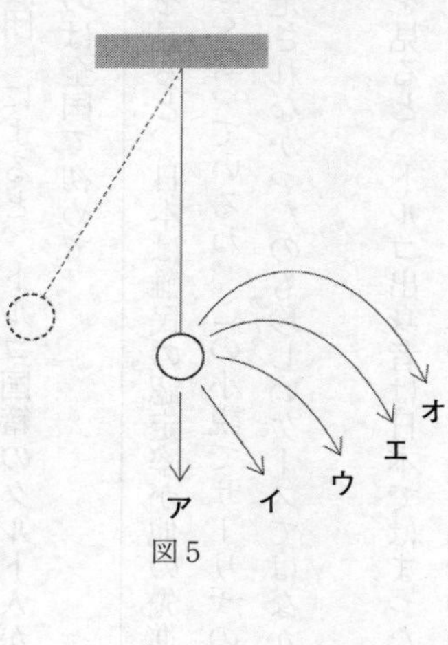

図５

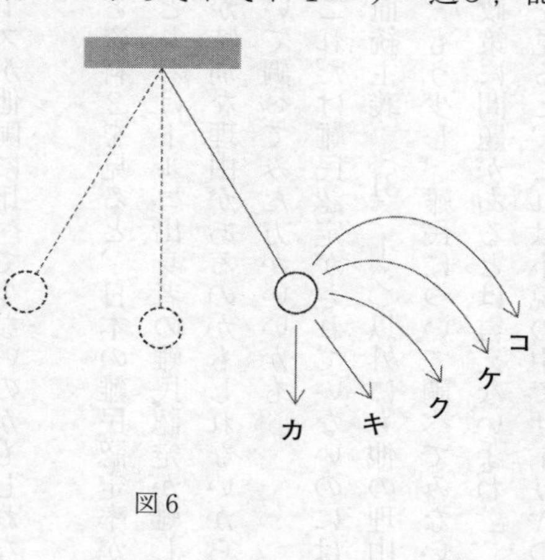

図６

資料1

	難民認定処理数(人)	難民認定数(人)	難民認定率
カナダ	29,951	16,904	56.44%
アメリカ合衆国	99,409	35,207	35.42%
イギリス	37,013	12,050	32.56%
ドイツ	245,585	56,586	23.04%
イタリア	95,200	6,506	6.83%
フランス	151,057	29,078	19.25%
日本	16,596	43	0.26%

先進7カ国の難民認定率(2018年)　UNHCRのデータを元に作成

資料2

	難民認定処理数(人)	難民認定数(人)	難民認定率
カナダ	1,662	1,486	89.41%
アメリカ合衆国	674	502	74.48%
イギリス	933	472	50.59%
ドイツ	9,093	3,786	41.64%
イタリア	276	85	30.80%
フランス	2,549	665	26.09%
日本	1,010	0	0%

トルコ出身難民申請者の難民認定率(2018年)　UNHCRのデータを元に作成

資料3

クルド人を難民認定《にんてい》　札幌《さっぽろ》入管、トルコ国籍《こくせき》は全国初　代理人「大きな一歩」

(二〇二二年八月一〇日　北海道新聞)

トルコ出身のクルド人で札幌在住だった男性(30)を「難民に該当《がいとう》する」と判断し、国の不認定処分を取り消した5月の札幌高裁判決(確定)を受け、札幌出入国在留管理局が男性を難民と認定したことが9日、代理人弁護士への取材で分かった。抑圧《よくあつ》を逃《のが》れて来日したクルド人を支援《しえん》する「クルド難民弁護団」によると、トルコ国籍のクルド人が難民認定されたのは全国で初めて。

ア　Aさん「資料1を見ると、日本は難民の認定率が他の先進国に比べて著《いちじる》しく低くなっているね。この小説でサーリャの家族が難民として認定されなかったのも珍《めずら》しいケースではなかったんだね。」

イ　Bさん「資料2を見ると、トルコ出身者は日本ではまったく難民認定されていないね。そもそも日本ではトルコ出身の人が難民申請《しんせい》をするケースが他国に比べて少ないのかもしれないけど。」

ウ　Cさん「資料1と資料2を見ると、日本の難民認定率がそもそも高くない上、とりわけトルコ出身者の難民認定が難しいことがわかるね。何か特別な理由があるのかもしれないから、トルコやクルドについて調べてみた方がいいかも。」

エ　Dさん「日本でこれだけ難民認定がされていないのには、小説内で出てきた『血統主義』(31ページ)以外にも他の理由もあるかもしれないね。もう少し、難民について調べてみないと、簡単に日本の難民政策に問題があるとは言えないよね。」

オ　Eさん「資料3を見ると、これは小説の中でサーリャのお父さんが言っていた『あなたと私たちの未来に、光がありますように』(27ページ)というお祈《いの》りの『光』にあたる出来事だと言えるんじゃないかな。」

エ　自分を引き止めようとするサーリャに、サーリャ自身にとって大切な場所はどこなのかを確かめさせ、その場所がどこであろうとも尊重してあげようという思い。

オ　自分のために裁判を起こそうとするサーリャに、今まで家族で築いてきた自由な生活を確かめさせ、これからも波風を立てずに自分の望む場所で生きていってほしいという思い。

問9　――線部⑧「私は、壊《こわ》れた水道みたいに涙《なみだ》と鼻水が流れ出すのを止められなかった」（28ページ）とありますが、ここでのサーリャの気持ちはどのようなものですか。百字以上百二十字以内で説明しなさい。

問10　――線部⑨「私は、自分の足で、大地を踏《ふ》んでいる」（27ページ）とありますが、ここでのサーリャの気持ちはどのようなものですか。六十字以内で説明しなさい。

問11　……線部の表現について述べたものとして、**適切でないもの**を次の中から**二つ**選び、記号で答えなさい。

ア「秩父《ちちぶ》」（34ページ）や「赤羽」（33ページ）など実在する地名を用いることにより、この話の中でサーリャの家族に起きたことに現実感を加えている。

イ「私には、わからない故郷を」（34ページ）・「たとえそれが他の誰《だれ》かに許されなくても」（32ページ）では、特徴的《とくちょうてき》な語り方をすることで、今自分が置かれている状況を受け止めようとしながらも動揺《どうよう》を隠しきれないサーリャの様子を表している。

ウ「急に風が吹《ふ》いて、水の音が高く響《ひび》いてきた」（32ページ）・「川は激しい流れを止めず、強い風が木々を揺らす」（32ページ）では、サーリャと聡太を取りまく状況が急激に悪化し、二人の心がすれちがってゆくことを暗示している。

エ「それからの一週間で、気温が一気に下がった。もう薄手《うすで》のコートでは寒いくらいになった」（31ページ）・「冬の寒さ」（30ページ）とあるように、父親との面会をこれから一層寒くなっていく時期に設定することで、サーリャたちにとってより困難な状況が待ち受けていることを暗示している。

オ　作品中で「荒川《あらかわ》」（27ページ）はサーリャの住む埼玉県《さいたまけん》川口市と聡太の住む東京都北区赤羽の県境として描《えが》かれているが、サーリャにとってはただの県境ではなく、クルドと日本の境界線のようなところとして描かれている。

カ「小学校があって、高層マンションがあって、住宅街があり、工場もある。川口の街」（27ページ）というように、目に映るものを一つ一つ確かめるように挙げていることから、それらが立ち並ぶ自分の暮らしてきた街をあらためて見つめようとするサーリャの様子がうかがえる。

問12　この小説を読み終えたAさん・Bさん・Cさん・Dさん・Eさんが日本における難民制度について調べたところ、次のページの資料1・2・3を見つけた。この小説と資料をもとに述べられた意見として、**適切でないもの**を後の中から一つ選び、記号で答えなさい。

うこと。

イ　聡太と別れなければならないことにためらいを感じていたが、聡太の真《ま》っ直《す》ぐな視線から変わらぬ愛情を感じ取り、このまま聡太と別れることなく共に生きていこうと固く決意したということ。

ウ　いろいろな問題が起こり、これからどうしたらいいか分からずにいたが、自分のことを大事に思ってくれる聡太と見つめ合う中で、自分が何を守り大切にしたいのか、はっきり分かったということ。

エ　家族との関係について長い間悩《なや》んでいたが、同じような悩みを抱《かか》えていた聡太と率直《そっちょく》に語り合い、見つめ合うことで、家族を大切に思う気持ちは万国《ばんこく》共通なのだとはじめて気づいたということ。

オ　自分がクルド人なのか日本人なのか分からずにいたが、クルド人であることを受け入れてくれた聡太の優《やさ》しい眼差《まなざ》しを前にして、自分はクルド人として生きていいのだと確信したということ。

問5　――線部③「お父さんの強い意志」（31ページ）とありますが、これはどのようなものですか。三十字以内で答えなさい。

問6　――線部④「山中先生はふーっと息を吐《は》く」（31ページ）とありますが、ここで山中先生はどのようなことを考えていますか。その説明として最も適切なものを次の中から一つ選び、記号で答えなさい。

ア　サーリャのお父さんから口止めされていたことをサーリャに話していいか悩んでいたが、サーリャの真剣《しんけん》な申し出を受け、もうこれ以上隠《かく》すことはできないとあきらめている。

イ　いつかサーリャのお父さんの思いを伝えねばと考えていたが、サーリャの悲痛な態度を見て、とうとうこの時が来たと覚悟《かくご》するとともにサーリャが受け入れられるか心配している。

ウ　サーリャの家族をこのような状況《じょうきょう》に追《お》い込《こ》む日本の難民制度について触《ふ》れないようにしてきたが、興奮しているサーリャの様子を見て、今この話をして受け止められるかはかりかねている。

エ　サーリャのお父さんの意志をここまで尊重してきたが、お父さんが隠していることを白状してほしいと強く訴《うった》えるサーリャの剣幕《けんまく》に押《お》され、もうごまかせないと観念している。

オ　サーリャのお父さんの思いに感服していたが、そんなことも知らず子どものように聞き分けのないことを言うサーリャの口ぶりに、いらだちながらもなんとか平静を保とうとしている。

問7　――線部⑤「私は、それを自分の力で読みたい、と思った」（30ページ）とありますが、サーリャはなぜこのように思ったのですか。その理由を八十字以内で答えなさい。

問8　――線部⑥「目を閉じて」（29ページ）、⑦「今、何が思《おも》い浮《う》かぶ？」（29ページ）とありますが、ここでの父の思いの説明として最も適切なものを次の中から一つ選び、記号で答えなさい。

ア　自分との別れを受け入れられていないサーリャに、サーリャの母の眠《ねむ》る故郷の風景を思い出させることで、クルドに帰りたいという自分の意志を分かってほしいという思い。

イ　長らく故郷に帰っていないサーリャに、親子三人でオリーブの樹《き》を植えた故郷での出来事を思い出させることで、クルドでの幸せだったひとときを忘れないでほしいという思い。

ウ　家族が離《はな》れることに反対するサーリャに、家族で過ごした時間を思い出させることで、どんな時でも家族の絆《きずな》は消えることがないことを伝えたいという思い。

色があった。

そのために、私はまず、大事な相棒を取《と》り戻《もど》しに行った。お父さんの働いていた、解体の置場。その片隅《かたすみ》にある倉庫に自転車は隠《かく》されていた。埃《ほこり》がついたサドルとハンドルを手で払《はら》い、私は、自転車にまたがって、ペダルを漕《こ》ぎ始めた。

あの、荒川にかかる大きな橋を渡る。

埼玉から、東京に渡った。誰がここに、国境を引けるんだ。私には、それを越《こ》える力がある。私が、自分の進む道のハンドルを握《にぎ》ってる。自動車にも、大きなトラックにも負けない。流れには、流されない。立ち漕ぎをして、思いっきりスピードを出して力強くペダルを踏《ふ》み続ける。踏めば踏むだけ、前に進む。

東京側の河川敷に着くと、自転車を降りた。聡太くんと、二人で来た場所だ。

川の反対側に、私たちが暮らしてきた街がよく見える。小学校があって、高層マンションがあって、住宅街があり、工場もある。川口の街。

お父さんとお母さんと一緒にここへやってきて、ここでアーリンとロビンが生まれた。いじめられたこともあったけど、友達もたくさんできた。いっぱい勉強もして、いろんな人に会った。秘密のバイトをして、初めて好きな子ができた。

⑨私は、自分の足で、大地を踏んでいる。息を吸って、吐く。

私を見ている人は、今、誰もいない。

それでも、今、ここで、たしかに生きている。

Insallah《インシャーラー》 em《エム》 ê《エィ》 rojên《ロジェン》 ronahî《ロナヒ》 bibînin《ベイビーヌン》

あなたと私たちの未来に、光がありますように。

（川《かわ》和《わ》田《だ》恵《え》真《ま》『マイスモールランド』）

問1 ━━線部1〜15のカタカナを漢字に直しなさい。

問2 〜〜線部A「唇《くちびる》を噛《か》んだ」（32ページ）・B「無機質な」（30ページ）とありますが、この言葉の本文中の意味として最も適切なものを後の中からそれぞれ一つずつ選び、記号で答えなさい。

A「唇を噛んだ」（32ページ）

ア 不思議に思った

イ 不満そうにした

ウ 怒《いか》りにふるえた

エ 感情を抑《おさ》えられなかった

オ 悔《くや》しさをこらえた

B「無機質な」（30ページ）

ア 大きくない　　イ あたたかみのない

ウ 個性的な　　エ 頑丈《がんじょう》な

オ 古びた

問3 ━━線部①「その時、私は、ずっと寂《さび》しかったんだ、と気がついた」（33ページ）とありますが、サーリャはどのようなことについて「寂しい」と思っていたのですか。四十字以内で答えなさい。

問4 ━━線部②「その瞬間《しゅんかん》、揺《ゆ》れ動《うご》いていたはずの心が、急にぴたりと固まった」（32ページ）とありますが、ここでのサーリャの心の動きの説明として最も適切なものを次の中から一つ選び、記号で答えなさい。

ア バイトをやめさせられてしまい、これからの生活に不安を感じていたが、どんな時でも自分の味方をしてくれる聡太《そうた》と見つめ合うことで、日本で生きていけるという自信が芽生えたとい

「……なんでだろ……ラーメン……みんなで行ったとこ」

仮放免(働いたり自由に移動したりできなくなる状態)になって、もう希望がなくなったと思った時に、家族でラーメンを食べた。あのひとときの幸福が、私が今、一番欲《ほ》しいものだ。お父さんは私の答えを聞いて微笑んだ。

「お腹《なか》空いたの?」

「ううん」

お父さんが、人差し指と中指をお箸《はし》みたいにして、ずずーっと音を立てて、ラーメンを食べるふりをした。

私も、おんなじようにする。指の箸を上下させて、ずずっとラーメンを食べる。アクリル板を挟《はさ》んで、お互《たが》いにその動作を繰《く》り返《かえ》した。笑いながら、目から涙《なみだ》がこぼれ落ちた。

子どもの頃に戻《もど》ったみたいだった。私も、お父さんも。お父さんを心から信じて、大好きでたまらなかったあの頃。いや、今だって、本当はそうなんだ。

でも、親子であっても、私とお父さんが一番に心に思い浮かべる風景は違う。私にとっての故郷は、クルドではなくて、ここでしかないことが、お父さんにも、伝わっている。お父さんは笑って言った。

「これからは好きなように食べて」

「……うん」

私は、確信を持って答えた。お父さんは、自分を犠牲《ぎせい》にしてでも、私たちにとっての故郷を守りたいと思ってくれた。故郷は、お父さんにとって、すごく大事なものだからこそ、そう思ってくれたんだ。

こんなことを強いる社会は間違ってる。お父さんを犠牲にしてしまうことなんておかしい。いろんな思考が頭を駆《か》け巡《めぐ》る。でも、何より強かったのは、お父さんの、私の故郷を尊重してくれようとする思いを、しっかりと受け取らなければいけないという気持ちだった。それは、お父さんにとってのクルドを大切にすることにも繋がる気がした。

面会の終了《しゅうりょう》時間です、と職員が部屋の外から声をかけた。

「まだ……」

もう少し、話していたかった。今なら、やっと、お互いの思いを包《つつ》み隠《かく》さずに話すことができるんじゃないかと思う。でも、お父さんは、これ以上面会室に居られなかった。

「自転車、解体の置場の倉庫にある」

お父さんの両手のひらが、目の前に現れる。お父さんは、目をつぶり、ふーっと息を吐き出す。その姿は蛍光灯《けいこうとう》の光に照らされて、神々《こうごう》しい。

「Insallah《インシャーラー》 em《エム》 ê rojên《エィロジェン》 ronahî《ロナヒ》 bibînin《ベィビーヌン》」

いつものクルド語のお祈《いの》りの言葉だ。お父さんは、顔を洗い流す、いつものお祈りの動作をすると、優しく微笑んだ。

毎日13トナえた言葉の意味さえ、私は知らない。でも今、なんとなくだけれど、私は、それがどんな意味だったのか、わかった。⑧私は、壊《こわ》れた水道みたいに涙と鼻水が流れ出すのを止められなかった。

お父さんは立ち上がり、部屋を出ていく。その大きな背中が小さくなり、足音が遠くなっていく。

私はしばらく立ち上がることができず、電池切れしたみたいに座ってた。涙と鼻水と一緒に身体の力が流れ出してしまったみたいで、入管の職員が、14タイシュツしてくださいと呼びにくるまで、そのままそこに座ってた。

でも、私はきっちりと意志を持って立ち上がった。それからは、涙は出なかった。

帰り道も、はっきりと覚えている。どうしてか、いつもよりもむしろ、物事がクリアに見えている。街の看板や道路の脇《わき》に咲《さ》く15ザッソウ、当たり前にそこにある存在に目がいく。今だからこそ、見たい景お父さんと二人だけで話すのは、すごく久しぶりだった。

面会室に入ってきたお父さんは、前回会ったときより、さらに痩《や》せてしまっていた。髪《かみ》も髭《ひげ》も、白髪《しらが》が増えて、ボサボサのまま広がっている。この面会室からは見えないけれど、お父さんのこの姿を見ただけで、入管施設の環境《かんきょう》の辛《つら》さがよくわかる。こんなところから、早く出してあげたい。でも、お父さんだけトルコに帰るのは、嫌《いや》だ。今日はそれを、伝えるつもりで来た。私はノートを取り出して見せた。

「これ……お父さんのノート、見たよ。日本語、練習してたんだね。日本で生きていこうって思って、練習したんでしょ？」

お父さんは、ノートを見て、驚《おどろ》いたように目を大きく開けた後に、ふっと息を吐いた。

「それを書いたときは、まだ、難民申請もだめになってなかったからね」

ノートの最後に書かれたクルド語の文章をお父さんに見せる。

「これは？ 何が書いてあるの」

「それは……俺が、クルドに居たときにあったこと。子どものころにあったこととか……家族がされたこと……」

そう言うと、お父さんは言葉を詰まらせた。ずっと奥《おく》のほうに仕舞《しま》っていた記憶《きおく》の扉《とびら》を開けることが、苦しいのかもしれない。

「私、自分の力で読む。クルド語、勉強するから。教えてよ」

お父さんは、優しく微笑《ほほえ》んでから言った。

「もうすぐ、国に帰ることになる。俺が帰っても大丈夫なように、いろいろ準備してる。ロナヒに頼んであるから、しばらく一緒《いっしょ》に暮らしなさい」

「お父さん、帰らないで。ここに居て」

私は、真っ直ぐにお父さんの目を見て、はっきりと伝えた。お父さんの瞳の奥が揺れたのを感じた。固い決意だって、私ならば崩《くず》せるかもしれない。そのとき、そう思った。

「裁判しよう。一緒にいられるように。きっと、いつか大丈夫になるから」

続けて私がそう言うと、しばらく間があった。お父さんは、私の言葉を飲み込んで、それにどう応《こた》えるか、ゆっくりと考えているようだった。数分後、口を開くと、

「……クルドの家のそばに、オリーブの樹《き》があったの、覚えてる？」

と言った。思いがけない話題で、会話の流れを変えられてしまった。

私は、今暮らしているアパートのベランダにあるオリーブの樹しか知らない。お父さんが言った、クルドのオリーブの樹を思い出すことができずに、ただ無言でお父さんを見つめた。

「サーリャが生まれた時、ファトマと二人で植えた。毎年一本ずつ植えて、いつか林にしようって。でも、五本しか植えられなかった。それ以上、居られなくなったから」

お父さんは、少し俯《うつむ》いて目を閉じて、何かを思い浮かべていた。それから目を開けて言った。

「お前のお母さんは、オリーブの樹のすぐ近くで眠《ねむ》ってる。一人きりで。だから、そばに行くんだ。今の季節なら実がついてるかもしれない。覚えてる？ ここに来る前、一本、一緒に植えたの？」

お父さんにとって、それが大切な記憶であることが伝わってくる。オリーブの苗《なえ》を植える、お父さんとお母さんと、小さい私。でも、私には、どうしても、そのことが思い出せない。

「⑥目を閉じて」

急に言われて、戸惑《とまど》っていると、早くつぶって、と促《うなが》される。

「⑦今、何が思い浮かぶ？」

目をつぶって、私は素直に、一番初めに思い浮かんだ光景を口にした。

そういう例があることに希望をかけて、お父さんは自分一人で帰ることを望んでいるのか。私の頭は真っ白になった。

私たちのために、わずかな可能性に賭《か》けて、自分の命を危険にさらしてまで帰国を決めるなんて……。そんなこと、私にはとても受け入れることはできない。

「君たちのことは、ロナヒさんとメメットさん(近所に住む母方のいとこの夫婦《ふうふ》)に任せるとお父さんは言っている。これまで助けてくれたお返しをしたいと言ってくれているそうだ……」

その優しさは、身勝手だ、と怒《いか》りさえ湧《わ》く。

「お父さんは……勝手すぎます」

「確かに、そうとも言える。でもね、今の日本がお父さんにそうさせることを、僕たちは理解しなくちゃいけないんだ。家族を別々にすることで、一方を居させるなんて、あってはならない。なんて残酷《ざんこく》なんだと僕は思うよ。子どもが安全に家族と暮らす10ケンリは、世界中の誰にでも認められているんだ」

山中先生の言葉が、私の胸を突《つ》いた。お父さんの決断も、それを強《し》いる社会も、どちらも、私には納得《なっとく》ができない。

誰が、なんのためにそんなことを強いるのだろうか?

ふと気づいて、お父さんのノートを反対から開いた。それは、小さく、横書きでびっしりと、長い文章が書いてある。それは、小さく、11コマかな文字で、二十ページ以上続いていた。ページによって、インクの色が違うから、長い期間、たぶん何年にもわたって、少しずつ書《か》き継《つ》がれたようだ。これは、クルド語だ。

私は、そこにはきっとお父さんの本当の気持ちが書かれていると感じた。

山中先生は、それをしばらく見て言った。

「きっとお父さんは、忘れないために書いたんだ。クルドのことを。自分が誰であるか。遠くの土地にいても、自分であり続けるために」

私もアーリンも聞こうとしないから、お父さんはクルドのことを話さなかった。お父さんは長い間、一人でどんなことを、どんな思いで書き続けていたのだろう。

クルド語だということだけはわかっていても、そこに、何が書いてあるのか、私には読むことができない。誰かに聞けば、内容はわかるだろう。でもその時、⑤私は、それを自分の力で読みたい、と思った。お父さんを、自分の力で知りたい。

クルド語を覚えたいと思ったのは、生まれて初めてだった。

お父さんと向き合っていなかったこと、お父さんの思いを知ろうとしなかったことを後悔《こうかい》したのも、これが初めてだった。これまでずっと、あんなにそばに居たのに。いつでも話せたはずだったのに。

*

入管の周囲の風景は季節がめぐっても、ほとんど変わらない。アスファルトの道路と倉庫街にはトラックだけが行《い》き交《か》い、生きている自然や、そこで生活をしている人が、ほとんど存在しないからだ。相変わらずのB無機質な入管の建物の中に、お父さんはもう四ヶ月もいる。もっともっと長く、何年も収容されている人もたくさんいる。その中で、病気になったり、将来に絶望して自ら命を絶つ人もいるらしい。夏だってエアコンが効いてなかったのだから、冬の寒さはさらに12キビしくなるだろう。

そのことを改めて感じながら、面会の受付を終えた。

今日は、お父さんの冬服を差し入れた。山中先生にお願いして、私一人で来させてもらった。二人だけで、話がしたかったから。

家に帰ってから、ぐちゃぐちゃになっていた部屋を、アーリンとロビンと三人で綺麗に掃除《そうじ》した。ゴミは私とロビンで片付け、洗濯物《せんたくもの》はアーリンがやった。足の踏《ふ》み場《ば》もなかったのに、三人で協力し合えば、あっという間に普通《ふつう》に暮らせる空間になった。

三人で、いつもお父さんが作ってくれていたクルドの料理を作ってみたけど、教わった通りに作ったのに、やっぱり少し違《ちが》う味がした。

＊

それからの一週間で、気温が一気に下がった。もう薄手《うすで》のコートでは寒いくらいになった。お父さんは、変わらず入管施設《しせつ》に収容されている。夏から初冬へと季節が変わる間、何も変わらず、何もできず、あの場所で過ごしていることを思い知る。山中先生（サーリャ一家を支《し》援《えん》している弁護士）が、お父さんに冬物の差し入れをしようと、家まで手伝いに来てくれた。

冬物のお父さんの7サギョウズボンのポケットから、初めて見る手帳のようなものを山中先生が見つける。

「これ、見て」

その手帳を、山中先生は私に渡した。小さな古いノートだ。毎日解体（建築関係の仕事）の現場に持っていっていたのか、ずいぶん長く使っていたのか、表紙がすっかり黒ずんでいる。

中を開くと、日に焼けたページには、日本語で、私たち家族の名前がぎっしりと書いてあった。

サーリャ、アーリン、ロビン、マズルム（サーリャの父親）、ファトマ（サーリャの母親）。日本語を覚えるため、何度も練習したのか、最初は変な形だったけど、だんだんときちんとした文字になっている。鉛筆《えんぴつ》で書いた字を手で擦《す》ったのだろうか、綺麗とは言えないけれど、何度も書かれた文字に、③お父さんの強い意志を感じた。

お父さんは、ここで、生きようとしていたんじゃないのか。私は、山中先生に、心からの願いを伝えた。

「お父さん、帰らせないようにできませんか？」

鞄《かばん》にセーターを詰《つ》めていた山中先生は困ったように眉毛《まゆげ》を下げた。

「もちろん、僕《ぼく》だってそうさせたい。でも、意思が固いんだ……」

「どうしてですか？　帰ったら捕《つか》まる危険があるのに。おかしいじゃないですか。止めてください。先生、お願いです」

山中先生は、しばらく考《かんが》え込《こ》んでいた。私は、もう引かないつもりだった。真っ直ぐに山中先生を見つめ続けた。

④山中先生はふーっと息を吐《は》くと、腹を決めたように話し始めた。

「言わないでと頼まれていたんだけど……。在留資格を失ってしまった外国人でも、日本で育った子どもにだけビザ（入国許可証）が出たケースがあるんだよ。その家族の場合はね、親のビザを諦《あきら》めた代わりに、子どもにビザが出たんだ。お父さんは入管の中でそのことを知って……自分だけ帰ると言い出したんだ」

「……」

私は言葉を失った。

山中先生の話では、そもそも日本は血統主義だから、日本で生まれても、日本人の血が流れていないと国籍《こくせき》が取れない。でも、あるタイプの親子は、滞在《たいざい》資格を失ってしまった親が帰国することで、日本で生まれ育った子どもにのみビザが出たらしい。クルド人でも、日本の大学や8センモン学校に進むことができた人にだけ、留学ビザとして滞在許可が出て、そこから9シュウショクにも繋げることができた例があるのだと。

るように。
石だらけの河原で、私はひとつ、思い出した。
「小さい頃《ころ》、トルコで、お父さんが、2タンジョウ日に石をくれたことがある。村で一番綺麗《きれい》な石だって」
「面白《おもしろ》いね、お父さん」
聡太くんが笑って言う。
「……そうかな。ほんと、何考えてるのかわからない」
「俺も。母さんが何考えてんのか、全然わかんない」
「……お母さん、聡太くんの幸せが一番って、言ってたよ……」
私は、のりこさん(聡太の母親)と二人で料理を作ったときに、愛《いと》おしそうにそう言った、優《やさ》しい顔を思い出していた。
「それなのにサーリャのバイトを辞《や》めさせるなんておかしいよ」
聡太くんは、そう言ってA唇《くちびる》を噛《か》んだ。
「うまくいかないね」
すべての愛が、自分の思う通りに相手に3トドくわけではない。
「そうだね。うまくいかない」
私は、自分とお父さんの関係を思い浮かべながら、そう答えた。
私たちは少しの間、そのままでいた。ずっとこのままで居られればいいのに、と私は思う。
聡太くんは立ち上がると、足元の石を拾って、川に投げて水切りを始めた。水面をちゃちゃちゃちゃ、と軽《かろ》やかに跳《は》ねていく石を見て、おー新4キロクだ、と喜ぶ。
私も投げてみるけれど、ぜんぜんうまくいかず、ぼちゃんと沈《しず》んで、下手くそ！と笑われてしまう。
私は、すごく、聡太くんが好きだと思った。これがみんながいう恋《こい》とか愛とか、そういうものなのかはわからない。でも人として、この人が大好きだ。
初めて、自分が知らないことを知ろうとして、クルド人であることを話して、そのまま、受け入れてもらえた。
遠くから列車の音がガタンゴトンと近づいて来て、私はその音に、背中を押《お》される。聡太くんと向き合うと、その頬《ほお》に、自分の頬を、右、左の5ジュンでくっつける。
さようならの、チークキス(頬と頬をつけるあいさつ)をした。
ここに来た最後の目的は、今日で、聡太くんと会うのをやめることだった。息子《むすこ》を思うお母さんの思いを、聡太くんには6ウラギってほしくない。それに、埼玉から出られない私にとらわれずに、聡太くんには広い世界に、歩み出して行ってほしい。
別れを言葉にはできなかった。それでも、私の気持ちは伝わった。
聡太くんは、私の両手を摑《つか》んだ。離れたくない。その手の力強さから、聡太くんの思いがよくわかった。強く摑みすぎたと思ったのか、すぐに手の力は優しくなった。でも手を放さなかったし、私も、放したくはなかった。時間が止まったみたいに、私たちは手を繋《つな》いだまま固まっていた。急に風が吹《ふ》いて、水の音が高く響《ひび》いてきた。
私たちの隣《となり》で、川は激しい流れを止めず、強い風が木々を揺らす。それでも、二人とも微動《びどう》だにしなかった。繋がった手の温《ぬく》もりはどんどん増していく。真《ま》っ直《す》ぐに私を見る聡太くんから、思わず目をそらしてしまったけれど、それでも聡太くんは真っ直ぐに見つめ続けた。
私も真っ直ぐに見ると、聡太くんの瞳《ひとみ》の中にいる自分と目が合った気がした。②その瞬間《しゅんかん》、揺《ゆ》れ動《うご》いていたはずの心が、急にぴたりと固まった。
私は、自分の大切な人、大切な場所、大切なものを、自ら手放すことはしない。聡太くんも、ロビンも、アーリンも、お父さんも、暮らす場所も全部、守りたい。
たとえそれが他の誰《だれ》かに許されなくても。

アーリンは、少し恥《は》ずかしそうに言った。
「うん……私も好き」
「だよね。でも川口も好きだよ。お父さんが帰るとかまじでありえないし、私は日本に居たい」
私は黙《だま》って頷《うなず》いた。
遠くからロビンと聡太くんの笑い声が聞こえてくる。二人で川に足を入れて、水を掛《か》け合《あ》ってはしゃいでいる。
「ねえ、私がロビンといるから、二人で話して来なよ」
「……でも」
昨日の今日だから、ロビンから目を離《はな》すのは少し心配だった。でもアーリンは力強く言ってくれた。
「大丈夫《だいじょうぶ》、私を信じて。時間なくなるよ」
「……ありがとう」
アーリンが頼《たの》もしくて、ありがたかった。私には、聡太くんと話したいことがあったから。アーリンが、あっちの方が良い石あるよ、とか言って、ロビンを連れて行く。二人を見送りながら、聡太くんと、川を見渡《みわた》せる場所を歩きながら話す。
「いつも、この辺でキャンプするの？」
聡太くんがあたりを見回しながら聞く。
「うん。釣《つ》りしたり、ケバブ焼いたり」
「めっちゃ楽しそうじゃん」
聡太くんは、お母さんと二人ではどこかに出かけることもない、と言った。
「ここ、なんか私の生まれたところに似てるらしい。でも、全然、覚えてないんだ」
聡太くんは、足元にあった石を拾って、少し考えてから言った。
「それはちょっと寂しいよね」
「……うん」
寂しい、その言葉が私の心にぴったりと来た。①その時、私は、ずっと寂しかったんだ、と気がついた。
「俺《おれ》はずっと赤羽だから。ずっと生まれた場所にいる」
私も、石を拾った。ゴツゴツしたその小さな石を見て、いつか学校の帰り道にお父さんが拾ってロビンに渡した石を思い出していた。どこにいても石は変わらないって、お父さんは言ってたけど、クルドの石がどんなだったかも私にはわからなかった。
「故郷って特別？」
「う～ん。東京だし、ずっと同じ場所にいるから故郷って、あんまりわからない。赤羽は、地元って感じかな」
「地元……なんか、地元って言ったことないかも」
「サーリャの地元は川口でしょ？」
聡太くんは、当たり前のことみたいに言ってくれた。
「……うん。私の地元は川口。それだけは、はっきりしてるね」
十年以上暮らして来た場所が私の心に思《おも》い浮《う》かんだ。川口に流れる荒川は、濁《にご》っているけれど、そのすぐそばで、私は心の陽《ひ》だまりを見つけて来たんだ。
「たぶん、生まれた場所を離れて、後から懐《なつ》かしく思い出した時に、初めて故郷になるんだよね。そういうの、俺はまだ、ないなあ」
聡太くんの言葉が、心にじんわりと広がる。みんな、そんなにはっきりとした故郷があるわけじゃないんだ。
クルドでも、川口でも、どちらかでも、両方でも、私がどこを自分の故郷だと思うかは、自分だけの感覚に素直《すなお》でいれば良いのだと思えた。
私たちは川の近くの岩場に座った。いつもの河川敷《かせんじき》で、そうしてい

2023年度 駒場東邦中学校

【国語】（六〇分）〈満点：一二〇点〉

注意『、』『。』『「』『」』も一字に数えます。

次の文章を読み、後の問いに答えなさい。

主人公のサーリャはクルド人（独自の言語や文化を持ち、特定の国を持たず、トルコ、イラン、イラク、シリアなどにまたがって居住している）で、六歳の時、トルコから追われるように両親と日本にやってきた。日本に来てから十二年の間に、妹のアーリン（中一）、弟のロビン（小二）が生まれたが、二年前に母親は病気で亡くなってしまった。来日時から難民申請《しんせい》（自国で迫害《はくがい》を受ける恐れのある外国人が保護を求めること）をしていたが、このたび不認定と決まり、在留資格（外国人が日本に住むことができる資格）も与えられなくなってしまった。今までサーリャは住んでいる埼玉県《さいたまけん》の川口から荒川《あらかわ》を渡《わた》った先にある東京の赤羽にあるスーパーでアルバイトをしていたが、在留資格を失ったことでクビになってしまった。父親も規則を破って県外で仕事をしていたため東京出入国在留管理局（入管）に収容されてしまった。最初、父親は裁判を起こすつもりだったが、一転して自分はトルコに帰ると言い出した。父親がいなくなったことで家族が不安な生活を送る中、昨夜ロビンが遅くまで家に帰らなかったため、サーリャとアーリンと、サーリャのアルバイト先の友人の聡太《そうた》で探し回ってロビンを見つけていた。

翌日は、朝早く起きて電車に乗って、毎年家族でキャンプに行く、荒川の上流の河原に向かった。

お菓子《かし》と飲み物を持って、電車のボックス席で食べた。私の横に座《すわ》ったロビンはずっと外の景色を見ていた。いつもはお父さんが座る正面の席に、聡太くんが座っている。聡太くんと目が合うと、嬉《うれ》しそうに笑ってくれて、私はなんだか、とても切ない気持ちになったんだ。

秩父《ちちぶ》の駅から四人で、歩いて川へ向かう。

今日、ここにみんなで来たのにはいくつか目的があった。まずは、ロビンに元気になってもらうため。お父さんがいなくなって、一番寂《さび》しいのはロビンだっただろう。秩父の河原には石がたくさんあるから、好きな石をいくらでも探せる。

もうひとつは、お父さんに会いに行く前に、お父さんの故郷に似ているという場所に行きたかった。そうしたら、お父さんの気持ちが少しでもわかるようになるかもしれないと思って。いつも、この山に囲まれた河辺に来て、お父さんは故郷を思っていた。私には、わからない故郷を。

到着《とうちゃく》すると、ロビンはさっそく聡太くんの手を引いて、お気に入りの石を探し始めた。バケツを持ってきたから、たくさん持ち帰れるんだって張り切っている。

河原には澄《す》んだ川の水が勢いよく流れ、ゴツゴツとした大きな岩場があって、黒や水色やオレンジの小さな石も一面にあって、河岸で風に揺《ゆ》れる緑の木々が、少し黄色く色づいている。すぐ近くに鉄道橋があり、そこを1ジョウキ機関車が通る。

お父さんと来ていたときと同じ光景に、私はすごく安堵《あんど》していた。

アーリンが私に近づいてきた。

「来れてよかったね。私は、クルドとか行ったことないし、まじで全然どんなとこか知らないけどさ。ここは結構、好きなんだよね」

2023年度

駒場東邦中学校　▶解説と解答

算　数　(60分)＜満点：120点＞

解　答

$\boxed{1}$ (1)　3，20，21，128　(2) ①　$\frac{5}{6}$cm²　②　$\frac{5}{36}$cm²　(3) ①　9個／2023，3220　② ア…169，イ…670　$\boxed{2}$ (1)　**図**…解説の図1を参照のこと。／**面積**…8.28cm²　(2)　**図**…解説の図2を参照のこと。／**面積**…18.7cm²　$\boxed{3}$ (1)　2485　(2)　(3，30)，(12，32)，(33，44)，(37，47)，(63，69)　$\boxed{4}$ (1)　**図**…解説の図1を参照のこと。／**体積**…153cm³　(2)　**図**…解説の図5を参照のこと。／**体積**…$134\frac{2}{3}$cm³

解　説

$\boxed{1}$ **条件の整理，面積，相似，辺の比と面積の比，場合の数，調べ**

(1)　1から順番に，操作とは逆の，㋐「2をかける」，㋑「1をひいて3で割る」という計算をすると，右の図1のようになる(16までは㋑にあてはまる数はない)。よって，7ステップで1になる整数は，3，20，21，128の4個あることがわかる。

図1

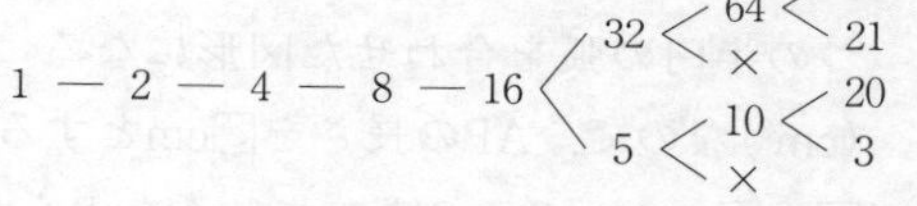

(2)　①　右の図2で，長方形EFCGの面積は，$3\times2=6$(cm²)である。そのうち，三角形AEBと三角形BFCの面積は，$2\times1\div2=1$(cm²)，三角形ACGの面積は，$1\times3\div2=1.5$(cm²)だから，三角形ABCの面積は，$6-(1\times2+1.5)=2.5$(cm²)とわかる。また，AD：DB＝2：1なので，三角形ACDと三角形BCDの面積の比も2：1になる。よって，三角形BCDの面積は，$2.5\times\frac{1}{2+1}=\frac{5}{6}$(cm²)と求められる。　②　3つの三角形BID，BJH，BCAは相似であり，相似比は，BI：BJ：BC＝1：2：3である。そこで，DI＝$\boxed{1}$とすると，HJ＝$\boxed{2}$，AC＝$\boxed{3}$となる。また，三角形CLJと三角形CDIも相似であり，相似比は，CJ：CI＝1：2だから，LJ＝$\boxed{1}\times\frac{1}{2}=\boxed{\frac{1}{2}}$とわかる。同様に，HM＝$\boxed{\frac{1}{2}}$となるので，ML＝$\boxed{2}-\boxed{\frac{1}{2}}\times2=\boxed{1}$となり，三角形KDIと三角形KLMは合同とわかる。さらに，三角形KDIと三角形KCAも相似であり，相似比は，DI：CA＝1：3だから，DK：KCも1：3になる。よって，三角形DICの面積は，$\frac{5}{6}\times\frac{2}{3}=\frac{5}{9}$(cm²)，三角形KDIの面積は，$\frac{5}{9}\times\frac{1}{1+3}=\frac{5}{36}$(cm²)と求められるので，斜線《しゃせん》部分の面積も$\frac{5}{36}$cm²である。

図2

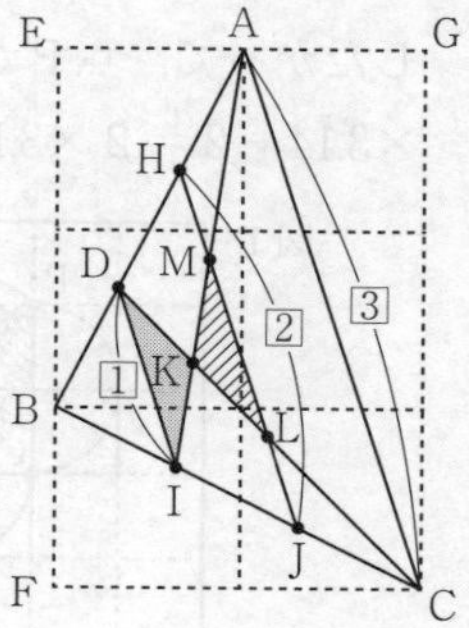

(3)　①　千の位が2の場合は下3けたに{0，2，3}を並べればよいから，2023，2032，2203，2230，2302，2320の6個ある。また，千の位が3の場合は下3けたに{0，2，2}を並べればよいので，3022，3202，3220の3個ある。よって，4けたの整数は全部で，$6+3=$9(個)ある。次に，

各位の数の和は，０＋２＋２＋３＝７だから，この中から７の倍数をさがすと，2023÷７＝289，3220÷７＝460より，条件を満たす整数は2023と3220とわかる。② 下２けたには01～50が入るので，下２けたの和は，４＋９＝13以下になる。また，商を小さくするには割る数を大きくすればよいから，下２けたの和が13の場合から順に調べていく。下２けたの和が13になるのは2049だけであり，このとき割る数は，２＋０＋４＋９＝15である。よって，2049÷15＝136余り９より，2049は条件を満たさないことがわかる。同様にして調べると右の図３のようになるので，一番小さい商は169(…ア)とわかる。次に，商を大きくするには割る数を小さくすればよい。つまり下２けたの和を小さくすればよいので，2001÷３＝667，2010÷３＝670より，一番大きい商は670(…イ)とわかる。

図３

・下２けたの和が13の場合
2049÷15＝136余り９
・下２けたの和が12の場合
2048÷14＝146余り４
2039÷14＝145余り９
・下２けたの和が11の場合
2047÷13＝157余り６
2038÷13＝156余り10
2029÷13＝156余り１
・下２けたの和が10の場合
2046÷12＝170余り６
2037÷12＝169余り９
2028÷12＝169
2019÷12＝168余り３

２ 平面図形―図形の移動，作図，面積

⑴ 下の図１のように，正方形アの各頂点をＡ，Ｂ，Ｃ，Ｄとする。１回目はＡを中心にして180度，２回目はＢを中心にして180度，３回目はＣを中心にして180度，４回目はＤを中心にして180度回転する。このとき，３回目に点Ｐは動かないから，点Ｐが動いてできる線は，図１のように３つの半円の弧《こ》を合わせた図形になる。また，１辺の長さが１cmの正方形の面積は，１×１＝１(cm^2)なので，APの長さを□cmとすると，□×□÷２＝１(cm^2)と表すことができる。よって，□×□＝１×２＝２なので，Ａを中心とする半円の面積は，□×□×3.14÷２＝２×3.14÷２＝１×3.14(cm^2)と求められる。さらに，Ｂを中心とする半円とＤを中心とする半円の面積の合計は，１×１×3.14÷２×２＝１×3.14(cm^2)であり，三角形PCEの面積は，２×２÷２＝２(cm^2)となる。したがって，点Ｐが動いてできる線で囲まれた図形の面積は，１×3.14＋１×3.14＋２＝(１＋１)×3.14＋２＝２×3.14＋２＝8.28(cm^2)とわかる。

図１
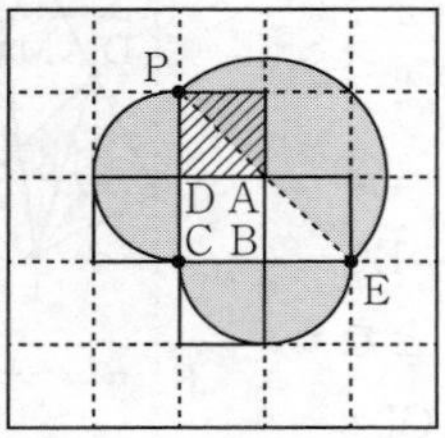

図２
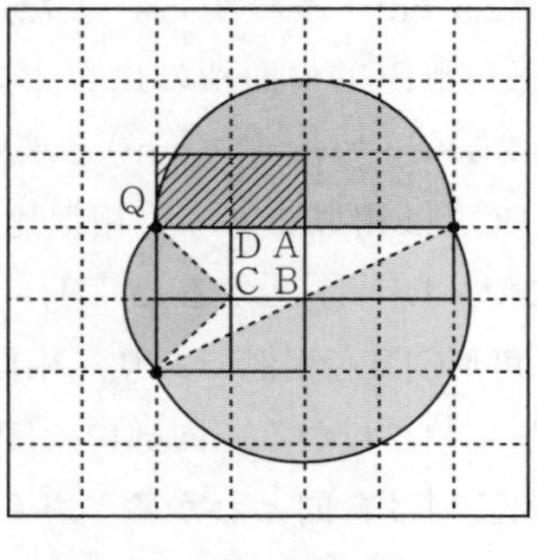

図３
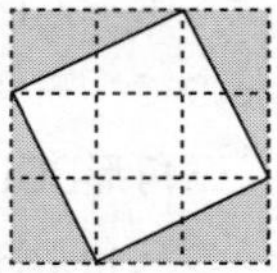

⑵ 上の図２のように，１回目はＡを中心にして180度，２回目はＢを中心にして180度，３回目はＣを中心にして90度回転すると，点Ｑはもとの位置にもどる。よって，点Ｑが動いてできる線は，図２のように２つの半円の弧と１つの四分円の弧を合わせた図形になる。また，上の図３で，図形全体の面積は，３×３＝９(cm^2)であり，かげをつけた部分の面積の合計は，１×２÷２×４＝４(cm^2)だから，実線で囲まれた正方形の面積は，９－４＝５(cm^2)とわかる。よって，図２でＢを中心とする半円の半径を△cmとすると，△×△＝５となる。さらに，Ｃを中心とする四分円の半径を□cmとすると，図１と同様に，□×□＝２となるので，図２のかげをつけた図形の面積の合

計は，２×２×3.14÷２＋△×△×3.14÷２＋□×□×3.14÷４＝２×3.14＋５×3.14÷２＋２×3.14÷４＝(２＋2.5＋0.5)×3.14＝５×3.14＝15.7(cm^2)と求められる。残りの部分は台形と三角形に分けることができ，それぞれの面積は，(４＋１)×１÷２＝2.5(cm^2)，１×１÷２＝0.5(cm^2)だから，点Qが動いてできる線で囲まれた図形の面積は，15.7＋2.5＋0.5＝18.7(cm^2)となる。

3 数列，整数の性質

(1) １から70までのすべての整数の和は，１＋２＋…＋70＝(１＋70)×70÷２＝2485となる。

(2) 残った整数の和が2023だから，アからイまでの連続した整数の和は，2485－2023＝462となる。そこで，アからイまでの連続した□個の整数の和が462になるとすると，下の図１より，(ア＋イ)×□＝462×２＝924になる。また，924を素数の積で表すと，924＝２×２×３×７×11だから，924を２個の整数の積で表すと，下の図２のようになる。ここで，ア＋(□－１)＝イだから，ア＋イ＝ア＋ア＋□－１より，(ア＋イ)＞□となり，924を２個の整数の積で表したとき，大きい数が(ア＋イ)，小さい数が□になる。図２で，(ア＋イ)×□＝924×１のときは，連続した整数にならないからあてはまらない。また，(ア＋イ)×□＝462×２のときは，アはイより１小さい数だから，ア＝(462－１)÷２＝230.5となり，アが整数にならない。さらに，(ア＋イ)×□＝308×３のときは，アはイより２小さい数だから，ア＝(308－２)÷２＝153となるが，これは１から70までの整数にならない。同様にして，それぞれのアの数を求めると図２のようになり，条件にあてはまるアの数は３，12，33，37，63の５つとわかる。それぞれの場合でイの数は，３＋27＝30，12＋20＝32，33＋11＝44，37＋10＝47，63＋６＝69になるから，あてはまる整数の組みあわせは，(ア，イ)＝(３，30)，(12，32)，(33，44)，(37，47)，(63，69)の５つである。

図１

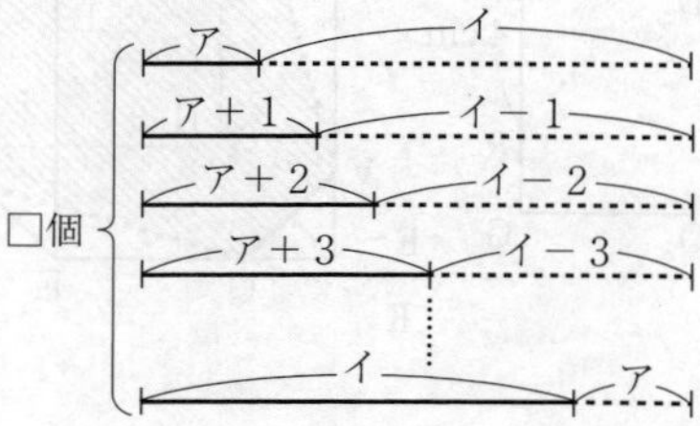

図２

(ア＋イ)×□	ア	
924×１		×
462×２	(462－１)÷２＝230.5	×
308×３	(308－２)÷２＝153	×
231×４	(231－３)÷２＝114	×
154×６	(154－５)÷２＝74.5	×
132×７	(132－６)÷２＝63	○
84×11	(84－10)÷２＝37	○
77×12	(77－11)÷２＝33	○
66×14	(66－13)÷２＝26.5	×
44×21	(44－20)÷２＝12	○
42×22	(42－21)÷２＝10.5	×
33×28	(33－27)÷２＝３	○

4 立体図形―分割，作図，体積

(1) 下の図１のように，MとN，MとFはそれぞれ同じ面上にあるから，直接結ぶことができる。また，Fを通りMNと平行な直線を引くと，Hを通る。よって，切り口は四角形MNHFになる。次に，FM，GC，HNを延長して交わる点をIとすると，三角形DHNと三角形CINは合同なので，CIの長さは６cmとわかる。よって，三角すいI－CNMの体積は，３×３÷２×６÷３＝９(cm^3)，三角すいI－GHFの体積は，６×６÷２×(６＋６)÷３＝72(cm^3)だから，三角すい台CNM－GHFの体積は，72－９＝63(cm^3)と求められる。さらに，もとの立方体の体積は，６×６×６＝216(cm^3)なので，大きいほうの立体の体積は，216－63＝153(cm^3)とわかる。

(2) 下の図2のように，QとPを結んだ直線を延長し，正方形CDHGを含《ふく》む平面と交わる点をSとする。また，SとRを結ぶ直線が辺CDと交わる点をTとする。図2を真上から見ると下の図3のようになり，かげをつけた三角形の相似から，$\mathrm{SD}=2\times\frac{1}{2}=1$ (cm)とわかる。すると，正面から見た図は下の図4のようになり，かげをつけた三角形の相似から，$\mathrm{SU}=6\times\frac{1}{2}=3$ (cm)と求められる。さらに，図4で三角形SUTと三角形RCTは相似であり，相似比は，SU：RC＝3：4だから，$\mathrm{CT}=(1+6)\times\frac{4}{3+4}=4$ (cm)となる。つまり，Tは辺CDを3等分する点のうち，Dに近いほうの点とわかる。その後は(1)と同様に考えると，切り口は下の図5の六角形PVQWRTになる。次に，図5のように辺を延長して立方体の外側に3つの三角すいを作ると，これらの三角すいは直角をはさむ辺の長さがすべて2cmになるので，体積は，$2\times2\div2\times2\div3=\frac{4}{3}$ (cm^3)とわかる。また，大きな三角すいJ－HKLは直角をはさむ辺の長さがすべて，$6+2=8$ (cm)だから，体積は，$8\times8\div2\times8\div3=\frac{256}{3}$ (cm^3)と求められる。したがって，頂点Hを含むほうの立体の体積は，$\frac{256}{3}-\frac{4}{3}\times3=\frac{244}{3}$ (cm^3)なので，大きいほうの立体の体積は，$216-\frac{244}{3}=\frac{404}{3}=134\frac{2}{3}$ (cm^3)となる。

図1

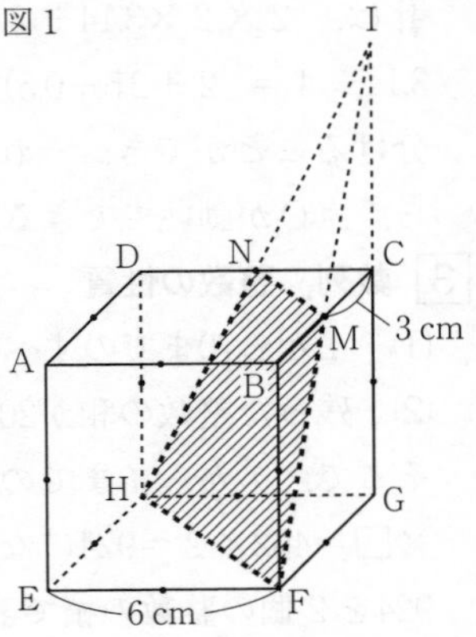

図2

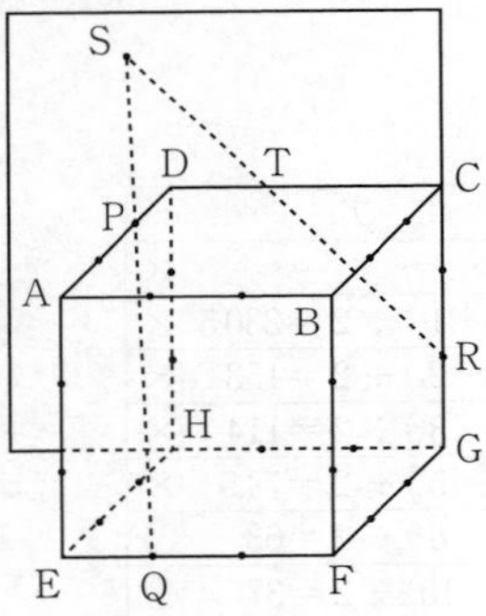

図3

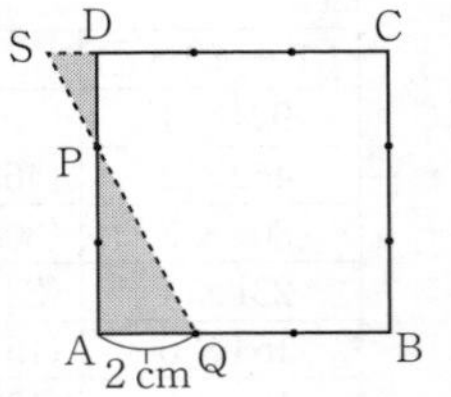

図4

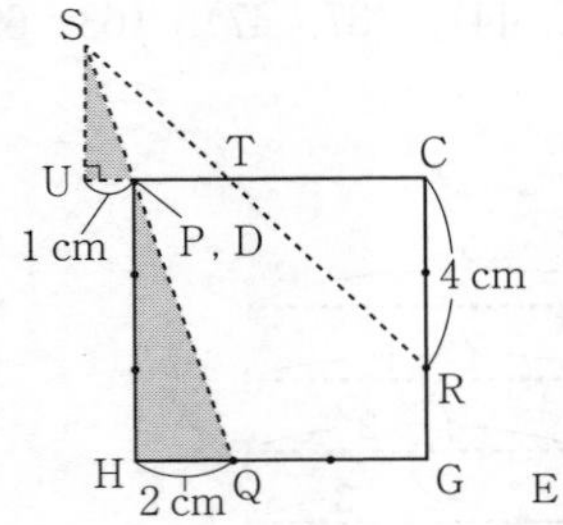

図5

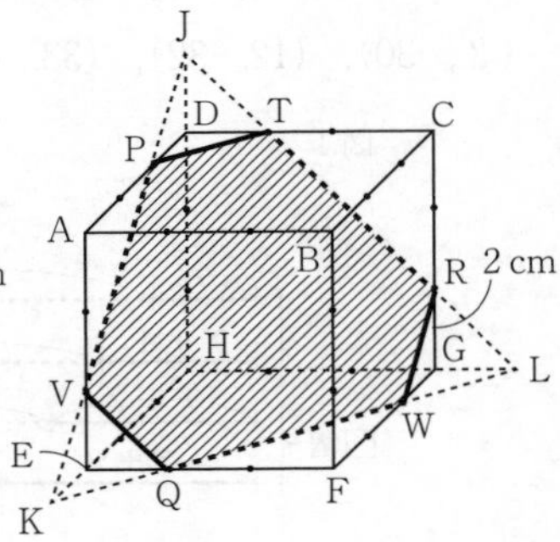

社 会 (40分) ＜満点：80点＞

解 答

問1 (例) 百姓の身分でありながら，年貢の徴収と納入の責務を負うなど村の管理者の立場に立たされる一方で，一般の百姓から批判されたり，百姓との間でいさかいが起きたりするので，割の合わない仕事であると思われていたから。 **問2** (例) アメリカでは1980年代に日本からの機械類や自動車の輸入が大幅に増えた結果，国内の自動車産業などが大きな打撃を受け，工場の閉鎖や労働者の解雇などが増大したため。 **問3** エ **問4** イ **問5** (1) 長篠の戦い (2) (例) 鉄砲を使った歩兵の軍が，騎馬隊を中心とした軍を破った。 (3) 徴兵令 **問6** (1) 田中正造 (2) ア (3) **1** (例) 気象情報 **2** (例) 軍事作戦(軍事行動)

(4) 石炭　**問7** (1) **条約を結ぶ**…内閣　**条約を認める**…国会　(2) イ，オ　(3) エ
(4) (例) 核兵器は圧倒的な破壊力を持つ兵器で，核の保有国どうしが戦った場合，もしどちらかの国が核兵器を使えば，相手も核兵器で反撃するので，両方ともが壊滅的な被害を受けることになるから。　**問8** ウ　**問9** (1) 1 (例) 反撃(抵抗)　2 (例) 軍事力　(2) A アフガニスタン　B ミャンマー　**問10** エ

解説

日本や世界の争い・戦争を中心とした総合問題

問1　文1からは，江戸時代に幕府や藩などの領主が，有力な百姓を名主《なぬし》や庄屋《しょうや》という村の管理者(村役人)とし，年貢の徴収《ちょうしゅう》と納入を義務づけるとともに，法度《はっと》(命令)を村内に伝達させるなど村の運営と惣百姓《そうびゃくしょう》(一般百姓)の統括《とうかつ》などを行わせたことや，役職に対する見返りとして自分の屋敷《やしき》地の年貢免除や給米の支給といった特権を一部認められていたことなどがわかる。また，文2からは，東天川村の惣百姓たちが庄屋を批判し，年貢の一部や検地役人から預けられていた土地を不当に自分のものにしているなどとして，庄屋を幕府の役人に訴《うった》えていることや，それに対して庄屋の弥次郎兵《やじろうべ》衛《え》は反論するとともに，庄屋の役職をやめたいと代官に訴え出たことがわかる。惣百姓と庄屋のどちらの主張が正しいかは，資料の文からだけではわからないが，惣百姓たちは，同じ百姓の身分でありながら，庄屋が役職につけこんで年貢の一部を自分のものにしたり，庄屋が年貢の納入を免《まぬが》れているだけでなく，預けられている土地まで不正に入手したりしていると主張し，これに不満を募らせている。一方，庄屋にしてみれば，幕府や藩から村役人に任じられ，多くの責務を負わされているうえ，惣百姓たちとの間でいさかいが生じる結果となっており，割の合わない仕事だと感じているはずである。江戸時代初期に有力な百姓が名主や庄屋への就任を避《さ》けようとしたのも，そうした事情があったためと考えられる。

問2　表1からは，1970年代までは輸出額と輸入額が同じくらいだったが，1980年代になると日本側の輸出額が大幅《おおはば》に伸《の》び，その一方で日本の輸入総額に占《し》めるアメリカの割合が低下していることがみてとれる。また表2からは，日本の対アメリカ貿易の輸出額のうち，機械類と自動車が約7割を占めていることがわかる。これに図1の写真を重ね合わせて考えると，1980年代にアメリカで日本製品に対する反発や不買運動が起きたのは，日本から機械類や自動車などの工業製品が大量に輸入されるようになり，自動車産業などアメリカ国内の工業に大きな打撃を与えたことによって，工場の閉鎖や労働者の解雇《かいこ》などが増大したためと考えられる。

問3　8世紀に仏教を通して世の中の不安をしずめようとしたのは，聖武天皇である。

問4　兄の頼朝から平氏の討伐《とうばつ》を任された源義経は，軍勢を率いて西に向かい，1184年に摂津《せっつ》国(大阪府北部・兵庫県南東部)の一の谷の戦いで平氏の大軍を破り，続いて1185年には讃岐《さぬき》国(香川県)の屋島の戦いでも平氏を敗走させ，さらに長門国(山口県西部)の壇《だん》の浦《うら》の戦いで平氏を滅亡《めつぼう》させた。説明文の①は壇の浦の戦い，②は一の谷の戦い，③は屋島の戦いについて述べている。

問5　(1)　図4には，1575年に織田信長と徳川家康の連合軍が，甲斐《かい》国(山梨県)の武田勝頼の軍と戦った長篠《ながしの》の戦いのようすが描かれている。信長はこの戦いで足軽鉄砲隊をたくみに用いた戦法で，騎《き》馬《ば》隊を中心とした武田軍を打ち破った。なお，図3で描かれたチャルディラーンの戦いは，現在のトルコを中心としたオスマン帝国と，現在のイランを中心としたサファヴィー朝ペルシアの争いのさい，

鉄砲や大砲を用いたオスマン帝国軍がペルシアの騎馬軍団を打ち破った戦いで，日本の長篠の戦いにたとえられることが多い。　⑵　中世の戦いで軍の主力となったのは刀や剣を持った騎馬武者や騎馬軍団であったが，16世紀になると世界各地に鉄砲が普及《ふきゅう》していったことから，鉄砲を持った歩兵がそれらにとって代わるようになった。　⑶　富国強兵をめざす明治政府は，1873年に徴兵《ちょうへい》令を出し，20歳以上の男子に兵役の義務を定めた。その結果，徴兵検査の合格者の一部は抽選《ちゅうせん》により3年間の兵役生活を命じられることとなった。

問6　⑴　足尾銅山鉱毒事件のさい，栃木県選出の衆議院議員であった田中正造は，帝国議会でこの問題を取り上げて政府にその対策をせまり，1901年には議員を辞職して天皇に直訴《じきそ》を試みるなど，一生を通して鉱毒問題の解決に取り組んだ。　⑵　1925年に制定された治安維持法は，社会主義など政治や社会のしくみを変えようとする運動を取り締《し》まるための法律であった。　⑶　天気予報などの気象情報は，攻撃《こうげき》側にとっても防衛側にとっても軍隊をどのように動かすかなど作戦を決める上で重要な要素となるので，太平洋戦争中の日本では政府の統制下におかれ，一部の情報しか国民には伝えられなかった。　⑷　石炭は蒸気機関や火力発電などの燃料として，また，鉄鋼の生産などに利用する工業原料として，1960年代に石油にとって代わられるまで最も重要な地下資源であった。明治時代末期から1960年代までは国内でも大量に産出されており，九州の筑豊《ちくほう》炭田や三池炭田，茨城県から福島県にかけての常磐《じょうばん》炭田，北海道の石狩炭田や釧路《くしろ》炭田などには多くの炭鉱があった。なお，端島《はしま》(軍艦《ぐんかん》島)は，「明治日本の産業革命遺産」の1つとして，2015年に世界文化遺産に登録された。

問7　⑴　条約を結ぶのは内閣であるが，事前か事後に国会の承認が必要である。なお，条約を国家として承認することを批准《ひじゅん》といい，条約は調印した国々で批准されることにより発効する。　⑵
ア　衆議院で内閣不信任案が可決された場合，内閣は10日以内に衆議院が解散されない限り総辞職しなければならない。　イ　臨時国会は内閣が必要と認めた場合，もしくはいずれかの議院で総議員の4分の1以上の要求があった場合に，内閣がこれを召集《しょうしゅう》する。　ウ　内閣は，天皇の国事行為に助言と承認を与える。　エ　最高裁判所の15人の裁判官のうち，長官たる裁判官は内閣が指名し，天皇が任命する。残りの14人の裁判官は，内閣が任命する。　オ　すべての裁判所は，法律が憲法に違反していないかどうかを具体的な裁判を通して判断する権限(違憲立法審査権)を持っている。
カ　国民は，最高裁判所の裁判官が適任かどうかを審査する権限を持つ。この国民審査は，国民が裁判所に対して行使する権限で，三権分立と直接のつながりはない。　⑶　ア　両国が「軍縮」を選《せん》択《たく》すれば，両国とも軍事費を節約でき　地域の平和も保たれる。　イ，ウ　相手国の出方がわかったとしても，必ず「軍縮」または「軍拡」を選択するわけではない。　エ　「相手国に出しぬかれる」とは，この場合，相手国が「軍拡」をするということであるから，こちらが「軍縮」を選択することは難しい。　オ　核兵器を持つかどうかということは，「軍拡」「軍縮」とは別の問題である。
⑷　「核抑止《よくし》論」(「核の傘《かさ》」ともよばれる)とは，核兵器を保有することが戦争抑止につながるという考え方で，核兵器が圧倒的な破壊力を持つ兵器であることに由来する。もともとは，核兵器を持つ国とそうでない国とでは戦力に圧倒的な差がつくことから，かえって戦争が起こりにくくなるという意味であった。しかし，現在のように複数の国が核兵器を保有する状態になると，ある国が核兵器を使用すれば，相手も核兵器を使って反撃してくるので，両国とも国土に壊滅的な被害を受けることになる。つまり，核兵器はうかつに使用できない兵器であるからこそ，これを持つことが結果的に戦争を防ぐことになると考えられるようになった。核保有国は，そうした考えにもとづいて核開発を進めて

きたのである。

問8　アは日本国憲法の前文，イは第９条１項，エは第９条２項に書かれている。ウは日本が核兵器についてとっている「非核三原則」とよばれる基本方針である。

問9　(1)　パレスチナ人の子どもが戦車に石を投げているようすをとらえた写真が世界に衝撃《しょうげき》を与えたのは，当人たちももちろん投石で戦車が倒《たお》せると本気で思っているわけではないが，それしか反撃の手段がない，あるいはそうすることで抵抗《ていこう》の意志を示している，ということが理解されたからである。または，戦車と石がイスラエル軍とパレスチナの人々という両勢力の軍事力の差を象徴しているから，ともいえるだろう。　(2)　Aはアフガニスタンで，タリバン(タリバーン)は同国で勢力を持つイスラム原理主義にもとづく組織である。1990年代に同国を支配するようになったが，2001年にアメリカ軍による攻撃を受け，政権の座を追われた。しかし，2021年にアメリカ軍が撤退《てったい》すると再び攻勢を強め，実権をにぎった。Bはミャンマーで，長く軍事政権が続いていたが，2015年の国政選挙で民主派が圧勝し，アウン・サン・スー・チーを事実上の指導者とする政府が成立した。民主化が進められていたが，2021年に軍がクーデターを起こして政権を奪《うば》ったため混乱が続き，民主派も厳しく弾圧されている。

問10　かつて前田邸《てい》があった場所の南西の角に現在あるのは，博物館・美術館(🏛)である。

理　科　(40分)＜満点：80点＞

解　答

[1] (1) ① **A** エ　**B** イ　**C** オ　② **B** ウ　**C** ア　**D** イ　(2) イ　(3) ウ　(4) エ　(5) ① イ　② ウ　(6) エ　(7) 30cm　[2] (1) (例)　とう明である。　(2) アルカリ性　(3) エ　(4) **A** オ　**C** ア　**D** ウ　(5) ① イ　② (例)　温度を上げると色が変わるから。　[3] (1) ウ　(2) イ　(3) ア　(4) ウ　(5) イ　(6) (例)　サメの骨は歯以外軟骨なので，化石として残りにくいから。　(7) (例)　歯のつくりのちがいから食べ物のちがいがわかる。／環境のちがいによる進化のしかたのちがいがわかる。／体の大きさや形，動き方のちがいがわかる。　[4] (1) ア，オ　(2) エ　(3) ウ　(4) (例)　食べ物としての花粉が得られる。　(5) イ，オ　(6) (例)　種子全体を食べてしまう動物から守られることや，発芽に適した条件の場所に捨てられて発芽しやすい。　[5] (1) ① 180cm　② イ　(2) イ　(3) ５秒後　(4) (例)　速さの値を２回かけ合わせた値に変える。　(5) **図５**…ウ　**図６**…カ

解　説

[1] 小問集合

(1)　①　Aは，すい臓が裏側(背中側)にあることから胃とわかる。Bは，おへその上あたりの右側にある大きな臓器だからかん臓である。Cは，背中側に１対あることからじん臓となる。　②　アはCのじん臓，イはDの背骨(せきつい)，ウはBのかん臓，エは小腸，オは心臓について述べた文である。

(2)　キアゲハが羽化するときは，胸部に当たるイの付近でさなぎの外殻《がいかく》がさけて，中から成虫がぬ

け出してくる。

(3)　ジェイムズ・ウェッブ宇宙望遠鏡は，アメリカやヨーロッパ諸国が共同で開発し，2021年に打ち上げられた。宇宙からやってくる赤外線をとらえて宇宙のようすを観測する。

(4)「はやぶさ２」が回収した小惑星《わくせい》リュウグウの粒子《りゅうし》からは，生物のからだをつくるもととなるタンパク質の成分のアミノ酸が，うま味成分のグルタミン酸も含《ふく》め，複数見つかった。ただし，生きているバクテリアなど生物そのものは見つかっていない。

(5)　アルミニウムは塩酸に溶《と》けて水素を発生するので，アルミニウム製の容器に塩酸を含む洗剤《せんざい》を保存するのは適切ではない。

(6)　虫めがね(とつレンズ)のしょう点より遠いところに矢印をかいた紙を置くことになるので，虫めがねを通して見た矢印は倒立《とうりつ》の実像となって見える。つまり，矢印は上下左右ともに逆転して見える。

(7)　図６の右側の図で，金属球Ａには浮力《ふりょく》が10ｇ(体積10cm^{3}の金属球Ａが押《お》しのけた水10cm^{3}の重さに相当する)はたらくので，金属球Ａをつるした糸には，30－10＝20(ｇ)がかかる。同様に，金属球Ｂをつるした糸には，80－10＝70(ｇ)がかかる。また，棒の中央(左端《はし》から20cmの位置)には棒の重心があり，ここに棒の重さ10ｇがかかっている。よって，棒をつるした糸にかかる重さは，20＋70＋10＝100(ｇ)である。ここで，棒の左端を支点とし，求める長さを□cmとして，つり合いの式を考えると，10×20＋70×40＝100×□となる。したがって，□＝3000÷100＝30(cm)である。

2　物質の性質と判別についての問題

(1)　物質が完全に溶けた水溶液《すいようえき》はすべて，にごりがなく，とう明である(色はついていてもよい)。

(2)　赤色のリトマス紙を青く変化させる水溶液はアルカリ性，青色のリトマス紙を赤く変化させる水溶液は酸性である。

(3)　植物からつくられたものは，その成分として炭素が含まれているため，強く熱すると黒くこげたり燃えたりする。炭素を含むものが燃えると，炭素が酸素と結びついて二酸化炭素となるため，ここでは二酸化炭素に関係する文を選ぶ。植物は光合成のために二酸化炭素を取り入れる。

(4)　実験①～実験③より，Ａは水に溶けにくく，水溶液がアルカリ性なので消石灰とわかる。Ｄは加熱すると黒くこげて，水には溶けにくい(溶けない)ので小麦粉と考えられる。Ｅは水によく溶け，加熱すると黒くこげるので砂糖となる。また，実験④で，Ｂは水の温度が上がるほど溶ける量が大きく増えていくのに対し，Ｃはどの温度の場合も溶ける量の範囲《はんい》に変化が見られない。このことから，Ｂはミョウバン，Ｃは食塩と決まる。

(5)　砂糖の水溶液を加熱していくと，水分が少なくなってきたときに茶色っぽくなり，最後には黒くこげる。温度が上がらないように時間をかけて水分を蒸発させれば，砂糖の白い固体を得ることができるが，ふつう蒸発皿に入れてガスコンロで加熱すると変色する。

3　地層と化石についての問題

(1)　サンゴはあたたかい地域の浅くきれいな海にすむ生物であるから，サンゴの化石が多く見つかる地層もそのような場所の海底に土砂がたい積してできたと考えられる。

(2)　化石イは火山灰①の層と火山灰②の層の間だけで見られるので，火山灰①の層と火山灰②の層ができた時代が特定できれば，化石イを含む地層ができた時代をしぼりこむことができる。つまり，化石イを示準化石とあつかうことができる。

(3) カンブリア紀には動物の種類と数が急激に増え，眼《め》や口，あしをもち，ほかの動物をとらえて食べるものや，かたい殻《から》やトゲを持ち食べられないようにしているものなどが現れて，「食べる・食べられる」の関係(食物連鎖《れんさ》)ができあがっていったと考えられている。

(4) 図２は，フズリナとともに古生代を代表するサンヨウチュウの化石である。

(5) アンモナイトの化石は日本でも各地で発見されていて，とくに北海道では数多く見つかっている。アンモナイトは中生代の代表的な示準化石になっている。

(6) サメは，歯とあごの部分だけはかたい骨でできているものの，それ以外の骨は軟骨《なんこつ》でできている。かたい骨は化石として残りやすいが，軟骨は化石になりにくいため，サメの歯とあごの部分以外の化石はほとんど残っていないと考えられる。

(7) 世界中のいろいろな場所で見つかった同じ種類の恐竜《きょうりゅう》の化石を比べると，ある部分の骨の形や大きさが異なっていることがある。このことから，地域ごとのなかまの特徴《とくちょう》が見出せるだけでなく，環境《かんきょう》との関係性や，進化のようすを考えることができる。たとえば，歯の大きさや形，並び方のちがいから，食べ物や食べ方，消化のしかたなどのちがいを推定できる。

4 フクジュソウについての問題

(1) フクジュソウの花は１枚１枚離《はな》れている離《り》弁花なので，それと同じウメとアブラナが選べる。

(2) カタクリは，早春にうすいむらさき色(白色やもも色の場合もある)の花を咲《さ》かせ，５～６月ごろに実がなり種子を落とすと，葉や茎《くき》が枯《か》れてしまう。

(3) アについて，ハナアブはハエと同じなかまで，翅《はね》は１対(２枚)である。イとエは，ハナアブとはたらきアリを入れ替《か》えれば正しい文になる。

(4) 下線部に続く文で述べられたハナアブなどのようすから考える。ハナアブなどにとって，フクジュソウを訪れると，寒さをさけ，体温を上げることができるだけでなく，えさとなる花粉が得られる(フクジュソウは花の蜜《みつ》をつくらないので注意する)。また，多くのなかまが飛来するので，交《こう》尾《び》の相手が見つかりやすいという利点もある。

(5) 瘦果《そうか》はキク科の植物によく見られ，ア～オのうちではタンポポとヒマワリが当てはまる。なお，イチゴの実にあるつぶつぶも瘦果である。

(6) 「たね」がアリの巣の中まで運ばれれば，そのぶんほかの動物に食べられにくくなる。また，アリの巣の中や巣の近くの外に「たね」が捨てられると，そこは発芽に適している可能性が高く，発芽に有利になる。

5 振《ふ》り子の動きについての問題

(1) ① 表１より，振り子の長さが４倍(20cmから80cm，または30cmから120cm)になれば，10往復の時間は２倍(9.0秒から18.0秒，または11.0秒から22.0秒)になることがわかる。よって，10往復の時間が27秒の場合，それは13.5秒の２倍だから，振り子の長さは45cmの４倍の，45×４＝180(cm)である。　② 振り子が10往復(１往復)する時間は振れはばに関係しない。ここでは振り子の長さが変わっていないのだから，10往復する時間は27秒のままとなる。

(2) はじめは勢いをつけているものの，その後に最高点に達したところからは，外から力が加わることがなく振れる。よって，10往復する時間は表１の値と同じで14.2秒になる。

(3) １秒間に振り子Ａは，48÷60＝0.8(回)，振り子Ｂは，60÷60＝１(回)振れるので，往復する回数の差が１回になるのは，１÷(１－0.8)＝５(秒後)である。

(4)　表２を見ると，はなす高さが４倍（５cmから20cm，または10cmから40cm）になれば，最下点の速さは２倍（1.0m/秒から2.0m/秒，または1.4m/秒から2.8m/秒）になることがわかる。このことから，はなす高さが（□×□）倍になれば，最下点の速さは□倍になるといえる。これは比例の関係でないが，最下点の速さの値を２回かけた値を用いれば，両者が比例の関係となる。

(5)　**図５**…おもりが最下点にきた瞬間《しゅんかん》に，おもりは水平方向に進もうとしている。よって，ここでおもりが糸からとれると，水平方向に進みながら落下して，ウのように動く。　**図６**…最高点ではおもりが一瞬静止するので，このときおもりが糸からとれると，そのまままっすぐ真下に落ち，カのように動く。

国　語　（60分）＜満点：120点＞

解　答

問１　下記を参照のこと。　**問２**　**A**　オ　**B**　イ　**問３**　（例）　自分の生まれたところのことやそこで過ごした小さいころのことを覚えていないこと。　**問４**　ウ　**問５**　（例）　家族とともに何としても日本で生きていこうというもの。　**問６**　ア　**問７**　（例）　父の思いを知ろうとしなかったことを後悔し，父がクルド語で書いた文章を自分の力で読むことで，父の心のうちにひめた思いに向き合いたいと強く思ったから。　**問８**　エ　**問９**　（例）　父の故郷への思いと家族への愛情を知って，父に対する感謝の気持ちをあらためて抱いたが，同時にその帰国の決意が変わらないことをさとり，父との別れを受けとめなければならないことをつらくたえがたく思う，深い悲しみにくれた気持ち。　**問10**　（例）　自分にとっての大切な故郷はここだと思い，家族への愛を胸に，ここで自分の意志と力で人生を歩んでいこうと決意している。　**問11**　イ，ウ　**問12**　イ

●漢字の書き取り

問１　**1**　蒸気　**2**　誕生　**3**　届　**4**　記録　**5**　順　**6**　裏切　**7**　作業　**8**　専門　**9**　就職　**10**　権利　**11**　細　**12**　厳　**13**　唱　**14**　退出　**15**　雑草

解　説

出典は川和田恵真《かわわだえま》の『マイスモールランド』による。サーリャは，難民申請《しんせい》が不認定となり入管に収容されて急にトルコに帰ると言い出した父の思いがわからなかったが，父と話すうちに父の家族に対する深い愛情を知り，自分の気持ちの整理をつけることができた。

問１　**1**　水蒸気のこと。「蒸気機関車」は，水蒸気による動力で走る機関車のこと。　**2**　生まれること。　**3**　ある場所や人に向けて出したものが向こうに着くこと。　**4**　競技などの成績のこと。　**5**　上下または前後の並びのこと。「順に」は，“順番に”という意味。　**6**　「裏切る」は，“予想や期待に反する”という意味。　**7**　体や頭を使って仕事をすること。　**8**　特定の分野をもっぱら勉強したり担当したりすること。　**9**　職につくこと。　**10**　あることをする，またはしない自由のこと。　**11**　音読みは「サイ」で，「細工」などの熟語がある。　**12**　音読みは「ゲン」で，「厳重」などの熟語がある。　**13**　「唱える」は，“ある決まった言葉を，声

に出して言う”という意味。　**14**　その場から下がって外へ出ること。　**15**　自然に生えるいろいろな草のこと。

問２　**A**　聡太《そうた》は，サーリャがバイトをやめさせられたことを「おかしい」と言っているので，くやしい気持ちをこらえていると考えられる。「唇《くちびる》を嚙《か》む」は，くやしがるさまを表す。　**B**　入管の建物は「生きている自然や，そこで生活をしている人が，ほとんど存在しない」ような場所にあり，生き物のあたたかみがないと考えられる。「無機質」は，生き物のあたたかみがないことを比喩《ひゆ》的に表した語。

問３　サーリャが「ここ，なんか私の生まれたところに似てるらしい。でも，全然，覚えてないんだ」と言うと，聡太は「それはちょっと寂《さび》しいよね」と言った。サーリャは，日本に来る前はクルドにいたが，「クルドの石がどんなだったか」もわからない。これより後の父と面会している場面でも，「お父さんとお母さんと，小さい私。でも，私には，どうしても，そのことが思い出せない」とある。自分の「生まれたところ」のことやそこで過ごしたことはなつかしいものであるはずなのに，それを覚えていないので，「寂しい」のである。

問４　サーリャは，父がクルドへ帰ると言い出し，自分はバイトをやめさせられるなど，多くの問題を抱《かか》えていて，聡太とも今日で会うのをやめるつもりだった。しかし，聡太と見つめ合い，「聡太くんの瞳《ひとみ》の中にいる自分と目が合った気がした」その瞬間《しゅんかん》，「私は，自分の大切な人，大切な場所，大切なものを，自ら手放すことはしない。聡太くんも，ロビンも，アーリンも，お父さんも，暮らす場所も全部，守りたい」と，自分の本当の気持ちをしっかりつかむことができた。よって，ウが合う。

問５　父のノートには，「日本語で，私たち家族の名前がぎっしりと書いて」あり，「日本語を覚えるため，何度も練習した」らしかった。それを見て，サーリャは「お父さんは，ここで，生きようとしていたんじゃないのか」と思った。

問６　サーリャが「お父さん，帰らせないようにできませんか？」とたずねると，山中先生は「困ったように眉毛《まゆげ》を下げ」て「もちろん，僕《ぼく》だってそうさせたい。でも，意思が固いんだ……」と言った。しかし，サーリャが重ねて「どうしてですか？　帰ったら捕《つか》まる危険があるのに。おかしいじゃないですか。止めてください。先生，お願いです」と強い態度で言うと，山中先生は「しばらく考え込《こ》んでいた」のである。そして，サーリャが「もう引かないつもり」で「真っ直ぐに山中先生を見つめ続けた」ので，とうとう山中先生は，「腹を決めた」ように，父が「親のビザを諦《あきら》めた代わりに，子どもにビザが出た」家族がいたことを知って「自分だけ帰ると言い出した」ことを話した。よって，アがふさわしい。「ふーっと息を吐《は》く」ということは，「考え込んでいた」間の緊張《きんちょう》感が解けたことを感じさせるため，サーリャに対する心配ということに重心があるイは合わない。

問７　父のノートには，クルド語で長い文章が書かれていた。サーリャは「そこにはきっとお父さんの本当の気持ちが書かれている」と思った。そして，山中先生が，父はクルドのことを忘れないために書いたと言ったのを聞くと，サーリャは，これまで「お父さんと向き合っていなかったこと，お父さんの思いを知ろうとしなかったことを後悔《こうかい》」し，自分から進んで父の思いを知りたい，父の思いに向き合いたいと強く思うようになったと考えられる。

問８　父にとって，クルドにいたときに家族でオリーブの苗《なえ》を植えたことは「大切な記憶《きおく》」である。しかし，サーリャは「どうしても，そのことが思い出せ」ず，目を閉じたときに思い出したのは，日本で「家族でラーメンを食べた」ことだった。このことは，父にとっての故郷と，サーリャにとって故郷といえるものとが違《ちが》っていることを暗示していると考えられる。父は，サーリャに，自分にとって大事な場所，大事な記憶は何なのか考えさせようとしたのであり，その結果，二人は，サーリャにとって大事な場所はここ日本であることが確認《かくにん》できたと思われるので，エがふさわしい。なお，サーリャはクルドのことを覚えていないので，アやイは合わない。父がサーリャに考えさせたのは「家族の絆《きずな》」よりもまず自分にとって大事な場所であると考えられるので，ウも正しくない。父がサーリャに「波風を立てずに」生きていくよう望んだとは特に述べられていないので，オもふさわしくない。

問９　サーリャは，父と会って話し，父の決意を変えさせようと考えていたが，父と話すうちに父にとって妻《つま》が一人で眠《ねむ》っている故郷のクルドが大事であること，だからこそ日本を故郷のように感じているサーリャの気持ちを大事にして，自分と別れてでも日本で生きていくよう促《うなが》していることを理解した。サーリャは，「私の故郷を尊重してくれようとする」お父さんのあふれるほどの愛情を感じて胸がいっぱいになり，父に感謝してその思いを「しっかりと受け取らなければいけないという気持ち」になったが，父の思いを受けとめて父だけがクルドに帰るということは，サーリャにとってはつらく悲しい別れでもある。

問10　父の「私の故郷を尊重してくれようとする思いを，しっかりと受け取らなければいけないという気持ち」になったサーリャは，父と別れた後，しばらくは立ち上がれなかったが，それでもやがて「きっちりと意志を持って立ち上が」り，そして「それからは，涙《なみだ》は出なかった」とある。サーリャは，「いつもよりもむしろ，物事がクリアに見えて」おり，これから自分の人生を歩んでいくために「大事な相棒を取り戻《もど》しに」行き，自転車をこぎ始めた。今のサーリャには，「誰《だれ》がここに，国境を引けるんだ。私には，それを越《こ》える力がある。私が，自分の進む道のハンドルを握《にぎ》ってる。自動車にも，大きなトラックにも負けない。流れには，流されない」と思える力強さがある。

問11　「お父さんは故郷を思っていた。私には，わからない故郷を」も，「私は～全部，守りたい。たとえそれが他の誰かに許されなくても」も倒置《とうち》法によってサーリャの強い意志が表現されている。そこには，迷いや動揺《どうよう》はないと考えられるので，イは正しくない。サーリャが「さようならの，チークキス」をしたところ，聡太はサーリャの両手をつかみ，二人のお互《たが》いに手を放したくないという気持ちは通い合った。そこへ「急に風が吹《ふ》いて，水の音が高く響《ひび》いて」きて，「川は激しい流れを止めず，強い風が木々を揺《ゆ》ら」したが，「それでも，二人とも微動《びどう》だにしなかった」とある。二人の気持ちは揺らいでいないのであり，そこから，ウも正しくないといえる。

問12　資料２「難民認定処理数(人)」を見ると，日本は「1,010」で，アメリカ合衆国，イギリス，イタリアは日本よりも少ない。あげられている７ヶ国のうち，３ヶ国が日本よりも少ないので，「日本ではトルコ出身の人が難民申請をするケースが他国に比べて少ない」とはいえない。よって，イが正しくない。

Dr.福井の

入試に勝つ！ 脳とからだのウルトラ科学

入試当日の朝食で，脳力をアップ！

朝食を食べない学生は，朝食をきちんと食べる学生に比べて成績が悪かった——という研究発表がある。まあ，ちょっと考えればわかると思うけど，朝食を食べないということは，車にガソリンを入れないで走らせようとするようなものだ。体がガス欠になった状態では，頭が十分に働くわけがない。入試当日の朝食はちゃんと食べよう！　朝食を食べた効果があらわれるように，試験開始の2時間以上前に食べるようにするとよい。

では，入試当日の朝食にふさわしいものは何か？

まず，脳の直接のエネルギー源はブドウ糖だけであるから，それを補給するためのご飯やパン，これは絶対に必要だ。また，砂糖や果物の糖分は吸収されやすく，効果が速くあらわれやすいので，パンにジャムをぬったり果物を食べたりするのもよいだろう。

次に，タンパク質。これは脳の温度を上げる作用がある。温度が低いままでは十分に働かないからね。タンパク質を多くふくむのは肉や魚，牛乳，卵，大豆などだが，ここでは大豆でできたとうふのみそ汁や納豆をオススメする。そして，記憶力がアップするDHAを多くふくんでいる青魚，つまりサバやイワシなども食べておきたい。

生野菜も忘れてはならない。その中にふくまれるビタミンBは，ブドウ糖を脳に吸収しやすくする働きを持つので，結果的に脳力アップにつながるんだ。

コーヒーや紅茶，緑茶は，カフェインという成分の作用で目覚めをうながすが，トイレが近くなってしまうので，飲みすぎに注意！　試験当日はひかえたほうがよいだろう。眠気を覚ましたいときはガムをかむといい。脳が刺激《しげき》されて活性化し，目が覚めるんだ。

Dr.福井(福井《ふくい》一成《かずしげ》)…医学博士。開成中・高から東大・文Ⅱに入学後，再受験して翌年東大・理Ⅲに合格。同大医学部卒。さまざまな勉強法や脳科学に関する著書多数。

Memo

2022年度　駒場東邦中学校

〔電　話〕（03）3466－８２２１
〔所在地〕〒154-0001　東京都世田谷区池尻４－５－１
〔交　通〕京王井の頭線─「駒場東大前駅」より徒歩10分
東急田園都市線─「池尻大橋駅」より徒歩10分

【算　数】（60分）〈満点：120点〉

1　(1)　次の計算をしなさい。

$$\left\{0.25+3\frac{9}{14}\div\frac{17}{18}+\frac{8}{21}\times5.625-\left(1\frac{4}{5}+\frac{3}{5}\right)\times\left(1\frac{4}{5}-\frac{3}{5}\right)\right\}\times6$$

(2)　１以上2022以下の整数のうち，各位の数字の和が６である整数は何個ありますか。

(3)　０以上９以下の整数が書かれたコインが１枚ずつあり，
⓪＝１円相当，①＝３円相当，②＝９円相当，③＝27円相当，…のように，書かれた数字が１ふえるごとに相当金額が３倍になる，仕組みになっています。この各コインを１枚ずつ持って買い物をするとき，次の問いに答えなさい。ただし，おつりにおいても同じ種類のコインは１枚ずつしかなく，やりとりするコインの総数もできる限り少なくなるようにするものとします。

(a)　⓪，①，②，③の４枚のコインを使って買い物をするとき，次の空欄《くうらん》ア～ウに適する数を求めなさい。

おつりをもらわない金額は［　ア　］通り，
おつりで１枚のコインをもらう金額は［　イ　］通り，
おつりで２枚のコインをもらう金額は［　ウ　］通りあります。

(b)　2022円の品物をこのコインで買うことができますか。できる場合は，そのコインのやりとりを具体的に答え，できない場合は×を書きなさい。

(4)　3×3のマス目があり，マスを塗《ぬ》りつぶす塗り方を考えます。ただし，回転すると同じものは同じ塗り方とみなします。図はマスを塗る場所が１つの場合の例で，３通りあります。

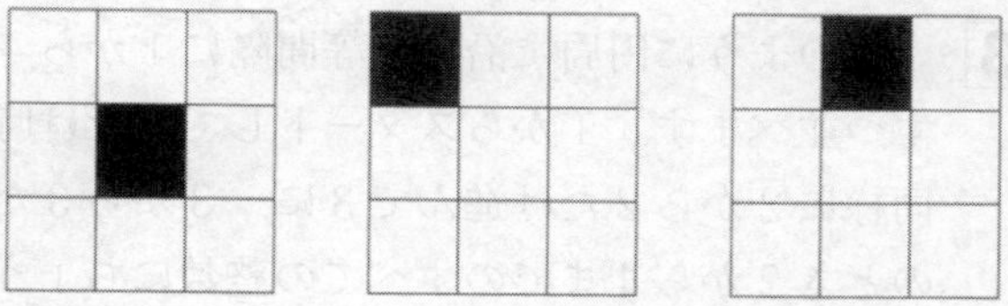

次の空欄ア～エに適する数を求めなさい。

(a)　マスを塗る場所が２つの場合，中心を塗る場合は［　ア　］通り，中心を塗らない場合は［　イ　］通りあります。

(b)　マスを塗る場所が３つの場合，中心を塗る場合は［　ウ　］通り，中心を塗らない場合は［　エ　］通りあります。

2　１辺の長さが16cmの正方形ABCDについて，次の問いに答えなさい。ただし，円周率は3.14とします。

(1)　図１のように，正方形ABCDの周上にある２点X，Yは，これらを結んでできるまっすぐな線XYの長さが常に16cmとなるように動きます。XYの真ん中の点をMとするとき，Mが動く線を解答用紙に示し，その長さを求めなさい。

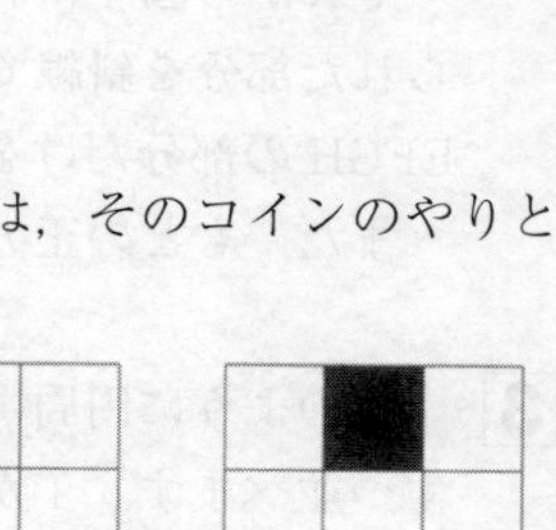

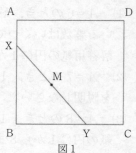

図１

(2)　図２のように正方形の紙を順番に半分に６回折り，三角形を作ります。

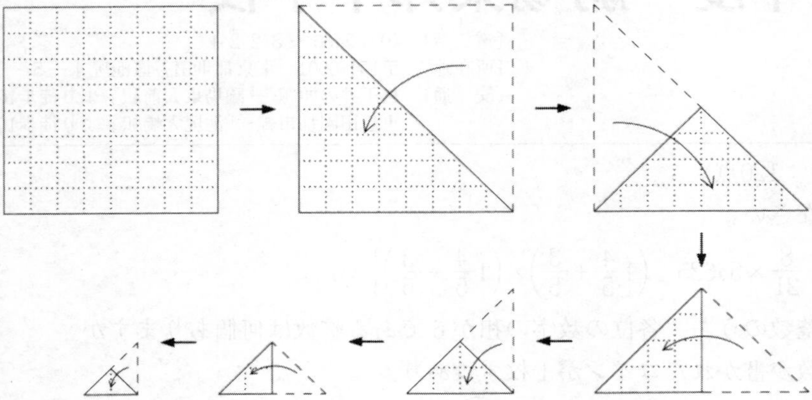

図２

図２の最後の三角形を拡大したものが図３であり，斜線《しゃせん》部分はその三角形から切り取る部分を表します。斜線部を切り取った後，図２の作業を逆に行って広げます。なお図３の半円は三角形の２辺にぴったり接しています。

それから図４において，もとの正方形で切り取られた部分を斜線で表します。このとき，四角形EFGHの部分だけを解答用紙に示しなさい。

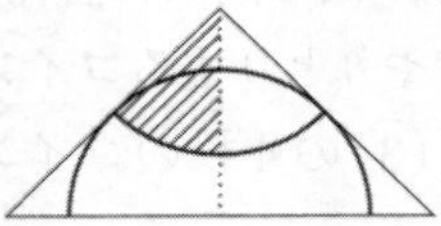

図３

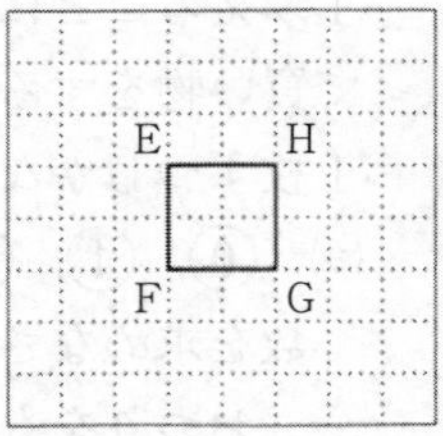

図４

また，もとの正方形の残った部分（図４で斜線のない部分）の面積を求めなさい。

3　図のように円周に沿って等間隔《とうかんかく》に１から４までの４個の整数をひとつずつ並べます。１からスタートして１だけ時計回りに進んで２に，以下同様に２から２だけ進んで３に，３から３だけ進んで４に進みます。このとき２から４までのすべての整数にちょうど一度ずつ到達《とうたつ》することができます。

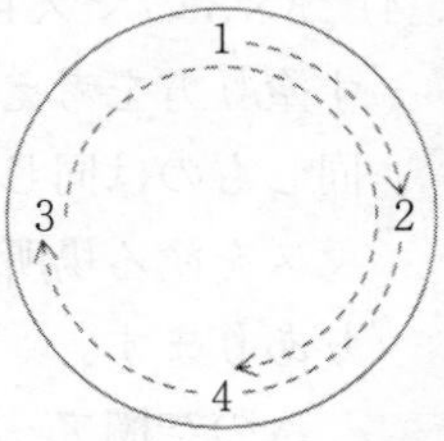

上のように１からAまでの整数を等間隔に並べ，１からスタートして，１だけ時計回りに進み，以下同様にそのとき到達した整数からその数だけ時計回りに進みます。このとき，やはり，２からAまでのすべての整数にちょうど一度ずつ到達することができるようにします。

(1)　$A=6$のとき，最後に到達する整数はいくつですか。また，このとき１の真向かいに並んでいる整数はいくつですか。１から６までの６個の整数のこのような並べ方をひとつ書きなさい。解答用紙の円に１から６までの整数を並べて答えなさい。

(2)　$A=7$のとき，１から７までの７個の整数をこのように並べることはできません。その理由を説明しなさい。

(3)　$A=8$のとき，１から８までの８個の整数のこのような並べ方をすべて書きなさい。解答用紙の円に１から８までの整数を並べて答えなさい。ただし，すべての円を使うとは限りません。

3 の計算用紙

4　図のような立方体X，直方体Yがたくさんあります。X，Yをすきまなく積み上げて1辺の長さが3 cmの立方体ABCD-EFGHを作ります。

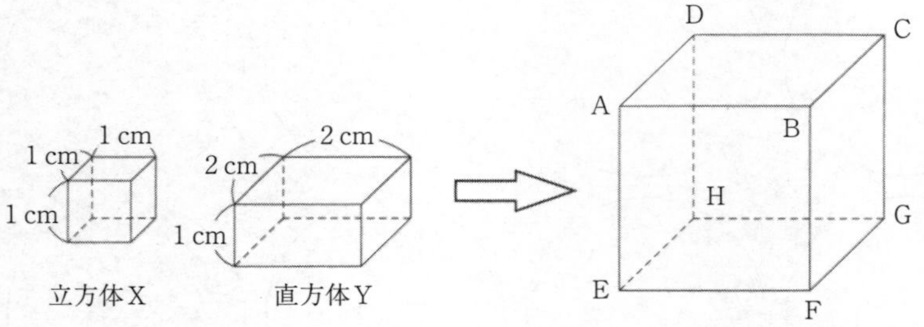

(1)　Yをできるだけ多く使って，X，Yを積み上げて立方体ABCD-EFGHを作りました。このとき，XとYをそれぞれ何個使いましたか。また，作った立方体について，XとYの境界がわかるように解答用紙の図の点線を実線でなぞりなさい。ただし，すべてのYの一部の面がこの図から見えるように実線を書きなさい。

(2)　(1)で作った立方体ABCD-EFGHをA，E，G，Cを含む平面で切断した後，ばらばらにしました。このとき，何個の立体に分かれましたか。

(3)　(2)で分かれた立体のうち，体積が1 cm^3であるものの個数を求めなさい。

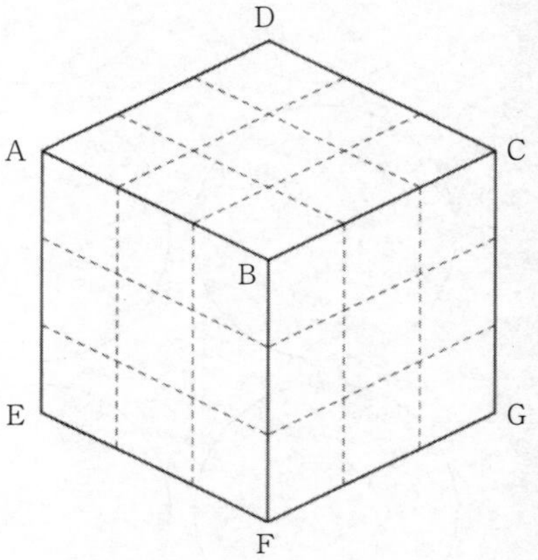

【社　会】（40分）〈満点：80点〉

次の文章を読み，問に答えなさい。

新型コロナウイルス感染症《かんせんしょう》の影響《えいきょう》により，人の移動が大幅《おおはば》に制限される期間が長く続いています。人の動きが制限されたために，インターネット注文の件数がさらに増し，宅配便の利用など日常生活での物流の重要性を意識するようになった人も多いと思います。

現代の日本において，迅速《じんそく》で安全な物流が可能になる背景には何があるのでしょうか。中国《ちゅうごく》の工場で製造された商品の原材料は，東南アジアなど他国から調達されている場合があります。その中国製造の商品は，大阪《おおさか》の貿易会社が輸入し，インターネット注文をした東京の消費者に，宅配業者が指定時間通りに届けてくれます。原材料などの資源の確保や運搬《うんぱん》を支える人たちの労働は重要ですし，安全な輸送のためには，道路や港・駅などの整備も必要です。

迅速な物流や情報伝達によって，われわれの日々の快適で便利な生活は成り立っています。国内だけではなく世界貿易の拡大に伴《ともな》い，交通手段や情報網《じょうほうもう》の発達を受けて社会は大きく変化してきました。物流の変化によるさまざまな影響について，以下の問を通じて考えてみましょう。

問1　私たちの生活は，世界のさまざまな国や地域と強く結ばれています。食卓《しょくたく》に並ぶ食べものは，多くの国や地域から運ばれています。**図1**は，東京都中央卸売《おろしうり》市場《しじょう》における「かぼちゃ」の産地別取扱量《とりあつかいりょう》の上位8位(2019年)までの国や地域(都道府県)について，その取扱量を月ごとに示したものです。

図1　東京都中央卸売市場における「かぼちゃ」の主な産地別取扱量(2019年)

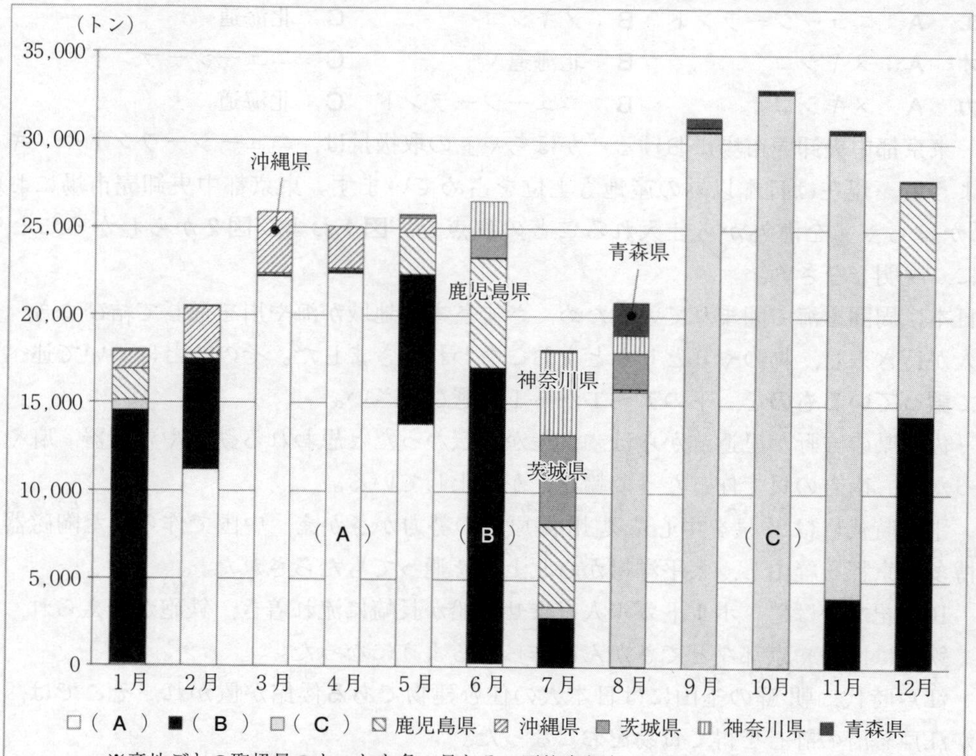

※産地ごとの取扱量のもっとも多い月とその平均金額(1kgあたり円)

(A)産：130円／4月　(B)産：139円／6月　(C)産：139円／10月

(「東京都中央卸売市場統計情報」より作成)

図2

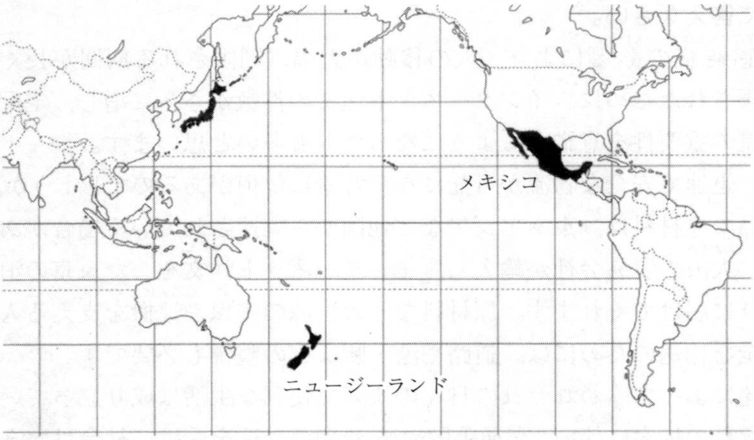

(1)　**図1**の**A**～**C**には，東京都中央卸売市場における「かぼちゃ」の産地別取扱量の上位3位までに入る北海道，ニュージーランド，メキシコのうち，いずれかの国や地域があてはまります。**A**～**C**の組み合わせとして適切なものを，下の**ア**～**カ**から1つ選びなさい。

ア	**A**：北海道	**B**：ニュージーランド	**C**：メキシコ
イ	**A**：北海道	**B**：メキシコ	**C**：ニュージーランド
ウ	**A**：ニュージーランド	**B**：北海道	**C**：メキシコ
エ	**A**：ニュージーランド	**B**：メキシコ	**C**：北海道
オ	**A**：メキシコ	**B**：北海道	**C**：ニュージーランド
カ	**A**：メキシコ	**B**：ニュージーランド	**C**：北海道

(2)　東京都中央卸売市場における「かぼちゃ」の取扱量は，ニュージーランドやメキシコのように，現在は日本以外の産地も上位を占《し》めています。東京都中央卸売市場において，「かぼちゃ」を海外から仕入れることの利点を，**図1**および**図2**からわかることをもとに，説明しなさい。

問2　日本は周囲を海で囲まれているため，さまざまな地域が海や川を通じて結びつき，使節や商人が行き来し，物のやりとりなどもおこなわれてきました。そのことについて述べた文として**誤っているもの**を，下の**ア**～**エ**から1つ選びなさい。

ア　佐賀《さが》県の吉野ケ里遺跡《よしのがりいせき》からは，大陸から伝わったと思われる鉄器や青銅器，麻《あさ》や絹《きぬ》で作った布，南方の貝で作ったうで輪などが出土している。

イ　平安時代には平泉《ひらいずみ》を中心に奥州藤原《おうしゅうふじわら》氏の勢力がさかえ，中国で作られた陶磁器《とうじき》などが，博多《はかた》や京都を経由し，太平洋岸から北上川《きたかみがわ》を通ってもたらされた。

ウ　16世紀なかばに，ポルトガル人を乗せた船が長崎《ながさき》に流れ着き，鉄砲《てっぽう》が伝えられ，まもなく鉄砲は博多や京都などでさかんに作られるようになった。

エ　江戸《えど》時代，朝鮮《ちょうせん》の釜山《プサン》には日本人の住む建物である倭館《わかん》が置かれ，そこでは，対馬藩《つしまはん》が江戸幕府《ばくふ》の許しを得て貿易をおこなった。

問3　税を，お金以外で納《おさ》めていた時代もありました。奈良《なら》時代の日本では，国を治めるためのしくみ(律令《りつりょう》制度)が取り入れられ，人々は税として①稲《いね》や，織物・地方の特産物などを納めました。また，朝廷《ちょうてい》へ献上品《けんじょうひん》(贄《にえ》という)として，特産物を納めることもありました。このうち，絹や布などの繊維《せんい》製品には，それを納める人の名前や，品目・数量・日付などをじかに書き入れることになっていました。一方で，稲や塩，さらに地方の特産物などを納める際には**図3**～**図5**で示したような（　　）と呼《よ》ばれる②木の札《ふだ》を荷札（ラベル）として用いました。

図3
阿波国《あわのくに》（現在の徳島《とくしま》県）牟屋《むやの》海から平城《へいじょう》京に運ばれた献上品のワカメのかごにつけられた荷札。

阿波国進上御贄若海藻壱籠　板野郡牟屋海

図4
安房国《あわのくに》（現在の千葉県）安房郡大田《ぐんおおた》郷《ごう》から平城京に運ばれた税のアワビにつけられた荷札。

安房国安房郡大田郷大屋里戸主大伴部黒秦戸口日下部金麻呂輸鰒調陸斤　伍拾玖条　天平七年十月

図5
表《おもて》に米・小豆《あずき》・炭などが記された荷札。裏《うら》も帳簿《ちょうぼ》として利用された。

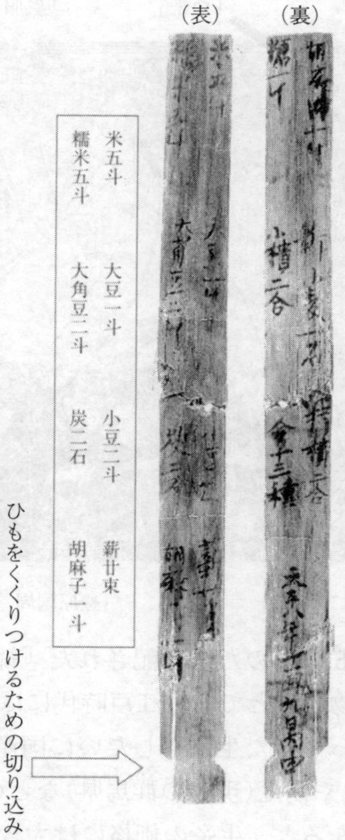

（表）
米五斗　大豆一斗　小豆二斗　薪廿束
糯米五斗　大角豆二斗　炭二石　胡麻子一斗

（裏）
胡麻油一斗　新小麦一石　扞櫃二合
糖一斗　小櫃二合　合十三種
天平八年十一月九日内申

（**図3**～**図5**は奈良国立文化財研究所の資料より。荷札の横には記載されている文字を示した。）

(1)　下線部①に関して。律令制度のもとで，稲の収穫高《しゅうかくだか》の一部（多くの場合3パーセントとなった）を納める税は何ですか。適切な名称《めいしょう》を**漢字**で答えなさい。

(2)　空欄（　）にあてはまる語句を，**漢字2文字**で答えなさい。

(3)　下線部②に関して。奈良時代の税を納めるときに木の荷札が広く用いられた理由について述べた文として**誤っているもの**を，下の**ア**～**エ**から1つ選びなさい。

ア　当時の日本には紙を作る技術が伝わっていなかったため，木の札でラベルを作ることが広まった。

イ　米や塩などには直接書き込《こ》むことができなかったため，かわりに木の札に産地・品目・数量などを書いた。

ウ　木の札は耐水性《たいすいせい》があり，遠くの産地から品物を都に運搬するときにも，丈夫《じょうぶ》で壊《こわ》れにくいという利点があった。

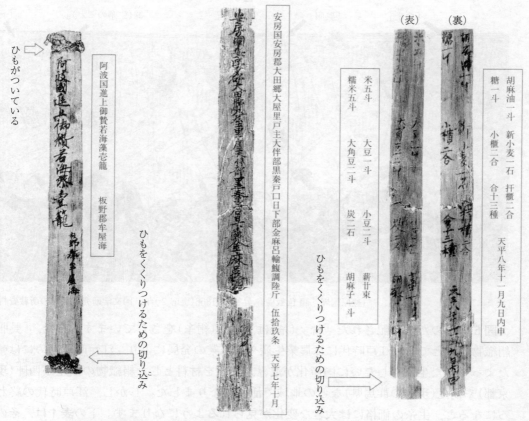

エ　木の札は，表面を削《けず》ったり，裏面を使ったりしてくり返し利用することができた。

問4　物流の変化が人々のくらしに影響をあたえた具体的な例を見ていきましょう。

下の**図6**は，江戸時代末期に描《えが》かれたもので，当時の歌舞伎《かぶき》役者がたこあげをする様子を表しています。この**図6**は，江戸時代末期の物の値段(物価《ぶっか》)の上昇《じょうしょう》を，たこあげの様子に見立てて描いたものです。**図6**の中で，上の方に描かれたものほど，価格が上がったことを表しています。

図6

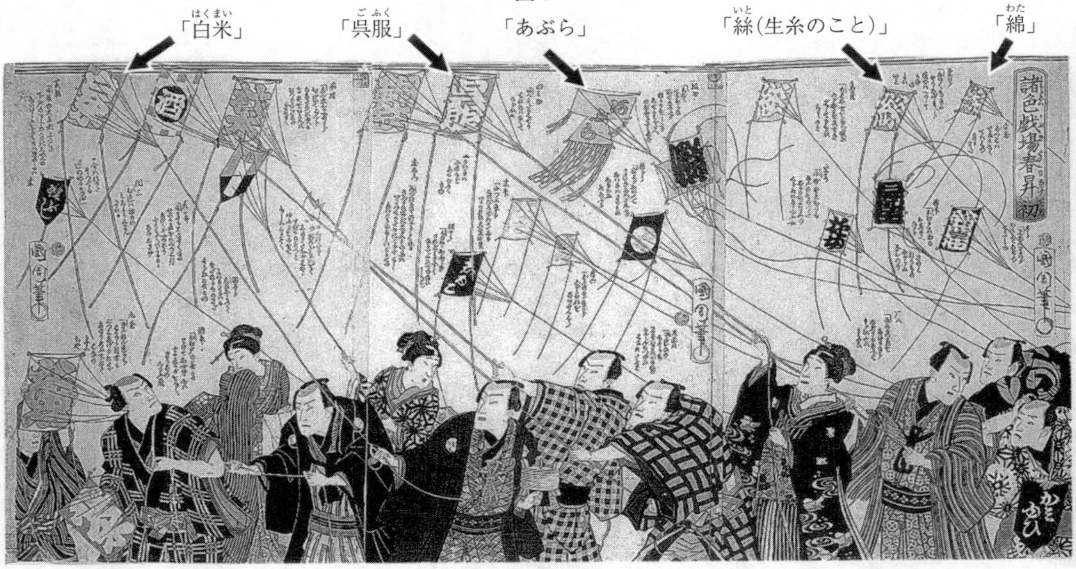

(豊原国周《とよはらくにちか》「諸色戯場春昇初《しょうばいかぶきはるのあげぞめ》」，1866(慶応《けいおう》2)年，国文学研究資料館の所蔵資料より)

図6の中のたこに記された「絲」(糸)は，生糸(絹糸)をさしています。また，「呉服」は絹織物のことです。江戸時代には農業生産や手工業の発展により，江戸時代初《はじ》めには輸入にたよっていた生糸もしだいに国産化が進み，それを材料とした絹織物の生産が西陣《にしじん》(現在の京都)や桐生《きりゅう》(現在の群馬《ぐんま》県)などの地域で活発になりました。しかし，江戸時代の終わりごろになると，生糸の価格には大きな変化が見られるようになります。下の**表1**は，その動きについてのものです。

表1　江戸時代末期の物価の変化(前年に対する物価の上昇割合，単位は%)

項目《こうもく》＼年	1857	1858	1859	1860	1861	1862	1863	1864	1865
生糸	2.8	5.6	21.1	35.7	2.5	0.5	31.6	47.6	21.0
米	14.8	31.0	△1.0	26.0	△1.8	△1.9	11.3	23.1	72.1

※表中の△はマイナスの数値(前年よりも物価が下落したこと)を示す。
※参考として，生糸の他に米の価格の変化も示した。
※この表は，現在の大阪にあった市場《いちば》での変動を例として示したものである。

(武田晴人《たけだはるひと》『日本経済史』より作成)

表1では1859年に生糸の価格が大きく上昇し，1861～62年には一時的に上昇率がゆるやかになるものの，その後は引き続き上昇している様子がわかります。江戸時代の終わりに生糸や米の価格が上昇した理由として，凶作《きょうさく》の発生や貨幣《かへい》の改鋳《かいちゅう》(作り直し)があり，さまざまな物の価格上昇に影響をあたえたことが指摘《してき》されています。ただし，1859年以降に生糸の価格

が大幅に上昇した理由は他にもあります。下の**図7**も参考にして，当時の日本が直面した出来事と，それによってもたらされた影響を考えながら，生糸価格が上昇する理由を説明しなさい。

図7　主要輸出入品の割合（1865年，単位は％）

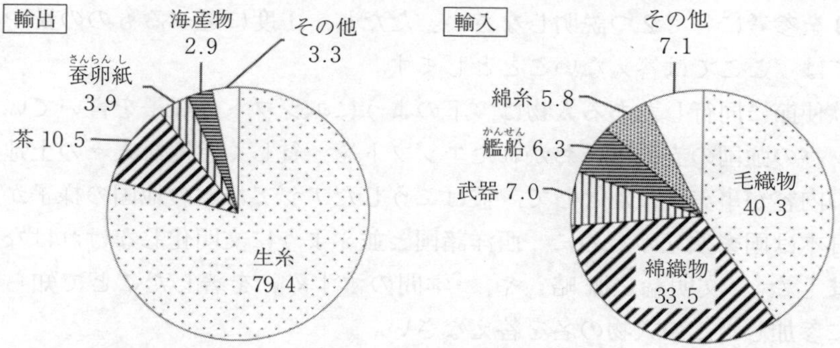

※図中の蚕卵紙は蚕《かいこ》の卵を産み付けさせた紙をさす。また艦船は軍艦などをさす。

（小学館『図説日本文化史大系』より作成）

問5　19世紀後半になると，アジアとヨーロッパの間の人やものの移動は，そのルートの変化でいっそうさかんになりました。

右の**図8**は，1862年に日本からヨーロッパへ向かった文久《ぶんきゅう》遣欧使節《けんおうしせつ》に参加した高島祐啓《たかしまゆうけい》が書いた『欧西紀行《おうせいきこう》』のものです。彼《かれ》らは紅海《こうかい》（現在のサウジアラビアとエジプトに東西から挟《はさ》まれている海）まで船で移動した後，カイロまで汽車に乗り，地中海を経由してヨーロッパに向かいました。ところが，1869年になると，**図9**のように紅海と地中海を結ぶスエズ運河が開通しました。

図8

（『欧西紀行』さし絵，国立国会図書館所蔵資料より）

図9　日本からイギリスへの航路の例

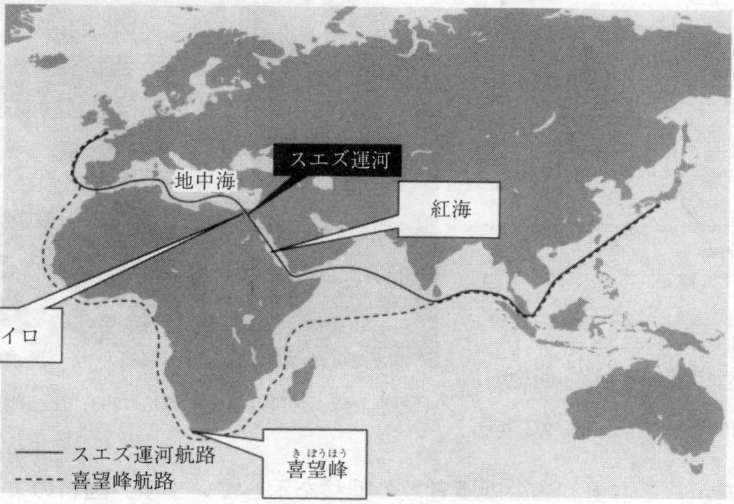

(1) 文久遣欧使節のころは，この使節団の使用したルートか喜望峰《きぼうほう》まわりの航路で，アジアとヨーロッパは結ばれていました。その後スエズ運河が開通しましたが，この運河を使った場合，文久遣欧使節のころと比べて，人やものの移動でどのような利点があるでしょうか。**図8**と**図9**を参考にして**2つ**説明しなさい。ただし，1度に運べるものの量や人の数の変化については，ここでは答えないこととします。

(2) この文久遣欧使節に同行したある人物は，下のようにエジプトの様子を書いています。彼は，ヨーロッパの強国の支配下におかれたエジプトを，貧しく怠惰《たいだ》な人々の土地だとしています。この内容が事実かは別として，彼はこうしたアジアなどの他国の様子から危機感をおぼえ，日本は国家独立のために，西洋諸国と並ぶように文明化しなければならないと，後に論じました。『文明論之概略《ぶんめいろんのがいりゃく》』や，『学問のすすめ』を著《あらわ》したことで知られる，文久遣欧使節に参加したこの人物の名を答えなさい。

貧しい人が多くて町はさかえておらず，人々はかたくなで分別がなく，怠《なま》けていて，仕事に熱心ではない。法律も極めて厳《きび》しい。…カイロは数千年の旧都なので，あちこちに古跡《こせき》がある。しかし今は落ちぶれてしまって見る価値もない。

(『西航記《せいこうき》』より抜粋《ばっすい》)

(3) 19世紀のなかば以降には，人やものの移動だけではなく，情報の伝わり方も変わりました。この使節団派遣《はけん》から数年後の1869年に，東京と横浜の間で開業(設置)されたある情報伝達手段は，数年後には海外ともつながり，19世紀末には日本列島各地を結びました。情報がそれまでよりもはやく伝わるようになった，この通信手段を**漢字**で答えなさい。

問6 商品だけでなく，人もときには「労働力」として必要とされる場所へ移動します。

(1) 1950年代後半以降の高度経済成長期を支えたのは，集団就職《しゅうしょく》による労働力でした。特に集団就職で都市部に移動した若年《じゃくねん》労働力を，当時は何と呼んだでしょうか。**3文字**で答えなさい。

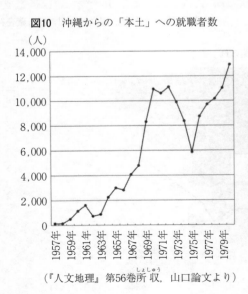

図10 沖縄からの「本土」への就職者数

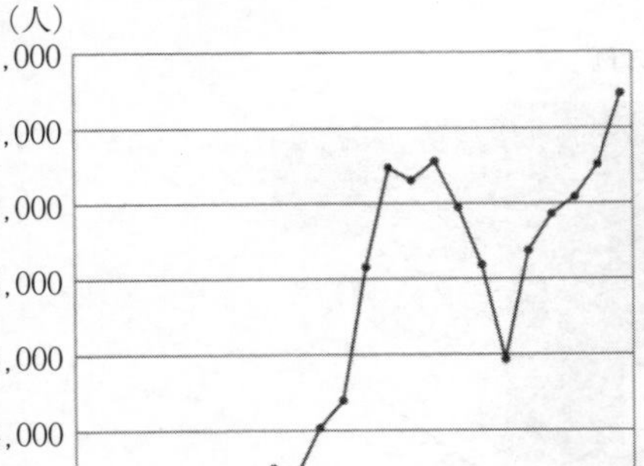

(『人文地理』第56巻所収《しょしゅう》，山口論文より)

図11

(『写真記録　沖縄戦後史　1945-1998』(改訂増補版《かいていぞうほばん》)より)

(2) 上の**図10**は沖縄から「本土」への就職者数の推移を示しています。**図11**のように，多くの若者たちが1960年代に集団就職として沖縄港から出航しました。彼らはパスポートを持って向かいましたが，それはなぜですか。

問7　港や空港は世界貿易の窓口であり，それぞれの港や空港における貿易の品目は，その地域で発達する工業と深く関連しています。**表2**は，千葉港，名古屋港，博多港，関西国際空港の4つの港と空港について，輸出額および輸入額の上位3位(2018年)までの品目とその割合(パーセント)を示したものです。

表2　主な港・空港の輸出および輸入品目とその割合(単位は%)

（ A ）

輸出品目	%	輸入品目	%
集積回路用品	15.0	医薬品	18.4
科学光学機器	7.8	通信機	17.1
電気回路用品	6.7	集積回路	6.0

（ B ）

輸出品目	%	輸入品目	%
自動車	25.0	液化ガス	8.5
自動車部品	17.5	衣類	7.1
金属加工機械	4.4	石油	6.7

（ C ）

輸出品目	%	輸入品目	%
集積回路	25.2	魚介類《ぎょかいるい》	7.4
自動車	23.2	衣類	5.6
タイヤ・チューブ	5.2	家具	5.3

（ D ）

輸出品目	%	輸入品目	%
石油製品	23.7	石油	56.9
鉄鋼	18.0	液化ガス	16.7
自動車	17.2	自動車	8.3

(『日本国勢図会《ずえ》 2019/20』より作成)

(1)　**表2**の**A**～**D**の港・空港の組み合わせとして適切なものを，下の**ア**～**カ**から1つ選びなさい。

ア　**A**：関西国際空港　**B**：名古屋港　**C**：博多港　**D**：千葉港
イ　**A**：関西国際空港　**B**：名古屋港　**C**：千葉港　**D**：博多港
ウ　**A**：関西国際空港　**B**：千葉港　**C**：博多港　**D**：名古屋港
エ　**A**：博多港　**B**：名古屋港　**C**：関西国際空港　**D**：千葉港
オ　**A**：博多港　**B**：千葉港　**C**：関西国際空港　**D**：名古屋港
カ　**A**：千葉港　**B**：博多港　**C**：関西国際空港　**D**：名古屋港

(2)　**表2**のうち，扱う貿易金額(輸出額と輸入額の合計)がもっとも高い港・空港を，**A**～**D**から1つ選びなさい。

(3)　**表2**のうち，輸入額の方が輸出額よりも多い港・空港が1カ所だけあります。**A**～**D**から1つ選びなさい。

問8　交通網の発展は人々のくらしに恩恵《おんけい》ばかりをもたらしたわけではありません。大阪国際空港の離着《りちゃく》経路の真下に住む住民が，飛行機の騒音《そうおん》や振動《しんどう》の被害《ひがい》を受けているとして，1969年に夜間飛行の禁止と損害賠償《ばいしょう》を請求《せいきゅう》する裁判を起こしました。

(1)　住民の訴《うった》えは，よりよい環境《かんきょう》に住む権利，すなわち環境権に結びついています。環境権は日本国憲法に直接明記はされていませんが，社会の変化を反映して主張されるようになった新しい人権のひとつです。環境権のように，新たに権利として主張されるようになったものを，下の**ア**～**エ**から**2**つ選びなさい。

ア　正社員が減りパートやアルバイトで働く人が増えたため，働く人が会社に対して団結する権利が主張されるようになった。

イ　インターネットでの情報発信が誰《だれ》でも容易にできるようになったため，顔写真や個人の情報を公開されない権利がより主張されるようになった。

ウ　人口が集中する東京から地方へ移住する人が増える中で，住むところや職業を自由に選べる権利が主張されるようになった。

エ　市民が行政に主体的に関わり適切な判断ができるように，行政機関がもつ情報の公開を求める権利が主張されるようになった。

(2)　裁判について述べた文として適切なものを，下の**ア〜エ**から**すべて**選びなさい。

ア　最高裁判所の長官は特別に重要な立場であるため，国会が指名する。

イ　未成年者が被告人《ひこくにん》である場合の裁判は，すべて簡易《かんい》裁判所でおこなわれる。

ウ　裁判所は，法律が憲法に反していないかを判断する役割をもっている。

エ　裁判官をやめさせるかどうかを判断する弾劾《だんがい》裁判所は，内閣が設置する。

問9　人の移動が感染症対策により制限されましたが，物流は日々止まることなく続いています。飲食店の営業にも制限が設けられましたが，宅配サービスやテイクアウトを利用することで，お店の味を楽しむことができています。一方で，ほしかった商品が届いた後のことも考える必要があります。例えば，包装《ほうそう》容器などのプラスチックごみの処理が問題になっています。

> 地球の表面の７割を占める海に，プラスチック片《へん》の流れが生まれている。魚介《ぎょかい》類が取り込み，それらを食べる人間の健康にも影響する懸念《けねん》が高まってきた。…ハワイ島にたどり着くごみの多くは数年から10年ほどかけて中国や日本，韓国《かんこく》などの東アジア諸国からやって来たものだと推定されている。
>
> （中略）
>
> (海辺の清掃《せいそう》を主宰《しゅさい》する団体の)ハワイ・ワイルドライフ基金は，ごみの発生地を調べることはしていない。(その理由をスタッフにたずねると)「プラスチック製品の原料，加工，流通が国境を越《こ》えてグローバル化している時代だ。特定の国の責任を問うことにあまり意味はない。私もプラスチック製品の消費者の一人だ」と答えた。

（朝日新聞2017年11月５日掲載《けいさい》の記事より一部抜粋・補足）

※海洋ごみの中で，近年国際的な注目を集めるようになったのが「マイクロプラスチック」と呼ばれるプラスチック片による海洋汚染《おせん》。プラスチックは，漂流《ひょうりゅう》するうちに紫外《しがい》線や風波などによって細片化されていく。プラスチックごみの例は，レジ袋《ぶくろ》・ペットボトル・食品用トレイ・漁具など。

(1)　このような地球規模の環境問題は，ある国だけが努力をすれば解決できるというものではありません。そのため，国際連合や各国の政府に加えて，上の新聞記事のような団体が協力してさまざまな取り組みを進めています。環境問題に限らず，貧困や紛争《ふんそう》解決などの問題に取り組んでいる非政府組織の略称《りゃくしょう》を，**アルファベット３文字**で答えなさい。

(2)　日本政府は，2019年の「プラスチック資源循環《じゅんかん》戦略」で，使い捨てプラスチックの排《はい》出《しゅつ》量を減らすなどの目標を掲《かか》げ，レジ袋有料化など具体的な取り組みをはじめています。海洋プラスチックごみの問題に対応し，また二酸化炭素の排出を伴うプラスチックごみの焼却《しょうきゃく》処理量を減らしていくためです。この他にも国際情勢の変化により，国内のプラスチックごみ(廃《はい》プラスチック)の削減《さくげん》を進める必要性がこの数年で生じていますが，その理由を下の説明文と**表３**を踏まえて説明しなさい。

家庭から出るペットボトルや包装容器などの廃プラスチックは，法律にもとづき収集・リサイクルされています。しかし，他のごみと混じったり，飲み残しや食べ残しで汚《よご》れたりしていると，リサイクルすることがむずかしくなります。日本では分別・洗浄《せんじょう》の費用が高く，廃プラスチックの一部は主に中国に輸出されてきました。中国は1990年代から急激な経済発展を続けたため，国内だけで製品の原料を賄《まかな》うことが困難となり，2000年以降日本や欧米《おうべい》諸国から廃プラスチックの輸入を増大させてきました。廃プラスチックをリサイクル資源として活用し，繊維製品などに加工して輸出していました。

その中国が，2017年に廃プラスチックの輸入を原則禁止にしました。廃プラスチックを処理する過程で汚水の垂れ流しや使えない部分の不法投棄《とうき》などの環境問題が発生し，分別・洗浄の費用削減のための劣悪な労働も問題視されるようになったからです。中国以外の廃プラスチックを受け入れている多くの国のリサイクル事情は，輸入禁止前の中国と同様です。

国際条約が改正され，2021年から汚れた廃プラスチックを輸出する際には相手国の同意が必要になりました。自由で迅速な物流は大切ですが，汚れた廃プラスチックに限らず，ものが移動した先で及《およ》ぼす影響についても考える必要があります。輸出する側は，相手国の同意があったとしても，(　　　　)ものを，国境を越えて移動させないなどの責任を担っていくことが，持続可能な社会を目指し，地球規模の問題を考えていくためには重要です。

表3　日本の廃プラスチック輸出量の推移(日本の主な輸出先，万トン)

		2016年	2017年	2018年	2019年	2020年
総輸出量		152.7	143.1	100.8	89.8	82.1
国名	中国	80.3	74.9	4.6	1.9	0.7
	マレーシア	3.3	7.5	22.0	26.2	26.1
	ベトナム	6.6	12.6	12.3	11.7	17.4

(日本貿易振興《しんこう》機構の資料より作成)

(3)　説明文を参考にして，文中の(　)にあてはまる内容を１つ答えなさい。

【理　科】　(40分)　〈満点：80点〉

1　次の(1)～(8)の問いに答えなさい。

(1)　植物では，根から茎《くき》を通ってきた水は，主に葉から水蒸気となって出ていきます。葉にある水蒸気が出ていくあなのことを気孔《きこう》といい，気孔を開閉することによって植物は蒸散量を調節しています。植物によって気孔の数にどのような違《ちが》いがあるのかを調べるため，リンゴ，トウモロコシ，ヒマワリ，マメの葉を顕微鏡《けんびきょう》で観察し，葉の表面1 mm^2 あたりの気孔の数を数えました。下の表は，その結果です。葉の上面と下面のそれぞれにおいて，気孔が一様に分布していると仮定したとき，葉1枚あたりの気孔の数が2番目に多いのはどれですか。次の**ア**～**エ**から1つ選び，記号で答えなさい。

植物名	葉の上面［個／mm^2］	葉の下面［個／mm^2］	葉1枚の表面積［cm^2］
ア．リンゴ	0	290	18
イ．トウモロコシ	52	68	800
ウ．ヒマワリ	175	325	36
エ．マメ	40	280	50

(2)　タンポポやナズナなどは，冬になっても枯《か》れずに，葉が地をはうような姿で，冬を越《こ》します。この姿をロゼットといいます。セイヨウタンポポのロゼットを次の**ア**～**エ**から1つ選び，記号で答えなさい。

ア　　**イ**　　**ウ**　　**エ**

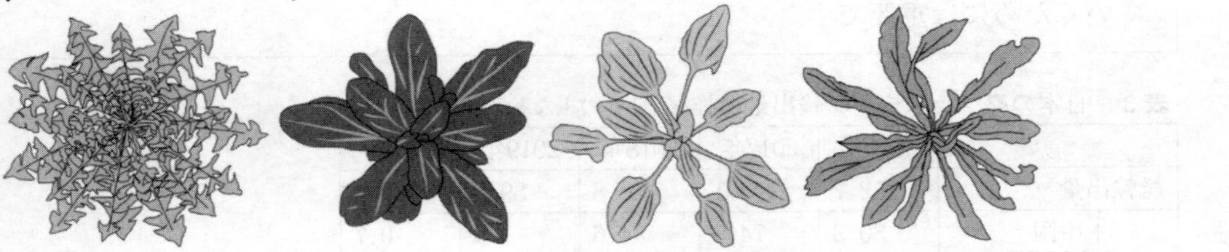

(3)　近年，毎年夏になると各地で大きな爪《つめ》あとを残す豪雨《ごうう》災害が起きています。その要因として考えられているのが「線状降水帯」と呼ばれるものです。線状降水帯は，水蒸気が連続的に供給され，発生する雲が風に流されて列状に連なり，同じ地域に雷をともなう強い雨を長時間降らせ，結果として雨が降った地域に大きな被害をもたらすものです。このようにはげしい雨を降らせる雲は何といいますか。正しいものを次の**ア**～**エ**から1つ選び，記号で答えなさい。

ア．巻雲　　**イ**．積乱雲　　**ウ**．積雲　　**エ**．高積雲

(4)　次の実験Ⅰおよび実験Ⅱを行いました。

実験Ⅰ：図1のように0℃の水が入ったビーカーの水面の位置に油性ペンで線を引いて印をつけた。この水をゆっくりと冷やした。すべて氷になったとき，氷の上面の位置がどうなるかを観察した。

実験Ⅱ：図2のように0℃の水に0℃の氷が浮かんでいるビーカーの水面の位置に油性ペンで線を引いて印をつけた。氷がすべてとけたとき，水面の位置がどうなるかを観察した。

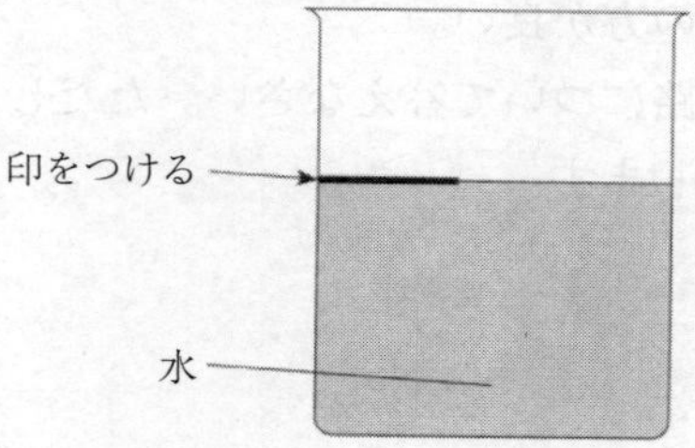

図1

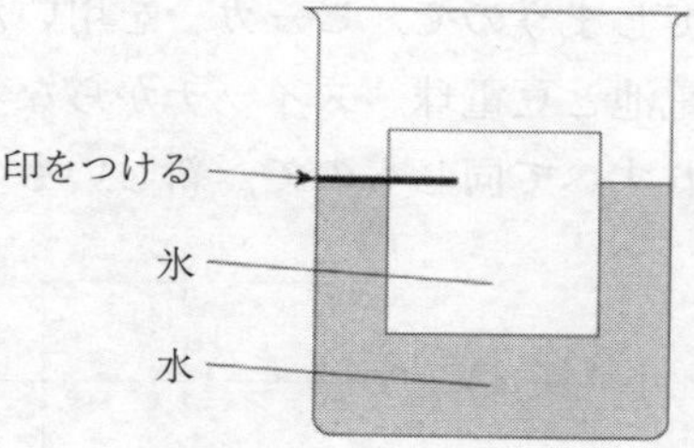

図2

実験Ⅰおよび実験Ⅱの結果として，それぞれ正しいものを次の**ア**～**ウ**から１つずつ選び，記号で答えなさい。同じ記号を２回使っても構いません。

ア．線より上になる　**イ**．線より下になる　**ウ**．変わらない

(5)　アルコール温度計の内部(液溜《えきだ》まりの「球部」と温度表示部の毛細管からなる「液柱」)には，着色したアルコールが封入《ふうにゅう》されていて，温度によるアルコールの体積変化を利用して温度を示す仕組みになっています。また，アルコール温度計で液体の温度をはかる時は，温度計内のアルコールがのぼったところまで液体中に入れてはかるのが正しいとされています(図３)。

液体の温度のはかり方

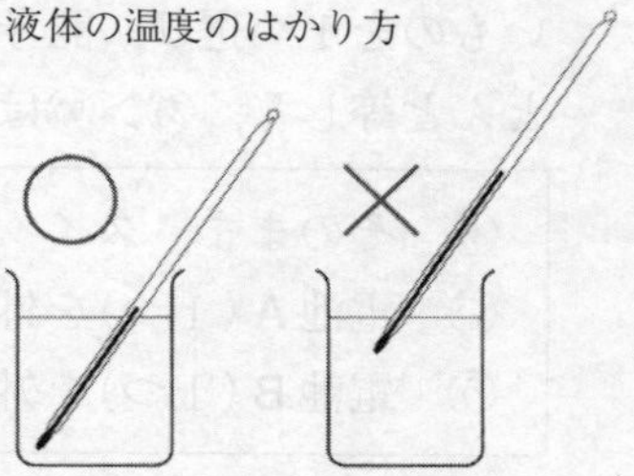

図３

沸騰《ふっとう》水の温度のはかり方として，正しいと考えられるのは，図４の**A**，**B**のどちらですか。その理由を含め，最も正しいと思われるものを次の**ア**～**カ**から１つ選び，記号で答えなさい。

沸騰水の温度のはかり方

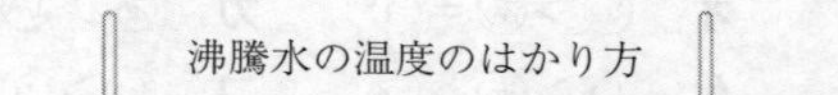

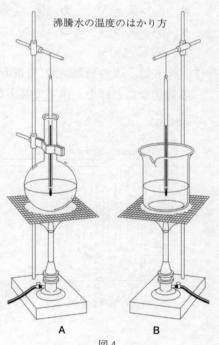

図４

ア．温度計の目盛りは，球部と液柱部分が同じ温度のときに正しい温度を示すようにきざまれている。液柱が水蒸気の中にある状態になる方が良いので，口の部分まで水蒸気で満たされるフラスコを用いた**A**の方が良い。

イ．温度計の目盛りは，球部の温度によって正しい温度を示すようにきざまれている。液柱の周りのガラス管部分が水蒸気の中にない方が良いので，ビーカーを用いた**B**の方が良い。

ウ．温度計の目盛りは，球部の温度によって正しい温度を示すようにきざまれている。水面付近の蒸発の影響を受けにくくするため，フラスコを用いた**A**の方が良い。

エ．温度計の目盛りは，球部と液柱部分が同じ温度のときに正しい温度を示すようにきざまれている。液柱の周りのガラス管部分が高温の水蒸気の中にない方が良いので，ビーカーを用いた**B**の方が良い。

オ．ビーカーを用いると，水面付近の蒸発の影響により，ビーカー内の水温が低めになってしまうので，フラスコを用いた**A**の方が良い。

カ．フラスコを用いると，口の部分まで高温の水蒸気で満たされるため，フラスコ内部の水温

も高めになってしまうので，ビーカーを用いた**B**の方が良い。

(6)　図5のような電池と豆電球，スイッチからなる回路について答えなさい。ただし，電池と豆電球は，それぞれすべて同じもので，新しいものとします。

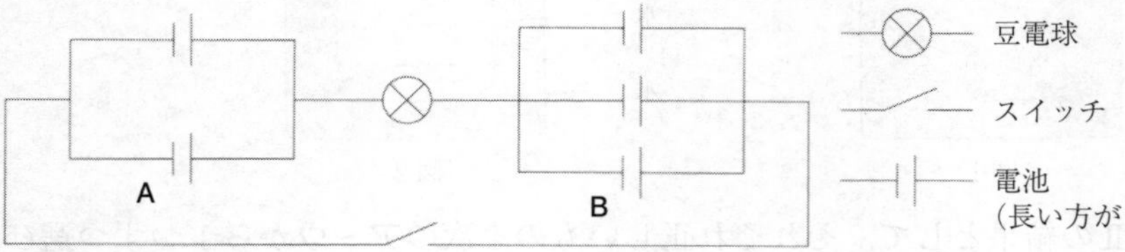

図5

次のあ⃝～う⃝について，豆電球の明るさを比べると，どうなりますか。あとの**ア**～**ス**から正しいものを1つ選び，記号で答えなさい。ただし，あ⃝＝い⃝は，あ⃝のときとい⃝のときで明るさがほとんど等しく，あ⃝＞い⃝は，あ⃝のときの方がい⃝のときより明るいことを表します。

あ⃝　そのまま，スイッチを閉じたとき い⃝　電池**A**(1つ)を外して，スイッチを閉じたとき う⃝　電池**B**(1つ)を外して，スイッチを閉じたとき

ア．あ⃝＝い⃝＞う⃝　**イ**．あ⃝＝う⃝＞い⃝　**ウ**．い⃝＝う⃝＞あ⃝　**エ**．う⃝＞あ⃝＝い⃝
オ．い⃝＞あ⃝＝う⃝　**カ**．あ⃝＞い⃝＝う⃝　**キ**．あ⃝＞い⃝＞う⃝　**ク**．あ⃝＞う⃝＞い⃝
ケ．い⃝＞あ⃝＞う⃝　**コ**．い⃝＞う⃝＞あ⃝　**サ**．う⃝＞あ⃝＞い⃝　**シ**．う⃝＞い⃝＞あ⃝
ス．あ⃝＝い⃝＝う⃝

(7)　図6は，火力発電施設(発電所)のイメージです。あとの文章の空らん(①)～(③)にあてはまる適切なことばを，漢字で答えなさい。

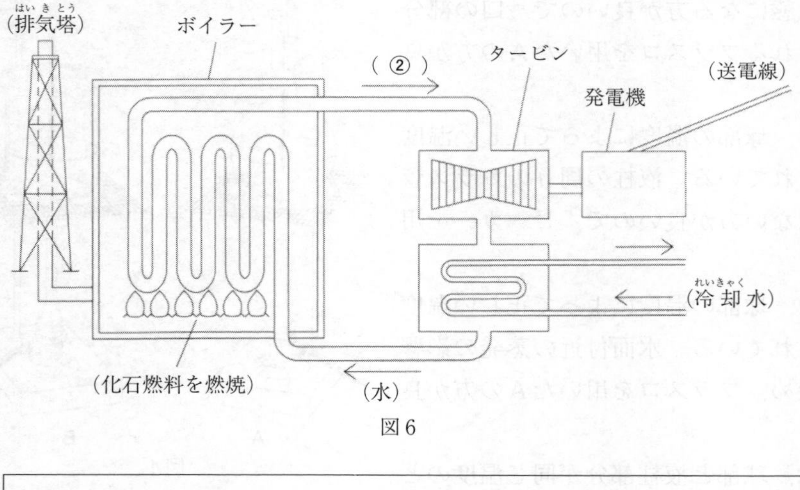

図6

火力発電施設では，石油や石炭，天然ガスなどの化石燃料を燃焼させて生じた(①)によって，ボイラーで高温・高圧の(②)を発生させる。これを導き，その勢いによって，発電機につながったタービンを(③)させている。 なお，化石燃料の燃焼にともなって温室効果ガスが発生すること，資源としての化石燃料の枯渇《こかつ》が危惧《きぐ》されることなどにより，日本でも，火力発電以外の発電方式の研究・開発

と実用化が進められている一方，2011年３月11日に発生した東北地方太平洋沖地震に伴う福島第一原子力発電所事故による災害の発生もあり，国内の電力供給に関する今後のあり方については，現在に至るまで，多くの課題・議論が存在する。

(8)　小惑星《しょうわくせい》探査機「はやぶさ２」から切り離されたカプセルが，2020年12月６日に地球に帰還《きかん》しました。「はやぶさ２」が試料を採取した小惑星の名前は何ですか。正しいものを次の**ア**～**エ**から１つ選び，記号で答えなさい。

ア．スサノオ　　**イ**．イトカワ　　**ウ**．ユカワ　　**エ**．リュウグウ

2　駒太郎《こまたろう》君はムラサキイモとパンケーキが好きなので，市販《しはん》のホットケーキミックスにムラサキイモパウダーをまぜてパンケーキを作りました。ところが，完成したパンケーキはむらさき色ではなく緑色になってしまいました。不思議に思った駒太郎君は高校生のお兄さんに理由を聞いてみたところ，それはベーキングパウダーに含まれる「重《じゅう》そう（炭酸水素ナトリウム）」が原因でムラサキイモの色が変化したからだと言われました。お兄さんによると，ムラサキイモに含まれる成分の色は中性付近でむらさき色をしていますが，そこから酸性で赤むらさき色になり酸性が強くなると赤色に変化します。またアルカリ性で緑色，さらにアルカリ性が強くなると黄色に変化するそうです。

(1)　ムラサキイモパウダーの注意書きを見ると，ベーキングパウダーを含むものに使用するときは調理前にレモン汁《じる》を加えるように注意書きがありました。そこで，この緑色のパンケーキにレモン汁をかけてみました。パンケーキの色はどうなりますか。次の**ア**～**オ**から１つ選び，記号で答えなさい。

ア．変化しない　　**イ**．黄色　　**ウ**．白色　　**エ**．赤むらさき色　　**オ**．黒色

(2)　(1)でパンケーキの色が緑色から別の色へ変わったことと同じ理由でおきた変化として正しいものを次の**ア**～**オ**からすべて選び，記号で答えなさい。

ア．水酸化ナトリウム水溶液《すいようえき》にBTB溶液を加えて青色にしたものに，塩酸を加えたら赤色に変化した。

イ．塩酸にBTB溶液を加えて青色にしたものに，水酸化ナトリウム水溶液を加えたら黄色に変化した。

ウ．水酸化ナトリウム水溶液にBTB溶液を加えて青色にしたものに，塩酸を加えたら黄色に変化した。

エ．赤リトマス紙にアンモニア水をかけたら青くなった。

オ．青リトマス紙に炭酸水をかけたら赤くなった。

(3)　重そうは加熱すると炭酸ナトリウムという別なものに変化し，同時に気体が発生するので，重そうを加えて加熱することでパンケーキを膨《ふく》らませることができます。その気体は石灰水《せっかいすい》を白くにごらせることが知られています。この気体の名称《めいしょう》を答えなさい。

(4)　このパンケーキは加熱してから緑色になりました。加熱後に緑色になった理由として適切なものを次の**ア**～**カ**から１つ選び，記号で答えなさい。

ア．発生した気体が水に溶《と》けて酸性を示すから。

イ．発生した気体が水に溶けてアルカリ性を示すから。

ウ．発生した気体が水に溶けて中性を示すから。

エ．炭酸ナトリウムが水に溶けると，重そうが水に溶けたときよりも強い酸性を示すから。

オ．炭酸ナトリウムが水に溶けると，重そうが水に溶けたときよりも強いアルカリ性を示すから。

カ．炭酸ナトリウムが水に溶けると，中性を示すから。

重そうについて図書館に行って調べたところ，見つけた資料に25℃の水100 g に対し約10 g まで溶けるとありました。

(5) 25℃で重そうが限界まで溶けている水溶液が200 g あります。この水溶液中には重そうは何 g 溶けていますか。整数で答えなさい。

駒太郎君は，本当に25℃の水100 g に対し重そう約10 g が溶ける限界なのか確かめてみようと考えて，次の実験をしました。

実験操作

① 重そう10 g と水100 g をビーカーに入れてかき混ぜた。なお，ここから先の操作では常に水溶液の温度を測定しながら実験を行った。

② まだ重そうが溶け切っていなかったのでビーカーをガスバーナーで温めながら水溶液をガラス棒でかき混ぜた。

③ 固体が溶け切ったので，水溶液をガラス棒でかき混ぜながらビーカーを氷水で冷やした。

実験結果

・②の操作のとき水溶液の温度は70℃付近まで上がっていた。また，このとき気泡《きほう》が発生しているのが見えた。

・水溶液を10℃まで冷やしたが，固体は出てこなかった。

(6) 実験では，25℃を下回ったときに溶け切れなくなった固体が出てくると考えていましたが，実際には何も出てきませんでした。その原因を簡潔に説明しなさい。

重そうについていろいろ調べていると，お父さんから重そうは一部の胃薬にも入っていると聞きました。

(7) 胃薬の中の重そうのはたらきについて説明している文章として，最も適切なものを次の**ア**～**オ**から１つ選び，記号で答えなさい。

ア．重そうには，胃壁《いへき》のキズを回復させる効果がある。

イ．重そうには，薬の苦みをおさえる効果がある。

ウ．重そうには，胃の中の汚《よご》れを落とす効果がある。

エ．重そうには，薬の副作用をおさえる効果がある。

オ．重そうには，胃液のはたらきを弱める効果がある。

3 水の中で生活している生きものは水生生物と呼ばれています。水生生物は主な生活場所によって，図１のように大きく４つに区分され，水の中をただよって生活しているものをプランクトン(浮遊《ふゆう》生物)，水面上もしくは水面直下で浮《う》かんで生活しているものをニューストン(水表生物)，水の中を泳いで生活しているものをネクトン(遊泳生物)，砂やどろ，岩などの水底の表面やその中で生活しているものをベントス(底生生物)と呼んでいます。

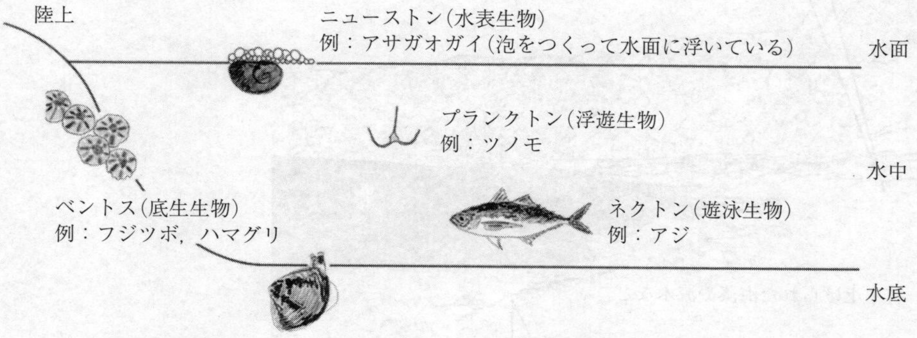

図１．水生生物の区分(図中の生きものは，実際の大きさとは異なります)

(1) ミジンコは，池や沼《ぬま》，水田などでみられる代表的なプランクトンです。ミジンコが食べているプランクトンを次の**ア**～**オ**からすべて選び，記号で答えなさい。

ア．ゲンゴロウ　　**イ**．クンショウモ　　**ウ**．ミドリムシ

エ．イトミミズ　　**オ**．ワラジムシ

(2) 生きものどうしは，「食べる」「食べられる」という関係で，１本の鎖《くさり》のようにつながっています。このようなつながりのことをなんといいますか。

(3) 池や沼，水田などでみられるニューストンを次の**ア**～**カ**からすべて選び，記号で答えなさい。

ア．アメンボ　　**イ**．ドジョウ　　**ウ**．アメリカザリガニ

エ．イネ　　**オ**．ツユクサ　　**カ**．ウキクサ

(4) ハマダンゴムシは，砂浜海岸でみられる生きものです。昼は砂の中にもぐっていますが，夜になると砂の中から出てきます。ハマダンゴムシの幼体は，ときおり打ち上げる波に乗って波乗り行動を行うことが知られています。ハマダンゴムシの幼体が波乗り行動をすることで得られる利点を述べなさい。なお，図２で示すように，ハマダンゴムシの幼体は，成体よりも波打ち際《ぎわ》に近い砂の中で多くみられます。

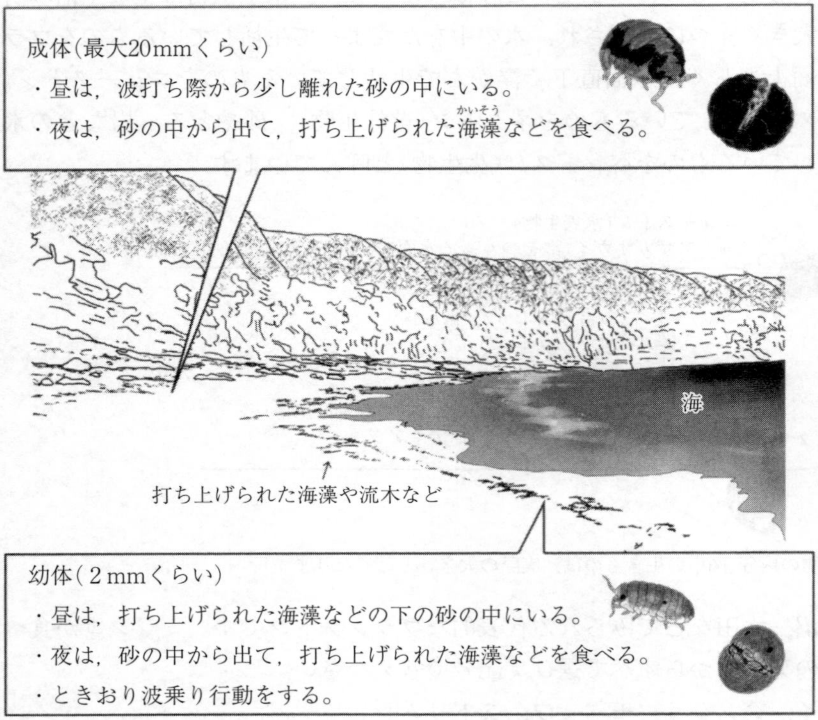
成体(最大20mmくらい)
・昼は，波打ち際から少し離れた砂の中にいる。
・夜は，砂の中から出て，打ち上げられた海藻《かいそう》などを食べる。
海
打ち上げられた海藻や流木など
幼体(２mmくらい)
・昼は，打ち上げられた海藻などの下の砂の中にいる。
・夜は，砂の中から出て，打ち上げられた海藻などを食べる。
・ときおり波乗り行動をする。

図２

(5)　アジやイワシなどの魚は代表的なネクトンです。海でみられる背骨のあるネクトンを次の**ア**～**カ**からすべて選び，記号で答えなさい。

ア．スルメイカ　　**イ**．アカウミガメ　　**ウ**．ザトウクジラ

エ．シャチ　　**オ**．ミズクラゲ　　**カ**．イセエビ

2016年，ダボス会議で知られる世界経済フォーラムが，世界の海にただようプラスチックごみの量が今後も増え続け，2050年までに魚の量を超《こ》えると予測する報告書を発表しました。海のプラスチック汚染は年々深刻化しています。特に，プラスチックが小さく砕《くだ》けて５mm以下になったマイクロプラスチックの汚染は，世界的な環境問題として認識されています。現在，海洋におけるプラスチック汚染が，水生生物にどのような影響をあたえるのか，様々な調査が行われています。

(6)　魚が食べたものは，人と同じように，口から食道，胃，腸へと運ばれながら，消化されます。腸から養分として吸収されなかったものが，肛門《こうもん》からふんとして体外に出されます。近年，魚の消化管内からマイクロプラスチックが検出される報告が増えています。魚がプラスチックを誤って直接食べる(飲む)以外に，魚の消化管内にプラスチックが入ってしまうのはどのようなときですか。簡潔に述べなさい。

(7)　水深200m以上の深海では，多くの生きものがくらしています。深海でくらしているベントスの中で，知っている生きものの名前を１つ答えなさい。

(8)　最近，太平洋の水深6,000m付近の海底において大量のプラスチックごみが発見されたことがニュースになりました。見つかったごみの大部分(８割以上)は，ポリ袋や食品包装などの「使い捨てプラスチック(ポリエチレン)」でした。また，“昭和59年製造”と記されたむかしの

食品包装がほとんどそのまま見つかっていて，深海ではプラスチックがほとんど変化しないこともわかりました。海水に浮くはずのプラスチックごみが深海にまで達した理由を述べなさい。

4 川が形成される前の山に広く露出《ろしゅつ》した岩石の平たん部があるとします。そこは川の上流域になると考えられますが，雨が降ればその表面を水が流れ，晴れれば直射日光に照らされるということが長い年月くり返されることになります。

(1) 岩石の表面を流れる水が，その通り道をつくり，長い時間をかけて川が形成されていったと考えられます。このとき，流れる水が岩石の表面をけずる作用を何といいますか。

川の上流では，流れる水のはたらきだけでなく，岩石がもろくなる現象も起きています。

(2) 山に露出した岩石が花こう岩でできているとします。花こう岩は，図1のように石英，長石，黒雲母《うんも》という鉱物が集まってできています。図1(a)は花こう岩表面の写真で，図1(b)はその写真をイラスト化したものです。鉱物は温度が上がると体積が増え，温度が下がると体積が減りますが，鉱物によってそれぞれ体積の変化の大きさが異なっています。川の上流部となる山は寒暖差が大きいことをふまえ，図1を参考にして岩石がもろくなる原因について説明しなさい。

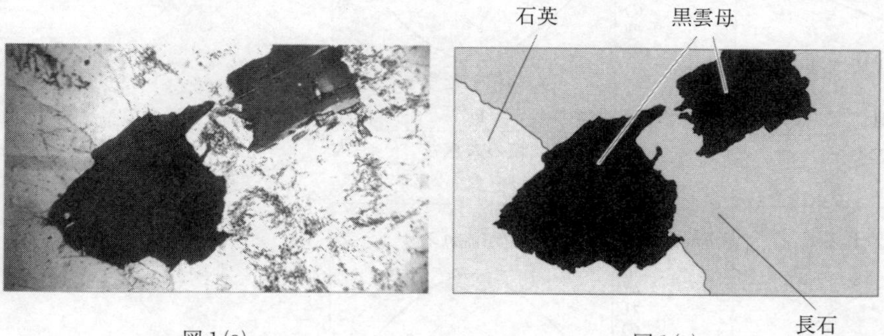

図1(a)　図1(b)

川原にある石などは，様々な大きさや形があり場所によっても異なります。

(3) 川原にある石などの特徴《とくちょう》について説明した次の文章において，空らん(①)～(④)にあてはまる適切なことばを答えなさい。

> 川にころがっている石は，川の上流では形状が(①)いて，大きさが(②)な石が多くあります。扇状地《せんじょうち》となっている川の中流では，形状が(③)いて，大きさが(④)な石が目立ちます。

水の流れによって動き出す粒《つぶ》の大きさは，水の流れの速さと関係があります。この関係を調べるために，次のような実験を行いました。

水の流れの速さを調節できる特殊《とくしゅ》な水路を用意し，上流と下流を板でせき止めて水を貯《た》め，流れを止めておきます。図2のように板の上にどろ，砂，れきを並べてのせ，これらの粒を霧《きり》吹《ふ》きで十分に湿《しめ》らせてから，水路に貯めた水に静かに沈《しず》めたところ，粒は板の上にのったまま動きませんでした。せき止めていた板をはずし，水路の水を流し始め，徐々に水の流れの速さを大きくしていきました。

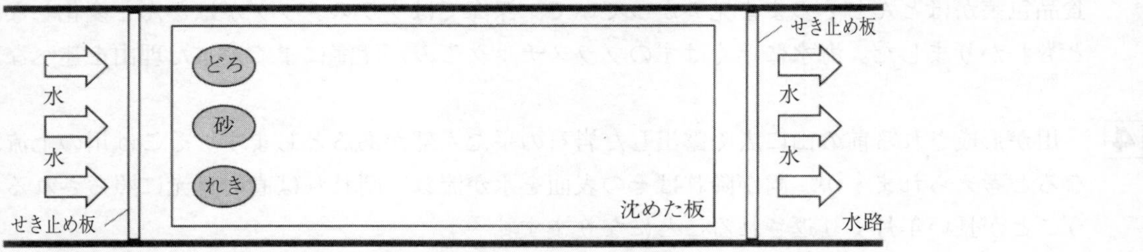

図２　(水路を上から見た図)

(4)　水の流れがある速さより大きくなると砂は動き出しましたが，どろやれきは動き出しませんでした。さらに速さを大きくしていくと，しばらくしてどろとれきも動き出しました。この結果から予想される，粒の大きさに対して，粒が流れ出す水の速さを表すグラフ(縦軸《たてじく》が水の流れの速さ，横軸が粒の大きさ)はどれですか。次の**ア**～**エ**から１つ選び，記号で答えなさい。

ア

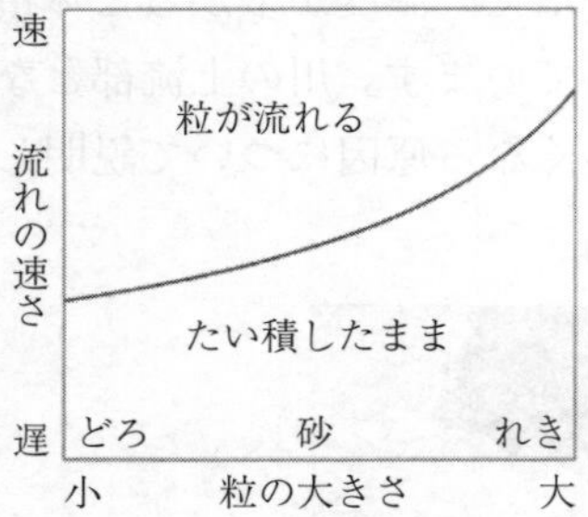

イ

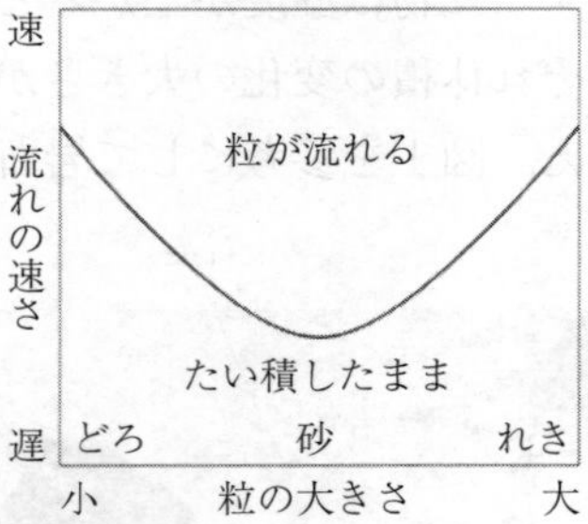

ウ

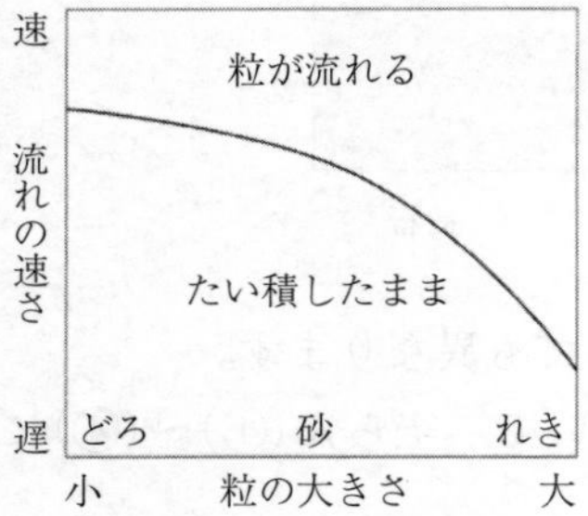

エ

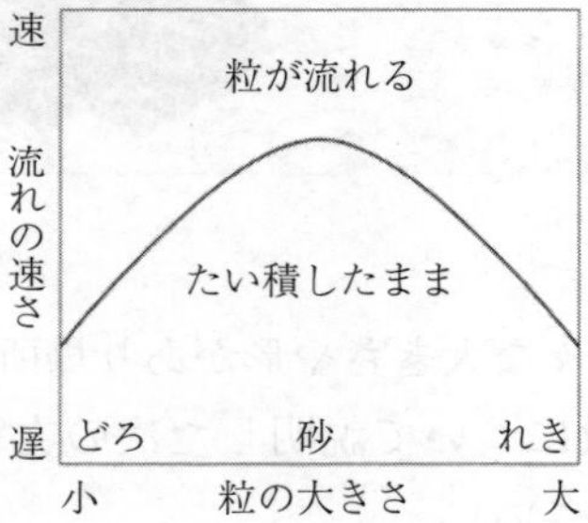

川が山地から平野部に流れ込んだところに扇状地ができます。ここでは，通常は水がゆっくり流れ，降雨などがあったときには激しい流れとなり，これがくり返されることになります。

(5)　図３のように，川の流れが曲がったところの断面 **c**－**d** は，まっすぐ流れているところの断面 **a**－**b** に対してどのように異なりますか。下のまっすぐ流れているところの断面 **a**－**b** の例にならって，その違いが分かるように，解答用紙の解答らんに図示しなさい。

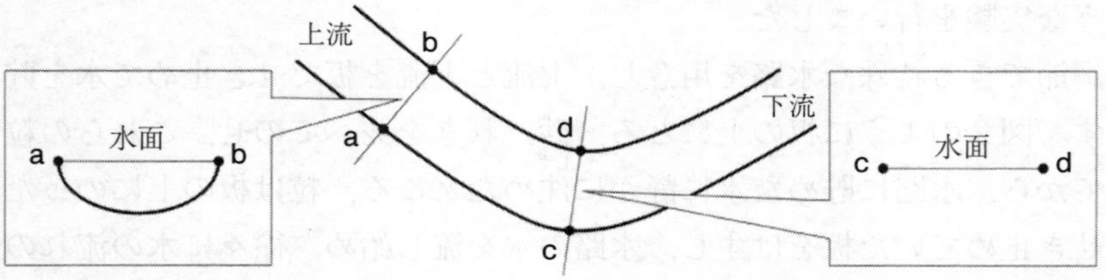

図３

(6)　下図で，川の流路(上が上流で，下が下流だとします)は，時間経過とともにⅠからⅡへと変化していきました。途中，どのように変化していくと考えられますか。次の図の空らんに，あとのア～エを時間経過の順に並べ直して，あてはめなさい。なお，解答は解答用紙の解答らんに記号で答えなさい。

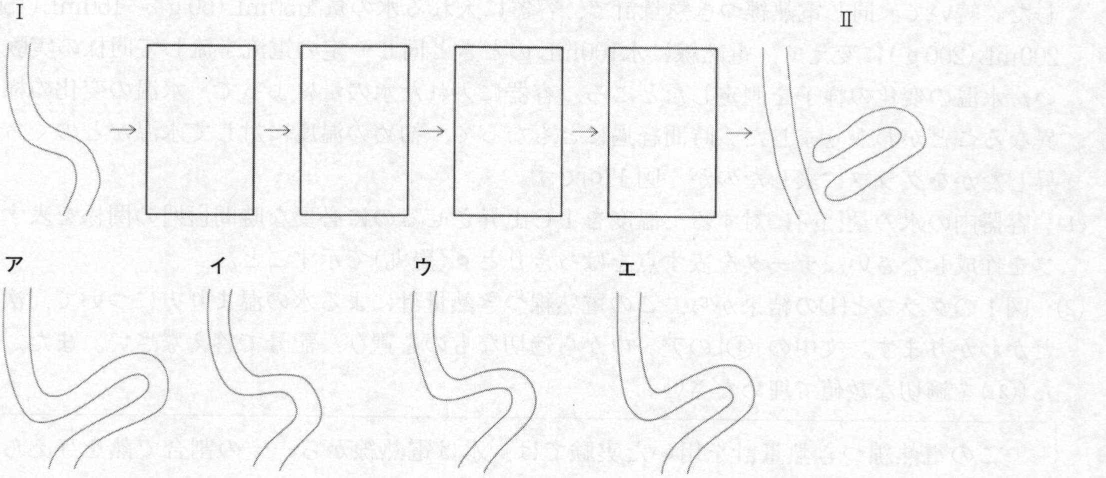

5

「電熱線つき熱量計」という実験器具を用いて，物の温まり方について調べる実験を行いました。この実験器具は，「熱」が内部から外部に漏れないように，断熱容器になっていて，内部に取り付けられた電熱線に一定の電流を流すことで，電熱線において一定の割合で発生した熱を容器内部の液体に与えて温めることができます。

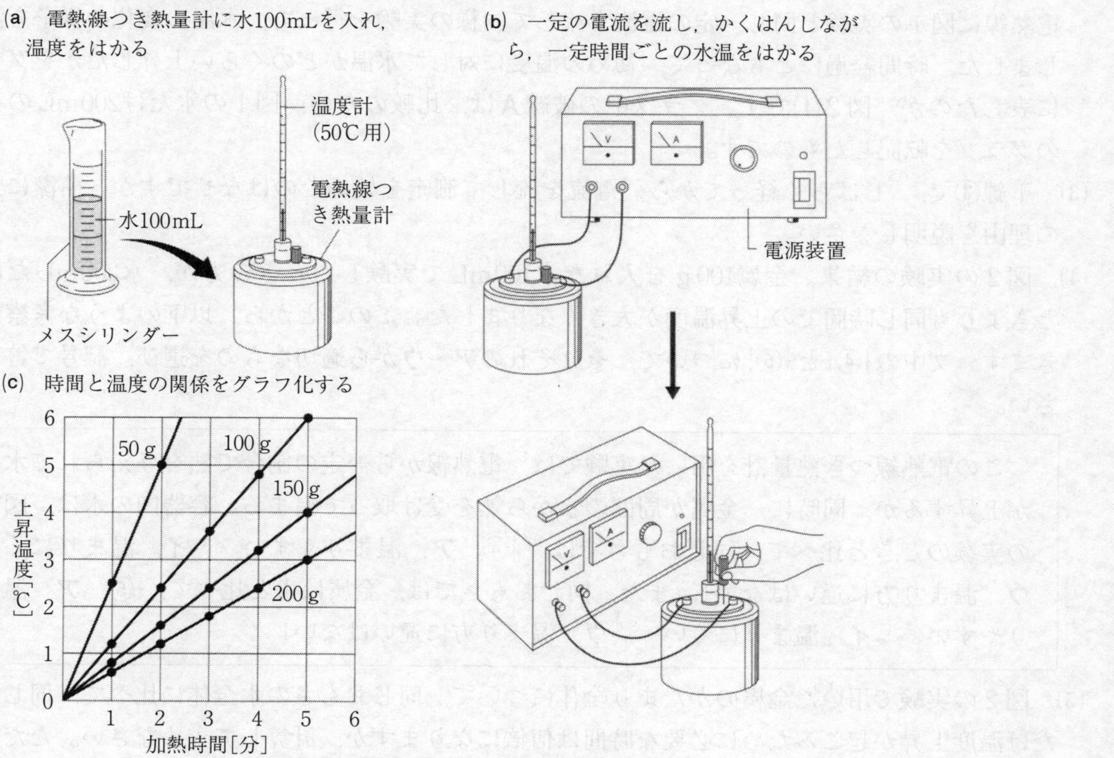

図1 （東京書籍／新観察・実験大事典[物理編]②／一部改）

まず，容器に「水」を入れて，実験しました。最初，図1(a)，(b)のように，容器に，メスシリンダーで量り取った水100mL(100g)を入れ，電熱線に電流を流し始めてから1分ごとに容器内の水の温度を測定したところ，時間の経過とともに，水温が上昇《じょうしょう》する様子が測定されました。続いて，同じ電熱線つき熱量計で，容器に入れる水の量を50mL(50g)，150mL(150g)，200mL(200g)に変えて，電熱線に水100mLのときと同じ一定の電流を流して同様の実験を行い，水温の変化の様子を測定したところ，容器に入れた水の量によって，水温の変化の様子が異なることがわかりました。時間経過にともなって，初めの温度に対して水温がどのくらい上昇したかをグラフに表したのが，図1(**c**)です。

(1)　容器内の水の量[g]に対する，温度を1℃上昇させるのに必要な時間[秒]の関係を表すグラフを作成しなさい。データを表す点をはっきりと●(黒丸)で示すこと。

(2)　図1のグラフと(1)の結果から，この電熱線つき熱量計による水の温まり方について，次のことがわかります。文中の{①}の**ア**～**ウ**から適切なものを選び，記号で答えなさい。また，空らん(②)を適切な数値で埋《う》めなさい。

> この電熱線つき熱量計を用いた実験では，水は電熱線から一定の割合で熱を与えられて水温が上昇するので，水の温まり方は，{①　**ア**．水の量が多いほど温まりやすい　**イ**．水の量が少ないほど温まりやすい　**ウ**．水の量に関係なく温まる}。またこのとき，水10g当たり(　②　)秒で1℃の水温上昇が起こる。

次に，図2(**d**)，(**e**)のように，同じ電熱線つき熱量計に，水100mL(100g)と精密ばかり(電子てんびん)で重さを量った重さ100gの実験用の金属(かたまり)を入れ，③しばらく経《た》ってから，電熱線に図1の実験と同じ一定の電流を流して同様の実験を行って，水温の変化の様子を測定しました。時間経過にともなって，初めの温度に対して水温がどのくらい上昇したかをグラフに表したのが，図2(**f**)です。グラフ中の破線**A**は，比較《ひかく》のため，図1の水だけ200mLのときのグラフを転記したものです。

(3)　下線③で，「しばらく経ってから」電流を流して測定を始めたのはなぜですか。簡潔に，その理由を説明しなさい。

(4)　図2の実験の結果，金属100gを入れた水100mLで実験したときの方が，水200mLだけのときよりも同じ時間での上昇温度が大きくなりました。このことから，以下のような考察ができます。文中の{④}と{⑤}について，それぞれの**ア**～**ウ**から適切なものを選び，記号で答えなさい。

> この電熱線つき熱量計を用いた実験では，電熱線から一定の割合で熱を与えられて水温が上昇するが，同時に，金属が周囲の水から熱を受け取って温まる。容器内の水は，図1の実験のときと比べて，同じおもさでは，{④　**ア**．温まりやすい　**イ**．温まりにくい　**ウ**．温まり方に違いはない}。また，同じおもさでは，金属は水と比べて，{⑤　**ア**．温まりやすい　**イ**．温まりにくい　**ウ**．温まり方に違いはない}。

(5)　図2の実験で用いた金属のかたまり全体について，同じおもさの水全体に比べて，同じ温度だけ温度上昇が起こるために必要な時間は何倍になりますか，計算して求めなさい。ただし，結果の数値は，小数第1位までの小数で表しなさい。

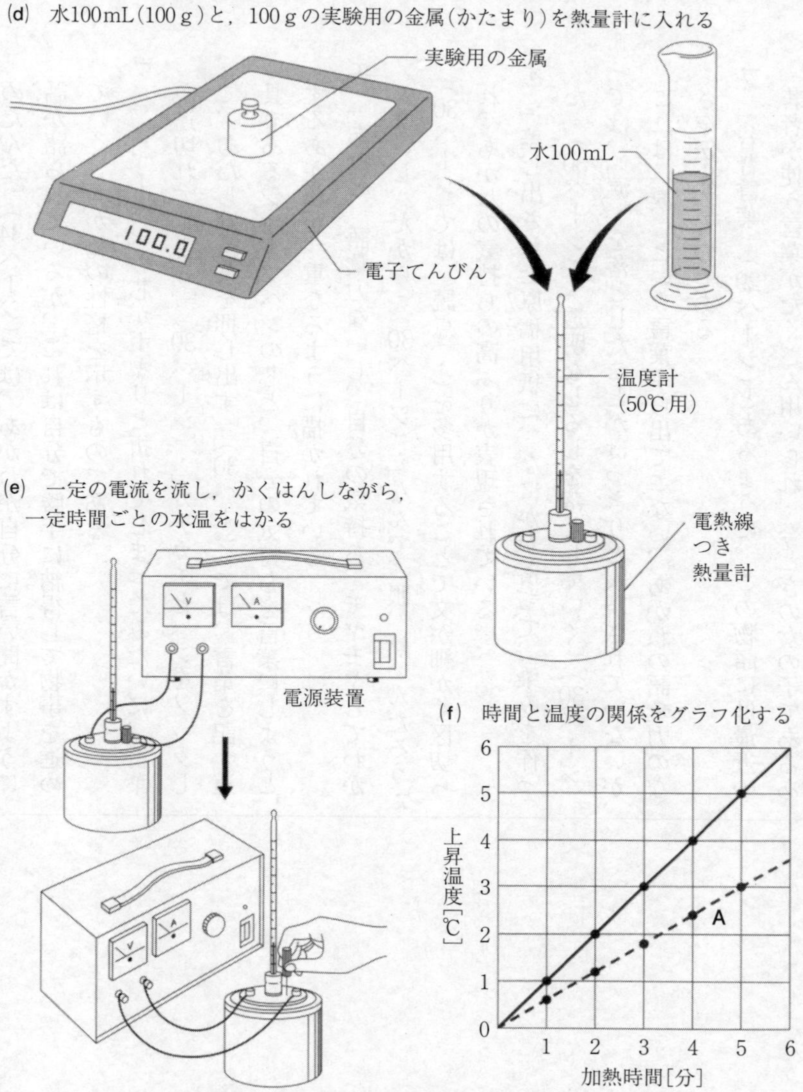

図2 (東京書籍／新観察・実験大事典[物理編]②／一部改)

う、ちょっと信じらんないかもしれないけど、本、最後まで読めたんだ」（34ページ）では、あかねが自分に言い聞かすように話が語られているが、これは自分で勝手に納得《なっとく》して物事を進めていく、あかねの性格を示すものである。

ウ　「シャーペンの芯《しん》がポキリと折れてしまったみたいに、言葉が途切《とぎ》れてしまう」（30ページ）・「カチカチとペンをノックして、あたしは言葉を押《お》し出《だ》す」（30ページ）では、言葉を記す道具であるシャープペンの芯と、自分の気持ちを言葉にしようとするあかねが、重なるように描《えが》かれている。

エ　「あたし、語彙力《ごいりょく》ないし、自分の気持ち、モヤモヤしてわかんないし、だから」（30ページ）・「なんで、眼、熱いんだろう」（30ページ）では、読点（、）を多用することで文が細かく区切れ、あかねの気持ちの高ぶりが表現されている。

オ　「差し出された原稿《げんこう》用紙に、なにかが落ちて、染《し》みを作った」（30ページ）・「透明《とうめい》なしるしを落としていく」（30ページ）では、「涙《なみだ》」を落としたことがはっきりと表現されていないが、これは「涙」という言葉すら出てこない、あかねの語彙力のなさを伝えるものである。

カ　「若者言葉」（29ページ）とあるように、この物語には最近の若者が使う言葉がたくさん用いられ、今どきの女の子であるあかねの視点で話が語られている。

イ　三崎さんが教室に入ってきたところをみんなで嗤《わら》っていたのに、気がつくとあかねは三崎さんではなく、自分のことを見つめていたから。

ウ　さっきまで仲良く話をしていたのに、三崎さんのことをみんなで嗤っているうちに、あかねがいつの間にか不機嫌《ふきげん》そうな態度を取っていたから。

エ　いつもならみんなと一緒《いっしょ》に三崎さんのことを嗤うのに、今日のあかねは、みんなの態度を非難するような眼《め》で周りのことを見ていたから。

オ　三崎さんのことをみんなで嗤って、あらためて本の話をしようと思ったのに、あかねが本について何を話すか思《おも》い詰《つ》めている様子だったから。

問8　——線部⑥「ここで□しないとね」(33ページ)とありますが、□に当てはまる最も適切な言葉を、次の中から選び、記号で答えなさい。

ア　相談　イ　懇談《こんだん》　ウ　対談

エ　密談　オ　雑談

問9　——線部⑦「『もしかして、あたし、騙《だま》された?』『ふふふ』先生はいたずらっぽく笑う」(31ページ)とありますが、しおり先生はあかねを「騙」して、どのようなことをさせたのですか。三十字から四十字で答えなさい。

問10　——線部⑧「読書感想文」(31ページ)に取り組むことで、しおり先生はどういうことができるようになると考えていますか。その説明として最も適切なものを次の中から選び、記号で答えなさい。

ア　本の登場人物の気持ちを考えることで、他人の気持ちが正確に読み取れるようになり、相手を理解して親交を深められるようになる。

イ　自分の中にあるあいまいな気持ちを整理していくことで、自分の思いをうまく表現できるようになり、思い通りに相手を動かせるようになる。

ウ　自分の中に潜《ひそ》んでいるすてきな言葉や感情に出会い、それを作品として公《おおやけ》にすることで、他人に対して影響《えいきょう》を与《あた》えられるようになる。

エ　うまく説明できない自分の気持ちを整理することで、自分のことがわかるようになり、その気持ちを他人に伝えられるようになる。

オ　本の登場人物に感情移入するなかで、他人の境遇《きょうぐう》や考えがわかるようになり、人間的に成長して他人に認められるようになる。

問11　——線部⑨「あかねちゃん、最後の短編、だめだったかぁ」(30ページ)とありますが、あかねが「最後の短編」を気に入らなかったのはなぜですか。五十字以内で答えなさい。

問12　——線部⑩「あのね、お母さん、あたしね……」(29ページ)とありますが、あかねがここでお母さんに話をしようと思ったのはなぜですか。本文全体をふまえて、百十字から百三十字で答えなさい。

問13　……線部の表現について述べたものとして**誤っているもの**を次の中から**二つ**選び、記号で答えなさい。

ア　「ジジツトリック?」(35ページ)・「ホンマッテントー」(31ページ)のように、言葉をカタカナで表記することで、これらの言葉があかねにはあまりなじみのないものであり、聞きかじった言葉をあかねが使っている様子を表している。

イ　「まぁ、ないなぁ、って思っちゃうけれど」(36ページ)・「そ

ア あきれてしまった
イ 疲《つか》れてしまった
ウ 困ってしまった
エ しらけてしまった
オ 照れてしまった

C 「かまえて」（31ページ）
ア 準備して　イ 悩《なや》んで
ウ 集中して　エ 興奮して
オ 緊張《きんちょう》して

問3 ――線部①「アイルーの返信はそっけないものだった」（36ページ）とありますが、あかねが「アイルーの返信」を「そっけない」と感じたのはなぜですか。六十字以内で答えなさい。

問4 ――線部②「リビングで観《み》るには、あそこはなんだか、広すぎるような気がして」（36ページ）とありますが、あかねがこのように感じるのはなぜだと考えられますか。その説明として最も適切なものを次の中から選び、記号で答えなさい。
ア 家族そろってリビングで団らんしていたことを懐《なつ》かしく思っているあかねは、リビングに一人でいると不安を感じ、体がすくんでしまうから。
イ アイルーの家と違《ちが》って、自分の家のテレビは画面が小さいので、リビングの広さがテレビのサイズとつりあわず、リビングが広く思えるから。
ウ 画面の小さいスマホをベッドで観る習慣がついてしまったため、テレビもそれを置いたリビングも、どことなく大きなものに感じられるから。
エ いつも一人でテレビを観る自分には、リビングは最低限のスペースがあれば十分なので、大きなリビングなど必要ないと遠《えん》慮《りょ》しているから。
オ かつては両親とテレビを観ることもあったが、いまはそんなこともなく一人で過ごすことが多いので、空間の広さが際立《きわだ》ってしまうから。

問5 ――線部③「風船が、しぼんでいくような感じがした」（35ページ）とありますが、これはあかねのどのような気持ちを表したものですか。七十字以内で答えなさい。

問6 ――線部④「怪獣《かいじゅう》みたいに不細工な声をあげながら、ベッドに飛《と》び込《こ》んだ」（34ページ）とありますが、あかねのこのときの気持ちはどのようなものだと考えられますか。その説明として最も適切なものを次の中から選び、記号で答えなさい。
ア こちらの苦しみも知らずに怒《いか》りをぶつけてくるお母さんに耐《た》えられず、二度と口をきくまいと、腹を立てている。
イ 人の意見を聞くこともせず、自分の考えばかりを押《お》しつけてくるお母さんの態度を、うっとうしく感じている。
ウ お母さんになにか伝えたいもののうまくいかず、きたない言葉を言うだけになってしまって、いらいらしている。
エ 突然《とつぜん》お母さんに対して怒りが爆発《ばくはつ》してしまったので、感情をおさえられない自分のことを、不安に思っている。
オ 自分でもなんとなく感じていた問題点を、お母さんに鋭《するど》く指《し》摘《てき》されてしまい、訳もなくむしゃくしゃしている。

問7 ――線部⑤「アイルーが、不思議そうに言う」（34ページ）とありますが、それはなぜだと考えられますか。その説明として最も適切なものを次の中から選び、記号で答えなさい。
ア どんな本を読んだのかたずねていたのに、教室に三崎さんが入ってきたことに気を取られ、あかねは質問のことを忘れたようだったから。

＊

シャーペンの芯が切れた。

消しゴムを勢いよくかけたせいで、少しよれよれになってしまった原稿用紙の表面を、手で払《はら》う。消しゴムのかすを、ティッシュでくるんでくずかごに捨てた。それから、シャーペンの芯を補充《ほじゅう》する。

文章を書くのって、やっぱり面倒くさい。フリック入力（スマホなどで文字を入力する方法）の何十倍も時間がかかってる気がする。それでも、約束しちゃったんだから仕方ないって言い聞かせた。相変わらずの語彙力だし、若者言葉を使うなんてってゴーダは怒るかもしんないけど、しおり先生には伝わるんじゃないかなって、そう思う。あたしは、しおり先生に話した本の感想を、箇条書きみたいなへたくそな文章で記して、原稿用紙のマスを埋めていく。それから、最後の短編にふれて、お母さんのことを書いていた。仕事が忙《いそが》しくて、いつも家にいなくて、最後にあたしと遊んでくれたのは何年前だろうってこととか、だからこの主人公のことが羨《うらや》ましいってこととかを。

いつの間にかあたしは、お話とは関係のない気持ちを書き出してしまっていたけれど。

でも、これは課題と関係がないからといって、くずかごに入れるわけにはいかない。

この気持ちを、なかったことにしたくはないと思ったんだ。

三枚目の最後の行までシャーペンを走らせたとき、玄関から音がした。

あたしは、のろのろと腰《こし》を上げて、部屋を出て行く。

帰ってきたお母さんが、ヒールを脱いでいた。

「おかえりなさい」

あたしはお母さんに声をかける。

お母さんは、なんだか疲れた眼をしていたけど、あたしの顔を見て、不思議そうに眉《まゆ》を寄せた。

「そんな顔して、どうしたの？」

伝えられるだろうか。

伝わるだろうか。

大丈夫《だいじょうぶ》、少しだけ、自分の気持ちのこと、整理できたような気がするから。

言いたいことがたくさんある。知ってほしいことがたくさん。たとえば、読んだばかりの小説の話とか、図書室にいる子どもっぽい先生のこととか、アイルーのこととか、教室で浮《う》いちゃってる子が可哀想でどうしようって話とか、たまにはピザじゃないものを食べたいとか、それから、それから——。

「⑩あのね、お母さん、あたしね……」

（相沢沙呼《あいざわさこ》『教室に並んだ背表紙《せびょうし》』）

問１　═線部１〜15のカタカナを漢字に直しなさい。

問２　〰線部Ａ「億劫《おっくう》に感じて」（34ページ）・Ｂ「参っちゃった」（32ページ）・Ｃ「かまえて」（31ページ）とありますが、この言葉の本文中の意味として最も適切なものを後の中からそれぞれ選び、記号で答えなさい。

Ａ「億劫に感じて」（34ページ）

ア　すがすがしく感じて

イ　おそろしく感じて

ウ　無意味に感じて

エ　情けなく感じて

オ　面倒《めんどう》くさく感じて

Ｂ「参っちゃった」（32ページ）

読書感想文を書くことも同じなの。自分の気持ちを整えていくと、モヤモヤの正体が見えてくる。誰かに伝えることができるようになる。その練習になるの」

「でも……、あたし、語彙《ごい》力とかないし、そんなの書けないよ」

「あかねちゃんの言葉でいいんだよ。あかねちゃんが感じた気持ちは、あかねちゃんだけのものなんだもの。それを自分の中だけにしまっておくのなんて、とってももったいない。もしかしたらそこには、きれいな言葉やすてきな感情が眠《ねむ》っているかもしれない。それをかたちにすることで、自分に発見があったり、誰かに影響《えいきょう》を与《あた》えることができるかもしれない。抱いた気持ちを、外に出さないでなかったことにしちゃうなんて、もったいないよ。この原稿用紙は、あかねちゃんの心を14グゲン化してくれる、魔法《まほう》のページなんだから」

あたしは、やさしい声でそう言うしおり先生の言葉を耳にしながら、彼女の指が撫《な》でていく原稿用紙の15ヨハクを見つめていた。自分のこころをかたちにしてくれる原稿用紙。自分でもわからない気持ちを整理して書き出すための場所。本当に、そうなんだろうか。そんなの、意味があるんだろうか。わからないけど、モヤモヤしたものが、胸の中で膨らんでいる。

あたしが黙《だま》っちゃったせいだろうか、先生が言った。

「でも、そうかぁ、⑨あかねちゃん、最後の短編、だめだったかぁ」

先生は、ちょっと不思議そうだった。

あたしは、唇を開いた。

開いた太腿《ふともも》の上で、拳《こぶし》を作って、それをかたく握《にぎ》り締《し》めながら。

「あのお話は……。だって」

いらいらする。腹が立つ。

苦しさが溢《あふ》れて、うめくみたいに言う。

語彙力、ないから、うまく言えないんだけど。

ぜんぜんきれいじゃないんだけど。

「主人公の、女の子が、お母さんと仲良くて」

どうしてかな。震える指先のせいで、シャーペンの芯《しん》がポキリと折れてしまったみたいに、言葉が途切《とぎ》れてしまう。うまく言えない。わからない。整理できない。先生は静かに頷いた。カチカチとペンをノックして、あたしは言葉を押《お》し出《だ》す。顔が熱かった。

「あたしとは、ぜんぜん違って、だから」

先生、わかる？

わかんないよね。

あたし、語彙力ないし、自分の気持ち、モヤモヤしてわかんないし、だから。

なんで、眼、熱いんだろう。

「そっか」

先生は頷く。

差し出された原稿用紙に、なにかが落ちて、染《し》みを作った。

「ごめんね、つらかったね」

あたしは頷く。

それで、ああ、そうか、そうだったんだって思った。

「先生、あかねちゃんの感想文が読みたいな。あかねちゃんの気持ちを知りたい」

やさしい声音《こわね》に、胸の奥がぎゅっとした。その感情の正体が、ようやくわかった。あたしは頬を這う熱を感じながら、唇を噛みしめた。掌《てのひら》に爪《つめ》が食い込《こ》んで痛い。情けない顔を隠《かく》すように必死にうつむくと、みっともなくしゃっくりが出て、白紙のマスをひとつひとつ埋《う》めるみたいに、透明《とうめい》なしるしを落としていく。

たぶん、きっとそう。

あたし、ずっとずっと、さびしかったんだ。

くさいよ、時間もないし、今から課題の本を読むなんてさ」

「うん。読書って、感想文を書くために読むものじゃないものね。どんなことを書いたらいいだろうって考えながら読んだところで、どんな作品も退屈なものになっちゃう」

「でしょ！　ホンマツテントーってやつじゃん」

「でもねえ。実を言うと、あかねちゃんは、課題図書をもう読んでいるんだよ」

「え？」

　この本だよ。

と、しおり先生は、どこからともなく、一冊の本を取り出して、ちゃぶ台に載《の》せた。

　それは間違《まちが》いなく、ゴーダ（郷田先生のこと）のプリントに載っていた一冊の本だ。

　この前、図書室で読み比べしたときに手にした小さい本の一つ。

　いやいや、意味がわからない。

「あたし、これ読んでないよ？」

「あかねちゃんに貸したのは、ハードカバー（表紙がじょうぶな厚紙でできた本）の本だったでしょう。あの作品はね、文庫本になるときに、題名が変わっているの。有名なのは文庫本のほうで、郷田先生のリストに載っていたのも、文庫本のほう」

「えっと、どういうこと？」

「13タンコウ本が文庫になるときにね、タイトルが変わることって、たまにあるんだ。中身はほとんど一緒だけれど、タイトルや装幀《そうてい》（本の表紙などのデザイン）が変わるから、まるきり別の作品に見えちゃう。でも、お話はまったく一緒だから、あかねちゃんはもう課題図書を読み終えて、先生にたくさん感想を話しているってこと。あとは先生に話してくれたのを、箇条書《かじょうが》きでいいから文章に起こすだけ」

　ちょっと混乱した。

　どういうこと？

⑦「もしかして、あたし、騙《だま》された？」

「ふふふ」先生はいたずらっぽく笑う。「課題図書だって思うと、どんな感想を書いたらいいかCかまえて読んじゃって、内容が頭に入ってこなくなるでしょう？　それより、すっごく面白い本だってオススメされて読んだほうが、なにも考えずにお話を楽しめるじゃない？」

　ようやく理解が追いついて、あたしは半分だけ笑いそうになる。

「あの感想文がどの本のものだったのかも、教えてあげる。だから、自分の感想文を書いて提出するか、インチキをするか、それはあかねちゃん次第《しだい》だよ。けれどね――」

　先生は、何枚かの紙を取り出して、ちゃぶ台に置いた。

　それは原稿《げんこう》用紙だった。

　まっさらな原稿用紙だ。

「あかねちゃんは、⑧読書感想文を書くことが、自分の世界とは無関係なことだって言っていたけれど、たぶん、そんなことはないんだよ。あかねちゃんはさ、自分の気持ちや感情に説明がつけられなくて、モヤモヤしちゃうときってない？」

　先生は、まるであたしの心を覗いたみたいに、やさしく笑う。

「先生にもね、そういう経験がたくさんあった。自分の感じていることをうまく整理できなくて、自分自身のことがわからないときがあるの。だから、誰かに伝えて聞いてもらうこともできない。そういうときはね、自分の気持ちをノートに書くの」

「ノートに……？」

「そう。不思議なんだけれど、自分の気持ちを書き出そうとすると、自分の心を整理することができるのね。書いているうちに、自分が感じていたことが、こんがらがっていた考えが綺麗にまとまっていく。

「どう違ってたの？」
「女の子の恋愛ものかと思ってたけど、それは一個だけで、あとは違う話がいろいろ入ってたところとか」
「ああ、そうか。あれは短編集だからね。あかねちゃんは、恋愛ものが好きなんだ」
「まぁね。男の子が主役の話とか、マジどうでもいいし、部活を頑張《がんば》る話とかも、あたしべつに部活してないから、関係ないんだもん」
「そうかぁ。そうだよねぇ。でも、三つ目の恋のお話は、良かったでしょ？　甘酸《あまず》っぱくて」
「甘酸っぱい、かなぁ。うーん」あたしは首を傾《かし》げる。「まぁ、ちょっとエモかったよね」
「エモいってどういう感じ？　心が動いた？　切ない感じ？」
「うーん、まぁ、そうだよね。ちょっと悲しくて切ない系だった」
「自分もそういう恋をしてみたいって思っちゃう？」
「ちょっとは思うけどさ、でも、悲しくなるのはやだよ。あたしだったら耐えられないもん」
「そうかそうか。そうだよねぇ。うん、わかる」
　そんなふうに、先生は短編の一つ一つについて感想をいろいろと訊《き》いてきた。ちょっとB参っちゃったけど、あたしの感想にいちいち12サンドウしてくれるのがなんだか面白かった。「そうだよねぇ」って何度も頷いたり、「そうそう、先生もそう思った！」なんてちゃぶ台に身を乗り出してきたり、「あかねちゃんの言う通りだよ、あれはないよねぇ！」なんて、お話の結末に文句をつけたりして、一緒になって笑った。
「じゃあじゃあ、最後の短編はどうだった？　あれがいちばん感動しなかった？」
「最後のは……」
　あたしは口を開いて、それからじわじわ込《こ》み上《あ》げてくるものを感じて口を閉ざす。
　確かに、感動的なお話だったのかもしれない、けど。
「ううん、あれはあんまり」
　モヤモヤするものを感じて、ちゃぶ台に眼を落とす。
「ふぅん？」
　先生はちょっと不思議そうだった。
「それよりさ、正解を教えてよ。あの感想文、どの本のことだったの？」
「それはかまわないけれど」
　先生は微笑《ほほえ》んで、あたしを見た。
　なんだかよくわからないけど、やさしい眼だと思った。
「でも、あかねちゃんにはもう、自分の読書感想文ができているじゃない」
「え？」
　ちょっと意味がわからない。
「さっきみたいに、どこが面白かったとか、どこがつまらなかったとか。それで、自分が同じ立場だったらどう感じただろうって。それをそのまま書けば、それはもう立派な読書感想文だよ」
「えっと……」
　先生の言っていることの意味を、考える。
「いや、え、感想文って、そんなんでいいの？」
「そうだよ。あかねちゃんが、恋愛小説を期待していたのに、一つの短編しか恋愛をテーマとしていなくて残念だった、っていう気持ちも、立派な感想なの。それは、あかねちゃんが抱《いだ》いた、あかねちゃんだけの言葉だよ」
「いや、えっと……、でも、そうなのかもしんないけど、でも、面倒《めんどう》

＊

放課後、図書室へ行った。

　しおり先生に、約束を守ってもらわなきゃいけない。図書室を覗《のぞ》くと、受付でこの前の9ジミそうな子が本を読んでいるのを見つけた。この子には、あの硬《かた》くて分厚い表紙をめくりあげることが苦痛じゃないんだろうか。不思議だった。それともスマホを買ってもらえない可《か》哀想《わいそう》な子なのかもしれない。そんなのあたしだったら死んじゃう。

「あら、あかねちゃん」

　本棚《ほんだな》の向こうから、辞書みたいなのを何冊か抱えたしおり先生が顔を出した。重たそうだった。会うのは二度目なのに、もう名前を憶《おぼ》えられてしまったらしい。子どもっぽいし、どちゃくそ（とても）気安い先生だった。今日は眼鏡《めがね》をしていない。

「先生、あれ、読んできたよ」

「すごい。早いじゃない。どうだった？」

「どうだったって言われても……。うーん、なんとなくエモい（気持ちがゆさぶられる）感じはした」

　先生は笑った。

　それから、ちょっと運ぶの手伝ってくれる？　と言って、あたしに辞書みたいなのを押《お》しつけてくる。図書委員でもなんでもないのに、どうしてあたしがこんなことを手伝わないといけないのか、納得がいかない。先生は他にも似たような本を本棚から抜《ぬ》いて、それを抱えた。先生について行くと、運ぶ先はカウンターの奥にある司書室っていう場所だった。

　司書室の中は畳敷《たたみじ》きだった。畳《たたみ》なんておじいちゃんの家でしか見ない。学校の中にこんな場所があるなんて不思議な感じがした。先生に言われて、部屋の脇《わき》に持ってきた本を置いた。部屋の中には本が入っている段ボール箱がいくつか置いてあったけど、あとは綺麗《きれい》に片付いている感じがした。真ん中にちゃぶ台がある。

「靴《くつ》脱いで、上がってね」

　言われて、上履《うわば》きを脱いだ。とりあえず畳に上がる。差し出された座布団《ざぶとん》にお尻《しり》を乗っけた。先生はちゃぶ台の向こうに座って、お行儀《ぎょうぎ》良く正座をした。

　どうしてこんなところに招かれたのか不思議に思っていると、先生はあたしの気持ちを見抜《みぬ》いたみたいに、いたずらっぽく笑って言う。

「生徒の不正を手伝うんだから、⑥ここで□しないとね」

「じゃ、教えてくれるの？」

「その前に、あかねちゃんの感想を聞かせてほしいなぁ」

「ええ？」あたしはいやそうな顔をした。「どうして……」

「だって、感想を教えてくれないと、あかねちゃんが本当に本を読んでくれたのかどうか、わかんないでしょう？」

「あたし、うそついてないよ」

「他の子の読書感想文で課題をすませようとしてるのに？」

　そう言われると、10ハンロンできない。

「でも、感想って言われても……。なに話したらいいの？」

「面白かった？」

「うーん、まぁまぁ。先生はすっごく面白いって言ってたけど、そうでもなかったよ」

「そっかそっか」先生は頷く。それから、無念そうな表情をした。

「それは残念だなぁ。そうかぁ……」

　その表情があまりにも気の11ドクそうに見えて、あたしはフォローする（補う）みたいに言う。

「まぁ、そこまで悪くはなかったけど、思ってたのとちょっと違ったから、がっかりしたっていうか」

頭がこんがらがって、爆発《ばくはつ》しそうになる。

「だって、あたし」

あたし、なにを言いたいの？　唇を噛《か》んで、それに耐《た》えて、歯《は》ぎしりしたときには、眼が熱くて燃えるみたいだった。頬《ほお》をぞわぞわ這《は》っていくものを感じながら、あたしは叫《さけ》んでいた。

「おまえのせいじゃん！　うるせえんだよクソババア！」

身を翻《ひるがえ》して、自分の部屋に閉じこもる。

④怪獣《かいじゅう》みたいに不細工な声をあげながら、ベッドに飛び込んだ。

＊

「それで土日は音信不通だったのか、つらみが深すぎる（とてもつらい）」

月曜日の朝だった。

勝手に前の席に腰掛《こしか》けてるアイルーが、納得《なっとく》したように頷《うなず》く。

あたしは鞄の６ニモツを整理しながら、必要なものを机の中に押《お》し込《こ》んでいるところだった。

お母さんに、スマホを没収《ぼっしゅう》されたのだ。お母さんはいつものように土日も仕事に行っていて、仕事先にまであたしのスマホを持って行ってしまった。そこまでされると、もうどうしようもない。だから友達とは誰とも連絡《れんらく》がとれなくて、退屈極《たいくつきわ》まりない休日を過ごすはめになってしまった。ほんとうにつらみが深すぎた。

「ネットもできずに二日間もなにしてたの？　原始人かよ」

「本、読んでた」

「課題本？」

「違《ちが》うけど。他にやることなかったから」

出かけようにもお小遣《こづか》いはほとんど残ってなかったし、部屋にこもってしおり先生が貸してくれた本を読むくらいしか、時間を潰す方法がなかった。けれど、ほとんど読書なんてしないあたしにとっては、ほんとマジつらたにえんな（つらい）仕事だったと思う。何度も同じ文章を読み返してしまったり、いったん本を閉じるとＡ億劫《おっくう》に感じて、なかなか読書を７サイカイできなかったり。それこそ、スマホがなくて退屈の極みじゃなければ、最後まで読めなかったかもしれない。

そう、ちょっと信じらんないかもしれないけど、本、最後まで読めたんだ。

「なんの本読んだの？　面白いやつ？」

「うーんとね……」

どうやって言葉を返そうか、ちょっと考えたときだった。

教室の空気が変わった気がして、あたしは振《ふ》り向《む》いた。

教室に、三崎さんが入ってくるところだった。彼女は唇をきゅっと結んで、うつむき８カゲンで歩いていた。それを遠巻きに見たみんなが、くすくすと嗤い声をもらしている。近くにもれた小さな嗤い声に、あたしは眼を向けた。アイルーも嗤っていた。

しばらく、あたしはアイルーを見ていた。

「どうしたの？」

⑤アイルーが、不思議そうに言う。

「えっと……」

また、モヤモヤした気持ちで胸がいっぱいになる。お母さんに怒《おこ》られたときは、これがぱんぱんに膨れあがって爆発したんだと思った。すっぱくて、そわそわして、むかむかする感じがした。あたしはアイルーになにかを言いたかったけど、なんて言ったらわかりみがある（わかる）って返してくれるかわかんなくて、結局それを伝えることができなかった。

た。お父さんがいた頃《ころ》は、お母さんとお父さんに挟《はさ》まれて、ソファに座っていた気がする。あれって、何年前のことだろう。

なんだか、モヤモヤする。

あのときと一緒だった。三崎さん(あかねの同級生)のこと、みんなで一緒に嗤《わら》う(ばかにして笑う)ときの気持ちに似ている。なにかが胸の奥《おく》でつかえていて、それを喉《のど》から吐《は》き出《だ》してしまいたいのに、どうしても出てきてくれない。そこになにが詰《つ》まっているのかも、なんだかよくわからない。

よくわからないから、呑《の》み込《こ》んでしまうしかない。

しばらく、スマホを放り出してごろごろしてた。ネットや動画を観る気分にはなれない。眼《め》が疲《つか》れたんだと思う。

玄関《げんかん》に鍵《かぎ》を差す音がした。

すぐに身体《からだ》を起こす。

「ただいま」

お母さんの声がした。

あたしは部屋を出て、玄関に顔を出した。

お母さんがヒールを脱《ぬ》いでいるところだった。

「おかえりなさい」久しぶりに出たあたしの声はちょっとかすれていた。「お風呂沸《ふろわ》かしておいたよ」

「そう。夕食は食べたの」

「うん。ピザ残しておいたよ」

お母さんは疲れた眼をあたしにちらりと向けた。そのままリビングに向かう。なにか白い封筒《ふうとう》のようなものを持っていた。それを破いて、中身を確かめている。あたしは廊下《ろうか》から、その様子を窺《うかが》っていた。まだ、話しかけてはいけないような気がした。代わりに、沈黙《ちんもく》したままのテレビに眼を向ける。アイルーが観ているお笑い番組って、まだやってるんだろうか。お母さんは、そういうのって観るんだっけと、少しだけ考えた。それから、しおり先生が言っていた、なんていったっけ、ジジットリック?(「叙述《じょじゅつ》トリック」の言いまちがい) 3スイリ小説を読むなら、お母さんも知っているんだろうか。息をいっぱい4スい込むみたいに、胸の中が膨《ふく》れあがっていく。

その代わりみたいに、お母さんが大きく息をもらした。

「あかね。こっち来なさい」

「なに」

お母さんの眼が、じろりとこちらを向いた。

どうしてだろう。胸が冷える。

「携帯《けいたい》の通信料、また高くなってるじゃない。どういうことなの。お母さん、言ったでしょう。変な動画ばっかり観るんじゃないって」

お母さんが手にしていたのは、携帯電話の請求書《せいきゅうしょ》だったらしい。

③風船が、しぼんでいくような感じがした。

「だって」

だって、仕方ないじゃん。

うち、誰《だれ》もネットしないからワイファイないし。

スマホがないと、だって。

「口答えしないの!」

お母さんは唸《うな》った。

「いつもいつもくだらないことにお金ばっかり使って、少しは勉強したらどうなの!」

あたしは、なにか言おうとした。

唇《くちびる》を開けて、でも、そこがとても震《ふる》えて、だからなにも話せない。

喉につかえて、5キカンを押《お》し上《あ》げようとして、なにかが溢《あふ》れ出《だ》そうとするんだけど、それの正体がなんなのかわからない。モヤモヤとした正体不明のガス。あたしの身体に、それが溜《た》まっている。なにか言いたい。でもよくわからない。三崎さんのときと同じだ。考えると、

二〇二二年度 駒場東邦中学校

【国語】（六〇分）〈満点：一二〇点〉

注意 「、」「。」「「」「」」も一字に数えます。

次の文章を読み、後の問いに答えなさい。

あかねは読書感想文が大嫌《だいきら》いで、郷田《ごうだ》先生に出された感想文の課題に困っていた。あかねは教室で他の生徒が「ボツ」にして捨てた感想文を見つけ、内容を写して提出しようと考えたが、どの課題図書について書かれたものかわからない。そこで図書室で調べていたところ、司書（学校の図書館で本の管理や読書指導などを行う先生）の「しおり先生」に見つかり、不正をしようとしていることがばれてしまう。「しおり先生」は、どの課題図書かを教える代わりに、自分のすすめる面白《おもしろ》い本を読んでくるようにあかねに言った。

先生が貸してくれた本を鞄《かばん》に入れて、家に帰った。表紙やあらすじを見る限り、たぶん中学生の女の子の恋愛《れんあい》小説……、だと思う。よくわかんないけど、勝手にそう1ハンダンした。まぁ、恋愛ものなら多少は興味ある。ネットテレビの恋愛リアリティーショー（台本のないリアルな恋愛を取り上げた番組）は毎回必ずチェックしてるくらい、あたしってそういうのに弱いんだ。

暗いリビングの電灯をつけて、自室のベッドに寝転《ねころ》がった。すぐに本を読む気分にもなれなくて、ごろごろしながら動画を観《み》て時間を潰《つぶ》す。夕飯はピザの残りをチン。スマホの画面が映し出す世界で、恋《こい》リアを観る。ネットテレビだから、リアタイ（リアルタイム）で観ないと配信まで待たされることになる。ときどき画質が粗《あら》くなったり、止まっちゃったりするけれど、焦《じ》れったい気持ちを抱《かか》えて、ドキドキしながら結末を見守った。ああ、これ、ほんとすこ（すき）。あたしも、女子高生になったら、彼女《かのじょ》たちみたいな恋愛をしたりするんだろうか。ちょっと想像する。まぁ、ないなぁ、って思っちゃうけれど。人気配信者になれたら、ワンチャン（もしかしたら）あるかもしれない。番組を観《み》終《お》えたあと、秒で（すぐに）アイルー（あかねの友人の藍琉《あいる》のこと）にメッセージを送った。彼女もこの番組をチェックしているからだった。すぐに語り合いたい。けど、①アイルーの返信はそっけないものだった。

「ごめん観てなかった」

「マ？（信じられない）なんで？」

「お母さんとテレビ観てる」

「なに観てるの？」

「お笑い。森生える（笑える）わ」

ご丁寧《ていねい》に、テレビをそのままスマホで撮影《さつえい》したらしい数秒間の動画がメッセージに添《そ》えられていた。再生してみるけど、音声が2ワれているる感じでよくわからない。映像はブレブレで、お笑い芸人がコントをしているらしかった。アイルーとおばさんの笑い声が聞こえる。

なんか楽しそう。

それで、なんかいまさらだけど、アイルーもテレビを観るんだなと思った。あのでかい画面で、明るいリビングのソファに座《すわ》りながら、おばさんと一緒《いっしょ》にテレビを観て笑い転げているんだと思った。あたしは、もう長いことテレビを観た記憶《きおく》がない。あたしの部屋《へや》にはないし、②リビングで観るには、あそこはなんだか、広すぎるような気がして。

そもそも、お母さんもテレビを観ないから、リビングに置いてあるあれって、ただのでかい置物《おきもの》だ。昔はそうじゃなかったのになと思っ

2022年度 駒場東邦中学校 ▶解説と解答

算　数　(60分)　<満点：120点>

解　答

1 (1)　20.22　(2)　52個　(3)　(a)　ア　15　イ　17　ウ　7　(b)　(例)　④と⑦を支払い，①と⑤をおつりでもらう。　(4)　(a)　ア　2　イ　8　(b)　ウ　8　エ　14

2 (1)　**図**…解説の図②を参照のこと。／**長さ**…82.24cm　(2)　**図**…解説の図⑥を参照のこと。／**面積**…205.76cm^2

3 (1)　最後に到達する整数は6／1の真向かいに並んでいる数は6／図…解説の図2を参照のこと。　(2)　(例)　解説を参照のこと。　(3)　解説の図8を参照のこと。

4 (1)　X　3個　Y　6個／図…解説の図2，図3を参照のこと。　(2)　14個　(3)　4個

解　説

1　**四則計算，場合の数，条件の整理，*N*進数，構成**

(1)　$\left\{0.25+3\frac{9}{14}\div\frac{17}{18}+\frac{8}{21}\times5.625-\left(1\frac{4}{5}+\frac{3}{5}\right)\times\left(1\frac{4}{5}-\frac{3}{5}\right)\right\}\times6=\left(\frac{1}{4}+\frac{51}{14}\times\frac{18}{17}+\frac{8}{21}\times5\frac{5}{8}-1\frac{7}{5}\times1\frac{1}{5}\right)\times6=\left(\frac{1}{4}+\frac{27}{7}+\frac{8}{21}\times\frac{45}{8}-\frac{12}{5}\times\frac{6}{5}\right)\times6=\left(\frac{1}{4}+\frac{27}{7}+\frac{15}{7}-\frac{72}{25}\right)\times6=\left(\frac{1}{4}+\frac{42}{7}-\frac{72}{25}\right)\times6=\left(\frac{1}{4}+6-\frac{72}{25}\right)\times6=(0.25+6-2.88)\times6=3.37\times6=20.22$

(2)　たとえば，6は0006，15は0015，114は0114のように，千の位，百の位，十の位に0を補って考える。はじめに，4つの数字の和が6になる組み合わせは，右の図1の9通りある。次に，これらを並べて2022以下の整数を作ることを考える。アの場合，千の位は0と決まるから，0006，0060，0600の3個の整数ができる。また，イの場合，千の位を0にすると，3×2×1＝6(個)，千の位を1にすると3個できるので，合わせて，6＋3＝9(個)できる。同様に，ウの場合，千の位を0にすると6個，千の位を2にすると2004の1個できるから，合わせて，6＋1＝7(個)となる。ほかの場合も同様に考えると図1のようになるので，全部で，3＋9＋7＋3＋9＋13＋2＋3＋3＝52(個)と求められる。

図1

ア(0，0，0，6)→3個
イ(0，0，1，5)→6＋3＝9(個)
ウ(0，0，2，4)→6＋1＝7(個)
エ(0，0，3，3)→3個
オ(0，1，1，4)→3＋6＝9(個)
カ(0，1，2，3)→6＋6＋1＝13(個)
キ(0，2，2，2)→1＋1＝2(個)
ク(1，1，1，3)→3個
ケ(1，1，2，2)→3個

(3)　(a)　はじめに，おつりをもらわない金額について考える。{1円，3円，9円，27円}のコインのそれぞれについて，「使う」か「使わない」かの2通りの場合が考えられるから，全部で，2×2×2×2＝16(通り)の支《し》払《はら》い方がある。これらの中には同じ金額になるものはないが，すべて使わない場合(0円)も含《ふく》まれているので，それを除くと，おつりをもらわない金額は，16－1＝15(通り)(…ア)と求められる。次に，おつりを1枚もらう金額について考える。おつりが1円の場合，支払う金額の中に1円があってはいけないから，{3円，9円，27円}の一部または全部を支払うこ

とになる。よって，上と同様に考えると，2×2×2－1＝7(通り)とわかる。また，おつりが3円の場合，{1円，9円，27円}の一部または全部を支払うのでやはり7通りとなるが，この中には支払う金額がおつりよりも低いものが1通り含まれている(1円)。したがって，この場合は，7－1＝6(通り)となる。同様に考えると，おつりが9円の場合は{1円，3円，27円}の一部または全部を支払うから，おつりよりも低い金額になるものが，1円，3円，1＋3＝4(円)の3通りあり，7－3＝4(通り)と求められる。おつりが27円になることはないので，全部で，7＋6＋4＝17(通り)(…イ)とわかる。最後に，おつりを2枚もらう金額について考える。おつりとして27円をもらうことはないから，考えられる2枚の組み合わせは，{1円，3円}，{1円，9円}，{3円，9円}の3通りである。おつりが{1円，3円}（合わせて4円)の場合，支払う金額は{9円，27円}の一部または全部なので，9円，27円，36円の3通りとなる。これらはすべておつりよりも高い金額だから，条件に合う。また，おつりが{1円，9円}（合わせて10円)の場合，支払う金額は{3円，27円}の一部または全部なので，3円，27円，30円の3通りとなる。このうち，おつりよりも高い金額になるのは2通りである。さらに，おつりが{3円，9円}（合わせて12円)の場合，支払う金額は{1円，27円}の一部または全部だから，1円，27円，28円の3通りとなる。このうち，おつりよりも高い金額になるのは2通りである。よって，全部で，3＋2＋2＝7(通り)(…ウ)と求められる。　(b)　各コインが表す金額は，3進法の仕組みになっている(ただし，コインは1枚しかないので，各位が表す大きさは0または1だけである)。そこで，十進法の2022を三進法で表すと下の図2のようになるから，品物の代金，おつり，支払う金額の関係を三進法の和の形で表すと，下の図3のようになる(それぞれの□には0または1が入り，支払ったのと同じコインをおつりでもらうことはないので，たてに並んだ□がともに1になることはない)。図3で，アを1にすると，くり上がってイが1になる。同様に，ウを1にすると，くり上がってエが1になる。つまり，下の図4のようになるから，④と⑦を支払い，①と⑤をおつりでもらうことで買うことができる。

図2

3) 2022
3) 674 …0
3) 224 …2
3) 74 …2
3) 24 …2
3) 8 …0
2 …2

図3

　2 2 0 2 2 2 0 …品物の代金
＋ □ウ□□□ア□ …おつり
エ□□イ□□□□ …支払う金額
⑦⑥⑤④③②①⓪

図4

　2 2 0 2 2 2 0 …品物の代金
＋ 0 1 0 0 0 0 1 0 …おつり
1 0 0 1 0 0 0 0 …支払う金額
⑦⑥⑤④③②①⓪

(4)　(a)　中心を塗《ぬ》る場合は下の図5の2通り(…ア)ある。また，中心を塗らない場合は下の図6の8通り(…イ)ある。　(b)　図6の8通りはすべて異なる塗り方なので，この8通りの中心を塗ったものもすべて異なる塗り方になる。よって，中心を塗る場合は8通り(…ウ)とわかる。次に，中心以外の8マスから塗る3マスを選ぶ方法は，$\frac{8\times7\times6}{3\times2\times1}$＝56(通り)ある。これらは，90度ずつ回転させると同じ塗り方になるものが4組ずつあるから，中心を塗らない場合は，56÷4＝14(通り)(…エ)となる。

図5

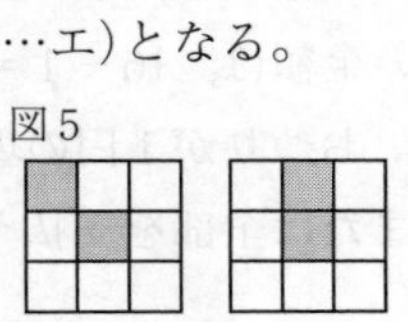

図6

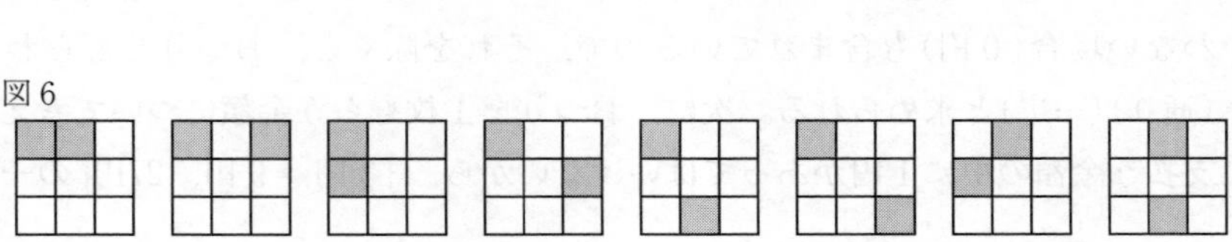

2　平面図形―図形の移動，長さ，構成，面積

(1)　右の図①のように，Xが辺AB上，Yが辺BC上を動く場合を考える。MXとMYの長さは等しく，角XBYの大きさは90度だから，Mを中心として半径8cmの円をかくと，Bは円周上にくる。つまり，MBは円の半径になるので，Mがどこにあっても MBの長さは8cmになる。よって，XがAからBまで，YがBからCまで動くのにともなって，MはBを中心とする半径8cmの円周上を動くことになる。XとYが正方形のとなり合う辺上を動く場合は同様である。また，Xが辺AD上，Yが辺BC上を動く場合，MはADと平行に動く。同様に，Xが辺AB上，Yが辺DC上を動く場合，MはABと平行に動くから，Mが動く線は右上の図②の太線のようになる。図②で，曲線部分を集めると直径16cmの円になるので，Mが動く線の長さは，16×3.14＋16×2＝82.24(cm)と求められる。

図①

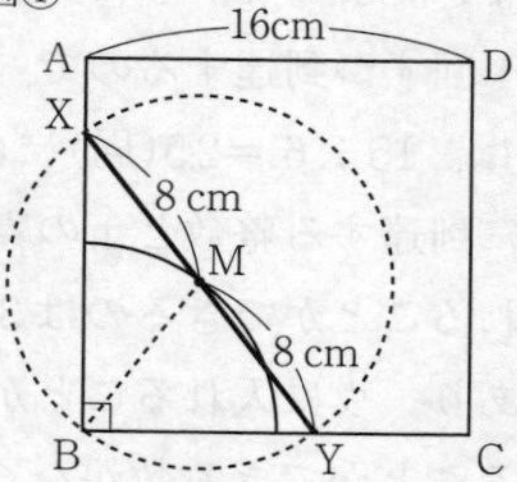

図②

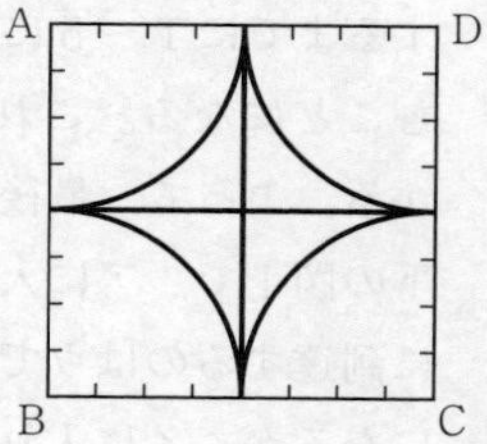

(2)　3回広げると下の図③のようになり，これは下の図④のかげの部分にあたる。このうち，正方形EFGHの内側にあるのは★の部分である。また，最後の三角形は下の図⑤のように直角二等辺三角形に分けることができるから，アとイの長さは等しくなる。よって，図③のウとエの長さも等しくなるので，★の部分をあと3回広げると，下の図⑥のようになる(●は長さが等しいことを表している)。次に，図⑤の斜線《しゃせん》部分(八分円)で，半径(ア)は対角線の長さが2cmの正方形の1辺の長さでもある。したがって，ア×ア＝2×2÷2＝2とわかるので，八分円1個の面積は，ア×ア×3.14×$\frac{1}{8}$＝2×3.14×$\frac{1}{8}$＝$\frac{1}{4}$×3.14(cm^2)と求められる。また，1回広げるごとに八分円の数は2倍になるから，もとの正方形にできる八分円の数は，1×2×2×2×2×2×2＝64(個)とわかる。すると，もとの正方形にできる斜線部分の面積は，$\frac{1}{4}$×3.14×64＝16×3.14＝50.24(cm^2)になるので，残った部分の面積は，16×16－50.24＝205.76(cm^2)と求められる。

図③

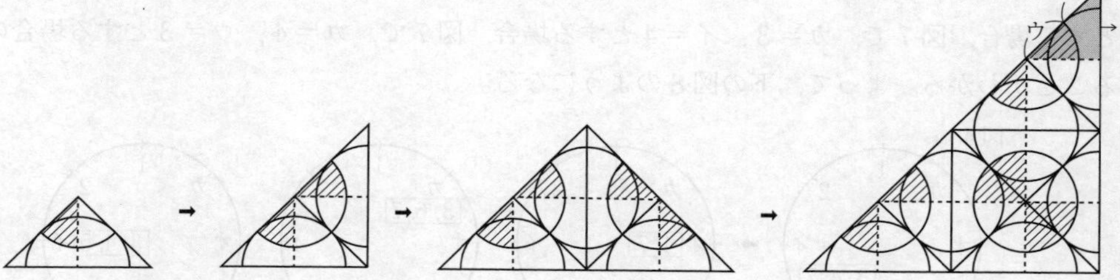

図④

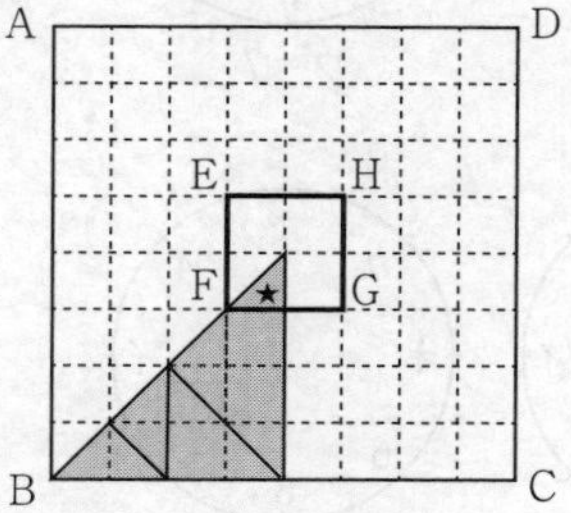

図⑤

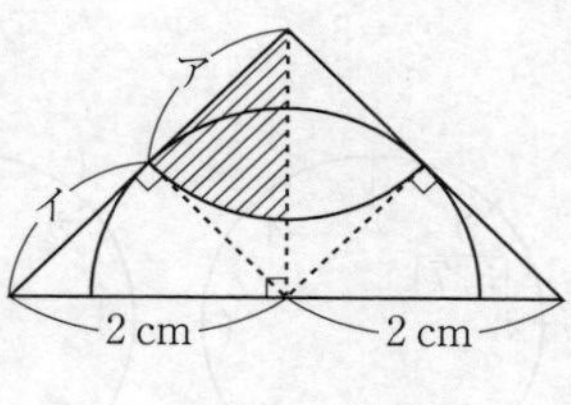

図⑥

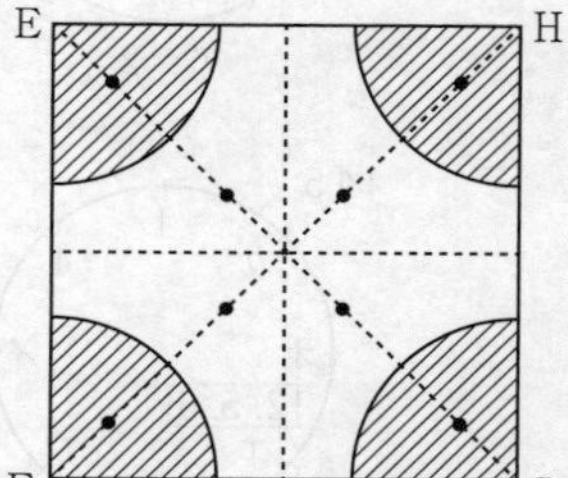

3　条件の整理，調べ

(1)　途《と》中《ちゅう》で6に到達《とうたつ》すると，そこから6だけ進む(つまり1周する)ことになり，すべての整数に到達することはできない。よって，6に到達するのは最後でなければならない。すると，6に到達するまでに1～5に1回ずつ到達するので，6に到達するまでに，1＋2＋3＋4＋5＝15だけ進むことになる。これは，15÷6＝2.5(周)にあたるから，6が書かれているのは1の真向かいとわかる。よって，最後に到達する整数と1の真向かいに並んでいる数はどちらも6である。次に，右下の図1で，アに入れることができるのは3または4である。もし，アに3を入れたとすると，次に到達するのはウであり，ウに入れることができるのは4と決まる。すると，次に到達するのはイになるが，イに入れることができる数がなくなってしまう。したがって，アは4と決まり，次に到達するのはエとなる。すると，エに入れることができるのは3または5となるが，5を入れるとウに入れる数がなくなってしまう。以上より，エは3，イは2，ウは5と決まり，右の図2のようになる。

図1

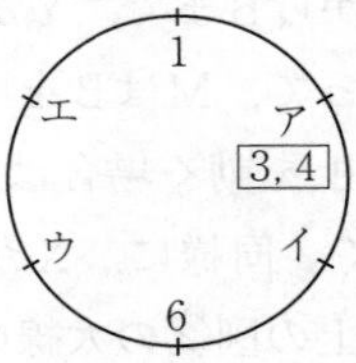

図2

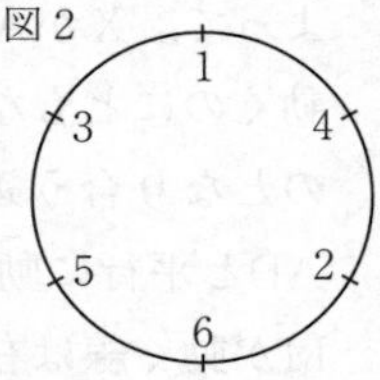

(2)　(1)と同様に考えればよい。途中で7に到達することはないので，7に到達するのは最後である。すると，7に到達するまでに，1＋2＋3＋4＋5＋6＝21だけ進むことになるが，これはちょうど，21÷7＝3(周)にあたる。つまり1にもどってしまうから，A＝7のときは並べることができない。

(3)　A＝6の場合と同様に考えると，8の位置は右の図3のように決まる。すると，アに入る数は{2，4，5，6}のいずれかなので，それぞれの場合に分けて調べる。アに2を入れると下の図4のようになり，ウに入る数は{3，4，7}のいずれかとわかる。さらに，ウに{3，4，7}を入れると，それぞれ図4のようになる。この後を調べていくと，最後まで到達することができるのは，ウに3，オに4を入れる場合だけであることがわかる。同様に，アに4，5，6を入れるとそれぞれ下の図5～図7のようになり，最後まで到達できるのは，図6で，オ＝7，エ＝6とする場合，図7で，カ＝3，イ＝4とする場合，図7で，カ＝4，ウ＝3とする場合の3通りあることがわかる。よって，下の図8のようになる。

図3

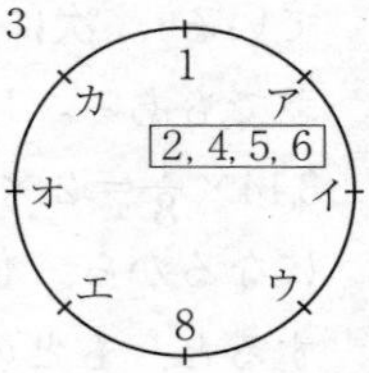

図4

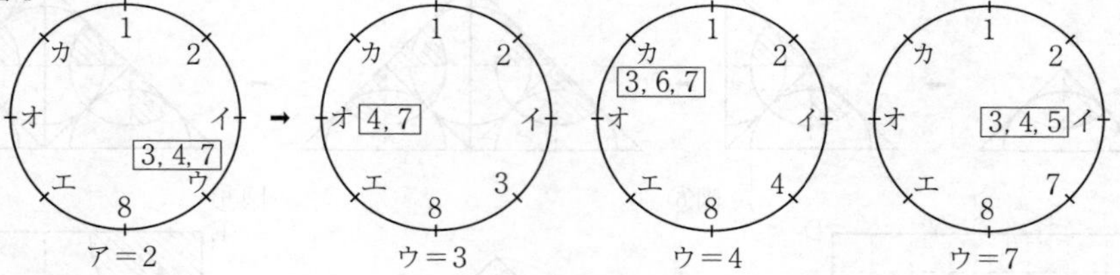

図5

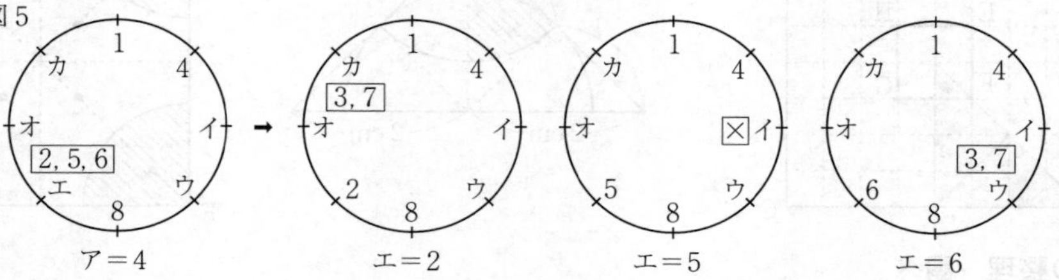

図6

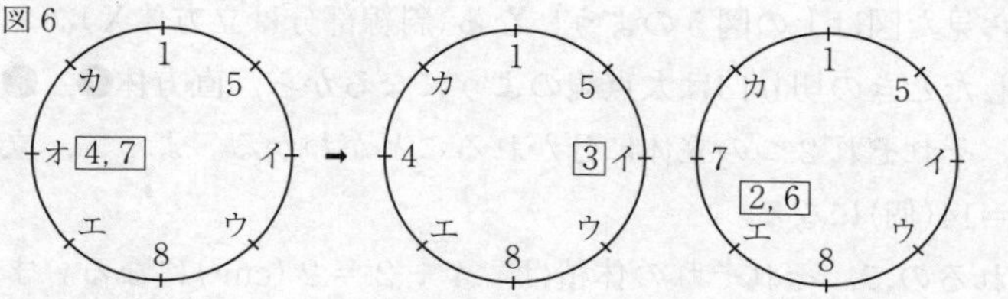

ア＝5　　オ＝4　　オ＝7

図7

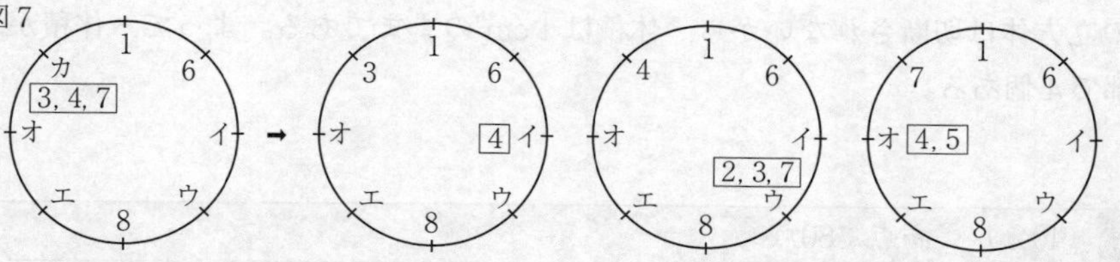

ア＝6　　カ＝3　　カ＝4　　カ＝7

図8

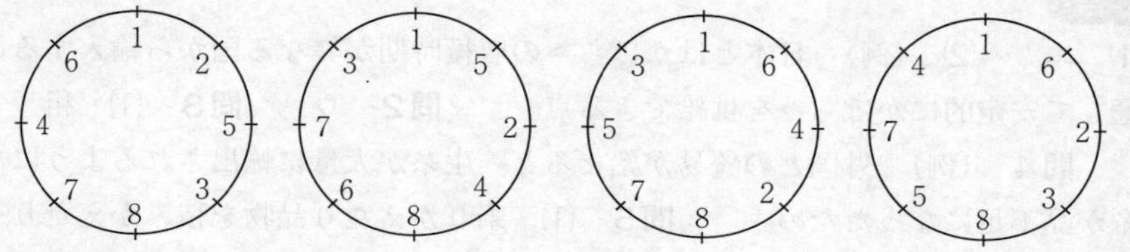

4 立体図形―構成，分割

(1)　Xの体積は，$1\times1\times1=1$ (cm³)，Yの体積は，$2\times2\times1=4$ (cm³)，立方体ABCD－EFGHの体積は，$3\times3\times3=27$(cm³)だから，Xの個数をx個，Yの個数をy個とすると，$1\times x+4\times y=27$と表すことができる。この式を満たすxとyの組は下の図1のようになるので，Yをできるだけ多く使うのは，Xを3個，Yを6個使う場合とわかる。また，条件に合うように積み上げると，下の図2や図3のようになる。

図1

x	23	19	15	11	7	3
y	1	2	3	4	5	6

図2

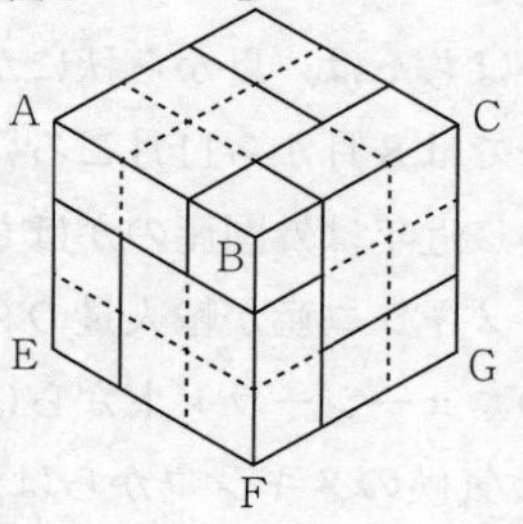

図3

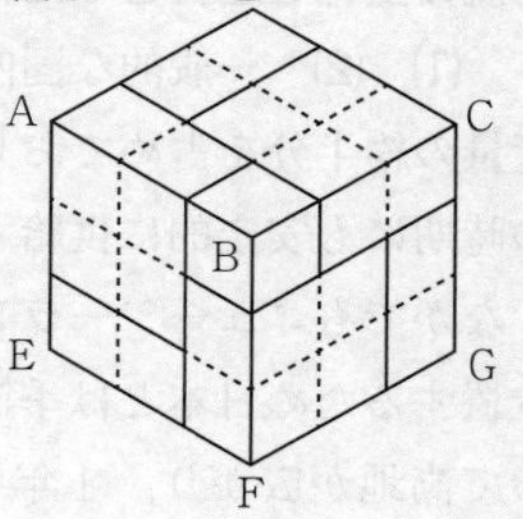

図4

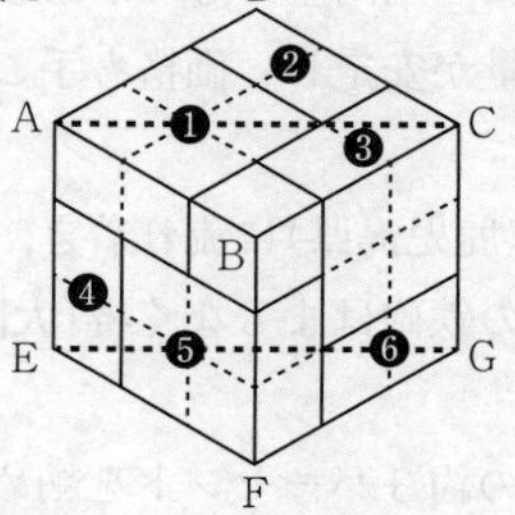

図5

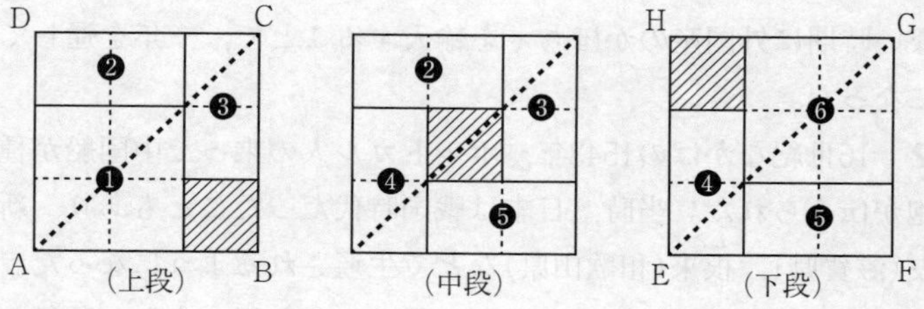

(2)　図2で，直方体に❶～❻の番号をつけると，上の図4のようになる。また，これを上段，中段，

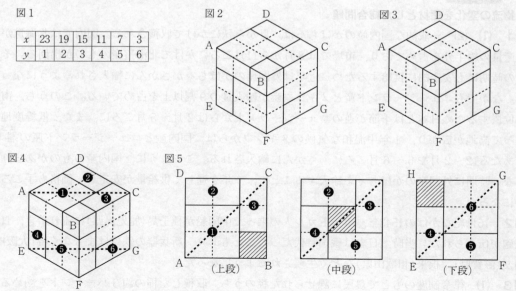

下段に分けると，真上から見た図は上の図５のようになる(斜線部分は立方体X)。さらに，A，E，G，Cを含む平面で切断したときの切り口は太点線のようになるから，直方体❶，❸，❹，❻と中段の立方体が切断されて，それぞれ２つの立体に分かれることがわかる。よって，立体の数は全部で，(６＋４)＋(３＋１)＝14(個)になる。

(3)　❶と❻は半分に分かれるので，それぞれの体積は，４÷２＝２(cm^3)になる。また，❸と❹は１：３の大きさに分かれるから，小さい方の体積は，$4\times\frac{1}{1+3}=1$ (cm^3)になる。さらに，上段と下段の立方体は切断されないから，体積は１cm^3のままである。よって，体積が１cm^3であるものは全部で４個ある。

社　会　(40分)　＜満点：80点＞

解　答

問１　(1)　エ　(2)　(例)　日本とはかぼちゃの収穫時期が異なる国から輸入することにより，１年を通して安定的にかぼちゃを供給できる点。　**問２**　ウ　**問３**　(1)　租　(2)　木簡　(3)　ア　**問４**　(例)　外国との貿易が始まると，生糸が大量に輸出されるようになり，国内向けの生糸が品不足になったため。　**問５**　(1)　乗りかえたり品物を積みかえたりしなくてよい点。／喜望峰航路よりも，移動距離やかかる時間を短縮できる点。　(2)　福沢諭吉　(3)　電信　**問６**　(1)　金の卵　(2)　(例)　当時の沖縄は，アメリカの統治下におかれていたから。　**問７**　(1)　ア　(2)　B　(3)　D　**問８**　(1)　イ，エ　(2)　ウ　**問９**　(1)　NGO　(2)　(例)　国際条約が改正されたことで，これまで日本から廃プラスチックを受け入れてきた国々が，これを認めなくなる可能性があるから。　(3)　(例)　環境に悪影響を及ぼす

解　説

物流の変化を題材とした総合問題

問１　(1)，(2)　一般的な国内産のかぼちゃは，夏から秋にかけて収穫される。国内では北海道が全国生産量の約半分を占《し》めており，市場では８月から11月ごろにかけて北海道産のものが出回る。そのほかの時期にも安定的に供給するため，近年は外国産のかぼちゃがさかんに輸入されるようになっており，なかでもニュージーランド産とメキシコ産が輸入量の９割以上を占めている。このうち，南半球に位置するため日本とは季節が逆のニュージーランドからは２月～５月ごろに，また，低緯度地域にあって高地が広がり，１年中温和な気候のメキシコからは，国内産とニュージーランド産の端境《はざかい》期にあたる12～２月や５～６月ごろに，さかんに輸入される。このように，国内産のものがあまり出回らない時期に外国産のかぼちゃを輸入することで，一年を通して供給量が安定し，価格も手ごろなものになった。

問２　16世紀なかばの1543年，ポルトガル人の乗った中国船が種子島(鹿児島県)に流れ着き，日本に鉄砲が伝えられた。当時，日本は戦国時代だったこともあり，新兵器の鉄砲はまもなく堺(大阪府)や国友(滋賀県)，根来《ねごろ》(和歌山県)などで生産されるようになった。

問３　(1)　律令制度のもとで農民に課せられた税のうち，収穫した稲の約３パーセントを納めるのは租で，それぞれの国の費用にあてられた。また，地方の特産物を納めるのは調，労役につく代わりに

布を納めるのは庸《よう》で，調と庸は農民がみずから都に運んで納めなければならず，重い負担となった。 ⑵ 図３～５に示されている木の札は，木簡とよばれる。薄《うす》く切った細長い木の板の上に墨《すみ》で文字を書くために使われたもので，役所の文書や荷札として用いられた。特に，調として都に送られる品々の荷札として使われたものが，奈良時代の遺跡から多く出土している。 ⑶ 紙の製法は７世紀には日本に伝わっていたが，奈良時代には紙は高級品であったことから，文書や荷札などには紙の代わりに木簡が広く使われ，使用ずみの木簡は表面を削《けず》って再利用された。なお，『日本書紀』には610年に来日した高句麗《こうくり》の僧である曇徴《どんちょう》が紙の製法を日本に伝えたという内容の記述が見られるが，確かなことはわかっていない。

問４ 江戸時代末期に外国との貿易が始まると，日本から大量の生糸が輸出されるようになり，図７からわかるように，輸出品の８割近くを生糸が占める年もあった。その結果，国内向けの品物が不足し，生糸の価格が上昇したのである。

問５ ⑴ 問題文と図８からわかるように，文久遣欧使節は紅海から地中海に出るのに汽車を乗り継《つ》いで行かなければならなかったが，スエズ運河が開通したことにより，船に乗ったままで紅海から地中海に出られるようになった。また，図９からわかるように，スエズ運河を利用することで，アフリカ南端を経由する喜望峰《きぼうほう》航路よりもはるかに短い距離と時間で，アジアからヨーロッパに行くことができるようになった。 ⑵ 福沢諭吉は豊前《ぶぜん》中津藩士(現在の福岡県東部から大分県北部)の下級武士の子として大阪で生まれ，成長して蘭学《らんがく》や英語を学んだのち，1860年に遣米使節団の一員として咸《かん》臨《りん》丸でアメリカに渡った。その後，語学力を買われて幕府に仕えるようになり，文久遣欧使節に加わってヨーロッパ諸国をまわった。こうした経験をもとに，維新後は思想家・教育者として，『文明論《ぶんめいろん》之《の》概略《がいりゃく》』や『学問のすすめ』など多くの書物を著し，西洋の思想や文化を人々に紹介するとともに，近代化の必要性を訴《うった》えた。 ⑶ 1869年，東京―横浜間に約600本の電柱を建てて架線《かせん》を引き，翌70年に電信が開業した。電信は文字などを電気的な符号や信号(モールス式のものがよく知られる)に変換《へんかん》して送受信するもので，19世紀前半に欧米で発明・改良された。江戸時代末期に日本に紹介され，明治政府は軍事的な必要もあってこれを積極的に導入し，19世紀末には全国的な通信網が整えられた。さらに，海底ケーブルを敷設《ふせつ》することで海外との通信も可能となり，20世紀に入ると，それまでの有線によるものに加え，無線による通信も普及《ふきゅう》していった。

問６ ⑴ 高度経済成長期には，中学校や高校を卒業した地方の若者が，就職のために集団就職列車などで都市部に向かう光景が多く見られた。彼らの多くは中小の工場や店舗《てんぽ》などで働いたが，経営者にとっては求人難のときに安い賃金で雇《やと》うことができ，長時間の就労も可能な貴重な働き手であることから，「めったに手に入らない貴重な人材」という意味で，「金の卵」とよばれた。 ⑵ 沖縄は第二次世界大戦末期の沖縄戦で激戦地となり，戦後もそのままアメリカ軍が駐留《ちゅうりゅう》した。1972年に日本に返還されるまで，沖縄はアメリカの統治下におかれたため，「本土」から沖縄へ向かう場合や，沖縄から「本土」に向かう場合には，外国に渡るときと同様にパスポート(旅券)が必要とされた。

問７ ⑴ 輸出入品の上位に集積回路や医薬品など小型・軽量・高価な品目が並ぶＡには，関西国際空港があてはまる。輸出品の第１位が自動車，輸入品の第１位が液化ガスであるＢは中京工業地帯を控《ひか》える名古屋港で，輸出品の第１位が石油製品，輸入品の第１位が石油であるＤは京葉工業地帯を控える千葉港である。残るＣには，博多港があてはまる。 ⑵ 表２の４つの港・空港のうち，貿易金額が最も高いのは名古屋港で，近年は成田国際空港についで貿易額第２位の年が続いている。

(3)　千葉港は石油や液化ガスなどの資源・原料の輸入港としての性格が強く，輸入額が輸出額を大きく上回っている。

問８　(1)　イはプライバシーの権利，エは知る権利で，いずれも環境権などとともに新しい人権とよばれる。アは労働者の団結権，ウは居住・移転・職業選択の自由で，それぞれ社会権，自由権にふくまれる。　(2)　ア　最高裁判所長官は内閣が指名し，天皇が任命する。　イ　未成年者が被告人である刑事裁判は，家庭裁判所で行われる。　ウ　すべての裁判所は，法律が憲法に違反していないかどうかを，具体的な裁判を通して判断する違憲立法審査権をもっている。　エ　弾劾《だんがい》裁判所は，国会に設置される。

問９　(1)　平和や人権，環境などについて国際的な活動を行っている非営利の民間組織を非政府組織といい，NGOと略される。　(2)　説明文にあるとおり，国際条約の改正によって，汚れた廃プラスチックを輸出するさいには相手国の同意が必要になったことから，これまで日本の廃プラスチックを受け入れてきた国のなかにも，中国のようにこれを認めなくなる国が出てくることが予想される。そのため，国内のプラスチックごみを削減する必要性がいっそう高まっている。　(3)　国境を越《こ》えた廃プラスチックの移動は，中国国内で起こったような環境問題を世界へと広げることにつながるので，環境に悪影響を及《およ》ぼすものを，国境を越えて移動させないことが重要になる。

理　科　(40分)　＜満点：80点＞

解　答

[1]　(1)　ウ　(2)　ア　(3)　イ　(4)　**実験Ⅰ**…ア　**実験Ⅱ**…ウ　(5)　ア　(6)　ス　(7)　①　熱　②　水蒸気　③　回転　(8)　エ　[2]　(1)　エ　(2)　ウ，オ　(3)　二酸化炭素　(4)　オ　(5)　18ｇ　(6)　(例)　重そうの一部が，水に溶けやすい炭酸ナトリウムに変化したから。　(7)　オ　[3]　(1)　イ，ウ　(2)　食物連鎖　(3)　ア，カ　(4)　(例)　容易に長い距離を移動でき，浜辺の海藻に近づきやすい点。　(5)　イ，ウ，エ　(6)　(例)　魚のエサとなる生物の体内にプラスチックが含まれているとき。　(7)　(例)　ボタンエビ　(8)　(例)　海水中を運ばれていく間に，藻などが付着して重くなったから。　[4]　(1)　しん食作用　(2)　(例)　鉱物の体積変化の大きさが異なることで，温度変化によって鉱物と鉱物の間にすき間ができるから。　(3)　①　角ばって　②　大き　③　丸みを帯びて　④　小さ　(4)　イ　(5)　右の図①　(6)　(Ⅰ→)イ→ウ→エ→ア(→Ⅱ)　[5]　(1)　右の図②　(2)　①　イ　②　5　(3)　(例)　水と金属の温度が等しくなるのを待つため。　(4)　④　ウ　⑤　ア　(5)　0.2倍

図①
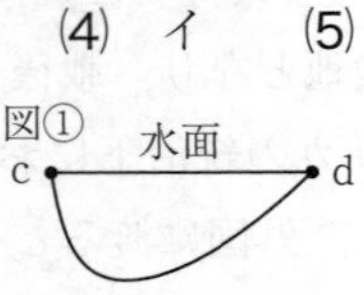

図②
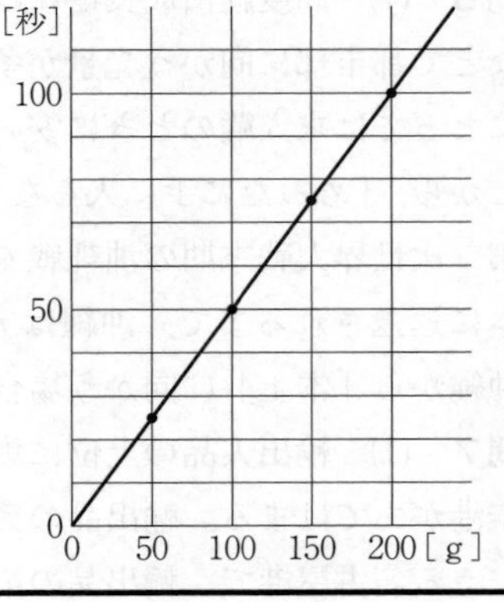

解　説

[1]　**小問集合**

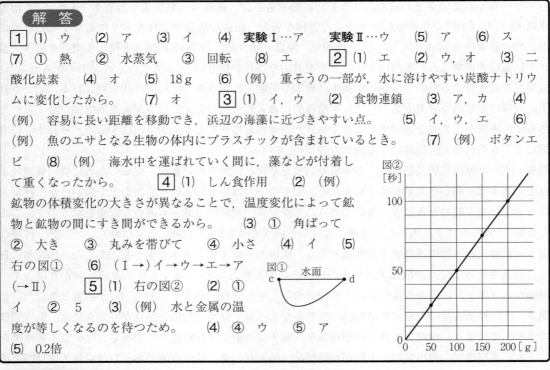

(1)　葉の上面と下面の表面積をそれぞれ葉１枚の表面積の半分とし，表にある葉の上面の気孔《きこう》の数をx（個/mm^2），葉の下面にある気孔の数をy（個/mm^2），葉１枚の表面積をz（cm^2）とすると，葉１枚あたりの気孔の数は，$x \times z \times \frac{1}{2} \times 100 + y \times z \times \frac{1}{2} \times 100 = (x + y) \times z \times \frac{1}{2} \times 100$で求められる。したがって，葉１枚あたりの気孔の数について大小関係は，$\{(x + y) \times z\}$で求められる値を比べればよい。この値は，リンゴが，（０＋290）×18＝5220，トウモロコシが，(52＋68)×800＝96000，ヒマワリが，(175＋325)×36＝18000，マメが，(40＋280)×50＝16000となるので，葉１枚あたりの気孔の数は多いものから順に，トウモロコシ，ヒマワリ，マメ，リンゴとなる。

(2)　タンポポの葉は，アのようにふちがギザギザになっている。なお，イはメマツヨイグサなど，ウはオオバコなど，エはセイタカアワダチソウなどのロゼット葉のようすに似ている。

(3)　線状降水帯は，連続して発生した積乱雲が列状に連なっているため，数時間にわたってほぼ同じ地域に強い雨を降らせる。

(4)　水は液体から固体(氷)になるとき，体積が約1.1倍に増えるので，図１では氷の上面の位置は線より上になる。また，氷が水に浮《う》いているときは，氷の重さと氷が押《お》しのけている水の重さが等しいため，氷がすべてとけると氷が押しのけていた水と同じ体積になり，水面の位置は変化しない。

(5)　アルコール温度計で液体の温度をはかるときには，温度計内のアルコールがのぼったところまで液体中に入れてはかるのが正しいと述べられていることから，温度計の目盛りは球部と液柱部分をほぼ同じ温度にしたときに正しい温度を示すようにきざまれているとわかる。水が沸騰《ふっとう》しているとき，水の温度と発生している水蒸気の温度はおよそ等しく約100℃になっている。そのため，沸騰水の温度をはかる場合は，図４のＡのようにして液柱部分が発生している水蒸気の中にある状態にしてはかるとよい。

(6)　電池Ａと電池Ｂはどちらも別の電池と並列につながれているので，電池Ａと電池Ｂのどちらか１つを外しても，スイッチを入れたときに豆電球に流れる電流の大きさは外す前と変わらない。したがって，㋐～㋒のいずれの場合も豆電球の明るさはおよそ等しい。

(7)　火力発電施設《しせつ》では，化石燃料を燃焼させて発生した熱により高温・高圧の水蒸気をつくり，その水蒸気のエネルギーを使ってタービンを回転させている。タービンは発電機につながっていて，発電機を動かすことで電気をつくっている。

(8)　小惑星《わくせい》探査機「はやぶさ２」は，打ち上げから６年を経て，小惑星リュウグウで採取した試料を入れたカプセルを，2020年12月６日にオーストラリアの砂漠《さばく》に着陸させた。

2　重そうの性質と中和についての問題

(1)　緑色になったパンケーキはアルカリ性で，酸性のレモン汁《じる》を加えると中和が起こり，その性質が中性，さらには酸性へと変化する。ムラサキイモに含《ふく》まれる成分は弱い酸性で赤むらさき色を示すため，ここではエが選べる。

(2)　(1)では，アルカリ性から酸性に変化したことで色が変化している。水酸化ナトリウム水溶液《すいようえき》はアルカリ性であり，BTB溶液を加えると青色を示す。これに酸性の塩酸を加えていくと中性をへて酸性へと変化するため，BTB溶液は黄色を示す。また，青色リトマス紙は，リトマスゴケなどから得られた色素を溶《と》かした溶液にアンモニアを少し加え，それをろ紙にしみこませたものである。そのため，これに酸性の炭酸水をかけると赤く色が変化するのは，アルカリ性から酸性になったためといえる。

⑶　石灰水を白くにごらせる気体は，二酸化炭素である。重そう（炭酸水素ナトリウム）を加熱すると，炭酸ナトリウムができるのと同時に二酸化炭素が発生する。

⑷　重そうを加熱して生じた炭酸ナトリウムは，水に溶けると重そうよりも強いアルカリ性を示す。そのため，パンケーキが加熱によって緑色になったと考えられる。

⑸　重そうは25℃の水100ｇに約10ｇまで溶けるので，100ｇの水に重そうを限界まで溶かした水溶液の重さは約，100＋10＝110（ｇ）である。よって，200ｇの水溶液に溶けている重そうの重さは，$200\times\frac{10}{110}=18.1\cdots$より，18ｇと求められる。

⑹　実験では溶け切れなかった重そうを溶かすために水溶液を温めていて，そのとき気泡《きほう》が発生している。このことから，温度が上がったことにより重そうの一部が変化して炭酸ナトリウムができ，二酸化炭素が発生したことがわかる。重そうが減り，重そうよりも水に溶けやすい炭酸ナトリウムになったために，水溶液を10℃まで冷やしても固体は出てこなかったと考えられる。

⑺　胃液には塩酸が含まれていて強い酸性を示す。これが原因で胃が痛むことがある。胃薬の中にある重そうは，胃液の酸性を中和して弱め，痛みを和らげるはたらきをする。

3　いろいろな水生生物についての問題

⑴　ミジンコは，自身よりも小さなプランクトンを食べている。ミジンコは１～２mmほどの大きさであるが，クンショウモやミドリムシは0.1mmくらいの大きさのプランクトンで，ミジンコのえさとなる。

⑵　生物の間に見られる，「食べる・食べられる」の関係によるつながりを食物連鎖《れんさ》という。

⑶　水面上を移動しながら生活するアメンボや，水面に浮かんで生活するウキクサなどが，ニューストンにあたる。

⑷　成体に比べて体の大きさが小さい幼体のハマダンゴムシは，みずから長い距離《きょり》を移動するのはむずかしく，波に乗ることで長い距離の移動を可能にしていると考えられる。このことにより，浜辺に打ち上げられている海藻《かいそう》などまで容易に達することができるようになる。

⑸　アカウミガメはは虫類，ザトウクジラとシャチはほ乳類で，いずれも体内に背骨をもつセキツイ動物のなかまである。

⑹　プラスチックはふつう生物の体内に入っても分解されないので，マイクロプラスチックを体の中に取り入れた生物の体内にはそのプラスチックが残っていることが多い。そのような生物を魚がえさとして食べると，魚の消化管内にプラスチックが入ってしまう。

⑺　水深200ｍ以上の深海に生息するベントスには，ボタンエビ，アカザエビ，タカアシガニ，ダイオウグソクムシなどがある。

⑻　ポリエチレンは，$1\,cm^3$あたりの重さが水や海水よりも軽いため，はじめは海水面に浮いた状態となっているが，海流などに運ばれていく途中《とちゅう》で藻《も》など様々なものが付着して重くなり，海底に沈《しず》んでいく。また，対流による海水の上下の動きによって海底に運ばれることも考えられる。

4　流れる水のはたらきについての問題

⑴　流れる水による岩石などの表面をけずるはたらきは，しん食作用とよばれる。流れる水には他に，土砂などを運ぶ運ぱん作用と，土砂などを積もらせるたい積作用がある。

⑵　鉱物の種類によって，温度による体積の変化の大きさが異なることで，長い年月の間に鉱物どうしの間に小さなすき間ができ，鉱物がもろくなる。さらに，そのすき間にしみこんだ水がこおる

と，氷は液体の水よりも体積が大きくなるため，岩石がくずれていく。このように，地表の岩石が日射や空気，水などのはたらきを受けて破壊《はかい》されることを風化という。

⑶　川の上流にころがっている石は，流水のはたらきをほとんど受けていないため，全体が角ばっているものが多い。川の中流で見られる岩石は，流れる水のはたらきを受けて，上流に比べ全体的に丸みを帯びている。また，運ばれる途中でぶつかり合うなどしてこわれ，大きさが小さくなっている。

⑷　最も小さな流れの速さで動き出すのは砂で，さらに速さが大きくなってからどろとれきが動き出すので，流れの速さと粒《つぶ》の大きさの関係を表すグラフは，横軸《よこじく》の中央付近にある砂のところで低くなり，その両側にあるどろとれきのところで高くなる。

⑸　川が曲がって流れているところでは，曲がりの外側で流れが速い。そのため，曲がりの外側ではしん食のはたらきが大きく，川底は深くなり，岸はがけとなる。一方，曲がりの内側では流れがおそく，土砂がたい積しやすいため，川底は浅く，岸は河原になっていることが多い。

⑹　⑸で述べたように，川が曲がって流れているところでは，曲がりの外側で岸がしん食され，曲がりの内側で土砂がたい積して河原が広がる。このようにして，長い年月の間に川の曲がり方がしだいに大きくなると，洪水《こうずい》などで曲がりの根もとの部分がつながって，曲がりの部分が三日月状に取り残され，湖や沼になることがある。このようにしてできた湖は，三日月湖とよばれる。

5　電流と発熱についての問題

⑴　水50ｇでは２分で５℃上昇《じょうしょう》しているので，温度を１℃上げるのに，２×60÷５＝24(秒)かかっている。同様に，温度を１℃上げるのにかかる時間を求めると，水100ｇでは５分で６℃上昇しているため，５×60÷６＝50(秒)，水150ｇでは５分で４℃上昇しているため，５×60÷４＝75(秒)，水200ｇでは５分で３℃上昇しているため，５×60÷３＝100(秒)となる。この結果をグラフに●で印し，●の近くを通る直線を引くと，水の重さと温度を１℃上昇させるのに必要な時間は正比例の関係であるとわかる。

⑵　⑴のグラフより，水の量が50ｇ増えるごとに温度を１℃上昇させるのに必要な時間が25秒ずつ増えている。よって，水の量が少ないほど温まりやすいといえる。また，水100ｇのときと比べると，水10ｇの温度を１℃上げるためには，$50\times\frac{10}{100}=5$(秒)かかると求められる。

⑶　水と金属のはじめの温度がちがうと，温度が何℃上昇したのかが正確にわからないので，実験を始める前に，水と金属の温度を同じにしておく必要がある。熱は温度の高い方から低い方へ移り，温度が等しくなると熱の移動が止まる。

⑷　水は電熱線から一定の割合で熱を受け取り，金属は周囲の水から熱を受け取って温度が上がっていく。一定量の水に加えられた熱の量が同じならば，水の温度の上昇も同じであるから，容器内の水は図１と図２の実験で温まり方に違《ちが》いはない。しかし，図２の(f)が示すように，図１の水200ｇだけを入れた場合に比べ，図２の水100ｇと金属100ｇを入れた場合は同じ時間での温度の上がり方が大きくなっている。これは，金属が水よりも温まりやすいためである。

⑸　水100ｇと金属100ｇの場合，５分で温度が５℃上がっているので，温度を１℃上昇させるのに必要な時間は，５×60÷５＝60(秒)である。この温度の上がり方と同じ上がり方をする水の重さは，⑵より，$10\times\frac{60}{5}=120$(ｇ)だから，金属100ｇは水，120−100＝20(ｇ)と同じ温まり方をするとわかる。⑴で述べたように，水の重さと温度を１℃上昇させるのに必要な時間は正比例の関係なので，

この金属は同じ重さの水に比べ，同じ温度だけ温度上昇が起こるために必要な時間は，20÷100＝0.2(倍)になる。

国語 (60分) ＜満点：120点＞

解答

問1　下記を参照のこと。　**問2**　**A**　オ　**B**　ウ　**C**　オ　**問3**　(例)　番組について語り合えると思っていたのに，藍琉が母親とテレビを見ていたと知り，裏切られたような気がしてさびしかったから。　**問4**　オ　**問5**　(例)　母親と一緒にテレビを観たり，推理小説のことなどを話したりしたいという期待が，動画を観るのをしかられたことで急速に失われて，失望している。　**問6**　ウ　**問7**　イ　**問8**　エ　**問9**　(例)　感想文を意識せずに本を読み，その感想を自分の言葉ですなおに表現すること。　**問10**　エ　**問11**　(例)　主人公と母親の仲がよいという設定が，今の自分と母親の関係と違い過ぎるので，いらいらしてしまうから。　**問12**　(例)　今まで自分の心の中で説明がつけられないままモヤモヤしていた気持ちを，しおり先生に言われたとおりに文章に書き出すことで整理でき，さびしかった気持ちや母親ともっと話をしたいという願いを，すなおに母親に自分の言葉で伝えたいと強く思えるようになったから。　**問13**　イ，オ

●漢字の書き取り

問1　**1**　判断　**2**　割　**3**　推理　**4**　吸　**5**　気管　**6**　荷物　**7**　再開　**8**　加減　**9**　地味　**10**　反論　**11**　毒　**12**　賛同　**13**　単行　**14**　具現　**15**　余白

解説

出典は相沢沙呼《あいざわさこ》の『教室に並んだ背表紙』による。中学生の「あたし」(あかね)は，自分の中に感じるモヤモヤをはっきりと自覚できずにいたが，司書のしおり先生とのやりとりを通じて少しだけ心の整理がつけられるようになる。

問1　**1**　あるものごとについて，どうあるべきかなどを自分の考えで決めること。　**2**　音読みは「カツ」で，「分割」などの熟語がある。　**3**　ある事実をもとに，まだ知られていないものごとをおしはかること。　**4**　音読みは「キュウ」で，「吸引」などの熟語がある。　**5**　呼吸をするために空気が通る道。　**6**　持ち運んだり，送ったりする物。　**7**　一度中断していたことを，もう一度始めること。　**8**　ここでの「加減」は，そのようなようすであるということ。　**9**　かざりけがなく，目立たないようす。　**10**　相手の意見に対して反対する意見。　**11**　「気の毒」は，かわいそうだと思う気持ち。　**12**　人の考えに賛成し，同意すること。　**13**　「単行本」は，一冊《いっさつ》の本として出版された本。　**14**　「具現化」は，考えていることや思っていることを，実際に見える形で表すこと。　**15**　字や絵などが書いてある紙の，何も書かれていない白い部分。

問2　**A**　ほぼ読書などしたことのない「あたし」は，いったん本を閉じてしまうともう一度読み始めるのがつらくて仕方ないのだから，オが選べる。　**B**　しおり先生から，次々と読書の感想を訊《き》かれた「あたし」は戸惑《とまど》っているものと考えられる。よって，ウがふさわしい。なお，「参る」には，

“降参する”“心を奪《うば》われる”など，さまざまな意味があるが，ここでは，文脈上「困ってしまった」とするのがよい。　**C**　しおり先生は「あたし」に，「課題図書だって思うと」，「内容が頭に入ってこなくなる」だろうと伝えている。つまり，堅苦《かたくる》しくされると緊張《きんちょう》して読書を楽しめなくなるだろうと言っているのだから，オがあてはまる。

問３「ネットテレビの恋愛《れんあい》リアリティーショー」を観《み》た「あたし」は，ふだんから同じ番組をチェックしているアイルー（藍琉《あいる》）と語り合おうとメッセージを送っている。しかし，母親と一緒《いっしょ》にお笑い番組を楽しんでいたため，観ていなかったという返事を見た「あたし」は，一人きりでスマホを観ているだけの自分とひきかえ，談笑《だんしょう》しながら家族で明るく過ごしているアイルーにどこか裏切られたように思い，さびしさを抱《いだ》き，彼女《かのじょ》の「返信」が「そっけないもの」に感じられたのだろうと想像できる。

問４　続く部分で，昔は両親に挟《はさ》まれながらソファでテレビを楽しんでいたが，今では誰《だれ》も観なくなり，ただの「置物」になっていると「あたし」が物さびしさを感じたことに注目する。つまり，両親がそろっていたころのリビングは家族の温かさで満たされていたが，一人きりで観なければならない今は，どこかむなしい空気がただよい，「広すぎる」場所のように思えてしまうのだから，オがふさわしい。なお，「リビングに一人でいると不安を感じ，体がすくんでしまう」といった描写《びょうしゃ》はないので，アは合わない。また，「あたし」はテレビを「ただのでかい置物」と表現しているのだから，イも正しくない。さらに，スマホの「小さい」画面と比べてリビングやテレビが大きなものに感じられたわけではないので，ウもふさわしくない。そして，「あたし」は一人ではテレビを観ないので，エも不適切である。

問５　前の部分で「あたし」は，「アイルーが観ているお笑い番組」や，しおり先生が言っていた「推理小説」に，母は興味があるのだろうかと思い，胸を膨《ふく》らませている。しかし突然《とつぜん》，携帯《けいたい》の通信料についてしかられてしまったことで，アイルーの家と同じように母と楽しくコミュニケーションを取りたいと思いめぐらしていた「あたし」の期待が，急激に失望に変わっていったのである。「あたし」の気持ちの揺《ゆ》れ動きが「風船」にたとえられていることをおさえてまとめるとよい。

問６　母親からしかられた「あたし」は，「スマホ」がなければ一人きりのさびしさを埋《う》められないから，携帯の料金が高くならざるを得なかった，つまり，「あたし」は，母親がしっかり自分と向き合ってくれたならこんなことにはならなかったと言いたいはずだが，自分の言葉でどう伝えてよいかがわからず，もどかしさに苦しんでいる。結果的にひどい悪態をつくだけで，思いを何一つ母親に伝えられなかった自分に対する苛立《いらだ》ちや後悔《こうかい》から，「あたし」は「怪獣《かいじゅう》みたいに不細工な声をあげ」たのだろうと推測できる。よって，ウが選べる。

問７　以前の「あたし」は，「モヤモヤ」しながらもみんなと一緒に三崎さんを嗤《わら》っていたが，今は彼女を嗤う「アイルーを見てい」る。つまり，三崎さんを嗤いものにすることへの違和感《いわかん》を伝えたいと思いながらも，やはり言葉で表現できずにいた「あたし」に対し，その思いを計りかねたアイルーには，ふだんとはちがって自分を眺めてくるそのようすが「不思議」に思えたのだろうと考えられる。よって，イが選べる。

問８「他の生徒が『ボツ』にして捨てた感想文」を自分のものとして提出しようと考えていた「あたし」の不正を見ぬいたしおり先生は，「自分のすすめる面白《おもしろ》い本」を読んだら，その感想文がどの課題図書のものかを教えてあげるという約束をしている。「生徒の不正を手伝う」のだから，秘密が周囲にもれないように，二人で「密談」しなければならないだろう。

問９　「あたし」が読んだ本は，課題図書の中の一冊であり，しおり先生は彼女に感想を話させている。しおり先生は「あたし」に対し，「もう課題図書を読み終え」，自分に「たくさん感想を話している」と伝えている。また，しおり先生の「読書って，感想文を書くために読むものじゃないものね」や「あかねちゃんが抱いた，あかねちゃんだけの言葉だよ」という言葉に注意する。しおり先生は，「あたし」が自由に読書をし，その感想を自分の言葉で表現することを望んでいると考えられる。

問10　続く部分で，「自分の気持ちや感情に説明がつけられ」ずに「モヤモヤ」してしまうときは「自分の気持ちをノートに書く」と，しおり先生が話していることをおさえる。「自分の心」を整理することで「モヤモヤの正体が見え」て「誰かに伝えることができるようになる」が，読書感想文は「その練習になる」というのである。この内容をエで最もよく言い表している。なお，イは「思い通りに相手を動かせるようになる」という部分が合わない。

問11　続く「あたし」のせりふから，「最後の短編」は主人公の女の子が母親と仲のよい設定で描かれていたことがわかる。物語の登場人物に，「仕事が忙しくて，いつも家に」いない母と，独りさびしくすごさなければならない自分の境遇《きょうぐう》を重ね，ねたましさから「短編」を受け入れられなかったものと想像できる。

問12　はじめ，「あたし」は自分の気持ちをしっかりととらえることができず，どう表現したらよいかもわからずにいた。しかし，しおり先生の機転によって，はからずも読書感想文の練習をしたことを通じ，不安を抱きながらも自分の思いを伝えようと一歩踏《ふ》み出せるようになったのである。最後の場面に「大丈夫，少しだけ，自分の気持ちのこと，整理できたような気がする」とあるとおり，今まで母親に伝えることができなかった，孤独な自分の気持ちや日常の話などを母親に聞いてほしいという願いを，「あたし」が伝えようとしている点について，はじめの状況《じょうきょう》と対比させつつまとめるとよい。

問13　「まぁ，ないなぁ，って思っちゃうけど」や「そう，ちょっと信じらんないかもしれないけど～」は，「あたし」が積極的な性格であることを示すものではない。よって，イは合わない。また，本文では「涙《なみだ》」という表現を使用せずに，それまで「モヤモヤ」したものとしか感じられなかった「さびし」さに「あたし」が気づいたようすを表現している。よって，オも正しくない。

2021年度　駒場東邦中学校

〔電　話〕(03) 3466－８２２１
〔所在地〕〒154-0001　東京都世田谷区池尻４－５－１
〔交　通〕京王井の頭線―「駒場東大前駅」より徒歩10分
東急田園都市線―「池尻大橋駅」より徒歩10分

【算　数】(60分)〈満点：120点〉

1　(1)　次の計算をしなさい。

$$\left\{(6.7-1.26)\times\frac{25}{14}-65\div7\right\}\div\left(1\frac{1}{2}\div1.47-1\right)$$

(2)　１辺の長さが10cm の正方形と半径が10cm のおうぎ形２つを組み合わせて右の図を作りました。斜《しゃ》線部の面積を求めなさい。ただし，円周率は3.14とします。

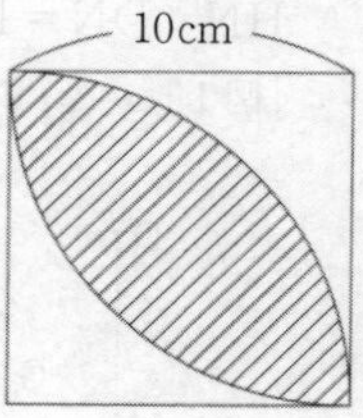

(3)　右の図は３けたの整数と４けたの整数の足し算をあらわしています。１つの文字には１つの数字が対応し，同じ文字には同じ数字が入り，別の文字には別の数字が入ることとします。

この計算が成り立つような３けたの整数「NEW」で最も大きい数を求めなさい。

$$\begin{array}{r} \mathrm{N\ E\ W} \\ +\ \mathrm{Y\ E\ A\ R} \\ \hline 2\ 0\ 2\ 1 \end{array}$$

(4)　Aを１より大きい整数とします。１からAまでのすべての整数を書いたとき，書いてある数字の１の個数を＜A＞とあらわします。例えば$A=19$のとき＜19＞＝12です。＜199＞と＜2021＞をそれぞれ求めなさい。

(5)　４つの正方形を辺にそってつなげてできる図形は，右の図のように５種類あります。ただし，回転させたり，裏返ししたりして重なるものは同じ図形とみなします。右の図では正方形が

［１］　１列に４個

［２］　１列に３個

［３］　１列に２個

というつながり方ごとにグループ分けをしてあります。これを参考にして，次の問いに答えなさい。

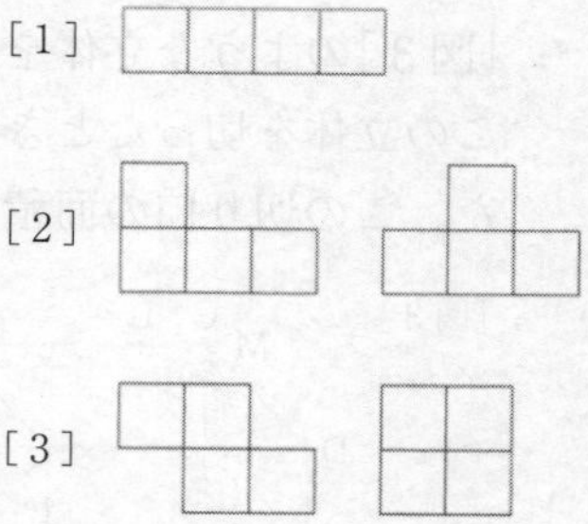

①　５つの正方形を辺にそってつなげたとき，正方形が１列に３個つながっている図形は何種類できますか。

②　５つの正方形を辺にそってつなげてできる図形は，全部で何種類ありますか。

2　８段の階段があります。Ａ君は階段の一番下にいて，１回で１段か２段(１段飛ばし)か３段(２段飛ばし)のいずれかで階段を上がります。

(1)　Ａ君が４段目まで上がる階段の上がり方は，全部で何通りありますか。

(2)　Ａ君が６段目まで上がる階段の上がり方は，全部で何通りありますか。

(3)　Ｂ君が階段の一番上にいて，１回で１段か２段か３段のいずれかで階段を下ります。Ａ君とＢ君の移

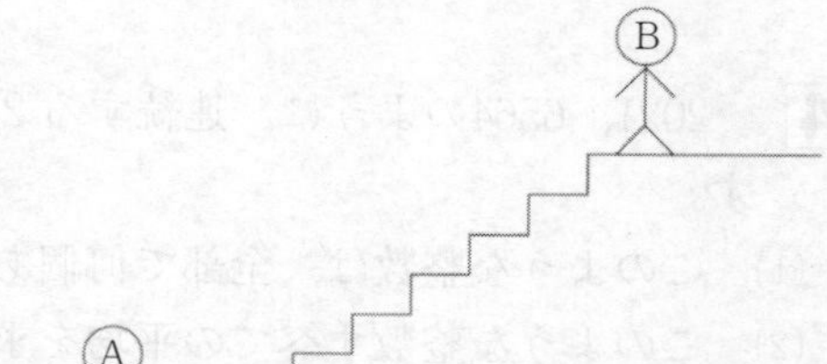

動は同時に１回ごとに行います。このとき，

①　２回目の移動で２人が同じ段で止まる動き方は，全部で何通りありますか。

②　２人が同じ段で止まる動き方は，全部で何通りありますか。

3　立方体 ABCD-EFGH があり，［図１］のように辺を１：３の比に分ける点をとります。すなわち AI：BI＝1：3，AJ：DJ＝1：3，AK：EK＝1：3，CL：BL＝1：3，CM：DM＝1：3，HN：DN＝1：3です。

［図１］

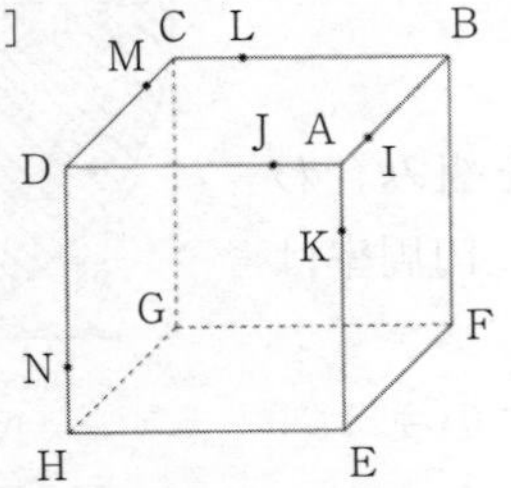

［図２］

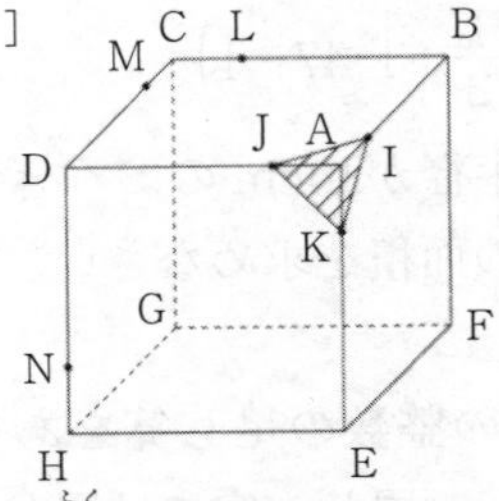

この立方体を，３点Ｉ，Ｊ，Ｋを含《ふく》む平面で切ったときの切り口は［図２］の斜《しゃ》線部のようになります。この切り口の面積をSとします。

(1)　この立方体を３点Ｌ，Ｍ，Ｎを含《ふく》む平面で切ったときの切り口の面積をTとします。SとTの比S：Tを求めなさい。

(2)　立方体 ABCD-EFGH と同じ大きさの立方体を４つ使って，縦と横の長さが２倍の直方体を作り，その上に，接する２つの面の対角線がそれぞれ重なるように［図１］の立方体をのせた，［図３］のような立体を作りました。上にのせた［図１］の立方体の３点Ｌ，Ｍ，Ｎを含《ふく》む平面で，この立体を切ったときの切り口を，［図２］を参考にして解答用紙の図に斜《しゃ》線で示しなさい。また，この切り口の面積をUとしたとき，SとUの比S：Uを求めなさい。

［図３］

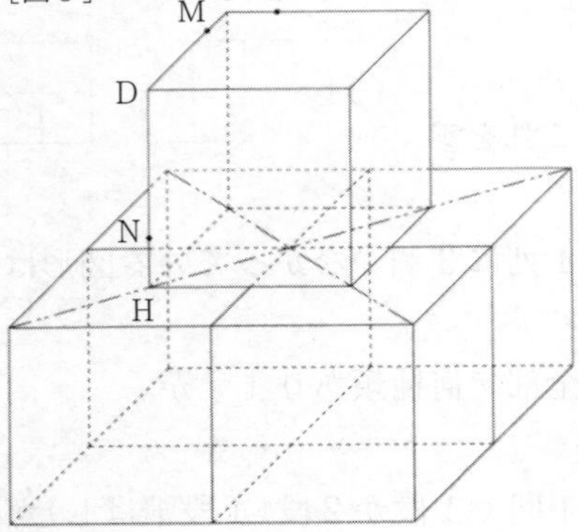

4　2021，6564のように，連続する２つの２けたの整数を並べてできた，４けたの整数を考えます。

(1)　このような整数は，全部で何個ありますか。

(2)　このような整数すべての平均を求めなさい。

(3)　このような４けたの整数のうち，47の倍数をすべて求めなさい。

【社　会】（40分）〈満点：80点〉

次の文章を読んで，各問いに答えなさい。

> 停滞《ていたい》する梅雨前線の影響《えいきょう》で大雨が続いた九州北部では，河川の氾濫《はんらん》や浸水《しんすい》などが発生した。住民は不安を抱《かか》えながら避難所《ひなんじょ》に身を寄せ，自治体の防災担当者は慌《あわ》ただしく対応に追われた。福岡県のある自治体では，災害対策本部に「どの避難所に行けばいいか」などの問い合わせが相次いだ。市の防災担当者は「とにかく状況《じょうきょう》を把握《はあく》して，住民に情報を発信しなくてはいけない」と語った。
>
> 東京都のある区では，新型コロナウイルスに感染し自宅療養《りょうよう》している人に対して，食品を中心に生活必需品《ひつじゅひん》１週間分をまとめた「支援《しえん》物資セット」の配送を始めた。保健所の職員が直接自宅まで配達し，完治するまで毎週届け，自宅療養者の生活を支援する。自宅療養者が出歩く必要をできる限りなくすことで，地域の安心にもつなげたいとしている。
>
> （日本経済新聞2020年７・８月に掲載《けいさい》の記事をもとに作成）

上の新聞記事からは，災害発生時や感染症《しょう》防止対策のときに，地方自治体の人たちが重要な役割を果たしていることがわかります。

自治体では，地域の人たちが安心して生活できるように①災害のときだけではなく，日ごろからいろいろな仕事をしています。道路や橋の修復工事，電気や下水道設備の管理を担当する部署があり，家庭のごみを集めてリサイクルしたりするなど，②地域の環境《かんきょう》整備のための仕事もしています。

子どもが生まれたり，引っ越《こ》しをしたりしたら，自治体の役所に届け出る必要があります。市民課ではこうした情報をもとに住んでいる人たちの詳《くわ》しい情報，例えば人口・世帯数などを更新《こうしん》し，把握しています。こうした情報が，例えば災害や公衆衛生対策の基本情報として役立つように，③正確に記録を残すことも大切な仕事です。

④急に深刻な病気になったときの救急車や火災時の消防車の出動は，住民の安全な暮らしに欠かせません。地域内の小中学校の校舎を整備し，⑤地域の農産物を活用して学校給食の献立《こんだて》を考えることも主に自治体が担っています。観光課では，⑥来日した外国人が困らないように，多言語での観光案内パンフレットを作ったりしています。

こうした仕事はすべて地域に住み，またその地域を訪《おとず》れる人たちが安心してすごせるよう，「みんな（公共）」のために必要です。⑦公共のために必要なお金を税金という形で集め，困った人がいたら助け合う仕組みによってみなさんの生活は支えられています。

問1　下線部①に関して。次の**図1**のような，都道府県や自治体が作成するハザードマップが示す情報について述べた**A**～**C**の文の正誤の組み合わせとして正しいものを**ア**～**キ**から１つ選びなさい。

図1

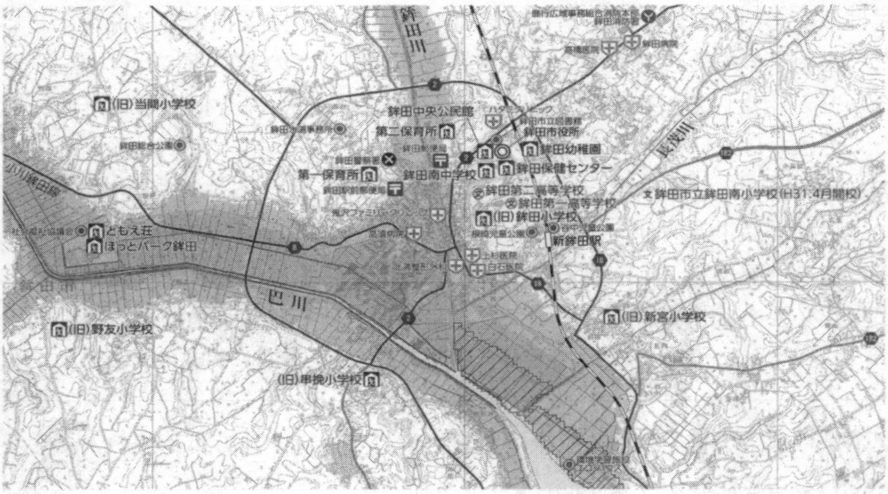

（「鉾田《ほこた》市ホームページ」より）

A　地域や場所による自然災害の危険の程度や被害《ひがい》が及ぶ範囲《はんい》を示している。

B　地震《じしん》や火山噴火《ふんか》の場合は，災害が発生する時期を予測して示している。

C　避難所や防災施設《しせつ》がある場所が示され，そこまでの経路を確認できる。

ア　**A**：正しい　**B**：正しい　**C**：正しい
イ　**A**：正しい　**B**：正しい　**C**：誤り
ウ　**A**：正しい　**B**：誤り　**C**：正しい
エ　**A**：正しい　**B**：誤り　**C**：誤り
オ　**A**：誤り　**B**：正しい　**C**：正しい
カ　**A**：誤り　**B**：正しい　**C**：誤り
キ　**A**：誤り　**B**：誤り　**C**：正しい

問2　下線部②に関して。東京・大阪・名古屋といった大都市とその周辺地域の自治体の多くは，高度経済成長の時代（1950年代中頃《なかごろ》から1973年まで）に，生活環境が悪化したことによって生じた様々な深刻な問題に取り組んできました。そうした問題の一つが河川の水質の悪化です。例えば，大都市とその周辺地域では，家庭用洗剤《せんざい》の流入により，次のページの**図2**のような河川の水質の悪化という問題が生じましたが，そうした問題はどうして生まれたのでしょうか。**図3と図4をふまえて**説明しなさい。

図2　1970年代初頭の多摩《たま》川。家庭用洗剤が原因で泡《あわ》だっている。

〔編集部注…ここには，家庭用洗剤をふくむ水が流れこみ，水面が大きく泡だっている多摩川のようすを写した写真がありましたが，著作権上の問題により掲載《けいさい》できません。〕

図3　東京・大阪・愛知の三大都市圏《けん》への転入者数と転出者数の差の推移

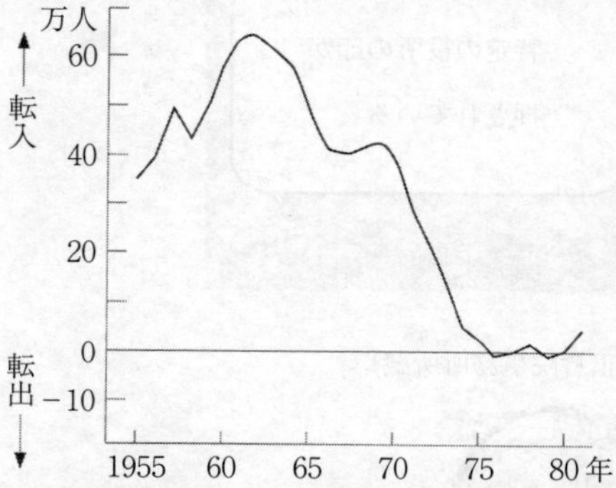

（注）　総務庁統計局『住民基本台帳人口移動報告年報』により作成

（吉川洋『高度成長』より）

※転出者数の方が多いとマイナスになる

図4　大阪府吹田《すいた》市・豊中《とよなか》市に造成された千里《せんり》ニュータウン（1960年代初頭）

（千里ニュータウン情報館のホームページより）

問3　下線部③に関して。日本の律令《りつりょう》国家は，それぞれの役所が作った公文書をもとに政治を行っていました。公文書の存在は，行政の記録のために重視され，様々な形で大切に保管されました。

図5も**図6**も，文書に特定の役所の朱印《しゅいん》（はんこ）が押《お》されています。このような印は，これらの役所が認めた正式な文書であるという証明になります。その中でも特に**図6**は，同じ印が，文字の上に重なるようにすき間なく繰《く》り返し押されています。その理由を説明しなさい。

図5　772年の公文書（国所蔵，文化庁保管）

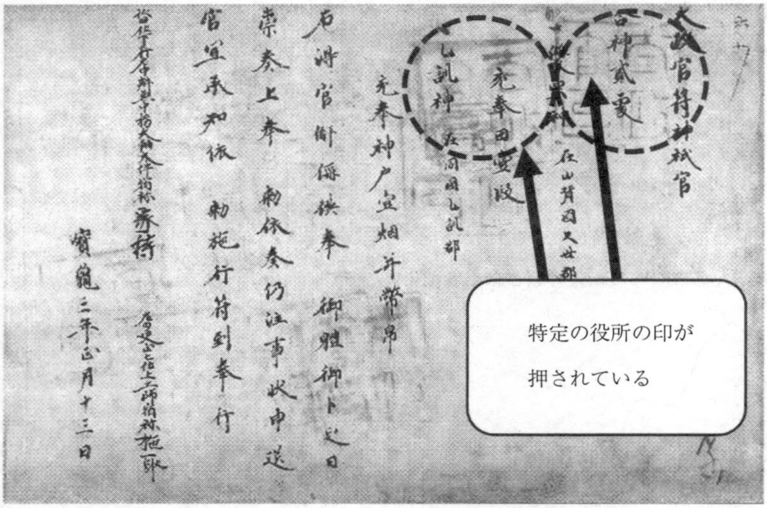
特定の役所の印が
押されている

図6　702年に作られた※戸籍《こせき》（宮内《くない》庁正倉院事務所所蔵）

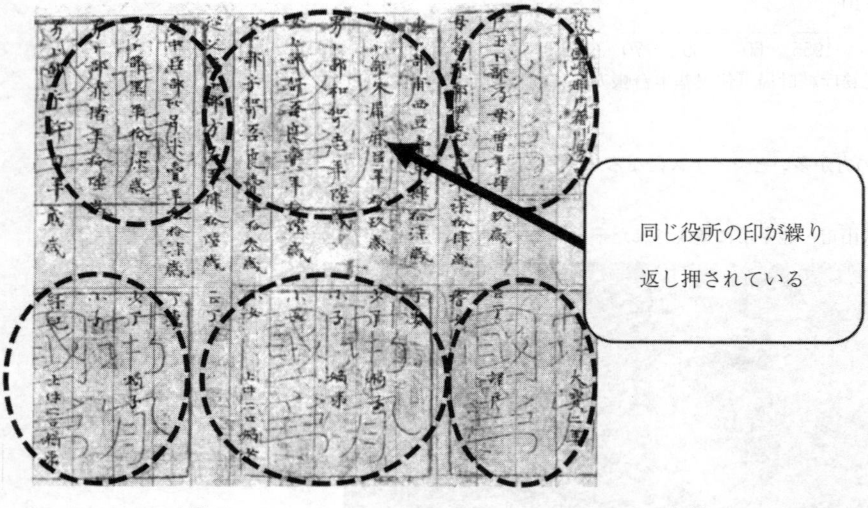
同じ役所の印が繰り
返し押されている

※戸籍：住民の年齢《ねんれい》，性別，家族構成，税負担の有無などが記された帳簿《ちょうぼ》

問4　下線部③に関して。歴史資料には，内容をいつわったものも存在します（これを偽文書《ぎもんじょ》と呼びます）。教科書に長らく紹介《しょうかい》された資料も，その後の新たな研究によって偽文書であることがわかり，取り下げられることもあります。

以下の**史料1**は，将軍が徳川家光のときに江戸幕府が全国の村に対して出した「慶安《けいあん》御触《おふれ》書《がき》」という名前でかつては知られていましたが，現在では家光のときに幕府が出したおきてではなかったとされています。

史料1　かつて「慶安御触書」と呼ばれていたもの

（省略したり，わかりやすく改めてある。）

一．幕府を敬い，幕府の役人らを大切にし，また，村の長や村役人を本当の親と思うようにしなさい。

一．村の長や役人は，幕府の役人らを大切に思い，年貢《ねんぐ》をきちんと納入し，幕府に背《そむ》かず，村の百姓《ひゃくしょう》らの生活をよくしていくようにしなさい。

一．朝起きをし，朝草を刈《か》り，昼は田畑の耕作にかかり，晩には縄《なわ》をない，俵《たわら》をあみ，いつでもそれぞれの仕事を油断なく行いなさい。

一．食べ物を大切にして，麦・あわ・ひえ・大根などを食べ，米をやたらに食べないこと。

一．年貢さえ納めれば，百姓ほど気楽な仕事はない。よく心得て働きなさい。

資料1　「慶安御触書」が成立した流れ

1697年　甲斐国《かいのくに》（現在の山梨《やまなし》県）の藩《はん》の家臣が「百姓身持之諸覚書《ひゃくしょうみもちのしょおぼえがき》」を書いた。

1758年　下野国《しもつけのくに》（現在の栃木《とちぎ》県）の領主が「百姓身持之諸覚書」をもとに本を作り，領内の村に配布した。

1799年　幕府の政治に関わる学者が江戸幕府の歴史書の編さんを提案した。

1830年　美濃国《みののくに》（現在の岐阜《ぎふ》県）の領主が「百姓身持之諸覚書」の内容で本を作り，「慶安御触書」と題をつけて発行した。出版は幕府の政治に関わる学者の主導で行った。これ以降，多くの領主が「慶安御触書」を作り，自らの領内で広めた。

1843年　江戸幕府公認《こうにん》の歴史書が完成した。その中の「慶安2（1649）年に出された幕府の命令」の中に「慶安御触書」がのせられた。

1878年　明治政府の法律部門が，江戸幕府が出した命令を整理・編さんした書籍《しょせき》を発行した。そこに，幕府が各地域の村に出した命令として「慶安御触書」がのせられた。

資料2　偽文書に対する歴史研究者の言葉

（省略したり，わかりやすく改めてある。）

「偽文書の中には，本物とされる文書からだけではなかなかとらえることができない，当時の人々の意識・習わしが姿を現している。その点にも目を向けなければならない」（網野善彦による）

「偽文書をめぐる研究は，単に本物か偽物《にせもの》かを調べるものではない。これまでの歴史資料の研究成果を受け継《つ》ぎながら，それぞれの偽文書が資料の中でどのような役割を担ったのかが検討されるようになり，歴史資料の研究そのものが新しくなった」（及川亘による）

(1)　波線部「徳川家光」が将軍だったころの政治・外交に関する内容として適切なものを**ア**～**エ**から1つ選びなさい。

ア　幕府が出した武家諸法度《はっと》の中に，参勤交代の制度を盛り込《こ》んだ。

イ　スペイン船の来航を，長崎《ながさき》の出島に限定した。

ウ　幕府役人だった大塩平八郎が起こした抗議《こうぎ》活動を厳しく弾圧《だんあつ》した。

エ　商人に貿易許可証を出し，東南アジアの各地に日本町を作らせた。

(2)　**資料1**は「慶安御触書」が成立した流れをまとめたもの，**資料2**は偽文書に対する歴史研究者の言葉をまとめたものです。**資料1**と**資料2**から考えられることについて述べた**A**・**B**の文の正誤の組み合わせとして正しいものを下の**ア**～**エ**から１つ選びなさい。

A　「慶安御触書」は地方で作られたが，その後になって幕府や明治政府が編さんした本に組み入れたことで，幕府が出したおきてとして広く知られるようになった。

B　偽文書が作られた目的や当時の社会のようすを調べることで，歴史のできごとについて新しい見方ができる。

ア　**A**：正しい　**B**：正しい　　**イ**　**A**：正しい　**B**：誤り

ウ　**A**：誤り　　**B**：正しい　　**エ**　**A**：誤り　　**B**：誤り

問5　下線部③に関して。平安時代の半ば以降から，貴族や僧侶《そうりょ》たちは日記をつけるようになりました。**史料2**は平安時代後半の貴族の日記，**史料3**は室町時代の僧侶の日記です。

史料2　『※1小右記《しょうゆうき》』寛仁《かんにん》2（1018）年6月

（省略したり，わかりやすく改めてある。）

＜6月4日＞

※2宰相《さいしょう》が来て「今朝，大殿《おおとの》のところに行ってきました。大殿は最近の日照りについて嘆《なげ》いていました。各地方の※3国司たちが『日照りによって今年は朝廷《ちょうてい》に税などを納めることができません。日照りによる不作で収入が減り，私自身の命すら危《あや》うい状態です。しかし，大殿と※4摂政《せっしょう》殿へ納めるお金は，できる限り出したいと思います。その他の大臣たちへ納めるお金は出すことができません』と申しております。」と言ってきた。

＜6月5日＞

昨日，日照りによる災害により，※5左右獄《さうごく》に入っている囚人のうち，罪が軽い者は罪を免《めん》じたという決定がなされたそうだ。

※1　小右記：筆者は朝廷の重要な政治に参加していた貴族の藤原実資《さねすけ》である。

※2　宰相：朝廷の役職の一つ。

※3　国司：地方を治める役人の最上位。

※4　摂政：このとき摂政についていたのは「大殿」の息子であった。

※5　左右獄：都の刑務所《けいむしょ》のこと。

史料3　『※6満済准后日記《まんさいじゅごうにっき》』永享《えいきょう》6（1434）年6月

（省略したり，わかりやすく改めてある。）

＜6月3日＞

中国との貿易の件について，このたびの幕府の方針は，※7将軍が※8中国皇帝《こうてい》の手紙に拝礼《はいれい》しないことをあらかじめ決めていた。しかし中国からの使者が「かつて鹿苑院《ろくおんいん》殿《どの》はひざまずいて3度拝礼していました。このたび拝礼がなかったら私たちは帰国後皇帝の怒りを買い罰《ばっ》せられてしまいます。せめて1度だけでも拝礼していただけませんか」と頼《たの》んできた。私(満済)は先日，拝礼に強く反対をしていたが，これら使者の話を聞いて，「彼らの抱える事情をくみ取ることは大切です」と将軍に助言した。この意見をうけて，幕府としては「２度拝礼する案なら問題ないのではないか，ただし関白や前摂政からも意見を聞いた方が良い」という結論になった。

＜６月５日＞

中国皇帝の手紙に拝礼する件は，関白の意見も取り入れて，立ったまま２度拝礼することになった。

※６　満済：室町幕府６代目将軍の足利義教《よしのり》に仕えた僧侶で，将軍の秘書役をつとめた。

※７　将軍：室町幕府６代目将軍の足利義教のこと。

※８　中国皇帝の手紙に拝礼する：中国と交流するための儀式《ぎしき》の一つ。中国皇帝の家来という立場をとり，頭を下げて手紙を受け取ること。

(1)　**史料２**の波線部「大殿」は，最終的に４人の娘を天皇のきさきにするなどして大きな権力をにぎった人物としても知られています。この人物の名を答えなさい。

(2)　**史料３**の波線部「鹿苑院殿」は，金閣がある「鹿苑寺」にゆかりがある将軍を指しています。この人物の名を答えなさい。

(3)　**史料２**，**史料３**のような日記を読むことが歴史の研究にとって大切な理由について述べた以下の文章の，(**A**)に入る内容を考えて答え，(**B**)の内容にあてはまるものを下の選択《せんたく》肢《し》**ア**～**エ**から１つ選びなさい。

史料２，**史料３**が書かれた時期に注目して下の**表１**を見ると，これらの日記は(　　**A**　　)時期のものである点で共通しており，**史料２**，**史料３**の内容に注目すると，これらの日記は(　　**B**　　)がわかるものである点で共通している。

表１　朝廷や幕府が中心となって編さんした歴史書

歴史書の名前	対象となる時期(年)	成立年	編さんの中心勢力
日本書紀《にほんしょき》	～697	720	朝廷
続日本紀《しょくにほんぎ》	697～791	797	朝廷
日本後紀《にほんこうき》	792～833	840	朝廷
続日本後紀《しょくにほんこうき》	833～850	869	朝廷
日本文徳天皇実録《にほんもんとくてんのうじつろく》	850～858	879	朝廷
日本三代実録《にほんさんだいじつろく》	858～887	901	朝廷
吾妻鏡《あずまかがみ》	1180～1266	14世紀初め	鎌倉幕府
徳川実紀《とくがわじっき》	1542～1786	1843	江戸幕府

(**B**)の選択肢

ア　朝廷や幕府が集めた税の内容

イ　日本や外国で行われた刑罰の内容

ウ　政治や外交がどのようなやりとりで進められたか

エ　天皇や将軍がどのような命令を民衆に出していたか

問6　下線部④に関して。以下を読み，(1)～(4)の設問に答えなさい。

日本の公的な医療保険制度（概要《がいよう》）

- すべての国民が加入する。国民は保険料を負担する。
- 病院では医療費の一部を本人が支払《しはら》い，残りは税金と保険料によって支払われる。
- 収入がない（少ない）場合など，保険料の負担が免除《めんじょ》されることがある。

事例

駒場《こまば》さん：今までまじめに働いてきましたが，突然《とつぜん》重い病気になってしまいました。しばらく入院していて働けなかったうえに，会社の売り上げも落ちて失業しました。

会話文

池尻《いけじり》さん：小さいころから風邪《かぜ》もひかないくらい健康で，毎日元気に働いているよ。自分で苦労して稼《かせ》いだお金なのに，税金や保険料を支払うのって，なんだか損している気分だよ。税金や保険料を払っていない人もいて，不公平だ。みんな平等に支払うべきだし，そもそも保険料は病気になりそうな人だけが支払えばいいんじゃないの？

大橋さん：国民には，子どもに教育を受けさせる義務，（　A　）義務だけではなく，納税の義務があるんだよ。それに，税金や国の医療保険の保険料には，社会的な意義もあるんだ。例えば，池尻さんのような人が負担している保険料や税金によって，（　　B　　）という意義がある。さらに，日本国憲法に示されている，すべての国民が健康で文化的な生活を営む権利を保障することにもつながっていくんだ。

(1)　（A）にあてはまる語句を，2文字で答えなさい。

(2)　（B）にあてはまる内容を，冒頭の文章の内容や，上記の医療保険制度の概要，事例と会話文をふまえて説明しなさい。

会話文（続き）

池尻さん：今回の新型コロナウイルス対策では，病院の受け入れ体制が間に合わないことも問題になったね。

大橋さん：誰《だれ》でも病気になって困る可能性はあるよね。国民の命に関わることだから，しっかり取り組むべきだけれど，財源には限りがあるから，いろいろな視点から考えていくことが大切だね。

池尻さん：すべての国民が安心して健康に暮らせるように，国が今後，医療環境をより充《じゅう》実《じつ》させるべきだという立場に立つのであれば，どんな政策があるのかな。例えば（　　C　　）という政策が，その具体例だね。

大橋さん：一方で福祉《ふくし》や教育などの重要な政策もあるし，日本の国の財政が，支出に対して税収が少なくて大変だという話も聞くよ。そのために，医療に関する国の支出を抑《おさ》える立場の意見だと（　　D　　）という政策が支持されると思うよ。

池尻さん：いずれにしても，政治にみんなの意見を届けることが重要だね。ところで，**表2**を見ると，18歳《さい》以上から20代と30代では，全体に比べて，国民の意見が政策に「反映されていない」と少し不満に思っているようだね。

大橋さん：**表3**によると，どうすれば国民の意見がより反映されると思うかを聞いたところ，全体では（　　E　　）という回答が最も多い。確かに，政策の提言・実行者の行動は大切だよね。年代別に見ると，18歳以上から20代と30代では，（　　F　　）という回答が最も多い。でも，政治に不満を感じているならば，政治に対して自分たちが持つ権利をふまえて，（　**G**　）のように具体的に行動することが必要だ。それなのに，この世代で（　**G**　）という回答が全体と比べても少ないのは，残念ながら**表4**の現状を反映しているんじゃないかな。自分たちの意見をより政治に届けたいなら，僕らも含めて，若い世代がもっと当事者意識を持つべきだと思うよ。

表2　「国の政策に国民の考えや意見が反映されていると思うかどうか」に対する回答

	かなり反映されている	ある程度反映されている	反映されている(小計)	あまり反映されていない	ほとんど反映されていない	反映されていない(小計)
全体	1.5%	28.8%	30.3%	52.9%	13.5%	66.4%
18歳～20代	0.9%	28.4%	29.3%	56.4%	11.7%	68.1%
30代	1.0%	23.7%	24.7%	59.1%	14.6%	73.7%

※「わからない」という回答もあるため合計は100%にはならない。

出典：内閣府「社会意識に関する世論調査」平成29年度より作成

表3　「どうすれば国民の意見がより反映されると思うか」に対する回答(主なもの)

	（　**E**　）	（　**F**　）	（　**G**　）
全体	25.8%	23.4%	16.0%
18歳～20代	22.9%	27.3%	14.7%
30代	22.2%	25.0%	12.3%

※その他の選択肢や「わからない」という回答もあるため合計は100%にはならない。

出典：内閣府「社会意識に関する世論調査」平成29年度より作成

表4　衆議院選挙における投票率の推移

	平成24年	平成26年	平成29年
全体	59.32%	52.66%	53.68%
10代	－	－	40.49%
20代	37.89%	32.58%	33.85%
30代	50.10%	42.09%	44.75%

出典：衆議院選挙年代別投票率推移(総務省)より作成(※10代に関しては平成29年の数値のみ)

(3)　(**C**)にあてはまる政策例として適切なものを**ア**～**オ**から**すべて**選びなさい。**ア**～**オ**の政策例は**C**と**D**のいずれかにあてはまるものとします。

ア　専門的な知識をもって医療に従事する人を増やすため，養成機関を充実させる。

イ　病気を防ぐ観点から，健康づくりや生活習慣見直しの広報活動を積極的に行う。

ウ　医療分野に従事している企業《きぎょう》に対して，より多くの助成金を出す。

エ　すべての人に対し，病院で本人が負担する医療費の割合を高くする。

オ　保険料を免除する基準を厳しくし，より多くの人に保険料を負担してもらう。

(4)　文中及び**表3**の(**E**)と(**G**)にあてはまる内容として適切なものを**ア**～**エ**から1つずつ選びなさい。

ア　国民が国の政策に関心を持つ

イ　政治家が国民の声をよく聞く

ウ　マスコミが国民の意見をよく伝える

エ　国民が選挙のときに自覚して投票する

問7　下線部⑤に関して。次の**図7**は，国土地理院発行の２万５千分の１地形図「関谷《せきや》」の一部を示したものです。ここは那須野《なすの》が原《はら》(那須高原)という，火山の山麓《さんろく》に広がり，酪農《らくのう》と様々な高原野菜の栽培《さいばい》が行われている地域です。**図7**を見て，(1)～(4)の設問に答えなさい。

図7

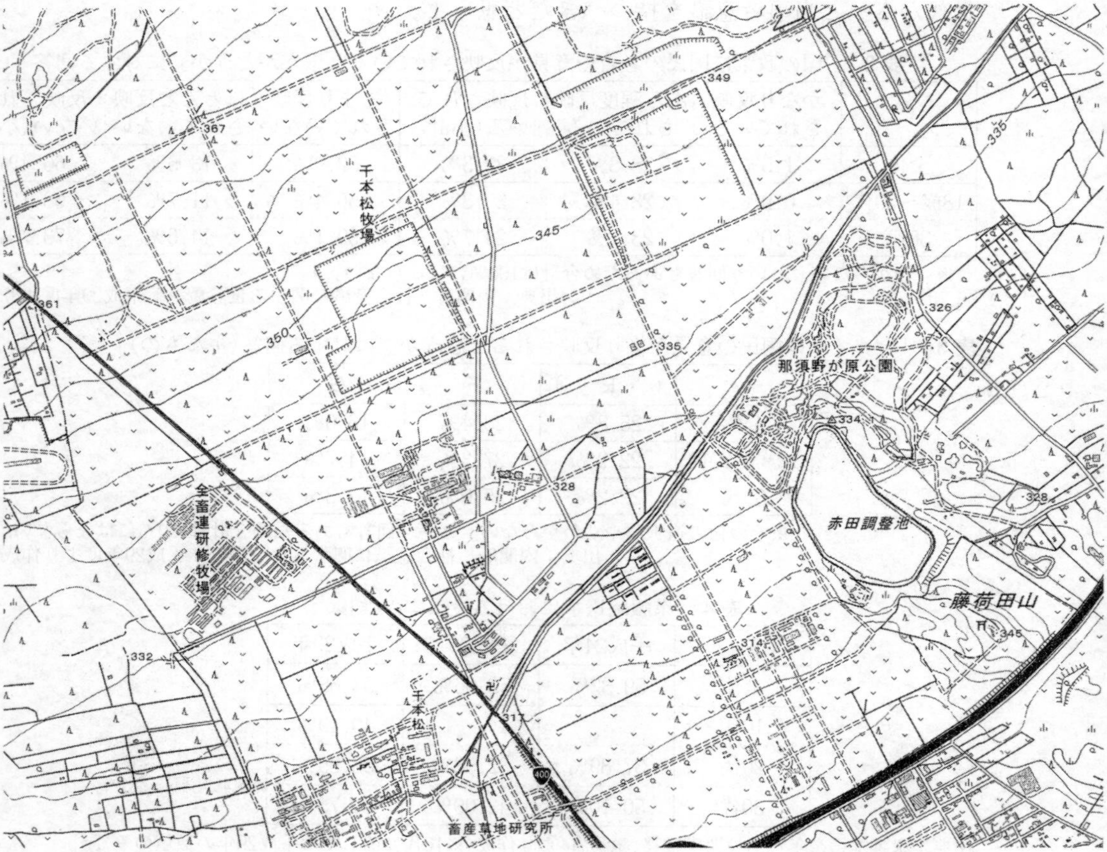

(1)　次の**表5**は，代表的な高原野菜について，2018年に収穫量(ｔ)が多かった都道府県を上位5位まで示しています。**表5**中の**A**にあてはまる都道府県名を答えなさい。

表5　代表的な高原野菜の収穫量が多い都道府県上位5位(2018年)

はくさい		
順位	都道府県	収穫量(ｔ)
1	茨城	236,200
2	長野	225,800
3	**A**	32,700
4	北海道	25,900
5	栃木	24,400

キャベツ		
順位	都道府県	収穫量(ｔ)
1	**A**	276,100
2	愛知	245,600
3	千葉	124,900
4	茨城	109,500
5	鹿児島	75,800

レタス		
順位	都道府県	収穫量(ｔ)
1	長野	208,900
2	茨城	89,800
3	**A**	46,000
4	長崎	33,800
5	兵庫	28,900

(矢野恒太記念会『2020 データでみる県勢 第29版』より作成)

(2)　この那須野が原や長野県の野辺山《のべやま》高原などは，高原野菜の栽培とともに酪農もさかんです。一般《いっぱん》に同じ地域の中に家畜《かちく》を飼育する牧場があると，野菜などの生産をする上で役に立つことがあります。それはどのようなことか説明しなさい。

(3)　那須野が原は火山の山麓のやせた土地で，江戸時代まではほとんど利用されなかった荒《あ》れ地でしたが，明治時代以降に開発が進み，農業や酪農のさかんな地域に発展しました。この地域の開発が進む要因となった明治時代の建設事業を**ア**～**エ**から１つ選びなさい。

ア　堤防《ていぼう》が建設されて開発が進んだ。

イ　用水路が建設されて開発が進んだ。

ウ　飛行場が建設されて開発が進んだ。

エ　発電所が建設されて開発が進んだ。

(4)　那須野が原には明治時代に建設された洋館がいくつか残っています。右の**図８**は，地図中の千本松《せんぼんまつ》牧場をはじめた松方正義《まつかたまさよし》の屋敷《やしき》の写真です。松方は大蔵卿《きょう》(大蔵大臣)として日本銀行を創設した人物であり，当時の重要な政治家の一人でした。那須野が原の開《かい》拓《たく》を主導したのはこうした政府の高官たちでした。

図８

(千本松牧場の公式ホームページより)

(i)　松方正義は薩摩《さつま》藩の下級武士の家の生まれです。松方に限らず，明治政府の高官たちの中には，そうした出身の者が多くいました。彼らの多くは，その功績を認められ，1884年以降，旧公卿《くぎょう》・旧大名と同様の身分とされるようになりました。その身分の名称を答えなさい。

(ii)　明治政府の高官たちの出身地域は，薩摩藩や長州《ちょうしゅう》藩などの特定の藩にかたよっていました。薩摩藩や長州藩について述べた下記の文のうち適切なものを**ア**～**エ**から１つ選びなさい。

ア　薩摩藩と長州藩は，ヨーロッパ勢力との貿易が行われるようになってから，一貫《いっかん》して貿易に反対し，行動を共にしていた。

イ　主に薩摩藩と長州藩からなる軍隊が幕府軍と戦った内戦の結果，幕府軍がやぶれ，大政奉還《ほうかん》が実現した。

ウ　薩摩藩出身の大久保利通ら明治新政府の指導者たちは欧米《おうべい》諸国を視察し，殖産《しょくさん》興業の必要性を感じた。

エ　明治新政府は，薩摩藩出身の西郷隆盛のもとで，士族たちの力を集めた強力な軍隊を組織した。

(iii)　那須野が原の開拓を主導したような政治家だけが政治を動かすのではなく，憲法を制定したうえで，国民の幅《はば》広い階層の人々が政治に参加することができるように議会を開くことを求める動きが高まりました。この運動のことを何と呼びますか。漢字で答えなさい。

問８　下線部⑥に関して。近年，日本は海外からの旅行者を増やそうと取り組んでいます。次の**図９**は2018年に日本を訪れた旅行者が多かった上位10か国・地域の割合(％)を示したグラフです(日本を訪れることを「訪日」といいます)。**図９**を見て，(1)～(3)の設問に答えなさい。

図9　2018年の訪日外国人旅行者の国・地域別割合(%)

2018年の訪日外国人旅行者の総数 3,119万人

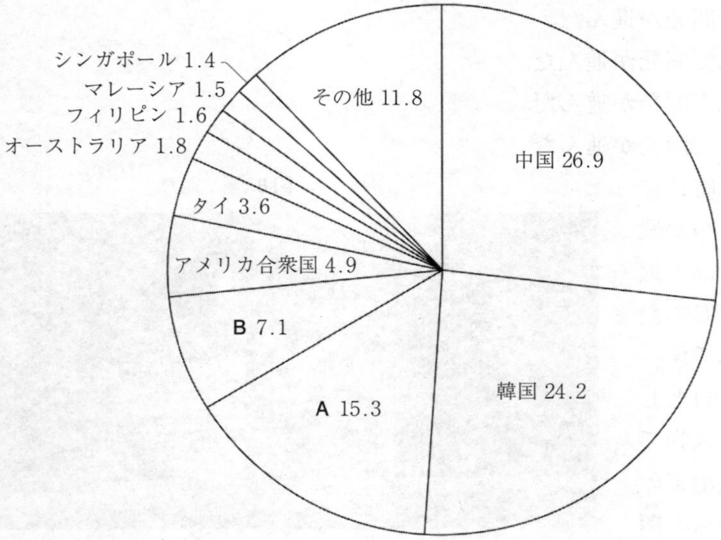

※グラフに示した数値は端数《はすう》を四捨五入しているので，合計が100%にはならない。

(国土交通省『令和元年版 観光白書』より作成)

(1)　訪日外国人旅行者の割合が２番目に多い韓国が位置する朝鮮《ちょうせん》半島は，古代より現在に至るまで日本と密接な結びつきを持っていました。朝鮮半島と日本の歴史について述べた文として正しいものを**ア**～**エ**から１つ選びなさい。

ア　豊臣秀吉は明の征服《せいふく》を目指して朝鮮に侵入《しんにゅう》したが，その際に捕《ほ》りょとして日本に連行された朝鮮の職人たちが，日本に高度な焼き物の技術を伝えた。

イ　鎖国《さこく》をしていた江戸時代には朝鮮との国交がなく，漂流《ひょうりゅう》して日本にたどり着いた人々を除いて朝鮮の人々が日本を訪れることはなかった。

ウ　近代化の推進を求める農民の反乱に直面した朝鮮政府の支援要請《ようせい》をうけ，軍隊を送った日本とこれをきらう清の間で戦争が起きた。

エ　朝鮮戦争を経て独立した韓国と国交を回復した日本は，多額の資金援助により，韓国の民主化を支援し続けた。

(2)　アジアから日本に多くの人が訪れていますが，アジア地域の多くは19世紀後半以降，植民地として支配される経験を持ち，そのことがアジア諸地域の近代から現代に至る歩みを困難なものにしました。**図9**中の**A**と**B**の国または地域も例外ではありません。次の**表6**を参照しながら**A**と**B**にあてはまる適切な国または地域名を答えなさい。なお名称は，正式名称でなく，一般的に使用されている表記でかまいません。

表6

	どこの国の植民地だったか	植民地支配された期間
A	日本	1895～1945年
B	イギリス	1842～1941年，1945～1997年
	日本	1941～1945年

(3)　次の**図10**は，2018年に日本の各地域を訪れたオーストラリアからの観光客の人数と，そ

こで使った「娯楽《ごらく》等サービス費」と，「買い物代」の１人当たりの平均支出金額を示したもの，**図11**は，同じ年にオーストラリアから日本を訪れた旅行者の数を月別に示したものです。

図10を見ると，オーストラリアから日本に来た人が，「買い物代」よりも「娯楽等サービス費」を多く使っている地域がいくつかあることがわかります。それらの地域で「娯楽等サービス費」の支出が多い理由を，**図11**を参考にし，地理的な要因をふまえて具体的に説明しなさい。

図10　地域別オーストラリアからの観光客数と平均支出金額

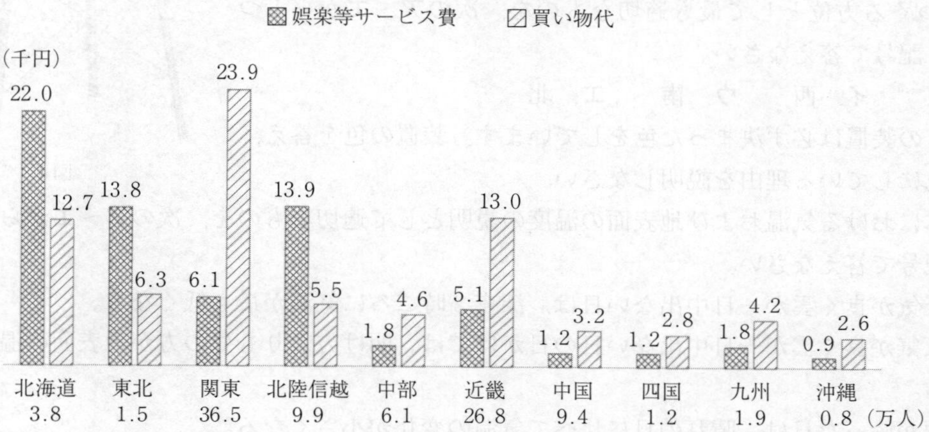

※娯楽等サービス費とは，スポーツ施設使用料，スポーツ観覧料，演劇・映画観覧料，文化施設入場料などを指す。

（国土交通省『令和元年版 観光白書』より作成）

図11　2018年のオーストラリアからの月別訪日旅行者数

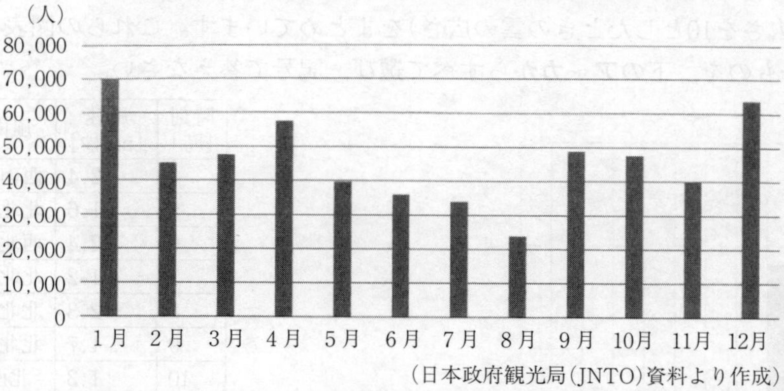

（日本政府観光局(JNTO)資料より作成）

問９　下線部⑦に関して。税金の使い道を決める国の予算の成立過程について，適切なものを**ア**～**オ**からすべて選びなさい。

ア　衆議院から先に話し合いをはじめることになっている。

イ　衆議院と参議院で意見が分かれた場合には，衆議院の決定が優先される。

ウ　各省庁からの要望や計画をもとに，国会が全体の予算案を作成する。

エ　予算に関する話し合いに，国民が傍聴《ぼうちょう》する機会は与えられていない。

オ　一般歳出のうち，社会保障費の次に割合が高いのは，公共事業関係費・文教費・国債《こくさい》費のうち，公共事業関係費である。

【理　科】（40分）〈満点：80点〉

1　以下の文章を読み，あとの問いに答えなさい。

気温はさまざまな条件により決定されるため，気温の測定を行う際にはそれらの条件を統一する必要があります。そのため，気象観測では図１のような装置を使い，条件をそろえて気温などを観測しています。

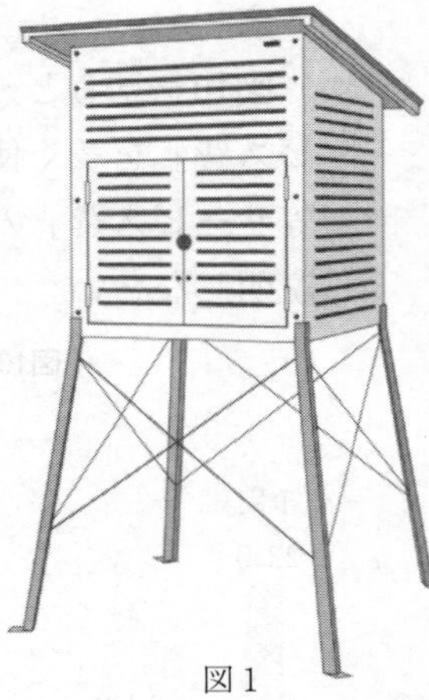

図１

(1)　図１の気象観測に用いる装置の名前を漢字で答えなさい。

(2)　図１の装置を南半球のオーストラリアで設置することとします。扉《とびら》をつくる方位として最も適切なものを，次の**ア**～**エ**から１つ選び，記号で答えなさい。

ア．東　　**イ**．西　　**ウ**．南　　**エ**．北

(3)　図１の装置は必ず決まった色をしています。装置の色を答え，その色にしている理由を説明しなさい。

(4)　日本における気温および地表面の温度の説明として適切なものを，次の**ア**～**エ**からすべて選び，記号で答えなさい。

ア．天気が良く雲が一日中出ない日は，深夜２時ごろに気温が最も低くなる。

イ．天気が良く雲が一日中出ない日の日かげでは，明け方よりも昼の方が地表面の温度は高くなる。

ウ．雨が降った日は，晴れの日に比べて気温の変化が小さくなる。

エ．一日中くもりで日なたができない日の午前中は，地表面の温度が下がり続ける。

(5)　地表に直接届いた太陽の光が，基準の値《あたい》よりも強かった時間を日照時間といいます。図２はある日の４時～18時の間に測定された１時間ごとの日照時間を，表は図２と同じ日の風速・風向・雲量(空全体の広さを10としたときの雲の広さ)をまとめています。これらの図表からわかることとして適切なものを，下の**ア**～**カ**からすべて選び，記号で答えなさい。

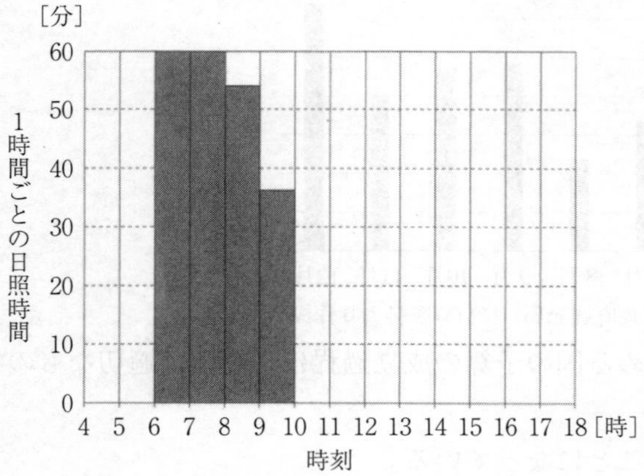

図２

時刻 [時]	風速 [m/秒]	風向	雲量
4	2.4	西南西	9
5	1.6	北北西	10
6	2.4	西北西	10
7	1.2	北北東	10
8	2.3	北北西	10
9	1.7	北北西	10
10	1.3	北西	10
11	1.0	東北東	10
12	1.3	北	10
13	1.1	北東	10
14	2.1	南	10
15	2.9	南南東	10
16	1.9	南	10
17	2.2	南南東	10
18	1.9	南南東	10

ア．日照時間が長い時間帯ほど，風速が速かった。

イ．日照時間の合計は200分以上だった。

ウ．日照時間が減少する時間帯は，風向が最も大きく変化した。

エ．風向が北に近い時刻ほど，風速が速かった。

オ．最も風速が速い時刻の風は，風に向かって歩けない程《ほど》の強さの風だった。

カ．８時と14時の雲量は同じだが，雲の種類や厚さが異なっていた。

(6)　ある季節に，東京の同じ地点で24時間にわたり日照時間と気温の観測をしました。図３～図５は，１時間ごとの日照時間を示しており，それぞれ観測した日が異なります。図３～図５に対応した気温の変化のグラフを，下の**ア**～**エ**からそれぞれ選び，記号で答えなさい。

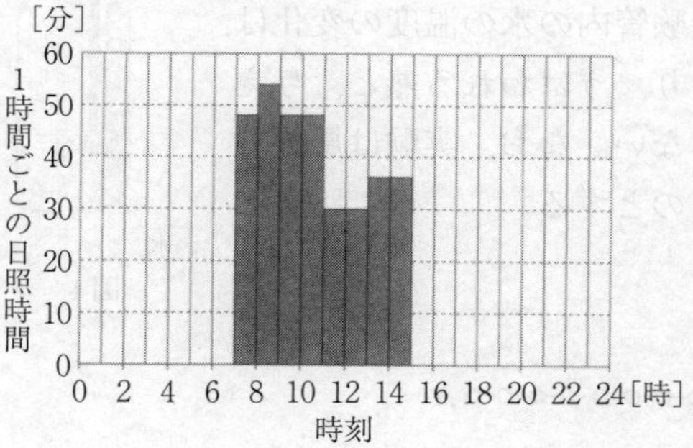

図３

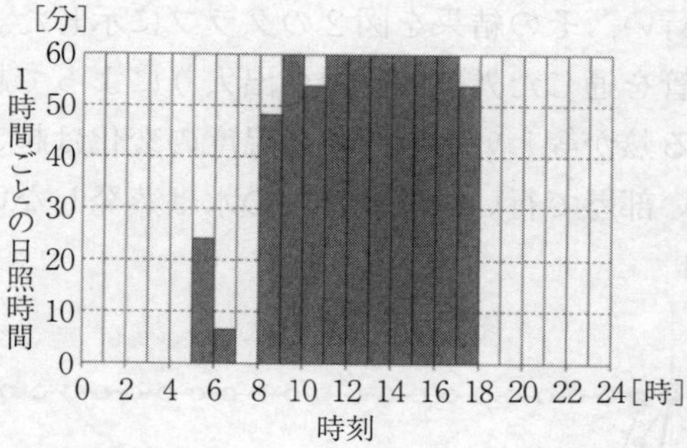

図４

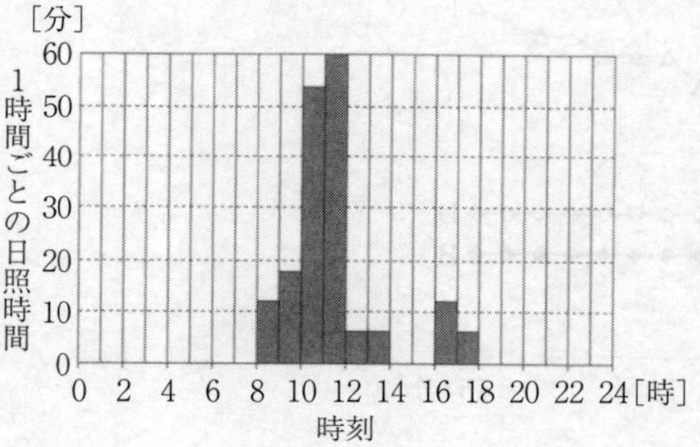

図５

ア

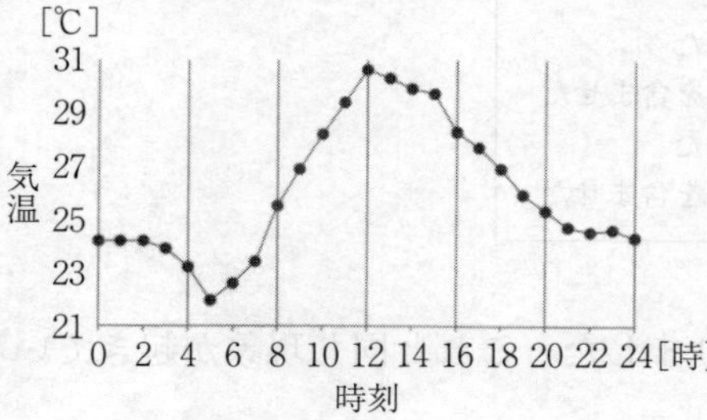

イ

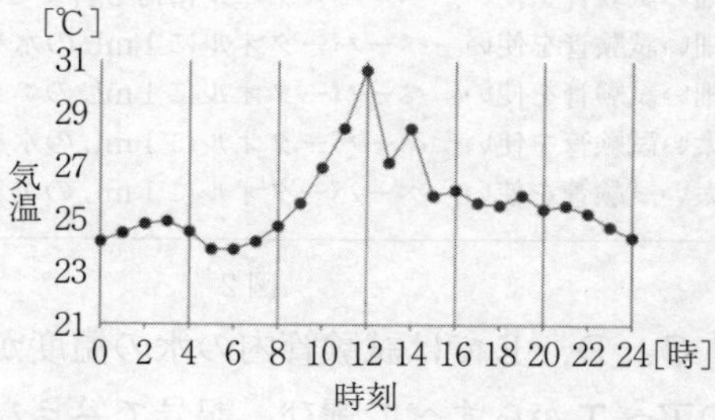

ウ

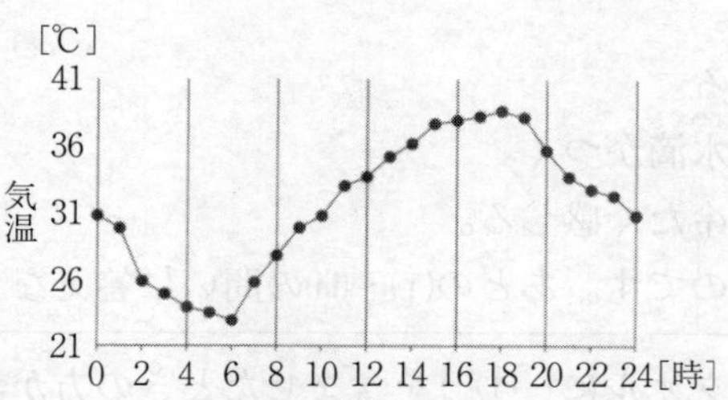

エ

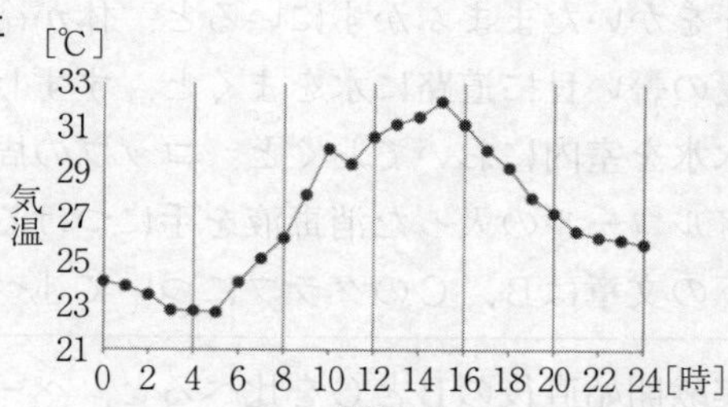

2 以下の【実験】について，あとの問いに答えなさい。

【実験】 図１のように，試験管に室温と同じ温度(29℃)の水10mLを入れ，その周りをペーパータオルでおおい，横から送風機で風を送ったときの水の温度の変化を調べた。また，ペーパータオルに室温と同じ温度の水やエタノール(アルコールの一種)を含《ふく》ませたり，試験管の太さを変えたりして，同じ実験を行い，その結果を図２のグラフに示した。試験管内の水の温度の変化は，試験管を通じた外部との熱の出入りによって起こり，うばわれる熱と，与《あた》えられる熱が等しいとき，水の温度の変化は起こらない。なお，実験は風通しの良い部屋で行い，試験管内の水は蒸発しないものとする。

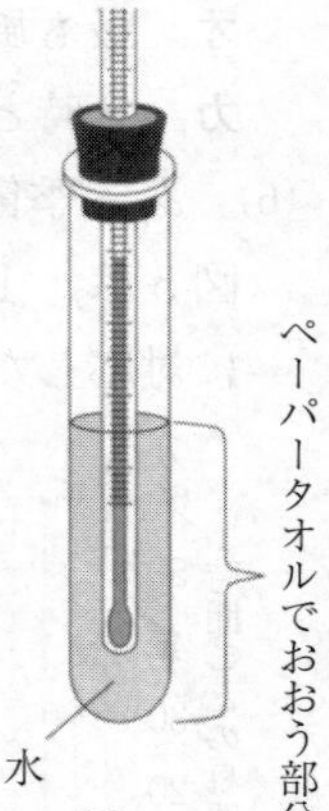

図１

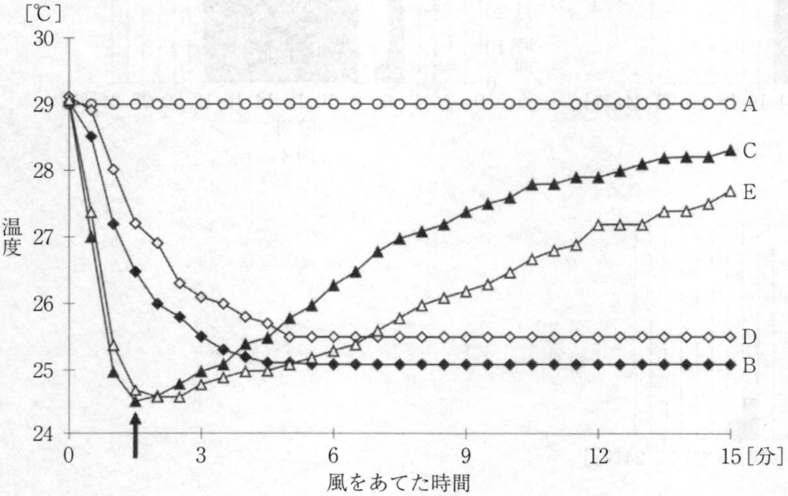

A：細い試験管を使い，ペーパータオルに何も含ませなかった
B：細い試験管を使い，ペーパータオルに１mLの水を含ませた
C：細い試験管を使い，ペーパータオルに１mLのエタノールを含ませた
D：太い試験管を使い，ペーパータオルに１mLの水を含ませた
E：太い試験管を使い，ペーパータオルに１mLのエタノールを含ませた

図２

(1) B，C，D，Eでは試験管内の水の温度が下がりました。これと同じ現象が起きている場面を次の**ア**～**エ**からすべて選び，記号で答えなさい。

ア．汗《あせ》をかいたままふかずにいると，体が冷える。

イ．夏の暑い日に道路に水をまくと，すずしくなる。

ウ．氷水を室内においておくと，コップの周りに水滴《すいてき》がつく。

エ．アルコールの入った消毒液を手につけると，冷たく感じる。

(2) 以下の文章はB，Cのグラフについて述べたものです。あとの(i)～(iii)の問いに答えなさい。

実験開始直後のBとCを比べると，ペーパータオルに(①)を含ませたときの方が試験管内の水の温度を急速に下げていることがわかる。また，時間を追って見てみると，Bのグラフでは実験を開始してから15分経《た》っても，試験管内の水の温度は室温よりも４℃近く低く保たれている。これは，ペーパータオルに含まれた水が(②)することによって

｛　③　｝からである。一方，Cのグラフでは，矢印(↑)の部分を境に，試験管内の水の温度の変化が「低下」から「上昇」に変わっている。これは，(　④　)ため，エタノールによって｛　⑤　｝からであると考えられる。

(i)　①と②にあてはまることばを答えなさい。

(ii)　③と⑤にあてはまる文を次の**ア**～**ウ**から１つずつ選び，記号で答えなさい。同じ記号を選んでもよいものとします。

ア．試験管内の水からうばわれる熱の方が，与えられる熱よりも大きくなる

イ．試験管内の水からうばわれる熱と，与えられる熱の大きさが等しくなる

ウ．試験管内の水からうばわれる熱の方が，与えられる熱よりも小さくなる

(iii)　④にあてはまる文を答えなさい。

(3)　別の日にBの実験を行ったところ，試験管内の水の温度はほとんど下がりませんでした。考えられる原因として最も適当なものを次の**ア**～**エ**から１つ選び，記号で答えなさい。

ア．その日は，室温が25℃だったため。

イ．その日はくもっていて，日が当たらなかったため。

ウ．その日は一日中雨で，空気が湿《しめ》っていたため。

エ．その日は快晴で，空気が乾燥《かんそう》していたため。

(4)　試験管と接している水の面積の大きさと，温度の下がりやすさについて調べるためには，B，C，D，Eのうち，どれとどれの結果を比べればよいですか。２組選び，記号で答えなさい。また，その結果，試験管と接している水の面積と，温度の下がりやすさにはどのような関係があると言えますか。解答欄《かいとうらん》にあてはまるように答えなさい。なお，10mLの水を入れたとき，試験管と水の接している面積は，細い試験管を用いたときは約30cm^2，太い試験管を用いたときは約23cm^2でした。

(5)　生物の世界にも，体の「温度」と，外部と接する体の「表面積」が関係する法則があります。これについて述べた以下の文章の①～③の(　)に適切な数を入れ，④・⑤の｛　｝からは正しい方を選び，**ア**または**イ**で答えなさい。

同じ材質でできている立方体XとYについて考える。Xは一辺が１cmの立方体，Yは一辺が２cmの立方体である。２つの立方体において，

Xの体積　：　Yの体積　＝　1：(　①　)

Xの表面積　：　Yの表面積　＝　1：(　②　)

Xの$\dfrac{\text{表面積}}{\text{体積}}$の値　：　Yの$\dfrac{\text{表面積}}{\text{体積}}$の値　＝　1：(　③　)

となり，XとYでは，体積に対する表面積の割合が異なる。

クマやシカなど，同じ仲間の動物で比べると，寒い地域に住んでいるものほど体が④｛**ア**．大きい　　**イ**．小さい｝傾向《けいこう》があり，これを「ベルクマンの法則」という。これは，生物の体内で生み出される熱の量は体積によって決まり，体外に放出される熱の量は表面積によって決まるため，体積に対する表面積の割合が⑤｛**ア**．大きい　　**イ**．小さい｝方が，体温を保持するのに適しているからである。

3 以下の文章を読み，あとの問いに答えなさい。

日本には，ケヤキやイチョウ，スギなど，大きな樹木がたくさん存在します。駒場東邦《こまばとうほう》中学校の校庭にも，大きなケヤキが生育しています。また，食堂の窓の外には，むかしの雑木林が再現されていて，大きなクヌギやコナラが生育しています。

図１と図２は，駒場周辺のむかしと今のようすをそれぞれ示しています。図１は，明治時代(約130年前)に発行された地形図をもとに作成しました。音楽の教科書にものっている「春の小川」は，1912年に発表された歌ですが，当時の日本のようすを表現したものと言われています。むかしは，駒場周辺でも，歌詞に出てくる「めだか」や「小鮒《こぶな》」がたくさんくらしていたことでしょう。

図２は，2015年に国土地理院から発行された２万５千分１地形図「東京西南部」の一部です。図１とほぼ同じ地域を示しています。図１と図２を比べると，田畑や雑木林(図中で「雑」と表記)のほとんどが住宅地や学校などに姿を変えてしまったことや，「目黒川」や「空川」が地図上から姿を消したり形を変えてしまったりしていることが判読できます。

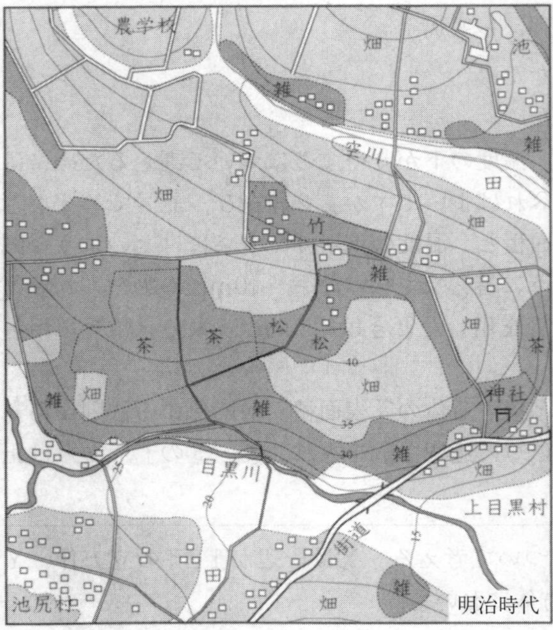

図１

図２

(1) 図１のように，田畑や雑木林，集落が混在するような地域を「里地里山《さとちさとやま》」と呼んでいます。環境《かんきょう》省では，さまざまな命をはぐくむ豊かな里地里山を，次世代に残していくべき自然環境の一つであると位置づけ，「生物多様性保全上重要な里地里山」を選定しています。里地里山の生物多様性について誤っているものを次の**ア**～**エ**から１つ選び，記号で答えなさい。

ア．雑木林では定期的に林床《りんしょう》(林内の地表付近)の草を刈《か》り取っているので，カタクリやタマノカンアオイ，キンランなど特有の植物が生育している。

イ．人が管理している田んぼやため池には，ミクリやヒルムシロ，ミズアオイなど貴重な水生植物が生育している。

ウ．雑木林や松林は人が足を踏《ふ》み入れない手つかずの自然なので，たくさんの生きものたちがくらしている。

エ．田んぼや畑，雑木林，松林，竹林などを人が持続的に利用することで，生きものがくらす多様な環境が維持《いじ》されている。

(2)　クヌギやコナラは，たくさんのどんぐりをつけます。クヌギのどんぐりを次の**ア**～**エ**から1つ選び，記号で答えなさい。

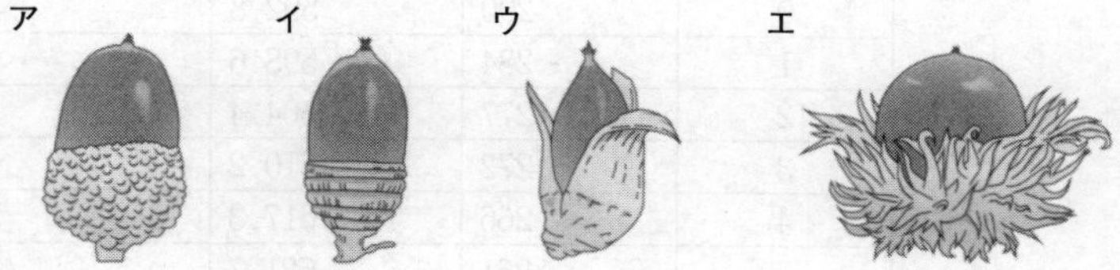

(3)　図1の神社は現在も存在しており，境内《けいだい》の大きなクスノキがご神木になっています。クスノキは，冬も葉を落とさない樹木です。冬も葉を落とさない樹木を次の**ア**～**オ**から1つ選び，記号で答えなさい。

ア．ケヤキ　　**イ**．イチョウ　　**ウ**．ソメイヨシノ　　**エ**．タブノキ　　**オ**．ヤマモミジ

(4)　近年，日本の「めだか」には，2種類の固有種(その国や地域にしか生育していない種)がいることが明らかになりました。太平洋側に生育するミナミメダカと日本海側に生育するキタノメダカで，小学校の教科書にはミナミメダカの特徴《とくちょう》が示されています。図3は，ミナミメダカのメスをスケッチしたものです。メスとオスはひれの形で区別することができます。オスのひれの形について，メスとの違《ちが》いが分かるように説明しなさい。

図3

(5)　ふ化したばかりの子めだかは親のめだかと形が少し異なります。親のめだかとの違いが分かるように，ふ化したばかりの子めだかを描《えが》きなさい。

(6)　自然の中では，生きものどうしの「食べる」「食べられる」という関係が成り立ちます。めだかは水の中の小さな生きものを食べますが，その一方で，他の動物に食べられもします。水の中でめだかを食べるこん虫の名前を2つ答えなさい。

(7)　昨年，金魚の祖先でもあるギベリオブナの卵が，水鳥に食べられて糞《ふん》として排出《はいしゅつ》されたのにもかかわらず，一部の卵が消化されずに生き残り，正常にふ化することが実験によって明らかになりました。食べられた卵のうち，わずかしか生き残りませんが，ギベリオブナにとってはいくつかの利点があると考えられています。ギベリオブナにとって，水鳥に卵が食べられることで得られる利点を答えなさい。

4

以下の文章を読み，あとの問いに答えなさい。

ばねにおもりをつるすと，おもりにばねが引っ張られることでばねが伸《の》びて，「ばねがおもりをつり上げようとする力」を発揮し，「地球がおもりを引き下げようとする重力」とつり合って，おもりを静止させます。「ばねが伸びることで発揮する力」がばねの伸びによって決まることを利用し，ばねの伸びから，つるしたおもりにかかる重力の大きさである「おもさ」を測るのが，「ばねばかり」です

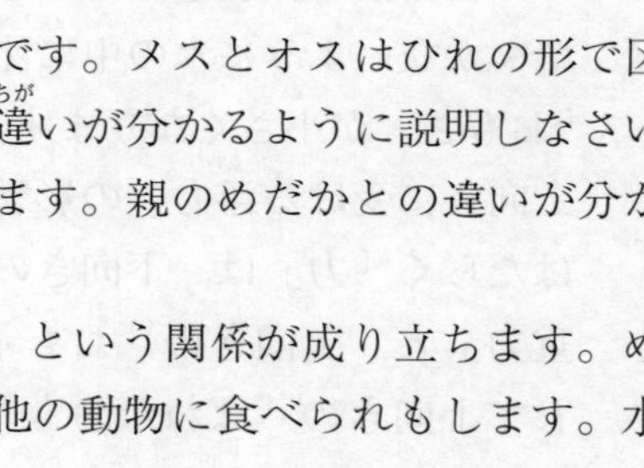

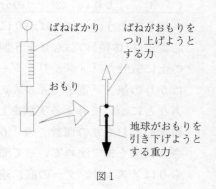

図1

が，ばねばかりが直接測っているのは，「ばねがおもりをつり上げようとする力」の大きさである，ということになります(図１)。

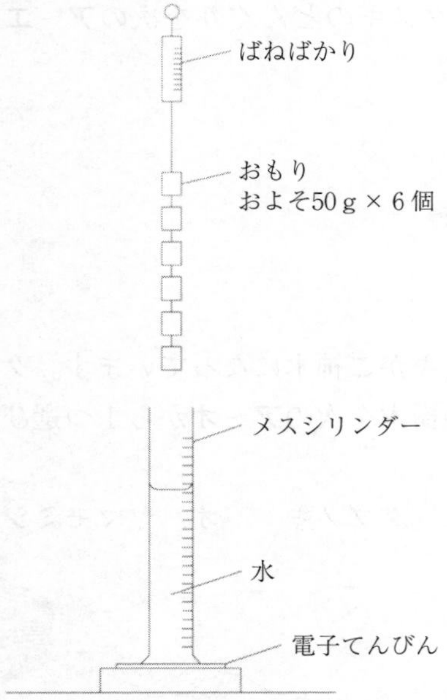

図２

水に沈めたおもりの個数[個]	ばねばかりの値[ｇ]	電子てんびんの値[ｇ]	メスシリンダーの値[mL]
0	290	592.8	435
1	284	598.6	440
2	277	604.4	447
3	272	610.2	452
4	266	617.3	458
5	261	621.7	465
6	256	627.5	470
6*	234	649.1	470
6**	210	673.5	470

ばねばかりにおもりをつるし，このおもりを容器の底につかないように水の中に沈《しず》めると，ばねばかりの示す「おもさ」が小さくなります。これは，「おもりが水から上向きに受ける浮力《ふりょく》」の影響です。このとき，おもりにはたらく「力」は，下向きの「おもりが地球から受ける重力」と，上向きの「おもりが水から受ける浮力」，そして上向きの「ばねがおもりをつり上げようとする力」の３つです。おもりが水に沈んでいないときには，「おもりが水から受ける浮力」ははたらかず，おもりにはたらく「力」は２つだけで，「ばねがおもりをつり上げようとする力」の大きさは，「おもりが地球から受ける重力」の大きさと同じでしたが，おもりが水に沈んでいるときには，「ばねがおもりをつり上げようとする力」は（　①　）より（　②　）の分だけ小さくなります。

図２のように，ばねばかりに１個およそ50ｇのほぼ同じ大きさ(体積)のおもりを６個つるし，「電子てんびん」の上に載《の》せた「メスシリンダー」内の水に，つるしたおもりを順に沈めていったとき，「ばねばかりの値」，「電子てんびんの値」と「メスシリンダーの値」を測定し，「浮力」のはたらき方などについて考える実験をしました。測定の結果を，表と図３のグラフに表しました。「水に沈めたおもりの個数」の「６*」，「６**」は，６個のおもりが沈んだ後，おもり６個全部をさらに深くまで沈めていって測定したことを意味します。このとき，よく見ると，一番下のおもりはメスシリンダーの底に達していることが確認できました。つまり，水に沈めたおもりの

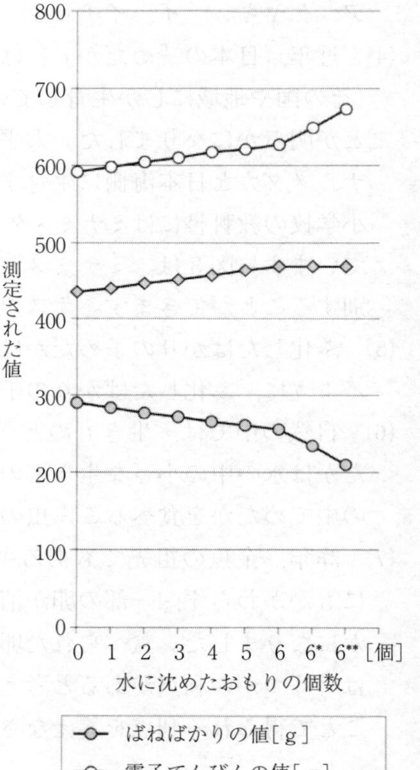

図３

個数「６」の状態までは，一番下のおもりはメスシリンダーの底に達することなく，水中につるされていたことになります。

(1)　下線部の①と②にあてはまることばを，次の**ア**～**オ**からそれぞれ選び，記号で答えなさい。

ア．ばねがおもりをつり上げようとする力　**イ**．おもりがばねを伸ばそうとする力

ウ．おもりが地球から受ける重力　**エ**．おもりが水から受ける浮力

オ．水がおもりを沈めようとする力

(2)　図４に示すグラフは，おもりをメスシリンダーの水の中へ沈めることで，「ばねばかりの値が最初より小さくなった分」を横軸《よこじく》に，「電子てんびんの値が最初より大きくなった分」を縦軸にとったグラフです。このグラフから読み取れることをふまえて考察した文章の①～③にあてはまることばを，次の**ア**～**キ**から，④～⑥にあてはまることばを**ク**～**ス**からそれぞれ選び，記号で答えなさい。同じ記号を選んでもよいものとします。

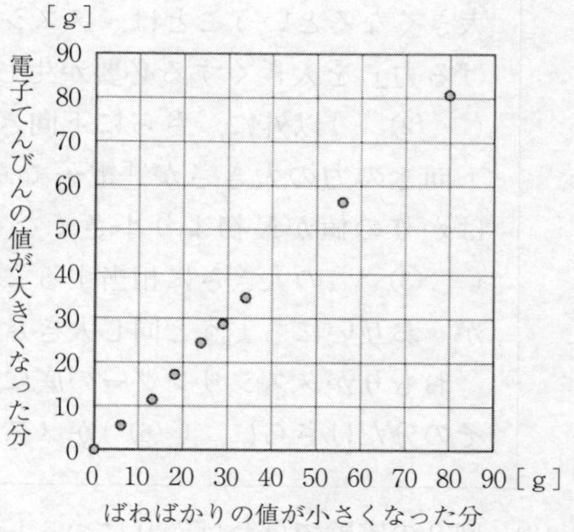

図４

ア．ばねがつり上げようとする力

イ．ばねを伸ばそうとする力

ウ．地球から受ける重力

エ．水から受ける浮力

オ．水に沈めようとする力

カ．電子てんびんが押《お》し上げる力

キ．電子てんびんを押す力

ク．地球　**ケ**．水

コ．おもり　**サ**．(ばねばかりの)ばね

シ．電子てんびん　**ス**．メスシリンダー

図４のグラフからは，「ばねばかりの値が最初より小さくなった分」と「電子てんびんの値が最初より大きくなった分」の間に成立する，ある簡単な関係が読み取れる。これは，おもりがメスシリンダーの底に達した後も成り立っている。

まず，電子てんびんが「おもさ」を測る仕組みについて考える。電子てんびんは，その上に載った物体の「おもさ」を測ることができるが，これは，上に載っている物体が電子てんびんを下に押す力と電子てんびんが上に載っている物体を押し返す(押し上げる)力が同じ大きさであることを利用して測定している。電子てんびんの上に載っている物体には，下向きの「地球から受ける重力」と，上向きの「電子てんびんが押し上げる力」がはたらいて，ちょうどつり合うことで，電子てんびん上の物体を上下に動かそうとすることなく静止させている。つまり，電子てんびんは，直接的には，上に載っている物体にはたらく「電子てんびんが押し上げる力」の大きさを測っているが，それが，載っている物体にはたらく「地球から受ける重力」の大きさ，すなわち「おもさ」に等しいことを利用して測ることができる，ということになる。

おもりがメスシリンダーの底に達する前までについて考える。おもりが水中に沈んだときに「電子てんびんの値が最初より大きくなった分」はなぜ生じたのか。おもりが水中にないときは，電子てんびんの値は，メスシリンダーとその中の水にはたらく(　①　)を合わせた大きさに等しく，その大きさの力で電子てんびんがメスシリンダーを押し上げることで，メスシリンダーと水を一つのものと考えた塊《かたまり》を上下に動かそうとすることなく静止させている。おもりが水中に沈められると，この「電子てんびんが押し上げる力」が大きくなるということは，メスシリンダーと水を合わせた塊を静止させるのに，「押し上げる力」を大きくする必要が生じたということで，メスシリンダーと水を合わせた塊に，(　②　)以外に，さらに下向きの力がはたらいたことになる。この余分にはたらいた下向きの力の大きさが「電子てんびんの値が最初より大きくなった分」である。「ばねばかりの値が最初より小さくなった分」が，水中に沈んだおもりにはたらく上向きの(　③　)の大きさに相当することと合わせて考えると，メスシリンダー中の水と(④)が，お互《たが》いにちょうど同じ大きさで押し合っていることが分かる。

おもりがメスシリンダーの底に達した後は，おもりが(⑤)を直接押してしまうため，その分だけさらに，(⑥)がメスシリンダーを押し上げる必要が生じる。

(3)　図２の実験でばねばかりにつるしたおもり６個のうち，上の３個を，大きさ(体積)はほぼ同じで，１つおよそ90ｇのおもり３個に取りかえて，同様の実験をしたとします。①「ばねばかりの値」と，②「電子てんびんの値」は，どのようになると考えられますか。最も適切だと考えられるものを，図５のグラフの**ア～カ**，および**キ～シ**からそれぞれ１つずつ選び，記号で答えなさい。ただし，それぞれのグラフ中の点線のグラフは，おもり６個すべてがおよそ50ｇのおもりであったときと同じ結果になることを表しています。

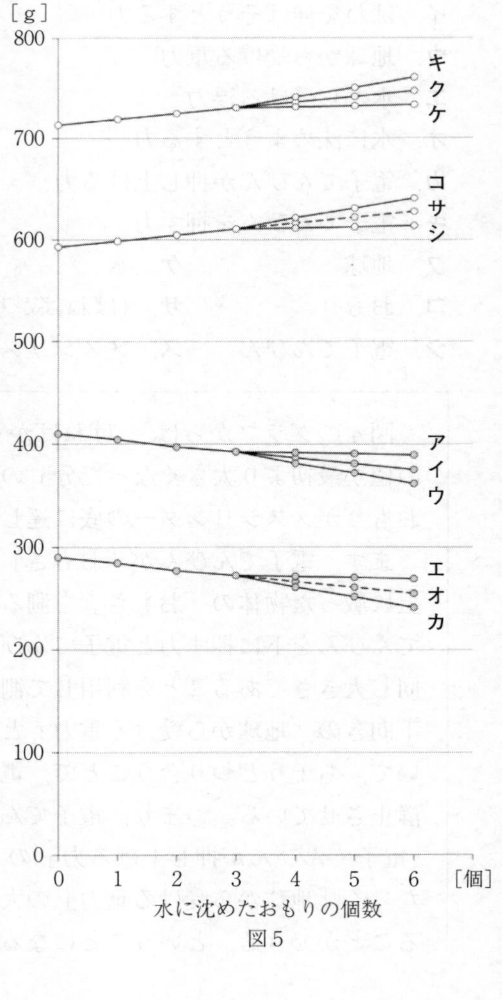

図５

が、実際は祥子の発言を途中《とちゅう》で打ち切るなど、早く会議を終わらせることしか考えていないように見えたから。

エ　会長は言葉では祥子に味方して学校を批判するようなことを言っているが、委員会の意見を聞かず自ら校長に伝えることで問題のもみ消しを計ろうとしているように思われたから。

オ　会長は言葉では祥子や将人に同情しているようなことを言っているが、問題がただの不運な出来事であるかのようにして、真剣に取り組もうとしていないと感じられたから。

問10　28ページの〔　〕内の三つの言葉は、同じ内容のものであり、祥子が学校やPTAで言われた言葉です。□に入る言葉としてふさわしいものを二十五字以内で抜《ぬ》き出《だ》して答えなさい。

問11　――線部⑧「お母さんがね、もう学校に行かなくてもいいって！」（27ページ）とありますが、祥子はなぜこのように言ったのだと考えられますか。本文全体の内容をふまえて、百十字から百三十字で答えなさい。

問12　――線部⑨「どんよりしていた将人の目には光が戻《もど》り、冬眠《とうみん》から覚めたカメみたいに活《い》き活《い》きしている」（27ページ）とありますが、これは将人のどのような様子を表していますか。六十字以内で答えなさい。

問13　……線部の表現について述べたものとして**誤っているもの**を次の中から一つ選び、記号で答えなさい。

ア「静かな校舎というのは、よけいに寂《さび》しくうすら寒さを感じさせる」（32ページ）という表現は、この後将人の件で祥子が意を決して学校にのりこむものの、学校側から冷たい対応を受け、祥子の訴《うった》えが実を結ばないことを予感させる表現である。

イ「将人も同じ思いで何も言わないのではないか」（30ページ）は、「あれから、何を聞いても首をふるだけで、明らかに以前と態度が違うのだ」（33ページ）を受けたもので、この表現から、自分の思いを伝える大変さを知った祥子が、自分を理解してもらえず苦しむ将人の気持ちに、改めて気がついたことがわかる。

ウ　問題の本質に向き合ってもらえない中で、祥子が次第《しだい》になげやりになっていく様子が、「言葉に気をつけながら」（32ページ）、「懸命《けんめい》に気持ちをおさえた」（30ページ）、「かえって反感を買うだけだとわかっていても、言わずにはいられない」（29ページ）と表現が変わっていくことで、段階的に示されている。

エ「手元のノートをトンッとそろえて、立ち上がった」（29ページ）とあるが、これはまだ話したいことがありそうな祥子に対して、梶尾会長が話を打ち切って祥子のことを冷たく突《つ》き放《はな》そうとする様子を表したものである。

オ　この物語は基本的に祥子の視点から語られているが、「いったい、どんな魔法《まほう》を使ったんだよ」（27ページ）とあるように最後の場面では一将《かずまさ》が登場し、明るくなった祥子や家の様子を、祥子以外の立場から客観的に描《えが》いている。

ありますが、このことを具体的に説明したものとして**誤っているもの**を次の中から一つ選び、記号で答えなさい。

ア　将人は大縄跳《おおなわと》びが下手《へた》で荻野《おぎの》先生から怒られ、周りからも責められて学校に行けなくなった。そのことを祥子は問題にしたいのに、校長先生は大縄跳びをがんばることの意義について説明してきたこと。

イ　将人は大縄跳びが下手で荻野先生から怒られ、周りからも責められて学校に行けなくなった。そのことを祥子は問題にしたいのに、校長先生は荻野先生も子どもたちも熱心に大縄跳びの練習をしていると言ってきたこと。

ウ　将人は大縄跳びが下手で荻野先生から怒られ、周りからも責められて学校に行けなくなった。そのことを祥子は問題にしたいのに、近藤《こんどう》先生は朝練の伝達が行き届かなかったことをひたすら謝罪してきたこと。

エ　将人は大縄跳びが下手で荻野先生から怒られ、周りからも責められて学校に行けなくなった。そのことを祥子は問題にしたいのに、先生たちは祥子が学校に頭を下げさせようとしていると決めつけてきたこと。

オ　将人は大縄跳びが下手で荻野先生から怒られ、周りからも責められて学校に行けなくなった。そのことを祥子は問題にしたいのに、校長先生は一日も早く将人が登校できるよう励《はげ》ましてきたこと。

問7　――線部⑤「そんな人だから、話を聞いてくれるかもしれないと祥子は期待した」（30ページ）とありますが、祥子はPTAや会長の梶尾《かじお》さんをどのように考えていますか。その説明として最も適切なものを次の中から選び、記号で答えなさい。

ア　PTAは数多くの委員会から成り立つ複雑な組織であり、梶尾さんはその事情を理解して、各委員会の意見に耳をかたむけようとする人物である。

イ　PTAは様々な意見を持つ人々で構成された組織であり、梶尾さんは自らみんなの意見をまとめて、より良い学校を作ろうとする人物である。

ウ　PTAは学校だけでは解決できない問題にも対処できる重要な組織であり、梶尾さんはその代表として積極的に問題に向き合おうとする人物である。

エ　PTAは共働きや介護《かいご》を抱《かか》える家庭には負担の大きい組織であり、梶尾さんは他の人を気づかい、面倒《めんどう》な仕事を進んで引き受けてくれる人物である。

オ　PTAは学校が取り上げない問題にも真剣《しんけん》に向き合う組織であり、梶尾さんは学外の地域の問題にも意欲的に取り組もうとする人物である。

問8　――線部⑥「非難されているようにも感じた」（29ページ）とありますが、どういうことですか。解答欄《かいとうらん》につながるように五十字以内で答えなさい。

問9　――線部⑦「言葉の裏に冷たさを感じた」（29ページ）とありますが、祥子がこのように感じたのはなぜですか。その説明として最も適切なものを次の中から選び、記号で答えなさい。

ア　会長は言葉では学校の責任を全面的に認めたようなことを言っているが、問題の本質をうやむやにして、責任を祥子の側に押《お》しつけようとしていることが暗に伝わってきたから。

イ　会長は言葉では学校に行けない将人を心配するようなことを言っているが、将人の登校について結局は学校と祥子が協力して解決するしかないと思っているように受け止められたから。

ウ　会長は言葉では祥子や将人のために学校と戦うと言っている

「⑧お母さんがね、もう学校に行かなくてもいいって！」

「え!? マジで？」

驚いた一将は、キッチンカウンターの向こうで料理をしている母親を見た。15ハナウタ交じりで、機嫌《きげん》がいい。PTAの話し合いがうまくいったのか？ いや、それなら、学校に行かなくていいなんてことには……。

「だからね、ぼく、来週から学校に行くよ！」

将人の言葉に、一将は目を瞬《またた》いた。わけがわからない。でも、⑨どんよりしていた将人の目には光が戻《もど》り、冬眠《とうみん》から覚めたカメみたいに活《い》き活《い》きしている。

いったい、どんな魔法《まほう》を使ったんだよ。

一将は、将人の頭をくしゃくしゃとなで上げた。

（工藤純子『あした、また学校で』）

問1 ＝＝＝線部1～15のカタカナを漢字に直しなさい。

問2 〜〜〜線部A「理路整然と」（33ページ）・B「かいつまんで」（30ページ）とありますが、この言葉の本文中の意味として最も適切なものを後の中からそれぞれ選び、記号で答えなさい。

A「理路整然と」（33ページ）

ア 筋道が通っている様子で
イ 自信にあふれた様子で
ウ 説得するような様子で
エ 落ち着きのある様子で
オ 余裕《よゆう》を感じさせる様子で

B「かいつまんで」（30ページ）

ア 感情的にならないようにして
イ 要点を大ざっぱに取り出して
ウ 例を上げわかりやすくして
エ 細かい部分まで取り上げて
オ 都合の悪いことは省略して

問3 ――線部①「今回のことに関しては、罪悪感も加わって、頭から拭《ぬぐ》い去《さ》れずにいた」（33ページ）とありますが、これは祥子《しょうこ》のどのような様子を表したものですか。その説明として最も適切なものを次の中から選び、記号で答えなさい。

ア 真相はわからないが、もしかすると非のない将人《まさと》をとがめた可能性があり、様子が変わってしまった将人のことが気になって仕方ない様子。

イ どんなことがあっても親は子どものことを守るべきだと考えており、正当な理由もなく怒《おこ》られ傷《きず》ついている将人のことが心《しん》配《ぱい》でたまらない様子。

ウ 子どもたちの言うことをそのまま受け入れることはできないと感じながらも、明らかに態度のおかしい将人のことで頭がいっぱいになっている様子。

エ のんきな夫とは違《ちが》って裏に何かわけがあると感じたため、傷ついた将人のために自分が何かしなければならないと意気ごんでいる様子。

オ 傷ついて変わってしまった将人を見て自分のしたことを後悔《こうかい》し、みんなの前で怒られて泣いてしまった将人の姿が頭から離《はな》れずにいる様子。

問4 ――線部②「奥《おく》の手《て》」（32ページ）とありますが、これは具体的に何をすることですか。十字程度で答えなさい。

問5 ――線部③「祥子は内心ムッとした」（32ページ）とありますが、校長先生に対して祥子がこのように思ったのはなぜだと考えられますか。六十字以内で答えなさい。

問6 ――線部④「わざと問題をすり替《か》えているのだ」（31ページ）と

「将人、ごめんね」

抱《だ》き締《し》める手に力がこもる。

「ぼくもごめんね。先生に怒られちゃって」

将人が、祥子の胸に顔を押《お》しつけた。

「将人は何も悪くないよ」

祥子はあわてて言った。将人の体を引きはなそうとしたけれど、ぎゅっと抱きついてきて、はなれない。

「だってぼく、秀一兄ちゃんみたいに勉強できないし、カズ兄ちゃんみたいに運動できないし……得意なものなんて何もないよ」

ああ……。

小さな体を頼《たよ》りなく感じた。今、将人は、自信を失っている。かけらも残ってない。

勉強が、運動が、なんだというのだ。ここにこうやって存在していることこそ、たいせつなのに。

祥子は、将人の背中をとんとんとなでた。

「将人だって、すごいところがあるんだよ」

「うそ……」

「うそじゃない。将人は、困っている人がいたら、だれより早く気がついて、助けてあげようとするでしょう？　それって、だれにでもできることじゃない。勉強より、運動より、たいせつなことだよ」

パパが疲れてソファで眠《ねむ》りこんだとき、毛布をかけてあげるのは、いつも将人だ。サッカーで負けて悔し泣きをしている秀一にハンカチを差し出したのも、擦《す》り傷《きず》を作って帰ってきた一将に絆創膏《ばんそうこう》をはってあげたのも将人だ。祥子が家事に追われているとき、「手伝おうか？」と、声をかけてくれるのも。

祥子は、将人の目をのぞきこんだ。

「もしも、将人のような子をダメなんて言うなら……」

ひと言ひと言、自分自身に確かめるように言葉にした。

「それは、世の中のほうが、間違ってるんだよ」

――将人くんが一日も早く登校できるよう……。
――息子さん、今は登校できていますか？
――□

そんな言葉を、苦々しく思い出す。

いったい、なんのための学校だろう。

今まで祥子は、なんの疑いもなく学校を受けいれてきた。

みんなが行くから、

勉強しなくちゃいけないから、

将来のために、

学校に行くのは当然。

そのことを、疑問に思ったことすらなかった。

そんな思いが、今、ぐらぐらとゆらいでいる。

学校は、必ず行かなくてはいけないところなんだろうか。

もし、学校に行かせるのが義務なら……行きたくなるような学校にするのもまた、大人の義務なのではないだろうか。

「ただいまぁ」

一将が玄関《げんかん》に入ると、家の奥からいいにおいがただよってきた。

「あれ？　母さん、いるの？」

テーブルには、マカロニサラダやポテトフライ、シューマイ、コロッケ、から揚《あ》げと、ごちそうが並んでいる。そして、テレビを見ている将人が座っていた。

「将人……何かあった？」

重々しかった家の空気が華《はな》やいで、軽《かろ》やかに感じる。振《ふ》り返《かえ》る将人の顔も、やけに明るかった。

「それはいけませんね。まさか今も、家に一人ですか？」

え……？

祥子は言葉を失った。これから仕事に行こうとしていることまで見《み》透《す》かされ、⑥非難されているようにも感じた。

「学校にも問題はあるかもしれません。でも今は、息子さんが学校に行けるようにするほうが先決です」

「……そうですね。今のままでは、勉強も遅《おく》れるだろうし、かわいそう」

副会長も横から言った。

「でも、また同じことが起きないように……」

祥子が言いかけると、

「もちろん、このことは、わたしのほうから校長に伝えておきます。たまたま悪いことが重なってしまい、お気の毒でした。滝川さんは、しっかり息子さんについていてあげてください」

と、⑦言葉の裏に冷たさを感じた。

祥子は唇《くちびる》をかみしめた。たまたま？　そんなふうに思えというの？

「滝川さん、子どものことを第一に考えましょう」

教《おし》え諭《さと》すように言われ、祥子は手をにぎりしめた。

以前、子どもたちに約束したことがある。「何かあったら、ママが全力で守るからね」と。

ぜんぜん、守れてなんかない……。

そう思うと、熱くなった喉元《のどもと》が、くっとつまった。無理やりこじ開け、そこから言葉をしぼりだす。

「……他人事《ひとごと》だと、思っている人も、いるかもしれませんが」

かたづけはじめていた人たちの手が止まる。

「もし、みなさんの子どもが同じ目にあっても……たまたま運が悪かったと思えますか？」

声が震《ふる》える。まゆをひそめる視線を感じた。こんなことを言っても、かえって反感を買うだけだとわかっていても、言わずにはいられない。

梶尾会長が、ふっと笑った。

「そうなったら、そのとき考えます」

手元のノートをトンッとそろえて、立ち上がった。

どうやって帰ったのか、気がついたら家にいた。

会社に行くはずだったのに……後で電話をしておかなければと、祥子はぼんやりした頭で考えた。

疲《つか》れた……。

言葉が通じない。行動を起こすたびに、訴えかけるたびに、14シンケイがどんどんすり減っていく。会社だってたびたび休めないし、これ以上は……。

テーブルに座ってため息をついていると、パジャマ姿の将人が二階から下りてきた。

「ママ、いたの？」

心細そうな声で言う。学校を休んでいる将人には、お昼に食べるお弁当をテーブルに用意してあった。時計を見ると、ちょうど十二時だ。

「うん、ちょっとね、用事があって……」

悔《くや》しさがこみ上げてきて、将人の体を抱《だ》き寄せた。

「お腹痛いの、治った？」

「うん。大丈夫《だいじょうぶ》」

「具合、悪くない？」

「……うん」

学校をずる休みしているという後ろめたさを、将人の全身から感じた。

それに、今は共働きの親も多いから、お互《たが》いにフォロー（助けること）し合って、無理をせずにやっていこうという空気もある。だからこそ、祥子も仕事をしながら、地域委員会の副委員長を引き受けようという気になった。

今日は、二か月に一度行われる、ＰＴＡの運営委員会だ。

会社で正社員として働いている祥子は、将人のために何度も休むわけにいかず、何かあったら電話するよう将人に伝えてある。今日も午前中の委員会が終わったら、すぐに出社できるよう、スーツを着て出かけてきた。

小学校の会議室に、次々と役員と委員が集まってくる。

ＰＴＡ会長、副会長、会計、書記が座り、それを囲むように、学級委員、地域委員、広報委員……と、各委員長と副委員長が机をロの字にして座った。男性も数人いるけれど、まだ女性の12ヒではない。圧倒的に女性のほうが多かった。

「あれ？　滝川さん、今日お休みじゃなかった？」

地域委員長が、声をかけてきた。各委員から活動内容を報告するのが趣旨《しゅし》のため、委員長か副委員長のどちらかが出ればいいということになっている。今回は、委員長が出席する番になっていた。

「すみません、ちょっと時間ができたので……」

祥子は、あいまいに笑った。

校長先生は最初のあいさつだけして、ほかの会議があると言ってすぐに出ていった。それから会長の話があり、各委員会から報告があった。滞《とどこお》りなく過ぎてゆき、会議も終わりにさしかかったころ、会長が言った。

「ほかに、ご意見のある方はいらっしゃいますか？」

ＰＴＡ会長は、祥子の家の近所に住んでいる梶尾《かじお》さんという人だ。会長を決めるのは、くじ引きやジャンケンや話し合いなど、毎年困難を極《きわ》める。しかし今年は、珍《めずら》しく13リッコウホで決まったと聞いて驚いた。早々に、しかも仕事ができそうな人に決まったことをだれもが歓迎《かんげい》し、安堵《あんど》した。

⑤そんな人だから、話を聞いてくれるかもしれないと祥子は期待した。

「はい」

覚悟《かくご》を決めて、すっと手をあげた。みんなの視線が集まる。

「滝川さん」

梶尾会長が、首をかしげる。

「実は、先日こんなことがありました」

祥子は、荻野先生の名前を伏《ふ》せて、大縄跳びのことをBかいつまんで話した。話しているうちに、自信がなくなり、こんなことを言っても無駄《むだ》なんじゃないかと額に汗《あせ》が浮《う》かんだ。そしてきっと、将人も同じ思いで何も言わないのではないかと、くじけそうになる気持ちを奮い立たせた。

「……何が真実か、はっきりさせるのは難しいですが、このようなことが起こらないようにするためにどうすればいいか、みなさんのご意見をお聞きしたいのですが」

本音を言えば、「こんなひどいことが学校で起きているなんて、どう思います⁉」と言いたかった。でも、それではただの愚痴《ぐち》になる。祥子は、懸命《けんめい》に気持ちをおさえた。

しんとする会議室で、会長の声が静かに響《ひび》いた。

「それは大変でしたね……。息子さんのことを思うと、胸が痛みます。それで息子さん、今は登校できていますか？」

同情するような声に、ほっとして気がゆるんだ。

「いえ、まだです……。お腹《なか》が痛いと言って」

空気がざわっとゆれて、あちこちでひそひそ声が起こる。

早く学校に来て、その役目を買ってでてくださっているんですよ」

荻野先生が、一点を見つめている。

「それはわかっていますが……」

「練習を重ね、跳ぶ回数が増えれば、子どもたちのやり抜《ぬ》く力もつきます。そのためにも、朝練には、ぜひ出ていただきたい」

「ええ、だからそういうことではなく……朝練は自由参加だったんですよね？　将人は、自分が出なくちゃいけないっていう自覚がなかったから……」

大縄跳びの意義や、がんばることのたいせつさを否定しているわけではない。どうして将人がみんなの前で怒られなければならなかったのか、聞きたいだけなのに。

「すみませんでしたっ」

近藤先生が、涙声《なみだごえ》で頭を下げた。

「わたしが朝練のことを、ちゃんと伝えておけばよかったんです。今度からは、プリントで保護者の方にも伝えるようにしますので……」

荻野先生も再び頭を下げた。

なんなんだろう、この空気……。

これではまるで、祥子が先生に頭を下げさせているように見える。モンスターな親と、責められている先生という図が、いつの間にかでき上がっていた。

「学校のほうでも善処します。我々も協力しますので、将人くんが一日も早く登校できるよう、お母さんもがんばってください」

なぜ校長先生に励《はげ》まされているのか、自分の立場もわからなくなった。先生たちは、とにかく謝ることで、この場を収めようとしている。

違うのに……。

将人は、下手なことを怒られた。しかも、みんなの前で。そのせいでみんなから責められ、学校に行けないでいる。

校長先生も荻野先生も、そのことはわかっているはずなのに……④わざと問題をすり替《か》えているのだと感じた。

口を開きかけ、息苦しさにまた閉じた。

ダメだ……。向き合っているのに、相手は自分を見ていない。言葉を投げても、するりとかわされる。本音や意見をぶつけ合ってこそ、前向きな答えも出てくると思うのに。

こうなったら奥の手を……明日、ＰＴＡに訴《うった》えてみようと祥子は心に決めた。

小学校に入ると、ＰＴＡという組織に関わる。

秀一が小学校に入学したとき、はじめての保護者会で衝撃《しょうげき》を受けた。

「働いている人も六年間の中で、お子さん一人につき一回は、必ず役員や委員をしてもらいます」

それを聞いて、頭の中が真っ白になった。

ＰＴＡというのは、6ニンイ団体じゃないの？　ボランティアじゃないの？　7キョウセイなの？　と、混乱した。共働きや親の介護《かいご》をする人も増えてきた今、時間に余裕《よゆう》のある人はほとんどいない。ＰＴＡに入らないこともできるけれど、その場合、ＰＴＡが主催《しゅさい》する行事に子どもが参加できないこともあるという。

「ＰＴＡの仕事を減らそう」と努力する人がいても、「今まで、これでうまくやってきましたから」と8ホシュ的な人は必ずいるし、9デンカの宝刀のように「子どもたちのためですから」と主張する人もいる。改革とは、10ナマヤサしいものじゃない。

しかし、最初こそ驚《おどろ》いた祥子も、次第《しだい》にＰＴＡの存在に慣れてきた。11ツまったとも言えるが、そのたいせつさがわかってきたとも言える。

やはり、学校任せではいけないと感じることがたびたびあった。学校だって万能《ばんのう》ではない。何か問題が生じたとき、対処できる組織がＰＴＡのはずだ。

んの解決にもならない。でも、将人の状況《じょうきょう》や気持ちは伝えたい。それに、そんなことを繰《く》り返《かえ》さないでほしい。

　そうすれば、少しは将人も救われる気がする。

　祥子が自分の考えを言うと、咲良の母は電話の向こうで黙《だま》りこんだ。

「とりあえず、荻野先生や担任の先生と、もう一度話してみるよ」

　なるべく明るく言った。それでもダメなら、②奥《おく》の手《て》がある。

「そう……でも、無理しないでね」

　同情するような咲良の母の声に、気持ちが重くなった。

　担任の先生を通して、荻野先生と学校で話すことになった。

　会社を早退して、人気《ひとけ》のない夕方の校舎を訪《おとず》れる。ふだん子どもたちの声でにぎわっているぶん、静かな校舎というのは、よけいに寂《さび》しくうすら寒さを感じさせる。

　職員室に行くと、近藤《こんどう》先生がいそいそと出てきて、後ろから荻野先生もついてきた。

「ご無沙汰《ぶさた》しております」

　反射的に、体が硬《かた》くなった。荻野先生は、秀一の六年生のときの担任で、とても厳しい人だった。保護者が4サンカンしている授業でも、容赦《ようしゃ》なく子どもたちをどなりつける。よく言えば裏表のない先生ではあるけれど、祥子から見ても怖《こわ》い先生で、会うと背筋がぴっと伸《の》びる。

　会議室に通されると、スーツにネクタイ姿の校長先生も入ってきた。

「あ、いつもお世話になります」

　祥子はあわてて立ち上がり、頭を下げた。たまに見かけるものの、校長先生は忙《いそが》しくて、直接言葉を交《か》わす機会はあまりない。

「秀一くんは、お元気ですか？」

　開口一番、校長先生はにこにこと言った。いきなり長男の名前が出てきて、面食《めんく》らう。

「彼《かれ》のことだから、中学でもご活躍《かつやく》でしょう」

「は……ええ、秀一は元気です。サッカー部に入って……」

「そうですか。勉強も運動もできて、文武両道。どうしたら秀一くんのような子を育てられるのか、お聞きしたいものです」

　愛想《あいそ》よくしているつもりかもしれないが、うちには一将や将人もいるのにと、③祥子は内心ムッとした。先生たちにとっては、秀一のような子が都合のいい子なのかもしれない。

　校長先生は、まるで気にしない様子でパイプイスに座《すわ》った。その左に荻野先生、右に近藤先生が座る。三人が正面に座り、圧倒《あっとう》された。

「このたびは、何か誤解があったようですみません。将人くん、いかがでしょうか」

「はい……。まだ、学校には行きたくないようで」

　一度は学校に行くよう言ったものの、一将から事情を聞いて、考え直した。とりあえず将人の気持ちを5ユウセンさせたい。

「それはご心配ですね」

　校長先生が眉間《みけん》にしわを寄せると、荻野先生が深々と頭を下げた。

「わたしの指導が行き届かず、すみませんでした」

「あ、いえ……」

　目の前で謝《あやま》られると、つい恐縮してしまいそうになるけれど、謝ってほしいのは自分にではない。

「あの、わたしは本当のことが知りたくて」

　祥子は言葉に気をつけながら、一将や咲良から聞いたことをすべて話した。もちろん、チームの子に出るなと言われたことも。

「なるほど。朝練に出ている子たちは、将人くんに、もっとがんばってほしかったのでしょう」

　荻野先生ではなく、校長先生がまゆをひそめてうなずいた。

「特に低学年の子は、大縄跳びを跳ぶことすらできない子もいます。そのためには、やはり練習が必要なんです。荻野先生は忙しい中、朝

二〇二一年度　駒場東邦中学校

【国語】（六〇分）〈満点：一二〇点〉

注意　『、』『。』『「』『」』も一字に数えます。

次の文章を読み、後の問いに答えなさい。

滝川祥子《たきがわしょうこ》には、秀一《しゅういち》（中学二年生）、一将《かずまさ》（小学六年生）、将人《まさと》（小学二年生）の三人の息子《むすこ》がいる。将人は、大縄跳《おおなわと》びの朝の練習（朝練）に参加せず、指導に当たっている荻野《おぎの》先生にみんなの前で怒《おこ》られ、学校に行かなくなった。荻野先生から連絡《れんらく》を受け、朝練に出なかったことを知った祥子は将人を叱《しか》ったが、一将からは荻野先生の話とは違《ちが》う事実を知らされた。

滝川祥子は、迷っていた。

一将の説明によると、将人は悪くない。そもそも朝練は自由参加なのに、登校した将人を荻野先生が呼び止めて、みんなの前で「下手《へた》なのにどうして来ないの」と怒ったらしい。見ていてかわいそうなほど怒られた将人は、泣いていたという。それを1ソウゾウすると、祥子の胸はじくじくと痛んだ。

もしそれが本当だとしたら、つらい思いをした将人を、祥子はさらに叱ってしまったことになる。でも一方で、子どもの言うことをどこまで信用していいのだろうという思いもあった。疑うわけではないけれど、一将だって又聞《またぎ》きのようだし、子どもは大げさに言うこともある。勘違《かんちが》いということだって、あり得なくはない。

でも、このことをそのままにしておいていいのだろうか……何より、将人のことが気になる。あれから、何を聞いても首をふるだけで、明らかに以前と態度が違うのだ。

——親にもわかってもらえなかった。

そのことが、いちばん将人を傷《きず》つけてしまったんじゃないだろうか。

夫に相談したけれど、「まぁ、そういうことを乗《の》り越《こ》えて、子どもは強くなっていくから」と、のんきなことを言われた。「そのうち忘れて、ケロッとするさ」とも。

なんて楽天的な、と思うけれど、祥子が心配性《しんぱいしょう》なぶん、そののんきさに助けられたことも多い。

でも、①今回のことに関しては、罪悪感も加わって、頭から拭《ぬぐ》い去《さ》れずにいた。

一将の2オサナなじみでもある咲良《さくら》から、そのときのことを電話で聞くことができた。

しっかり者の咲良らしく、A理路整然と話してくれた。「荻野先生は、うそをついています」とも。

しかし、保育園のときからのママ友である咲良の母は、電話を替《か》わるなり「ごめんなさいね、咲良がよけいなこと言って」と、恐縮《きょうしゅく》していた。

「そんな、咲良ちゃんは、わざわざ教えてくれたんだから、ありがたいと思ってるよ」

そう言ったけど、

「まぁ、でも、あの子はとにかく気が強いから」

と、3クショウしていた。

「まさか、学校にどなりこみに行くつもり？」

心配そうな声をにじませて、咲良の母が言う。

「どなりこみには、行かないけど……」

荻野先生に向かって「うそをついていますね」と問《と》い詰《つ》めても、な

2021年度

駒場東邦中学校 ▶解説と解答

算　数　(60分)＜満点：120点＞

解　答

1 (1)　21　(2)　57cm²　(3)　728　(4)　**〈199〉**＝140，**〈2021〉**＝1613　(5)　①　8種類　②　12種類　**2** (1)　7通り　(2)　24通り　(3)　①　19通り　②　41通り　**3** (1)　1：22　(2)　**切り口**…解説の図②を参照のこと。／***S*：*U***＝1：62　**4** (1)　178個　(2)　5504.5　(3)　2021，2726，6768，7473

解　説

1 四則計算，面積，条件の整理，場合の数，構成

(1)　$\left\{(6.7-1.26)\times\frac{25}{14}-65\div7\right\}\div\left(1\frac{1}{2}\div1.47-1\right)=\left(5.44\times\frac{25}{14}-\frac{65}{7}\right)\div\left(\frac{3}{2}\div\frac{147}{100}-1\right)=\left(\frac{544}{100}\times\frac{25}{14}-\frac{65}{7}\right)\div\left(\frac{3}{2}\times\frac{100}{147}-1\right)=\left(\frac{68}{7}-\frac{65}{7}\right)\div\left(\frac{50}{49}-1\right)=\frac{3}{7}\div\left(\frac{50}{49}-\frac{49}{49}\right)=\frac{3}{7}\div\frac{1}{49}=\frac{3}{7}\times\frac{49}{1}=21$

(2)　右の図1で，おうぎ形ABCの面積は，$10\times10\times3.14\times\frac{90}{360}=78.5$(cm²)であり，三角形ABCの面積は，10×10÷2＝50(cm²)だから，太線で囲んだ部分の面積は，78.5－50＝28.5(cm²)とわかる。よって，斜線《しゃせん》部の面積は，28.5×2＝57(cm²)と求められる。

図1

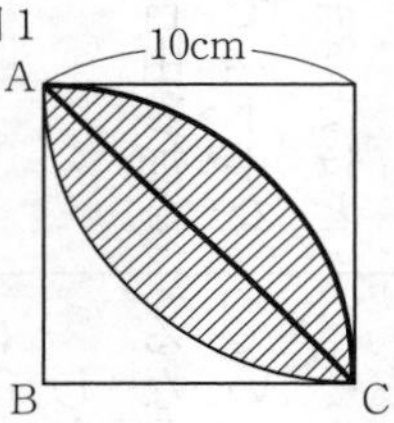

図2

NEW	NEW
$+YEAR$	➡ $+1EAR$
2021	2021

(3)　右上の図2で，Yは1または2であるが，$Y=2$とすると$YEAR$は2000以上になり，NEWが3けたになることはない。よって，$Y=1$と決まる。すると，1はすでに使われているので一の位は必ずくり上がり，それによって，十の位も必ずくり上がる。したがって，百の位は，$1+N+E=10$となるから，$N+E=9$とわかる。はじめに，$(N,\ E)=(9,\ 0)$とすると，十の位は，$1+0+A=12$，$A=11$となり，条件に合わない。次に，$(N,\ E)=(7,\ 2)$とすると，十の位は，$1+2+A=12$，$A=9$となり，条件に合う。最後に，一の位は{1，2，7，9}以外の数字で，$W+R=11$とすればよいので，Wを最も大きくすると，$(W,\ R)=(8,\ 3)$とわかる。すると，最も大きいNEWの値は728となる。

(4)　右の図3，図4のように，1があらわれる位で場合分けをして求める。図3の㋐の場合，百の位には0～1の2通り，十の位には0～9の10通りの数字を使うことができる

図3（1～199）

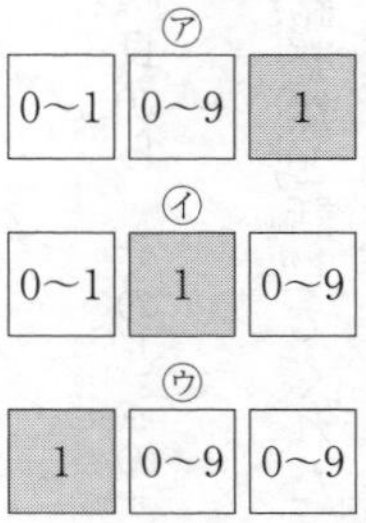

図4（1～2021）

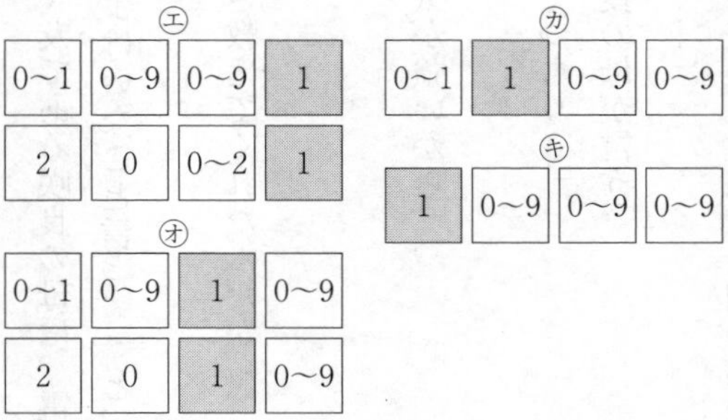

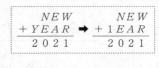

から，一の位にあらわれる１の個数は，２×10＝20(個)とわかる。同様に，㋑の場合も20個になり，㋒の場合は，10×10＝100(個)とわかる。よって，〈199〉＝20＋20＋100＝140と求められる。次に，図４の㋓の場合，千の位が０～１の場合は，２×10×10＝200(個)，千の位が２の場合は３個あるので，200＋３＝203(個)となる。同様に㋔の場合，千の位が０～１の場合は200個，千の位が２の場合は10個あるから，200＋10＝210(個)となる。さらに，㋕の場合は200個，㋖の場合は，10×10×10＝1000(個)あるので，〈2021〉＝203＋210＋200＋1000＝1613と求められる。

⑸　①　下の図５のように，斜線部の３個の正方形の上下に，２個の正方形を追加する方法を考える。上に２個追加する場合，たてに並べる場合が２種類，それ以外の場合が３種類ある。また，上に１個と下に１個追加する場合は，すでに作った形と重ならないよう注意すると，３種類あるから，全部で，２＋３＋３＝８(種類)となる。　②　下の図６のように，１列に５個つながっている場合は１種類，１列に４個つながっている場合は２種類，１列に２個つながっている場合は１種類ある。よって，①の場合と合わせると，８＋１＋２＋１＝12(種類)になる。

図５

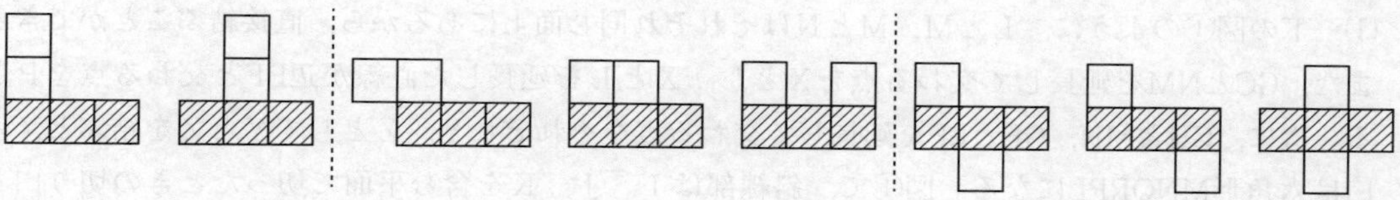

図６

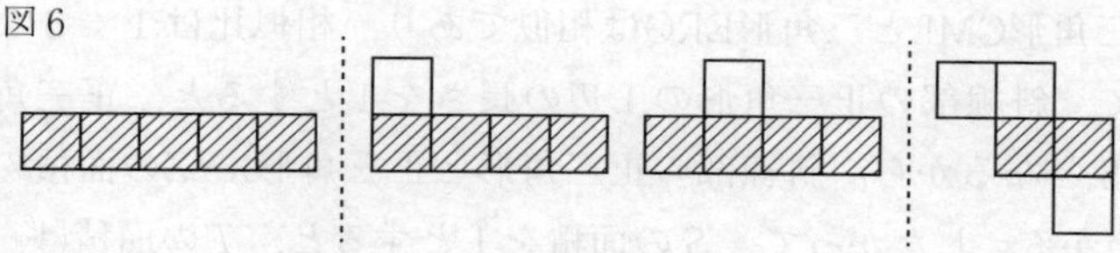

2　場合の数

⑴　１段目までの上がり方は{1}の１通り，２段目までの上がり方は{1＋1，2}の２通り，３段目までの上がり方は{1＋1＋1，1＋2，2＋1，3}の４通りある。ここで，４段目までの上がり方は，「１段目から３段上がる」，「２段目から２段上がる」，「３段目から１段上がる」の３つの場合がある。よって，４段目までの上がり方は＿の和になるから，１＋２＋４＝７(通り)とわかる。

⑵　⑴の考え方を利用すると右の図１のようになるので，６段目までの上がり方は24通りである。

図１

段数　　　　(段)	1	2	3	4	5	6
上がり方(通り)	1	2	4	7	13	24

⑶　①　２回の移動で少なくとも２段は移動するから，２人が止まる可能性があるのは，下から２，３，４，５，６段目のいずれかである。下から２段目で止まる場合，Ａ君は２段上がり，Ｂ君は６段下るので，右の図２の㋐のように，Ａ君の上り方は{1＋1}の１通り，Ｂ君の下り方は{3＋3}の１通りある。よって，この場合の２人の動き方は，１×１＝１(通り)となる。同様に考えると，㋑の場合は，２×２＝４(通り)，㋒の場合は，３×３＝９(通り)と求められる。また，Ａ君とＢ君を入れかえることにより，㋓の場合は㋑，㋔の場合は㋐とそれぞれ同

図２

㋐下から２段目で止まる場合
　Ａ君(２段)…{1＋1}
　Ｂ君(６段)…{3＋3}
㋑下から３段目で止まる場合
　Ａ君(３段)…{1＋2，2＋1}
　Ｂ君(５段)…{2＋3，3＋2}
㋒下から４段目で止まる場合
　Ａ君(４段)…{1＋3，2＋2，3＋1}
　Ｂ君(４段)…{1＋3，2＋2，3＋1}
㋓下から５段目で止まる場合
㋔下から６段目で止まる場合

じになる。したがって，全部で，（1＋4）×2＋9＝19(通り)となる。　② ①と同様にして，3回目の移動で止まる場合を求める。右の図3の㋕のように，A君が3段上がり，B君が5段下るとき，A君の上がり方は1通りある。また，B君の3回の組み合わせは2通りあり，どちらの場合も順番が3通りずつあるので，B君の下り方は，3＋3＝6(通り)となる。よって，㋕の場合の2人の動き方は，1×6＝6(通り)と求められる。同様に，㋖の場合，A君の上がり方とB君の下り方が3通りずつあるから，3×3＝9(通り)となり，㋗の場合は㋕の場合と同じになる。したがって，3回目の移動で止まる場合は，6×2＋9＝21(通り)とわかる。さらに，4回目の移動で止まるのは，A君とB君が1段ずつ4回移動する場合だけなので，1通りである。これらの合計に①の場合を含《ふく》めると，全部で，21＋1＋19＝41(通り)と求められる。

図3

㋕下から3段目で止まる場合
A君(3段)…{1＋1＋1}
B君(5段)…{1＋1＋3，1＋2＋2}
㋖下から4段目で止まる場合
A君(4段)…{1＋1＋2}
B君(4段)…{1＋1＋2}
㋗下から5段目で止まる場合

3 立体図形—分割，面積

⑴　下の図①のように，LとM，MとNはそれぞれ同じ面上にあるから，直接結ぶことができる。また，GCとNMを延長して交わる点をXとし，XとLを延長した直線が辺BFと交わる点をPとする。次に，GHとMN，GFとLPを延長して交わる点をそれぞれY，ZとしてYとZを結ぶと，切り口は六角形MNQRPLになる。図①で，斜線部はI，J，Kを含む平面で切ったときの切り口と同じ大きさの正三角形である。また，三角形CMLと三角形ERQは相似であり，相似比は1：3なので，ML：QR＝1：3となる。よって，斜線部の正三角形の1辺の長さを1とすると，正三角形XYZの1辺の長さは，1＋3＋1＝5となるから，斜線部の正三角形と正三角形XYZの面積の比は，（1×1）：（5×5）＝1：25とわかる。したがって，Sの面積を1とすると，Tの面積は，25－1×3＝22となるので，S：T＝1：22と求められる。

図①

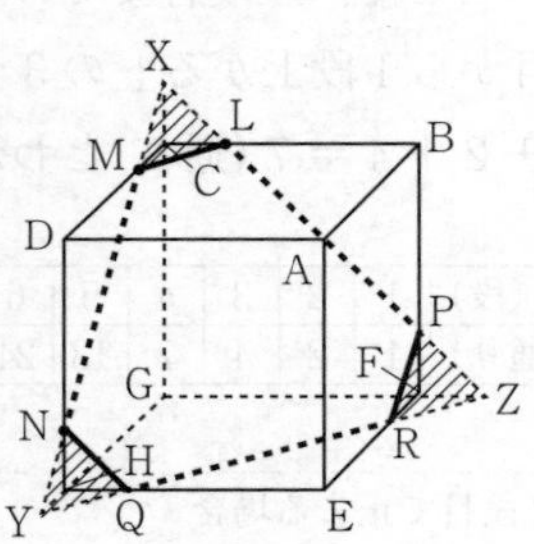

図②

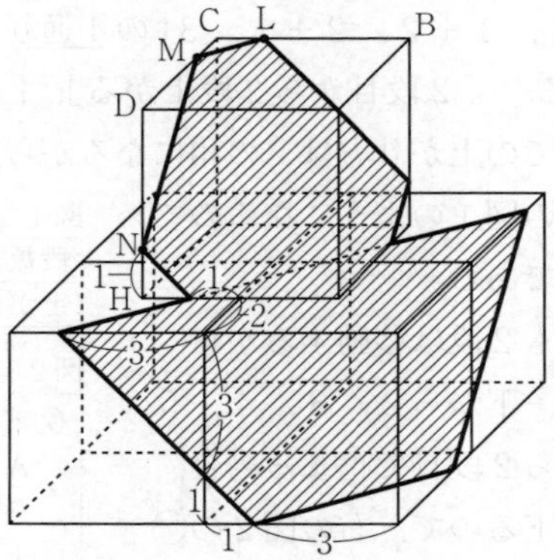

図③

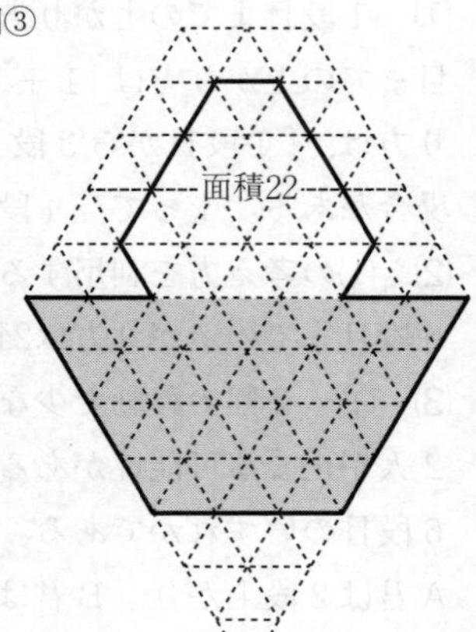

⑵　平行な面上にある切り口は平行になることに注意すると，切り口は上の図②の斜線部になることがわかる。また，各部分の長さの比は図②のようになっているから，切り口は上の図③のようになる。図③で，かげをつけた部分は1辺の長さが7の正三角形から1辺の長さが3の正三角形を取り除いたものなので，面積は，7×7－3×3＝40となる。よって，S：U＝1：(22＋40)＝1：62と求められる。

4 場合の数，平均とのべ，整数の性質

⑴ 右の図1のように，上2けたの数を㋐，下2けたの数を㋑とする。㋐よりも㋑の方が1大きい場合，㋐には10〜98(㋑には11〜99)の，98−10+1=89(通り)の数を入れることができるから，このような整数は89個ある。同様に，㋐よりも㋑の方が1小さい場合も89個あるので，このような整数は全部で，89×2=178(個)ある。

図1

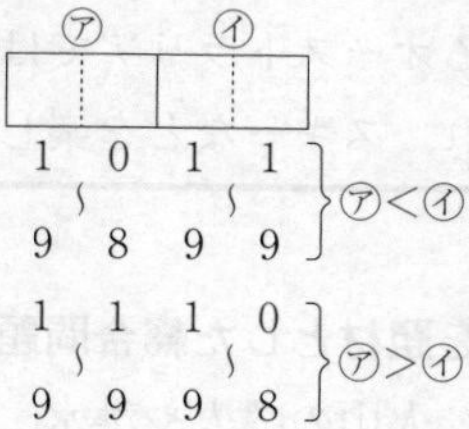

図2

㋐<㋑		㋐>㋑	
1011	+	9998	=11009
1112	+	9897	=11009
⋮		⋮	⋮
9798	+	1211	=11009
9899	+	1110	=11009

⑵ 右上の図2のように，㋐<㋑の89個を小さい順に並べ，㋐>㋑の89個を大きい順に並べてそれぞれを加えると，すべての和が11009になる。よって，178個の整数の平均は，11009÷2=5504.5と求められる。

⑶ はじめに，㋐<㋑の場合について考える。2021=43×47となることを利用すると，2021は連続する2つの整数を並べてできた数であり，47の倍数でもあるので，条件に合う数の1つとわかる。ここで，連続する2つの整数を並べてできた数は，1011，1112，1213，…のように101ごとにあらわれ，47の倍数は47ごとにあらわれるから，両方に共通する数は，101と47の最小公倍数である，101×47=4747ごとにあらわれる。よって，2021+4747=6768も条件に合う数の1つである。次に，㋐>㋑の場合について考える。上2けたの数をPとすると，下2けたの数は(P−1)となるので，このような数は，100×P+P−1=101×P−1と表すことができる。101÷47=2余り7より，101=47×2+7=94+7と分けることができるから，101×P−1=(94+7)×P−1=94×P+7×P−1となる。ここで，94×Pは47の倍数なので，この式の値を47の倍数にするためには，＿が47の倍数になればよい。そこで，＿=47とすると，7×P=47+1=48となるが，これは7の倍数ではないからあてはまらない。同様に考えて，＿=47×2=94とすると，7×P=94+1=95(7の倍数ではない)，＿=47×3=141とすると，7×P=141+1=142(7の倍数ではない)，＿=47×4=188とすると，7×P=188+1=189(7の倍数)となる。つまり，P=189÷7=27とすればよく，そのときの4けたの整数は2726となる。さらに，上と同様にこのような数も4747ごとにあらわれるので，2726+4747=7473でもよい。したがって，条件に合う数は，2021，6768，2726，7473の4個である。

社 会 (40分) ＜満点：80点＞

解 答

問1 ウ　**問2** (例) 高度経済成長期に大都市圏の人口が急増し，郊外まで宅地開発が進められたが，下水道の整備が追いつかず，生活排水が河川に流れこんだため。　**問3** (例) 戸籍が書きかえられるといった不正が行われないようにするため。　**問4** ⑴ ア　⑵ ア　**問5** ⑴ 藤原道長　⑵ 足利義満　⑶ **A** (例) 朝廷や幕府が中心となって編さんした歴史書の対象とはなっていない　**B** ウ　**問6** ⑴ 働く　⑵ (例) 駒場さんのような困っている人をみんなで支えていく　⑶ ア，ウ　⑷ **E** イ　**G** エ　**問7** ⑴ 群

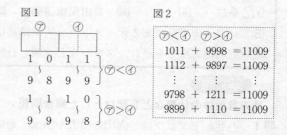

馬(県)　(2)（例）家畜のふんなどによってつくられる堆肥を利用できる。 (3) イ (4)
(i) 華族　(ii) ウ　(iii) 自由民権運動　**問8** (1) ア　(2) **A** 台湾　**B** 香港
(3)（例）南半球にあるオーストラリアでは夏にあたる12月や１月に日本の北海道や東北地方，北陸信越地方などを訪れ，スキーなどを楽しむ観光客が多いため。　**問9** ア，イ

解説

地方自治体の仕事などを題材とした総合問題

問1　ハザードマップは，火山の噴火や洪水，地震，土砂災害などの自然災害に備えるために自治体などが作成するもので，被害の発生が予測される地域や危険の程度，避難《ひなん》所や防災施設などの位置とそこに行くまでの経路などが示されている。したがって，ＡとＣは正しい。地震や火山の噴火が発生する時期を正確に予測することは困難なので，Ｂは誤りである。

問2　図３からは，1950年代後半から70年代前半にかけて続いた高度経済成長期に，多くの人々が三大都市圏《けん》に転入したため，人口が急増したことがわかる。また，図４からは，そうした事態に対応するため，千里ニュータウンのように丘陵《きゅうりょう》地帯を開発して集合住宅が建設されるなど，住宅地が大都市の郊外に広がったことがわかる。このように人口が急激に増加する一方で，下水道の整備が追いつかなかったため，多くの生活排水が河川に流され，河川の水質が悪化した。

問3　図６は当時の戸籍である。律令制度のもとでは，６年ごとにつくられる戸籍にもとづいて農民に口分田が支給され，租・調・庸《よう》などの税や労役・兵役などが課せられた。特に成年男子には多くの負担が課せられたため，性別や年齢などをいつわって申告し(偽籍《ぎせき》という)，課される税負担をまぬがれる者も多かった。図６にあるように同じ印がすき間なく繰《く》り返し押されているのは，そうした不正を防ぐためだと考えられる。

問4　(1)　ア　1635年，江戸幕府の第３代将軍徳川家光は武家諸法度《しょはっと》を改定し，その中で大名に参勤交代を義務づけた。　イ　江戸幕府は1624年にスペイン船，1639年にポルトガル船の来航を禁止した。さらに1641年には，平戸にあったオランダ商館を長崎の出島に移している。　ウ　大塩平八郎が天保のききんで苦しむ庶民《しょみん》を救うため大阪で乱を起こしたのは1837年のことで，このときの将軍は第11代の家斉である。　エ　江戸時代の初め，商人などに朱印状という貿易許可証を出したのは，初代将軍の徳川家康である。　(2)　Ａ　資料１には，甲斐《かい》国(山梨県)の藩の家臣が書いた「覚書《おぼえがき》」が各地に広まり，それがやがて「慶安御触書《けいあんおふれがき》」とよばれるようになり，さらに江戸幕府や明治政府が編さんした歴史書にものせられたことで，幕府が出したおきてとして知られるようになったいきさつが記されている。　Ｂ　資料２では，「偽文書《ぎもんじょ》の中には～当時の人々の意識・習わしが姿を現している」，「(偽文書をめぐる研究によって)それぞれの偽文書が資料の中でどのような役割を担ったのかが検討《けんとう》されるようになり，歴史資料の研究そのものが新しくなった」といった歴史研究者の言葉が紹介されている。

問5　(1)　「大殿《おおとの》」とは藤原道長のこと。道長が３女の威子《いし》を後一条天皇のきさきにした祝いの席でよんだ「望月《もちづき》の歌」のエピソードも，同じ『小右記《しょうゆうき》』の中に記されている。　(2)　「鹿苑院殿《ろくおんいんどの》」とは足利義満のこと。義満が京都の北山に建てた金閣は，義満の死後，その遺言にもとづいて寺院とされ，義満の通称にちなんで鹿苑寺とよばれることとなった。　(3)　**Ａ**　奈良時代から平安時代前半にかけて，『日本書紀』に始まる６つの歴史書(合わせて「六国《りっこく》史」とよばれる)が朝廷により編さん

された。また，鎌倉時代には『吾妻鏡《あずまかがみ》』という歴史書，江戸時代には『徳川実紀』という歴史書が，ともに幕府によって編さんされている。史料２に示された『小右記』の記事は1018年のできごと，史料３に示された『満済准后《まんさいじゅごう》日記』の記事は1434年のできごとについて記したもので，いずれも表１に示された朝廷や幕府によって編さんされた歴史書の対象ではない時期にあてはまる。　**B**　史料２や史料３の日記は，朝廷や幕府の内部で政治や外交が進められる中で，どのようなやりとりがなされていたかを示す貴重な記録となっている。

問６　⑴　日本国憲法に明記された国民の義務は，子どもに教育を受けさせる義務，勤労の義務，納税の義務の３つ。ただし，ここでは字数の関係から「働く義務」となる。　⑵　本文の最後には，「公共のために必要なお金を税金という形で集め，困った人がいたら助け合う仕組みによってみなさんの生活は支えられています」とある。また，医療《いりょう》保険はすべての国民が加入し，保険料を負担する仕組みであり，これにより，国民は病気になったときやけがをした場合に，医療費の一部を負担するだけで治療を受けられ，さらに本文中にある「駒場《こまば》さん」の例のように，病気で働けなくなった場合などには保険料の負担が免除される制度も設けられている。つまり，税金や医療保険の保険料は，「困っている人をみんなで支え合うために納めるもの」ということができる。　⑶　Ｃは医療環境をより充実させるための政策，Ｄは財政事情との兼《か》ね合いから医療に関する国の支出をできるだけ抑《おさ》えようとする政策である。したがって，アとウはＣ，エとオはＤにあてはまる。また，多くの人が健康で，病院に行くようなことがなければ国が支払う医療費が少なくてすむので，イもＤにあてはまる。
⑷　**E**　直後に「確かに，政策の提言・実行者の行動は大切だよね」とあることから，イが適切である。　**G**　前後に「政治に不満を感じているならば，政治に対して自分たちが持つ権利を踏《ふ》まえて，～具体的に行動することが必要だ」とあることから，エと判断できる。

問７　⑴　キャベツの生産量で愛知県と第１位を争っているのは群馬県。嬬恋《つまごい》村など北西部の山ろく地域で高原野菜の栽培がさかんであり，はくさいやレタスの生産量でも上位に入っている。　⑵　同じ地域に牧場があれば，家畜のふんなどからつくる堆肥《たいひ》を利用できるので，野菜などの生産にも有利である。　⑶　那須野《なすの》が原《はら》は栃木県北部に広がる高原地帯。扇状《せんじょう》地で水の得にくい地域が多く，礫《れき》が積もった地層が広がり，農業に適さない原野であったが，明治時代に政府の殖産興業《しょくさんこうぎょう》政策の一環として那珂《なか》川の水を引く那須疏水《そすい》が建設され，土地改良などの努力が続けられた結果，農業や酪農がさかんな地域となった。　⑷　(i)　明治新政府により旧公卿《くぎょう》や旧大名は華族という特別な身分とされたが，1884年に制定された華族令により，維新の功労者など政府の高官や国家功労者と認められた者も華族とされるようになった。華族には公・侯・伯《はく》・子・男の５等級の爵位《しゃくい》があり，優先的に貴族院議員に任命されるなどの特権が認められていた。　(ii)　ア　薩摩藩(鹿児島県)や長州藩(山口県)は当初は攘夷《じょうい》(外敵をしりぞけて国内に入れないこと)の立場をとっていたが，薩英戦争や下関砲台占領事件などを通して外国との実力差を思い知り，方針を開国に切りかえた。　イ　江戸幕府の第15代将軍徳川慶喜《よしのぶ》が大政奉還を行ったのは1867年10月。新政府軍と旧幕府軍の間で戊辰《ぼしん》戦争が始まったのは翌年１月のことである。　ウ　1871年に出発した岩倉具視《ともみ》を正使，大久保利通《としみち》・木戸孝允《たかよし》・伊藤博文・山口尚芳《なおよし》を副使とする使節団は，当初の目的である条約改正の予備交渉《こうしょう》に失敗したあと，およそ２年にわたって欧米諸国をまわり，各国の制度や産業を視察。そのさいの見聞が政府の殖産興業政策などに影響を与えた。なお，岩倉は公家出身，大久保は薩摩藩，木戸と伊藤は長州藩，山口は肥前藩(佐賀藩)の出身である。　エ　1873年，徴兵《ちょうへい》令が出され，原則として20歳以上のすべての男子に兵役の義務が定められた。そして，身分に関わらずに徴集された兵士からなる軍隊が組織された。　(iii)　1874年，板垣退助らが民選議院設立建白書を政府に提出。これをきっかけに，藩閥《はんばつ》政治を批判し，国会の開設を求める自由民権運動が起こり，全国に広がった。

問８　(1)　ア　豊臣秀吉による朝鮮出兵のさい，朝鮮から多くの陶工が日本に連行された。そうした陶工たちによって，有田焼(佐賀県)や萩《はぎ》焼(山口県)，薩摩焼(鹿児島県)などの焼き物が生産されるようになった。　イ　鎖国の期間中も朝鮮とは対馬《つしま》藩(長崎県)を通して交易が行われ，将軍の代がわりごとに朝鮮から通信使という慶賀の使節が来日した。　ウ　1894年，朝鮮で農民の反乱(甲午《こうご》農民戦争)が起きると，これを抑えきれなくなった朝鮮政府は清(中国)に出兵を要請。これに対抗して日本も朝鮮に出兵したことから日清間の緊張《きんちょう》が高まり，朝鮮を主戦場として日清戦争が始まった。　エ　韓国は1948年に独立した。朝鮮戦争は1950～53年のできごとである。　(2)　**A**　1895年の下関条約によって台湾は清から日本に譲渡《じょうと》され，第二次世界大戦の終戦まで日本による植民地支配を受けた。　**B**　1842年，アヘン戦争後に結ばれた南京《ナンキン》条約により香港《ホンコン》は清からイギリスに譲渡され，その植民地となった。その後，第二次世界大戦中に日本軍に占領された時期はあったが，戦後，再びイギリス領となり，アジアにおける金融《きんゆう》・貿易の拠点《きょてん》として栄えた。1990年代に中国とイギリスの間で返還交渉が続けられ，1997年に中国に返還されている。　(3)　図10からは，北海道，東北，北陸信越の各地方は「買い物代」より「娯楽《ごらく》等サービス費」のほうが多いことがわかる。また，図11からは，オーストラリアからの訪日旅行者数は12月と１月に特に多くなっていることがわかる。これは，南半球にあるオーストラリアでは夏にあたる12月と１月に，日本のスキー場を訪れる人が多くいるためと考えられる。

問９　ア　予算については衆議院に先議権がある。　イ　予算について衆議院と参議院で議決が異なり，両院協議会を開いても意見が一致しない場合には，衆議院の議決が国会の議決とされる。　ウ　予算の作成は内閣が行う。　エ　予算をはじめ，国会における審議は原則として公開されるから，国民はこれを傍聴《ぼうちょう》することができる。　オ　近年の歳出で大きな割合を占めるのは社会保障費，国債《こくさい》費，地方交付税交付金の３つ。2020年度における一般会計歳出に占める割合は，社会保障(関係)費34.9％，国債費22.7％，地方交付税交付金15.2％の順となっている。

理　科　(40分) ＜満点：80点＞

解　答

[1] (1)　百葉箱　(2)　ウ　(3)　**色**…白　**理由**…(例)　日光を反射させ，内部の温度を上がりにくくするため。　(4)　イ，ウ　(5)　イ，カ　(6)　**図３**…ア　**図４**…エ　**図５**…イ

[2] (1)　ア，イ，エ　(2)　(i)　①　エタノール　②　蒸発　(ii)　③　イ　⑤　ウ　(iii)　(例)　エタノールの残りが少なくなって蒸発量が減った　(3)　ウ　(4)　ＢとＤ，ＣとＥ／(試験管と接している水の面積が大きい方が，)温度は下がりやすい。　(5)　①　8　②　4　③　$\frac{1}{2}$(0.5)　④　ア　⑤　イ　[3] (1)　ウ　(2)　エ　(3)　エ　(4)　(例)　オスの背びれには切れこみがあり，しりびれは平行四辺形に近い形で大きい。　(5)　右の図　(6)　(例)　タガメ，ゲンゴロウ　(7)　(例)　川などでつ

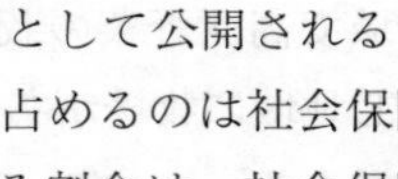

ながっていない湖や池などに移動して子孫を残すことができる。 4 (1) ① ウ ② エ (2) ① ウ ② ウ ③ エ ④ コ ⑤ ス ⑥ シ (3) ① イ ② サ

解 説

1 百葉箱と気象観測についての問題

(1) 図1の装置は百葉箱といい，内部には地面からおよそ1.2〜1.5mの高さになるように温度計が設置されている。自記温度計や湿度《しつど》計が設置されている場合も多い。

(2) 太陽が南の空を通る日本など北半球の地点では，百葉箱の扉《とびら》は，開いたときに直射日光が入らないように北側につくられる。オーストラリアなどの南半球の地点では，太陽は北の空を通るので，扉が南側になるように設置する。

(3) 百葉箱は，直射日光が当たってもなるべく内部の温度が上がらないように，日光を反射する(熱を吸収しにくい)白色でぬられている。

(4) 雲が一日中出ない晴れの日には，ふつう，気温は明け方ごろに最低，午後2時ごろに最高となり，日なたの地表面の温度は明け方ごろに最低，午後1時ごろに最高となる。日なたの地表面や大気から熱が伝わることで，日かげの地表面の温度も同様に，明け方から昼にかけて温度が上がっていく。また，雨の日は太陽の熱が地表面にとどきにくく，晴れの日に比べて地表面の温度も気温も晴れの日より変化が小さくなる。地表面の温度は，おもに放射によって地表面から熱が失われるために下がるが，一日中くもりの日は雲によって熱の放射がさえぎられるため，地表面の温度はあまり変化せず，気温の変化も小さい。

(5) ア 15時は日照時間が0分だが2.9m/秒の風がふいていて，日照時間が長い時間帯の6時や7時などよりも風速が速い。 イ 図2で日照時間は，6〜7時と7〜8時は各60分，8〜9時は50分より多く，9〜10時は30分より多い。よって，日照時間の合計は，60×2+50+30=200(分)よりも多い。 ウ 風向が最も大きく変化したのは，日照時間の0分が続いている13時から14時の間である。 エ，オ 表で最も風速が速いのは15時である。このときの風の速さは2.9m/秒で，風向は南南東になっている。風に向かって歩きにくいほどの風の速さは，およそ14m/秒以上の速さである。 カ 8時と14時ではどちらも雲量が10となっているが，日照時間が大きくちがっている。このことから，雲の種類や厚さが異なっていたと考えられる。

(6) **図3**…1時間ごとの日照時間が，11時ごろを過ぎると少なくなり，15時以降が0分となっている。したがって，アのように，気温の上昇《じょうしょう》は昼ごろまでで，その後は下がっていくと推測できる。 **図4**…午前中から夕方まで，日照時間はじゅうぶんな状態が続いているので，一日中よく晴れた日であると考えられる。よく晴れた日は，14時ごろに気温が最高となるので，エが選べる。 **図5**…10時〜12時ごろに日照時間が長くなっているが，その他の時間帯は非常に短いか0分である。また，昼の12時を過ぎると，急激に日照時間が減っている。よって，イのように，気温は12時ごろまでは上昇し，その後は急に下がったと考えられる。

2 熱の移動とふれ合う面積の関係についての問題

(1) B〜Eの試験管内の水の温度が下がったのは，ペーパータオルに含ませた水やエタノールが蒸発して，試験管やその中の水から熱をうばったからである。アやイ，エも，汗《あせ》や道路にまいた水，

アルコールの入った消毒液が蒸発するときにまわりから熱をうばう現象である。なお，ウは空気が冷やされて，空気中の水蒸気が水滴《すいてき》に変化している。

(2) (i)，(ii) ① BとCのグラフを比べると，はじめのうちはペーパータオルにエタノールを含ませたCが水を含ませたBよりも急速により低い温度まで下がっている。これは，エタノールの方が水よりも蒸発しやすいために，早く蒸発して熱をうばうからである。 ②，③ 水はエタノールよりも蒸発しにくく，ゆっくりと蒸発しながら温度を下げる。BやDでは，6分後あたりからは試験管内の水からうばわれる熱と，外から与《あた》えられる熱の大きさが等しくなった状態が続き，温度が一定となっている。 ⑤ Cのグラフが矢印の部分を境に上昇に転じているのは，エタノールの蒸発によってうばわれる熱が，外から与えられる熱よりも小さくなったからである。与えられる熱の方が大きくなると，温度は上がる。 (iii) エタノールは蒸発しやすいので，短い時間でペーパータオルに含ませたエタノールが減り，その結果蒸発する量も減る。そのため，試験管内の水からうばわれる熱が小さくなる。

(3) 蒸発する水の量が減ると，うばわれる熱が小さくなって温度は下がりにくくなる。一日中雨で空気が湿《しめ》っていると，ペーパータオルに含ませた水は蒸発しにくくなる。

(4) ペーパータオルに含ませた液体の種類が同じである，BとD，またはCとEを比べる。すると，どちらも細い試験管を使ったときの方が，太い試験管を使ったときよりも，はじめの温度の下がり方が大きい。また，10mLの水が細い試験管と接している面積は約$30cm^2$で，太い試験管と接している面積は約$23cm^2$なので，細い試験管の方が接している面積が大きい。これらのことから，試験管と接している水の面積が大きい方が，温度は下がりやすいといえる。

(5) ① Xの体積は，$1\times1\times1=1(cm^3)$，Yの体積は，$2\times2\times2=8(cm^3)$なので，XとYの体積比は1：8である。 ② Xの表面積は，$1\times1\times6=6(cm^2)$，Yの表面積は，$2\times2\times6=24(cm^2)$と求められる。よって，XとYの表面積の比は，6：24＝1：4となる。 ③ XとYの$\frac{(表面積)}{(体積)}$の比は，$\frac{1}{1}:\frac{4}{8}=1:\frac{1}{2}$である。 ④，⑤ XとYの$\frac{(表面積)}{(体積)}$の比から，体が大きい方が体積に対する表面積の割合が小さくなるため，体表から熱をうばわれにくく体温の保持に適していて，寒い地域にすむのにつごうがよいと考えられる。クマやシカなど，同じ仲間の動物を比べると，寒い地域にすんでいるものほど体が大きい傾向《けいこう》にある。

3 生物と環境《かんきょう》についての問題

(1) 里地里山は，人が足を踏《ふ》み入れないような自然と都市との中間的な地域で，人が手入れをしている雑木林や田畑，ため池などがあり，様々な生物がすんでいる場所である。

(2) クヌギのどんぐりは，エのように，球形に近い形をしているのが特徴《とくちょう》である。

(3) タブノキは，クスノキ科の常緑樹(一年中緑の葉をつける樹木)である。なお，ケヤキとヤマモミジ，ソメイヨシノ，イチョウはいずれも落葉樹で，秋から冬にかけて葉を落とす。

(4) メダカのオスは，背びれに切れこみがあり，しりびれが平行四辺形に近い形をしていて大きい。一方，メスは，背びれに切れこみがなく，しりびれが三角形に近い形で小さい。

(5) ふ化したばかりの子メダカは，腹の下に栄養分の入った袋《ふくろ》をもっていて，数日の間はこの袋の中の栄養分を使ってえさをとらず，水の底でじっとしている。

(6) タガメやゲンゴロウ，トンボの幼虫であるヤゴは，水中でメダカなどの小さな水生動物をとらえて食べる肉食性のこん虫である。

(7)　ギベリオブナなどの魚のなかまは，川や水路でつながっていないと，別の湖や池などに移動することができない。動物にとって移動が可能なことは，生活環境が変化してすみにくくなったときに新しい環境を求めるために必要なことであるから，限られた場所にしかすめないことは生存にとって不利である。水鳥に卵を食べられることで他の場所に運ばれ，一部の卵が新しい湖などでふ化できれば，ギベリオブナにとって子孫を残す上で有利となる。

4　力のつり合いと浮力《ふりょく》についての問題

(1)　おもりが水に沈《しず》んでいるときは，おもりにはたらく力は，「おもりが地球から受ける重力」，「ばねがおもりをつり上げようとする力」，「おもりが水から受ける浮力」の３つの力である。このうち，最初の重力は下向きの力，ばねの力と浮力は上向きの力なので，３つの力がつり合っておもりが静止しているときは，(おもりが地球から受ける重力)＝(ばねがおもりをつり上げようとする力)＋(おもりが水から受ける浮力)の関係がある。よって，「ばねがおもりをつり上げようとする力」は，「おもりが地球から受ける重力」より「おもりが水から受ける浮力」の分だけ小さくなっている。

(2)　①　おもりが水中にないときは，電子てんびんにはメスシリンダーとその中の水の重さ，つまりメスシリンダーとその中の水が地球から受ける重力に等しい力が下向きにかかり，電子てんびんはその大きさと等しい大きさの力でメスシリンダーを押《お》し上げている。　②　図４より，おもりが水中に沈むとその前よりも，電子てんびんの値で示される電子てんびんが押し上げる力が大きくなっている。これは，メスシリンダーと水を合わせた塊《かたまり》を静止させるのに，図４で示される値だけ下向きの力がふえて，押し上げる力を大きくする必要が生じたことによる。　③　(1)より，ばねばかりの値が最初より小さくなった分はおもりが水から受ける浮力の大きさに相当する。　④　水中にあるおもりは水を，電子てんびんの値が最初より大きくなった分の大きさの力で下向きに押し，水はおもりを，ばねばかりの値が最初より小さくなった分に相当する大きさの力(水中に沈んだおもりが水から受ける浮力に等しい大きさの力)で上向きに押していることになる。図４より，この２つの力は大きさがおよそ等しい。　⑤，⑥　おもりがメスシリンダーの底につくと，おもりをつるしていた糸がたるみ，おもりは直接メスシリンダーの底を押すことになる。それによって，メスシリンダーは電子てんびんを下向きに押し，その分だけ電子てんびんがメスシリンダーを押し上げる力が大きくなる。

(3)　水中にある物体が水から受ける浮力の大きさは，物体が押しのけた水の重さ，つまり物体の水中にある部分の体積と同じ体積の水の重さに等しい。したがって，この実験で50ｇのおもりを90ｇのおもりにかえても，おもりの体積が同じなので，水から受ける浮力の大きさの変化は同じようになる。(1)，(2)より，水中におもりを１個，２個，…，６個と沈めていくと，電子てんびんの値はおもりにはたらく浮力の大きさの分だけふえていくので，グラフは図３の場合と変わらない。また，ばねばかりの値は，最初はおよそ，$50\times3+90\times3=420$(ｇ)になるが，おもりを水中に沈めていくごとにふえるおもりにはたらく浮力の大きさは，図３の場合と同じであるため，グラフの下がり方は図３の場合と同じようになる。

国語 (60分)＜満点：120点＞

解答

問1 下記を参照のこと。 **問2** **A** ア **B** イ **問3** ア **問4** (例) PTAに訴えること。 **問5** (例) 将人の件で学校に来たのに，まず卒業した秀一のことを話題にしてきたので，将人や一将がないがしろにされたように感じたから。 **問6** エ **問7** ウ **問8** (例) 学校へ行けない将人を一人で家に残したまま，仕事に行こうとしていることを無責任だと責められている(ようにも感じた。) **問9** オ **問10** 息子さんが学校に行けるようにするほうが先決です **問11** (例) 学校に行くのは当然だと思っていたが，完全に自信を失っている将人を見ることで，困っている人がいればだれより早く助けてあげようとするやさしい性格の将人をダメという学校ならば行く必要はないし，子どもが行きたくなるような学校にするのが大人の義務だと考え直したから。 **問12** (例) 母親が自分の気持ちを理解してくれたことで心が晴れたとともに，自分のよさを母親が認めてくれたことで自信を取りもどした様子。

問13 ウ

●漢字の書き取り

問1 **1** 想像 **2** 幼 **3** 苦笑 **4** 参観 **5** 優先 **6** 任意 **7** 強制 **8** 保守 **9** 伝家 **10** 生易 **11** 染 **12** 比 **13** 立候補 **14** 神経 **15** 鼻歌

解説

出典は工藤純子《くどうじゅんこ》の『あした，また学校で』による。大縄跳《おおなわと》びの朝の練習(朝練)に参加しなかった将人《まさと》は，指導している荻野《おぎの》先生から「下手《へた》なのにどうして来ないの」とみんなの前で怒《おこ》られ，そのせいで学校に行けなくなってしまう。

問1 **1** 実際には経験していないことなどを頭の中に思いうかべること。 **2** 音読みは「ヨウ」で，「幼虫」などの熟語がある。 **3** 心の中では苦々しく感じながらも，その思いをまぎらわせるようにしかたなく笑うこと。 **4** その場の様子を実際に行って見ること。 **5** ほかのことよりも先に行ったり，より大切にしたりすること。 **6** その人の意思にまかせて，思うとおりにさせること。 **7** 力や法律などによって無理にさせること。 **8** それまでの習慣や考え方，制度などを大切にして，急激な変化を求めないこと。 **9** 「伝家の宝刀」は，いざというとき以外にはめったに使わない手段のこと。 **10** ひじょうにたやすいこと。 **11** 音読みは「セン」で，「染料」などの熟語がある。訓読みにはほかに「し(みる)」がある。 **12** 「比ではない」は，“比べ物にならない”という意味。 **13** 選挙などのときに候補者として名のり出ること。 **14** ものごとを感受する心のはたらき。 **15** 気分がよいときなどに，鼻にかかった小さな声で軽く歌う歌。

問2 **A** 「理路整然」は，話や議論などの筋道がきちんと整っている様子。 **B** 「かいつまむ」は，“細かいところは気にせず，話のだいたいの要点をとらえる”という意味。

問3 「罪悪感」は，悪いことをしたと思う気持ち。自由参加であるはずの朝練に参加せず，荻野先生から「かわいそうなほど怒られた」将人を，祥子《しょうこ》が「さらに叱《しか》ってしまっ」たことをおさえる。

将人に「親にもわかってもらえなかった」と思わせたことが「いちばん将人を傷つけてしまったんじゃないだろうか」と祥子は感じ，以前と明らかに態度の違《ちが》う彼《かれ》に対する「罪悪感」から，「今回のこと」が「頭から拭《ぬぐ》い去れずにいた」ものと想像できる。

問４　大縄跳びの朝練で将人が怒られたことについて，「荻野先生や担任の先生と，もう一度話して」も進展がなければ，「奥《おく》の手」があると祥子は思っている。ぼう線部④の少し後で，結局は納得《なっとく》のいく話を聞くことができなかったこの件について，祥子は「こうなったら奥の手を……」と考え，「PTAに訴《うった》えてみよう」と心に決めたとあるので，この部分をまとめる。

問５　祥子は，将人に何があったのか事実を知ろうとして学校に向かい，先生たちと話すことになった。しかし，最初に校長先生の口から出たのは卒業した秀一《しゅういち》の話題だったことに加え，「勉強も運動もできて，文武両道。どうしたら秀一くんのような子を育てられるのか，お聞きしたいものです」とまで言われ，祥子は「うちには一将《かずまさ》や将人もいるのに」と感じ，「ムッと」している。つまり，先生たちにとって「都合のいい子」ではない息子《むすこ》たちがないがしろにされているように思え，祥子はいら立ちを覚えたのだろうと推測できる。

問６　自由参加の朝練に出なかったことで荻野先生から怒られ，みんなからも責められて学校へ行けなくなった将人について，祥子は，なぜ彼が「みんなの前で怒られなければならなかったのか」を聞きたかっただけだが，先生たちは何があったのかを説明することなく，「大縄跳びの意義や，がんばることのたいせつさ」に焦点《しょうてん》をあて，指導が行き届かなかったと謝《あやま》るばかりで，とにかく「この場を収めよう」としていた。加えて，校長先生から「将人くんが一日も早く登校できるよう，お母さんもがんばってください」と励《はげ》まされたことにも強い違和感《いわかん》を覚えた祥子は，先生たちが「わざと問題をすり替《か》えているのだと感じた」のだから，エがふさわしくない。

問７　学校任せにはできない何らかの問題が生じたときに対処できる組織がPTAだが，「会長を決めるのは，くじ引きやジャンケンや話し合いなど，毎年困難を極《きわ》める」ほど，積極的にやりたがる人はいない。そのような中で今年，PTA会長に自ら立候補し，しかも仕事ができそうな梶尾《かじお》さんなら自分の「話を聞いてくれるかもしれないと」祥子は期待したのだから，ウが選べる。

問８　PTA会長の梶尾さんから「まさか今も，家に一人ですか？」と言われた祥子が，「非難されているようにも感じた」ことをおさえる。「お腹《なか》が痛いと言って」学校を休んでいる将人を家に一人で残したままPTAの運営委員会に出席したり，仕事に行こうとしたりしている自分を責められているような気持ちになったのである。

問９　将人が精神的に傷つき，学校に行けなくなってしまったという話を受けたPTA会長は，「息子さんのことを思うと，胸が痛みます」と言いながら，今回の件については「たまたま悪いことが重なってしまい，お気の毒でした」と話している。将人の問題に真剣《しんけん》に向き合わず，「ただの不運な出来事」だと片づけようとしたPTA会長に対して，祥子は「冷たさ」を感じたものと想像できるので，オが選べる。続く部分で，祥子が「もし，みなさんの子どもが同じ目にあっても……たまたま運が悪かったと思えますか？」と抗議《こうぎ》している点も参考になる。

問10　「将人くんが一日も早く登校できるよう……」は校長先生の言葉で，「息子さん，今は登校できていますか？」はPTA会長の言葉にあたる。どちらも将人が学校に来られるようになれば問題は解決するという考え方をしている。よって空らんには，同じ趣旨《しゅし》の「息子さんが学校に行けるようにするほうが先決です」というPTA会長の言葉があてはまる。

問11　今回の一連のできごとを通じ，祥子は「みんな」と同様，「行くのは当然」だと考え「なんの疑いもなく学校を受けいれてきた」これまでの自分の思いがゆらぎ，「必ず行かなくてはいけないところなんだろうか」と疑問を抱《いだ》き始めた。そして，勉強も運動もできないために「得意なものなんて何もないよ」と言わせてしまうほど，将人から「自信」をうばった学校こそ間違っていると考え，「学校に行かせるのが義務なら……行きたくなるような学校にするのもまた，大人の義務なのではないだろうか」と考え直している。だから，祥子は彼に「もう学校に行かなくてもいい」と言ったのである。

問12　これまでの将人の様子から，「学校をずる休みしているという後ろめたさ」を感じた祥子が，彼を抱《だ》き締《し》めていたわったことや，自分は勉強も運動もできないし，「得意なものなんて何もない」と言った彼に対し「将人は，困っている人がいたら，だれより早く気がついて，助けてあげようとする」と，長所を認めてあげていることに注目する。将人は，学校へ行きたくないという気持ちを祥子に理解してもらえたことや，自分の長所を「勉強より，運動より，たいせつなこと」だと認めてもらえたことで気持ちが晴れ，失っていた自信を取りもどしたのである。

問13　「言葉に気をつけながら」や，「懸命《けんめい》に気持ちをおさえた」という部分は，先生たちやPTAの人たちと将人の問題をできるだけ冷静に話し合いたいと思う祥子の気持ちを反映させた表現であり，「次第《しだい》になげやりになっていく」様子はうかがえないので，ウが正しくない。

Dr.福井の

入試に勝つ！脳とからだのウルトラ科学

記憶に残る“ウロ覚え勉強法”とは？

人間の脳には，ミスしたところが記憶に残りやすい性質がある。順調にいっているときの記憶はあまり残らないが，まちがえて「しまった！」と思うと，その部分がよく記憶されるんだ(これは，脳のヘントウタイという部分の働きによる)。その証拠に，おそらくキミたちも「あの問題を解けたから点数がよかった」ことよりも，「あの問題をまちがえたから点数が悪かった」ことのほうをよく覚えているんじゃないかな？

この脳のしくみを利用したのが“ウロ覚え勉強法”だ。もっと細かく紹介すると，テキストの内容を一生懸命覚え，知識を万全にしてから問題に取り組むのではなく，テキストにざっと目を通した程度(つまりウロ覚えの状態)で問題に取りかかる。もちろんかなりまちがえると思うが，それを気にすることはない。まちがえた部分はよく記憶に残るのだから……。言いかえると，まちがえながら知識量を増やしていくのが“ウロ覚え勉強法”なのである。

ここで，ポイントが2つある。1つは，ヘントウタイを働かせて記憶力を上げるために，まちがえたときは「あ～っ！」とわざとらしく驚くこと。オーバーすぎるかな……と思うぐらいでちょうどよい。

もう1つのポイントは，まちがえたところをそのままにせず，ここできちんと見直すこと(残念ながら，驚くだけでは覚えられない)。問題の解説を読んで理解するのはもちろんだが，必ずテキストから見直すようにする。そうすれば，記憶力が上がったところで足りない知識をしっかり身につけられるし，さらにその部分がどのように出題されるかもわかってくる。頭の中の知識を実戦で役立てられるようにするわけだ。

Dr.福井(福井《ふくい》一成《かずしげ》)…医学博士。開成中・高から東大・文Ⅱに入学後，再受験して翌年東大・理Ⅲに合格。同大医学部卒。さまざまな勉強法や脳科学に関する著書多数。

Memo

2020年度　駒場東邦中学校

〔電　話〕(03) 3466－８２２１
〔所在地〕〒154-0001　東京都世田谷区池尻４－５－１
〔交　通〕京王井の頭線―「駒場東大前駅」より徒歩10分
東急田園都市線―「池尻大橋駅」より徒歩10分

【算　数】（60分）〈満点：120点〉

1　(1)　次の計算をしなさい。

$$\left\{0.375+\left(\frac{2020}{3}-\frac{2691}{4}\right)\times 2.25\right\}\div\left(3\frac{5}{12}-\frac{11}{8}-\frac{1}{6}\right)$$

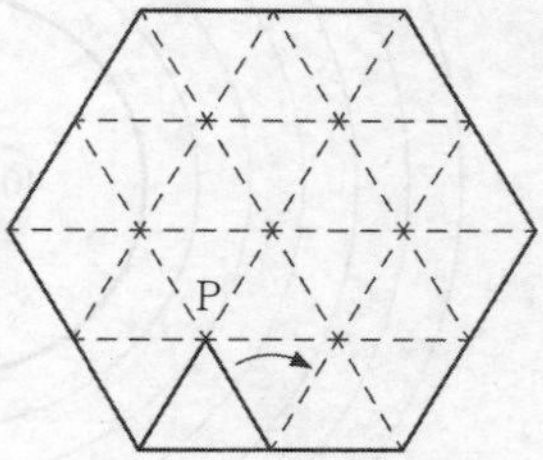

(2)　１辺の長さが２cmの正三角形があります。この正三角形を右の図のように１辺の長さが４cmの正六角形の内側をすべらないように転がして，１周させました。

　このとき，点Pが動いてできる線を解答用紙の図にコンパスを用いてかきなさい。また，その線の長さを求めなさい。ただし，円周率は3.14とします。

(3)　下の図１において，点Dは辺BCの真ん中の点，点EはDCの真ん中の点です。また，２つの直線DP，EQによって三角形ABCの面積が３等分されています。このとき，BPとPQとQAの長さの比を，最も簡単な整数の比で表しなさい。

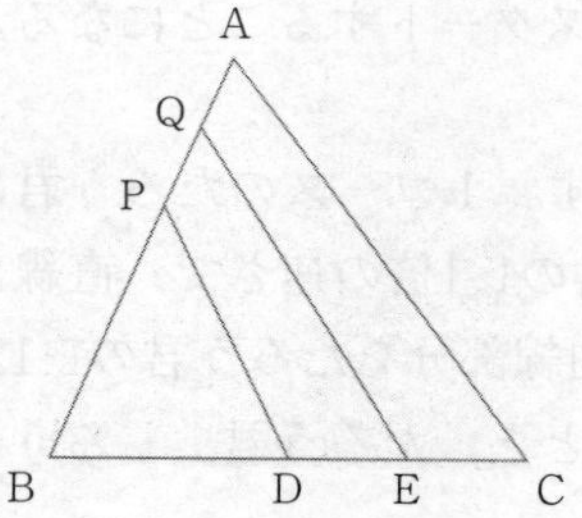

図１

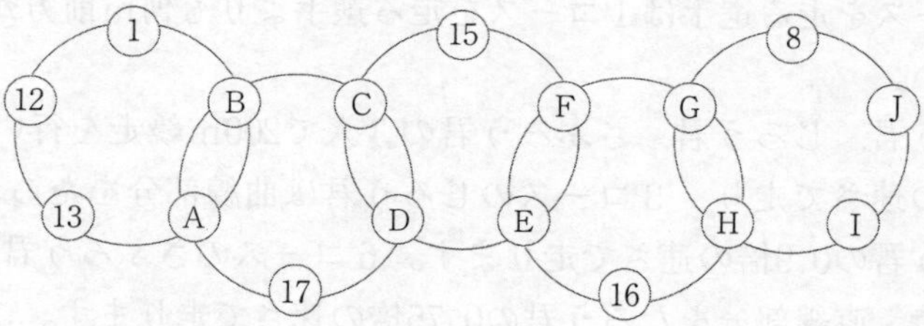

図２

(4)　上の図２は，各円ごとの５つの数の合計が40になるように，１～17の数を一度ずつ使って並べたものです。

①　I＋Jを求めなさい。

②　EよりもFの数が大きいとき，Eの数を求めなさい。

2　２つの整数A，Bに対して，$A\div B$の値《あたい》を小数で表したときの小数第2020位の数を＜$A\div B$＞で表すことにします。例えば，2÷3＝0.666…なので，＜2÷3＞＝6です。このとき，次の問いに答えなさい。

(1)　＜1÷101＞，＜40÷2020＞をそれぞれ求めなさい。

(2)　＜N÷2020＞＝3をみたす整数Nを１つ求めなさい。

3　K中学校の校庭には，次のページの図のような長方形の外側に半円を２つくっつけた形のトラックがあります。ABの長さは40mであり，図の太線の長さは200mです。このトラックで200m競走を行います。コースは内側から順に１コースから６コースまであり，コースの幅《はば》は

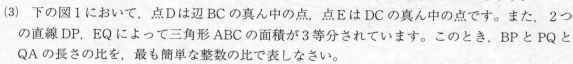

１mです。コースを走るときは，各コースの内側の線上を走るものとします。また，１コースのスタート地点をBCの真ん中の点Sとし，各コースともにゴールは，BCと垂直な線STとします。このとき，後の問いに答えなさい。ただし，円周率は3.14とします。

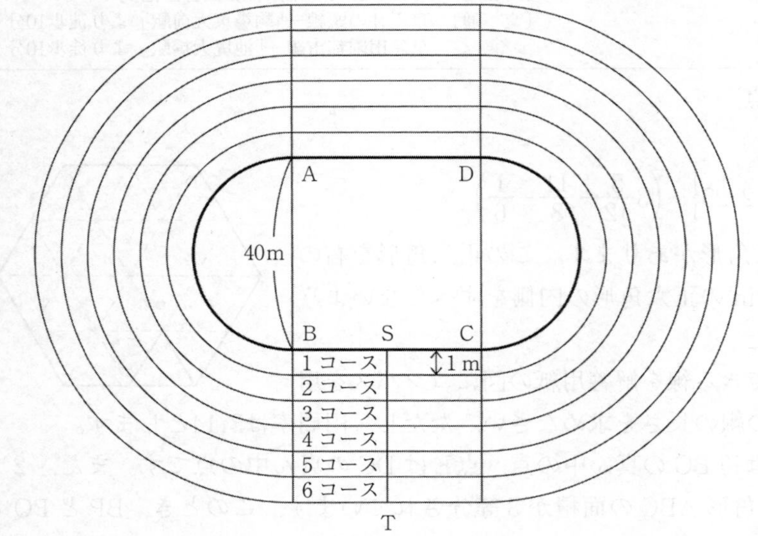

⑴　BCの長さを求めなさい。

⑵　２コースを走る選手は１コースを走る選手よりも何m前方からスタートすることになるか答えなさい。

⑶　たろう君，じろう君，さぶろう君の３人で200m競走を行います。１コースのたろう君は常に一定の速さで走り，３コースのじろう君は曲線部分をたろう君の1.1倍の速さで，直線部分をたろう君の0.9倍の速さで走ります。６コースのさぶろう君は曲線部分をたろう君の1.125倍の速さで，直線部分をたろう君の0.75倍の速さで走ります。このとき，たろう君，じろう君，さぶろう君の３人はどの順番でゴールするか答えなさい。

4　赤，青，黄，白の長方形の紙が１枚ずつあり，それぞれのとなりあう２辺の長さは表のようになっています。この４枚を一部が重なるようにして図のように並べて１つの正方形を作ったとき，見えている部分の面積が４色すべて等しくなりました。このとき，次の問いに答えなさい。

［表］

色	となりあう２辺の長さ
赤	20cm，18cm
青	18cm，８cm
黄	20cm，９cm
白	20cm，9.6cm

［図］

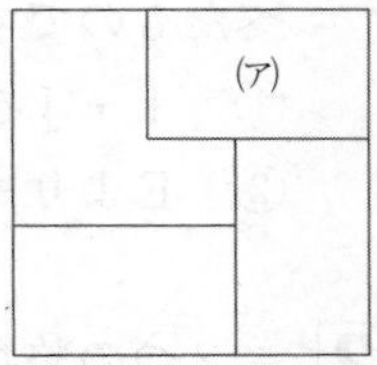

⑴　図の一番上にある，(ア)の紙の色は何色ですか。また，作った正方形の１辺の長さを求めなさい。

⑵　図の並べ方について，紙の色を下から順に答えなさい。

⑶　紙の並べ方を図と変えて，図と同じ大きさの正方形を作ったところ，見えている部分の面積は，青が105.6cm^2，黄が156cm^2になりました。この並べ方について，紙の色を下から順に答えなさい。また，赤の見えている部分の面積を求めなさい。

【社　会】（40分）〈満点：80点〉

次の文章を読んで，問に答えなさい。

駒東太郎君は，小学6年生です。同じクラスのケンジ君と仲良しで，よくサッカーを一緒《いっしょ》にしています。ケンジ君の家に遊びにいくと，お母さんが仕事から帰ってきたところでした。ケンジ君のお母さんは子どものころ，生まれた国であるベトナムを①戦争の影響《えいきょう》で離れて東京で育ち，今は近所のスーパーで働いています。太郎君が所属するサッカークラブには女子サッカー部もあり，エリさんというチームメイトがいて，お父さんが休日の試合の応援《おうえん》にきてくれます。お父さんは②アメリカの出身で，太郎君は初めて会ったとき，オバマ前大統領に少し似ていると思いました。ヨシオ君は，サウジアラビアからの転校生です。1年前に東京にやってきて，同じクラスになりました。

これは太郎君の日常生活の様子ですが，みなさんも日本に住みながら，外国の存在を身近に感じる機会があるのではないでしょうか。

日本に住む※外国人の数は年々増え，260万人を超《こ》えました。異なる文化と接することは，どの時代や地域でも③その社会に多くの影響《えいきょう》をあたえてきました。

現在日本に住む外国人の国籍《こくせき》で最も多いのは中国ですが，④日本と中国は長い歴史の関わりをもち，日本は多くの影響《えいきょう》を受けてきました。

将来，みなさんが生きる日本の社会には，より多くの外国人がやってくることになるでしょう。2018年に，出入国に関する⑤法律が改正されました。新しい法律では，外国人が働くことができる仕事の種類を増やし，より多くの仕事をする人材を外国から受け入れることができるようになっています。法律が改正された背景にあるのは，日本の人口減少と少子高齢《こうれい》化です。大都市だけではなく，外国人の増加傾向《けいこう》は⑥地方都市にも広がっています。現時点では，製造業，スーパーやコンビニなどの小売業，宿泊《しゅくはく》・飲食サービス業の分野で働く外国人が多くなっています。今後，農業・漁業・介護《かいご》などの分野でも，より人手不足が深刻になることが予想されています。

今は外国人の受け入れが話題になっていますが，過去には⑦国民を海外へ送り出す時代もありました。海外に出ていった日本人は，移住した先でさまざまな苦労を経験することになりました。

外国から日本にきた人が，⑧出身国の文化や習慣とのちがいで，とまどうことがあるかもしれません。大人だけではなく⑨子どもに対しても，安心して暮らせるように，社会の一員としてむかえるための手助けが必要です。

みなさんが将来外国に行かなくても，すでに日本の日常生活の中には，たくさんの国の人がやってきています。異なる文化や習慣の人が日本にくることで，対応しなければならない課題はたくさんあります。

一方で，多様な価値観を知ることは，みなさんの視野をより豊かにしてくれます。

外国に行かなくとも，まずは身近な「世界」に目を向けてみましょう。

※この場合の「外国人」には，観光客は含《ふく》まれていません。

問1　下線部①に関して。世界中で，紛争《ふんそう》や人権侵害《しんがい》から命を守るために出身国から逃《に》げざるを得《え》ない人たち（以下，難民とします）が増え，問題となっています。また日本は諸外国に比べて難民の受け入れ人数が少ないと指摘《してき》されることがあります。

難民については，国際連合でもその発足当初から問題とされ，各組織が連携《れんけい》して活動しています。難民問題の解決に向けて取り組んでいる組織として適切なものを**ア**～**キ**から１つ選びなさい。

A　総会　　B　安全保障理事会　　C　ユニセフ

ア　A　　**イ**　B　　**ウ**　C

エ　AとB　　**オ**　BとC　　**カ**　AとC

キ　AとBとC

問２　下線部②に関して。アメリカ合衆国は18世紀の独立後も，領土を大西洋岸から太平洋岸へと広げる中で，さまざまな地域からきた人々を受け入れてきました。

(1)　2017年に第45代大統領となったトランプ大統領は，メキシコとの国境線上に壁《かべ》を建設するように指示しました。アメリカとメキシコの国境線として正しいものを，地図中の**ア**～**エ**から１つ選びなさい。

(2)　移民を排除《はいじょ》するために壁《かべ》を建設するという発想は，19世紀の後半にはすでにアメリカにありました。次のページの図は1870年のアメリカの新聞にのった風刺《ふうし》画で，国境線に「万里の長城」と名づけられた壁《かべ》が建設されています。壁《かべ》の上にいる※アイルランドからの移民は，中国からの移民がアメリカに入れないようにはしごを外しています。アイルランドからの移民も中国からの移民も，鉄道建設などの工事現場や製造工場ではたらきました。そして，中国からの移民の数が増えていく中で，職を失うことをおそれたアイルランドからの移民たちが中心となり，中国からの移民をアメリカの外に追放しようとする運動がもり上がりを見せていきました。その一方で，鉄道会社や製造工場の経営者たちは，しばしば中国からの移民を守る側にまわりました。その理由を説明しなさい。

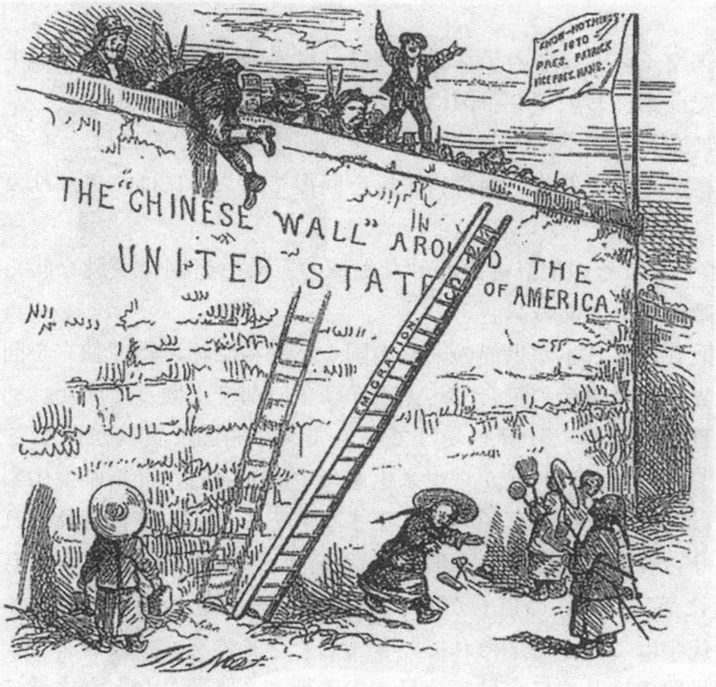

（貴堂嘉之『移民国家アメリカの歴史』より）

※アイルランドは，イギリスの西にある島です。

問3　下線部③に関して。人の移動は，異なる地域の間で貿易がすすみ，文化の結びつきが生まれる機会になります。

(1)　下のグラフは，各国・各地域の工業生産額の割合をグラフで示したものです。このグラフをもとに，世界の工業生産の移り変わりについて述べた下の**ア～エ**で**誤っているもの**を

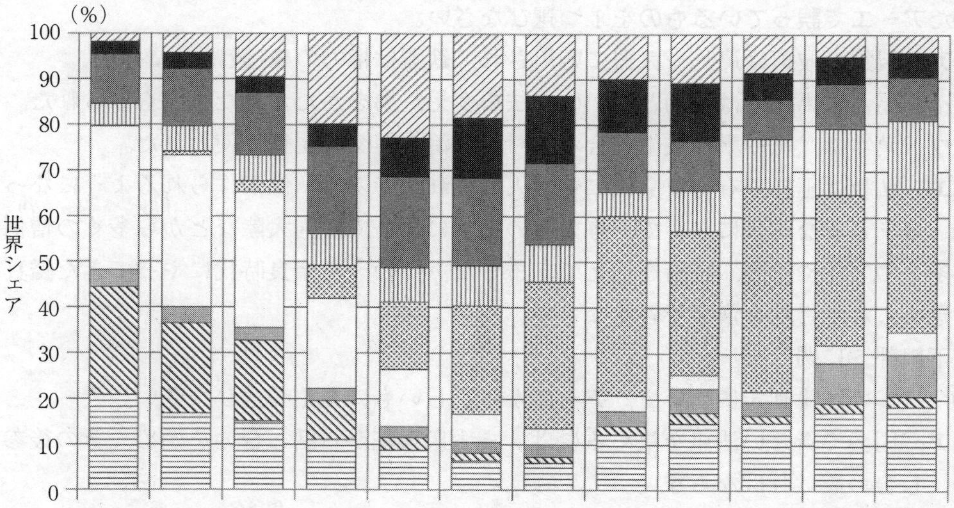

（ベロック「1750年から1980年にいたる世界の工業化水準」『ヨーロッパ経済史誌』をもとに作成）

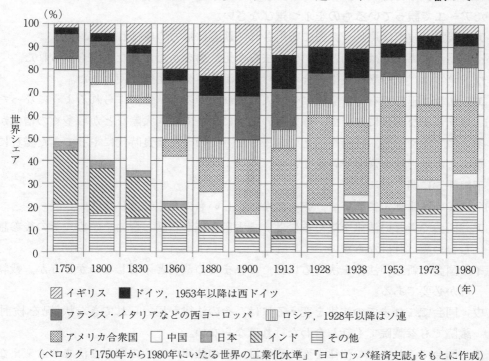

1つ選びなさい。

ア　18世紀後半，中国やインドなどのアジア地域は，世界の工業生産の割合の半数以上を占《し》めており，19世紀前半においても中国は主要な工業生産地域だった。

イ　日本が明治政府に変わって不平等条約改正の交渉《こうしょう》を始めたころには，イギリスが世界の工業生産の割合で1位であり，関税自主権を回復したころには，アメリカが工業生産の割合で1位だった。

ウ　「中国・日本・インド・その他」を合わせた地域の工業生産割合が最も低くなったのは，第一次世界大戦の直前である。

エ　太平洋戦争での敗戦後，日本が世界の一部の国々と平和条約を結び独立を回復したころには，日本は世界の工業生産の割合で，太平洋戦争直前を上回っていた。

(2)　開国により日本も世界の貿易の影響《えいきょう》を受けていきます。開国で貿易が開始されてからの主な輸出品は生糸でした。江戸時代から生糸生産の中心であった群馬県，山梨県，長野県で生産された生糸は，東京都の八王子の市《いち》に集まり，そこから人々に背負われたり牛馬に引かせた荷車にのせられたりして，日本最大の貿易港だった横浜に運ばれました。こうして八王子から横浜に通じる「絹の道」ができたのですが，「絹の道」は，ある交通機関の発達により明治時代半ばごろからすたれていきました。その交通機関を答えなさい。

(3)　19世紀後半から20世紀のはじめにかけて，日本の美術品・工芸品などが大量に欧米《おうべい》に輸出されました。その中には，江戸時代から明治時代まで，日本のさまざまな人々が楽しんでいた，多色刷りの木版画がありました。こうした木版画を何と呼びますか。

問4　下線部④に関して。

(1)　大和政権が運営されていたころ，中国大陸や朝鮮半島から多くの渡来人がやってきました。渡来人がもたらした文化や技術と，それらが日本国内にあたえた影響《えいきょう》について述べた**ア～エ**で**誤っているもの**を1つ選びなさい。

ア　製鉄の技術は農具や武器に応用され，鉄器は権力の象徴《しょうちょう》にもなった。

イ　馬と乗馬《じょうば》技術は移動と戦いの方法を変え，馬をかたどった土偶《どぐう》も作られた。

ウ　漢字は，紙や墨《すみ》の技術と合わさり，政治や外交の記録に使われた。

エ　仏教は王族や有力な豪族に受け入れられ，寺院や仏像が作られるようになった。

(2)　さまざまな時代において，権力者の招きによって中国大陸などから多くの僧侶《そうりょ》が来日し，多くの文化や学問，技術を伝えてきました。このうち奈良時代にやってきた鑑真によって建てられた寺院を**漢字で**答えなさい。

問5　下線部⑤に関して。

(1)　日本の法律制定について，**ア～エ**から正しいものを1つ選びなさい。

ア　国会で新しい法律を決めるには，まず衆議院から話し合いを始め，その後参議院で話し合わなければならない。

イ　国会で新しい法律を決めるには，これまでの裁判と矛盾《むじゅん》しないかどうか，裁判所の許可が必要である。

ウ　国会でこれまでの法律を変えるには，その法律が用いられてきた状況《じょうきょう》を検討し，衆議院でも参議院でも話し合わなければならない。

エ　国会でこれまでの法律を変えるには，その法律のための細かな決まりも変えなければならないため，内閣の許可が必要である。

(2) 近年，選挙のたびに投票率の低さが注目され，これをどう高めていくかが課題となっており，ほかの国も参考にしながら制度を変える議論がされています。政治の進め方を決める権利という観点から，**適切でないもの**を**ア～エ**から1つ選びなさい。

ア 選挙権をもつ年齢《ねんれい》を低くすれば，若者も自分のこととして政治を考えるようになり，投票率も高まるのではないか。

イ 議員に立候補できる年齢《ねんれい》を低くすれば，若者も議員になることをめざして，政治への関心も高まるのではないか。

ウ 選挙で投票することは主権者として重要なことだから，投票しない人には罰則《ばっそく》をもうければいいのではないか。

エ 選挙権をもつ年齢《ねんれい》に上限をもうければ，世代交代も進み，若者の意見も取り入れやすくなるのではないか。

問6 下線部⑥に関して。

岐阜県では，めぐまれた自然を生かして，多様な農作物が栽培《さいばい》されています。(**X-1**)は全国の収穫《しゅうかく》量で，和歌山県，奈良県，福岡県に次いで全国4位です。畜産《ちくさん》では，飛騨《ひだ》牛も全国的に有名です。岐阜県の美濃加茂《みのかも》市は(**X-2**)川と飛騨《ひだ》川の合流点に位置し，江戸時代の五街道のひとつであった(**Y**)道の宿場町である太田宿を中心に栄えてきました。

美濃加茂《みのかも》市には，中部地方の都市への交通の便にめぐまれた利点などを生かして積極的に工場の誘致《ゆうち》を進めてきた歴史があります。(**Z**)産業の関連工場が建てられ，1980年代以降には家電製品やコンピューター関連の企業《きぎょう》も進出しています。

現在，住民に占《し》める外国人の割合は8％を超《こ》え，全国でも外国人割合の高い自治体のひとつです。国籍《こくせき》ではブラジルやフィリピンが多くなっています。

(1) 文中の(**X-1**)(**X-2**)にあてはまる語句として正しい組み合わせを，**ア～カ**から1つ選びなさい。

	(X-1)	(X-2)
ア	みかん	木曽《きそ》
イ	ぶどう	天竜《てんりゅう》
ウ	みかん	阿賀野《あがの》
エ	かき	木曽《きそ》
オ	かき	天竜《てんりゅう》
カ	ぶどう	阿賀野《あがの》

(2) 文中の(**Y**)にあてはまる語句を，**漢字で**答えなさい。

(3) 日本では原料や燃料を輸入し加工して輸出する貿易がさかんに行われてきました。主な輸出品は時代ごとに変化してきました。1960年の輸出入品の1位に共通してあてはまる語句を答えなさい。なお，**問6**の文中にある(**Z**)と同じ語句が入ります。

1960年の主な輸出入品

	1位	2位	3位
輸出品	（ Z ）品　：30.2%	機械類：12.2%	鉄鋼　：9.6%
輸入品	（ Z ）原料：17.6%	石油　：13.4%	機械類：7.0%

（『日本国勢図会 2018/19』より作成）

(4) 美濃加茂《みのかも》市の外国人の割合は，地域ごとにちがいがみられます。Aの地域では外国人の割合が約11%であるのに対して，Bの地域では約１%と少なくなっています。地域Aの外国人割合が高い理由を，以下の２つの地形図と冒頭の本文の内容をふまえて説明しなさい。

地域A

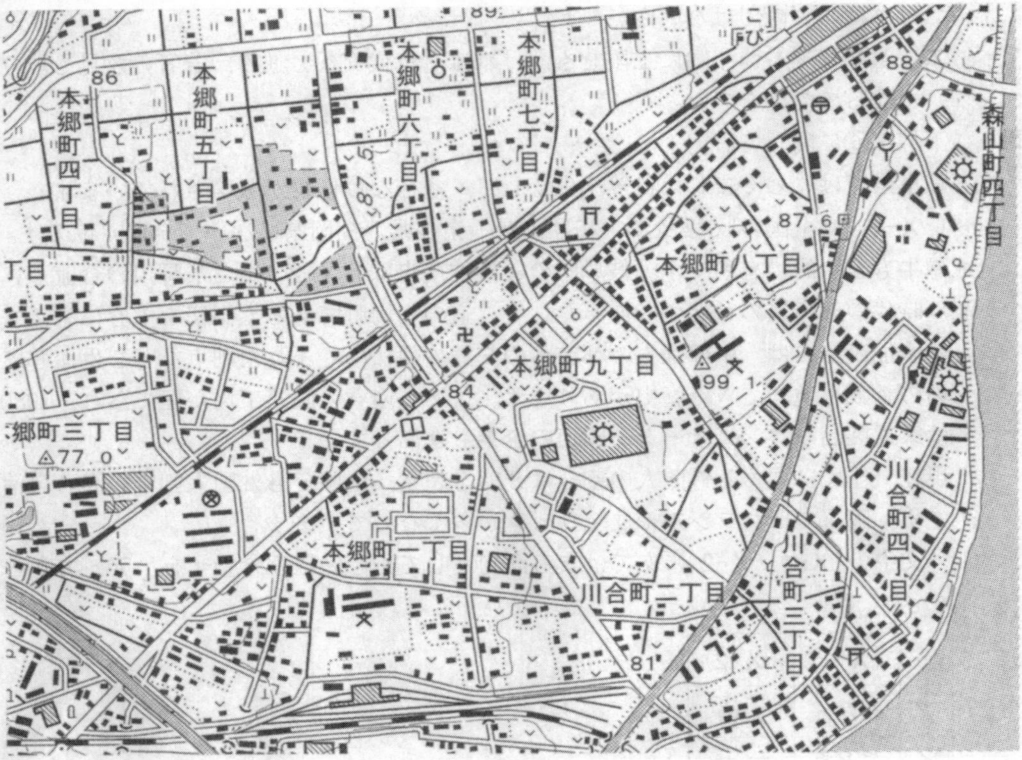

地域B

(平成22年発行の2万5000分の1の地形図をもとに作成。それぞれの地域の一部を表している。)

問7　下線部⑦に関して。明治時代のはじめから1960年代ごろまで，多くの日本人が移民として送り出されていました。明治時代以降における，日本人の外国への移住に関する問に答えなさい。

(1)　主な移住先の1つにハワイがありました。【史料1】【グラフ1】を読み，ハワイが日本人の移住を受け入れた理由を説明しなさい。

【史料1】　1870年代のハワイに関する記述

「サトウキビの農場の経営者が困難を抱《かか》えている」と企業《きぎょう》の指導者たちは主張しました。ホノルルのある新聞は，「移民をすすめるための政策が大切である」と報道しました。またある新聞の広告には「※1東インド諸島の人々は我々の抱《かか》える問題をすぐに解決するだろう」と書かれました。ハワイ政府の報告書には，「移民は日本などから求められるべきである」と書かれました。

※1　東インド諸島：広くアジアの諸地域をさす。

(『ハワイ王国』より。問題作成上，改めたところがある。)

【グラフ1】　1800年代のハワイの人口

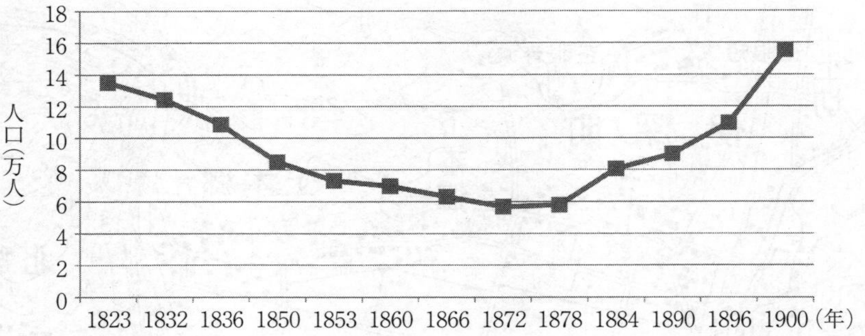

(『ハワイの人口統計』より作成)

(2)　以下は，主な移住先の1つであった台湾・朝鮮・満州(いずれも当時の呼び方)に関わるものです。【資料1】【史料2】【史料3】から読み取れることについて述べた下の**ア～エ**から**誤っているもの**を1つ選びなさい。

【資料1】　移住した熊本県民が台湾でついた職業の上位6つ

①　公務員関係：1259　②　会社員：1032　③　警察関係：551

④　学校関係：511　⑤　農業関係：266　⑥　鉄道関係：252　(単位：人)

(和田英穂の論文より作成)

【史料2】　熊本県水俣《みなまた》市の女性の手紙(1935年)

私の家はこんど朝鮮の興南《フンナム》に行くことになりました。興南《フンナム》には，いま父がはたらいている会社の大きな工場があるのです。水俣《みなまた》工場の※1カーバイト係ではたらいている父が，てんきんになったのです。朝鮮には※2関釜《かんぷ》れんらく船で行くそうです。玄《げん》海《かい》なだは，波がとっても荒《あら》いそうです。でも，友だちのみっちゃんも茂《しげ》ちゃんもいっしょに行くので平気です。

(『聞書水俣《みなまた》民衆史』より。問題作成上，改めたところがある。)

※1　カーバイト：化学物質の名前。

※2　関釜《かんぷ》れんらく船：現在の山口県下関《しものせき》市と韓国釜山《プサン》を結ぶ船。

【史料3】　元・満州移民だった人々へのインタビューより

私は小学校まで電灯のない生活でした。昭和13(1938)年，※3尋常《じんじょう》小学校高等科2年になるとすぐ担任から※4『拓《ひら》け満州』の画報などを見せられ，説明を聞いて義勇《ぎゆう》軍《ぐん》を知りました。(中略) 先生や学校へ届いた先輩《せんぱい》の手紙が紹介《しょうかい》されたり，職業紹介《しょうかい》で来校した県職員たちから義勇軍《ぎゆうぐん》の説明がくり返されたりしました。そうしたなかで，次第に義勇軍《ぎゆうぐん》参加の意向も高まり，やがて11人が参加しました。

(陳野守正の著書より作成)

※3　尋常《じんじょう》小学校高等科：現在の中学校にあたる。

※4　『拓《ひら》け満州』の画報：満州開拓《かいたく》をすすめる雑誌のひとつ。

ア　【資料１】からは，日本人の移住者は現地にある役所や会社で，現地の人たちのためにもはたらいたことが読み取れる。

イ　【史料２】からは，日本人の移住者は現地に作られた日本の工場ではたらいたことが読み取れる。

ウ　【史料３】からは，裕福《ゆうふく》な少年が学校や県のすすめで移住をしたことが読み取れる。

エ　【史料３】からは，日本人の移住者は土地の開拓《かいたく》だけでなく，現地で武装することもあったことが読み取れる。

(3)　日本は1945年以降しばらく移民を送ることを止めていましたが，1952年には移民が再開されました。その理由を，【表１】【写真１】【写真２】をもとに説明しなさい。

【表１】　1945年～49年ごろまでの「復員《ふくいん》および引揚《ひきあげ》」をした人数(単位：人)

ソ連から	47万2958
満州から	127万1479
朝鮮半島から	91万9904
中国から	154万1437
香港から	１万9347
台湾から	47万9544
東南アジアから	89万2526
オーストラリアから	13万8843
太平洋諸島から	13万968

(厚生労働省社会・援護《えんご》局資料より作成)

【写真１】
上野駅で寝《ね》泊《と》まりする引揚者《ひきあげ》
(1946年　林忠彦撮影《さつえい》)

【写真２】
1946年５月に皇居前に入った抗議《こうぎ》デモ
(1946年　影山光洋撮影《さつえい》)
※吹《ふ》き出《だ》しは問題作成上追加。

問８　下線部⑧に関して。駒東太郎君の同級生のヨシオ君は，サウジアラビア生まれです。サウジアラビアの国の宗教はイスラムです。ヨシオ君の家族は，熱心なイスラム教徒です。ヨシオ君は小学５年生のときお母さんの出身国である日本にやってきて，現在は太郎君と楽しく学校生活を送っています。

サウジアラビアの小学校の時間割(例)

	土曜日	日曜日	月曜日	火曜日	水曜日
主な科目	コーラン 算数 アラビア語 英語 社会	コーラン 算数 英語 アラビア語 体育	アラビア語 美術 コーラン 理科 英語	理科 英語 アラビア語 コーラン 算数	コーラン 算数 アラビア語 英語 社会

昼食はお弁当を持参するか，学校の食堂を利用します。家庭に帰って食べる場合もあります。

左の写真は，体育の授業(バスケットボール)の様子です。

(吉田忠正『体験取材！世界の国ぐに・サウジアラビア』より)

太郎君が通う公立小学校の時間割(例)

	1時間目	2時間目	3時間目	4時間目	5時間目	6時間目
金曜日の時間割	算数	体育	国語	理科	社会	音楽

1月31日金曜日の給食献立《こんだて》

とんかつ，千切りキャベツ，かぶのみりん漬《づ》け，麦ごはん，チキンスープ

上の例にあるような太郎君の小学校生活で，ヨシオ君がイスラムの教えや習慣とのちがいで，とまどうこともあります。サウジアラビアと日本の小学校の時間割や給食献立《こんだて》をもとに，言葉のちがい以外で，**2つ**具体的に説明しなさい。

問9　下線部⑨に関して。日本を含《ふく》む世界では，大人に比べ，子ども(18歳《さい》未満)の人権への配慮《はいりょ》が十分であるとはいえません。さまざまな努力が積み重ねられていますが，改善にはほど遠いのが現状です。

(1)　先進国や国際機関による技術・資金協力を受け，発展途上《とじょう》国では，国内各所に水道施設《しせつ》をつくる活動を行っています。このことは，子どもの権利を守る活動につながります。それはなぜでしょうか。発展途上《とじょう》国の子どもの日常の家事労働における負担をふまえ，説明しなさい。

(2)　日本では，外国人が国内ではたらくことに関して制限してきましたが，近年ではその制限をゆるめ，より受け入れる方向に変わってきています。日本国内ではたらく外国人の現状について**ア〜エ**から**誤っているもの**を1つ選びなさい。

ア　外国人が，自分の支持する政党に選挙で直接投票することによって，労働条件をよりよいものとすることができる。

イ　近年，はたらいた分の給料をもらえないなどの理由から，外国人が自分の職場を離《はな》れて行方不明になることが大きな問題となっている。

ウ　外国人の子どもたちが，言葉などのさまざまな理由から学校へ通わない状況《じょうきょう》が大きな問題となっている。

エ　外国人が，はたらく現場で自分の人権が守られなかった場合，報道機関などを通じて広く社会に訴《うった》えることができる。

(3)　このような状況《じょうきょう》で人権を守っていくためには，裁判所の役割がますます重要になります。裁判員制度が始まり，10年がすぎました。裁判員制度のできた目的として，**ア**～**エ**から正しいものを１つ選びなさい。

ア　裁判官など裁判に関わる職業の人のはたらく時間の長さが問題となったため，裁判にかかる時間を短くすることを目的の１つとする。

イ　国民感情とかけ離《はな》れた裁判の判決が問題となったため，判決を下す話し合いは，一般《いっぱん》の人だけで行うことを目的の１つとする。

ウ　専門家だけではなく一般《いっぱん》の人が裁判に直接参加することにより，裁判への関心を高め，理解や信頼《しんらい》を向上させることを目的の１つとする。

エ　取り上げる事件について，裁判開始前に一般《いっぱん》の人から多くの意見をきき，それを判決に直接反映させることを目的の１つとする。

【理　科】　(40分)　〈満点：80点〉

1　次の(1)～(7)の問いに答えなさい。

(1)　日本には四季があり，季節によって見られる動植物が違《ちが》います。東京で見られる生き物について，次の①②に答えなさい。

①　次の**ア**～**ク**のうち，秋に花が咲《さ》いている植物を３つ選び，記号で答えなさい。

ア．オオイヌノフグリ　　**イ**．カラスノエンドウ　　**ウ**．セイタカアワダチソウ
エ．アヤメ　　**オ**．ヒガンバナ　　**カ**．ナズナ
キ．キンモクセイ　　**ク**．ヤマツツジ

②　次の**ア**～**カ**のうち，成虫が冬越《こ》しする昆《こん》虫を２つ選び，記号で答えなさい。

ア．モンシロチョウ　　**イ**．ナナホシテントウ　　**ウ**．オオカマキリ
エ．スズムシ　　**オ**．クロオオアリ　　**カ**．オカダンゴムシ

(2)　食品のつまったガラスのびんに，金属のふたが閉まっています。この容器を冷蔵庫で冷やしておいたら，金属のふたが開《あ》きにくくなってしまいました。次の**ア**～**エ**のどの方法を用いると一番開けやすくなりますか。適切なものを１つ選び，記号で答えなさい。

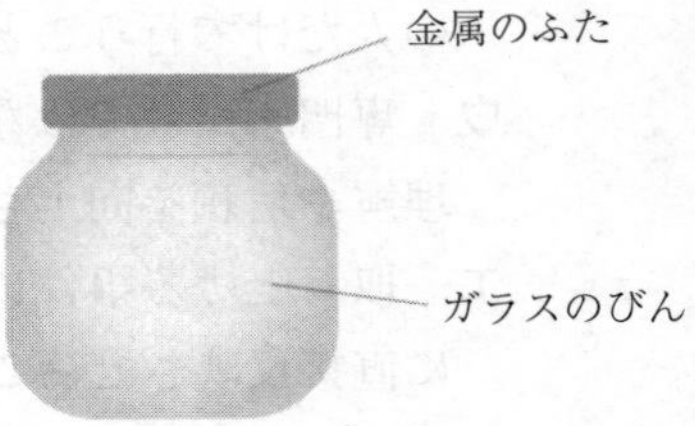

ア．ガラスの部分をお湯であたためる。
イ．ガラスの部分を氷で冷やす。
ウ．ふたの部分をお湯であたためる。
エ．ふたの部分を氷で冷やす。

(3)　火山の噴火《ふんか》により噴出した火山灰が広範《はん》囲に降り積もり，火山灰の層をつくりました。この層の特徴《ちょう》として，次の**ア**～**エ**から適切でないものを１つ選び，記号で答えなさい。

ア．火山灰の中の粒《つぶ》には透《とう》明なガラスのようなものがあった。
イ．火山灰の中の粒はほとんどが丸くなっていた。
ウ．火口から近いところと遠いところを比べると，層の厚さに違いがあった。
エ．火口から近いところと遠いところを比べると，粒の大きさに違いがあった。

(4)　１枚の大きなうすいアルミニウムはくから，１辺の長さが12cmの正方形を２枚切り出した後，一方はそのままにし(物体Ａとします)，もう一方は丸めて，カチカチに固めました(物体Ｂとします)。下の①②に答えなさい。

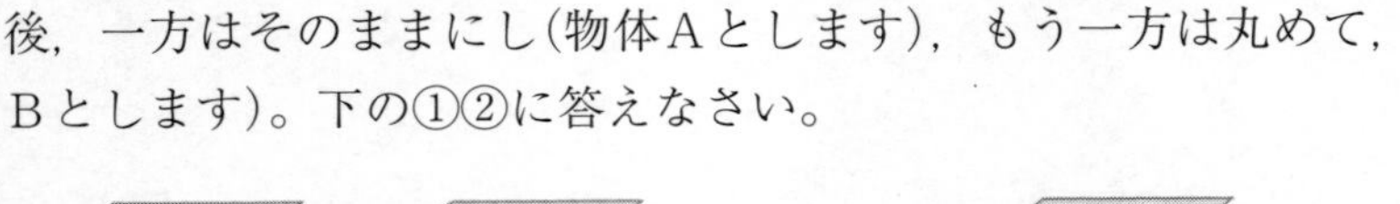

①　上皿てんびんを用意し，物体Ａを左の皿に，物体Ｂを右の皿にのせます。てんびんはどうなりますか。次の**ア**～**ウ**から適切なものを１つ選び，記号で答えなさい。

ア．左の皿が下がる。　　**イ**．右の皿が下がる。　　**ウ**．つり合いをたもつ。

②　台の上に立って，床《ゆか》から２ｍほどの，同じ高さから物体Ａ，Ｂを同時に落とします。どちらが先に床につきますか。次の**ア**～**ウ**から適切なものを１つ選び，記号で答えなさい。

ア．物体Ａが先につく。　　**イ**．物体Ｂが先につく。
ウ．ほぼ同時につく。

(5)　右の図は，調査からわかったある地域の地下のようすをスケッチしたものです。この図をもとに，次の**ア**～**オ**の出来事を古いものから順に並べ，記号で答えなさい。

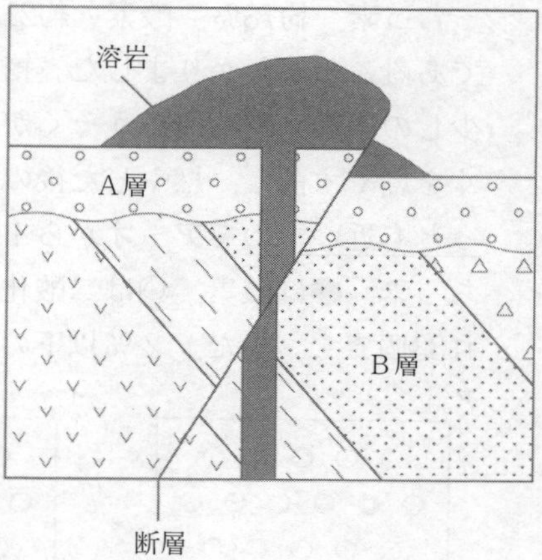

ア．溶《よう》岩が噴出した。
イ．断層が形成された。
ウ．Ａ層が堆《たい》積した。
エ．Ｂ層が堆積した。
オ．Ｂ層が傾《かたむ》いた。

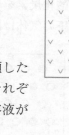

(6)　次の**ア**～**カ**の水溶液を性質ごとに表のように分類したとき，③と④に分類される水溶液はどれですか。それぞれすべて選び，記号で答えなさい。あてはまる水溶液が１つもない場合は，「なし」と答えなさい。

ア．塩酸　**イ**．水酸化ナトリウム水溶液　**ウ**．食塩水
エ．石灰水　**オ**．アンモニア水　**カ**．炭酸水

表　水溶液の性質ごとの分類

	酸性	中性	アルカリ性
固体を溶《と》かしたもの	①	②	③
気体を溶かしたもの	④	⑤	⑥

(7)　右の図のように，長さ50cmの棒が，点Ａでつるされています。棒の右端《はし》の点Ｂには重さ５ｇの皿が固定されており，そこに物体をのせることができます。また，点Ａより左には500ｇのおもりがあり，点Ａから左へ１cmの点Ｃから点Ｄ(棒の左端)までの範囲で，その位置を変えることができます。このとき，皿に物体をのせて，棒が水平につり合うようにおもりの位置を変えれば，物体の重さをはかることができます。棒と糸の重さは無視できるものとします。次の①②に答えなさい。

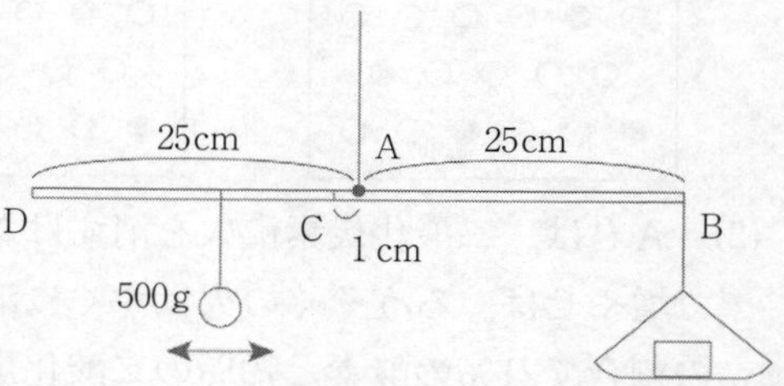

①　このはかりでは，最小何ｇから最大何ｇまでの物体の重さをはかることができますか。

②　①の範囲よりも軽い物体の重さをはかることができるようにするためには，次の**ア**～**ウ**のどれを変えればよいですか。あてはまるものをすべて選び，記号で答えなさい。

ア．おもりの重さ　**イ**．皿の重さ　**ウ**．点Ａの位置

2　Ａ君は，身の回りには「二酸化炭素」に関わる現象や，それを利用した製品がいくつもあることに気づき，調べてみることにしました。(1)～(6)の問いに答えなさい。

Ⅰ　消火器

Ａ君は，中身がほぼ100％の二酸化炭素である消火器があることを知りました。そこで，二酸化炭素には火を消すはたらきがあるのか，調べてみることにしました。

(1)　空気中でものを燃やした時の気体の割合の変化を見るため，空気中の気体の体積の割合を教科書で調べたところ，

ちっ素　約78%，酸素　約21%，二酸化炭素　約0.03%，その他　約0.97%

であることがわかりました。箱の中に空気を入れ，火のついたろうそくを入れてふたをすると，少しの間燃え続け，ろうそくがなくなる前に火が消えて，箱の壁《かべ》に水滴《てき》がつきました。ろうそくを燃やす前と，燃やした後の，箱の中にある気体の体積の割合を図で表したものとして，もっとも近いものを**ア～オ**から１つずつ選び，それぞれ記号で答えなさい。ただし，図中の○はちっ素，●は酸素，◎は二酸化炭素を表し，すべての図の中にある印(○●◎)の総数はそれぞれ33個です。また，２%以下の気体は図の中に示さないものとします。

ア

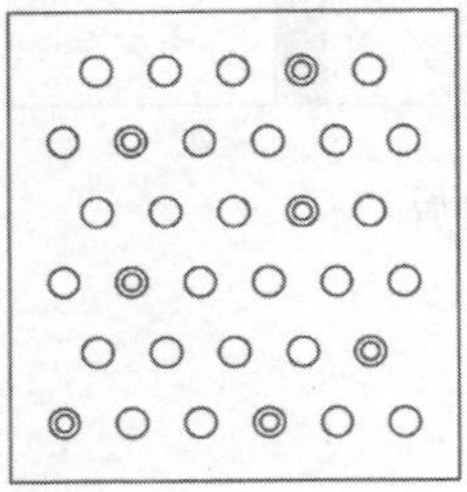

イ

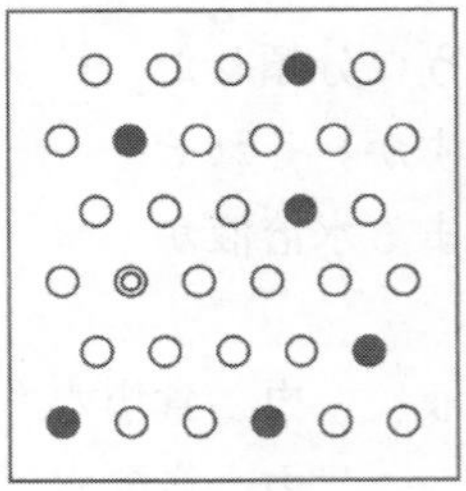

ウ

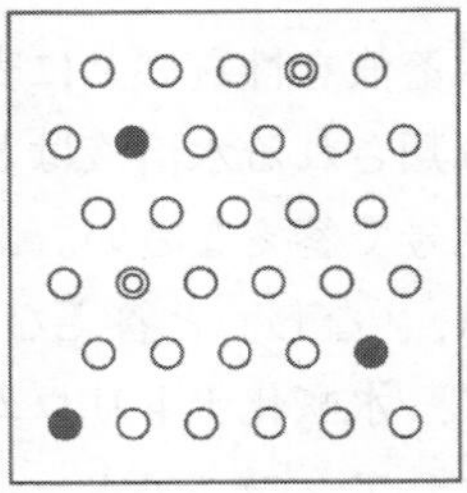

エ

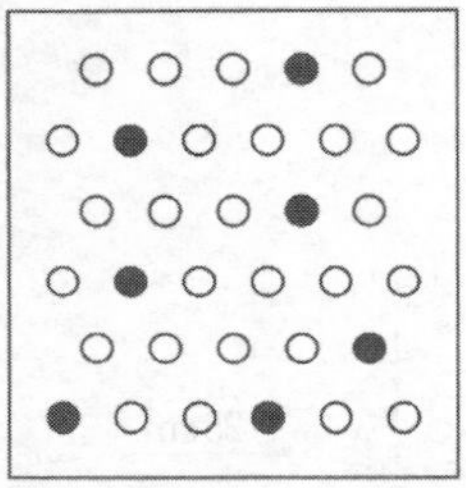

オ

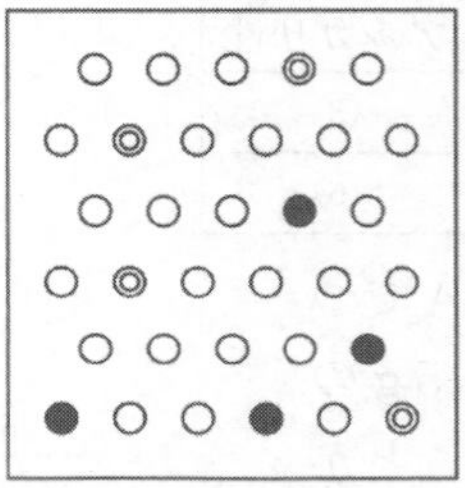

(2)　A君は，二酸化炭素に火を消すはたらきがあるのであれば，二酸化炭素を0.03%から79%まで増やせば，ろうそくの火はすぐに消えるのではないかと考えました。そこで，箱の中に体積の割合で21%の酸素と79%の二酸化炭素を入れ，火のついたろうそくを入れて観察しました。しかし，ろうそくの火はすぐには消えず，少しの間燃えてから消えました。空気中の酸素以外の気体が二酸化炭素に置きかわっても，火はすぐには消せないようです。それなのに，どうして二酸化炭素の消火器ですぐに火を消せるのか疑問に思って調べたところ，以下のようなことがわかりました。「酸素」という言葉を使って，(　)にあてはまる内容を答えなさい。

『二酸化炭素の入った消火器がすぐに火を消せるのは，二酸化炭素が炎《ほのお》から熱をうばうことによって炎の温度を低下させたり，二酸化炭素が(　　　　　　　　)ことによってものが燃えるのを防いでいたりするからである。』

Ⅱ　ドライアイス

A君がお店でアイスクリームを買った際，店員さんが，ドライアイスのかけらが入っているビニール袋《ぶくろ》を保冷剤《ざい》としてわたしてくれました。ドライアイスとは，二酸化炭素を低温で冷やして固体にしたものです。お店の人がわたしてくれたドライアイスの袋には，小さな穴があけてありました。

(3)　ドライアイスの入ったビニール袋に穴をあけず，密閉したまま室温においておくと，どのようなことが起こると考えられるか，答えなさい。

(4)　A君がもらったドライアイスを水に入れてみると，白い煙《けむり》がたくさん出ました。この白い煙は，「二酸化炭素」と「水」のどちらでできているのか疑問に思ったＡ君は，次の２つの実験を行いました。この疑問を解決するのにより適切な実験を次の【実験①】【実験②】から選び，①または②の番号で答えなさい。また，その結果から，この白い煙は「二酸化炭素」と「水」のどちらでできていると考えられますか。解答欄《らん》に合うように答えなさい。

【実験①】　２つのビーカーに水と食用油を別々に入れ，それぞれにドライアイスのかけらを入れた。その結果，どちらの液体にもドライアイスは沈《しず》み，たくさんの泡が出たが，白い煙が観察されたのは水の入ったビーカーのみで，食用油の入ったビーカーからは白い煙が出なかった。

【実験②】　ドライアイスのかけらを水の入ったビーカーに入れ，白い煙を発生させた。ビーカーの上に透明なビニール袋をかぶせ，白い煙が逃げないように袋の口を手でおさえた。次に，その袋の中に石灰水を入れ，よく振《ふ》った。その結果，袋の中の石灰水は白くにごった。

Ⅲ　色の消える「のり」

(5)　紙にぬってからしばらくすると色が消える青色の「のり」がありました。調べてみると，この「のり」には空気中の二酸化炭素が溶けることによって色が消える性質があることがわかりました。Ａ君が，色の消えた「のり」に石けん水をつけると，また「のり」の色が青色になりました。これらの現象と同じ仕組みで起きている現象を次の**ア**～**オ**から２つ選び，記号で答えなさい。

ア．ジャガイモの断面にヨウ素液をたらすと青むらさき色になった。
イ．地面がぬれると土の色が濃《こ》くなったが，乾《かわ》くと色がうすくなった。
ウ．赤色リトマス紙にアンモニア水をつけると青色になった。
エ．石灰水に二酸化炭素を通じると白くにごった。
オ．ムラサキキャベツの汁《しる》にレモン汁を入れると赤色になった。

Ⅳ　酸性雨

(6)　Ａ君は，新聞で酸性雨の問題を知りました。酸性雨について，次の文のような説明をするとき，①～③にあてはまる言葉や語句を【語群】の**ア**～**コ**から１つずつ選び，記号で答えなさい。

『本来，雨は空気中の（ ① ）が溶けているため（ ② ）であるが，（ ③ ）などが自然の中で変化し，雨に溶けることで酸性の強い「酸性雨」となり，河川や土壌《じょう》を酸性にしたり，コンクリートを溶かしたりして，環《かん》境を汚《お》染している。』

【語群】

ア．中性　**イ**．弱い酸性　**ウ**．弱いアルカリ性
エ．酸素　**オ**．塩酸　**カ**．二酸化炭素
キ．アンモニア　**ク**．フロンガス　**ケ**．化石燃料を燃やした時に出る気体
コ．洗剤を使ったあとの排《はい》水

3　以下の文章を読み，(1)～(6)の問いに答えなさい。

ヒトのからだには，いろいろな形をした200個ほどの骨があります。骨と骨のつなぎ目を（ ａ ）といい，この部分でからだは曲がるようにできています。次のページの図１は，ヒトを含むいろいろな動物の骨格を示したものです。動物の骨格は基本的なつくりは同じですが，そ

れぞれの動物のからだの形や動きによっていろいろな違いが見られます。

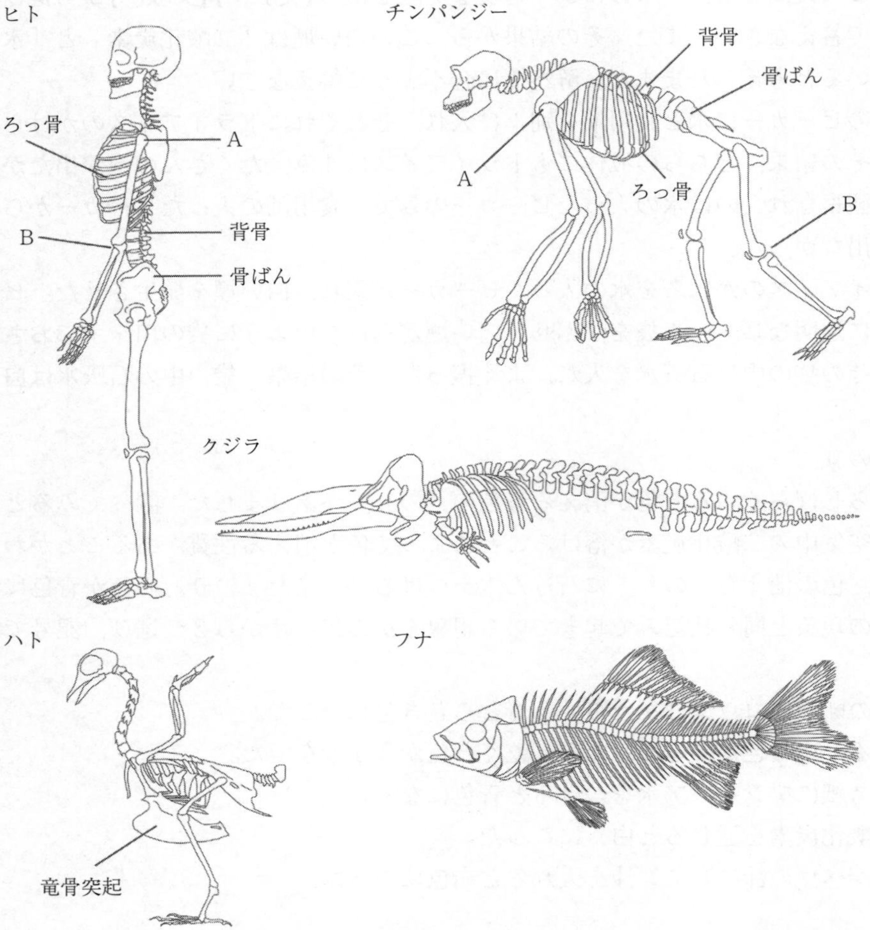

図1　いろいろな動物の骨格

(1)　文章中の(a)にあてはまる言葉を漢字で答えなさい。

(2)　(1)の(a)には，いくつか種類があり，はたらきが違います。図1のA，Bは，それぞれ次の図の**ア**～**エ**のどれにあたりますか。もっとも近いものを1つずつ選び，記号で答えなさい。なお，同じ記号を選んでもかまいません。

ア

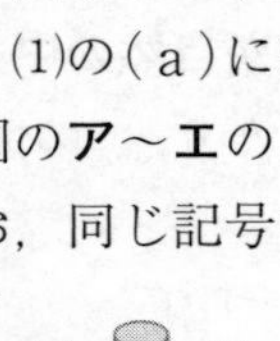

一方の骨の軸《じく》の周りをもう一方の骨が回転する。

イ

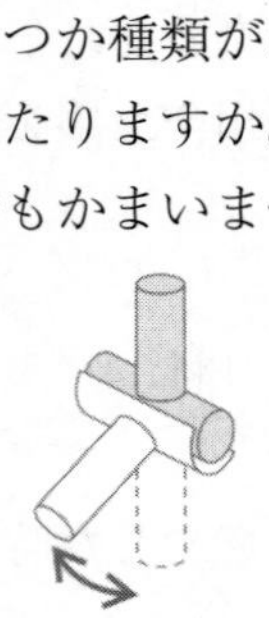

ちょうつがいのように一方向に曲げ伸《の》ばしを行う。

ウ

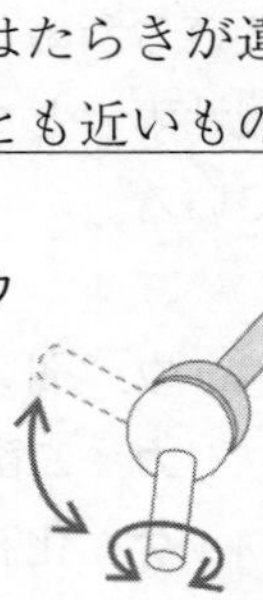

前後，左右に動き，回転運動も行う。可動域は広い。

エ

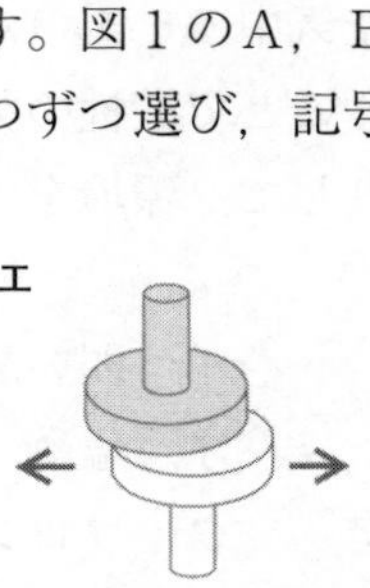

平面でスライドするように動く。可動域はせまい。

(3)　次の**ア**～**エ**は骨についての文です。正しい文をすべて選び，記号で答えなさい。

ア．ヒトの心臓や肺，胃や腸はろっ骨によって守られている。

イ．ヒトの骨ばんの形は男性と女性で違っていて，女性の方が妊娠《にんしん》・出産のため，広がった形をしている。

ウ．空を飛ぶ鳥やコウモリのつばさの部分の骨は，指の骨が長く発達してできている。

エ．背骨はからだを支えるはたらきをするが，昆虫の中には背骨を持つものと持たないものがいる。

(4)　鳥は空を飛ぶためのつばさを持っていて，つばさのつけ根にある筋肉(図２のＣとＤ)は胸骨の一部が大きく張り出した竜骨突起《りゅうこつとっき》(図１，図２)につながっています。①つばさを上げるときと②つばさを下げるときの筋肉の動きを，下の**ア**～**エ**からそれぞれ１つずつ選び，記号で答えなさい。

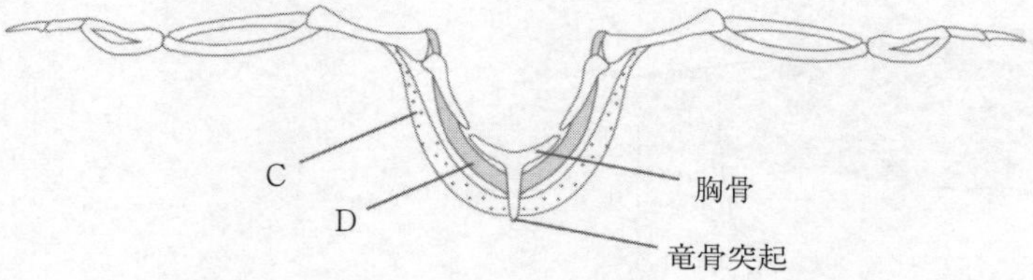

図２　前から見たハトの骨格と筋肉

ア．ＣとＤがちぢむ。

イ．ＣとＤがゆるむ。

ウ．Ｃがちぢみ，Ｄがゆるむ。

エ．Ｄがちぢみ，Ｃがゆるむ。

(5)　水中生活をするフナとクジラの尾《お》びれを比べると，背骨に対するつき方が違っていて，尾びれの動かし方は背骨の動かし方と連動しています。フナの尾びれは水面に対して垂直についています(図１)。では，クジラの尾びれはどのようについているのでしょうか。クジラの尾びれと動かし方について，次の文の①と②にあてはまる言葉の組み合わせを，**ア**～**エ**から１つ選び，記号で答えなさい。

『クジラの背中が水面に対して平行に位置しているとき(図１)，クジラの尾びれは水面に対して(①)についていて，クジラは背骨と尾びれを(②)に動かして泳ぐ。』

ア．①：平行　②：左右

イ．①：平行　②：上下

ウ．①：垂直　②：左右

エ．①：垂直　②：上下

(6)　ヒトとチンパンジーは共通の祖先から進化してきたと言われています。チンパンジーとヒトの大きな違いの一つは，チンパンジーは四足歩行を行うのに対してヒトは直立二足歩行を行うという点です。直立二足歩行を行うためには，頭が両足の真上にくるようにまっすぐに立ち，頭を真下から支える必要があります。また，腹側にある重い内臓を支え，バランスをとる必要があります。このため，四足歩行を行うチンパンジーと直立二足歩行を行うヒトでは，背骨，ろっ骨，骨ばんなどに違いが見られます。それはどのような違いですか。「背骨」「ろっ骨」「骨ばん」から１つを選び，図１を参考にして，解答欄に合うように答えなさい。

4 月食は地球の影《かげ》に月が入ることで発生します。月食には月面の一部が地球の影に隠《かく》された部分月食と月面全体が地球の影に隠された皆既《かいき》月食があります。

図1は地球を北極側から見た図で，地球・月の位置関係を示しています。地球は北極と南極を軸として回転しており，回転方向を矢印で示しています。月は地球の周りを回っており，月の移動方向を矢印で示しています。灰色の部分は地球の影を示しています。(1)〜(5)の問いに答えなさい。

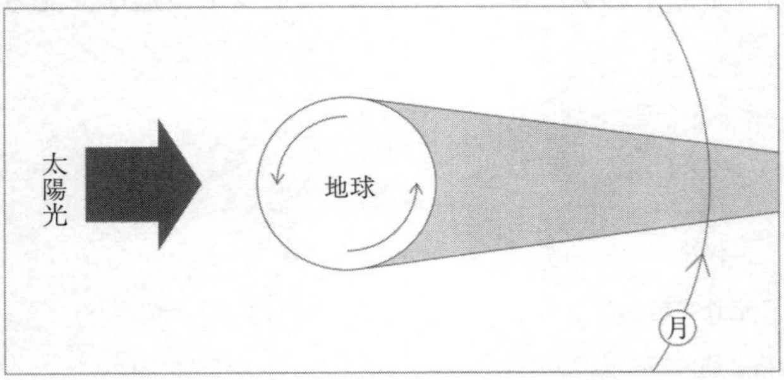

図1　地球・月の位置関係と地球の影

(1)　ある年の7月，東京では明け方近くに月食が観察できました。この時，月食が観察できる方角の空にもっとも近いものを次の**ア**〜**エ**から1つ選び，記号で答えなさい。

ア．南東の空　　**イ**．南西の空　　**ウ**．南の空　　**エ**．北東の空

(2)　次の**ア**〜**カ**のうち，月面にかかる地球の影の形として適切なものを2つ選び，記号で答えなさい。灰色の部分が地球の影に隠されている部分とします。

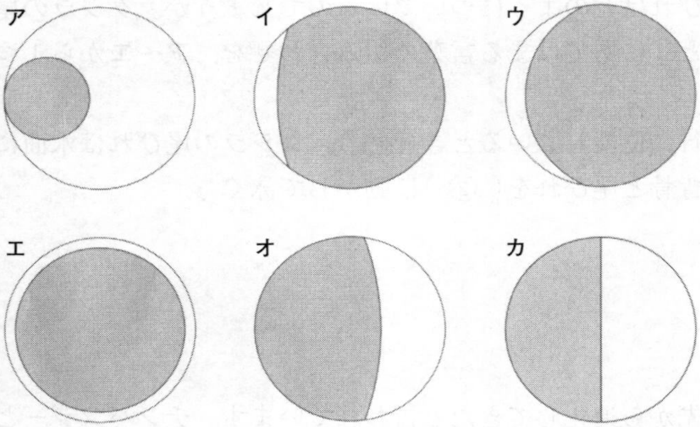

(3)　月食のとき月面にかかる地球の影の形から，月に対して地球の影がどのくらいの大きさになるかがわかります。具体的には，地球の影と月の直径の比がわかります。ここで，図2のように地球の影が平行に伸びていると考えて地球の直径と月の直径の比を求め，この比を

地球の直径：月の直径＝□：1

とあらわすことにします。この方法で求めた□に入る値は，他の方法で求められた実際の測定値と異なります。□に入る値について適切に述べている文を下の**ア**〜**エ**から1つ選び，記号で答えなさい。

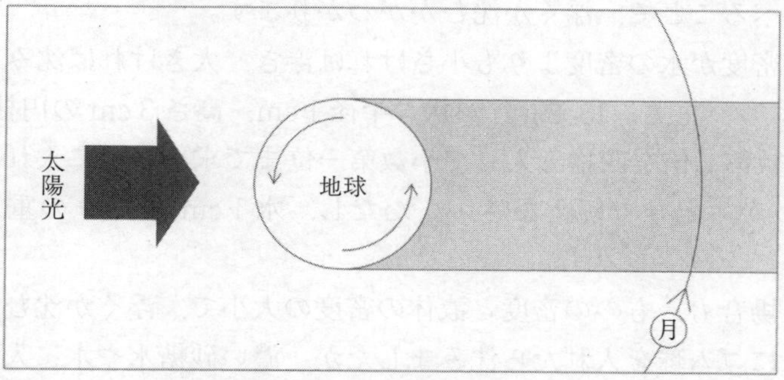

図2　平行に伸びると考えたときの地球の影

ア．□に入る値は，実際の測定値より大きくなる。

イ．□に入る値は，実際の測定値より小さくなる。

ウ．□に入る値は，月食が発生した季節によって，実際の測定値より大きくなったり小さくなったりする。

エ．□に入る値は，月食を観察した場所によって，実際の測定値より大きくなったり小さくなったりする。

(4)　月食や地球の影に関する文として正しいものを次の**ア**～**オ**から1つ選び，記号で答えなさい。ただし，以下にでてくる地域はすべて日本とします。また，月食の間は月が地平線よりも上にあるものとします。

ア．月が見えている地域ならばどこでも，同じ時刻に月食を観察できる。

イ．離《はな》れた2地域で同じ時刻に月食を観察した時，片方の地域では皆既月食が観察できて，もう片方の地域では部分月食が観察できることがある。

ウ．ベガやアルタイルなどの星が地球の影に隠されると，星は見えなくなる。

エ．皆既月食が始まってから終わるまでにかかる時間は，地域により異なる。

オ．同じ地域で観察できる月食は，月食が始まってから終わるまでにかかる時間が毎回同じである。

(5)　以下の文章を読んで，①と②にあてはまる語句の組み合わせとして適切なものを下の**ア**～**エ**から1つ選び，記号で答えなさい。

『夜空で月食を観察していると，月は(①)から欠けていきますが，その間も月は東から西へ移動します。このような欠け方をするのは，地球の影も東から西へ移動し，その速さが月とは異なるためです。地球の影と月の動く速さが異なるのは(②)からです。』

ア．①：東　②：月が地球の周りを回っている

イ．①：東　②：地球が北極と南極を結ぶ軸を中心に回転している

ウ．①：西　②：月が地球の周りを回っている

エ．①：西　②：地球が北極と南極を結ぶ軸を中心に回転している

5　以下の文章を読み，(1)～(5)の問いに答えなさい。

水の中にものを入れると，浮《う》くものと沈むものがあります。水より軽いものは浮き，重いものは沈みますが，ここで言う「軽い」と「重い」は，単純な重さではなく，同じ体積で比べたときの重さのことを指しています。ここでは，同じ体積($1\,cm^3$)あたりの重さを「密度」と呼

ぶことにします。密度の大小を比べることで，浮くか沈むかがわかります。

(1) 水にものを入れる場合，ものの密度が水の密度よりも小さければ浮き，大きければ沈みます。プラスチック(素材：ポリ塩化ビニル，重さ：13.2g，形状：半径1cm，高さ3cmの円柱)の1cm^{3}あたりの重さは何gか，小数第二位を四捨五入して小数第一位まで求め，水に入れたときに「**ア**．浮く」か「**イ**．沈む」か，記号で答えなさい。ただし，水1cm^{3}あたりの重さは1g，円周率は3.14とします。

(2) 水ではない液体にものを入れる場合も，ものの密度と液体の密度の大小で，浮くか沈むかが決まります。例えば，アルコールにゴム球を入れたら沈みましたが，濃い砂糖水や水に入れたら浮きました。一方，新鮮《せん》なにわとりの卵を濃い砂糖水に入れたら浮きましたが，アルコールや水に入れたら沈みました。このことから，次の**ア**～**ウ**の液体を密度の大きい順に並べ，記号で答えなさい。

ア．アルコール　**イ**．濃い砂糖水　**ウ**．水

(3) 液体に液体を入れる場合は，注ぎ方に注意すれば，密度の大小で上下2つの層に分かれるようすが観察されます。例えば，茶色い色のついたコーヒーシュガーを溶けるだけ溶かした砂糖水を作って，それと同じ体積，同じ温度の水とともにビーカーに入れると，しばらくの間は2つの層に分かれているようすが観察できます。このようすを観察するためには，どのような注ぎ方をするとよいですか。次の**ア**～**エ**から適切なものを1つ選び，記号で答えなさい。ただし，「静かに注ぐ」とは，図のようにガラス棒をつたわらせてゆっくり注ぐことを指します。

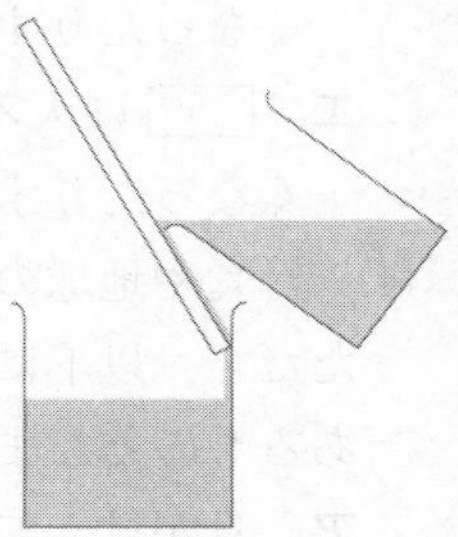

ア．水を先にすべて注いでから，砂糖水を静かに注ぐ。

イ．砂糖水を先にすべて注いでから，水を静かに注ぐ。

ウ．水から先に，水と砂糖水を少しずつ，交互《ご》に静かに注ぐ。

エ．砂糖水から先に，水と砂糖水を少しずつ，交互に静かに注ぐ。

(4) 水のあたたまり方にも，密度の大小が関係しています。そのことに関する次の文章を読んで，①～④にあてはまる言葉を答えなさい。

『水を下の方からあたため続けると，あたたかくなった水が(①)の方へ動き，つめたい水が(②)の方へ動いて，やがて全体があたたまっていきます。それは，同じ重さの水で考えると，あたためられると水の(③)が(④)なるので，密度が小さくなるからです。』

(5) 2つの同じコップに，それぞれ200mLの水とオレンジジュース(ともに15℃)を入れ，それぞれに同じ大きさ，形状の氷を浮かべました。

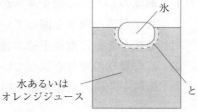

このとき，水とオレンジジュースのどちらに入れた氷がはやくとけますか。氷のまわりにできた，とけたばかりの水の層がその後どのように動くかに注目して，そのようになる理由とともに答えなさい。

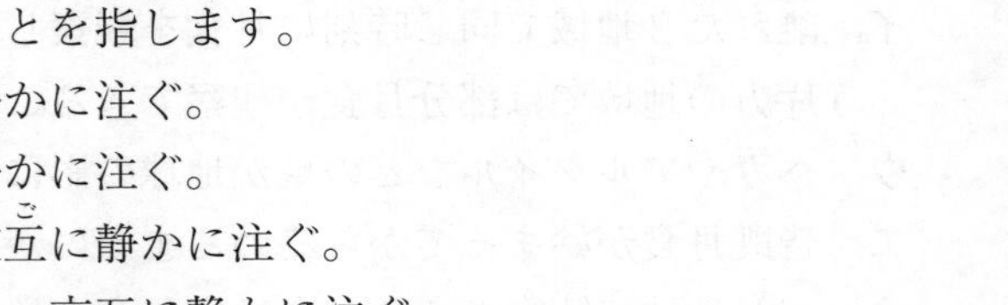

みを抱《かか》えながらも自分のことを見つめ直し、たくましく成長していく姿が丁寧《ていねい》に描《えが》かれている。

カ　「由美《ゆみ》」「母親」「ママ」のように、語り手が同じ人物に対して複数の呼び方を使い分けることで、主人公とその人物との関係性や心の距離感《きょりかん》などを巧《たく》みに描いている。

ウ　「……サンバなんか見ないし」という言葉が投げやりで乱暴に口をついて出てしまったことから、ダンスに情熱をかける岬の心を傷つけ自分に対する彼《かれ》の関心が薄《うす》れるのではないかという不安を抱き、途方《とほう》に暮れている。

エ　「あたし、ブラジル人じゃないし」という言葉が感情にまかせて発せられたことから、ブラジル人と日本人を両親とする自身の生《お》い立ちを心の底から憎《にく》んでいる自分の感情を改めて思い知らされ、あきれている。

オ　「……日本人らしくもないけど」という言葉が思わず出てしまったことから、自分が苦しめられている「らしい」という枠《わく》組《ぐ》みに基《もと》づいた物の見方に自分もまたとらわれていることに改めて気づかされ、もどかしさを感じている。

問10　――線部⑧「ってのはウソだけど」（27ページ）とありますが、このように言ったときの岬の思いとして最も適切なものを次の中から選び、記号で答えなさい。

ア　真剣に聞いているシッカに向かって自分の考えを熱のこもった口調で語ったが、シッカには自分の話に簡単には納得《なっとく》してほしくない。

イ　中学生のシッカにも理解できるようにと自分の考えをつい表面的に語ってしまったので、それを否定することでダンスの奥《おく》深《ぶか》さを伝えたい。

ウ　悩んでいるシッカに対して自分の考えをおしつけがましく語ってしまったことに気づいたが、自分がずうずうしい人間だとは思われたくない。

エ　シッカが悩んでいることを感じ取り体験談も交えて自分の考えを語ってきたが、最終的にはシッカ自身に大事なものは何かを考えさせたい。

オ　シッカと自分の共通点に気づいたことで自分の考えをついおおげさに語ってしまったが、その発言が本心であるとは思ってほしくない。

問11　……線部X「スポンジがない」（27ページ）・Y「スポンジがあった」（27ページ）のように、シッカが相手の話を理解していく様子が「スポンジ」という言葉を用いて表現されています。「スポンジ」以外に、シッカが相手の話を理解していく様子を表すために用いられている二字の語を抜《ぬ》き出して答えなさい。

問12　――線部⑨「なぜか、数秒後には『やります』とうなずいていたのだ」（26ページ）とありますが、それはシッカがどのようなことに気づいていたからだと考えられますか。シッカの心情の変化をふまえて、百字から百二十字で答えなさい。

問13　本文の特徴《とくちょう》について述べたものとして誤っているものを次の中から二つ選び、記号で答えなさい。

ア　「パパもママも何もわかっていない」（31ページ）など、語り手は主人公の心情を直接語っているように、岬や母といったほかの登場人物の心情も直接的に表現している。

イ　登場人物の発言の中に「……」や「――」を用いることにより、言葉だけでは表しきれない登場人物の心情を表現する効果をあげている。

ウ　「言って《キズツケテ》」（31ページ）・「音圧《デシベル》」（28ページ）など、語句に本来の読みとは異なる特殊《とくしゅ》な読み方をつけることで、人物の心情や特徴を際立《きわだ》たせる効果をあげている。

エ　「溶岩《ようがん》がどろっとあふれだす」（32ページ）・「夏空みたいな笑い方」（27ページ）など、比喩《ひゆ》を用いることで、登場人物の様子を印象的に表している。

オ　巧や両親、岬など様々な人物との交流を通して、主人公が悩

「ア」という言葉の残酷《ざんこく》さに気づき、シッカは顔色を失ったということ。

オ　シッカが学校で「サンババア」と呼ばれていることを明かして怒りをぶつけたことで、母親は突然《とつぜん》のことにうつろな表情になったが、なぐさめてはくれなかったので、両親は自分の苦しみを本当には理解できないと思い、シッカは急にむなしい気持ちになったということ。

問6　――線部④「そう、踊《おど》っている、ように思う」（31ページ）とありますが、ここで「ように思う」として、「踊っている」と断言していないのはなぜですか。五十字以内で答えなさい。

問7　――線部⑤「夏虫が火に引き寄せられるように」（30ページ）とありますが、これはシッカのどのような様子を表していますか。三十字以内で答えなさい。

問8　――線部⑥「……あたし、加藤トモミです」（28ページ）とありますが、シッカがここでフルネームを名乗らなかったのはなぜだと考えられますか。その説明として最も適切なものを次の中から選び、記号で答えなさい。

ア　全身が映る鏡を目にして、ほかの人とは違《ちが》う自分の外見を再確認し、自分がブラジル人の血を引くことを象徴《しょうちょう》する「フランシスカ」という名前に改めて抵抗感《ていこうかん》を覚え、その名前を岬《みさき》に言わないことで自分をほかの人とは違う姿に生んだ両親への不満を示そうという意識が、自然と働いたから。

イ　岬も巧《たくみ》と同じように、ほかの人と外見の違う自分をばかにするのではないかと心配していたところ、岬に無理矢理階段をのぼらされて、全身が映る鏡のあるスタジオの中に押《お》し込まれ、自分の姿をまじまじと見て、両親が付けた「フランシスカ」という名前への嫌悪感《けんおかん》をはっきりと自覚したから。

ウ　全身が映る鏡のある正式なスタジオに来たことで、ほかの人とは違って片足が義足である岬のダンスに向き合う真剣《しんけん》な姿勢を感じ取り、自分もほかの人と違う姿に思い悩《なや》んだりするのではなく、「フランシスカ」と名乗らないことで、日本に住む一人の人間として生きることを受け入れる思いが出てきたから。

エ　岬が練習するスタジオの全身が映る鏡を見たことで、ほかの人とは違ってブラジル人と日本人の両親を持つ娘として生きるつらさがこみ上げ、「フランシスカ」という名を付けた両親に対する昨夜の怒りがよみがえったが、その怒りを岬には悟《さと》られたくなかったから。

オ　昨夜、岬が見学にでもくればいいと言ったのは、その場しのぎのいい加減な言葉であったということに気づいたものの、岬と一緒に全身が映る鏡を前にして、自分と同じくほかの人とは違う義足の岬が日本人であることに親近感を覚え、「フランシスカ」というブラジル人の親の血を引く名前を隠《かく》したくなったから。

問9　――線部⑦「言葉の鎖《くさり》と気持ちの鍵のせいで身動きもできない」（27ページ）とありますが、このときのシッカの心情として最も適切なものを次の中から選び、記号で答えなさい。

ア　「ダンスなんてやりません」という言葉が本心とは反対に一時的な母への怒りのために発せられたことから、突発的《とっぱつてき》であるにせよ「なんて」という言葉が大好きなダンスを侮辱《ぶじょく》したことになると気づいて、後悔している。

イ　「ブラジル人らしいリズム感だってないし……」という言葉を何気なく口にしてしまったことから、ブラジル人は皆《みな》リズム感が良いという偏見《へんけん》を自分が無意識に抱いていることがわかり、やるせない思いでいる。

「そう？　基本的な動きを二、三教えてやるからさ。どうしてもヤダってんなら、いいけど。今回のダンスバトルのおれ的テーマ、〈目覚め〉なんだよね。加藤サンって、いま、雰囲気《ふんいき》そんな感じ。……ダンス、ほんとは好きなんだろ？　さっきおれが踊ってたとき、身体、動いてたよ」

さらりとした岬の言葉に、思わずどきりとしてしまう。濃い眉の下で輝《かがや》くふたつの目に、心の奥《おく》まで見透《みす》かされそうだ。

どうする、と首をかしげられ、奇妙《きみょう》なことに、シッカはすぐに断ることができない。そしてもっと奇妙なことに、⑨なぜか、数秒後には「やります」とうなずいていたのだ。

（黒川裕子《くろかわゆうこ》『夜の間だけ、シッカは鏡にベールをかける』）

問1　══線部1～15のカタカナを漢字に直しなさい。

問2　〰〰線部A「眉をひそめる」（30ページ）・B「いたたまれなくなった」（28ページ）とありますが、この言葉の本文中の意味として最も適切なものを後の中からそれぞれ選び、記号で答えなさい。

A「眉をひそめる」（30ページ）

ア　心配に思い、泣きそうになる
イ　不満に思い、ふくれっつらをする
ウ　迷惑《めいわく》に感じ、おどしつける
エ　疑問に感じ、よく観察する
オ　不審《ふしん》に思い、しかめつらをする

B「いたたまれなくなった」（28ページ）

ア　相手の真意に気づき、腹立たしくなった
イ　自分のしたことに後悔《こうかい》し、情けなくなった
ウ　事情をさとり、その場を立ち去りたくなった
エ　迷惑をかけてしまい、申し訳なくなった
オ　子ども扱《あつか》いされて、我慢《がまん》できなくなった

問3　――線部①「シッカちゃんて、チョコなの？」（33ページ）とありますが、この質問でシッカが聞きたかったことは、どういうことですか。三十字以内で答えなさい。

問4　――線部②「そんなことは意地でも口にしない」（32ページ）とありますが、ダンスに対してシッカはどのような思いを抱《いだ》いていますか。母親への思いをふまえて、九十字以内で答えなさい。

問5　――線部③「電気ショックを受けたのは、シッカも同じだった」（31ページ）とありますが、どういうことですか。その説明として最も適切なものを次の中から選び、記号で答えなさい。

ア　シッカが学校で「サンババア」と呼ばれていることを明かして怒《いか》りをぶつけたことで、母親はうろたえたが、一緒《いっしょ》になって怒《おこ》ってはくれなかったので、その様子を見て、結局娘《むすめ》の自分よりもサンバのほうが大切なのだと気づき、シッカは動揺《どうよう》したということ。

イ　シッカが学校で「サンババア」と呼ばれていることを明かして怒りをぶつけたことで、母親は最初言葉を失ったが、すぐに冷ややかなまなざしを向けてきたので、自分がいやな子だと思われてしまったことに気づき、シッカは予想外のことにかなしい気持ちになったということ。

ウ　シッカが学校で「サンババア」と呼ばれていることを明かして怒りをぶつけたことで、母親は驚《おどろ》きかなしみ、ひきつったような表情になったので、その様子を見て、自分に意図的に人を攻撃《こうげき》するような一面があったことを知り、シッカは衝撃《しょうげき》を受けたということ。

エ　シッカが学校で「サンババア」と呼ばれていることを明かして怒りをぶつけたことで、母親は驚き青ざめて、そのまま何も言えなかったので、その様子を見て、自ら口にした「サンババ

日本人らしくもないけど」
　思わず怒ったように吐《は》き捨ててしまい、シッカは泣きそうになった。まるで小さな子どもだ。「らしい」「じゃない」「らしくない」。かちゃん、がきん、心のどこかで音がする。⑦言葉の鎖《くさり》と気持ちの鍵のせいで身動きもできない。もうやだ、とつぶやいた。
　岬はそんなシッカをまじまじと見ている。気まずい空気の中、岬がするりと目をそらしてつぶやいた。
「――おれ、プロのダンサーになってまあまあ上手《うま》くやってたときに事故にあって、この足になったんだ。前にテレビで、15ヒゲキの義足ダンサーとかいって小《ち》っちゃい特集組んでもらったこともあるんだぜ。そんときに、あるスタッフさんに言われたの。感動エピソード何かありませんか、って」
「何それ」
　思わず顔をしかめたシッカを見て岬がにっと笑う。
「だろ。ずっとダンスについて熱く語ってたのがマズかったんだろうけどさ。ま、らしくしてろってことなんだろうな。お涙《なみだ》ちょうだいって感じじゃねえからなあ、おれ。関係ないかもしれないけど、何か、いまの加藤サン見てたら、思いだしたよ」
　岬は今度は、からりと声を上げて笑った。夏空みたいな笑い方をする人だ。
「……おれに言わせりゃ、らしさって、ろくでもねえ魔法だよ。どっかで聴《き》いたような呪文《じゅもん》を壁に向かってブツクサとなえて、その反響《はんきょう》を自分で聞いてさ、なんとなく納得《なっとく》する。これでみんなといっしょだって安心したり、おれだけは特別じゃなきゃいけないって思い込んだりさ。自分で自分に魔法をかけちまうんだから、お笑いだ」
　シッカは言葉が返せずに、だまって何度か瞬《まばた》きをした。樹里《じゅり》(シッカの友人)と話していたときと同じだ。大事なことを聞いているかもしれないのに、頭でちっとも吸収できないのは、自分の中に、Xスポンジがないからなのだろうか。
　岬がシューズのひもを結びなおしながら、歌うようにささやく。
「国籍《こくせき》。手足の数。セクシャリティ(性についての考え方)。肌の色。どれ一つ、おれのダンスにゃ関係ないね。大事なのは表現することだ。何に喜んで、何に怒って、どんなリズムに乗って、どんな唄《ドロップ》をかますかってことの方が、ずっと大切。⑧ってのはウソだけど」
「う……ウソなんだ」
　シッカはがくりと肩を落とす。
　ちょっとカッコいいと思ったのに。岬の話は、どこに落とし穴があるか、油断できない。岬はにやにや笑っている。
「さあ。おれは一生かけて、自分を知りたい。加藤サンも、加藤サンのやり方で、そうしたら。ひとのセリフで納得するなんて、もったいないだろ」
　シッカはゆっくり瞬きをした。
　他人のセリフなんかで納得しない。自分なりのやり方で。
　――あたしの中にも、Yスポンジがあった。
　岬の言葉がやっと心の中に染《し》みてくる。中華《ちゅうか》あんがフライ麺《めん》に染み込むくらいの、とろみ速度で。岬はよいしょっと立ち上がると、いいことを思いついたという顔で、シッカを見下ろした。
「そうだ。加藤サンも明日、踊ってみる？　ドロップのとこだけでいいから、サプライズゲストってことでさ」
　シッカは、手に変な汗をかいている。
「ど、ドロップのところ？」
「サビんとこだけ、踊ってみなよ」
「無理。やだ。絶対、無理」
　反射的に、首を横にぶんぶん振ってしまう。

うしたの」

その少し11コマった顔を見て、気づいてしまった。見学に誘《さそ》ってくれたのは、未成年を家に帰すための12ホウベンで、学校があってこられないと見越《みこ》した上のことだったのか。Bいたたまれなくなったシッカが踵《きびす》を返す前に、岬はふふっと笑った。

「……ま、いっか。こっちきなよ」

うむを言わせず階段をのぼらされ、半透明《はんとうめい》のドアの向こうに押し込まれる。

スタジオの前一面に張られた鏡に思わず足がすくむ。全身が映る鏡を見るなんて、いつぶりだろうか。岬はそんなシッカをちらりと見てから、名前、と短くたずねる。

「⑥……あたし、加藤トモミです。突然《とつぜん》きちゃって、すみません」

シッカは小さな声で名乗った。とっさにフランシスカと名乗らなかったのは、もしかしたら両親への当てつけなのかもしれなかった。

「見学っつっても、ひたすら踊ってるだけなんだけど」

そう言うと、岬は棚《たな》の上にあるオーディオセットの再生ボタンを押した。

とたんに、スタジオの中に、脳みそが吸いだされるような重低音が鳴り響いた。

「これはちょっと前に流行《はや》った『Clarity《クラリティ》』って曲のドロップ。あ、音楽のサビ(曲の聞かせどころの部分)のことを、EDMじゃ、ドロップっていうんだけど」

「EDM?」

「ああ、エレクトロニック・ダンス・ミュージックの略。シンセサイザー《シンセ》とかの電子音を使いまくってコンピューターで作る音楽のこと。ドロップのとこはだいたい音圧《デシベル》がドカンとでかくなる。今年はEDMメインで踊ってるんだ、おれ」

岬はそう言うと、義足でない方の足を軸《じく》にして右回りにくるんとターンした。そのまま複雑に入り組んだステップを8カウントしたあと、目にもとまらぬ速さでフロアに両手をつき、長い両足をブン回す。ワンカウントで三百六十度、ど派手なブレイキング(ダンスの技《わざ》)。モダンバレエにも似たゆうべの動きとは違うが、こっちもすごい。

曲が終わり、シッカは、夢中になって拍手《はくしゅ》を送っていた。当の岬は、床《ゆか》にべったりと座り込んだ体勢でシッカを見上げて「どーも、どーも」と笑っている。

子どもみたいに楽しそうな岬を見ていると、隠《かく》したり、意地を張ったりするのがばからしくなってくる。岬がペットボトルを手にしたタイミングで、シッカは13ヒミツを打ち明けるように、ひそひそと言った。

「……あたし、本当の名前は、加藤トモミ・フランシスカっていうんです。パパはブラジル人で、ママは日本人。ついでにサンバの講師」

「へえ! ダンサーの血を引いてんのか。いいなあ。将来14ユウボウだ」

シッカは意外に思った。この人は、父親がブラジル人ということより、ママがダンサーであることに反応するらしい。

「ダンスなんてやりません。ブラジル人らしいリズム感だってないし……」

ブラジル人らしい、と何の気なく口走ってしまった自分が嫌になる。真っ赤になってうつむいているのを、どう思われただろうか。岬はふうん、とつぶやくと、身を屈《かが》めて義足のチューブを撫《な》でた。

「――ま、ブラジル人にもリズム音痴《おんち》はいるよな。リオ(ブラジルの都市)のカーニバル、テレビで見てても、沿道のおっちゃんとかで明らかに盆踊《ぼんおど》りだろってのいるし。楽しそうだけど」

「……サンバなんか見ないし。あたし、ブラジル人じゃないし。……

シッカも何度も行ったことのある市民グラウンドだ。
出演者の欄《らん》に、赤ペンで○がつけてあった。
——舞踏家《ぶとうか》（ダンサー）、岬勇二《みさきゆうじ》——
肩書《かたがき》と名前を読み上げたシッカに、岬は子どものように得意げに胸を反らせた。
「おう。それ、おれの名前。もうじき二十八だから、ヤングスターって歳でもねえけどな、ゲストで呼ばれてんだ」
チラシの字と、岬の顔を何度も見比べる。岬はそんなシッカをしばらく面白《おもしろ》そうに見上げていたが、やがて苦笑《くしょう》した。
「もう家に帰んなよ、何でこんな時間にうろうろしてんだか知らないけどさ。おれのダンスが気に入ったなら、練習の見学にでもくればいい。ちょうど明日《あした》、スタジオ練習が入ってるし。午前中だから、学校あるかもしれないけど」
そう言うと、岬はシッカに八幡一番街《やわたいちばんがい》にあるというスタジオの名前を告げた。
朝、ベッドで目が覚めたときにはもう決めていた。
——今日は、学校に行かない。
行ったところで、巧にサンババアと言われ、机の傷を数えるだけのことだ。休んだところで、だれも心配もしないだろう。だから今日こそ行かない。本当はもうずっと、学校に行きたくなかった。
担任から家に連絡《れんらく》がくるかもしれない。それでもいい。ゆうべ両親の前であれだけ爆発《ばくはつ》したのだ、いまさら取り繕《つくろ》うことなんてない。
ゆうべ、十時過ぎに家に戻《もど》ってきたシッカを、由美もミゲウも叱《しか》りつけることはせず、ケーキを化粧箱《けしょうばこ》から取りだすときのように、そろりと扱《あつか》った。
シッカも両親には一言も話しかけずに、シャワーを浴びて寝《ね》てしまった。由美は朝から教室に行っている。店を開ける前の父親と朝食前にリビングで鉢《はち》合《あ》わせしたものの、おはようも言わずに顔をそむけた。
悪いという気持ちがないわけではないが、これでしばらくサンパウロの親戚《しんせき》の話も、サンバの話も聞かずにすむと思うとせいせいする。
今日、サボるなんて大それたことを実行できたのは、やはり昨日、岬のダンスを見たせいかもしれない。義足で自由に、大胆《だいたん》に、青い火のように踊る彼《かれ》のすがたに、シッカの中の何かが動いた。
父親の目をごまかすために制服に着《き》替《か》えて、いつものように家を出る。ゆうべ岬がシッカに告げた練習の開始10ジコクは九時だった。
八幡一番街までは、近道すれば自転車で五分とかからない。
最近めっきり人通りが少なくなった一番街をノーブレーキで突っ走って、一番端《はし》にある雑居ビルの前で自転車をとめる。ビルの二階の窓に、「わをんダンススタジオ」とペイントされている。一階のクリーニング店脇から、幅《はば》の狭《せま》い階段が二階に続いていた。
自転車の鍵《かぎ》をかけながら、シッカはふと真顔になる。
——何やってんだろ、あたし。
いまならまだ、引き返せる。いったんかけた鍵をかちゃりと解錠《かいじょう》したそのとき、後ろから人がきた。「あ」とつぶやく、聞き覚えのある声。
驚《おどろ》いて振り向くと、そこに岬本人が立っていた。
今日は、ハーフパンツの下から、義足の黒いチューブが伸びて、足首にあたる部分から先がＮＩＫＥ《ナイキ》（スポーツ用品のメーカー）のバッシュ（バスケットシューズ）に収まっている。手にはペットボトルが入ったコンビニの袋《ふくろ》。昨日は座《すわ》った姿しか見ていなかったが、こうして見上げると岬の身長は百八十近くありそうだ。
岬は制服姿のシッカを見て目を丸くする。
「昨日の子だよな。ホントにきてくれたんだ。……中学生？　学校どこれまでに見たことのあるダンスは、サンバや、母親がときどきよそのお教室の講師に呼ばれて踊ることがある社交ダンス、小学生のころ習っていたモダンバレエ、それに見たことがあるだけなら、いまどきのストリートダンス。

でもこの踊りは、そのどれとも違う。

一番違うのは、男のすがただ。男の右足の膝《ひざ》から先は途《と》切《ぎ》れている。断《た》ち切られた右足の先は、義足の黒いソケット（義足を体に接続させる器具）に覆われている。

ぼんやりとした公園灯に6テらされているだけのうす闇《やみ》の中、白いTシャツにサーフパンツという身なりをした男の身体がうごめく。

アスファルトに倒《たお》れ伏《ふ》した体勢から、両腕《りょううで》をついて、ゆっくりと上体を起こす。小ぶりの波に乗り上げる舟首《へさき》のように7ユウビでなめらかな動きだ。右足の義足一本を支点に、引き締《し》まった左足を地面に沿わせるようにして全身を大弓のように反らせる。

上の高架に向かって差し伸べられた両手が、ゆっくりと胸をかきむしり、そのまま脇腹《わきばら》から腰《こし》を指先でなぞりながらすべり落ちた。

CDラジカセから聞こえるやかましいドラミング（ドラムの演奏）に合わせて、左足がだんっと地面を蹴《け》る。リズムに完璧《かんぺき》に合ったジャンプ。男の身体がふわりと宙に浮《う》いた。

一回転して、舞《ま》い降りて、地面に両手をついて、また伏せる。大きく足を開き、そのまま手首と腕の力だけで倒立《とうりつ》したまま、ゆっくり時計回りに回ってゆく。

――こんな踊りがあるのか。

シッカは⑤夏虫が火に引き寄せられるように、ふらふらと男に近づいた。

踊り終えて汗《あせ》まみれになった男が、ようやく気づいたようにシッカを振《ふ》り返った。くっきりとした顔立ちに、濃い眉毛《まゆげ》が印象的だ。男はシッカをじろりと眺《なが》めると、A眉をひそめる。

「警察呼ぶなよ」

第一声がそれだった。

シッカは、警戒心《けいかいしん》の強い猫《ねこ》のように、ほんの少しずつ、地面にあぐらをかいている〈濃い眉さん〉に近づく。

「……いまの、ダンス……」

小さくこぼしてから、いったい何を聞くつもりなんだと混乱する。〈濃い眉さん〉は、別の理由でそわそわと落ち着かないようすだ。

「きみ、未成年だよな？　いきなり、警察呼ぶなとか、ごめんな。でも一応、市が8カンリしてる公園だから、夜に音楽鳴らして踊ってると、9ツウホウされることがあんだよ。とくに、未成年といっしょか、ヤバいから。……何だよ、おれの踊り、そんなによかった？」

ぼーっとしているシッカに向かって、にやっと笑う。

シッカはこくこくと首を縦に振る。

「おれ、一応プロのダンサーでさ」

ふたたび、うなずきを返す。義足であろうがなかろうが、あれほど洗練された動きをする踊り手が、アマチュアだとは到底《とうてい》思えなかった。

「でも貧乏《びんぼう》ダンサーだから、毎回スタジオ借りて練習できないんだよね。で、明後日《あさって》に本番があるから、練習してたってわけ」

「本番？」

〈濃い眉さん〉は、サーフパンツのポケットをごそごそ探《さぐ》ると、くしゃっと丸まった紙切れを差しだした。

受け取った紙を広げてみる。それはカラーのA4チラシだった。

子どもたちが踊っているイラストの上に、カラフルなフォント（文字のデザイン）で、第三回市川市ダンスバトル for ヤングスターズと書かれている。開催《かいさい》日時は明後日の土曜日となっていて、開催場所は、やつは、返す刀で自分を斬《き》る。③電気ショックを受けたのは、シッカも同じだった。

部屋のドアを乱暴に閉めて、ベッドに身を投げだした。

朝起きたときのまま、くしゃくしゃにわだかまっているタオルケットに顔をうずめる。

パパもママも何もわかっていない。もっと言って《キズツケテ》やればよかった、というヘドロじみた気持ちと、少しの後悔《こうかい》とでぐちゃぐちゃになりそうだ。

タオルケットにわずかに残っている清潔な洗剤《せんざい》の香《かお》りをかいで、やっと少し気持ちが落ち着く。

シッカはベッドから身を起こすと、ベッドサイドに置いてあったiPod(持ち運びのできる小型音楽プレイヤー)のワイヤレスイヤホンを両耳に押し込んで、お気に入りのKポップ(韓国人《かんこくじん》の歌手が歌うはやりの音楽)を大音量で流した。こんなときこそ、ああ、思いきり身体《からだ》を動かして踊りたいのに。

赤くなった目をこすりながら、机の横にあるルームミラーにクローゼットから適当に抜《ぬ》きだしたワンピースをバサッとかける。身長より少し背の低い、縦長で、緑色の木枠《きわく》のルームミラーを洋服で覆《おお》う、いつもの儀式《ぎしき》。

――夜の間だけ、シッカは鏡にベールをかける。

鏡がキライなのと自分が嫌いなのは、たぶん同じことだ。

朝の身支度《みじたく》をするときも、お風呂《ふろ》のときも、自室でも、4キョクリョク鏡を見ないようにしている。鏡は現実を突きつけてくる。いまのシッカが見たくないものを……。

朝、部屋を出るタイミングでワンピースを取り去るのは、昼間は両親、とくに母親が勝手に部屋に入ってくることがあるからだ。気づかないかもしれないけど、剝《む》き出しの自分の気持ちをさらすようでイヤだった。

(サンババア。巧。フェジョアーダ。ブラジルの魂《アルマ・ブラジレイラ》……)

頭の中に、ハチが飛び回るように、不安な言葉が飛び交《か》う。

洗剤の匂《にお》いをかいでルームミラーにカバーをするだけでは、足りない。

夜の九時半だった。シッカは何も持たずに自宅マンションを飛びだした。

リビングにいた両親には止められたが、コンビニに行くと言い放ってゆうづる公園に向かう。財布《さいふ》を持って出なかったことに、気づかれたかどうか。

お気に入りのゆうづる公園は、JR本八幡《もとやわた》駅南口から高架《こうか》に沿って、メディアロードを東に進むと高架下にあらわれる、小さな公園だった。元々は駐車場《ちゅうしゃじょう》だったらしいそこは公園とは名ばかりで、がらんとしたアスファルトの敷地《しきち》に、いまだに何に使うのかわからない謎《なぞ》の遊具があるだけの場所だ。自分以外に人がいるのをほとんど見たことがないが、一人になれるそこを、シッカは気に入っていた。

(……しばらく頭を冷やしてから、家に帰ろう)

だが、今夜のゆうづる公園には先客がいた。

申し訳程度に5モウけられている入り口から公園に入る前から、音楽がきこえる。どん、どん、どん、と響《ひび》く重いビート(リズムをきざむ音)。しゃかしゃか鳴る英語の歌詞。怖《こわ》い人たちかな、と、そうっと公園の中を覗《のぞ》いたシッカの目に飛び込んだのは、意外な光景だった。

CDラジカセをアスファルトの地面に直置《じかお》きして、二十代くらいの若い男が踊っている。④そう、踊っている、ように思う。

シッカはほかの同年代の女の子よりダンスに詳《くわ》しい。もう自分で踊ることはないけれど、ダンスに囲まれて育ったからだ。

黙《だま》ってうなずきながら、シッカは、本当は首をかしげたかった。だってそんなの、

(聞いてないし)

いまならきっと、そう突《つ》っ込《こ》むことだろう。

五歳児《さいじ》だって、大人のごまかしはわかるのだ。何も魔法のチョコの色をたずねたわけじゃない、パパとママが、シッカをいつも可愛いというのはわかっている。

シッカが知りたかったのは、ほかの子から見た、自分のことだ。

なぜ肌の色がみんなと違うの? どうしてリョウくんはからかうの? 茶色いとダメなことがあるの? そういった疑問は、両親が標準装備している「シッカ愛してる」ボタンを押《お》した瞬間《しゅんかん》になかったことになって、シッカは二の句を継《つ》げなくなってしまった。知りたいのは、自分がどんなふうに人と違うか、ということなのに。

――一つわかることは、いまのシッカは、ただ、ただ、自分のすがたが嫌《きら》いだ。

茶色い肌とくるりと巻く髪とわし鼻、ついでに百七十センチ近くにまで伸《の》びてしまった身長、それらが嫌いな自分、何もかもが気に入らないのであって、学校とはすなわち、十七個ある机の傷を毎日数えなおしにいくためだけの場所だ。

本当はダンスは嫌いじゃないけど、②そんなことは意地でも口にしない。たぶん、母親の思いどおりになるのがいやで、習っていたモダンバレエも小学校五年生のときにやめた。親の前で踊《おど》ったのは小六の運動会での2ソウサクダンスが最後だ。

《シッカたち親子三人は、フェジョアーダなどのブラジル料理を囲んで夕食をとっていた。父親のミゲウは、「ブラジルの魂《アルマ・ブラジレイラ》」を受け継いでいるシッカにブラジルのことをもっと知ってほしいと、次の夏休みにサンパウロに長期滞在《たいざい》するよう勧《すす》めた。一方、母親の由美《ゆみ》は、自分の好きなサンバの話ばかりをしている。シッカの思いを気にかけずに話を続ける両親に対して、シッカはいら立ちをつのらせ、ついに彼女《かのじょ》の我慢《がまん》は限界に達した。》

「……いいかげんにしてよ……」

火山になったシッカの口から溶岩《ようがん》がどろっとあふれだす。

「勝手すぎるよ。ママはサンバを選んで、ブラジル人のパパを選んだ。パパはママと日本を選んで、日本に住んでいまハッピー。よかったじゃん」

手元のスプーンをにらんでいた視線を上げて、やっと両親の顔を見まわす。

「……でもあたしは、何にも選んでないのにこうなったっ。ママだってさ、うちの学校でサンババアって呼ばれてんの知ってる? いい歳《とし》して、サンバでも何でも勝手に踊ってればいいけどさ。あたしを、巻き込まないでよ!」

由美がぎくりと顔をこわばらせた。いつかテレビで見た、漁で船揚《ふなあ》げされてすぐに電気ショックで殺されるマグロみたいに、一瞬で、目がうつろになった。ミゲウはまったく言葉をなくしている。

これまで、大声を上げてキレたこともほとんどないし、傷つけようとして母親を傷つけたこともない。母方の祖母の3カタミのピアスを排水口《はいすいこう》に落としてしまったときも、授業参観にきた由美と目を合わせなかったときも。

(でも、ママがサンバをやっていなかったら、こんな思いをせずにすんだのは事実じゃない)

いまのシッカは、「傷つけてごめんなさい」どころか、青ざめたママの顔を見てザマアミロなんて思っている、いやな子だ。悪意という

二〇二〇年度 駒場東邦中学校

【国　語】（六〇分）〈満点：一二〇点〉

注意『、』『。』『「』『」』も一字に数えます。

次の文章を読み、後の問いに答えなさい。

「おいサンババア、何だよあれ。ぜんっぜん、似てねーし。よく美術の先生に怒《おこ》られなかったな」

放課後、みんなが部活の支度《したく》をしたり、帰る準備をしたりしている教室で、湯浅巧《ゆあさたくみ》が教室入り口側の壁《かべ》の一点を指さしてそう言った。巧が指さしたのは、昨日美術の時間に描《か》き上げたばかりのシッカの1ジガゾウだった。クラスはストップモーションをかけたみたいに一《いっ》瞬《しゅん》しんと静まりかえって、それからまたざわつきだした。

（いち、に、さん……）

シッカはうつむいて、全部で十七個ある机の傷をまた数えはじめる。市川《いちかわ》市立《しりつ》布《ぬ》野《の》島《じま》中学校《ちゅうがっこう》二年三組がスタートしてから三か月になる。巧にサンババアと呼ばれた回数はもう数えきれない。

加藤《かとう》トモミ・フランシスカ。それがシッカのフルネーム。「シッカ」はフランシスカの愛称《あいしょう》だ。父母は一人っ子のシッカを、赤ちゃんのころからシッカと呼んでいた。おかげで、クラスメートにトモちゃんと呼ばれても、何だか自分の名前のような気がしない。

シッカの父はサンパウロ（ブラジルの都市）生まれの、アフリカ系のブラジル人だった。地元市川市でブラジル料理店を営業している。母は日本人のサンバ（ブラジルのダンス）ダンサー。小さなサンバ教室を開いていて、浅草《あさくさ》サンバカーニバルにも毎年チーム出場していたりする。

母親がサンバダンサーだから、シッカまで、まとめてサンババア。シッカ自身はブラポル語（ブラジル・ポルトガル語）も話せないというのに。こんな迷惑《めいわく》なことがほかにあるだろうか。

はじめは、「やめなよ」とたしなめていたクラスの女の子たちも、最近はスルーしている。男子は無視しているか、そうでなければ、知ってんじゃねえよとか、でたサンババアとか、とはやしたてるだけだ。中にはくすっと笑っている子もいるのを、うまいこと言ってる。

少しずつ、サンババアという言葉が、クラスに浸透《しんとう》している。

ほかの子と肌《はだ》の色が違《ちが》うことが、はじめて気になったのは幼稚園《ようちえん》の年中のころだった。

クラス一の悪ガキだったリョウくんに、「チョコ、チョーコ」とはやしたてられたのがはじまりだ。チョコレートは大好きだけれど、もちろん名前ではなかったので「ちがうもんっ」と言い返してリョウくんの顔をにらんだ。だけど気づいてしまったのだ。違うのはシッカの方だった。

シッカの肌はほかの子たちと違って茶色だった。パーマもかけていないのに、髪《かみ》の毛は、どれだけとかしても、くるりと巻いてしまう。濃《こ》くて長いまつげも、立派に天井《てんじょう》を向いている。鼻はわし鼻で、ほかの子たちよりかなり高くて、大きい。

その日の夕食後、意をけっして「①シッカちゃん、チョコなの？茶色いから……？」と両親にたずねてみた。するとパパとママは顔を見合わせて、にっこり笑って、おまえは茶色い子だよ、パパとママが愛する、魔法《まほう》のチョコみたいに可愛《かわい》い茶色い子だよ。そう言った。

2020年度

駒場東邦中学校 ▶解説と解答

算 数 (60分)＜満点：120点＞

解 答

[1] (1) $\frac{9}{10}$ (2) **図**…解説の図1を参照のこと。／**長さ**…25.12cm (3) 6：2：1 (4) ① 24 ② 7 [2] (1) 〈1÷101〉＝9，〈40÷2020〉＝8 (2) (例) 140 [3] (1) 37.2m (2) 6.28m (3) **1位**…じろう君，**2位**…たろう君，**3位**…さぶろう君
[4] (1) ㋐**の色**…青，**1辺の長さ**…24cm (2) 赤，白，黄，青 (3) **下から順に**…赤，黄，青，白／**面積**…122.4cm²

解 説

[1] 四則計算，図形の移動，長さ，辺の比と面積の比，条件の整理

(1) $\left\{0.375+\left(\frac{2020}{3}-\frac{2691}{4}\right)\times 2.25\right\}\div\left(3\frac{5}{12}-\frac{11}{8}-\frac{1}{6}\right)=\left\{\frac{3}{8}+\left(\frac{8080}{12}-\frac{8073}{12}\right)\times 2\frac{1}{4}\right\}\div\left(\frac{41}{12}-\frac{11}{8}-\frac{1}{6}\right)=\left(\frac{3}{8}+\frac{7}{12}\times\frac{9}{4}\right)\div\left(\frac{82}{24}-\frac{33}{24}-\frac{4}{24}\right)=\left(\frac{3}{8}+\frac{21}{16}\right)\div\frac{45}{24}=\left(\frac{6}{16}+\frac{21}{16}\right)\div\frac{15}{8}=\frac{27}{16}\times\frac{8}{15}=\frac{9}{10}$

(2) 下の図1のように，1回目はAを中心にして，180－60＝120(度)転がる。また，2回目はBを中心にして転がるが，このときは点Pは動かない。さらに，3回目はCを中心にして120度，4回目はDを中心にして60度転がる。以下同様にすると，図1のようになる。図1で，中心角が120度のおうぎ形の弧《こ》が4か所と，中心角が60度のおうぎ形の弧が4か所あるから，中心角の合計は，(120＋60)×4＝720(度)となる。よって，点Pが動いてできる線の長さは，$2\times2\times3.14\times\frac{720}{360}=$ 25.12(cm)とわかる。

図1

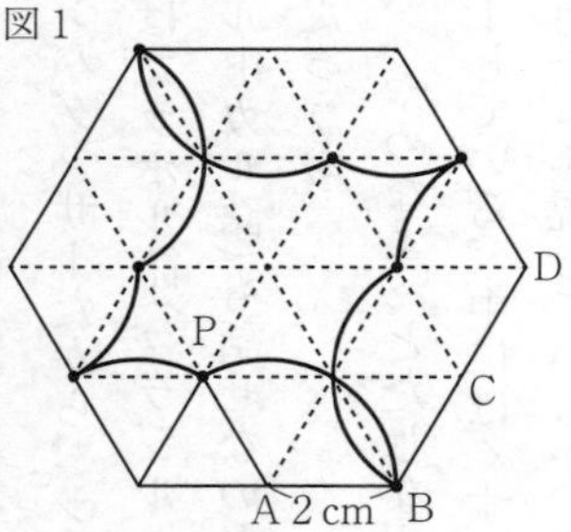

図2

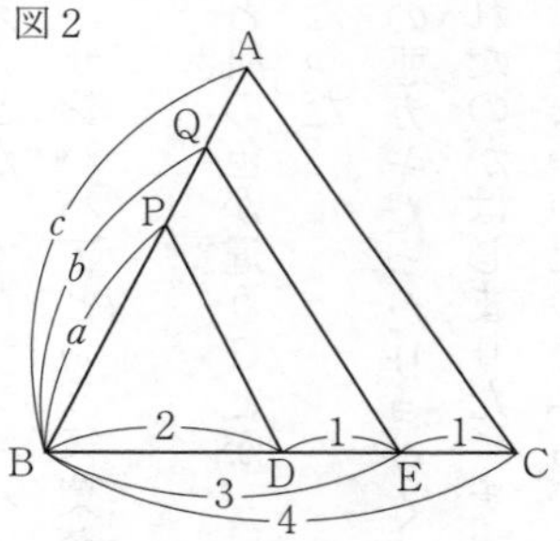

図3

$A+B=14$	3＋11，5＋9
$C+D=9$	2＋7，3＋6，4＋5
$E+F=16$	5＋11，7＋9
$G+H=8$	2＋6，3＋5
$I+J=24$	10＋14

(3) 上の図2のように，DE(EC)の長さを1，BDの長さを2とすると，BEの長さは，2＋1＝3，BCの長さは，3＋1＝4になる。また，三角形PBD，QBE，ABCの面積の比は1：2：3であり，これらの三角形の面積の比は，(底辺の比)×(高さの比)で求めることができるから，(BD×PB)：(BE×QB)：(BC×AB)＝1：2：3となる。そこで，PB，QB，ABの長さをそれぞれa，b，cとすると，(2×a)：(3×b)：(4×c)＝1：2：3となるので，$a:b:c=\frac{1}{2}:\frac{2}{3}:\frac{3}{4}=$ 6：8：9と求められる。よって，BP：PQ：QA＝6：(8－6)：(9－8)＝6：2：1である。

(4) ① 問題文中の一番左の円に注目すると，$A+B=40-(1+12+13)=14$とわかる。よって，左から2番目の円に注目すると，$C+D=40-(14+17)=9$となり，左から3番目の円に注目すると，$E+F=40-(9+15)=16$とわかる。同様にすると，$G+H=40-(16+16)=8$となり，$I+J=40-(8+8)=24$と求められる。 ② 残っている数は｛2，3，4，5，6，7，9，10，11，14｝だから，$I+J=10+14$と決まる。また，残りの数を使ってそれぞれの和を作る方法を調べると，上の図3のようになる。もし，$E+F=5+11$とすると，5も11も使ってしまうので，$A+B=14$とすることができなくなる。よって，$E+F=7+9$とわかり，EよりもFの方が大きいので，$E=7$と決まる。

2 約束記号，周期算，計算のくふう

(1) 1÷101＝0./0099/0099/…より，小数点以下には｛0，0，9，9｝の4個の数字がくり返される。また，2020÷4＝505より，小数第2020位の数字は，くり返しの最後の数字である9とわかるから，〈1÷101〉＝9となる。同様に，40÷2020＝0./0198/0198/…より，〈40÷2020〉＝8と求められる。

(2) (1)で，$40\div2020=\frac{40}{2020}=\frac{2}{101}$となる。これは，$1\div101=\frac{1}{101}$の値を2倍したものなので，40÷2020の値を小数で表したとき，小数点以下には「0099」を2倍した数が並ぶことになる。同様に，「0099」を3倍，4倍，…にすることで，〈□÷101〉の値は右の図のようになることがわかる。すると，〈7÷101〉の値がはじめて3になるから，$7\div101=\frac{7}{101}=\frac{7\times20}{101\times20}=\frac{140}{2020}=140\div2020$より，〈140÷2020〉＝3と求められる。よって，Nにあてはまる整数として140を見つけることができる。

1÷101＝0./0099/… ➡ 〈1÷101〉＝9
2÷101＝0./0198/… ➡ 〈2÷101〉＝8
3÷101＝0./0297/… ➡ 〈3÷101〉＝7
4÷101＝0./0396/… ➡ 〈4÷101〉＝6
5÷101＝0./0495/… ➡ 〈5÷101〉＝5
6÷101＝0./0594/… ➡ 〈6÷101〉＝4
7÷101＝0./0693/… ➡ 〈7÷101〉＝3

3 平面図形―長さ，速さ

(1) 1コースの内側の線について，曲線部分を合わせると直径40mの円になるから，曲線部分の長さは，40×3.14＝125.6(m)である。よって，直線部分の長さは，200－125.6＝74.4(m)なので，BCの長さは，74.4÷2＝37.2(m)とわかる。

(2) 2コースの内側の曲線部分の直径は，40＋1×2＝42(m)だから，曲線部分の長さは1コースよりも，42×3.14－40×3.14＝(42－40)×3.14＝2×3.14＝6.28(m)長くなる。よって，1コースよりも6.28m前方からスタートすることになる。

図1

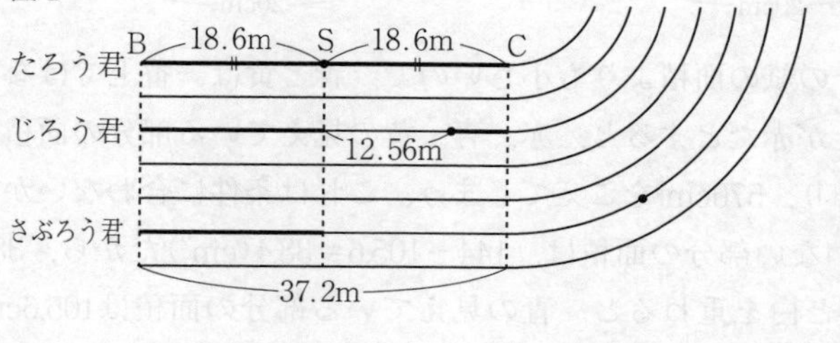

図2

		距離	速さ
たろう君	直線	74.4m	1
	曲線	125.6m	1
じろう君	直線	74.4－12.56＝61.84(m)	0.9
	曲線	200－61.84＝138.16(m)	1.1
さぶろう君	直線	74.4－18.6＝55.8(m)	0.75
	曲線	200－55.8＝144.2(m)	1.125

(3) (2)と同様に，1つ外側にいくごとに曲線部分の直径が，1×2＝2(m)ずつ長くなるから，曲線部分の長さは6.28mずつ長くなる。よって，3コースは1コースよりも，6.28×(3－1)＝12.56

(m)前方から，6コースは1コースよりも，6.28×(6－1)＝31.4(m)前方からスタートすることになる。ここで，上の図1のSCの長さは，37.2÷2＝18.6(m)なので，3人のスタート地点は●印をつけた位置であり，3人がBC間で走る部分はそれぞれ太線部分になる。したがって，3人が走る直線部分と曲線部分の長さを求めると，上の図2のようになる。さらに，たろう君の直線部分と曲線部分の速さを1とすると，じろう君とさぶろう君の速さはそれぞれ図2のようになる。この値を用いると，200mを走るのにかかる時間は，たろう君が，200÷1＝200，じろう君が，61.84÷0.9＋138.16÷1.1＝68.7…＋125.6＝194.3…，さぶろう君が，55.8÷0.75＋144.2÷1.125＝74.4＋128.1…＝202.5…と求められるから，じろう君，たろう君，さぶろう君の順にゴールする。

4 平面図形—面積，構成

(1) それぞれの紙の面積を求めると右の図1のようになるから，面積が一番小さいのは青である。もし，(ア)の紙が青でなかったとすると，(ア)の紙の面積は144cm^2よりも大きくなり，青の紙の見えている部分の面積は144cm^2よりも小さくなる。すると，見えている部分の面積がすべて等しくなることはないから，(ア)の紙の色は青である。よって，見えている部分の面積は4色とも144cm^2なので，作った正方形の面積は，144×4＝576(cm^2)とわかる。したがって，576＝24×24より，作った正方形の1辺の長さは24cmと求められる。

図1

色	2辺の長さ	面積
赤	20cm，18cm	360cm^2
青	18cm，8 cm	144cm^2
黄	20cm，9 cm	180cm^2
白	20cm，9.6cm	192cm^2

(2) 24－18＝6(cm)，24－8＝16(cm)より，下の図2のようになる。(イ)の部分の面積が144cm^2だから，a＝144÷16＝9(cm)，b＝24－9＝15(cm)となり，(ウ)の部分の面積も144cm^2なので，c＝144÷15＝9.6(cm)，d＝24－9.6＝14.4(cm)と求められる。ここで，2辺の長さに小数がふくまれているのは白だけだから(ウ)は白と決まり，(イ)は黄，(エ)は赤とわかる。よって，下の図3のように，下から順に，赤，白，黄，青となっている。

図2

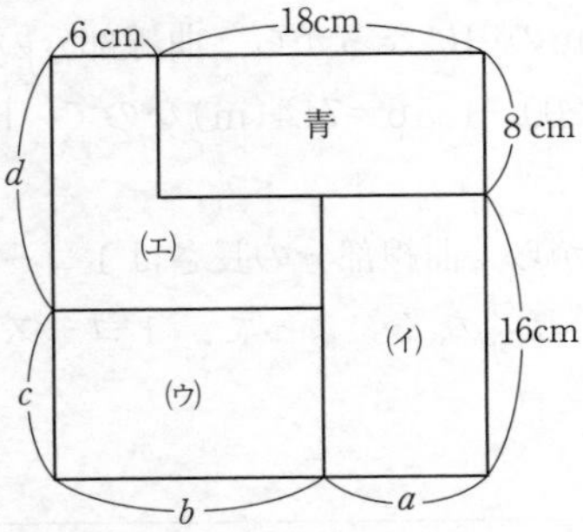

図3

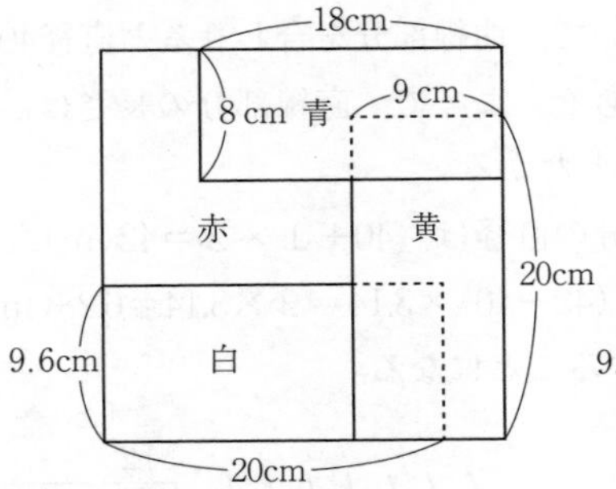

図4

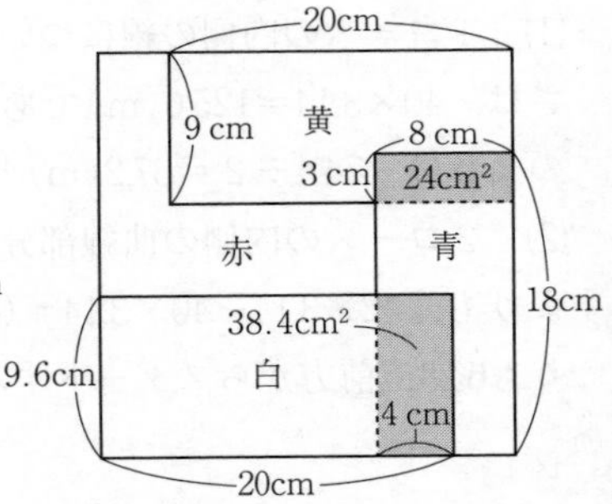

(3) 青と黄の見えている部分の面積は，その紙の面積よりも小さいので，青と黄は一番上ではない。よって，一番上は赤か白になるが，一番上が赤だとすると，赤，青，黄の見えている部分の面積の合計が，360＋105.6＋156＝621.6(cm^2)となり，576cm^2をこえてしまう。これは条件に合わないから，一番上は白と決まる。次に，青の見えていない部分の面積は，144－105.6＝38.4(cm^2)だから，38.4÷9.6＝4(cm)より，上の図4のように青と白を重ねると，青の見えている部分の面積は105.6cm^2になる。さらに，黄の見えない部分の面積は，180－156＝24(cm^2)なので，24÷8＝3(cm)より，図4のように青と黄を重ねると，黄の見えている部分の面積は156cm^2になる。したがって，図4のように重なると条件に合い，下から順に，赤，黄，青，白となる。このとき，白，青，黄の見え

ている部分の面積の合計は，192＋105.6＋156＝453.6(cm^2)だから，赤の見えている部分の面積は，576－453.6＝122.4(cm^2)と求められる。

社　会　(40分)＜満点：80点＞

解　答

問1　キ　**問2**　(1)　ウ　(2)　(例)　安い賃金で働く中国人をやとうことができるから。　**問3**　(1)　エ　(2)　鉄道　(3)　浮世絵(錦絵)　**問4**　(1)　イ　(2)　唐招提寺　**問5**　(1)　ウ　(2)　エ　**問6**　(1)　エ　(2)　中山　(3)　繊維　(4)　(例)　工場や飲食店など，外国人が働くことのできる場所が多いため。　**問7**　(1)　(例)　ハワイの人口が減り，農場などの労働力として日本などアジアからの移民を受け入れる必要があったため。　(2)　ウ　(3)　(例)　戦後，海外から多くの人々が復員したり引きあげたりしてきたことから，住宅や仕事，食料などが不足し，この問題を解決するため。　**問8**　(例)　サウジアラビアの小学校では「コーラン」の授業があるが，日本の公立小学校では宗教の授業がないこと。／日本の公立小学校の給食の献立に，イスラム教徒が口にしてはいけない豚肉を使った料理があること。(サウジアラビアの小学校では，イスラム教の聖日である金曜日には授業がないが，日本の公立小学校では授業があること。)　**問9**　(1)　(例)　水道が整備されていない発展途上国では水くみは子どもの仕事とされ，子どもたちは家から遠い川や池などへ1日に何回も水くみに行かなければならず，学校に通う時間も体力も残されていない。そのため，家の近くに水道施設ができれば，学校に通う余裕も生まれるなど，子どもの権利を守る活動につながるから。　(2)　ア　(3)　ウ

解　説

日本に住む外国人を題材とした総合問題

問1　安全保障理事会とならぶ国際連合(国連)の最高機関である総会は，その自立的補助機関である国連難民高等弁務官事務所(UNHCR)を通して難民問題の解決に取り組んでいるほか，総会としても2016年9月に「難民と移民に関する国連サミット」を開き，難民に対する支援策などを打ち出した「ニューヨーク宣言」を採択《さいたく》するなどの活動を行っている。国際平和の維持と国際紛争《ふんそう》の解決を目的とする安全保障理事会も，難民が発生する最大の原因ともいわれる地域紛争の解決に取り組んでおり，2004年にパレスチナにおける難民問題の公正な解決をめざす決議を行うなど，難民問題の解決のための具体的な活動もしている。また，国連総会の自立的補助機関であるユニセフ(UNICEF，国連児童基金)は，内戦の続くシリアで難民の子どもたちを援助するなど，より直接的な活動を各地で行っている。以上のことから，A～Cはいずれも「難民問題の解決に向けて取り組んでいる組織」にあてはまると考えられる。

問2　(1)　アメリカとメキシコの国境線を示すのはウ。その東側はリオグランデ川という河川が国境線となっている。なお，地図中のアはアメリカとカナダの国境線である。　(2)　鉄道会社や製造工場の経営者たちが中国からの移民を守る側にまわったのは，彼らが安い賃金で働くと考えたからである。アイルランドからの移民にとっては，自分たちより安い賃金でも働こうとする中国からの移民は，自分たちの仕事をうばう可能性のある存在であった。

問3　(1)　ア　1750年においては，中国・インド・日本の工業生産額の合計は，世界全体の約60％を占《し》めている。また，1830年においても中国の割合は30％を超《こ》えている。　イ　明治政府が不平等条約改正の交渉《こうしょう》を始めたのは1870年代。これに近い1880年には，イギリスの工業生産額の割合が世界で最も高くなっている。また，日本が関税自主権を回復したのは1911年のことで，これに近い1913年には，アメリカが工業生産額の割合で第１位となっている。　ウ　第一次世界大戦が起きたのは1914年のことで，その直前にあたる1913年の「中国・日本・インド・その他」を合わせた地域の工業生産額の割合は，すべての年の中で最も低くなっている。　エ　太平洋戦争は1941～45年のできごと。グラフを見ると，1953年の日本の工業生産額の割合は1938年よりも低くなっている。　(2)　1908年に「横浜鉄道」が八王子－東神奈川間で開通し，八王子の市《いち》に集められた生糸は鉄道によって横浜方面に運ばれるようになった。なお，横浜鉄道は1917年に国有化されて横浜線となり，現在のJR横浜線に引き継《つ》がれている。　(3)　江戸時代から明治時代にかけて日本でさまざまな階層の人々に親しまれた木版画は浮世絵。江戸時代中期以降に広まった多色刷りのものは特に錦《にしき》絵ともよばれる。浮世絵が欧米の人々の間に知られるようになったきっかけは，江戸時代に長崎で行われたオランダとの貿易において，日本から輸出される陶磁器《とうじき》や漆器《しっき》の包み紙や詰《つ》め物に，不要となった浮世絵の紙が用いられ，それらの絵を見たヨーロッパの人々が高い芸術性におどろいたことにあるといわれる。開国後，さまざまな日本の美術品や工芸品が海外に出回ることになったが，なかでも浮世絵は多くの人々に愛好され，ゴッホなど印象派の画家にも多大な影響をあたえることとなった。

問4　(1)　土偶《どぐう》は縄文時代につくられた土製の人形なので，イが誤っている。大和政権が運営されていた時代につくられたのは，埴輪《はにわ》である。　(2)　753年，唐(中国)の高僧であった鑑真は苦難のすえに来日をはたし，759年，聖武天皇からあたえられた平城京内の一角に唐招提寺を建てた。

問5　(1)　ア　法律案の審議は衆参どちらの議院が先でもかまわない。衆議院に先議権があるのは，予算の審議だけである。　イ　三権分立の原則から，法律の制定に裁判所がかかわることはない。裁判所が持つ違憲立法審査権は，制定されている法律の合憲性を具体的な事件の裁判を通じて裁判所が判断するものである。　ウ　法律案の審議は必ず衆参両院で行われ，原則として両院で可決されることにより成立する。　エ　法律の改正に内閣の許可は必要ない。法律の施行に必要な細目は，制定後あるいは改正後に内閣が政令によって決定する。　(2)　選挙権の年齢に上限を設けることは，高齢者から基本的人権の１つである参政権をうばうことになり，民主主義の原則に照らしてありえないから，エが誤り。なお，投票は権利であり義務ではないから，ウにあるように投票しない人に罰則《ばっそく》をあたえることは望ましくないが，投票率を上げる手段の１つとして考えられる方法で，ベルギーやオーストラリアなどのように実際に罰則制度を設けている国もある。

問6　(1)　和歌山県と奈良県が全国第１位，第２位を占めることから，(Ｘ－１)はかきと判断できる。(Ｘ－２)について，美濃加茂《みのかも》市は木曽川の本流とその支流の１つである飛騨《ひだ》川の合流地点に位置している。　(2)　五街道のうち，現在の岐阜県を通っていたのは中山道。美濃加茂市にはその宿場町の１つである太田宿があり，近くにあった木曽川の「太田の渡し」は，中山道の難所の１つとして知られていた。　(3)　1960年における日本の輸出品の第１位は綿織物や衣類などの繊維品，輸入品の第１位は綿花や羊毛などの繊維原料であった。第二次世界大戦前から1960年代初めまで，日本の工業は軽工業が中心で，なかでも繊維工業がさかんであったことから判断できる。　(4)　本文中に「製造業，スーパーやコンビニなどの小売業，宿泊・飲食サービス業の分野で働く外国人が多くなっています」とあることに注目する。地形図を見ると，地域Ａには複数の工場があり，住宅も多いことから小売店や飲食店も多いと推測されるのに対し，地域Ｂには水田と丘陵《きゅうりょう》地が広がり，住宅が少ない。このことから，地域Ａの外国人割合が高いのは，外国人が働ける場所が多くあるためだと考えられる。

問７　⑴　19世紀前半，ハワイではおもに欧米人が経営する農場でサトウキビが生産されるようになったが，【グラフ１】からもわかるようにハワイの人口の減少が続いたことから，労働力が不足するようになった(人口が減少した理由としては，外国から持ちこまれた病原菌《きん》などを原因とする病気が広まったことや，仕事を求めてアメリカ本土などに移住する人が増えたことなどが指摘されている)。そこで，これを補うためにアジアからの移民を受け入れるようになった。なお，当初は中国移民が多かったが，仕事への定着率が低かったことなどから，19世紀後半になると日本からの移民が増えていった。　⑵　ア　【資料１】を見ると，移住した熊本県民が台湾でついた職業として，公務員関係と会社員が上位を占めている。　イ　【史料２】は，朝鮮にある工場に転勤になった父親と一緒に，朝鮮へ行くことが決まった熊本県在住の少女の手紙である。　ウ　【史料３】の文中にある「義勇軍」とは，正式には「満蒙開拓《まんもうかいたく》青少年義勇軍」という制度。日本全国から募集した数え年16～19歳(満年齢では14～18歳くらい)の青少年を開拓民として満州に送り出すもので，1938年から1945年の間に約８万6000人の青少年が満州に渡ったという。インタビューは義勇軍への参加を決意した生徒に対して行われたものであるが，「私は小学校まで電灯のない生活でした」と話していることから，裕福《ゆうふく》な家庭の子ではなかったことがうかがわれる。　エ　【史料３】に直接の記述はないが，義勇軍に参加した青少年たちは，国内の訓練所で２～３か月間，現地で３年間の農業実習や軍事教練を受けたあと，満州各地に送られた。また，彼らには開拓と警備の任務が負わされていたから，この文は正しいと考えられる。　⑶　【表１】からは，1945～49年ごろまでに500万人以上の人々が日本国内に復員したり引きあげてきたりしたことが読み取れる。当時の日本は敗戦直後で，産業・経済の復興がまだ進んでいなかったことから，安定した仕事につくことができた人は限られていた。また，【写真１】にあるように，住むところがないため駅などに寝《ね》泊《と》まりをする人が多く見られ，食料不足が続いて多くの人々が苦しい生活を強《し》いられた。【写真２】は1946年５月に皇居前広場で行われた「飯米獲得《はんまいかくとく》人民大会(食糧メーデー)」のようすで，子どもたちもふくめ約25万の人々が参加して「米をよこせ」と訴《うった》えた。こうした状況をぬけ出す方法の１つとして，海外への移民が再び行われるようになったのである。

問８　資料にあるサウジアラビアの小学校と日本の公立小学校のようすのうち，イスラム教徒の家庭で育った子どもがとまどう可能性があることがらとしては，サウジアラビアの小学校ではイスラム教の聖典である「コーラン」を学ぶ授業が毎日あるのに対し，日本の公立小学校ではそれに相当する宗教の授業がないこと，サウジアラビアの小学校ではイスラム教の聖日である金曜日には授業がないのに対し，日本の公立小学校では授業があること，日本の公立小学校にはサウジアラビアの小学校にはない「給食」の制度があること，給食の献立《こんだて》にイスラム教徒が口にしてはいけない豚肉を使った「とんかつ」があることなどがあげられる。なお，給食の献立にある「かぶのみりん漬《づ》け」は，子どもたちのためにアルコールをふくまない「みりん風調味料」を使っていると考えられる(イスラム教では飲酒も禁じられているので，もしアルコールをふくむ本みりんが料理に使われているのであれば，イスラム教徒の児童は食べられないことになる)。

問９　⑴「発展途上国の子どもの日常の家事労働における負担」とは，毎日，子どもたちが水くみに行かされることをさす。水道設備の整っていない発展途上国では，水くみは子どもの仕事である場合が多く，集落の近くに水場がないところでは，遠くの川や池，水のわき出る場所まで水をくみにいかなければならない。水くみは１日に何回も行わなければならず，そのために学校に通う時間や体力が失われることになる。そうした問題を改善するため，水道の整備を援助する活動が行われているのである。　(2)　現在，日本では日本国籍を持たない外国人の参政権は認められていないから，アが誤りである。　(3)　ア　裁判員裁判の制度は，裁判官など裁判にかかわる人の働く時間を短縮するために始められたものではない。　イ　裁判員裁判は，裁判官３名と裁判員６名による合議制で行われる。　ウ　裁判員裁判の目的は，裁判に一般市民の感覚を取り入れることと，一般の人々の裁判に対する関心を高め，理解や信頼を向上させることにあるから，この文は正しい。　エ　裁判員裁判もふくめ，いかなる裁判でも開始前に一般の人々から多くの意見をきくような制度はない。

理　科　(40分)　＜満点：80点＞

解　答

1　(1)　①　ウ，オ，キ　②　イ，オ　(2)　ウ　(3)　イ　(4)　①　ウ　②　イ　(5)　エ，オ，ウ，ア，イ　(6)　③　イ，エ　④　ア，カ　(7)　①　最小15 g から最大495 g まで　②　ア，イ，ウ　2　(1)　**燃やす前**…エ　**燃やした後**…イ　(2)　(例)　炎の周りの酸素をおしのける　(3)　(例)　袋がパンパンになり，破れつしてしまう。　(4)　①，(白い煙は)水(でできている)　(5)　ウ，オ　(6)　①　カ　②　イ　③　ケ　3　(1)　関節　(2)　**A**　ウ　**B**　イ　(3)　イ　(4)　①　エ　②　ウ　(5)　イ　(6)　**選んだ骨格**…(例)　背骨　**違い**…(例)　(チンパンジーは，)背骨がまっすぐに伸びている。(ヒトは，)背骨がＳ字状にゆるく曲がっている。　4　(1)　イ　(2)　イ，オ　(3)　イ　(4)　ア　(5)　ア　5　(1)　$1\ cm^3$あたり1.4 g，イ　(2)　イ，ウ，ア　(3)　イ　(4)　①　上　②　下　③　体積　④　大きく　(5)　**氷がはやくとける液体**…水　**理由**…(例)　氷がとけてできた水の層は，15℃の水には沈んで下に移動するが，15℃のオレンジジュースには浮かんで氷の周りにとどまる。そのため，水に氷を浮かべた場合の方が，氷の周りの温度が高くなるから。

解　説

1　小問集合

(1)　①　オオイヌノフグリは，冬から春先にかけて青い花を咲《さ》かせる。カラスノエンドウは，早春に赤色とピンク色の花を咲かせる。セイタカアワダチソウは，秋になると花をつける小さな枝を多数出し，その先に黄色の小さな花を多数つける。アヤメは，５～６月に青むらさき色の花を咲かせる。ヒガンバナは，秋の彼岸《ひがん》(秋分の日を中日とする前後それぞれ３日の７日間)のころ，群生して真っ赤な花を咲かせる。ナズナは，２～６月に白い小さな花を咲かせる。キンモクセイは，秋になるとオレンジ色で強い甘い香りを放つ花を，枝に密生させて咲かせる。ヤマツツジは，４～６月に赤色などの花を咲かせる。　②　モンシロチョウはさなぎ，ナナホシテントウは成虫(小さな集団で草の根元などにもぐる)，オオカマキリは卵(木の枝についた泡《あわ》のような卵のかたまり)，スズムシは卵(土の中)，クロオオアリは成虫と幼虫で冬越《ふゆご》しする。オカダンゴムシは，成虫で集団で冬越しするが，甲殻《こうかく》類であり昆虫《こんちゅう》ではない。

⑵　金属はガラスより温度による体積の変化が大きい。そのため，ガラスのびんに金属のふたをして冷やすと，びんよりもふたの方がちぢみ方が大きいので，ふたがきつくなって開けにくくなる。このようなときは，ふたの部分をお湯であたためると，開けやすくなる。

⑶　ア　火山灰の中の粒《つぶ》には，結晶《けっしょう》化してガラスのように見える鉱物が含《ふく》まれることも多い。　イ　火山灰は，噴火《ふんか》時にマグマが急に冷え固まったのちに砕《くだ》かれることででき，流れる水のはたらきを受けていないので，粒が角ばっている。　ウ，エ　火山から噴出された火山灰は，風に乗って運ばれる。そのため，火口に近いところほど厚く積もり，小さい粒ほど遠くまで運ばれる。

⑷　①　ものの重さは，形を変えても変化しない。そのため，てんびんはつり合いをたもつ。　②　うすく広がって面積が大きい物体Ａは，小さく固められた物体Ｂより空気抵抗《ていこう》を受けやすいので，落下の速さが物体Ｂより遅くなる。そのため，物体Ｂの方が先に床《ゆか》に着く。

⑸　この地域では，Ｂ層が堆積《たいせき》したのちに傾《かたむ》きながら隆起《りゅうき》して陸地となり，地上で侵食《しんしょく》を受けて不整合面(でこぼこの面)ができ，再び沈降《ちんこう》して，その上にＡ層が堆積している。その後，溶岩《ようがん》が噴出し，断層が形成されている。

⑹　それぞれの水溶液について，溶《と》けている物質・状態・性質を述べると，塩酸は塩化水素・気体・酸性，水酸化ナトリウム水溶液は水酸化ナトリウム・固体・アルカリ性，食塩水は塩化ナトリウム・固体・中性，石灰水は水酸化カルシウム・固体・アルカリ性，アンモニア水はアンモニア・気体・アルカリ性，炭酸水は二酸化炭素・気体・酸性となる。

⑺　①　物体の重さを□ｇとすると，おもりを点Ｃにつるしたとき，500×１＝(５＋□)×25が成り立ち，□＝500×１÷25－５＝15(ｇ)となる。同様に，おもりを点Ｄにつるしたとき，□＝500×25÷25－５＝495(ｇ)となる。したがって，このはかりでは，最小15ｇから最大495ｇまでの物体の重さをはかることができる。　②　①の＿と同様に考えると，このはかりではかることのできる最小の重さは，(おもりの重さ)×(ACの長さ)÷(ABの長さ)－(皿の重さ)で求められる。この式の値は，おもりの重さを軽くしたり，皿の重さを重くしたりすると，小さくなる。また，点Ａの位置を点Ｃに近づけると，ACの長さが短くなってABの長さが長くなるので，式の値が小さくなる。よって，ア～ウはいずれもあてはまる。

2　燃焼の条件，二酸化炭素の性質と利用，酸性とアルカリ性についての問題

⑴　印(○●◎)は１個あたりおよそ，(78＋21)÷33＝３(％)である。空気中のちっ素はおよそ，78÷３＝26(個)，酸素はおよそ，21÷３＝７(個)なので，ろうそくを燃やす前の図としてはエがふさわしい。また，ろうそくの炎《ほのお》は周りの空気に含まれている酸素が約16～17％に減ると消え，このとき二酸化炭素は３～４％ほどに増加するので，燃やした後の図としてはイが適する。

⑵　ものが燃えるには，燃える温度(発火点)以上になっていること(…①)，燃えるものがあること(…②)，酸素があること(…③)の３つの条件が必要である。二酸化炭素の入った消火器を使うと，①と③の条件がなくなるため，すぐに火を消せる。

⑶　ドライアイスは二酸化炭素の固体で，常温のもとにおくと，固体から気体へと液体の状態を経ないで状態変化する(昇華《しょうか》という)。このとき体積が急激に大きくなるので，ドライアイスの量がビニール袋《ふくろ》の大きさに対して多いと，ビニール袋はパンパンにふくらみ，やがて破れつする。

(4)　白い煙《けむり》が二酸化炭素でできているならば，ドライアイスを水に入れても食用油に入れても，どちらの場合も白い煙が観察できるはずである。実験①で，水の方だけ白い煙が観察され，食用油の方からは観察できなかったので，白い煙は水でできていると考えられる。ドライアイスを水に入れると，ドライアイスが水にあたためられて気体の二酸化炭素にもどるため，ドライアイスからは二酸化炭素の泡が発生する。この泡が水中を上昇していくとき，泡には小さな水滴《すいてき》や細かい氷の粒が含まれて，泡が白く見える。そして，この泡が水面ではじけると，白い煙になる。なお，実験②は，ドライアイスから二酸化炭素が出てくることはわかるが，その二酸化炭素が煙に含まれていたのか透明《とうめい》な部分に含まれていたのかを区別することができない。

(5)　二酸化炭素の水溶液である炭酸水は酸性を示し，石けん水はアルカリ性を示すので，「のり」の色が青色になったり消えたりするのは，酸性やアルカリ性の性質によって色が変化するという現象が関係していると考えられる。したがって，ウとオが選べる。

(6)　現代の工業や暮らしでは，石油・石炭・天然ガスなどの化石燃料が大量に消費され，排煙《はいえん》や排気ガスが出されている。酸性雨は，工場の排煙や自動車の排気ガスの中に含まれる硫黄《いおう》酸化物やちっ素酸化物が，大気中をただようううちに硫酸《りゅうさん》や硝酸《しょうさん》となり，雨に溶けこむことで，酸性が強くなって地上に降り注ぐものである。通常の雨は空気中の二酸化炭素が溶けこむため弱い酸性を示すが，これよりも酸性の度合いが強いものを酸性雨という。

3 動物の骨格についての問題

(1)　骨と骨のつなぎ目で，ある程度自由に動かすことができる部分を関節という。ヒトの場合は肩《かた》や腕《うで》，指，ひざなどに関節がある。

(2)　**A**　肩の関節は，お椀《わん》のようになった肩の骨の端《はし》に，腕側の骨の先がはまりこむようなつくりになっている。よって，ウがふさわしい。　**B**　ひじの関節は，一方向にある程度自由に動けるような関節で，イが適する。

(3)　ア　ヒトの心臓や肺はろっ骨によって守られているが，胃や腸を包みこむようにして守っている骨格はない。　イ　女性の骨ばんは男性よりも広がっており，胎児《たいじ》を支えたり出産したりするのにつごうがよい。　ウ　鳥のつばさをヒトにたとえると，上腕《じょうわん》から指先までにかけて羽がついた状態といえる。また，コウモリのつばさをヒトにたとえると，手の指が長く発達し，それぞれの指と肩と足首の間に膜《まく》が張った状態といえる。　エ　背骨を持つ動物はセキツイ動物，背骨を持たない動物は無セキツイ動物とよばれる。昆虫はすべて無セキツイ動物で，からだの外側にある固い殻《から》(外骨格)でからだを支えている。

(4)　図2で，CとDの一方の端は竜骨突起《りゅうこつとっき》につながり，Cのもう一方の端は関節の下側に，Dのもう一方の端は関節の上側につながっている。したがって，つばさを上げるときにはDがちぢんでCがゆるみ，つばさを下げるときにはCがちぢんでDがゆるむ。

(5)「フナとクジラの尾びれを比べると，背骨に対するつき方が違っていて〜フナの尾びれは水面に対して垂直についています」と説明されているので，クジラの尾びれは水面に対して平行についていて，クジラは背骨と尾びれを上下に動かして泳ぐことがわかる。なお，クジラやその仲間(イルカやシャチなど)は肺呼吸をする哺乳《ほにゅう》類なので，空気を吸うために鼻(頭頂部にある)を海面上にときどき出す必要がある。そのため，尾びれが水面に対して平行についていると，泳ぎながら鼻を海面上に出すのにつごうがよい。

(6)　背骨…ヒトの背骨は，Ｓ字状にゆるく曲がっている。ヒトは直立二足歩行をするため，背骨がこのような形をしていると，重い頭部を支えやすく，地面からの衝撃《しょうげき》が脳に伝わりにくくなってつごうがよい。一方，四足歩行をするチンパンジーの背骨は直線的である。　ろっ骨…ヒトの場合，内臓の重さは背骨と平行に下方にかかるので，ろっ骨は大きく発達する必要がなく，チンパンジーほど大きくはない。一方，四足歩行をするチンパンジーのろっ骨は大きく発達しており，内臓の重さを支えるのにつごうがよい。　骨ばん…ヒトの骨ばんは大きく発達しており，内臓の重さを支えるのにつごうがよい。一方，チンパンジーの場合，骨ばんで内臓の重さを支える必要がないため，骨ばんはあまり発達せず小さい。

4　月の動きと月食についての問題

(1)　月食は，太陽―地球―月がこの順で一直線上に並ぶ満月のとき，地球の影《かげ》の中に公転している月が入りこむために見られる現象である。そして満月は，日の入りのころ東から上り，真夜中に南中し，明け方ごろ西に沈《しず》む。「明け方近くに月食が観察できました」と述べられているので，イが選べる。

(2)　地球の直径は月の直径の約４倍なので，イとオが適する。なお，イは皆既《かいき》月食になる少し前のようす，オは月食の終わりごろのようすである。

(3)　以下では，月が地球の影の中心を通るような皆既月食の場合について考える。図２をもとにして□に入る値を求める場合，月が地球の影の中に何個分入るかを求めればよい。つまり，(月が影から出始める時刻)－(月が影に入り始める時刻)を求め，その時間を，月が直径分の距離《きょり》を進むのにかかる時間で割ることで求められる。そして，太陽が大きいため実際には地球の影は平行に伸びず，地球から離《はな》れるにしたがってせまくなるので，＿＿は短めになる。よって，イがふさわしい。

(4)　ア　日本では全国で同じ時刻(標準時)の時計を使っているので，月が見えている地域では，同じ時刻に月食を観察することになる。　イ，エ　月食は地球の影の中に公転している月が入りこむために見られる現象なので，日本国内に限らず，月が見えている地域ではどこでも同じ形に見え，始まってから終わるまでにかかる時間も同じである。　ウ　ベガやアルタイルなどは地球からはるか遠くにあるため，地球の影は届かない。また，仮に届いたとしても，それらの星は自ら発光しているので，見えなくなることはない。　オ　月食が始まってから終わるまでにかかる時間は，月が地球の影の中心付近を通る場合は長くなり，月が地球の影の端付近を通る場合は短くなる。

(5)　以下での自転や公転の方向は，いずれも北極側から見て反時計回りである。地球は，１日あたり約360度の速さで自転(…Ⅰ)しながら，太陽の周りを１日あたり約１度の速さで公転(…Ⅱ)している。また，月の公転周期は約27.3日であり，360÷27.3＝13.1…より，月は地球の周りを１日あたり約13度の速さで公転(…Ⅲ)している。夜空で月食を観察していると，ⅢがⅡよりも速いことにより，月は地球の影を西から東の向きに通る。つまり，月は東(…①)の側から欠けていき，欠けた部分が最大になったのち，東の側から満ちていく。その間も，ⅠがⅢよりも速いことにより，月は東から西へ移動する。したがって，月食のときの月の欠け方は，月が地球の周りを回っている(…②)ことによって生じているといえる。

5　密度《みつど》と液体の動きについての問題

(1)　13.2÷(１×１×3.14×３)＝1.40…より，このプラスチックの１cm^3あたりの重さは1.4ｇである。また，これは水の１ｇより大きいので，このプラスチックは水に入れると沈む。

(2)　アルコールにゴム球を入れたら沈んだので，アルコールの密度はゴム球の密度より小さい。このゴム球を濃《こ》い砂糖水や水に入れたら浮《う》いたので，濃い砂糖水や水の密度はゴム球より大きく，したがって，アルコールよりも大きい。また，新鮮なにわとりの卵が濃い砂糖水に浮き，水には沈んだので，濃い砂糖水の密度は水よりも大きい。よって，密度が大きい順にイ，ウ，アとなる。

(3)　密度の小さい液体の上に密度の大きい液体を注ぐと，密度の大きい液体が沈みこんでいき，そのときに密度の小さい液体と混じり合ってしまう。また，(2)で述べたように，砂糖水の密度は水よりも大きい。したがって，イが選べる。

(4)　水は温度によって密度が変化し，温度が高くなると体積が増えるために密度が小さくなる。そのため，水を下からあたためると，あたためられた水は密度が小さくなって上に動き，あいた場所をうめるようにして，つめたい水が下に移動するという動きが生じる。このように水が動いて全体があたたまるあたたまり方を対流という。なお，対流は気体の場合にも起こる。

(5)　オレンジジュースや砂糖水などの水溶液は，水よりも密度が大きい。オレンジジュースに氷を浮かべた場合，ジュースから熱を受けて氷の一部がとけるが，とけたばかりの水はジュースより密度が小さいので下には移動できず，氷の周りでとどまる。すると，ジュースの熱が伝わりにくくなるため，氷がとけにくくなる。一方，水に氷を浮かべた場合，とけたばかりの水は周りの15℃の水より密度が大きいので下に移動し，15℃の水があらたに氷にふれるため，氷に熱が伝わりやすく，ジュースの場合よりはやくとける。

国　語　(60分)　＜満点：120点＞

解　答

問１　下記を参照のこと。　**問２**　**A**　オ　**B**　ウ　**問３**　(例)　自分の肌が茶色いことを，周囲はどう見ているのかということ。　**問４**　(例)　本当はダンスが嫌いではないのに，母親がサンバダンサーであるために学校で「サンババア」と呼ばれることがつらく，その原因をつくった母親の思いどおりにはダンスはしたくないと思っている。　**問５**　ウ　**問６**　(例)　義足なのに自由に，大胆に踊る岬のダンスは，これまでに見たことのあるダンスのどれとも違っていたから。　**問７**　(例)　岬のダンスへの興味がおさえきれず，無意識に近づいていく様子。　**問８**　ア　**問９**　オ　**問10**　エ　**問11**　瞬き　**問12**　(例)　岬の言葉から，シッカは，他人のセリフで納得するのではなく，自分のやり方で自分を知ろうという気持ちになり，これまでは周囲の目を気にして，自分の身体的な特徴からダンスを遠ざけていたが，本当はダンスが好きだということに気づいたから。　**問13**　ア，オ

●漢字の書き取り

問１　**1**　自画像　**2**　創作　**3**　形見　**4**　極力　**5**　設　**6**　照　**7**　優美　**8**　管理　**9**　通報　**10**　時刻　**11**　困　**12**　方便　**13**　秘密　**14**　有望　**15**　悲劇

解　説

出典は黒川裕《くろかわゆう》子《こ》の「夜の間だけ，シッカは鏡にベールをかける」による。アフリカ系のブラジル人

の父と，日本人のサンバダンサーの母との間に生まれた「シッカ」(加藤《かとう》トモミ・フランシスカ)は，外見が周囲と違《ちが》っているためにからかわれ，自分自身のことが嫌《きら》いになり，習っていたバレエもやめてしまう。そんな時，義足のダンサーである岬《みさき》に出会う。

問1　**1**　自分自身の顔や姿を，自分で描《えが》いた絵。　**2**　自分で考えて創り出すこと。　**3**　死んだ人や別れた人が残していった，大切な思い出の品。　**4**　できるだけ。精いっぱい。　**5**　音読みは「セツ」で，「建設」などの熟語がある。　**6**　音読みは「ショウ」で，「照明」などの熟語がある。　**7**　上品で，美しいようす。　**8**　ある一定の状態が守られるように取りしまること。　**9**　警察や消防署などに情報を知らせること。　**10**　ある決まった時。　**11**　音読みは「コン」で，「困難」などの熟語がある。　**12**　ある目的を達成するための，その場限りのやりかた。**13**　かくしておいて，人に知らせないこと。　**14**　将来に望みがあること。　**15**　悲しい結果になるできごと。

問2　**A**「眉《まゆ》をひそめる」は，みけんにしわを寄せるようなしかめっつらをすることで，不快や心配の気持ちを伝える表情。　**B**「いたたまれない」は，気持ちがたえられなくなって，その場にいるのががまんできなくなるようす。

問3「チョコ」とは，「シッカ」の茶色い肌《はだ》をからかった言葉だということをおさえる。続く部分に，「なぜ肌の色がみんなと違うの？　どうしてリョウくんはからかうの？　茶色いとダメなことがあるの？」とあるとおり，「シッカ」は肌が茶色い自分が，「ほかの子」からどのように受けとめられているのかを知りたくて，「シッカちゃんて，チョコなの？」と両親にたずねたものと考えられる。これをふまえ，「ほかの子から見て，自分がどんなふうに人と違うか，ということ」のようにまとめる。

問4　母親がサンバダンサーであるために，学校で親子まとめて「サンババア」とからかわれることをつらく感じている「シッカ」は，「こんな迷惑《めいわく》なことがほかにあるだろうか」と思い，母親に対して不満をつのらせている。「シッカ」が「本当はダンスは嫌いじゃない」ということを「意地でも口に」せず，習っていたモダンバレエもやめたのは，学校でからかわれる原因となっている母親の思いどおりになることが，どうしても嫌《いや》だったからだといえる。

問5　学校でつらい思いをしている自分のことなど気にもかけず，サンバの話ばかりする母親に我慢《がまん》できなくなった「シッカ」は「大声を上げてキレ」てしまったが，一方で「青ざめた」母親の顔を見て「ザマアミロ」などと思ってしまう自分を「いやな子だ」とも感じている。「悪意」は「返す刀で自分を斬《き》る」とあるように，「シッカ」は母親に「もっと言ってやればよかった，というヘドロじみた気持ちと，少しの後悔《こうかい》とでぐちゃぐちゃになりそう」な気分を味わっているのだから，ウがふさわしい。

問6　岬の踊《おど》りは，「シッカ」が「これまでに見たことのある」どのダンスとも違っていたし，義足を巧《たく》みに利用しながら「なめらか」かつ力強く舞《ま》う，優美なものだった。「こんな踊りがあるのか」とあるように，「シッカ」にとって，義足を用いたダンスははじめて見るものだったので，はっきり「踊っている」とは断言できなかったものと考えられる。

問7　問6で検討したように，「シッカ」は岬のダンスに魅了《みりょう》され，無意識のうちに「ふらふらと」近づいていっている。その様子が，「火」に本能的に「引き寄せられ」てしまう「夏虫」と重ねて表現されているのだとわかる。

問8「シッカ」が「夜の間だけ」「鏡にベールをかける」のは，鏡に映ってしまうことで，自分が周囲と違う外見であるという「現実を突《つ》きつけ」られてしまうのが嫌だったからだということをおさえる。岬のいるスタジオに入り，「前一面」に張られた鏡で自分の外見が映し出されることに「足がすくむ」ような気持ちになりながら，「シッカ」が「あたし，加藤トモミです」と名乗ったのは，ほかの人たちとは違う姿に産んだ両親に対する当てつけだったのだろうと推測できるので，アが選べる。

問９　直前の部分に「『らしい』『じゃない』『らしくない』。かちゃん，がきん，心のどこかで音がする」とあることに着目する。「日本人」や「ブラジル人」という枠《わく》にとらわれて，居場所を失い，「身動きもできない」ような心情になってしまった「シッカ」は，そんな状況《じょうきょう》に対して「もうやだ，とつぶやいた」のだから，オがよい。

問10　続く「シッカ」と岬の会話に着目する。岬は「おれは一生かけて，自分を知りたい」と話したうえで，「加藤サンも～ひとのセリフで納得《なっとく》するなんて，もったいないだろ」と「シッカ」に伝えている。その言葉を聞いた「シッカ」は，「他人のセリフなんかで納得」せず，「自分なりのやり方で」自分を知っていくことが大事だと思ったのだから，エが合う。岬は，「最終的にはシッカ自身に大事なものは何かを考えさせたい」と思って，このようなことを伝えたのだろうと推測できる。

問11　岬の話を聞いているときのシッカのようすに着目する。「らしさ」について，最初，岬が自分に何を言おうとしているのかを理解できなかったのは，「自分の中に，スポンジがないから」だと思い，「シッカ」は「だまって何度か瞬《まばた》きを」するばかりだった。しかし，岬が何を伝えたいのかをとらえたときには「ゆっくり瞬き」をし，「自分なりのやり方で」自分を知っていくことが大事だと気づいて「あたしの中にも，スポンジがあった」と思っているので，「スポンジ」以外で「シッカ」が相手の話を理解していく様子を表すために用いられているのは，「瞬き」だといえる。

問12　「本当はダンスは嫌いじゃない」ものの，母親に対する当てつけから，習っていたモダンバレエもやめ，ダンスを踊ろうとはしなかったが，両親に怒《いか》りをぶつけ，気持ちがぐちゃぐちゃになりそうになったとき，「シッカ」は「こんなときこそ，ああ，思いきり身体を動かして踊りたい」と思っていた。そのような，心の底では気づいていたダンスのことが本当は好きだという気持ちを，岬から見透《みす》かされたように指摘《してき》され，改めて自分を知るための「自分なりのやり方」はダンスなのだと思い，「シッカ」はダンスバトルに参加しようと決めたのである。これをふまえ，「周囲の子たちと肌の色や外見が違うことに思い悩み，日本人らしくない自分自身を受け入れられず，ダンスが嫌いなふりをしてきたが，本当はダンスが好きだと気づいていて，ダンスというやり方で自分のことを知っていきたいと考えたから」のようにまとめる。

問13　ア　岬は直接心情を語っているが，母親は「おまえは茶色い子だよ，パパとママが愛する，魔法のチョコみたいに可愛い茶色い子だよ」とごまかしたり，「シッカ」から怒りをぶつけられて「ぎくりと顔をこわばらせた」りするなど，間接的にしか心情が表現されていない。よって，「岬や母といったほかの登場人物の心情も直接的に表現している」という部分が合わない。　オ　本文では，悩《なや》みを抱《かか》えた「シッカ」が，岬との出会いによって自分を変えていくきっかけを得た場面までが描かれているが，この後どのように成長をとげていくかまでは描写《びょうしゃ》されていないので，「たくましく成長していく姿が丁寧《ていねい》に描かれている」が合わない。

Dr.福井の

入試に勝つ！ 脳とからだのウルトラ科学

復習のタイミングに秘密あり！

算数の公式や漢字，歴史の年号や星座の名前……。勉強は覚えることだらけだが，脳は一発ですべてを記憶することができないので，一度がんばって覚えても，しばらく放っておくとすっかり忘れてしまう。したがって，覚えたことをしっかり頭の中に焼きつけるには，ときどき復習をしなければならない。

ここで問題なのは，復習をするタイミング。これは早すぎても遅すぎてもダメだ。たとえば，ほとんど忘れてしまってから復習しても，最初に勉強したときと同じくらい時間がかかってしまう。これはとっても時間のムダだ。かといって，よく覚えている時期に復習しても何の意味もない。

そもそも復習とは，忘れそうになっていることを見直し，記憶の定着をはかる作業であるから，忘れかかったころに復習するのがベストだ。そうすれば，復習にかかる時間が一番少なくてすむし，記憶の続く時間も最長になる。

では，どのタイミングがよいか？　さまざまな研究・発表を総合して考えると，１回目の復習は最初に覚えてから１週間後，２回目の復習は１か月後，３回目の復習は３か月後――これが医学的に正しい復習時期だ。復習をくり返すたびに知識が海馬《かいば》（脳の，知識をためる倉庫みたいな部分）にだんだん強くくっついていくので，復習する間かくものびていく。

この計画どおりに勉強するには，テキストに初めて勉強した日付と，その１週間後・１か月後・３か月後の日付を書いておくとよい。あるいは，復習用のスケジュール帳をつくってもよいだろう。もちろん，計画を立てたら，それをきちんと実行することが大切だ。

ちなみに，記憶量と時間の関係を初めて発表したのがドイツのエビングハウスという学者で，「エビングハウスの忘却《ぼうきゃく》曲線」として知られている。

えーと
1週間後
あ，そうだった！
1ヵ月後
あ，思い出した！
3ヵ月後
もう，覚えてるよ

Dr.福井（福井《ふくい》一成《かずしげ》）…医学博士。開成中・高から東大・文Ⅱに入学後，再受験して翌年東大・理Ⅲに合格。同大医学部卒。さまざまな勉強法や脳科学に関する著書多数。

Memo

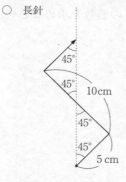

2019年度　駒場東邦中学校

〔電　話〕(03) 3466－８２２１
〔所在地〕〒154-0001　東京都世田谷区池尻４－５－１
〔交　通〕京王井の頭線―「駒場東大前駅」より徒歩10分
東急田園都市線―「池尻大橋駅」より徒歩10分

【算　数】（60分）〈満点：120点〉

1　(1)　次の□にあてはまる数を求めなさい。

$$0.625+\frac{8}{9}\div\frac{2}{21}-\left(13\frac{1}{4}-8\frac{1}{6}+5\frac{11}{12}\right)\times\frac{2}{\square}=\frac{23}{24}+4\div\left(5-4\frac{3}{7}\right)$$

(2)　黒と白のご石がたくさんあります。まず，黒いご石６個で正六角形の形を作り，次に，その外側に白いご石で正六角形の形を作ります。右の図のようにこの操作を黒白交互《ご》に繰《く》り返していき，いちばん外側の正六角形の１辺が黒いご石10個となるまで続けました。このとき，使用したご石の合計の個数を求めなさい。

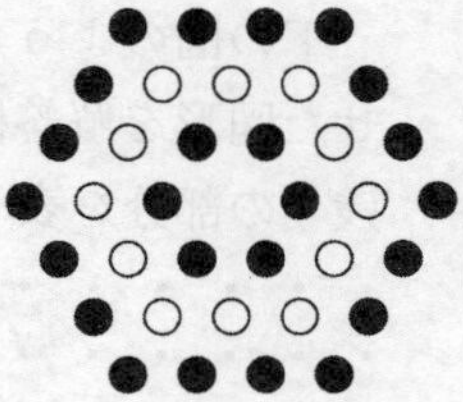

(3)　右の図において，四角形ABCDは平行四辺形であり，辺AB，ADのまん中の点をそれぞれE，Fとし，辺DCの長さを1：5の比に分ける点をGとします。また，点HはBFとEGの，点IはCFとEGの交わる点です。さらに，辺ADを延長した直線と，EGを延長した直線の交わる点をPとし，辺CBを延長した直線と，GEを延長した直線の交わる点をQとするとき，次の問いに答えなさい。

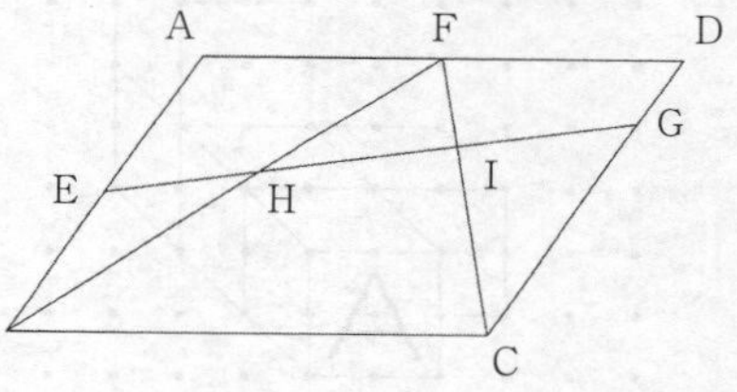

①　ADとDPの長さの比と，QBとBCの長さの比を，それぞれ最も簡単な整数の比で表しなさい。

②　FHとHBの長さの比と，FIとICの長さの比を，それぞれ最も簡単な整数の比で表しなさい。

③　三角形FHIの面積は平行四辺形ABCDの面積の何倍ですか。

2　(1)　短針と長針が下の図１のように折れ曲がった時計があります。

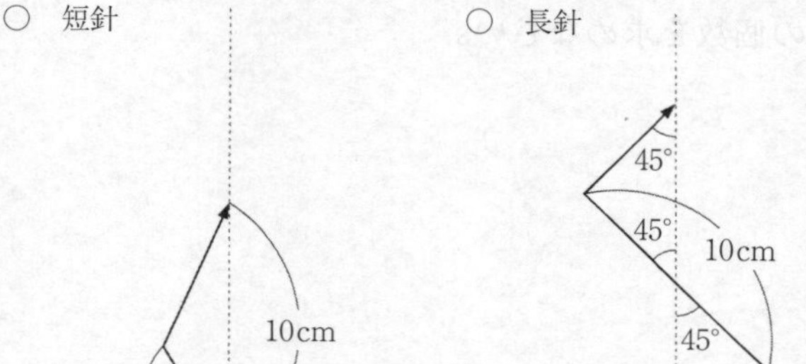

図１

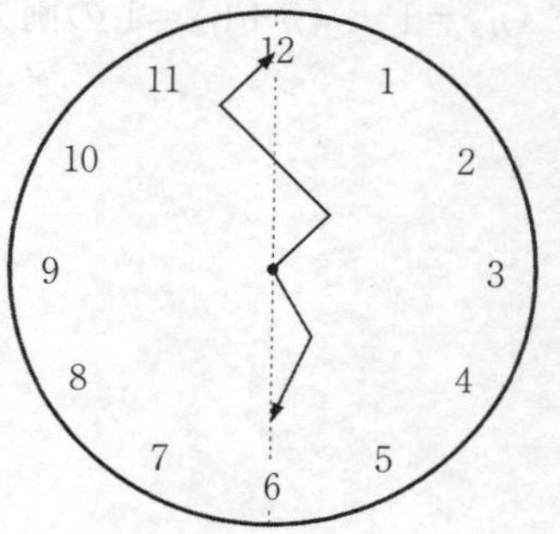

図２

例えば「６時00分」には上の図２のようになります。このとき，６時から７時の間で，短針と長針の一部が重なっている時刻は６時何分何秒から６時何分何秒までか求めなさい。ただし，秒の値《あたい》は分数《ぶんすう》で答えなさい。

(2)　例のように立体図形を上から見て反時計回りに90°回転移動させた図形を考えます。

例：2個の立方体を組み合わせた立体の場合

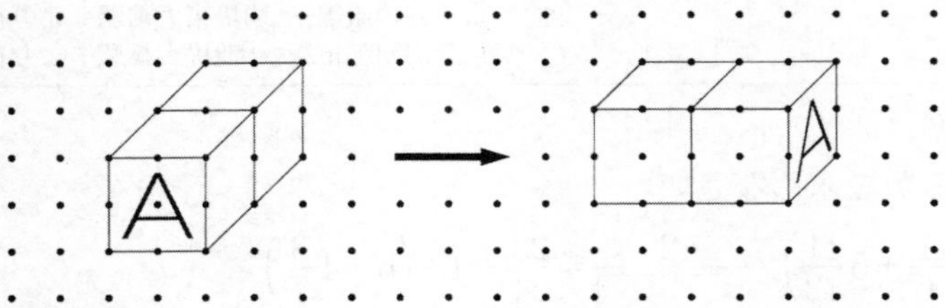

下の図のような5個の立方体を組み合わせた立体を上から見て反時計回りに90°回転移動させた図形を解答欄《らん》に図で表しなさい。ただし，「A」とかいてある面だけは示してあるので，残りの部分を表しなさい。また，見えない部分の線はかかないこととします。

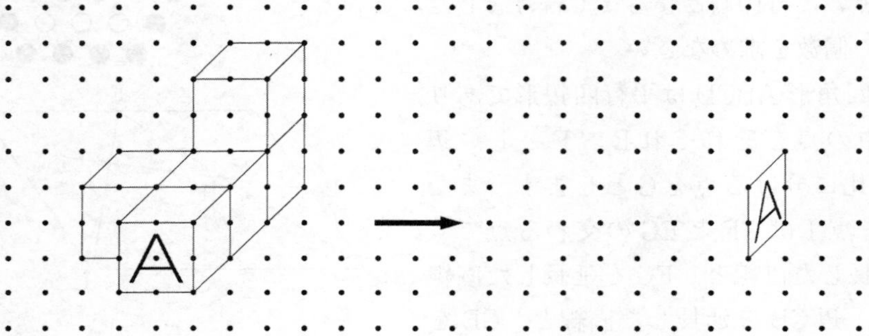

3　nを1以上2019以下の整数とします。

nを5個の整数2，3，4，5，6のそれぞれで割ったとき，**割り切れない**数の個数を《n》と表します。例えば，30は2，3，5，6で割り切れ，4で割り切れないので，《30》＝1です。さらに，100は2，4，5で割り切れ，3，6で割り切れないので，《100》＝2です。

次の問いに答えなさい。

(1)　《n》＝0を満たすnの個数を求めなさい。

(2)　《n》＝1を満たすnの個数を求めなさい。

(3)　《n》＝1と《$n+6$》＝1の両方を満たすnの個数を求めなさい。

4　下の図のように平らな地面の上に２点Ｐ，Ｑと，底面の正方形の１辺の長さが1.2m，高さAHが１ｍの正四角すいの材木があり，Ｐ，Ｑには先端《たん》に光源がある高さ７ｍの柱が地面にまっすぐ立っています。ただし，３点Ｐ，Ｄ，Ｅと３点Ｑ，Ｂ，Ｃはそれぞれ一直線上にあって，光源の大きさや柱の太さは考えないものとします。

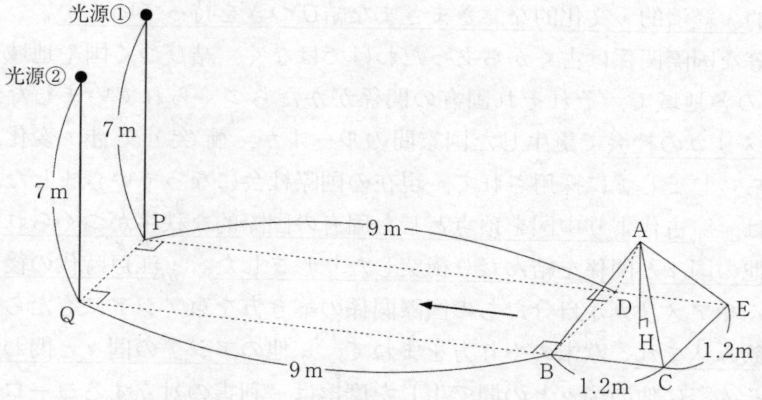

(1)　光源①だけに明かりがついたとき，地面にできる影《かげ》の面積を求めなさい。ただし正四角すいの材木が置かれてある地面を除きます。

(2)　２つの光源に明かりがついたとき，光源①によって地面にできる影と光源②によって地面にできる影の重なる部分の面積を求めなさい。

(3)　光源①だけに明かりがついている状態で正四角すいの材木を矢印の方向へゆっくり動かしたところ，あるところでちょうど地面にできる影がなくなったので，動かすのをやめました。このとき，正四角すいの材木は何ｍ動かしたのか答えなさい。

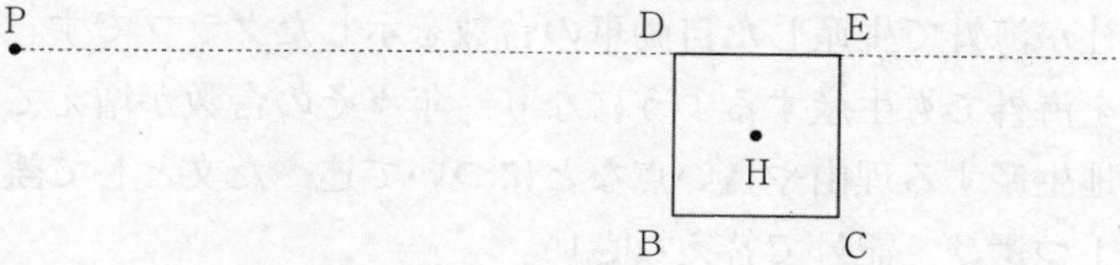

【社　会】（40分）〈満点：80点〉

次の文章を読み，設問に答えなさい。

現在，世界には多くの国と地域があります。わたしたちの暮らす日本は，国際社会の一員として各国・各地域と関係を結んでいます。国際社会では，国々や地域はお互《たが》いに対等であることを前提として，①政治的・経済的・文化的な，さまざまな結びつきを持っています。

しかし，このような対等な国際関係は古くからあったわけではなく，結びつく国や地域も限られていました。世界中の各地域で，それぞれ固有の関係がかたちづくられていましたが，②近代のヨーロッパやアメリカの社会で誕生した国家間のルールが，衝突《しょうとつ》・交渉《こうしょう》・変化，時には戦争をともないながら，じょじょに採用されて，現在の国際社会になっていきました。

日本を含《ふく》む東アジアでは，③古代より中国を頂点とした固有の国際的な秩序《ちつじょ》がつくられました。日本はその中で，④他の国々と関係を結んだり衝突したりしました。⑤江戸《えど》時代の後期になると，ヨーロッパの国々やアメリカが自分たちの国際関係の築き方を東アジアにもたらしました。⑥日本もその波に飲み込《こ》まれ，欧米《おうべい》のやり方をまねて，⑦他のアジアの国々と関わるようになっていきました。その際に他の国々との間で生じた摩擦《まさつ》は，利害の対立するヨーロッパの国々やアメリカとの関係を緊張《きんちょう》させ，大規模な戦争へと発展しました。

⑧第二次世界大戦が終結すると，今度はヨーロッパの国々やアメリカの新たな対立関係に，東アジアは巻き込まれました。日本は敗戦国でしたが，新しい世界秩序をリードする⑨アメリカと親密な同盟関係を結ぶことで復興《ふっこう》を果たし，経済大国となりました。

現在に生きるわたしたちは，過去のそうした経緯《けいい》をふまえて，⑩他の国や地域とどのようにして共存するのかを，未来のために考える必要があります。

問1　下線部①に関して。

(1)　次の**図1**は日本の自動車会社が海外で生産した自動車の台数を示したグラフです。1980年代半ば以降，日本は自動車を海外でも生産するようになり，年々その台数が増えています。日本が自動車を外国で現地生産する理由や良い点などについて述べた文として**誤っているもの**を，下の**ア**～**エ**から1つ選び，記号で答えなさい。

図1　日本の自動車の海外生産台数

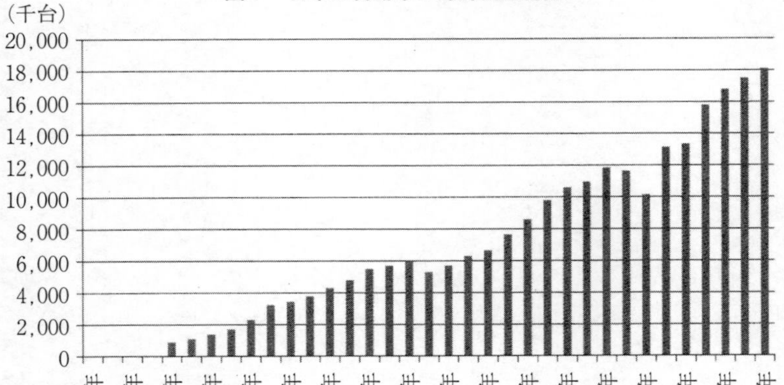

（『日本国勢図会《ずえ》』，『日本の100年』より作成）

ア　日本の自動車会社が輸出で非常に多くの利益をあげていたので，相手国からバランスのとれた貿易を求められ，現地生産をするようになった。

イ　日本の自動車会社は現地生産によって輸送費用がかからないぶん値段を安くできるので，多くの人に自動車を買ってもらえて利益が増える可能性がある。

ウ　日本の自動車会社が現地で組み立てれば，全ての日本製の部品には関税がかからないので，完成品を輸出するよりも安い値段で売ることができる。

エ　日本の自動車会社が現地生産をすることで，その国の人びとの要望や暮らしに合わせた自動車づくりがしやすくなる。

(2)　現在は自由に貿易を行うために，各国と話し合い，協定を結ぶ傾向《けいこう》にあります。日本は，環太平洋《かんたいへいよう》パートナーシップ協定(TPP)の発効(実施《じっし》)を目指しています。太平洋をとりまく12か国での協定を目指していましたが，そのうち1か国が2017年に離脱《りだつ》を表明したため，2018年現在は11か国と結んでいます(TPP11)。離脱した国名を答えなさい。

問2　下線部②に関して。19世紀のヨーロッパでは科学が発達しました。特に，細菌《さいきん》の発見は，病気の治療だけではなく，わたしたちの生活の衛生環境《かんきょう》に対する認識《にんしき》を変えました。こうした認識は政策に反映されて，その結果上下水道がひかれるなど，公衆衛生の整備が行われることになりました。これに貢献《こうけん》した，赤痢《せきり》菌の発見で知られる日本の研究者の名前を漢字で答えなさい。

問3　下線部③に関して。7世紀から9世紀まで，遣隋使《けんずいし》や遣唐使《けんとうし》は，中国の文化や政治の仕組み，さらには法律や仏教の教えを学ぶために送られました。彼らは，さまざまな学問や文化，技術を当時の日本にもたらしました。

彼らが中国などからもたらした技術の一つに，寺院の建築技術があります。その建築技術を使って建設された，現存する世界最古といわれる木造建造物群を含む寺院を答えなさい。

問4　下線部④に関して。

(1)　13世紀，中国大陸ではモンゴルが周りの国々を征服《せいふく》し，国の名を「元《げん》」と改め，日本にも従うよう何度も使いを送りました。鎌倉幕府《かまくらばくふ》がこれをこばんだので，元は2回にわたって大軍を送り，日本をおそいました。この戦いが日本や幕府にもたらした結果について述べた文として正しいものを，次の**ア**～**エ**から1つ選び，記号で答えなさい。

ア　武士たちは必死に戦ったので，全員幕府から褒美《ほうび》をもらうことができた。

イ　褒美のためには，武士が自らの功績《こうせき》を幕府に訴《うった》えなければならなかった。

ウ　防備のための石るいづくりや，戦いのための費用は，幕府が出した。

エ　元軍と日本の武士では，戦い方が異なったので，日本側は有利だった。

(2)　足利義満《あしかがよしみつ》は中国の王朝と正式な国交を結んで交易をしました。しかし，室町《むろまち》幕府が倒れ，諸大名を服属させて天下統一を果たした豊臣秀吉《とよとみひでよし》は，当時の東アジアの国際秩序を乱《みだ》す動きをしました。秀吉が行ったことを，その目的とともに答えなさい。

問5　下線部⑤に関して。19世紀になると，ヨーロッパの国々やアメリカは，アジアの国々に目を付け，力を伸《の》ばしていきました。江戸幕府は，国内の多くの反対を押し切ってアメリカと日米和親条約《にちべいわしんじょうやく》を結びました。幕府はなぜ国内の反対を押し切ってまでアメリカと条約を結んだのでしょうか。次の文を参考にして答えなさい。

1842(天保《てんぽう》13)年，中国との戦争に勝つと，イギリスはホンコン(香港)を手に入れ，自らに有利な条件で貿易をする条約を結びました。

問6　下線部⑥に関して。日本が必死にヨーロッパの国々やアメリカの仲間入りを果たそうとする様子は，当時のヨーロッパ人に風刺《ふうし》されました。**A**～**D**の日本とヨーロッパ諸国の関係を風刺した絵について述べた文として正しいものを，下の**ア**～**エ**から１つ選び，記号で答えなさい。

A

B

C

D

（清水《しみず》 勲《いさお》『ビゴー「トバエ」全素描《そびょう》集』，同『ビゴーが見た日本人』，同『ビゴーの150年』より）

ア　**A**の絵は，条約改正に成功した日本が，鹿鳴館《ろくめいかん》をつくるなどして極端《きょくたん》な西洋化を行っている様子を描いている。

イ　**B**の絵は，実際に起きた遭難《そうなん》事件の様子を描いたもので，条約改正の必要性を強く認識させることになった。

ウ　**C**の絵は，日露《にちろ》戦争で，日本とロシアが中国のリヤオトン（遼東《りょうとう》）半島をめぐって争う様子を描いている。

エ　**D**の絵は，第一次世界大戦で勝利した日本が，さらにヨーロッパやアメリカの強国に対抗しようとする様子を描いている。

問7　下線部⑦に関して。明治維新《いしん》以降，日本が初めて対等な条約を結んだのが中国でした。それから５年後，朝鮮《ちょうせん》と日朝修好条規《にっちょうしゅうこうじょうき》とよばれる条約を結びました。次の**史料**はその一部です。この条文は，中国が朝鮮の政治や外交を管理する権限を持つ関係を否定したとされています。日本がこの条約を結んだ目的を簡潔に述べなさい。

> **史料**
>
> 朝鮮国は自主の邦《くに》（独立の国）であり，日本国と平等の権利を持っている。

問8　下線部⑧に関して。

(1)　次の**図2**は，1948年から1980年までの日本の実質経済成長率(以下，経済成長率)と消費者物価上昇《じょうしょう》率(以下，物価上昇率)の移り変わりを示したグラフです。一般に，経済成長すると物価も上昇すると考えられています。

図2　日本の実質経済成長率と消費者物価上昇率

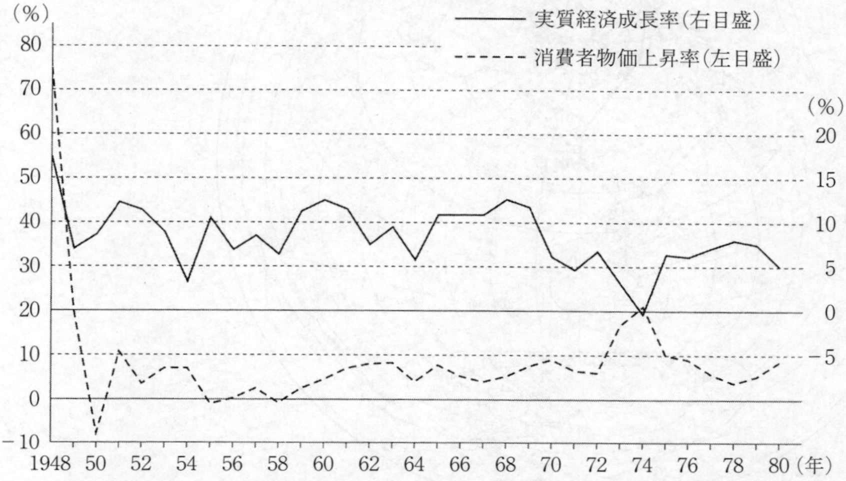

※実質経済成長率：1年間にその国の中でつくり出されたものの総額が，前の年に比べてどのくらい増えたか，減ったかを，物価が変動したぶんを調整して示した割合。

※消費者物価上昇率：その国で売られているものの平均価格が，前の年に比べてどのくらい上がったか，下がったかを示した割合。

(『日本国勢図会』，『日本の100年』より作成)

(i)　1950年から翌年にかけて，経済成長率と物価上昇率がともに急激に上がっています。その理由を当時起きた出来事をふまえて説明しなさい。

(ii)　1973年から翌年にかけて，経済成長率が大きく下がっている一方で，物価上昇率は急激に上がっています。その原因になった出来事を答えなさい。

(2)　次の**図3**は，東京《とうきょう》を中心とした正距《せいきょ》方位図法の世界地図です。この地図は中心地点(東京)と，地図上の他の地点を結ぶ直線が正しい方位(方角)と距離《きょり》を示し，その2地点間の最短距離をあらわす性質を持っているので，航空路線図(飛行機の飛行ルートを示す地図)に利用されます。

国の領土と領海の上空部分を領空といい，飛行機は許可なく領空を飛行することが認められていません。かつて東京とロンドンとを結ぶ飛行機の航路は，**図3**の点線のように南や北に大きく遠回りをしていました。しかし，1989年にアメリカの大統領とソ連の書記長とが会談したことをきっかけに，1990年代以降は実線で示したような航路で直行便が飛べるようになり，飛行距離・時間が大幅《おおはば》に短縮されました。当時のどのような国際社会の変化によって短縮されたのですか。**図3**から考えて説明しなさい。

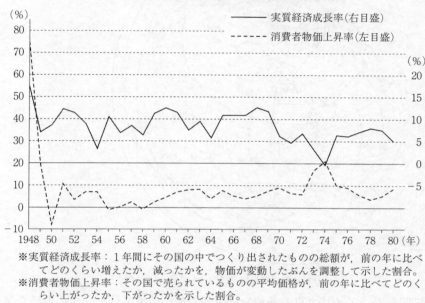

図３

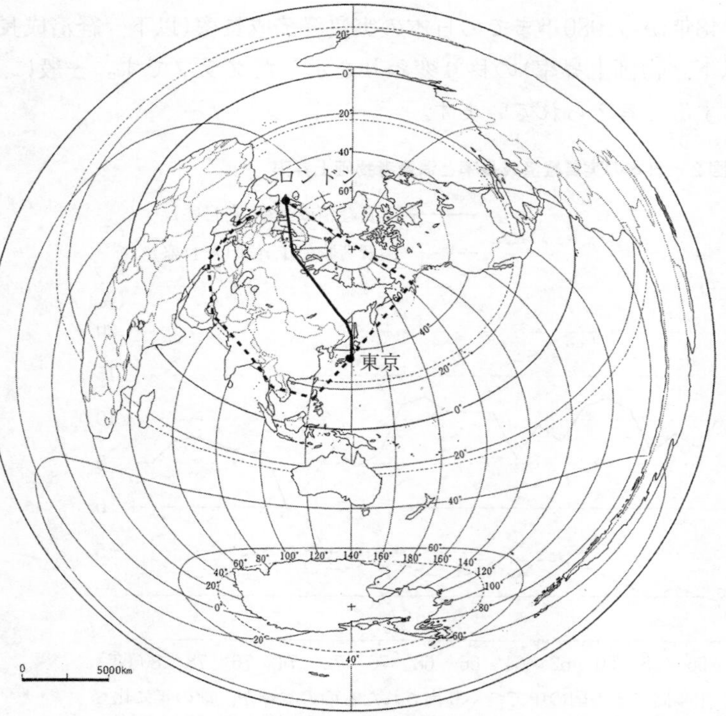

（杉江弘《すぎえひろし》『飛行機ダイヤのしくみ』より作成）

問９　下線部⑨に関して。アメリカ軍の基地や軍用地が多い沖縄《おきなわ》県は，一年中温暖な気候の地域として知られており，その気候をいかした特徴《とくちょう》的な農業が行われています。

(1)　沖縄県の農業について述べた文として**誤っているもの**を，次の**ア～エ**から１つ選び，記号で答えなさい。

ア　台風による強風や塩害《えんがい》から作物を守るため，防風《ぼうふう》林やビニールハウスを増やす対策に取り組んでいる。

イ　温暖な気候をいかして，野菜・花などの促成栽培《そくせいさいばい》・抑制《よくせい》栽培がさかんに行われている。

ウ　冬でも暖かいので，栽培する時に暖房費用がかからず，他の地域よりも有利な条件で生産することができる。

エ　東京や大阪などの主な出荷《しゅっか》先への距離が遠く，輸送に時間と費用がかかることが問題である。

(2) 次の**図4**は，全国及び沖縄県における稲《いね》，野菜，果樹，工芸農作物の作付面積の割合を示したものです。

図4　全国及び沖縄県の農作物作付面積の割合(2016年)

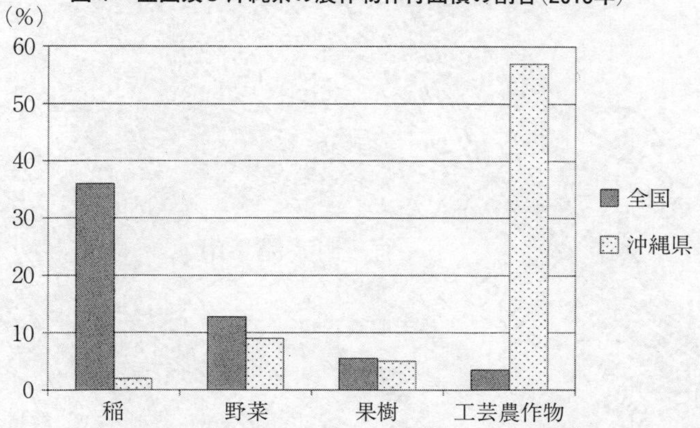

※工芸農作物：加工品をつくるための原料となる農作物。

(『データでみる県勢』より作成)

(i) 沖縄県は温暖で，降水量が多いにもかかわらず，稲の栽培があまりさかんではありません。その理由を，沖縄県の自然環境から考えて説明しなさい。

(ii) 沖縄県では工芸農作物の栽培がとてもさかんです。沖縄県でもっとも作付面積が広い工芸農作物の名前を答えなさい。

(iii) (ii)の工芸農作物は主に食品の原料となりますが，ブラジルでは食品以外の何の原料としても利用されていますか。

(3) 次の**図5**は，国土地理院発行の5万分の1地形図「沖縄市南部」及び「那覇《なは》」の一部を示したものです。

沖縄には，日本国内にあるアメリカ軍の基地や軍事施設《しせつ》のおよそ7割(面積)が集中しています。特に普天間《ふてんま》飛行場については大きな問題があります。その理由を**図5**を見て説明しなさい。

図5

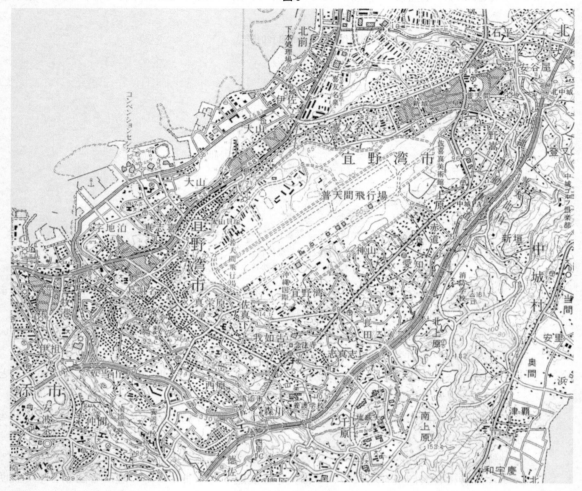

問10　下線部⑩に関して。

(1)　日本などの先進国は，国際協力の一つとして，社会環境が十分に整っていない国に対して，生活や産業のための支援《しえん》を行っています。こうした先進国の政府による支援を何といいますか(アルファベットの略称《りゃくしょう》で答えても良い)。

(2)　(1)の支援は，国の予算から支出されています。国の収入・支出の問題を考えたとき，日本では，国内への支出を重視すべきなどの理由から(1)への支出について批判があります。この批判に対して，先進国としての義務や人道的な理由から支援は今後も充実《じゅうじつ》すべきであるという意見は重要です。この意見以外に，日本の経済的利益の点から他の国々への支援を支持する意見を，輸出入の特色をふまえて説明しなさい。

(3)　いま国際社会では，飢餓《きが》をどう解決していくかが大きな課題となっています。すべての人びとの食料を十分に確保するため，農業の生産性を高めることが重要な一方で，世界の食料分配が偏《かたよ》っているという批判があります。それは，先進国で起きているどのような問題を指していますか。簡潔に述べなさい。

(4)　いま国際社会では，基本的人権について，すべての人が十分な保障を受けているとはいえない状況《じょうきょう》が続いています。日本国憲法の保障する権利について述べた文として正しいものを，次の**ア**～**エ**から１つ選び，記号で答えなさい。

ア　日本国憲法の保障する選挙についての権利は，すべての人に与《あた》えられているもので，性別・年齢《ねんれい》などによって区別されるものではない。

イ　日本国憲法の保障する権利は，日本で生活している外国人に対しても国民と同様に保障されている。

ウ　日本国憲法の保障する権利は，産業の発達や国際化・情報化の進展などの社会変化にともなって，その内容がより広くとらえられるようになっている。

エ　日本国憲法の保障する権利は，裁判を通じて保障されるもので，立法や行政は，各政策を実行するにあたり，裁判所に意見を聴《き》かなければならない。

(5)　今日国際社会は，国際連合の採択《さいたく》した「持続可能な開発目標」(以下，SDGs。17の目標を設けている)達成に向けて取り組んでいます。国際化が進むにつれて，国家間だけではなく人びとの交流もさかんになり，観光目的の往来も増えています。観光分野の活性化がもっとも貢献《こうけん》すると予想されるSDGsの目標を，次の**ア**～**エ**から１つ選び，記号で答えなさい。

ア　飢餓を終わらせ，食料の安全確保と栄養状態の改善を達成するとともに，持続可能な農業を推進する。(目標２)

イ　持続可能な経済成長を実現し，すべての人びとに働きがいのある人間らしい仕事を提供する。(目標８)

ウ　国内および各国家間の不平等を是正《ぜせい》する。(目標10)

エ　気候変動とその影響《えいきょう》に立ち向かうため，緊急《きんきゅう》対策を取る。(目標13)

【理　科】（40分）〈満点：80点〉

1　次の(1)～(8)の問いに答えなさい。

(1)　東京で朝方に見える，いわゆる「半月」は，どの方位に，どんな形で見えますか。方位および形について，次の**ア**～**エ**および**オ**～**ク**から正しいものをそれぞれ１つずつ選び，記号で答えなさい。

【方位】　**ア**．東　**イ**．西　**ウ**．南　**エ**．北

【形】　**オ**．　**カ**．　**キ**．　**ク**．

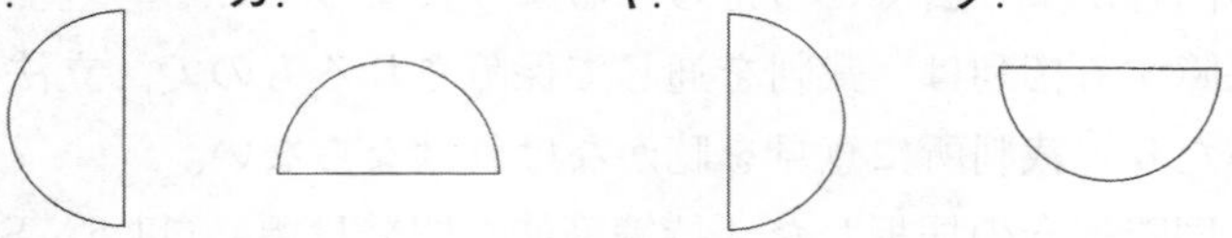

(2)　2018年に噴火した火山はどれですか。次の**ア**～**ク**から適切なものをすべて選び，記号で答えなさい。

ア．木曽御嶽山《きそおんたけさん》(長野県)　**イ**．金時山《きんときさん》(神奈川県)

ウ．阿蘇山《あそさん》(熊本県)　**エ**．桜島《さくらじま》(鹿児島県)

オ．伊豆大島《いずおおしま》(東京都)　**カ**．三宅島《みやけじま》(東京都)

キ．西之島《にしのしま》(東京都)　**ク**．口永良部島《くちのえらぶじま》(鹿児島県)

(3)　ドングリをつける木には，常緑性の木と落葉性の木があります。次の**ア**～**オ**のうち，落葉性の木を２つ選び，記号で答えなさい。

ア．アラカシ　**イ**．クヌギ　**ウ**．コナラ

エ．シラカシ　**オ**．マテバシイ

(4)　気温20℃のもとで，ある植物に十分な量の水と二酸化炭素を与え育てました。十分な強さの光を当てたとき，１時間あたりの二酸化炭素の吸収量を測定したところ，葉100cm^2で15mgでした。次に，光がまったく当たらないようにして，１時間あたりの二酸化炭素の排《はい》出量を測定したところ，葉100cm^2で５mgでした。この植物の葉200cm^2に十分な強さの光を当てたとき，光合成によって体内に取り込む１時間あたりの二酸化炭素の量[mg]を求めなさい。

(5)　空の(空気だけが入っている)500mLのペットボトルと100mLの水の入った500mLのペットボトルにそれぞれふたをし，同時に冷蔵庫に入れて翌日取り出してみると，ペットボトルは２つともへこんでいました。そのまま並べて室温に置いておくと，ペットボトルはやがてふくらみ，元の形に戻《もど》りました。

①　このときのふくらみ方について最も適切なものを次の**ア**～**エ**から１つ選び，記号で答えなさい。２つのペットボトルは同じ種類のものを使います。

ア．どちらのペットボトルも同じようにふくらみ，同じ時間で元の形に戻る。

イ．空のペットボトルの方が水の入っているペットボトルより，短い時間でふくらみ，元の形に戻る。

ウ．水の入っているペットボトルの方が空のペットボトルより，短い時間でふくらみ，元の形に戻る。

エ．どちらのペットボトルが先に元の形に戻るかは，実験のたびに変わる。

②　①でペットボトルがふくらんで元の形に戻った理由と最も関連があると思われる現象を次の**ア**～**エ**から１つ選び，記号で答えなさい。

ア．炭酸飲料が入ったペットボトルを冷蔵庫で冷やし，室温に出して，しばらくしてからふたを開けるとしゅっと音がする。

イ．高速エレベーターに乗って上階に上がっていくと，耳の中が押《お》されるように感じる。

ウ．高い山に登ると，リュックに入れていたスナック菓子《がし》の袋がふくれる。

エ．へこんでしまったピンポン球をお湯につけると元の形に戻る。

(6)　アルコールランプを使って実験をするとき，使う前にしんの長さを確認することが大切で，その長さは５mm くらいが適切です。しんの長さについて次の**ア**～**エ**の記述で適切なものをすべて選び，記号で答えなさい。

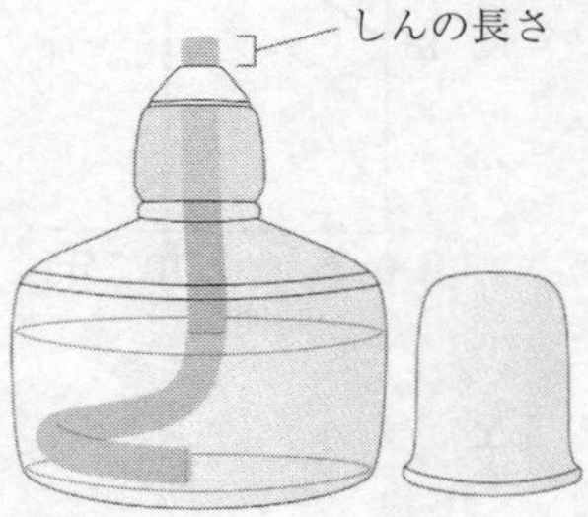

ア．しんが長いと，ほのおが大きくなりすぎて他のものに燃え移る危険がある。

イ．しんが長いと，アルコールがうまく吸いあがらず，火がつけにくい。

ウ．しんが短いと，火をつけるのに時間がかかりすぎ，操作しにくい。

エ．しんが短いと，ほのおが小さく加熱するのに時間がかかってしまう。

(7)　図のように，棒と皿，糸，おもりを使って，てんびんをつくりました。棒と糸の重さは無視できるものとします。皿の重さは100ｇ，支点から皿のぶらさげられている位置までの長さは５cm とします。

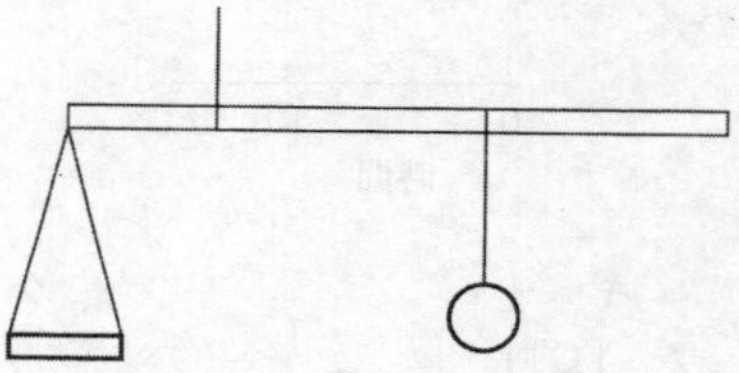

いま，皿の上に300ｇのものをのせ，支点の位置を変えずに重さの異なるおもりを使って，それぞれつりあったときのおもりの位置を求めました。つりあったときの，使ったおもりの重さと支点からおもりがぶらさげられている位置までの長さの関係と同じ関係になるのは，次のどの場合ですか。最も適切なものを**ア**～**エ**から１つ選び，記号で答えなさい。

ア．電球からの距離《きょり》とその位置での光の明るさの関係。

イ．冷蔵庫で水を冷やしていくときの，かかった時間と水の温度の関係。

ウ．一定の速さで直線上を運動している車の，かかった時間と距離の関係。

エ．同じ距離を一定の速さで進むときの，速さとかかる時間の関係。

(8)　２種類の電熱線(長さは等しく，太さの太いものと細いもの)を用意し，電源装置を用いて発熱の実験を行いました。18℃の水100ｇをカップに取り，太いほうの電熱線をつないで図のような回路をつくり，電圧の調整つまみを３Ｖに合わせて10分間電熱線に電流を流し続けると水温は32℃まで上昇《しょう》しました。また，このときの時間経過と温度の関係をグラフにすると，**ア**の図のようになりました。

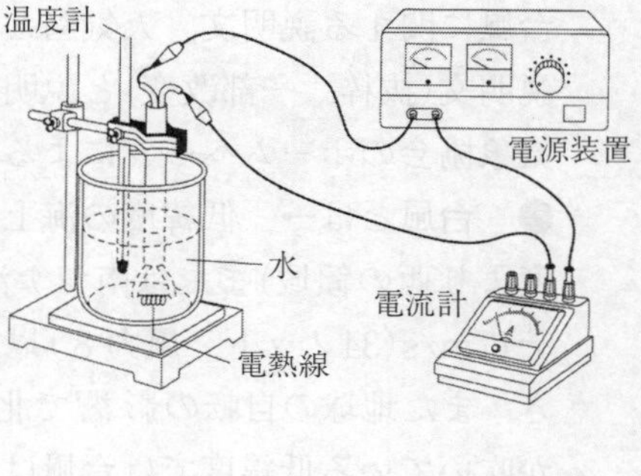

次に，あらためて18℃の水100ｇをカップに取り，電熱線を細いものにつなぎかえて同様の回路をつくり，電圧の調整つまみを３Ｖに合わせて10分間，電熱線に電流を流し続けました。このときの時間経過と温度の関係をグラフにするとどのようになりますか。最も適切なものを

ア～ケから１つ選び，記号で答えなさい。

ア

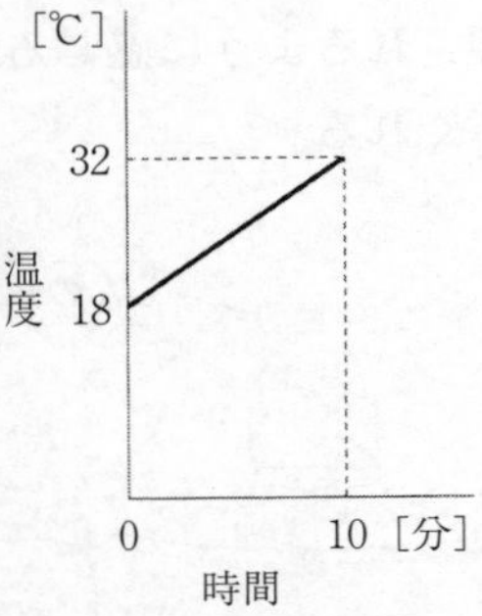

イ

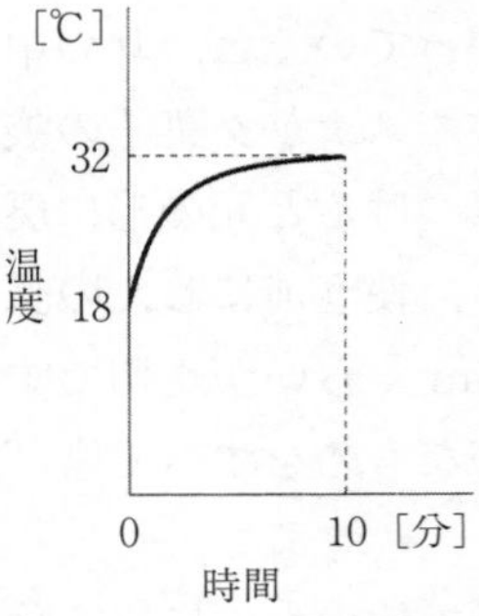

ウ

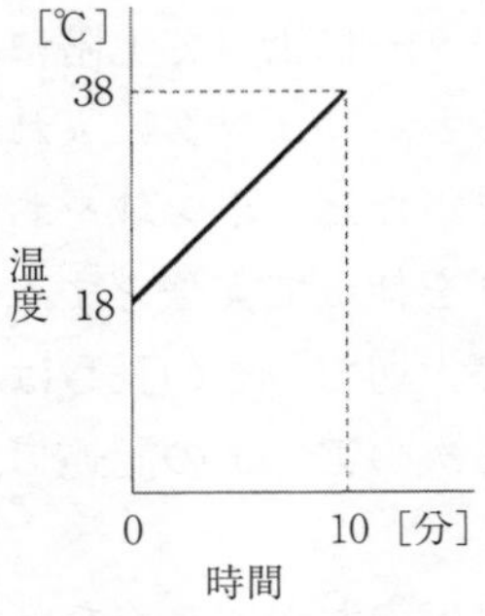

エ

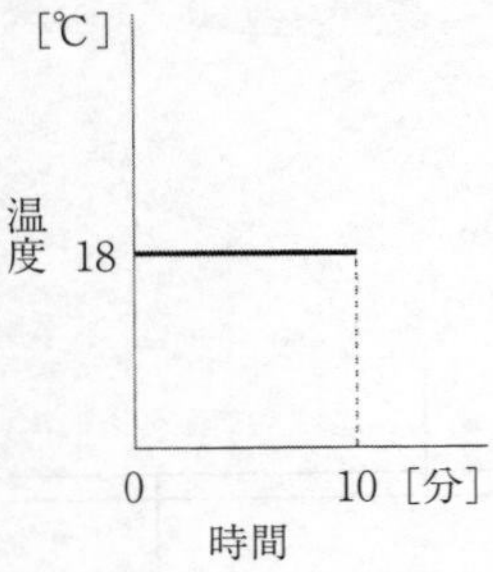

オ

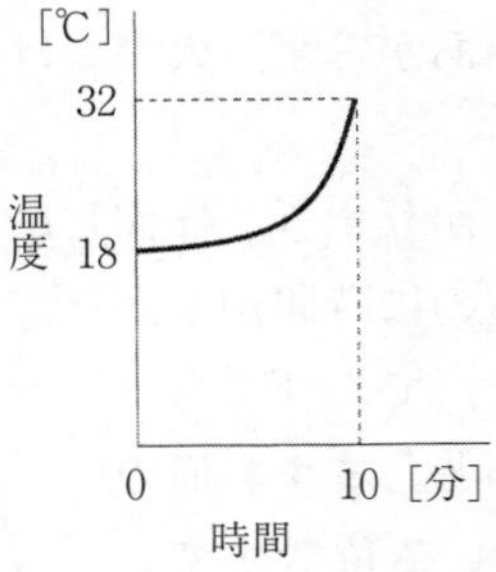

カ

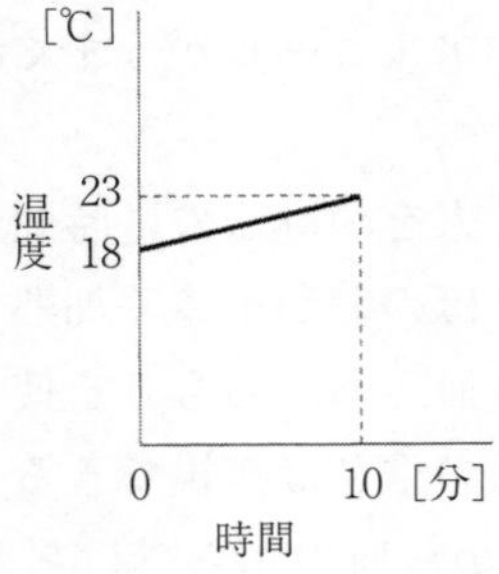

キ

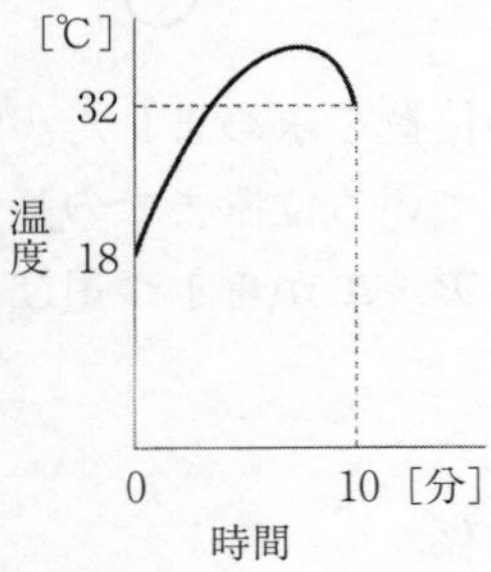

ク

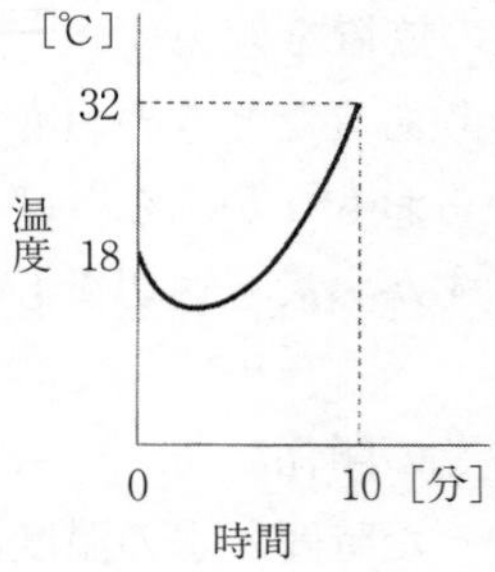

ケ

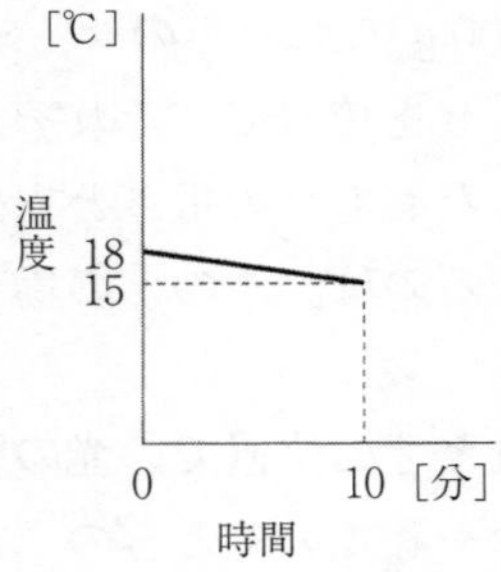

2　2018年の夏は，非常に多くの「台風」が発生し，日本列島付近に襲来《しゅうらい》しました。以下の，台風に関する説明文，天気図と雲画像(赤外画像)を参照して，あとの問いに答えなさい。なお，説明文(抜粋《ばっすい》，一部改変)と説明文中の図および天気図は気象庁のホームページ，雲画像は日本気象協会のホームページによるものです。

●　台風とは→　低緯度《いど》の海上で発生する熱帯低気圧のうち北西太平洋(赤道より北で東経180度より西の領域)または南シナ海に存在し，なおかつその域内の最大風速(10分間平均)がおよそ17m/s(34ノット，風力８)以上のものを「台風」と呼びます。台風は上空の風に流されて動き，また地球の自転の影響《えいきょう》で北へ向かう性質を持っています。そのため，通常，東風(貿易風)が吹《ふ》いている低緯度では台風は西へ流されながら次《し》第に北上し，上空で強い西風(偏《へん》西風)が吹いている中・高緯度に来ると速い速度で北東へ進みます。

台風は暖かい海面から供給された水蒸気が雲粒《つぶ》(細かい水の粒)になるときに放出される熱をエネルギーとして発達します。しかし，移動する際に海面や地上との摩《ま》さつにより絶えずエネルギーを失っており，仮に海面からの熱の供給がなくなれば２～３日で消滅《めつ》してしまいます。また，日本付近に接近すると上空に寒気が流れ込むようになり，次第に台風本来の性質を失って温帯低気圧に変わります。あるいは，熱の供給が少なくなり衰《おとろ》えて熱帯低気圧に変わることもあります。(a)上陸した台風が急速に衰えるのは，[　　　　]からです。

● **台風に伴《ともな》う風の特性→** 台風は巨大な空気の渦《うず》巻きになっており，地上付近では上から見て反時計回りに強い風が吹き込《こ》んでいます。そのため，進行方向に向かって右の半円では，台風自身の風と台風を移動させる周りの風が同じ方向に吹くため風が強くなります。逆に左の半円では台風自身の風が逆になるので，右の半円に比べると風速がいくぶん小さくなります。

● **台風に伴う雨の特性→** 台風は，強い風とともに大雨を伴います。そもそも台風は(b)[　　雲]が集まったもので，雨を広い範囲《はんい》に長時間にわたって降らせます。台風は，垂直に発達した(b)が眼《め》の周りを壁《かべ》のように取り巻いており，そこでは猛烈《もうれつ》な暴風雨となっています。この眼の壁のすぐ外は濃密《のうみつ》な(b)が占めており，激しい雨が連続的に降っています。さらに外側の200～600km のところには帯状の降雨帯があり，断続的に激しい雨が降ったり，ときには竜《たつ》巻が発生したりすることもあります。これらの降雨帯は図のように台風の周りに渦を巻くように存在しています。

また，日本付近に前線が停滞《ていたい》していると，台風から流れ込む暖かく湿《しめ》った空気が前線の活動を活発化させ，大雨となることがあります。台風がもたらす雨には，台風自身の雨のほかに，前線の活動を活発化して降る雨もあることを忘れてはいけません。

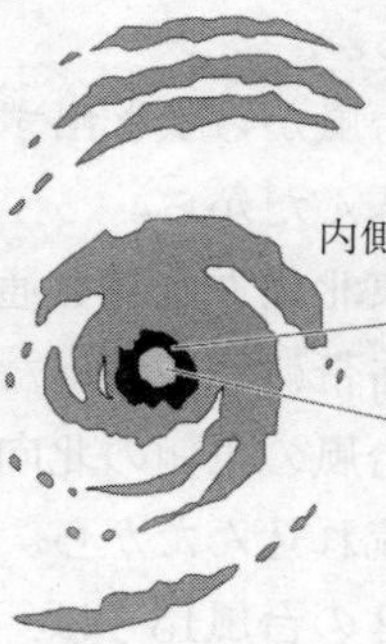

(1) 下線部(b)[　　雲]の空白部分を適切にうめて，正しい語として完成させなさい。

(2) 東京湾《わん》のように日本南岸に位置する湾で，台風による高波の被害がより大きくなる可能性が高いのは，台風が湾のどちら側にあるときですか。次の**ア**～**エ**から１つ選び，記号で答えなさい。

ア．東　**イ**．西　**ウ**．南　**エ**．北

(3) 下線部(a)の[　]に当てはまる，上陸した台風が急速に衰える理由として，最も適切なものを次の**ア**～**エ**から１つ選び，記号で答えなさい。

ア．北上することで気温が下がり，地上との摩さつによりエネルギーが失われる
イ．北上することで気温が下がり，寒気の流れ込みによりエネルギーが失われる
ウ．水蒸気の供給が絶たれ，地上との摩さつによりエネルギーが失われる
エ．水蒸気の供給が絶たれ，寒気の流れ込みによりエネルギーが失われる

以下に示す図１および図２は，2018年８月の天気図および雲画像で，いずれも，日本列島付近に台風が存在したときのものです。天気図中の記号「高」および「低」はそれぞれ，高気圧と低気圧を表します。また，通常，地上付近では，高気圧から吹き出して低気圧へ吹き込むような向きで風が吹きます。

(4) 図１の台風18号(図中の「台18号」)は，九州の西側を北上して通過しました。この台風18号により，九州地方だけではなく，東北地方北部に大雨がもたらされ，被害が発生しました。東北地方北部に大雨がもたらされた理由として，最も適切なものを，下の**ア**～**エ**から１つ選び，記号で答えなさい。

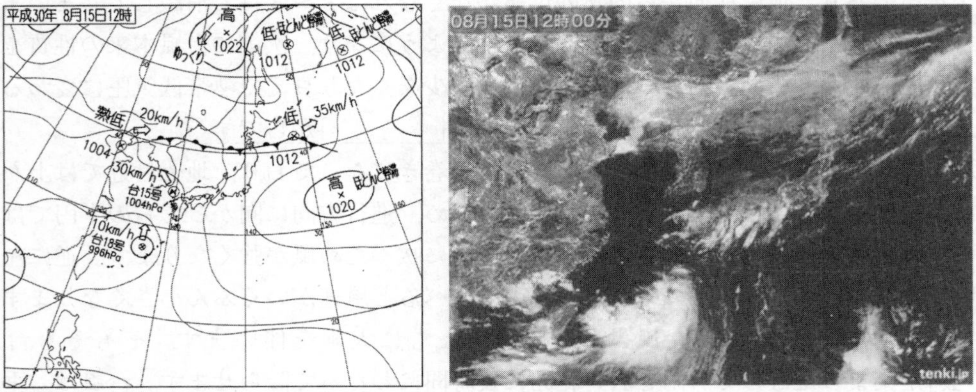

図１　(2018年８月15日12時)

ア．この台風が非常に大きく，強かったため，台風の外側降雨帯が東北地方北部に形成されたから。

イ．台風から吹き出す強い風により，暖かく湿った空気が，東北地方北部に停滞する前線に流れ込んだから。

ウ．東北地方北部を通過して台風に流れ込む強い風により，冷たく湿った空気が，東北地方の山岳《さんがく》帯にぶつかったから。

エ．台風の東側の北向きの強い風により，暖かく湿った空気が，東北地方北部に停滞する前線に流れ込んだから。

(5)　図２の台風13号は，この後，どのような進路をたどると予想されますか。簡潔に，かつ分かりやすく記述しなさい。

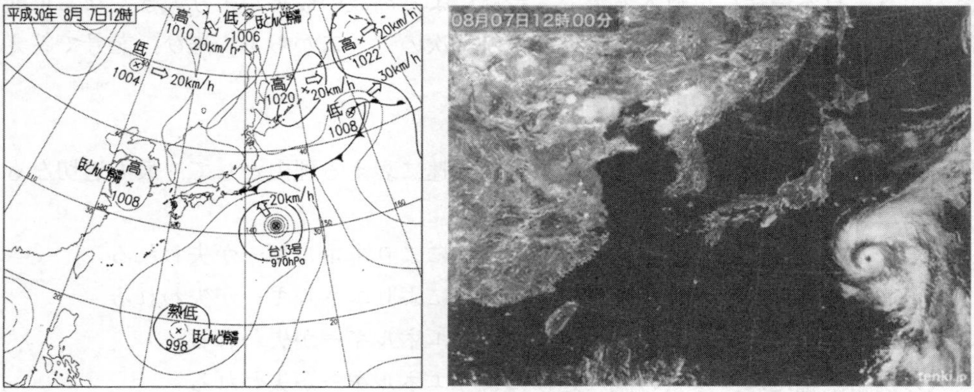

図２　(2018年８月７日12時)

3　下の文章を読んで，あとの問いに答えなさい。

水溶《よう》液には，酸性の水溶液，中性の水溶液，アルカリ性の水溶液があります。水溶液の性質は，BTB 溶液を使って知ることができます。BTB 溶液は酸性では黄色，中性では緑色，アルカリ性では青色を示します。塩酸，食塩水，水酸化ナトリウム水溶液に BTB 溶液を入れると，それぞれ黄色，緑色，青色になります。塩酸に BTB 溶液を入れ，そこに水酸化ナトリウム水溶液を加えていくと液は黄色からやがて緑色になり，さらに水酸化ナトリウム水溶液を加えると液は青色になります。

【実験１】うすい塩酸㋐とうすい水酸化ナトリウム水溶液Ⓐがあります。塩酸㋐を10mL 取り BTB 溶液を入れると黄色になりました。ここに水酸化ナトリウム水溶液Ⓐを加えましたが，Ⓐを50mL 入れても黄色のままでした。そこで，塩酸㋐の濃度《のうど》を10分の１にうすめた塩酸㋑を用意し，㋑を10mL 取り，BTB 溶液を加え水酸化ナトリウム水溶液Ⓐを加えましたが，Ⓐを50mL 入れても黄色のままでした。そこで，さらに塩酸㋑の濃度を10分の１にうすめた塩酸㋒を用意しました。㋒10mL に BTB 溶液を加えて水酸化ナトリウム水溶液Ⓐを加えていくとⒶを８mL 加えたところで BTB 溶液の色は緑色になりました。

(1)　塩酸㋐の濃度を50分の１にうすめた塩酸㋓を用意し，㋓を５mL 取り BTB 溶液を加えて水酸化ナトリウム水溶液Ⓐを加えていくと，Ⓐを何 mL 加えたところで BTB 溶液の色は緑色になると考えられますか。

(2)　水酸化ナトリウム水溶液Ⓐの10倍の濃度の水酸化ナトリウム水溶液Ⓑを用意しました。塩酸㋐を５mL と㋑を５mL と㋒を５mL 混ぜた混合溶液に，水酸化ナトリウム水溶液Ⓑを45mL 加えたところ，溶液の色は青色になりました。この溶液を緑色にするには，㋐，㋑，㋒のどの塩酸を何 mL 加えればよいですか。記号と体積を答えなさい。なお，加える塩酸の体積は１～10mL の範囲《はんい》とし，小数第１位まで答えなさい。

(3)　塩酸㋐と塩酸㋒は，次に示すどの物質を使って区別することができますか。その方法を解答欄《らん》に合うように答えなさい。

使える物質：食塩　　石灰《せっかい》石　　でんぷん　　ミョウバン　　石灰水

【実験２】　うすい塩酸とうすい水酸化ナトリウム水溶液があります(【実験１】で使ったのとは違う濃度です)。それぞれに BTB 溶液を加え，ちょうど10mL ずつ混ぜると混合した溶液の色は緑色になりました。はじめに試験管に水酸化ナトリウム水溶液を3.0mL 取り，次に塩酸2.5mL を水酸化ナトリウム水溶液と混ざらないように試験管の内壁《へき》(内側)を伝わらせながら少しずつそっと加えたところ，下が青色，上が黄色の二層に分かれました。

(4)　この試験管をそのまま24時間放置しておくと，試験管内の水溶液の様子はどのようになると考えられますか。次の**ア**～**オ**から最も適切なものを１つ選び，記号で答えなさい。

ア．色は黄色一色になっている。

イ．色は青色一色になっている。

ウ．下が青色，上が黄色の二層に分かれたままである。

エ．下が黄色，上が青色に逆転し，二層に分かれている。

オ．試験管の底の方が濃《こ》い青色，水溶液の上の方が濃い黄色になっており，その間は無色透明《とうめい》になっている。

【実験３】　下の**ア**～**カ**の溶液を用意し，それぞれにレモン果汁《かじゅう》を加えて酸性にすると，すぐに色の変化するものと色が変化しないものがありました。

(5) 色が変化しないものとして最も適切なものを**ア**～**カ**から１つ選び，記号で答えなさい。

ア．アサガオの花の汁《しる》　**イ**．ムラサキキャベツの汁
ウ．ぶどうジュース　**エ**．牛乳
オ．紅茶　**カ**．黒豆(黒大豆)の皮の汁

4 下の文章を読んで，あとの問いに答えなさい。

〔文１〕 カイコガは冬の間をたまごで過ごし，５月頃にたまごからふ化します。うまれたばかりの幼虫を「１齢《れい》幼虫」といい，長い毛が目立つので毛蚕《けご》とも呼ばれます。幼虫はクワの葉を食べて成長し，数日たつと頭を上げて動かなくなり，その後，脱皮《だっぴ》をして「２齢幼虫」となります。幼虫は脱皮を繰《く》り返して大きくなり，やがて「５齢幼虫」になると，口の下の吐糸口《としこう》から糸をはき出し，まゆをつくり始めます。幼虫は，まゆの中でもう一度脱皮をして「さなぎ」になり，さなぎになってから10～12日後に，まゆから羽化《うか》した「成虫」が出てきます。このように，幼虫がさなぎになってから成虫になることを(①)といいます。

(1) 文中の(①)に入る語を答えなさい。

(2) カイコガのたまごはどんな形をしていますか。次の**ア**～**ウ**からあてはまるものを１つ選び，記号で答えなさい。

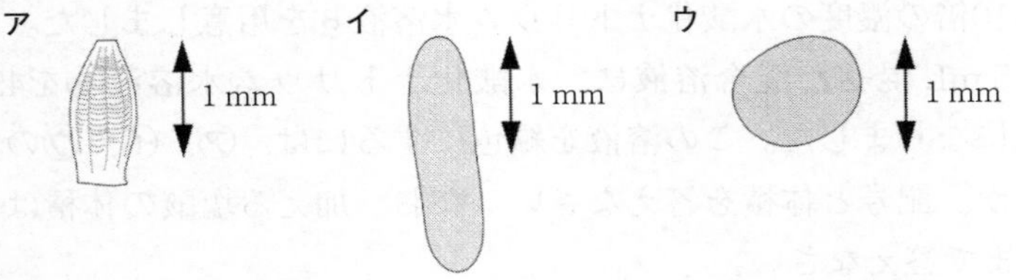

(3) 下図はカイコガの幼虫の頭部を表した図です。カイコガの幼虫の眼はどれですか。図中の**ア**～**ウ**からあてはまるものを１つ選び，記号で答えなさい。

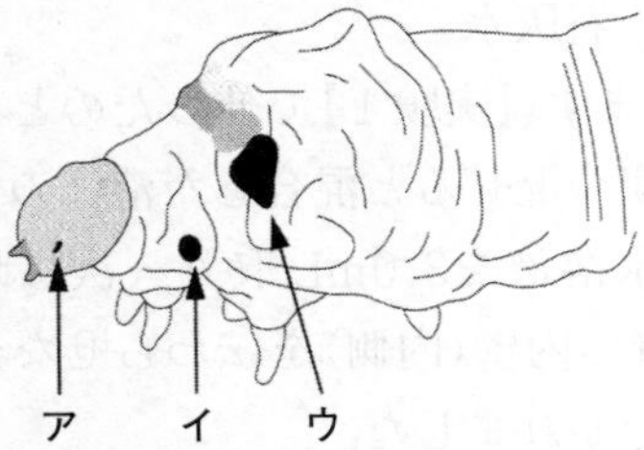

(4) 下図Ａ～Ｃは３種類のガのまゆを表した図です。下の**ア**～**カ**から正しい組み合わせを１つ選び，記号で答えなさい。

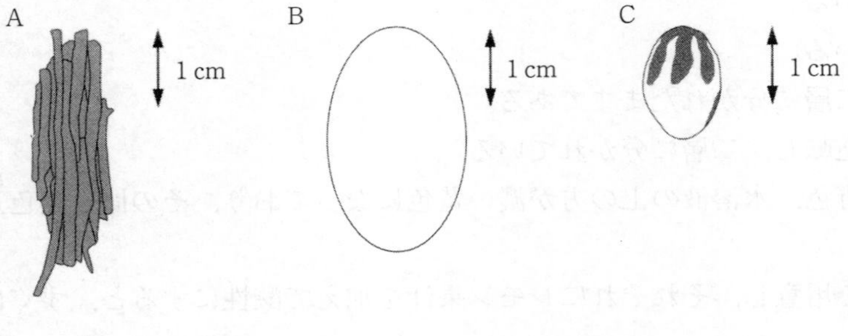

	カイコガ	チャミノガ	イラガ
ア.	A	B	C
イ.	A	C	B
ウ.	B	A	C
エ.	B	C	A
オ.	C	A	B
カ.	C	B	A

(5) 昆虫《こんちゅう》が食べる植物を食草《しょくそう》や食樹《しょくじゅ》といいます。カイコガの幼虫はクワの葉を食べて成長します。一方，モンシロチョウの幼虫はキャベツやアブラナを食草としていることが知られています。ガやチョウの幼虫の食草・食樹として他にどんなものがありますか。ガやチョウと植物(食草・食樹)の組み合わせを１つ答えなさい。ただし，カイコガとクワ，モンシロチョウとキャベツ，モンシロチョウとアブラナの組み合わせを除きます。

〔文２〕 カイコガの幼虫の食樹である「クワ」には，いくつか種類があります。日本では，関東地方にはヤマグワ，九州南部や沖縄《おきなわ》にはシマグワが生育しています。中国原産のマグワは，かつて養蚕のために広く栽培《さいばい》されていたものが放置されて，野生化しています。どのクワも，葉はカイコのえさ，幹は建築材や家具材などに使われ，有用性の高い植物です。

小笠原《おがさわら》諸島には固有種のオガサワラグワが生育していますが，明治時代に家具や彫刻《ちょうこく》用に多くのオガサワラグワの大木が伐採《ばっさい》されてしまいました。一方，養蚕のために導入されたシマグワは野生化し，島でみられる「クワ」のほとんどはシマグワになっています。小笠原諸島では，繁殖《はんしょく》力の強い外来種のアカギが森林の主要な構成種となっていて，オガサワラグワの生育を妨《さまた》げています。現在，純粋《じゅんすい》なオガサワラグワは100本程度しかなく，ごく近い将来における野生での絶滅《ぜつめつ》の危険性が高い絶滅危惧《きぐ》種として，レッドデータブックに掲載《けいさい》されています。早急に，オガサワラグワの保全に取り組む必要があるでしょう。

(6) オガサワラグワ以外に，絶滅危惧種に指定されている動植物にはどんなものがありますか。次の**ア**～**カ**からあてはまるものをすべて選び，記号で答えなさい。

ア. カイコガ　**イ**. アホウドリ　**ウ**. ニホンカワウソ
エ. ジュゴン　**オ**. ブナ　**カ**. カントウタンポポ

(7) 人間活動によって本来の生息場所から別の場所に持ち込まれ，その場所にすみつくようになった生物を外来生物といいます。現在，日本の自然をこわしてしまう外来生物は特定外来生物に指定され，外来生物法によって飼育や販売《はんばい》など規制の対象とされています。次の**ア**～**エ**から，特定外来生物に指定されている生物を１つ選び，記号で答えなさい。

ア. カブトガニ　**イ**. シュレーゲルアオガエル
ウ. アライグマ　**エ**. ニッパヤシ

(8) 生き残っているオガサワラグワに実るほとんどの種子がシマグワとの雑種種子であることが分かっています。純粋なオガサワラグワを増やすためにはどうしたら良いでしょうか。以下の点をふまえて説明しなさい。

・自然界で純粋種子の生産は確認されている。
・アカギやシマグワの個体数は多すぎて，根絶するのは困難。
・オガサワラグワの芽生えは野生化したヤギによって食べられてしまう。

5　下の文章を読んで，あとの問いに答えなさい。

図１のような円板状の，同じ強さで同じ形状，同じ大きさの磁石が複数個あり，斜線《しゃせん》のついている上の部分がＮ極，反対側の下の面がＳ極となっているとします。

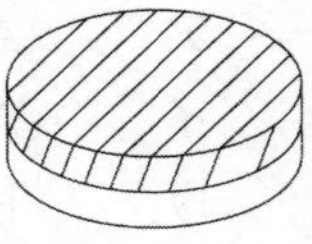
図１

(1)　図２のように，この磁石のＮ極側をアルミニウム板の端《はし》に置かれている方位磁針の中心に向かって，方位磁針のへりまで近づけました。方位磁針の針はどのようになりますか。最も適切なものを下の**ア～ク**から１つ選び，記号で答えなさい。なお，図２では奥《おく》側が北，手前側が南になっています。選択肢《せんたくし》の図はこの方位磁針を真上からみた図(上が北，下が南)となっています。

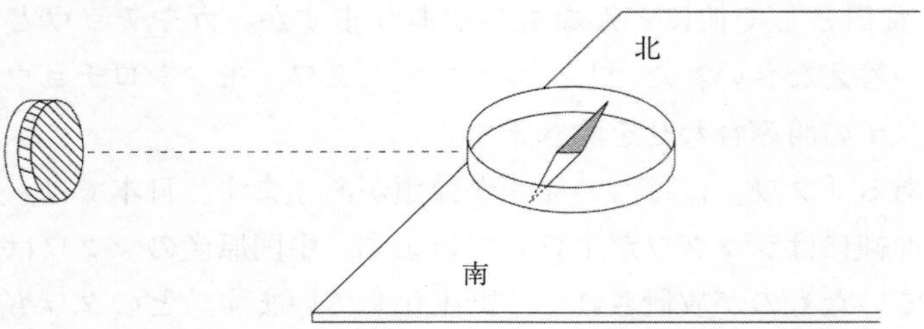

図２

ア
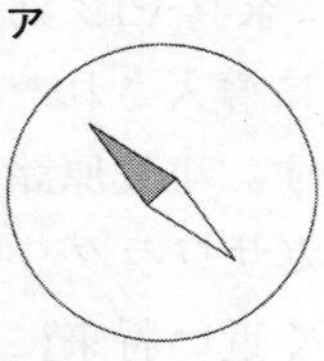
イ
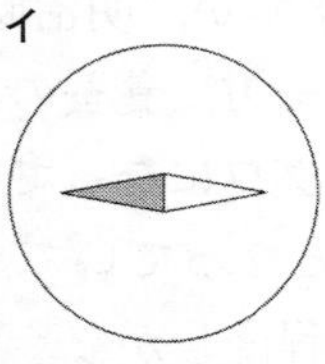
ウ
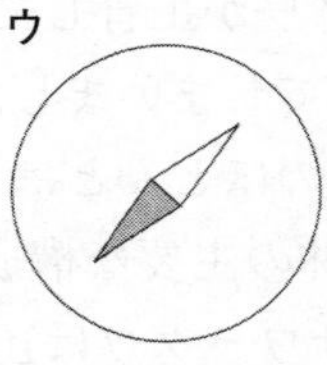
エ
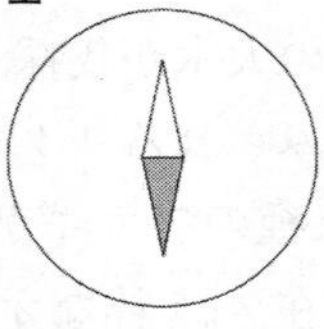
オ
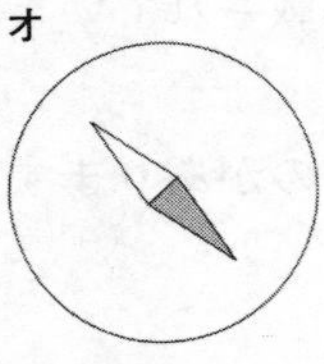
カ
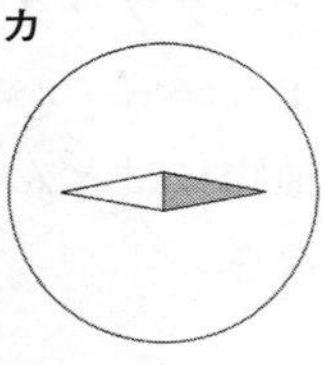
キ
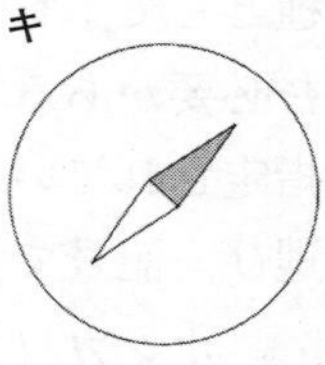
ク
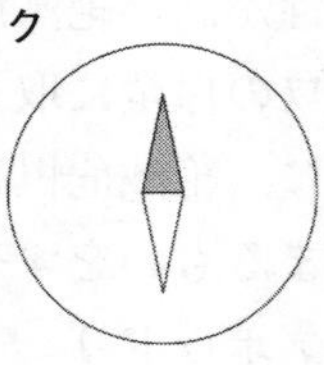

この磁石１枚をＮ極が上向きになるようにアルミニウム板の上に置き(磁石①)指で押さえました。もう１枚の同じ磁石(磁石②)をやはりＮ極が上向きになるように置き，アルミニウム板の上を指で押さえながらすべらせるようにしてゆっくり磁石①に接触《せっしょく》させました。磁石②の指をはなすと磁石同士は反発して，磁石②が磁石①から遠ざかるようにアルミニウム板上をすべっていきました(図３のＡ～Ｃ)。

一方，磁石②を裏返してＮ極が下向きになるように置いて，同様に磁石①に近づけていくと，磁石同士の距離が磁石の面の直径と同じ長さくらいまで近づいたときに，今度は磁石①が②に引き寄せられて磁石①と②の側面同士が接触しました(図４のＡ～Ｂ)。

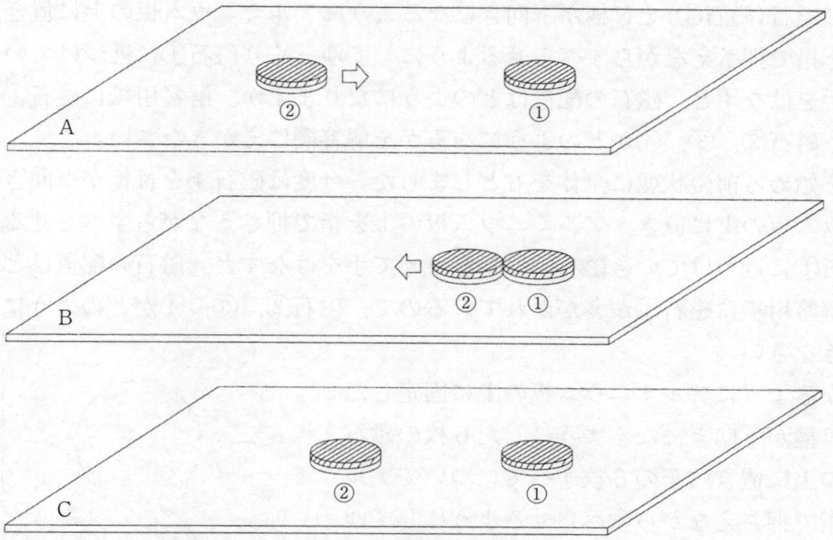

図3

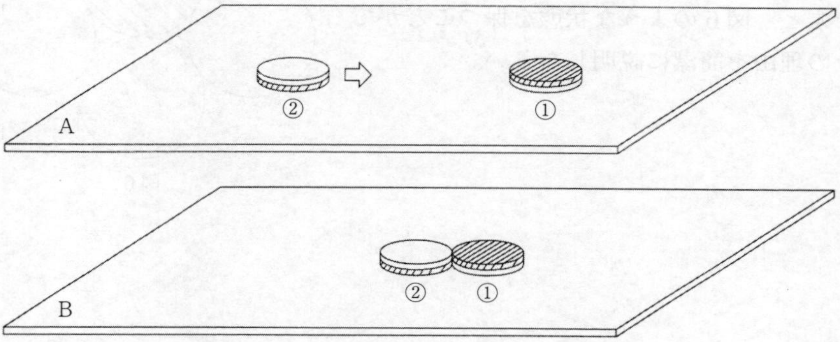

図4

(2)　この実験をアルミニウム板の上で行う理由は何ですか。簡潔に説明しなさい。

以下の実験では，空気の抵抗や，磁石とアルミニウム板の間の摩さつ，磁石同士が接触しているときの磁石間の摩さつは考えないものとします。

磁石①をＮ極が上向きになるようにアルミニウム板の上に固定し，磁石②を裏返してＮ極が下向きになるように置き，アルミニウム板の上を指で押さえながらすべらせるようにしてゆっくり磁石①に近づけていき磁石①に接触させました。磁石の下の面がアルミニウム板からはなれることはないものとし，図で解答する場合には，Ｎ極，Ｓ極の区別がつけられるように，真上から見た図をえがきなさい。

(3)　３枚目の磁石(磁石③)をＮ極が下向きになるようにアルミニウム板の上に置き，図５のようにアルミニウム板の上を指で押さえながらすべらせるようにしてゆっくり磁石①に近づけていき磁石①に接触させて手をはなすと，磁石の配置はどのようになりますか。解答用紙に磁石①がえがかれているので，磁石②，③がどのようになるかを解答欄にえがきなさい。

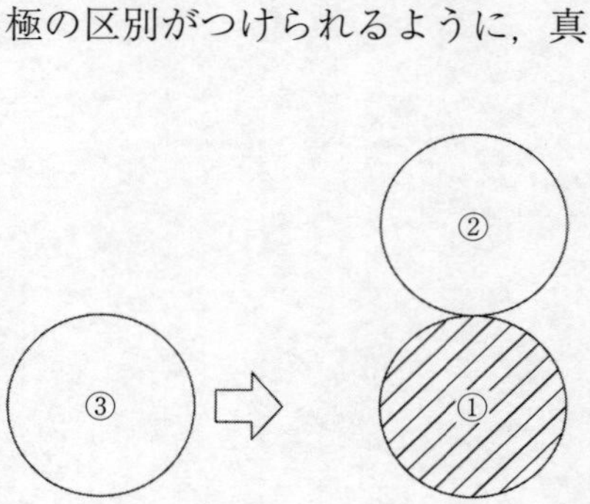

図5

(4)　続いて，４枚目の磁石(磁石④)をＮ極が下向きになるようにアルミニウム板の上に置き，アルミニウム板の上を指で押さえながらすべらせるようにしてゆっくり磁石①に近づけていき磁石①に接触させて手をはなすと，磁石の配置はどのようになりますか。解答用紙に磁石①がえがかれているので，磁石②，③，④がどのようになるかを解答欄にえがきなさい。

(5)　(3)が終了して(4)を始める前の状態に全体をもどしました。今度は磁石④をＮ極が上向きになるようにアルミニウム板の上に置き，アルミニウム板の上を指で押さえながらすべらせるようにしてゆっくり磁石①に近づけていき磁石①に接触させて手をはなすと，磁石の配置はどのようになりますか。解答用紙に磁石①がえがかれているので，磁石②，③，④がどのようになるかを解答欄にえがきなさい。

(6)　Ｎ極が上向きになるようにアルミニウム板の上に固定した磁石①に対して，Ｎ極が下向きになるようにした６枚の磁石をアルミニウム板の上に置き，その６枚すべてについてアルミニウム板の上を指で押さえながらすべらせるようにしてゆっくり磁石①に近づけていき，６枚の磁石すべてを磁石①に接触させて手をはなすと，図６のような状態を保つことができませんでした。その理由を簡潔に説明しなさい。

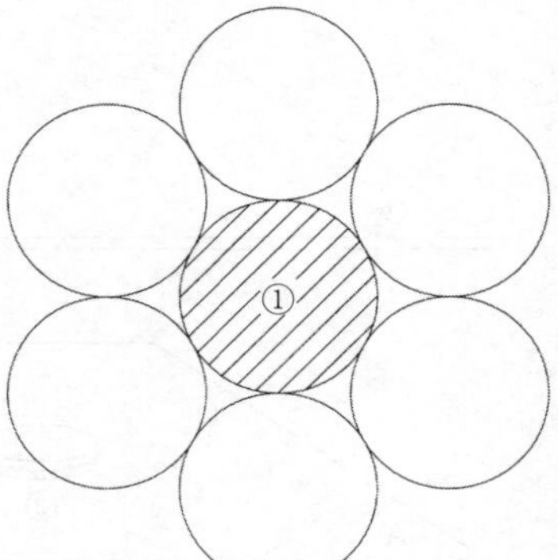

図６

葉から百花の生活の様子を直感したからである。

カ　百花が明日発《た》つと伝えにきた日の別《わか》れ際《ぎわ》に、二度と会えないと思うとかなしかったが、夏自身はそれが恋心《こいごころ》であるとは感じていなかった。

問13　――線部⑩「夏はたった今できたばかりの新しい願い事を書き足す」（26ページ）とありますが、文脈をふまえた上で、自分が夏の立場になってその願いごとを書きなさい。

問14　～～線部「世界平和とカルピス」（28ページ）とありますが、「カルピス」は「世界平和」との関連においてどのようなものとして描《えが》かれていますか。本文中の具体的なエピソードに触《ふ》れながら百字以上百二十字以内でまとめなさい。

説明したものとして最もふさわしいものを次の中から選び、記号で答えなさい。

ア　「初恋《はつこい》の味」という表現のうまさにただただ感心し、思わずつぶやいてしまったが、突如《とつじょ》として夏と百花の今の関係にぴったりだと確信し、会心の笑みがもれた。

イ　「初恋の味」という言葉を軽い気持ちでつぶやいたら夏が怒《いか》りをあらわにしたことに驚き、繊細《せんさい》な夏をからかってしまったことを笑ってごまかそうとした。

ウ　夏の否定の言葉を聞いて何を言いたいのかすぐには分からなかったが、夏の様子を見て「初恋の味」という言葉が隠《かく》れた気持ちを言い当てていると直感し、思わず微笑《ほほえ》んだ。

エ　百花が「しろくまさん」をゆっくりと味わって食べている美しい姿に感動し、何気なく「初恋の味」と言ったのに、夏はなぜか百花との恋愛をイメージしたので滑稽《こっけい》に思った。

オ　「初恋の味」という言葉は過去の自分の思い出を語ったものにすぎないのに、それが予想外に夏の心に響《ひび》いたことに驚き、ついうれしくなってしまった。

問11　――線部⑨「だったらやっぱり、持っていきなさい。きみのパパのために」（27ページ）とありますが、とうさんはなぜこのように言ったと考えられますか。最もふさわしいものを次の中から選び、記号で答えなさい。

ア　カルピスを飲む百花を見てよかったと思ったという話をきいて、いつ命を落とすか分からないような状況で生活してきて、改めて生きていることの価値に気づいた父親の思いに共感したから。

イ　カルピスを飲む百花を見てよかったと思ったという話をきいて、幼いころから異国での生活に慣れきってしまった百花に、日本の心を教えたいという父親の願いが感じられたから。

ウ　カルピスを飲む百花を見てよかったと思ったという話をきいて、世界の子どもたちのことを思うと、日本に帰りたくても簡単には帰れない父親の苦しい胸の内が伝わってくるようだったから。

エ　カルピスを飲む百花を見てよかったと思ったという話をきいて、様々な地域を渡《わた》り歩《ある》く生活のなかで、つねに持ち物を切《き》り詰《つ》めなければならなかった父親の無念さが理解できたから。

オ　カルピスを飲む百花を見てよかったと思ったという話をきいて、厳しい社会状況のなかを生《い》き抜《ぬ》いてきて、いつも我慢《がまん》を強《し》いてきた百花を思う父親の気持ちが示されていると思ったから。

問12　夏の行動と百花への思いについて説明したものとして、ふさわしくないものを二つ選び、記号で答えなさい。

ア　夏は百花の名前をかわいいと言ったけれども、これは父の言いつけによる接客サービスであり、特に気があるとは思っていなかった。

イ　百花の住んでいた国を調べたのは、百花の家族が日本人か外国人か気になっただけでなく、同級生の女の子とは違う独特の雰囲気《ふんいき》を持つ百花に心引かれ始めていたからである。

ウ　夏がその夏、例年よりカルピスを飲んだのは、百花がカルピスを知らなかったことに驚いただけでなく、それにも増して百花のカルピスを飲む様子が魅力的《みりょくてき》だったからである。

エ　百花にはじめて名前を呼ばれたときに呼び捨てにされドキドキしたのは、何の遠慮もなく自分の心に踏《ふ》み込《こ》まれたように感じ、緊張《きんちょう》したからである。

オ　カルピスのボトルをあげようとしたところ百花に断られ、重ねて勧《すす》めることはしなかったが、それは「かさばる」という言

イ　なめらかに発音するのが困難な
ウ　すっと頭に入って来ない
エ　強い驚《おどろ》きですぐには声が出ない
オ　言葉に出すのはためらわれる

問4　――線部②「どちらを観光……、いや、どちらに滞在《たいざい》されますか？」(31ページ)とありますが、夏の父親はなぜ「観光」を「滞在」と言い直したのですか。六十字以内で答えなさい。

問5　――線部③「『あ、そう』と拍子抜《ひょうしぬ》けした」(31ページ)とありますが、それはなぜですか。四十字以内で答えなさい。

問6　――線部④「夏は顔をしかめるしかできない」(31ページ)とありますが、ここでの夏の様子の説明として最もふさわしいものを次の中から選び、記号で答えなさい。
ア　夏には関係ないと思っていた戦争が急に身近に感じられたので、恐《おそ》ろしくて言葉を出すこともできないでいる。
イ　夏は百花《モニカ》たちの国で始まりそうな戦争について何も知らなかったので、それを恥《は》ずかしく思うことしかできないでいる。
ウ　小学生の夏は戦争を止める力を持っていないので、戦争の当事者たちを憎《にく》むだけで何もできないでいる。
エ　夏には戦争についての詳《くわ》しいことがわからないので、戦争はいやなことだと表情で表現することしかできないでいる。
オ　戦争と聞いても夏には直接関係がないことなので、そのような話題が面倒《めんどう》だとしか感じられないでいる。

問7　――線部⑤「その半分は、あなたみたいな子どもなの」(30ページ)とありますが、ここでは遠い国のことと目の前にいる夏のことを結びつけて考えています。百花の家族が訪ねてきた場面でも、母の心中でそれらは結びついてしまったと思われます。そのことが行動として表れている一文を探し、はじめの七字を答えなさい。

問8　――線部⑥「せりふのしらじらしさに、思わず赤面してしまいそうになる」(29ページ)とありますが、この時の夏の気持ちを八十字以内で答えなさい。

問9　――線部⑦「クラスの女子に多い、まるくて小さなくせのある文字ではなくて、大きくて勢いのある、流れるような文字だった」(28ページ)とありますが、夏は百花の人柄《ひとがら》をどのように考えていますか。この部分やその他のクラスの女子についての記述をふまえた上で、最もふさわしいものを次の中から選び、記号で答えなさい。
ア　クラスの女子が周りの子とのなれ合いの中にいて口うるさいのに対して、百花は周りを気にしないで自分の思いを飾《かざ》らずに表現する純粋《じゅんすい》な人柄である。
イ　クラスの女子が異性の目ばかり気にして陰《かげ》でうわさをするのに対して、百花は厳しい環境《かんきょう》をくぐりぬけたゆえの物怖《ものお》じをしない堂々とした人柄である。
ウ　クラスの女子が思ったことを何でも率直《そっちょく》に表現し思慮《しりょ》が足りないのに対して、百花は目前に起こる事柄《ことがら》に慎重《しんちょう》に向き合う人柄である。
エ　クラスの女子が物の豊かな生活に慣れて無感動になってしまっているのに対して、百花は何事も新鮮《しんせん》な気持ちで受け止められる人柄である。
オ　クラスの女子が感情に任せて自分の欲求を強く主張するのに対して、百花はいつも遠慮《えんりょ》がちで自分の思いをはっきり言わず他人に譲《ゆず》る人柄である。

問10　――線部⑧「とうさんはきょとんとして見る。そして、にやっと笑った」(27ページ)とありますが、この時のとうさんの様子をう思ったけれど、そう言ってしまうと、遠回しにお金を払《はら》えと言ってしまうことになり、これはたいへん複雑な状況であるなと夏は思った。

「いいのかな？」

百花が言うので、

「いいんじゃない？」

と答えた。それで充分《じゅうぶん》だ。

ふたりで外に出ると、かし切りパーティーの団体客がちょうど来たところだった。そのうちのひとりは14ジョウレン客で、百花と一緒にいる夏をからかった。夏は内心で「うぜぇ」と思ったが、なんとか顔に出さなかった。見上げると、夏の空はまだ明るい。

「今日は晴れているから、天の川が見えるかも」

「ミルキーウェイ」

夏はわからなかった。天の川のことだろうか。

「ミルキーウェイって、天の川？……牛乳の道？」

「そう。なんでそういうのか知らないけど」

英語圏《えいごけん》では川ではなく道なのか。ふしぎだなと夏は思った。ミルキーというところが、なんとなくカルピスを連想させる。

「じゃあね」

「うん」

行かないで。そう言えるほど、夏にとって大きな気持ちではなかった。それでも、二度と会えない可能性が高いのだと思うと、かなしかった。織姫《おりひめ》と彦星《ひこぼし》ほどのチャンスも残されていない。連絡先《れんらくさき》を聞いてみようと思ったが、百花は電子機器の15タグイを一《いっ》切《さい》持っていないようだった。きっと必要ないのだ。これから向かうようなところでは。

ふたりの間に風が吹《ふ》いた。百花は乱れた長い髪を、うっとうしそうにかき上げた。

「無事でね」

旅に出るのは百花のほうなのに、別《わか》れ際《ぎわ》にそう言われた。夏はうなずいた。

喉元《のどもと》まで出かかった気持ちは、とうとう言葉にはならなかった。

百花を見送ったあと、店に戻《もど》り、夏はとうさんに聞いた。

「短冊の願い事って、ひとりで何枚書いてもいいんだよね？」

ついさっきまで百花が手にしていたペンを取り、⑩夏はたった今できたばかりの新しい願い事を書き足す。

夏はまだ始まったばかりだということを、ふいに思い出した。

（戸森しるこ『夏と百花《モニカ》とカルピスと』）

問1 ＝線部1～15のカタカナを漢字に直しなさい。

問2 ──線部①「七夕が世界共通のイベントではないことを、夏は幼いころから知っている」（32ページ）とありますが、それはなぜですか。三十字以内で答えなさい。

問3 ……線部A「物心がついてから」（31ページ）・B「舌を嚙《か》みそうな」（30ページ）とありますが、この言葉の本文中の意味として最もふさわしいものを後の中からそれぞれ選び、記号で答えなさい。

A「物心がついてから」（31ページ）

ア 経験を積んで人との付き合い方が分かってから

イ 世の中のことが何となく分かってきてから

ウ 勉強することで色々な知識が増えてきてから

エ 成長にともなって物へのこだわりが出てきてから

オ 自分の状況《じょうきょう》を冷静に判断できるようになってから

B「舌を嚙みそうな」（30ページ）

ア 思い浮かべるだけでも不愉快《ふゆかい》な

百花の言う「夏の季節」というのが果たして自分の名前を指しているのかどうか、とても重要なことなのに、夏には判断しかねた。でも、どう聞き返してよいやらわからず、何も答えられない。

「夏、あたし、好きみたい」

今度は季節のほうを指しているのだと、さすがにわかった。

「ぼくも。でもぼくは冬生まれなんだ」

そう言ってみたけれど、これもまた百花には理解されなかった。生まれた季節の名前をつけるということ自体が、ピンとこないのかもしれなかった。

「つめたくて、おいしい」

百花はかき氷をゆっくりと味わって食べた。そんな百花を見ながら、とうさんは言った。

「初恋《はつこい》の味、カルピス」

「やめてよ」

思わず反応した夏を、⑧とうさんはきょとんとして見る。そして、にやっと笑った。

「昔のキャッチコピー（宣伝のための言葉）だよ、カルピスの。おまえの話じゃない」

はめられた。最悪だ。

「カラダにピース、じゃないのかよ」

13テれ隠《かく》しに強気で言ってみたけれど、百花の顔を見ることができない。とうさんは続けてこんな話をした。

「夏のひいおじいちゃんが、戦争から日本にもどった時の話だけど」

「ひいおじいちゃん、戦争行ってたの？」

夏はそれすら知らず、驚いた。

「戦地から家に帰って、まずカルピスを飲んだらしい。甘酸《あまず》っぱくて、平和の味がする。そう思ったって」

ひいおじいちゃんは、夏が赤ちゃんのころに亡《な》くなっている。

「そんなに昔っからあるの、カルピスって。戦争より古いの？」

「そう、百年くらい前からあるんだよ」

「すごーい」

「古いねぇ」

最後にしろくまの耳を作っていた杏《あんず》を口に入れ、百花は「おいしかったぁ」と笑った。

「これ、持っていったら。いいよね？　とうさん」

夏がカルピスのボトルを指して言うと、とうさんは「もちろん」とうなずいた。百花は少し迷うようなそぶりを見せたが、最終的に首を横に振《ふ》った。

「かさばるから」

夏はかさばるという表現を知らなかった。物が大きくて場所を取ることだ。でも、四季もカルピスも知らない百花に、日本語の意味を尋ねるのは癪《しゃく》だと思い、黙っていた。

「パパは言ったわ」

「え？」

「カルピスを飲むあたしを見て、日本にもどってよかったと思ったって」

すると、とうさんが百花に歩み寄り、百花の手をとると、その手にカルピスを持たせた。

「⑨だったらやっぱり、持っていきなさい。きみのパパのために」

百花は少し考えたあとで、「そうね」と笑った。

「そろそろ帰るね」

ポーチから小銭《こぜに》入れを出そうとした百花に、とうさんが「いいよ、いいよ。夏んとこに遊びにきたんだから」と断った。

いや、違《ちが》う。百花は単に「しろくまさん」を食べにきただけだ。そ

「百花ちゃん、短冊はもう書いた？　明日は七夕だよ」

夏が手を洗っている間に、とうさんが百花に聞いている。VertVertではランチタイムとディナータイムの間に二時間の休憩《きゅうけい》が入るが、今はちょうどその時間帯だった。今夜は12カし切りでパーティーの予約が入っている。かあさんが今朝、パーティーコース用のデザートにケーキか何かを焼いていたことを、夏は思い出した。テーブルの上に並んだたくさんの食器を、百花はものめずらしそうに見ている。

「願い事を書くんでしょ？」

「そう。まだ向こうに短冊あったよな。持ってきてあげて」

夏はとうさんに言われるまま、店と自宅をつなぐドアから移動し、ペンと短冊を持ってきた。

百花に手渡《わた》すと、百花は口を結んだまま、もう一度微笑んだ。

「夏は？　なんて書いたの？」

百花に聞かれた。はじめて名前を呼ばれた。名前を覚えてくれていたことと、呼び捨てされたことに、夏はドキドキしてしまう。

「な、内緒《ないしょ》」

しつこく聞いてくるかと思ったけれど、百花はそうしなかった。そして、それはひどく百花らしいと思った。

願い事を知られないように、百花は外国語で文字を書くかもしれない。夏はそう思った。でも、その予想は外れ、百花は日本語で願い事を書いた。

『世界平和とカルピス　百花』

青い色紙で作った短冊に、百花はそう書いていた。⑦クラスの女子に多い、まるくて小さなくせのある文字ではなくて、大きくて勢いのある、流れるような文字だった。

「世界平和は分かるけど、カルピスをどうしたいの」

「また飲めますように」

そんなに気に入ったのか。やっぱりカルピスは偉大《いだい》だな。夏は感心した。

世界平和とカルピス。かなり妙な取り合わせだけれど、何か心を動かされる。

「七夕はカルピスの日なんだよ」

かき氷を持ってきたとうさんが、そう言った。

「カルピスがはじめて発売されたのが、七月七日だったから」

「ええっ、ほんと？」

「カルピスの水玉のパッケージあるだろ？　天の川をイメージしているんだって」

夏は驚《おどろ》いた。偶然《ぐうぜん》にしてはよくできている。でも、人生はそういうことだらけだとも夏は思う。生まれたこと、生きていること、すべてが偶然で、よくできている。「生まれる」と「生きる」が同じ漢字であることもやっぱりよくできている気がする。

その時、百花が言った。

「あたし、シキってよくわかってなかった」

「え？」

「指揮者のことかと思った。それか、死ぬ時期のことか」

指揮と死期、頭の中で変換《へんかん》しながら、夏は思い出した。この前、春夏秋冬について聞かれ、わざと「季節」ではなく「四季」という答え方をした。そのほうが大人びて聞こえると思ったのだ。それが百花を混乱させたらしい。

「世界には四季のない国もあるんだよ」

とうさんが夏に言う。そうなのかと、夏は思った。

「今は夏の季節ってことね」

いよね。外国に長く住んでいたとすれば、そういうのは『移民』というのかしら」

夏は移民と難民を同じようなものだと思っていた。世の中には知らないことがたくさんある。

「じゃあさ、百花が学校に行っていないのも、それと関係してる？」

そうね、と、かあさんはうなずいた。

「通学できるような状況《じょうきょう》じゃなかったのかもしれないね。でも、おかあさんが先生なんだって。だから家で勉強していたんじゃないかしら」

百花は「春夏秋冬」や「かき氷」を知らなかったけれど、日本語は10カタコトではなく流暢《りゅうちょう》に話していた。母親から習ったのかもしれないし、日本語を話す両親と暮らしていれば、自然と身につくものなのかもしれない。たとえば夏が両親から英語を学んだのと同じように。

「これまではご夫婦《ふうふ》でね、11ツウヤクなんかの仕事をしながら、貧しくて教育を受けられない子どもたちをサポートするような活動をしていたんだって。だけどもう国にいられないからって。とてもつらい決断だったって、言っていたわ」

「なにが、つらいの？」

「大勢の子どもたちをおいて、ここに逃げてきたことが」

夏はその夏、例年よりもカルピスをよく飲んだ。これは百花の影《えい》響《きょう》だ。カルピスが日本の飲み物だということを、夏ははじめて知った。カタカナの名前だから、コーラやジンジャーエールと同じように、もとは外国のものだと思っていた。

外国には百花のようにカルピスを知らない子どもがいる。これは夏にとって大きな発見で、突然《とつぜん》カルピスが世にもすばらしいもののように思えたのだった。

それに、カルピスを飲む百花の横顔は、それと同じくらいに、いや、きっとそれ以上に、なんとも魅力的だった。

一週間ほど経《た》って、百花は再びやってきた。夕方、夏は友だちと遊んだ帰りで、自転車を店の脇《わき》に止めたところだった。

家に向かって自転車を走らせていた時から、店の前に百花がひとりで立っていることには気づいていた。けれどあえてはしゃいだりせず、そこに百花がいることは大したことではないようにふるまった。

「あ、この前の」

⑥せりふのしらじらしさに、思わず赤面してしまいそうになる。それでも百花は笑ったりせず真面目《まじめ》な顔で、

「百花よ」

と言った。

知ってる。夏は心の中でそう答えた。

「あのね、明日発《た》つの」

「立つ？　なにが？」

「あたしが」

「……ああ」

なんだ、別れを告げに来たのか。夏は多少がっかりした。

「もうここには来ないよね？」

「たぶん」

「そっか。……あ、食べる？　しろくまさん」

「うん」

百花はにこっと微笑《ほほえ》んだ。こういう笑い方をするところだ。夏は百花の笑い方が好きだと思った。クラスの口うるさい女子のように、口からぽんぽんと感情が飛んでこない。百花が「しろくまさん」をとても楽しみにしていたことを、その微笑みを見て夏は知った。

た。百花の頼《たの》んだ魚料理は、店でいちばん人気のあるメニューだ。

百花は、かなりのやせっぽちだった。異国育ちであることが関係しているのかどうか、どことなく謎《なぞ》めいたような個性的な魅力《みりょく》があり、それに百花というふしぎな名前はよく5ニアっているようにも思えた。茶色い瞳《ひとみ》、ごわごわした黒くて長い髪、ぽってりした唇《くちびる》。そして、まわりとは別のテンポで生きているような独特の雰囲気。

「これ、なぁに？　おいしいのね」

百花が興味を示したのは、グラスに注がれた白い水。

「え、カルピス(乳酸菌《にゅうさんきん》飲料の名まえ)だよ。知らないの？」

「知らないわ」

知らないわ。そんな言葉遣《ことばづか》いをする同じ年の女の子を、夏はほかに知らない。

「うちはかき氷もカルピスの味なんだ」

「カキゴオリってなに？」

「それは、氷のデザートみたいな。今度食べにくれば」

この店でかき氷は「しろくまさん」と呼ばれている。バニラアイスと干《ほ》し葡萄《ぶどう》と杏子《あんず》とで、さらさらの氷の山に白熊《しろくま》の顔を作った、カルピス味のかき氷。夏はそれを百花に見せたいと思った。喜びそうな気がしたので。

すると百花は、興奮気味な声色《こわいろ》で、そして夏の知らない言語で、母親に何かを訴《うった》えた。どう聞いても英語ではなかった。日本人と同じように、外国人だって全員が英語を話すわけではないのだという当たり前のことを、夏は思い出した。そして、三人が外国人なのか日本人なのか、自分はよくわかっていないということに、夏は気がついた。

「そうね、来週、またここにもどるから」

母親が百花にそう答えた。きっと百花は、もう一度この店に来たいと言ったのだろう。

「来週もまだあるよね？　しろくまさん」

夏が聞くと、シェフが答えた。

「夏が終わるまで、あるよ」

ごくごくと、のどを鳴らして白い水を飲む百花の横顔を、夏はじっと見ていた。

6ヨクジツ、夏は百花が住んでいた国のことを調べた。B舌を嚙《か》みそうな名前の国名を、間違《まちが》えずに言えるようになるまで、少し時間がかかった。

「百花たちは、難民なの？」

クラスの女子を下の名前で、しかも呼び捨てすることに、夏は抵抗《ていこう》がある。でも、百花の名前には、なんとなく呼び捨てが7テキしていると思った。両親と同時に知り合い、全員が同じ名字のところに、百花だけを名字で呼ぶのは妙《みょう》だし(そもそも彼《かれ》らは名字を名乗らなかった)、「百花ちゃん」は百花の雰囲気に合わない気がした。それで、百花。

「難民って、どういう人たちのことか、知ってる？」

かあさんが夏に聞いた。

「……その国にいるとあぶないから、逃げてきた人？」

「そうなんだけど、その理由が定められているの。8サイガイや人種差別や紛争《ふんそう》や政治的な問題で、命が9キケンだから、自分の国を離《はな》れなければならなかった人たちのこと。世界に何千万人もいるのよ。⑤その半分は、あなたみたいな子どもなの」

「自分の国から、どこかよそへ避難《ひなん》するっていうこと？」

「そう。自分の国っていうのは、その国の国籍《こくせき》を持っているっていうことね。あの人たちは三人とも日本人なんだから、この国に逃げてきたんじゃなくて、もどってきたわけでしょう。それは難民とは言わな口にしたのだが、聞いたことのない国名だったので、夏は一度では覚えられなかった。なるほど、それならば、外国人観光客向けのホテルを利用しているという点にも、納得《なっとく》できる。

だが、その国名を聞いたとたん、夏の両親は息をのんだ。

「それはまた、なんというか、大変なところから」

とうさんはそう言葉を濁《にご》した。かあさんは黙《だま》ったまま、なぜか夏の肩《かた》を抱《だ》き寄《よ》せる。

「A物心がついてから、はじめての日本なんです」

「そう、機会がなくて」

夏の両親に向かって、なぜか言いわけでもするように、男女は口々にそう言った。物心がついてから、というのは、女の子の話だろう。

「②どちらを観光……、いや、どちらに滞在《たいざい》されますか？」

夏の父親の問いかけに、ひげ男はひかえめに「東京と京都に」と答えた。夏たちのいるこの街には、親せきがいるために立ち寄ったらしい。これから一週間ほどかけて、東京と京都を見て回ったあとで、またここにもどる予定なのだと言う。体のわりに声が小さい人だな。夏はそう思った。

親たちがそんな話をしている間に、夏はつまらなそうにしている少女に声をかけた。子どもの客が退屈《たいくつ》そうにしている場合はそのようにふるまえと、父親から4シドウされていた。

「今、何年？　ぼくは五年」

少女はボタンのように目をまるくして、席に座《すわ》ったまま夏を見上げた。質問に答えようとしない少女を見て、夏はある可能性に気がつく。外国育ちということなら、日本語が話せないのかもしれない。

「えーと、Do you speak English？(英語は話せますか？)」

夏は英語が得意なほうだ。両親が店で外国人の客相手に英語を話すのを、小さなころから聞いて育った。それに、夏が英語を話すと、外国人は喜ぶことが多い。夏は人を喜ばせるのが好きだ。

ところが、

「英語は苦手よ」

きっぱりと日本語で返されて、③「あ、そう」と拍子抜《ひょうしぬ》けした。じゃあさっさと答えろよ。ばかみたいじゃないか。

「名前は？　ぼくは夏。春夏秋冬の夏」

「あたし、百花。百の花でモニカ。シュンカシュートーってなに？」

「……四季のこと。百の花でモニカ？　かわっ……」

変わってる、と言いそうになって、

「かわいいじゃん」

と、言い直した。クラスで女子にそんなことを言ったら大スキャンダルだけど、これはあくまでも接客サービスだ。

「あたし、行ってない、学校」

「え？」

「だから、学校には行ってない。それに来週からは新しい島で暮らすのよ。安全なところ。どこにあるかは秘密なの」

とまどう夏に、百花の母親が言った。

「わたしたちのいた国でね、戦争みたいなことが始まるかもしれないの」

戦争。④夏は顔をしかめるしかできない。最近テレビでよく見る、ミサイルや爆弾《ばくだん》や戦闘機《せんとうき》をイメージする。三人は自分たちの国から逃《に》げてきたのだろうか。

そこから親同士が国交と政治の話を始め、夏にはついていけなくなった。政治の話をできるのが大人の証拠《しょうこ》だと、夏は信じている。

「もう食べないの？」

皿に残された料理を見て、夏は百花に尋ねた。百花はうなずいて、すまなさそうな顔をして、「すごくおいしいけど、多すぎる」と答え

二〇一九年度　駒場東邦中学校

【国　語】（六〇分）〈満点：一二〇点〉

次の文章を読み、後の問いに答えなさい。

夏の日だった。

夏の家の店には、七夕の飾《かざ》りが出ている。笹《ささ》に飾られた色とりどりの短冊《たんざく》、吹《ふ》き流《なが》し、星飾り、網《あみ》飾り。

夏は毎年、母親と一緒《いっしょ》にそれらの飾りを作った。はじめは自分の楽しみのためにやっていたことが、数年前からは両親のための店の手伝いに変わった。近所に外国人観光客向けのホテルがあり、そこの宿《しゅく》泊客《はくきゃく》がよく来店するから、四季折々の和風の飾り物は喜ばれた。

そんな事情で、①七夕が世界共通のイベントではないことを、夏は幼いころから知っている。しかし、母が作った提灯《ちょうちん》などは、切《き》り込《こ》みが不ぞろいすぎて、見るからに1ブカッコウ。

「なっちゃんはうまいねぇ」

そう言われるたび、喜ぶようなことでもないのに、素直《すなお》な夏は得意になってしまう。

ところで、よく勘違《かんちが》いされるが、夏は冬生まれだ。

両親とも冬よりも夏を愛していたので、そういう名前になった。それを聞くたび、なんとなく自分を否定されたような気分になるものの、正直なところ夏も冬より夏が好きだったので、「まぁ、いいか」というところに落ち着く。

夏の家は小さなカフェを営んでいる。店の名前は「VertVert《ヴェールヴェール》」。若いころはバックパッカー（大きな荷物を背負って自由に旅行する人）で世界中を旅していた夏の父親が、フランスのパリの街中にあるようなカフェをイメージして店を作った。パリは夏の母親が好きな街だ。

Vert はフランス語で緑という意味で、店の2カンバンや3ナイソウには緑色が使われている。夏は色の中では緑がいちばん好きだ。

料理を父親が作り、デザートは母親が作る。「うちのシェフ」「うちのパティシエ（洋菓子《ようがし》職人）」。店にいる時、両親はおたがいをそう呼んだ。夏は「うちの夏」だ。夏はいつか勉強をして、「うちのバーテンダー（酒類の調合などをする人）」もしくは「うちのソムリエ（ワインを選び、提供する人）」、そうでなければ「うちのバリスタ（コーヒーを提供する人）」になりたいと、ぼんやり考えている。

十歳《さい》の夏、その店で夏は百花《モニカ》と出会った。

もうかなり遅《おそ》い時間で、店内には他の客はだれもいなかった。閉店まであと三十分というところで、三人は店に入ってきた。ホテルのフロントで紹介《しょうかい》されたのだという。百花の家族はそこに宿泊していた。

ひげをはやした大男と、髪《かみ》の短い細身の女性、そして夏と同じ年くらいの女の子。おそらく三人は親子だろうと、夏は予想をした。顔や雰囲気《ふんいき》がよくにている。

カウンター席でこっそりと宿題をすませた夏は、そろそろ二階の自分の部屋にもどろうと思っていたところだった。夏の部屋にも勉強机はあるが、ひとりで部屋にいるといろいろな誘惑《ゆうわく》に負けるので、店が空いている時はいつもここで勉強する。

三人はたしかに日本人に見えたけれど、なんとなく日本に慣れていないように夏には見えた。たとえば視線の動かし方や、メニューを手に取る動作などが、いつもこの店に来ているような外国人観光客たちのそれと、よくにている。

そして夏の勘《かん》は当たっていた。三人は海外からの旅行者だった。父親と思われるひげ男が、遅い時間の来店を詫《わ》びるように、「うちのシェフ」に向かってそのように伝えた。シェフが尋《たず》ねると、国の名前も

2019年度

駒場東邦中学校 ▶解説と解答

算　数　（60分）＜満点：120点＞

解　答

1 (1) 11　(2) 270個　(3) ① AD：DP＝2：1，QB：BC＝3：2　② FH：HB＝2：3，FI：IC＝2：5　③ $\frac{2}{35}$倍　**2** (1) 6時19分$5\frac{5}{11}$秒から6時35分$27\frac{3}{11}$秒　(2) 解説の図④を参照のこと。　**3** (1) 33個　(2) 169個　(3) 68個　**4** (1) 0.6m^2　(2) $\frac{18}{35}$m^2　(3) 6 m

解　説

1 **逆算，図形と規則，相似，辺の比と面積の比**

(1) $0.625+\frac{8}{9}\div\frac{2}{21}=\frac{5}{8}+\frac{8}{9}\times\frac{21}{2}=\frac{5}{8}+\frac{28}{3}=\frac{5}{8}+9\frac{1}{3}=\frac{15}{24}+9\frac{8}{24}=9\frac{23}{24}$，$13\frac{1}{4}-8\frac{1}{6}+5\frac{11}{12}=13\frac{3}{12}-8\frac{2}{12}+5\frac{11}{12}=10\frac{12}{12}=11$，$\frac{23}{24}+4\div\left(5-4\frac{3}{7}\right)=\frac{23}{24}+4\div\frac{4}{7}=\frac{23}{24}+4\times\frac{7}{4}=\frac{23}{24}+7=7\frac{23}{24}$より，あたえられた式は，$9\frac{23}{24}-11\times\frac{2}{\square}=7\frac{23}{24}$となる。よって，$11\times\frac{2}{\square}=9\frac{23}{24}-7\frac{23}{24}=2$，$\frac{2}{\square}=2\div11=\frac{2}{11}$，$\square=11$と求められる。

(2) 1辺の個数は1個ずつ，ひとまわりの個数は6個ずつ増えるから，右の図1のようになる。このとき，全部で，10－2＋1＝9(周)並べているので，使用したご石の合計の個数は，(6＋54)×9÷2＝270(個)である。

図1

1辺の個数	2	3	4	5	6	7	8	9	10
ひとまわりの個数	6	12	18	24	30	36	42	48	54

(3) ① 辺AB(辺DC)の長さを，1＋5＝6，辺AD(辺BC)の長さを，$\boxed{1}+\boxed{1}=\boxed{2}$とすると，右の図2のようになる。三角形AEPと三角形DGPは相似であり，相似比は，AE：DG＝3：1だから，AP：DP＝3：1となる。よって，AD：DP＝(3－1)：1＝2：1とわかる。また，三角形EQBと三角形GQCは相似であり，相似比は，EB：GC＝3：5なので，QB：QC＝3：5となる。したがって，QB：BC＝3：(5－3)＝3：2と求められる。　② ①より，DPの長さは，$\boxed{2}\times\frac{1}{2}=\boxed{1}$，QBの長さは，$\boxed{2}\times\frac{3}{2}=\boxed{3}$となる。三角形FHPと三角形BHQは相似であり，相似比は，FP：BQ＝(1＋1)：3＝2：3だから，FH：HB＝2：3とわかる。また，三角形FIPと三角形CIQも相似であり，相似比は，FP：CQ＝(1＋1)：(3＋2)＝2：5なので，FI：IC＝2：5と求められる。　③ ②より，三角形FHIの面積は三角形FBCの面積の，$\frac{\mathrm{FH}}{\mathrm{FB}}\times\frac{\mathrm{FI}}{\mathrm{FC}}=\frac{2}{2+3}\times\frac{2}{2+5}=\frac{4}{35}$(倍)とわかる。また，三角形FBCの面積は平行四辺形ABCDの面積の$\frac{1}{2}$倍だから，三角形FHIの面積は平行四辺形ABCDの面積の，$\frac{1}{2}\times\frac{4}{35}=\frac{2}{35}$(倍)と求められる。

図2

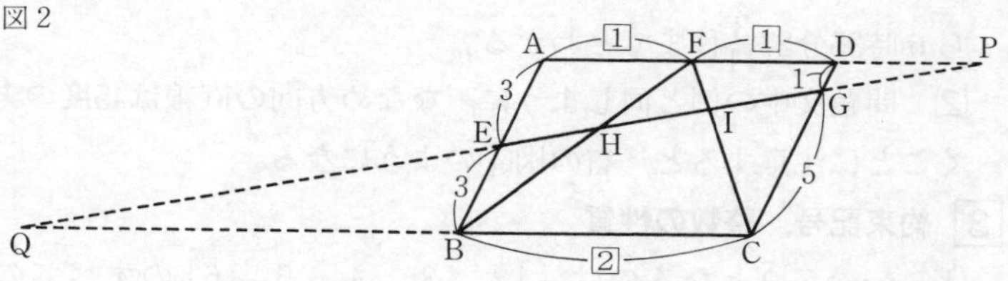

2 図形の移動，角度，時計算，構成

(1)　右の図①のように，短針を折れ線OAB，長針を折れ線OCDEとして，短針を固定して図に表す。短針と長針が重なり始めるのは，右の図②のように，短針のOAと長針のOCが重なるときである。また，短針と長針が重なり終わるのは，右の図③のように，短針の点Bと長針のCDが重なるときである。ここで，長針は１分間に，360÷60＝６(度)，短針は１分間に，360÷12÷60＝0.5(度)動くから，長針は短針よりも１分間に，６－0.5＝5.5(度)多く動く。また，図①の角AOCの大きさは，180－(30＋45)＝105(度)なので，図①から図②までの時間は，$105 \div 5.5 = 19\frac{1}{11}$(分)とわかる。これは，$60 \times \frac{1}{11} = 5\frac{5}{11}$(秒)より，６時19分$5\frac{5}{11}$秒となる。次に，長針が図①の状態から180度動くと，短針のOBと長針のOEが重なる。そこから図③のようになるのは，長針がさらに角BOEの分だけ多く動いたときである。ここで，図③の三角形COBに注目すると，CO：OB＝５：10＝１：２より，三角形COBは正三角形を半分にした形とわかり，角COBの大きさは60度となる。よって，角BOEの大きさは，60－45＝15(度)だから，図①から図③までに長針は短針よりも，180＋15＝195(度)多く動くことになる。したがって，図①から図③までの時間は，$195 \div 5.5 = 35\frac{5}{11}$(分)と求められる。これは，$60 \times \frac{5}{11} = 27\frac{3}{11}$(秒)より，６時35分$27\frac{3}{11}$秒となる。以上より，長針と短針が重なっている時刻は，６時19分$5\frac{5}{11}$秒から６時35分$27\frac{3}{11}$秒までとわかる。

図①

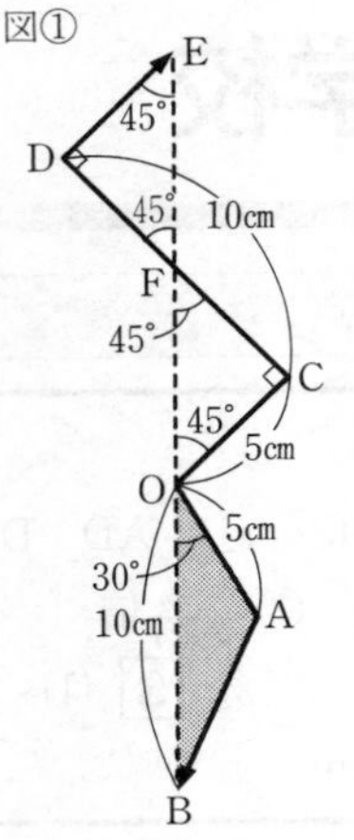

図②

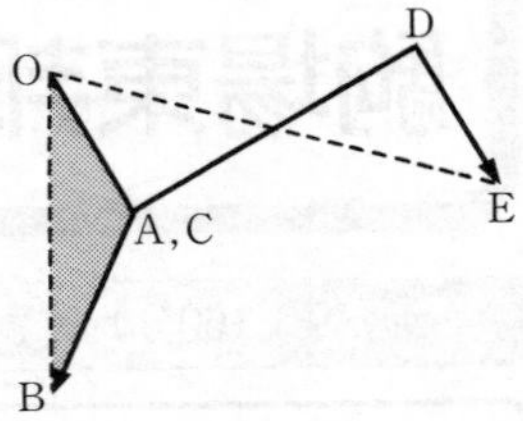

図③

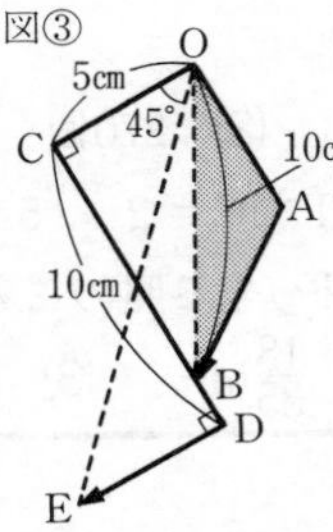

(2)　問題文中の例と同じように，ななめ方向の直線は45度の方向にかくことに注意すると，右の図④のようになる。

図④

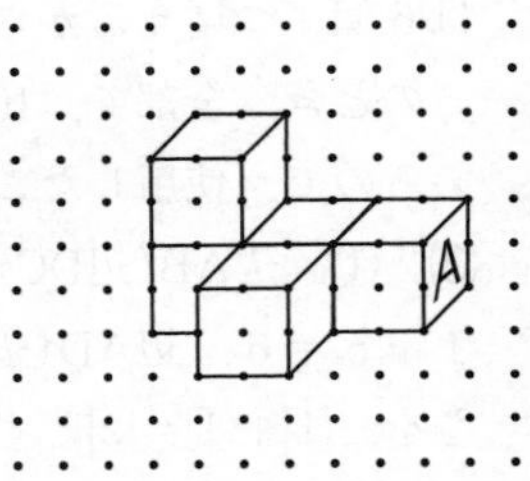

3 約束記号，整数の性質

(1)　《n》＝０となるのは，{2，3，4，5，6}のすべての数で割り切れる数である。つまり，{2，3，4，5，6}の公倍数になる。右の図１より，最小公倍数は，２×３×１×１×２×５×１＝60とわかるから，求めるのは１から2019までの60の倍数の個数である。よって，2019÷60＝33あまり39より，33個とわかる。

図１

2	2	3	4	5	6
3	1	3	2	5	3
	1	1	2	5	1

(2)　《n》＝１となるのは，{2，3，4，5，6}の中に，割り切れない数が１個だけある数である。このような数は，右の図２の①～⑤の５つの場合が考えられる。①の場合，２と３で割り切れる数は必ず６でも割り切れるので，このような数はない。同様に，④と⑤にあてはまる数もない。②の場合，２，３，４，６の

図２

① ２，３，４，５で割り切れるが，６で割り切れない
② ２，３，４，６で割り切れるが，５で割り切れない
③ ２，３，５，６で割り切れるが，４で割り切れない
④ ２，４，５，６で割り切れるが，３で割り切れない
⑤ ３，４，５，６で割り切れるが，２で割り切れない

最小公倍数は12だから，このような数は，12の倍数ではあるが５の倍数ではない数である。つまり，右の図３のアの部分の数である(共通部分は{2，3，4，5，6}の公倍数でもあるので，(1)で求めた33個になる)。2019÷12＝168あまり３より，12の倍数の個数は168個とわかるから，アの部分の個数は，168－33＝135(個)と求められる。同様に，③の場合，２，３，５，６の最小公倍数は30なので，上の図４のイの部分の数である。2019÷30＝67あまり９より，イの部分の個数は，67－33＝34(個)とわかるから，このような数は全部で，135＋34＝169(個)ある。

図３
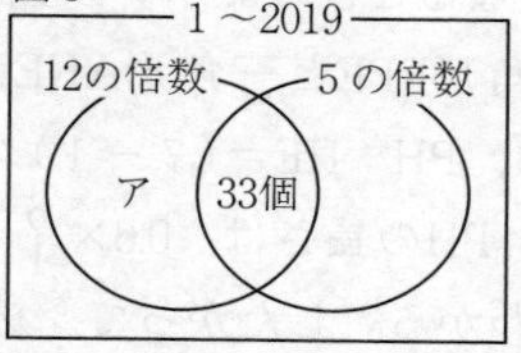

図４
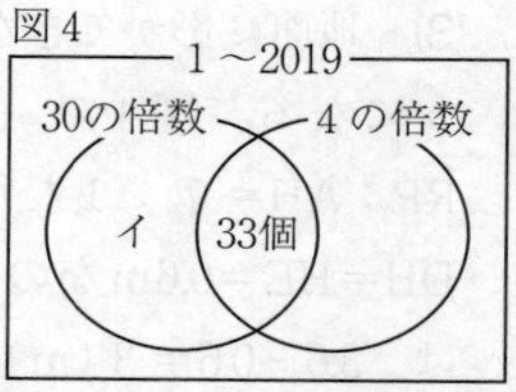

(3) 《n》＝１を満たすのは，図３のアの部分と図４のイの部分の数である。右の図５のように，２，３，４，５，６の最小公倍数である60を周期として調べると，アにあてはまる数は１つの周期の中に４個，イにあてはまる数は１つの周期の中に１個あり，これらの中で差が６になる組は２組あることがわかる(たとえば，n＝24とすると，《24》＝１，《24＋6》＝《30》＝１となり，n＝30とすると，《30》＝１，《30＋6》＝《36》＝１となるので，どちらも条件に合う)。(1)の＿の計算から，全部で33個の周期があり，あまりの中にも２組あることがわかるので，求めるnの個数は，２×33＋２＝68(個)となる。

図５
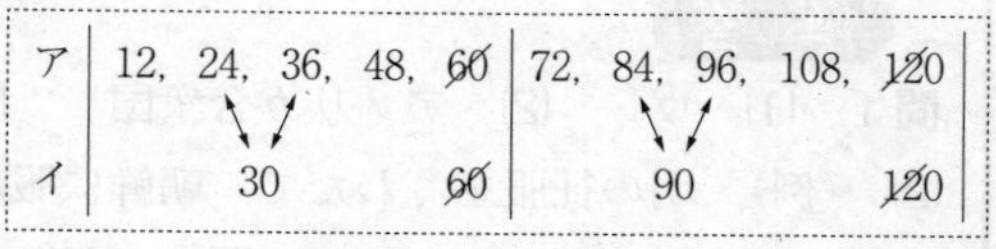

4 立体図形―相似，面積

(1) 正面から見ると右の図１，真上から見ると右下の図２のようになり，図２の色のついた部分に影《かげ》ができる(Fは正四角すいの頂点Aが地面につくる影)。図１で，DH＝HE＝1.2÷２＝0.6(m)になる。また，三角形ORPと三角形OAHは相似であり，相似比は，RP：AH＝７：１だから，PH：HO＝(７－１)：１＝６：１となり，HOの長さは，$(9+0.6)\times\frac{1}{6}=1.6$(m)，EOの長さは，1.6－0.6＝１(m)とわかる。よって，図２の色のついた部分は底辺が1.2m，高さが１mの三角形なので，面積は，1.2×１÷２＝0.6(m^2)と求められる。

図１
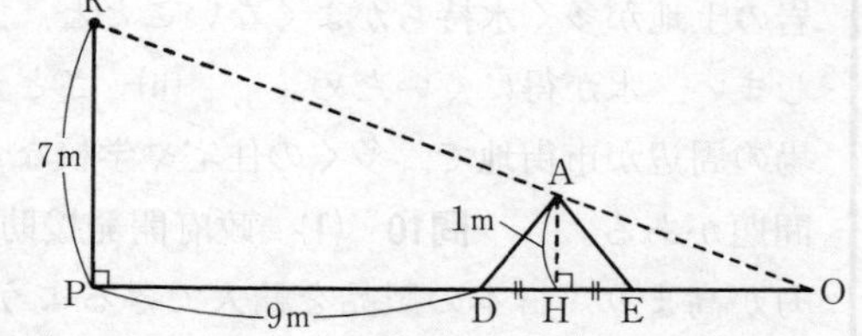

図２
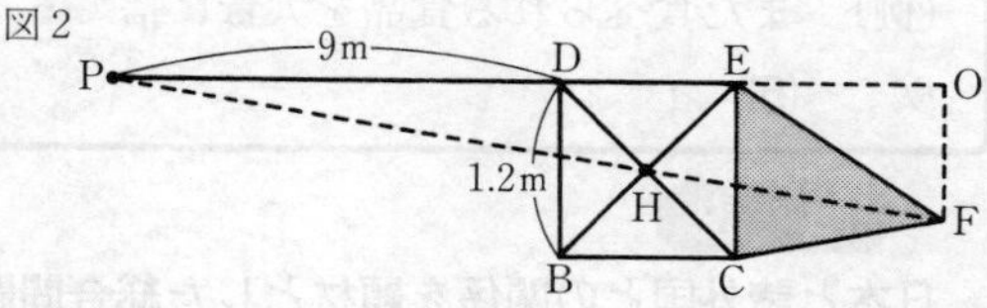

図３
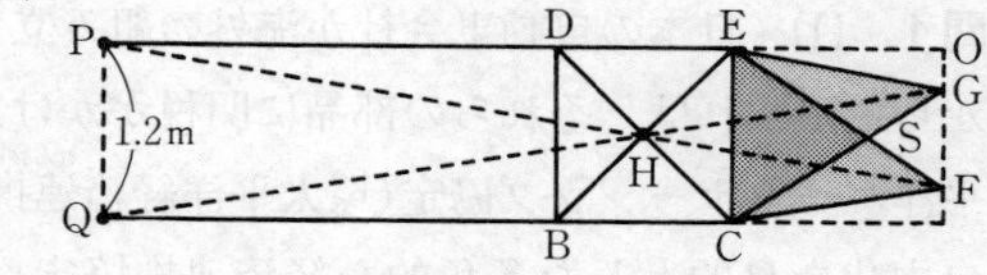

(2) もう１つの光源に明かりがつくと，右の図３のように，図２の色のついた部分を上下対《たい》称《しょう》にした形の影ができる。図３で，三角形PQHと三角形FGHは相似であり，相似比は図１のPH：HOと等しく６：１だから，FGの長さは，$1.2\times\frac{1}{6}=0.2$(m)とわかる。また，三角形ECSと三角形FGSも相似であり，相似比は，1.2：0.2＝６：１なので，ES：SF＝６：１となり，三角形ECSと三角形SCFの面積の比も６：１とわかる。よって，(1)より三角形ECFの面積は0.6m^{2}だから，２つの光源によってできる影が重なった部分(三角形ECS)の面積は，$0.6\times\frac{6}{6+1}=\frac{18}{35}$(m^2)とわかる。

(3)　地面に影ができなくなるときのようすを正面から見ると，右の図4のようになる。図4で，三角形RPEと三角形AHEは相似であり，相似比は，RP：AH＝7：1だから，PH：HE＝(7－1)：1＝6：1となる。よって，DH＝HE＝0.6mなので，PHの長さは，$0.6\times\frac{6}{1}=3.6$(m)となり，PDの長さは，3.6－0.6＝3(m)とわかる。したがって，材木を動かした長さは，9－3＝6(m)と求められる。

図4

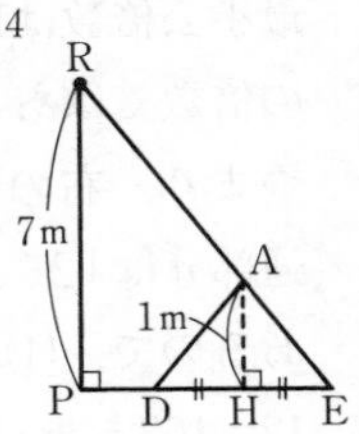

社会　(40分)　<満点：80点>

解答

問1　(1)　ウ　(2)　アメリカ合衆国　**問2**　志賀潔　**問3**　法隆寺　**問4**　(1)　イ　(2)　(例)　明の征服をくわだて，朝鮮に服従と明への先導を要求したが拒否されたため，2度にわたって朝鮮に出兵した。　**問5**　(例)　アメリカと戦争になり，その結果，日本が侵略されるような事態になることを避けるため。　**問6**　イ　**問7**　(例)　朝鮮が中国の属国ではないことを明確にしたうえで，朝鮮へ進出する足がかりをつくること。　**問8**　(1)　(i)　(例)　朝鮮戦争が起こり，国連軍の主力として朝鮮半島に出撃したアメリカ軍が大量の軍需物資を日本に発注したことから，日本国内が好景気となったため。　(ii)　石油危機(第一次石油危機，オイル・ショック)　(2)　(例)　米ソ首脳によって「冷戦の終結」が宣言されたことで，ソ連が外国の飛行機に自国の領空を通過することを認めた。　**問9**　(1)　ア　(2)　(i)　(例)　石灰岩の土地が多く水持ちがよくないことと，大きな川が少なく，降った雨水が短時間で海に流れてしまい，水が得にくいため。　(ii)　さとうきび　(iii)　バイオエタノール　(3)　(例)　飛行場の周辺が市街地で，多くの住宅や学校などがあるため，騒音や事故の心配が絶えないといった問題がある。　**問10**　(1)　政府開発援助(ODA)　(2)　(例)　経済援助によりその国の経済力が高まり，日本の製品を輸入できるようになれば，新たな市場として期待できる。　(3)　(例)　まだ食べられる食品を大量に捨てる「食品廃棄」(食品ロス)が増えていること。　(4)　ウ　(5)　イ

解説

日本と諸外国との関係を題材とした総合問題

問1　(1)　日本の自動車会社が海外の組み立て工場で現地生産を行う場合でも，使用する部品を日本から輸出すれば，それらの部品に関税がかけられることになるから，ウが誤りである。　(2)　環太平洋パートナーシップ協定(環太平洋経済連携《れんけい》協定，TPP)は，太平洋をとりまく国々による，経済の自由化を目的とした多角的な経済連携協定。2017年1月，就任直後のアメリカのトランプ大統領がTPP離脱《りだつ》を表明したが，2018年3月，日本など残る11か国の間で合意事項が調印された。

問2　赤痢菌《せきりきん》を発見したのは細菌学者の志賀潔《きよし》。北里柴三郎《しばさぶろう》が創設した伝染病研究所に入所して学び，1897年に赤痢菌を発見して世界の注目をあびた。

問3　現存する最古の木造建築物群があるのは奈良県の法隆寺。7世紀初めに聖徳太子が創建した寺院で，中国の建築様式やギリシャ建築の影響がみられる。1993年，ユネスコ(国際連合教育科学文化

機関)の世界文化遺産に登録された。

問4 (1) ア 元寇《げんこう》(1274年の文永の役と1281年の弘安の役)では，御家人たちの奮戦により元軍を退けることができた。しかし，元寇は国土防衛戦で，新たに領地を得たわけではなかったので，幕府は御家人たちに恩賞(褒美《ほうび》)を与える余裕がほとんどなかった。 イ 「蒙古襲来絵詞《もうこしゅうらいえことば》」で知られる肥後(熊本県)の御家人竹崎季長《たけざきすえなが》のように，鎌倉まで出かけて幕府の実力者に自分の活躍《かつやく》を訴《うった》え，ようやく恩賞を得ることができた者もいた。 ウ 文永の役ののち，元軍の再来に備えて博多湾沿岸を中心に土るいや石るいが築かれたが，その建設費用や元軍との戦いにかかった費用などは，すべて御家人たちの自己負担であった。 エ 一騎《いっき》打ちを中心とする日本の武士と異なり，元軍は集団戦法や「てつはう」とよばれる火器などを用いたため，日本軍は大いに苦戦した。 (2) 天下統一を果たした豊臣秀吉は明(中国)の征服《せいふく》をくわだて，朝鮮に服属と明への先導をつとめるよう要求したが，朝鮮はこれを拒否した。そのため，秀吉は1592～93年の文禄の役と1597～98年の慶長の役の２回にわたって大軍を送り，朝鮮を侵略《しんりゃく》した。

問5 示された文はアヘン戦争について述べたもの。イギリスは清(中国)との貿易赤字を解消するため，密貿易で清国内に禁制品である麻薬のアヘンを持ちこんでいた。しかし，清がアヘンの取りしまりを強化すると，これを口実として1840年に戦争を起こした。これがアヘン戦争で，1842年，勝利したイギリスは，清にとって不平等な内容の南京《なんきん》条約を結んでシャンハイ(上海)など５港を開かせ，ホンコン(香港)などの領土と多額の賠償《ばいしょう》金を手に入れた。出島のオランダ商館長が幕府に提出していた海外事情の報告書「オランダ風説書」などによってこの事実を知った幕府上層部は，大国の清を破った欧米列強の実力に衝撃《しょうげき》を受けた。そのため，外国船打払令をとり下げ，日本に来航した外国船に水や食料，燃料を与えたうえで穏やかに退去させることとした(天保の薪水《しんすい》給与令)。こうした状況のなか，来日したペリーの強い態度に押された幕府は，アメリカと戦争になり，日本がアヘン戦争に敗れた清のようになることを恐れ，その要求に従って日米和親条約(1854年)を結んだのである。

問6 いずれの絵も明治時代の日本で活躍し，多くの風刺《ふうし》画を残したフランス人ビゴーの作品。Aは日本が日清戦争(1894～95年)に勝利したころのもので，カード遊びをする欧米列強に，イギリスの紹介《しょうかい》で仲間入りをしようとする日本の姿を描《えが》いている。鹿鳴館《ろくめいかん》が完成したのは，条約改正成功前の1883年。Bは1886年に起きたノルマントン号事件の風刺画。紀伊半島沖でイギリスの貨物船ノルマントン号が座礁《ざしょう》・沈没《ちんぼつ》したさい，イギリス人船長と乗組員はボートで脱出して助かったが，日本人乗客は全員が見殺しにされたという事件を風刺した絵である。領事裁判権にもとづき，イギリス領事による裁判が行われたが，船長には軽い刑罰が科せられただけであったため，条約改正を求める国民の声が高まった。Cは日清戦争直前の東アジアの情勢を描いたもので，魚に見立てた朝鮮を日本と清が釣り上げようと争っており，それを橋の上の人物(ロシア)が横取りしようとねらっている。Dは日露戦争の風刺画で，日英同盟(1902年)を結んだイギリスが日本をけしかけてロシアと戦わせようとしているようすを，アメリカが後ろでうかがっている。したがって，正しい文はイということになる。

問7 史料は1876年に日本が朝鮮と結んだ日朝修好条規の一部。この前年にあたる1875年，朝鮮の江《こう》華《か》島付近で退去勧告《かんこく》を無視して測量を行っていた日本の軍艦が朝鮮側から砲撃されたため，日本側が応戦したという事件が起こった。この江華島事件を受けて日本は朝鮮に開国をせまり，日朝修好条規を結ばせた。これは，無関税貿易や領事裁判権などを日本に認めさせる不平等条約であった。条文中に「日本国と平等の権利」を持つとあるのは，朝鮮が中国の属国ではなく独立した国家であることを強調するためのもの。朝鮮への進出をもくろむ日本は，中国の支配や干渉《かんしょう》を受けることなくこれを進めるため，史料にあるような条文を定めたのである。

問８ (1) (i) 1950年に朝鮮戦争が起きると，国際連合(国連)の安全保障理事会はこれを北朝鮮による侵略行為として武力制裁を決議。アメリカ軍が国連軍の主力として韓国を支援した。その結果，日本に駐留《ちゅうりゅう》していたアメリカ軍が朝鮮半島に出撃し，これにともなって大量の軍需《ぐんじゅ》物資を日本に発注したことから，日本国内は好景気となって経済の復興が早まった。なお，物価上昇率が上がったのは，景気がよくなれば一般的に物価も上昇するからである。 (ii) 1973年，第四次中東戦争が起こると，アラブの産油国が原油の生産量削減《さくげん》と原油価格の大幅引き上げを行った。そのため，石油をおもなエネルギー資源とする欧米諸国や日本の経済は大きく混乱した。これを第一次石油危機(オイル・ショック)という。この影響で，日本は経済成長率が第二次世界大戦後初めてマイナスに転じ，1950年代後半から続いてきた高度経済成長が終わることとなった。なお，不景気のとき，一般的に物価は下落傾向《けいこう》となるが，石油危機のときは原油価格の上昇が多方面にわたって影響をおよぼし，物価の上昇を招いた。 (2) 第二次世界大戦後，アメリカを中心とする西側の資本主義諸国と，ソ連(ソビエト連邦)を中心とする東側の社会主義国が厳しく対立し，軍事的な緊張《きんちょう》状態が長く続いた。これを冷戦(東西冷戦，冷たい戦争)という。この影響で，長い間ソ連は西側諸国の飛行機が自国の領空を飛行することを認めてこなかった。しかし，東ヨーロッパ諸国の民主化やソ連国内の政治改革が進められるなかで，1989年12月，第41代アメリカ大統領ブッシュとソ連のゴルバチョフ共産党書記長が地中海の島国マルタ沖のソ連艦船で首脳会談を行い，「冷戦の終結」を宣言。その後，西側諸国の飛行機がソ連の領空を飛行することが認められるようになった。なお，1991年にソ連は解体され，旧ソ連が持っていた権限の多くはロシアに引き継《つ》がれたが，外国の飛行機が自国の領空を通過することはロシアも原則として認めている。そのさいには，ロシア当局の許可が必要になる。

問９ (1) ビニールハウスは野菜などの栽培時期を調節することをおもな目的とした施設で，強風には弱く，台風への備えとしては不適当であるから，アが誤っている。 (2) (i) 沖縄県はサンゴを起源とする石灰岩の土地が多く水持ちが悪いため，水田には適していない。また，沖縄県には大きな川が少なく，降った雨水が短時間で海に流れ出してしまうため水が得にくい。こうしたことから，沖縄県では稲作はさかんではない。 (ii) 沖縄県で最も栽培面積が大きい工芸作物はさとうきびである。温暖な気候を好む作物で，風水害や干ばつにも強いため，昔からさかんに栽培されてきた。

(iii) さとうきびは砂糖の原料となるほか，近年ではバイオエタノールの原料としても利用されており，特にブラジルでは，ガソリンと混ぜて自動車の燃料などに利用されている。バイオエタノールは生物(おもに植物)由来の物質からつくられるエタノールのことで，原料としてアメリカではとうもろこしが，ブラジルではさとうきびがおもに使われている。さとうきびからエタノールを製造する場合，一般的には，さとうきびの糖液をしぼったあとの残りかすを発酵《はっこう》・蒸留《じょうりゅう》する方法がとられている。

(3) 図５から，普天間飛行場の周囲が市街地になっており，多くの住宅や学校・病院などの施設があることもわかる。そのため，騒音《そうおん》の問題があるほか，飛行機の離着陸などのさいに事故が起きれば，市民を巻きこむ大きな被害が発生するおそれが高い。

問10 (1) 先進国の政府や政府機関が，発展途上国の経済発展や福祉向上のために行う資金援助や技術援助などを，政府開発援助(ODA)という。日本のODAの金額は，1990年代には世界第１位の年が続いたが，近年はその額が伸び悩んでおり，2017年はアメリカ・ドイツ・イギリスにつぐ第４位であった。　⑵　発展途上国に対して支援を行う経済的なメリットは，支援によって発展途上国が日本によい印象をいだくようになり，その国が経済発展して国や国民の購買力が高まれば，日本製品の新たな市場として期待できるようになることである。　⑶　世界の食料分配を考えるうえで大きな問題となっているのは，先進国で特に多い「食料廃棄《はいき》(食品ロス)」，つまり，「まだ食べられるのに捨てられる食品」が膨大《ぼうだい》な量になっていることである。世界では現在，約８億人の人びとが飢餓《きが》で苦しんでいるといわれるが，その一方で，世界で生産される食料の約３分の１が捨てられているともいわれている。これに対し，飲食店で「食べ残し」が出た場合に備えてそれらを持ち帰るための専用容器を用意するしくみや，賞味期限切れ間近の食品を引き取り，福祉施設などに提供する「フードバンク」のしくみが広がるなど，事態を改善するための試みも行われている。　⑷　ア　日本国憲法第15条３項には「公務員の選挙については，成年者による普通選挙を保障する」とあるように，年齢による選挙権の制限が存在する。　イ　憲法が保障する人権の多くは，原則として日本国民(日本国籍を有する人)を対象として規定されている。　ウ　日本国憲法第13条が保障する幸福追求権などを根《こん》拠《きょ》として提唱された環境権が定着してきたように，社会の変化とともに新しい人権が認められるようになっている。　エ　三権分立の原則から，立法機関や行政機関が政策を実行するにあたり裁判所に意見を聴《き》くということはない。　⑸　人びとの交流がよりさかんになることで観光客が増え，観光業がさかんになれば，雇用《こよう》の機会も増え，「働きがいのある人間らしい仕事を提供する」ことにつながると考えられるから，イがあてはまる。

理　科　(40分)　＜満点：80点＞

解　答

1　⑴　**方位**…ウ　**形**…オ　⑵　エ，キ，ク　⑶　イ，ウ　⑷　40mg　⑸　①　イ　②　エ　⑹　ア，エ　⑺　エ　⑻　カ　2　⑴　積乱雲　⑵　イ　⑶　ウ　⑷　エ　⑸　(例)　北西に進み，その後，北，北東の順に進路を変えていく。　3　⑴　8 mL　⑵　㋒，7.5mL　⑶　(例)　石灰石(と反応させると)気体をさかんに発生(する方が㋐である。)　⑷　イ　⑸　エ　4　⑴　完全変態　⑵　ウ　⑶　ア　⑷　ウ　⑸　(例)　アゲハとサンショウ　⑹　イ，エ　⑺　ウ　⑻　(例)　純粋種子だけを集め，外部とかく離したビニールハウスなどの中で育てる。　5　⑴　カ　⑵　(例)　アルミニウムと磁石は力をおよぼし合わないから。　⑶　解説の図ⅰを参照のこと。　⑷　解説の図ⅱを参照のこと。　⑸　解説の図ⅲを参照のこと。　⑹　(例)　N極が下向きの６枚の磁石どうしの反発する力の方が，磁石①だけの引きつける力よりも大きいから。

解　説

1　小問集合

⑴　東京で朝方に見える半月は，真夜中に東からのぼり，朝方に南の空に見える下弦《かげん》の月である。下弦の月は，南中しているとき，左側半分が光る半月に見える。

⑵　2018年には，７月に西之島《にしのしま》，10月や12月に口永良部島《くちのえらぶじま》が噴火《ふんか》した。桜島は噴火活動が活発で，爆発《ばくはつ》的噴火の回数だけで2018年に246回噴火している。これ以外にも，2018年には，草津白根山や

霧島山《きりしまやま》(新燃岳《しんもえだけ》)も噴火した。

(3) クヌギは山形県や岩手県から南の地域，コナラは北海道をふくむおよそ日本全国の雑木林で見られる落葉広葉樹で，秋にはドングリをつける。

(4) 光がまったく当たらないようにしたときの二酸化炭素排出《はいしゅつ》量は，植物が呼吸により体外へ排出した量にあたる。つまり，葉の面積100cm^2が1時間あたりに呼吸によって体外へ排出する二酸化炭素の量が5mgである。これは光が十分当たって光合成を行っているときも排出されているので，十分光を当てているときに光合成によって体内に取り込《こ》む二酸化炭素の量は，葉の面積100cm^2あたり，15＋5＝20(mg)となる。よって，葉の面積200cm^2あたりでは，光合成によって体内に取り込む二酸化炭素の量は，$20\times\frac{200}{100}=40$(mg)になる。

(5) ① ペットボトルがへこんだりふくらんだりするのは，おもにボトル内の空気が収縮したりぼう張したりするためである。収縮やぼう張の大きさは，変化する空気の体積が大きいほど大きいので，空のペットボトルの方が変化のしかたははやい。 ② ペットボトルがふくらんで元の形に戻《もど》ったのは，内部の空気があたたまってぼう張して内側からペットボトルのかべを押《お》し戻したからである。へこんだピンポン球をお湯につけると元の形に戻るのも同じ理由になる。

(6) アルコールランプのしんの長さは5mmくらいが適当とされる。長すぎるとほのおが大きくなりすぎて，加熱したい部分だけを熱することが難しくなったり，他のものに火が燃え移る危険があったりする。また，しんが短すぎると，ほのおが小さくなりすぎ，加熱に時間がかかる。

(7) てんびんの棒が水平になってつり合うのは，(100＋300)×5＝2000より，(使ったおもりの重さ)×(支点からおもりがぶらさげられている位置までの長さ)＝2000の関係が成り立つときで，(使ったおもりの重さ)と(支点からおもりがぶらさげられている位置までの長さ)は反比例の関係にある。エの同じ距離《きょり》を一定の速さで進む場合，(速さ)×(かかる時間)で求められる進む距離が同じになるので，(速さ)と(かかる時間)は反比例する。

(8) 細い電熱線は，太い電熱線よりも電流を流しにくいので，同じ電圧で同じ時間電流を流したときの発熱量は，太い電熱線のときよりも少ない。したがって，水温は18℃から上がっても32℃より低くなる。よって，カが選べる。

2 台風についての問題

(1) 台風は，熱帯低気圧が発達したものであり，中心部分のまわりを発達した積乱雲が取り囲んでいる。

(2) 台風のまわりでは，中心部に向かって反時計回りに風が吹《ふ》き込んでいる。日本南岸に位置する東京湾で高波の被害《ひがい》が大きくなるのは，湾の南から北に向かって強い風が吹くときである。台風のまわりの風の向きを考えると，台風が湾の西側にあるときに，湾に向かって南から風が吹くことになる。

(3) 台風は，海面からの水の蒸発による水蒸気の供給によってエネルギーを得ている。このため，上陸した台風は水蒸気の供給が絶たれることでエネルギーを得ることができなくなり，さらに陸地との摩《ま》さつによってエネルギーを失ってしまうので，急速に衰《おとろ》えてしまう。

(4) 図1の天気図を見ると，東北地方の北部には停滞《ていたい》前線が東西に通っている。日本付近に前線が停滞していると，台風から流れ込む暖かく湿《しめ》った空気が前線の活動を活発化させ，大雨になることがあると述べられているように，東北地方の北部にある停滞前線へ，台風18号の中心部に向かって反時計回りに吹き込む風によって太平洋上の暖かく湿った空気が流れ込んだことで前線の活動が活発になり，東北地方北部に大雨がもたらされた。

⑸　台風13号は，図２の位置にあるときは関東地方に向かって北西に進んでいる。しかし，日本列島の北側には２つの高気圧があり，高気圧と高気圧の間にある低気圧が前線をともないながら東北東に進んでいるために，それらの影響を受けてこの後まもなくして台風は，北，北西の順に進路を変えると考えられる。また，日本付近の上空を西から東に向かって１年中吹いている偏西風《へんせいふう》の影響も考えられる。

3　水溶液《すいようえき》の濃度《のうど》と中和についての問題

⑴　塩酸㋒と水酸化ナトリウム水溶液Ⓐは，10：８＝５：４の体積比でちょうど中和し，中性になっている。塩酸㋒は塩酸㋐を，$\frac{1}{10}\times\frac{1}{10}=\frac{1}{100}$にうすめた塩酸なので，塩酸㋓の濃度は塩酸㋒の濃度の，$\frac{1}{50}\div\frac{1}{100}=2$（倍）である。よって，塩酸㋓と水酸化ナトリウム水溶液Ⓐは，（５÷２）：４＝2.5：４＝５：８の体積比でちょうど中和し，５mLの塩酸㋓とちょうど中和する水酸化ナトリウム水溶液Ⓐの体積は８mLである。

⑵　塩酸㋒と水酸化ナトリウム水溶液Ⓐの10倍の濃度である水酸化ナトリウム水溶液Ⓑは，５：（４÷10）＝25：２の体積比でちょうど中和する。よって，45mLの水酸化ナトリウム水溶液Ⓑをちょうど中和するには，$45\times\frac{25}{2}=562.5$(mL)の塩酸㋒が必要である。５mLの塩酸㋐は，$5\div\frac{1}{100}=$500(mL)，５mLの塩酸㋑は，$5\div\frac{1}{10}=50$(mL)の塩酸㋒と同じはたらきをするので，塩酸の混合溶液は，500＋50＋５＝555(mL)の塩酸㋒と同じになる。したがって，ちょうど中和するためには，562.5－555＝7.5(mL)の塩酸㋒を加えればよい。

⑶　塩酸㋐は塩酸㋒の濃度の，$1\div\frac{1}{100}=100$(倍)である。使える物質のうち，塩酸との反応が目で見てわかりやすいのは，石灰石との反応である。石灰石は塩酸にとけて二酸化炭素を発生するが，塩酸の濃度によって気体の発生のしかたが異なる。塩酸㋒より濃《こ》い塩酸㋐の方が，気体の発生のしかたはさかんになる。

⑷　時間が経つとともに，うすい塩酸とうすい水酸化ナトリウム水溶液はゆっくりと混じり合って一部が中和していき，十分な時間が経つと一様な混合溶液になっていると考えられる。混合した体積は水酸化ナトリウム水溶液の方がうすい塩酸よりも多いので，混合溶液はアルカリ性となり，BTB溶液は青色を示す。

⑸　アサガオの花やぶどうの皮，黒豆の皮は，いずれもムラサキキャベツと同じようにアントシアニンという色素を持ち，ムラサキキャベツの汁《しる》と同様に，レモン果汁《かじゅう》を加えて酸性にすると色が変わる。また，紅茶は，テアフラビンという色素が酸性になると色がうすくなるため，色が変わって見える。

4　カイコガの成長，絶滅危惧《ぜつめつきぐ》種と外来生物についての問題

⑴　成長の過程でさなぎになる昆虫《こんちゅう》の育ち方を完全変態という。ガやチョウ，ハチ，アリ，カブトムシなどは完全変態をする。

⑵　カイコガのたまごは，ウのように直径が約１mmの球形に近い形をしている。なお，アはモンシロチョウ，イはコオロギやバッタなどのたまごのようすである。

⑶　図で，あしがついている部分は胸部にあたる。その前のかげがついている部分が頭部であり，

頭部についているアが幼虫の眼になる。

⑷　カイコガのまゆ(さなぎをおさめる部屋)は，Bのような球を一方向に少し引きのばした形をしている。Aは「みのむし」ともよばれるチャミノガのまゆ，Cは茶色っぽい色をした線がはいったような模様が特ちょう的なイラガのまゆである。

⑸　アゲハの幼虫は，ミカンのなかま(サンショウ，カラタチなど)の植物の葉を食べることがよく知られている。

⑹　アホウドリとジュゴンは，環境省のレッドデータブックで絶滅危惧種として掲載《けいさい》されている。なお，カイコガは人の手で保存され飼育されていて，ブナは日本の森林を形成するおもな樹木で，各地に見られる。かつて関東地方周辺で多く見られたカントウタンポポは，セイヨウタンポポにおされて減少傾向《けいこう》にある。ニホンカワウソについては，すでに絶滅したとされている。

⑺　日本の生態系をおびやかすおそれのある外来生物(特定外来生物)として，アライグマの他，カミツキガメ，オオクチバス(ブラックバス)，ヒアリなどがある。

⑻　シマグワとの雑種とならないように，純粋《じゅんすい》種子を選んで外部との交わりを絶ったビニールハウスなどで育てる。このようにすることで，アカギに生育を妨《さまた》げられたり，ヤギに芽生えを食べられてしまうことも防ぐことができる。

5　円板状磁石の動きについての問題

⑴　図2で北を向いているので，方位磁針のかげをつけられている側がN極である。これに円板状磁石のN極を近づけると，方位磁針のN極は反発して東を向く。

⑵　アルミニウムは磁石の力を受けないので，表面がなめらかなこともあり円板状磁石の動きを調べるのに適している。なお，円板状磁石が動くと，アルミニウム板に磁石の動きを妨げようとする向きの磁界をつくるようにうず電流が生じる。これによって，磁石が動く速さをおさえ観察しやすくなる。

⑶　磁石②と磁石③は反発し合い，同時に磁石②と磁石③はそれぞれ磁石①とくっつくので，下の図ⅰのように3枚の磁石は1列に並ぶ。

⑷　磁石②と磁石③と磁石④は，この3枚の磁石どうしが反発し合いながら，それぞれ磁石①とくっつく。したがって，下の図ⅱのように，磁石①を中心に，残りの3枚の磁石がたがいに120度はなれた位置で，磁石①にくっつく形になる。

⑸　磁石①と磁石④，磁石②と磁石③はそれぞれたがいに反発するが，磁石①は磁石②と磁石③，磁石④は磁石②と磁石③とたがいに引き合う。このことから，4枚の磁石は下の図ⅲのように並ぶ。このとき，反発し合う磁石の間は，引き合う磁石どうしよりも遠くなっている。

⑹　N極を下向きになるようにした6枚の磁石の反発し合う力の方が，磁石①と引き合う力よりも大きくなるので，図6のような状態を保つことはできない。

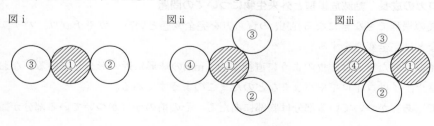

図ⅰ

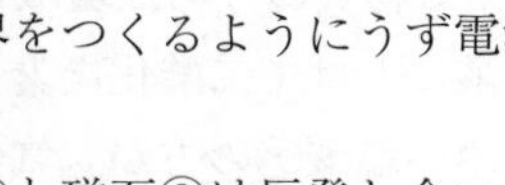

図ⅱ

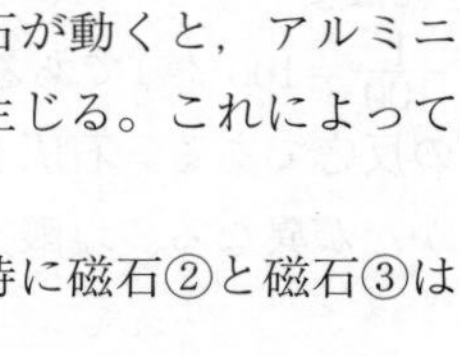

図ⅲ

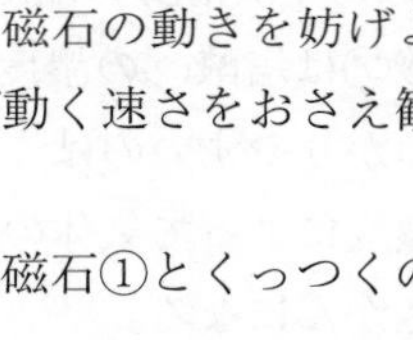

国語 （60分）＜満点：120点＞

解答

問１ 下記を参照のこと。 **問２** （例） 外国人観光客が七夕飾りを喜ぶ姿に幼いころから接していたから。 **問３** Ａ イ Ｂ イ **問４** （例） 百花たちの家族が政治や国交が不安定な国から来たことを知り，単なる観光目的での来日ではないだろうと予想をしたから。

問５ （例） 日本語が話せないと思い，気をつかって英語で問いかけたのに，日本語で返されたから。 **問６** エ **問７** かあさんは黙っ **問８** （例） 夏の心に残っていた百花との再会がすごくうれしかったのに，わざとそっけないふりをしたことが，かえって百花を意識しすぎているように感じられ，恥ずかしく思っている。 **問９** ア **問10** ウ **問11** オ **問12** エ，オ **問13** （例） 百花が平和な日常を過ごせますように **問14** （例） 夏のひいおじいちゃんが，戦地から日本に戻ってまずカルピスを飲んで，平和の味がすると思ったことや，百花の父親が，カルピスを飲む百花を見て，危険な国から平和な日本に戻ってよかったと思ったことなど，カルピスは，世界平和の象徴として描かれている。

●漢字の書き取り

問１ 1 不格好 2 看板 3 内装 4 指導 5 似合 6 翌日 7 適 8 災害 9 危険 10 片言 11 通訳 12 貸 13 照 14 常連 15 類

解説

出典は『ねがいごと』所収の「夏と百花《モニカ》とカルピスと（戸森《ともり》しるこ作）」による。夏の両親が経営するカフェで，夏と百花が出会う場面である。

問１ 1 見ばえが悪いこと。 2 人目を引くために店の名前などを書いて，店先や建物にかかげておく板。 3 建物や乗り物などの内部をかざりつけてととのえること。 4 ある方向や目的に向けて教え導くこと。 5 ふさわしいこと。 6 次の日。 7 ぴったりと合っているようす。 8 天災や戦争・事故などによって受けるわざわい。 9 あぶないこと。 10 たどたどしい話し方。 11 異なる言語の人と人の間に立って，それぞれの言葉を相手の言葉に直し，話を通じさせること。またその人。 12 音読みは「タイ」で，「賃貸」などの熟語がある。 13 音読みは「ショウ」で，「対照」などの熟語がある。 14 いつも同じ場所や店などにくるなじみの人。 15 音読みは「ルイ」で，「種類」などの熟語がある。

問２ 直前の「そんな事情」に注目する。夏の両親は自宅でカフェを営んでいて，「近所に外国人観光客向けのホテルがあり～四季折々の和風の飾《かざ》り物は喜ばれた」とある。夏は，店先に出された七夕飾りに対する外国人観光客の反応を幼いころから見ていたため，七夕が世界共通の祭りでないことを知っているのだろうと考えられる。

問３ Ａ 「物心がつく」は，“世の中のことや人の気持ちなどがわかるようになる”という意味。 Ｂ 「舌を噛《か》みそうな」は，ある言葉が長くあるいは複雑で，発音するのがむずかしいようす。

問４ 「その国名を聞いたとたん，夏の両親は息をのん」で，「それはまた，なんというか，大変なところから」と話していることに着目する。その後，百花の母親が「わたしたちのいた国でね，戦争みたいなことが始まるかもしれないの」と話し，「親同士が国交と政治の話を始め」たことから考えると，夏の両親は，百花たちの住んでいた国で戦争が起こりかねない，非常に危険な状況《じょうきょう》にあることを知っていたものと想像できる。だから，夏の父親は，日本を楽しむための「観光」ではなく，もっと重大な目的で日本をおとずれたのだろうと考え，「滞在《たいざい》」と言い直したのである。

問5　「拍子《ひょうし》抜《ぬ》け」は，勢いこんで待ちかまえていたのに，その必要がなくなって気が抜けるようになるようす。夏は「質問に答えようとしない少女を見て」，「日本語が話せないのかもしれない」と考え，気をつかって英語で話しかけたが，すぐに「英語は苦手よ」と「きっぱりと日本語で返され」たので，自分の気づかいは必要なかったと思い，気が抜けてしまったのである。

問6　「顔をしかめる」は，顔にしわをよせて不快な気持ちや苦痛を表現するさま。夏はもちろん戦争を体験したこともなく，知識といっても「最近テレビでよく見る，ミサイルや爆弾《ばくだん》や戦闘《せんとう》機をイメージする」程度のものしか持っていなかった。ただ，戦争はいやなもので，起こってほしくないと思うので，夏は「顔をしかめる」ことで，その思いを伝えようとしたのだろうと考えられる。

問7　夏の母親は，命が危険だから自分の国を離《はな》れなければならなかった人たちの半分は，夏のような「子ども」であると話している。店にきた百花たちから危険な国に住んでいることを聞いた母親が，「黙《だま》ったまま」「夏の肩《かた》を抱《だ》き寄せる」ようにしたのは，夏にはそんな目にあってほしくないという愛情にもとづいて取った行動なのだろうと推測できる。

問8　「しらじらしい」は，知っているのに知らないふりをするようす。夏が「例年よりもカルピスをよく飲んだ」のは「百花の影響《えいきょう》」で，「カルピスを飲む百花の横顔は，それと同じくらいに，いや，きっとそれ以上に，なんとも魅力《みりょく》的だった」とあることからも，夏が百花のことを忘れられないでいるようすがうかがえる。だから，百花が再び店にやってきたとき，内心うれしく思っているのに「あえてはしゃいだりせず，そこに百花がいることは大したことではないようにふるまった」のである。しかし，大して気にかけてはいなかったというような「せりふ」があまりにわざとらしかったので，かえって夏は自分が百花を強く意識していたことに気づき，恥《は》ずかしくなってしまったのである。

問9　百花については，「まわりとは別のテンポで生きているような独特の雰囲気《ふんいき》」，「クラスの口うるさい女子のように，口からぽんぽんと感情が飛んでこない」，「しつこく聞いてくるかと思ったけれど，百花はそうしなかった～それはひどく百花らしいと思った」などと書かれている。これらから，ほかの女子とはちがい，しっかりと自分らしさを持っているようすが読み取れるので，アがふさわしい。

問10　父親が，カルピスの「昔のキャッチコピー」である「初恋《はつこい》の味」という言葉を何げなく使ったのに対し，夏はからかわれたと思い「やめてよ」と言っている。最初，父親は夏の反応の理由がわからず，「きょとんとして」いたが，夏が「初恋」という言葉に反応したとわかり，「にやっと笑った」のだから，ウが正しい。

問11　百花が育った国は政情が不安定で，学校に通学できるような状況じゃなかったのかもしれないと夏の母親は想像している。そのような国で，百花の両親は通訳などの仕事をしながら，貧しくて教育を受けられない子どもたちをサポートするような活動を続けていたが，「戦争みたいなことが始まるかもしれない」ということになり，「大勢の子どもたちをおいて，ここに逃《に》げてきた」のである。また，百花が「来週からは新しい島で暮らすのよ。安全なところ」と言っていることからも，百花の両親は日本に帰国するのではなく，また別の場所で同じような活動をしようとしていることが推測できる。このようなことから，百花は今まで平和な日々をふつうに送るようなことはできなかったことがうかがえる。そのため，百花の父親は，平和な日本でカルピスを飲む百花を見て「日本にもどってよかったと思った」と話したのである。

問12　エ「名前を覚えてくれていたことと，呼び捨てされたことに，夏はドキドキしてしまう」とあるので，うれしく思っていることがわかる。つまり，夏は百花にはじめて名前を呼ばれたときのことを，「何の遠慮《えんりょ》もなく自分の心に踏《ふ》み込《こ》まれた」とは受け止めていないので，合わない。　オ「夏はかさばるという表現を知らなかった」のだから，その表現から百花の生活を直感することはできないはずである。

問13　百花に興味を持ち，住んでいた国について調べたり，難民のことを学んだりしたこと，百花が願い事を書く七夕の短冊《たんざく》に「世界平和とカルピス」と書いたのに対し，「かなり妙《みょう》な取り合わせだけれど，何か心を動かされる」と感じていること，「旅に出るのは百花のほうなのに，別れ際」に「無事でね」と言われたことなどをおさえて考える。本来「無事」でいてほしいのは百花のほうだという夏の気持ちや，「二度と会えない可能性が高い」のだから，せめて百花が平和な日々を送れるように，遠い日本の地から願いたいという夏の気持ちを反映させるとよい。

問14　「カルピス」と「世界平和」が関連する具体的なエピソードとして紹介《しょうかい》されているのは，夏のひいおじいちゃんが戦地から帰ってきてカルピスを飲んだときに「平和の味がする。そう思った」という話と，百花の父親が平和な日本でカルピスを飲む百花を見て「日本にもどってよかったと思った」と話したことである。どちらも，カルピスを味わえるような日常を過ごすためには，世の中が平和でなければならないということを示しており，こうしたエピソードから，カルピスは世界平和を象徴《しょうちょう》するものとして描《えが》かれているといえる。

Dr.福井の

入試に勝つ！脳とからだのウルトラ科学

寝る直前の30分が勝負！

みんなは，寝る前の30分間をどうやって過ごしているかな？　おそらく，その日の勉強が終わって，くつろいでいることだろう。たとえばテレビを見たりゲームをしたり――。ところが，脳の働きから見ると，それは効率的な勉強方法ではないんだ！

実は，キミたちが眠っている間に，脳は強力な接着剤を使って海馬《かいば》（脳の，知識をためる倉庫みたいな部分）に知識をくっつけているんだ。忘れないようにするためにね。もちろん，昼間に覚えたことも少しくっつけるが，やはり夜――それも“寝る前”に覚えたことを海馬にたくさんくっつける。寝ている間は外からの情報が入ってこないので，それだけ覚えたことが定着しやすい。

もうわかるね。寝る前の30分間は，とにかく勉強しまくること！　そうすれば，効率よく覚えられて，知識量がグーンと増えるってわけ。

では，その30分間に何を勉強すべきか？　気をつけたいのは，初めて取り組む問題はダメだし，予習もダメ。そんなことをしても，たった30分間ではたいした量は覚えられない。

寝る前の30分間は，とにかく「復習」だ。ベストなのは，少し忘れかかったところを復習すること。たとえば，前日の勉強でなかなか解けなかった問題や，１週間前に勉強したところとかね。一度勉強したところだから，短い時間で多くのことをスムーズに覚えられる。そして，30分間の勉強が終わったら，さっさとふとんに入ろう！

ちなみに，寝る前に覚えると忘れにくいことを初めて発表したのは，アメリカのジェンキンスとダレンバッハという２人の学者だ。

Dr.福井（福《ふく》井《い》一成《かずしげ》）…医学博士。開成中・高から東大・文Ⅱに入学後，再受験して翌年東大・理Ⅲに合格。同大医学部卒。さまざまな勉強法や脳科学に関する著書多数。

Memo

Memo

2018年度　駒場東邦中学校

〔電　話〕（03）3466－８２２１
〔所在地〕〒154-0001　東京都世田谷区池尻４－５－１
〔交　通〕京王井の頭線─「駒場東大前駅」より徒歩10分
東急田園都市線─「池尻大橋駅」より徒歩10分

【算　数】（60分）〈満点：120点〉

1　(1)　ある商品の原価の２割増しで税抜き価格をつけたところ，税込《こみ》価格は3726円でした。このとき原価を求めなさい。ここで消費税は８％とします。

(2)　$2018\times\frac{13}{372}+13-(104-65\div5)\div6+\frac{51}{31}$ を計算しなさい。

(3)　右の四角形ABCDを直線 l を軸《じく》として１回転してできる立体の体積は何 cm^3 か求めなさい。なお，AC＝BCでBCとDAはそれぞれACに垂直な直線です。BC，DAの長さはそれぞれ15cm，10cmで円周率は3.14とします。

ただし，円錐《すい》の体積は
（底面積）×（高さ）÷３
で求められます。

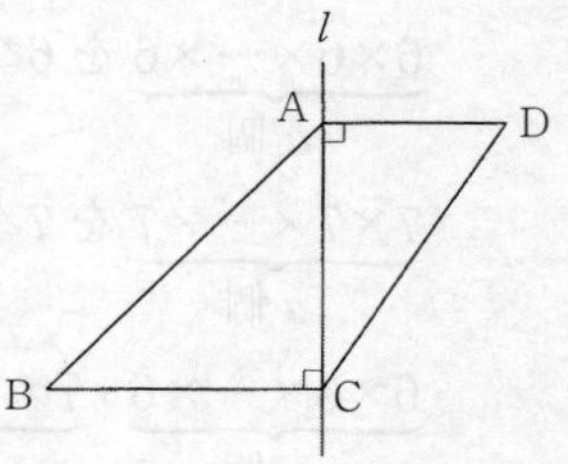

(4)　$\frac{1}{18}=\frac{1}{a}+\frac{1}{b}$ を満たす，１以上100以下の２つの**異なる**整数の組（a，b）を４つ答えなさい。ただし a は b より小さい数とします。

2　図のような１辺の長さが６cmの正三角形が４つと，正方形からできる四角錐《すい》O-ABCDについて辺AB，OB，CDの真ん中の点をそれぞれL，M，Nとします。ただし，円周率は3.14として，次の問いに答えなさい。

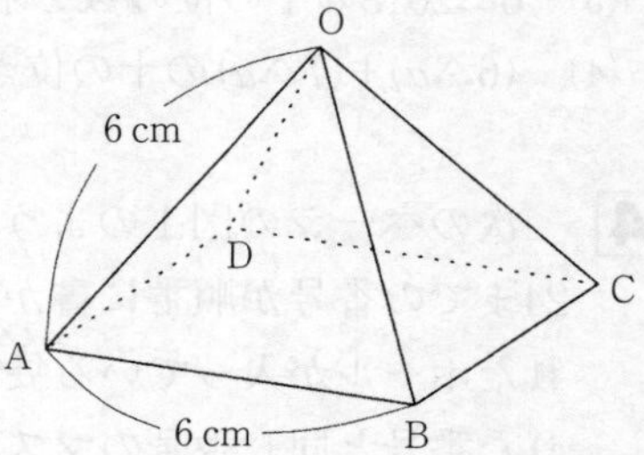

(1)　３点L，M，Nを含《ふく》む平面でこの四角錐を切り分けます。
①　切断面はどのような図形か答えなさい。
②　切断面の周の長さを答えなさい。

(2)　頂点Oに長さ６cmの糸をつけます。もう片方の糸の先端《たん》が，この四角錐の表面上を動くことができる範《はん》囲について考えます。
①　解答欄《らん》の展開図に動くことができる範囲をかき，斜《しゃ》線で示しなさい。
②　動くことができる範囲の面積を求めなさい。

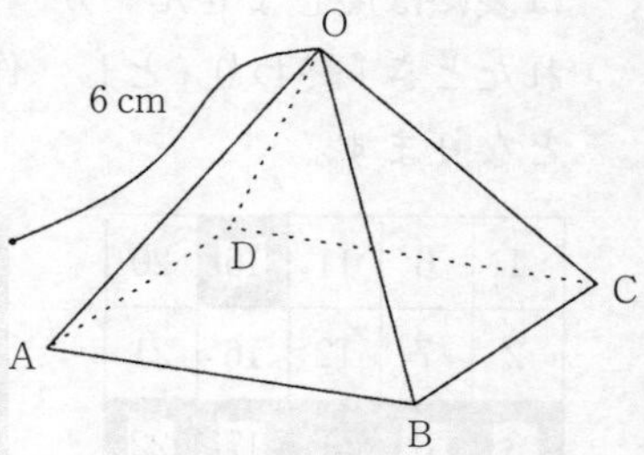

(3)　右の図のように正三角形OABの3つの頂点から等しい距《きょ》離《り》にある点Hに棒をさすと，OH：HL＝2：1となりました。同様に正三角形OBCにも棒をさします。今度は頂点OにOLと同じ長さの糸をつけ，もう片方の先端は辺OB上にあるとします。**ぴんと張った状態で**もう片方の糸の先端が，この四角錐の表面上を動くとき，糸の先端が描《えが》く図形の長さの総和はHLの長さの何倍か求めなさい。ただし，糸や棒の太さは考えないものとします。

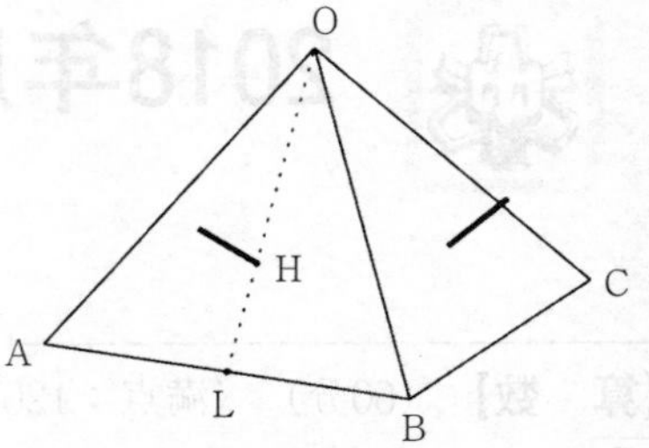

3　aを1以上2018以下の整数とします。1つのaに対して

$\underbrace{6\times6\times\cdots\times6}_{a\text{個}}$を$6\triangle a$と表し，

$\underbrace{7\times7\times\cdots\times7}_{a\text{個}}$を$7\triangle a$と表し，

$\underbrace{6\times6\times\cdots\times6}_{a\text{個}}+\underbrace{7\times7\times\cdots\times7}_{a\text{個}}$を$(6\triangle a)+(7\triangle a)$

と表すことにします。ただし，$6\triangle1=6$，$7\triangle1=7$とします。

次の問いに答えなさい。ただし，1けたの数の十の位の数字は0とします。

(1)　aが1以上10以下のとき，$7\triangle a$の十の位の数をそれぞれ求めなさい。

(2)　$7\triangle2018$の十の位の数を求めなさい。

(3)　$6\triangle2018$の十の位の数を求めなさい。

(4)　$(6\triangle a)+(7\triangle a)$の十の位が1となる$a$の選び方は何通りあるか求めなさい。

4　次のページの図1のように5×5四方のマス目の中央が塗《ぬ》りつぶされ，残りのマスに1から24までの番号が順番に書かれたカードがあります。また，1から24までの番号が1つずつ書かれたボールが入っている袋《ふくろ》があります。この袋の中からボールを1つ取り出し，ボールに書かれた番号と同じ番号のマス目を塗りつぶすという作業を繰《く》り返します。一度取り出したボールは袋には戻《もど》しません。カードのたて，よこ，ななめのいずれか1列の番号がすべて塗りつぶされたとき「終わり」とし，作業を終了します。例えば図2，図3のように取り出すと「終わり」となります。

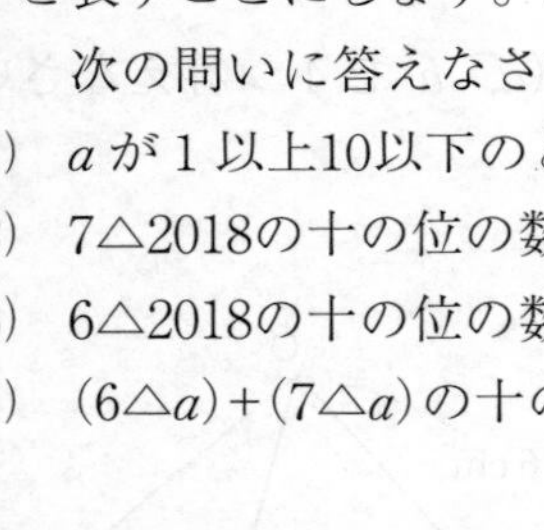

図2
3－8－17－15－19－24－22
の順にボールを取り出す

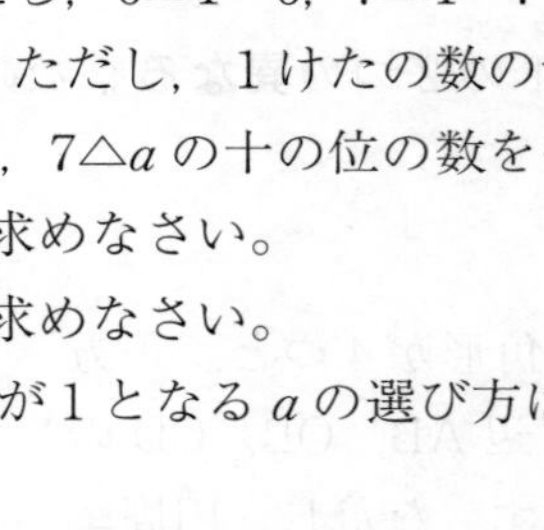

図3
1－2－3－4－24－5
の順にボールを取り出す

(1)　作業をちょうど4回繰り返して「終わり」となるとき，塗りつぶされた数字の組み合わせは何通りあるか求めなさい。

(2)　作業をちょうど5回繰り返して「終わり」となるとき，塗りつぶされた数字の組み合わせは何通りあるか求めなさい。

(3)　作業を19回繰り返したとき，1が書かれたマス目は塗りつぶされず，さらに「終わり」となりませんでした。このような場合は全部で何通りあるか求めなさい。またそれらの中の1つを具体的に答えなさい。ただし，**塗りつぶされずに残った**すべての数字に○をつけなさい。

1	6	11	15	20
2	7	12	16	21
3	8		17	22
4	9	13	18	23
5	10	14	19	24

図1

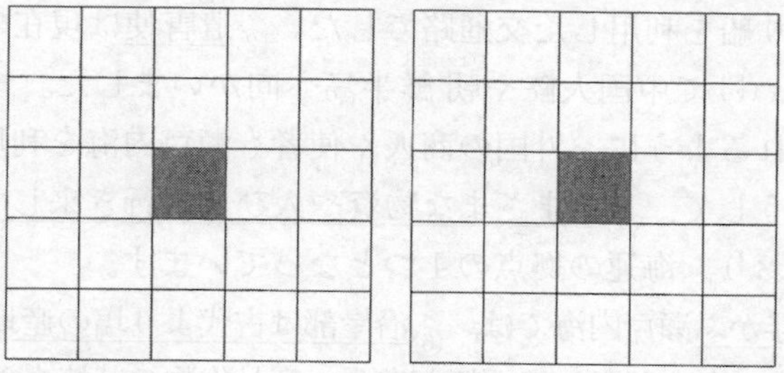

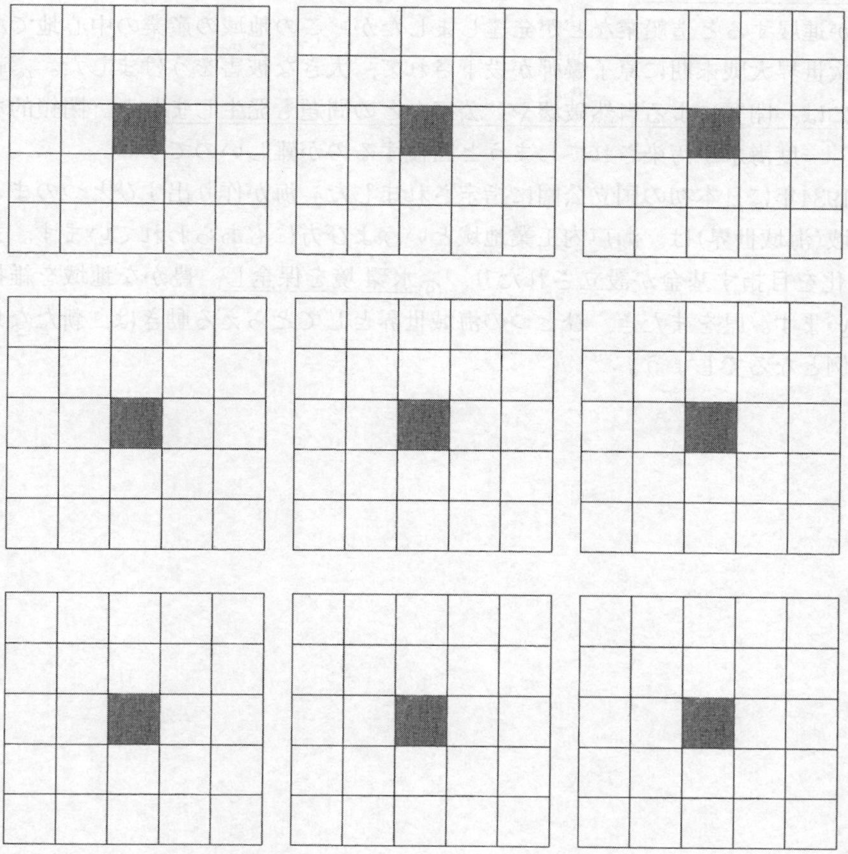

【社　会】（40分）〈満点：80点〉

次の文章を読み，図１（昭和47（1972）年発行の２万5,000分の１の地形図）と図２（平成24（2012）年発行の２万5,000分の１の地形図（いずれも縮小してある））を見て，設問に答えなさい。

日本列島は海に囲まれた大小の島々の集合体です。海は魚介類《ぎょかいるい》などの豊かな資源をもたらしてくれると同時に，交通路でもあり，隣国《りんごく》との境界にもなります。日本をとりまく海は外海《がいかい》と内海《ないかい》とに分けられます。このうち①最大の内海は，近畿《きんき》・四国・中国・九州地方の11府県に囲まれている瀬《せ》戸《と》内海《ないかい》で，東西に長い7,000キロメートル（km）以上の海岸線に囲まれています。

この海は古代より船を利用した交通路でした。②遣唐使《けんとうし》は現在の大阪湾《おおさかわん》を出港して瀬戸内海を通り，北九州をぬけて中国大陸や朝鮮《ちょうせん》半島へ向かいました。また，③日宋《にっそう》貿易や朝鮮通信使のルートに見られるように，外国の商人や使者も瀬戸内海を利用し，海外の文物や文化が伝えられました。こうして，④さまざまな物資や人びとが行き来してきた瀬戸内海は，現在でも多くの港を有しており，海運の拠点《きょてん》の１つとなっています。

⑤多くの島々の浮《う》かぶ瀬戸内海では，⑥沿岸部は古代より塩の産地として知られてきました。江《え》戸《と》時代になると遠浅《とおあさ》の海を利用して干拓《かんたく》が進み，商品作物の栽培《さいばい》もさかんになります。また，⑦16世紀半ば以降は生野《いくの》銀山，別子《べっし》銅山などが大規模に採掘《さいくつ》され，近世の日本の貿易を支えました。明治以降に工業化が進展すると造船業などが発達しましたが，この地域の産業の中心地であった広島には，第二次世界大戦末期に原子爆弾《ばくだん》が投下されて，大きな被害《ひがい》をうけました。⑧戦後の高度経済《けいざい》成長期には，開発による自然破壊《はかい》や，公害などの問題も発生しました。閉鎖《へいさ》的な海域で穏《おだ》やかなので，一度海水が汚染《おせん》されてしまうと回復するのが難しいのです。

瀬戸内地域は，1934年に日本初の国立公園に指定されました。海が作り出すひとつのまとまりとしてのこの地域（海域世界）は，瀬戸内工業地域というよび方にもあらわれています。また，瀬戸内地域の活性化を目指す基金が設立されたり，⑨水環境《かんきょう》を保全し，豊かな地域を維持《いじ》する試みもなされています。県をまたぎ，ひとつの海域世界としてとらえる動きは，新たな地域社会のあり方の一例となるでしょう。

図1　昭和47(1972)年発行の2万5,000分の1の地形図

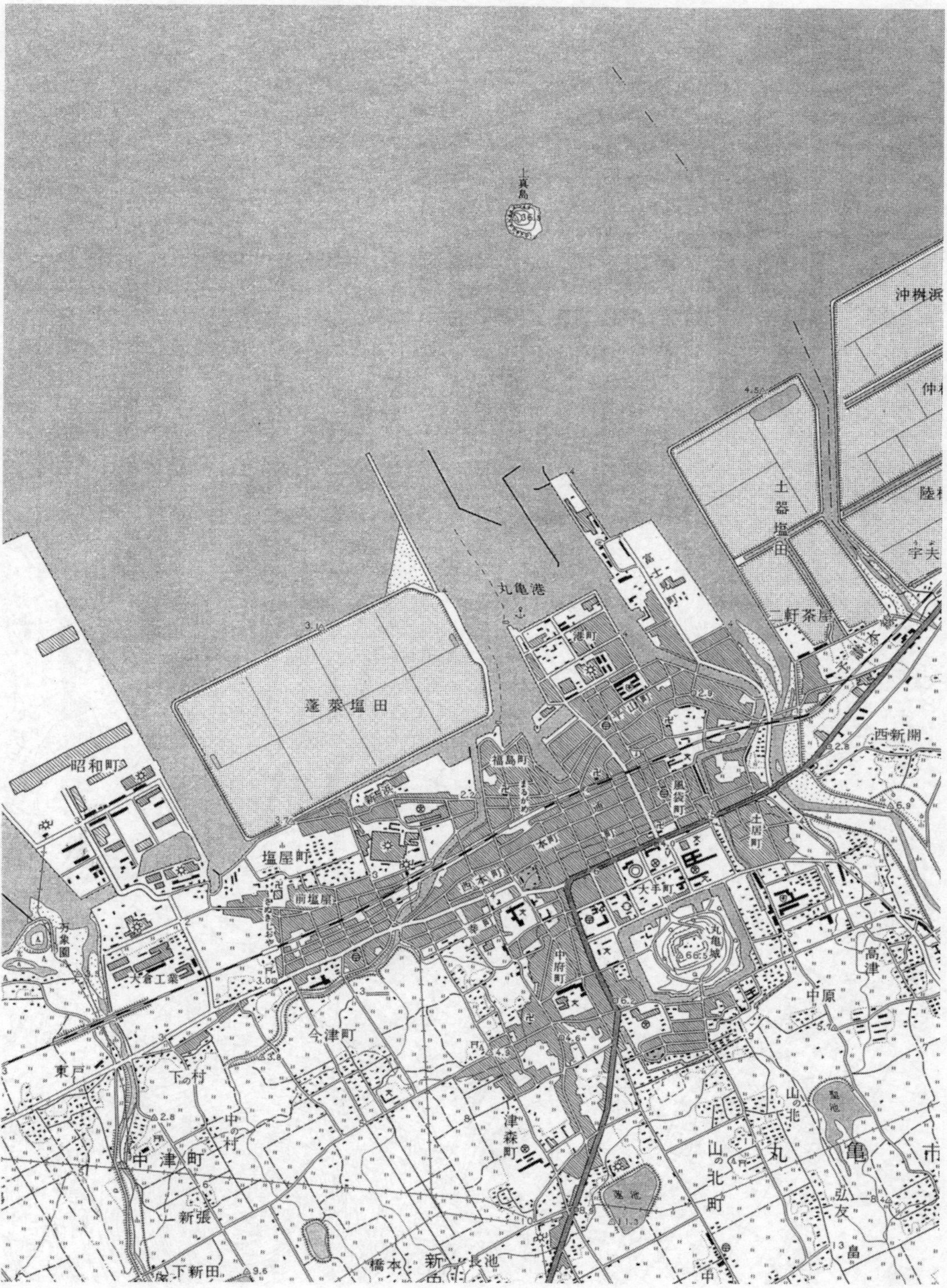

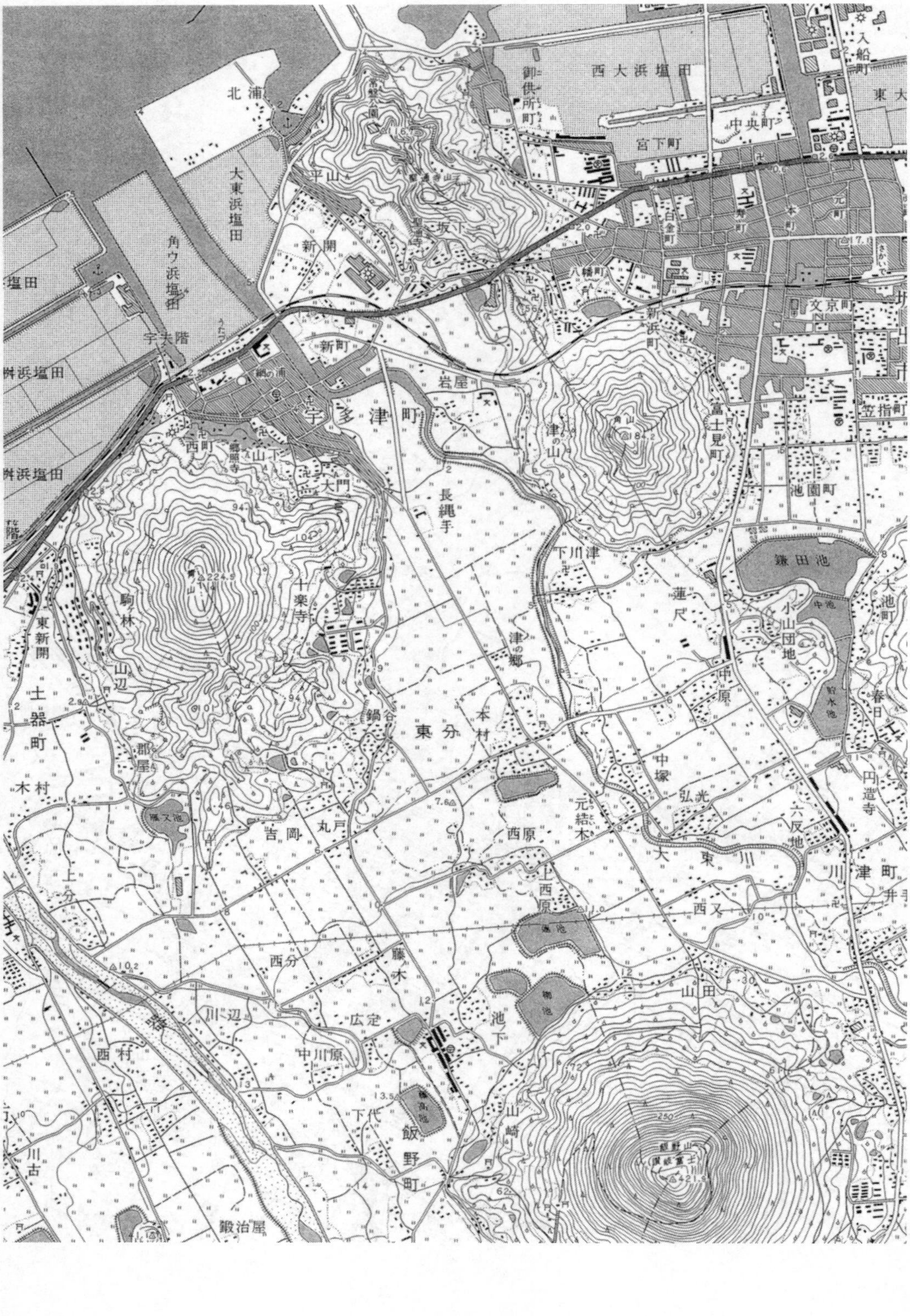
北浦
大東浜塩田
角ウ浜塩田
塩田
宇多津
常盤公園
平山
聖通寺山
坂下
新開
新町
網ノ浦
御供所町
西大浜塩田
宮下町
中央町
入船町
東大
白金町
寿町
本町
元町
八幡町
新浜町
文京町
岩屋
宇多津町
西町
山下
大門
長縄手
角山
津ノ山
富士見町
笠指町
池園町
青ノ山
駒林
十楽寺
東新開
山辺
土器町
郡屋
木村
下川津
蓮尺
鎌田池
大池町
小山団地
中原
津ノ郷
本村
東分
鍋谷
貯水池
春日
中塚
弘光
円通寺
元結木
六反地
西原
丸戸
吉岡
上分
大東川
川津町
上西原
西又
西分
藤木
山田
川辺
広定
池下
西村
中川原
下代
飯野町
山崎
飯野山
讃岐富士
川古
鍛冶屋

図２　平成24(2012)年発行の２万5,000分の１の地形図

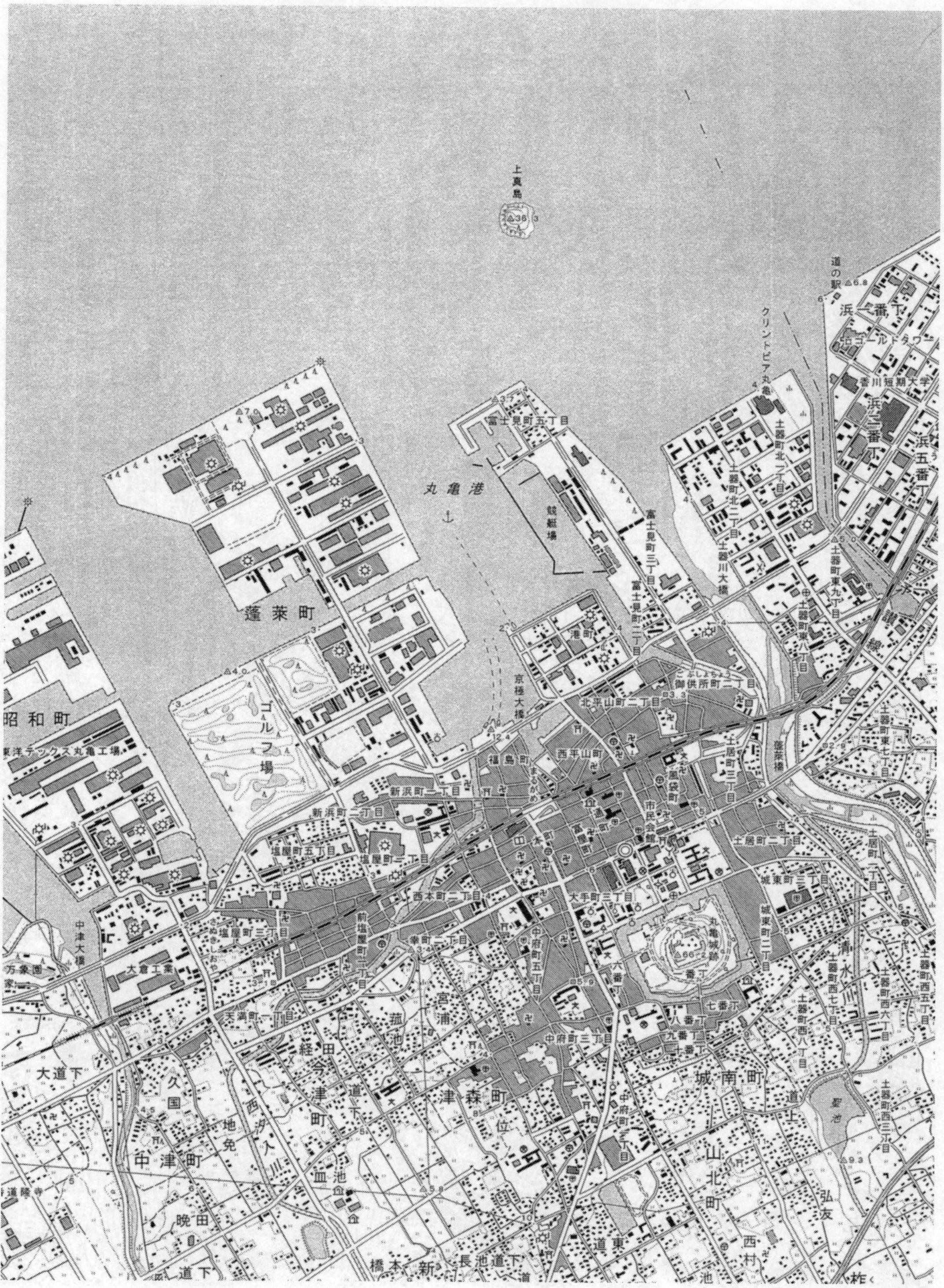

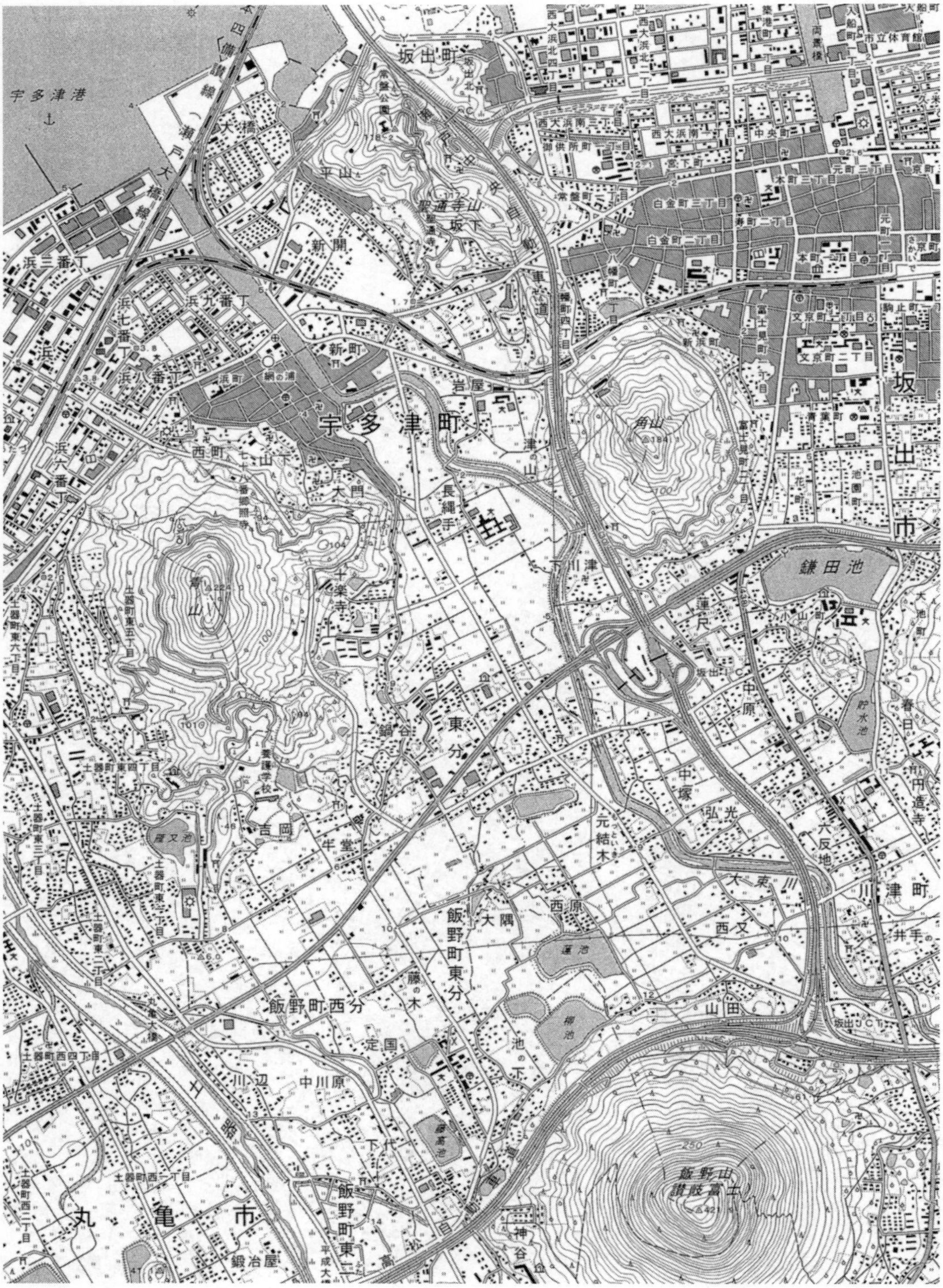
宇多津港
坂出町
大橋
平山
常盤公園
聖通寺山
坂下
新開
浜三番丁
浜九番丁
浜七番丁
浜八番丁
浜六番丁
浜町
網の浦
新町
岩屋
宇多津町
西町
山下
大門
長縄手
津山
角山
下川津
十楽寺
青ノ山
鎌田池
蓮尻
坂出IC
中原
東分
鍋谷
中塚
弘光
元結木
六反地
吉岡
牛堂
大束川
川津町
飯野町東分
大隅
西原
西又
飯野町西分
藤の木
定国
山田
池の下
川辺
中川原
下代
蓮池
柳池
藤高池
飯野山
讃岐富士
丸亀市
鍛冶屋
神谷
坂出市
西大浜南三丁目
西大浜南一丁目
中央町
宮下町
常盤町二丁目
白金町三丁目
白金町二丁目
寿町二丁目
本町三丁目
元町三丁目
本町一丁目
文京町一丁目
文京町二丁目
富士見町
新浜町
駒止町
青葉町
池園町
小山町
大池町
春日
円通寺
貯水池
市立体育館
土器町東五丁目
土器町東六丁目
土器町東四丁目
土器町東三丁目
土器町東二丁目
土器町西四丁目
土器町西一丁目
土器町西二丁目

問１　下線部①に関して。

(1)　瀬戸内海は，養殖業《ようしょくぎょう》がさかんです。次の**表１**は，日本の主な養殖魚介類の生産量上位を示しています。**表１**の**a**～**d**にあてはまる魚介類名を，下の**ア**～**コ**から１つずつ選び，記号で答えなさい。

表１　日本の主な養殖魚介類の生産量上位（2014年）

a

都道府県名	トン
鹿《か》児《ご》島《しま》県	44,681
大《おお》分《いた》県	20,007
愛《え》媛《ひめ》県	18,185
宮《みや》崎《ざき》県	10,816
長《なが》崎《さき》県	8,217
熊《くま》本《もと》県	7,104
全国計	134,608

b

都道府県名	トン
愛媛県	35,398
熊本県	9,096
高《こう》知《ち》県	4,621
三《み》重《え》県	4,537
長崎県	2,426
和《わ》歌《か》山《やま》県	1,496
全国計	61,702

c

都道府県名	トン
広《ひろ》島《しま》県	116,672
宮《みや》城《ぎ》県	20,865
岡《おか》山《やま》県	16,825
兵《ひょう》庫《ご》県	7,522
岩《いわ》手《て》県	4,774
北《ほっ》海《かい》道《どう》	3,879
全国計	183,685

d

都道府県名	トン
愛媛県	7,451
長崎県	6,867
三重県	3,735
熊本県	517
佐《さ》賀《が》県	264
鹿児島県	222
全国計	19,506

（農林水産省「漁業・養殖業生産統計」より作成）

ア　くるまえび　　**イ**　くろまぐろ　　**ウ**　うなぎ　　**エ**　かき類　　**オ**　真珠《しんじゅ》
カ　ほたてがい　　**キ**　わかめ類　　**ク**　のり類　　**ケ**　ぶり類　　**コ**　まだい

(2)　次の**図３**の**X**～**Z**は，**図４**の①～③のいずれかの都市の月別平均気温と月間降水量を示しています。**X**～**Z**と①～③との正しい組合せを，下の**ア**～**カ**から１つ選び，記号で答えなさい。

図３　月別平均気温と月間降水量

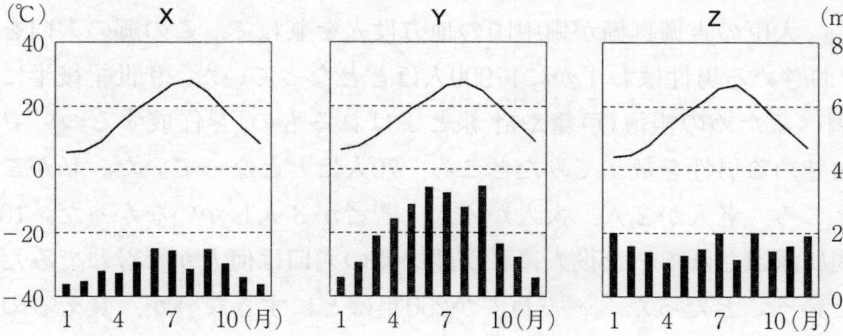

図４

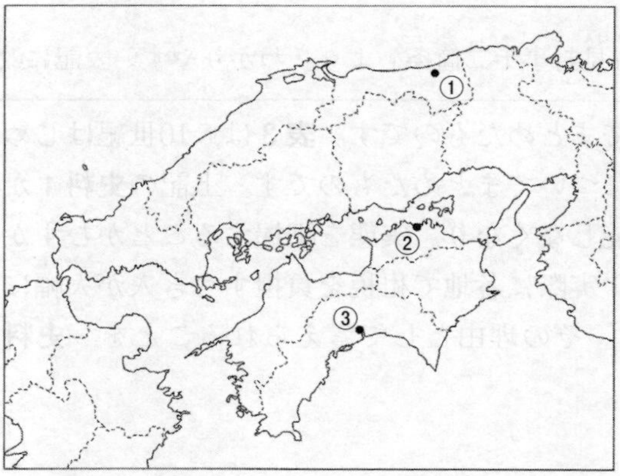

ア　X—①　Y—②　Z—③
イ　X—①　Y—③　Z—②
ウ　X—②　Y—①　Z—③
エ　X—②　Y—③　Z—①
オ　X—③　Y—①　Z—②
カ　X—③　Y—②　Z—①

(3)　**図1・図2**は，瀬戸内海に面するある地域の地形図です。この地域では古くから，その気候的特色をふまえて，農業を行う際にある工夫がみられます。**図1・図2**からわかる工夫を，簡潔に述べなさい。

問2　下線部②に関して。奈良《なら》時代に遣唐使とともに中国に渡《わた》った人物として，吉備真備《きびのまきび》がいます。奈良時代以降，日本は中国の律令《りつりょう》制度にならって国内の支配を進めましたが，その様子は平安時代にかけて変化していきました。次の**史料1**は，平安時代に地方に派遣された役人が，天皇に対して意見を述べたものの一部です。

史料1

私は9世紀の終わりに備中国《びっちゅうのくに》(現在の岡山県西部)をまとめる地方官に任じられた。この国に……邇磨郷《にまのごう》という場所がある。備中国の地理についてまとめた『風土記《ふどき》』を見ると，地名の由来がこう記されていた。「660年に……百済《くだら》(朝鮮半島西部の国)が使者を派遣して日本の援助《えんじょ》を求めてきた。……天皇が命令を出してこの郷《ごう》から兵士を集めたところ，たちまち優秀《ゆうしゅう》な兵士2万人を得ることができた。天皇は大いによろこび，この郷を二万郷《にまごう》と名づけた。のちに文字を改めて邇磨郷《にまごう》とよぶようになった。」

8世紀後半に，大臣の吉備真備が備中国の地方役人を兼《か》ねて，この郷の人口を調べたところ，租税《そぜい》をおさめる男性はわずかに1,900人ほどとなっていた。9世紀後半に役人が，人口や租税を調べるための帳簿《ちょうぼ》(戸籍《こせき》や計帳《けいちょう》とよばれるもの)を作成するついでに，この郷で租税をおさめる男性を数えてみたところ，70人ほどとなっていた。私がこの郷の人口を調べたところ，老人が2人，大人が4人，若者が3人しかいなかった。10世紀はじめに，備中国に派遣されていた役人に私が邇磨郷の人口は何人かと尋《たず》ねてみたところ，1人もいないということだった。……わずか250年ほどにすぎないが，衰《おとろ》えるのがとても早いことである……。一地域の例から推測すれば，ほかの地域もこのような事態になっていることは明らかだ。

(「三善清行《みよしきよゆき》意見封事十二箇条《いけんふうじじゅうにかじょう》」より。わかりやすい表記に改《あらた》めた。)

次の**表2**は，律令制度の租税についてまとめたものです。**表3**は，10世紀はじめのある地方の戸籍(人々を把握《はあく》するための帳簿)についてまとめたものです。上記の**史料1**からは，このころまでには，律令制度がうまく機能しなくなり，実態を把握することがむずかしくなっていたことが読み取れます。一方では，実際に各地で租税を負担すべき人が大幅《おおはば》に減《へ》っていたとはいえないこともわかっています。その理由として考えられることを，**史料1**および**表2・表3**をふまえて説明しなさい。

表2　律令制度の租税と負担割合(主なもの)

区　　分	①17〜20歳《さい》の男性	②21〜60歳の男性	③61〜65歳の男性	④女性
租(稲《いね》)	男女ともに負担(割り当てられた田からの収穫《しゅうかく》量の約3パーセント)			
調《ちょう》(布・糸・特産物)	あり(②の4分の1)	あり	あり(②の2分の1)	なし
庸《よう》(布または労働)	なし	あり	あり(②の2分の1)	なし
兵《へい》役《えき》	なし	あり	なし	なし

(「賦役令《ぶやくりょう》」をもとに作成)

表3　阿波国《あわのくに》(現在の徳島県)の戸籍からの抜粋《ばっすい》(902年)

内訳＼戸主《こしゅ》名※		戸主A	戸主B	戸主C	戸主D
租税の負担義務がある人	21〜60歳の男性	11人	4人	2人	3人
	17〜20歳の男性	1人	なし	なし	1人
	その他	1人	1人	なし	なし
	合　計	13人	5人	2人	4人
租税の負担義務がない人	男性	19人	2人	4人	10人
	女性	229人	39人	25人	83人
	合　計	248人	41人	29人	93人
総　　計		261人	46人	31人	97人

※戸《こ》とは，民衆を支配する上で基本的な単位になるものであり，戸主はその代表者をさします。

(「阿波国板野郡田上郷《いたのぐんたのかみごう》戸籍」より作成。わかりやすい表記に改めた。)

問3　下線部③に関して。日宋貿易がはじまる以前より，瀬戸内海の周辺には，海上交通の安全を祈《いの》るための神社が建てられていました。安芸国《あきのくに》(現在の広島県)の宮島《みやじま》にある厳島《いつくしま》神社はその一例で，宮島そのものが自然信仰《しんこう》の対象で，古代から神々がいるとされ，593年に社殿《しゃでん》が建てられました。平安時代に平清盛《たいらのきよもり》が安芸を支配するようになってからは，平氏一門にあつく信仰されました。(a)平氏の全盛《ぜんせい》期には大規模な社殿がつくられ，その社殿は瀬戸内海を池に見立てた特徴《とくちょう》的なつくりです。

また，讃岐国《さぬきのくに》(現在の香川県)琴平《ことひら》には，仏教の守護神《しゅごしん》である「金比羅《こんぴら》」をまつった(b)金刀《こと》比羅宮《ひらぐう》があります。金刀比羅宮は瀬戸内海をわたる船人《ふなびと》に古くから信仰され，境内《けいだい》には航海の安全を祈願《きがん》した絵馬《えま》などがおさめられています。江戸時代には，自分の発見した数学の問題や解法を絵馬に書いて神社に奉納《ほうのう》する「算額《さんがく》」も見られました。これは和算《わさん》という学問が発達したからです。このように(c)江戸時代にはさまざまな学問が各地で広まりました。

(1)　下線部(a)に関して。厳島神社の社殿は，平安時代の貴族の住宅の形式に影響《えいきょう》を受けてつくられたものです。正面の建物(正殿《せいでん》)を中心に，左右や背後に建物を配置し，渡り廊下《ろうか》でつなぐ貴族の住宅様式を何といいますか。

(2)　下線部(b)に関して。金刀比羅宮のある香川県琴平町には，現存する日本でもっとも古い芝居小屋《しばいごや》があります(「旧金毘羅大芝居《こんぴらおおしばい》」(金丸座《かなまるざ》))。江戸時代には，都市の役者が地方をまわって歌舞伎《かぶき》を見せたり，村人たち自身が演じたりすることがさかんに行われ，人びとの楽しみとして定着しました。江戸時代に，歌舞伎や人形浄瑠璃《じょうるり》の台本作家として活躍《かつやく》し，

『曽根崎心中《そねざきしんじゅう》』『冥途《めいど》の飛脚《ひきゃく》』など変化に富んだ脚本《きゃくほん》を書いた人物として正しいものを，次の**ア**～**エ**から１つ選び，記号で答えなさい。

ア　近松門左衛門《ちかまつもんざえもん》　　**イ**　歌川広重《うたがわひろしげ》

ウ　葛飾北斎《かつしかほくさい》　　**エ**　喜多川歌麿《きたがわうたまろ》

(3)　下線部(c)に関して。江戸時代にはさまざまな学問・教育が発展しました。これについて述べた文として**誤っているもの**を，次の**ア**～**エ**から１つ選び，記号で答えなさい。

ア　杉田玄白《すぎたげんぱく》・前野良沢《まえのりょうたく》らは，オランダ語で書かれた人体解剖《かいぼう》書を手に入れ，日本語に翻訳《ほんやく》し，『解体新書』と名づけて出版した。

イ　伊勢国《いせのくに》(現在の三重県)松阪《まつさか》の商人の家に生まれた本居宣長《もとおりのりなが》は，『古事記伝』を完成させるなど，日本人の考え方をさぐる学問である国学を発展させた。

ウ　伊能忠敬《いのうただたか》は，西洋の天文学や測量《そくりょう》術を学び，幕府の命令を受けて日本全体の正確な地図の作成を進め，あとを継《つ》いだ弟子たちが地図を完成させた。

エ　武士や僧《そう》，医者などが先生となって生活に必要な知識を教える藩校《はんこう》が各地に作られ，多くの百姓や町人の子どもたちが藩校で読み書きなどを学んだ。

問４　下線部④に関して。

(1)　次の**図５**は，香川県における交通機関別県外観光客入込数《いりこみすう》の推移を示しています。1987年と1988年を比べると，大きく観光客数が伸びていることがわかります。この理由を，**図１・図２**を比較して，簡潔に述べなさい。

図５　香川県における交通機関別県外観光客入込数の推移

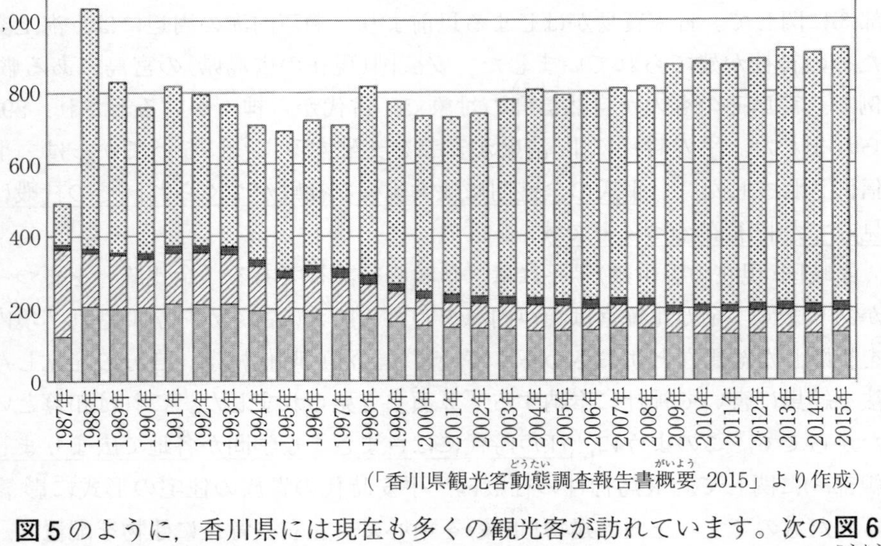

(「香川県観光客動態《どうたい》調査報告書概要《がいよう》 2015」より作成)

(2)　**図５**のように，香川県には現在も多くの観光客が訪れています。次の**図６**は，香川県の主な観光地の月ごとの観光客数を示しています。**図６**の**ア**～**エ**は，桜と紅葉《こうよう》の名所として知られる栗林公園《りつりんこうえん》，登山やハイキングを楽しむことができる台地状の島である屋島《やしま》，海上交通の守り神として信仰されている金刀比羅宮がある琴平，温暖な気候に恵《めぐ》まれ多くの海水浴場がある小豆島《しょうどしま》のいずれかです。屋島にあてはまるものを，**図６**の**ア**～**エ**から１つ選び，記号で答えなさい。

図6　香川県の主な観光地の月ごとの観光客数(2015年)

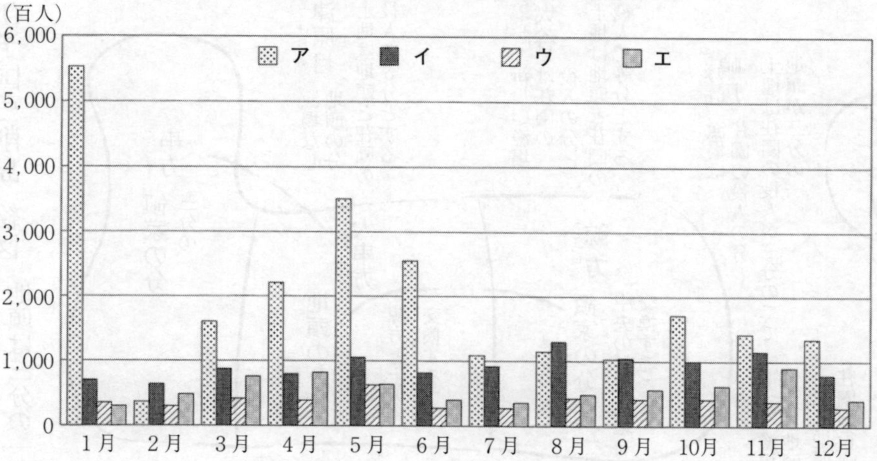

(「香川県観光客動態調査報告書概要 2015」より作成)

問5　下線部⑤に関して。伊予国《いよのくに》(現在の愛媛県)にある弓削島《ゆげしま》は，古くから製塩業がさかんでした。平安時代の終わりから，この島は京都にある東寺《とうじ》が荘園《しょうえん》(私有地)として管理するようになりました。このため，弓削島荘《ゆげしましょう》の荘園(弓削島荘)は主に塩を年貢《ねんぐ》としておさめる「塩の荘園」として知られていました。

鎌倉《かまくら》時代になると，将軍が家来の武士(御家人)を地頭に任命し，地頭は各地で年貢の取り立てなどを行いました。弓削島荘では，地頭がより多くの年貢をとろうとしたため，荘園領主(領家《りょうけ》という)である東寺との間で争いが生じましたが，荘園の役人と地頭との話し合いで解決されました。次の**史料2**はこのときの取り決めに関するもので，**図7**は，そのあとに作成された弓削島荘の絵図です。**史料2・図7からわかることとして誤っているものを**，次ページの**ア〜エ**から1つ選び，記号で答えなさい。

> **史料2**
>
> 伊予国弓削島荘の土地について。
>
> 一，弓削島の田畑・山林・塩田など，土地の管理権については3分割《ぶんかつ》にする。3分の2の土地は領家の分とし，残りの3分の1は地頭の分とする。
>
> 一，3カ所ある漁場《ぎょじょう》の管理権については，嶋尻《しまじり》はすべて荘園の役人の分，釣浜《つりはま》はすべて地頭の分とする。辺屋路島《へやじしま》は漁場のほか，この島からとれたものは荘園の役人と地頭で半分ずつとする。
>
> 以上の取り決めをしっかり守ることにする。荘園の役人と地頭の代理人が裁判所に訴《うった》えることは，おたがいに，将来不都合となるのでやめる。これまで争っていた土地についても話し合いの上で解決する。この取り決めに違反《いはん》した場合は，処罰《しょばつ》を受けることを約束する。
>
> 乾元《けんげん》2(1303)年1月18日　(※取り決めをした人)荘園の役人，地頭の代理人
>
> ※史料中の漁場とは，網《あみ》で魚をとる場所(海)のことをさします。
>
> (「東寺百合文書《とうじひゃくごうもんじょ》」より。わかりやすい表記に改めた。)

図7　弓削島荘の絵図

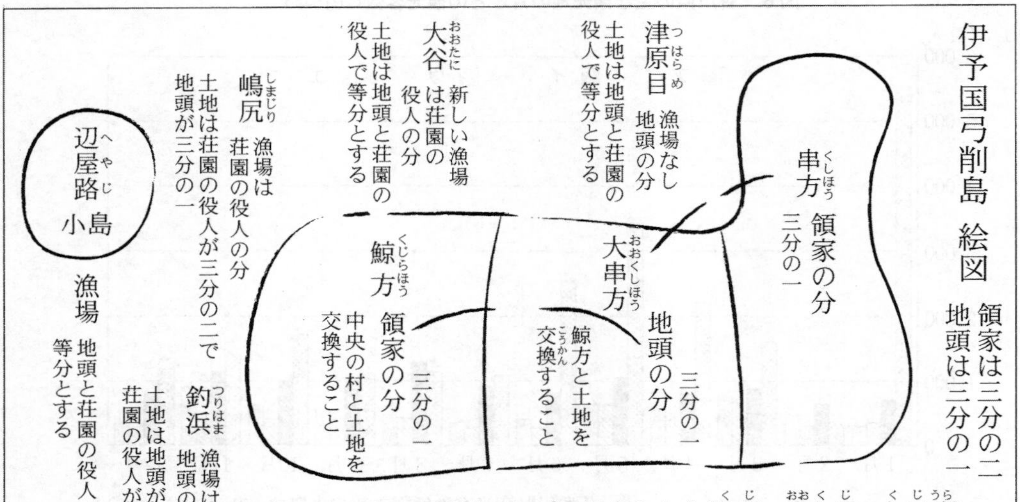

※注：串，大串，鯨はそれぞれ地名をさす(久司《くじ》・大久司《おおくじ》・久司浦《くじうら》)。
方は「地域」という意味。大谷，嶋尻，釣浜は海に面した小地域および漁場をさす。津原目は海に面した小地域。
辺屋路は弓削島の離島《りとう》である百貫島《ひゃっかんじま》を簡略化した地名。

(「東寺百合文書」より。わかりやすい表記に改めた。)

ア　弓削島の田畑などは，地頭よりも荘園領主に有利になるように分割し，それぞれが管理することとした。

イ　弓削島と離島に以前からある漁場については，荘園の役人と地頭がほぼ等分する形で分割し，管理することとした。

ウ　漁場が発達していない地域や，新たに開かれた漁場を，荘園の役人と地頭のどちらが管理するか，定めないこととした。

エ　荘園領主と地頭が土地や漁場についての取り決めをやぶった場合は，違反した方が処罰を受けることとした。

問6　下線部⑥に関して。

(1)　人間が生きていくために摂取《せっしゅ》しなければならない塩は，日本でも海外でも，古くから専《せん》売制《ばいせい》(国が特定物資を管理し，課税する制度)にされることがありました。

日本では，1905年に明治政府が塩を専売制にし，1997年まで続きました。1905年に専売制にされたのは，その前年から起きた出来事と直接関係があります。この時，塩を専売制にした主な目的を答えなさい。

(2)　塩は，現在の国内生産量が約94万トンに対し，消費量が約800万トンと，その自給率が約12パーセント(%)と低く(2015年度)，多くを輸入に頼《たよ》っており，そのほとんどは食用ではなく工業用です。右の**図8**に見られるように，現在は**A**と**B**の２か国から主に輸入しています。**A**と**B**に関する次の問いに答えなさい。

図8　日本の塩の輸入先(2015年度)

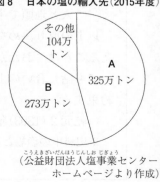

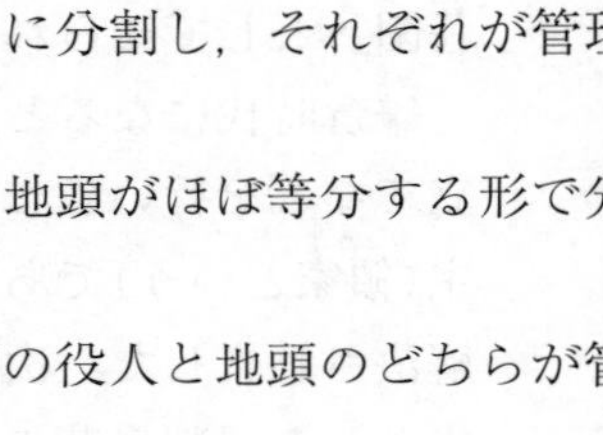

(公益財団法人塩事業《こうえきざいだんほうじんしおじぎょう》センター
ホームページより作成)

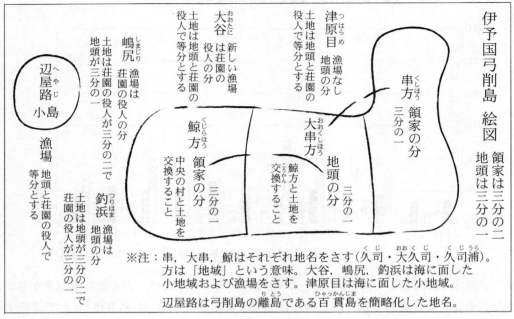

(i)　Aの地域と日本との関係は，伊達政宗《だてまさむね》が派遣《はけん》した慶長遣欧使節《けいちょうけんおうしせつ》にさかのぼることができます。当時Aはスペイン領で，Aと現在のフィリピンとの間では，スペイン船が太平洋を渡って貿易をしていました。17世紀のはじめ，フィリピンのルソン島には日本人町があり，大名や商人の船が行き来していましたが，このような貿易の際に幕府が発行した貿易許可状を何といいますか。

(ii)　次の日本の貿易に関する**表4**の**B**には，**図8**の**B**が入ります。**表4**中の**B**～**D**にあてはまる国名の組合せとして正しいものを，下の**ア**～**カ**から1つ選び，記号で答えなさい。

表4　日本の石炭・鉄鉱石・肉類の主要輸入先(2015年)

石　炭

国　名	%
B	65.0
インドネシア	17.1
ロシア	8.8
カナダ	4.2
C	3.2
中華人民共和国《ちゅうかじんみんきょうわこく》	0.8
合計(その他共)	100.0

鉄鉱石

国　名	%
B	61.0
C	27.8
南アフリカ共和国	4.3
カナダ	3.0
チリ	1.0
ロシア	0.8
合計(その他共)	100.0

肉　類

国　名	%
D	26.5
B	16.4
タイ	13.2
C	8.9
中華人民共和国	8.6
カナダ	7.9
合計(その他共)	100.0

(『データブック　オブ・ザ・ワールド 2017』，『日本国勢図会《ずえ》 2016/17』より作成)

ア　**B**―アメリカ合衆国　**C**―オーストラリア　**D**―ブラジル
イ　**B**―アメリカ合衆国　**C**―ブラジル　**D**―オーストラリア
ウ　**B**―オーストラリア　**C**―アメリカ合衆国　**D**―ブラジル
エ　**B**―オーストラリア　**C**―ブラジル　**D**―アメリカ合衆国
オ　**B**―ブラジル　**C**―アメリカ合衆国　**D**―オーストラリア
カ　**B**―ブラジル　**C**―オーストラリア　**D**―アメリカ合衆国

(3)　**図1**の蓬莱《ほうらい》塩田とその周辺は，**図2**ではどのように変化しましたか。**図1**と**図2**を比べて答えなさい。

問7　下線部⑦に関して。江戸時代半ばに開発された別子銅山は，日本の代表的な銅山でした。次の**図9**は，1881年から1945年までの国内の銅の生産と輸出入の変化を示しています。それぞれの時代の状況《じょうきょう》をふまえて，考えられることとして**誤っているもの**を，下の**ア**～**エ**から1つ選び，記号で答えなさい。

図9　1881年から1945年までの銅の生産と輸出入の変化

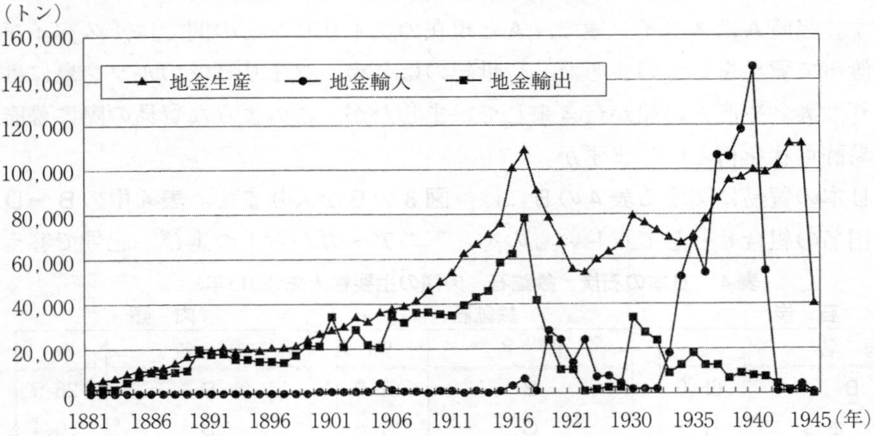

※地金《じがね》とは，加工の材料となるような金属のかたまりのことです。

(JOGMEC「金属資源情報2009年報告書&レポート」より)

ア　1900年ごろまでは，生産された銅の多くは国内で消費されていない。

イ　第一次世界大戦が終わると，戦場となった海外への輸出が増えた。

ウ　満州事変《まんしゅうじへん》をきっかけに日本の軍需《ぐんじゅ》産業がさかんになり，多くの銅が必要になった。

エ　1940年ごろの輸入の急減は，アメリカ合衆国などとの対立が考えられる。

問8　下線部⑧に関して。公害による住民の健康被害や環境破壊が起こった場合，その問題を早急に解決するために，関係する人たちは自分たちの役割を果たし，対策をとる必要があります。

(1)　次の文章の(**あ**)・(**い**)にあてはまることばを漢字で答えなさい。

これまで各地で起きた公害問題について，マスメディアが果たした役割は大きいものでした。マスメディアが人びとに対して正確な事実を(**あ**)することで，主権者である国民は，その解決を目指すべく政治に働きかけます。つまり国民の政治に参加する権利は，マスメディアの(**あ**)の自由によって保障されるといえます。またそれには，国や地方自治体がどのような政治を行っているのか知る必要もあり，(**い**)制度が重要となります。

(2)　マスメディアの発達により，こんにち情報化社会が進んでいます。情報化社会では，以前は想定していなかった新しい事態が起こるようになりました。この問題について日本における基本的人権の観点から考えた場合に**誤っているもの**を，次の**ア**～**エ**から１つ選び，記号で答えなさい。

ア　情報通信技術が進歩したことに対応して，インターネットを活用した選挙活動ができるようになり，政治に参加する権利を保障するものとなっている。

イ　医師が不足していることに対応して，地域医療《いりょう》では情報ネットワークが活用されるようになり，住民の健康で文化的な生活を送る権利を保障するものとなっている。

ウ　外国人定住者が増えていることに対応して，外国語教育・外国語情報を受ける機会が増えるようになり，教育を受ける権利を保障するものとなっている。

エ　情報を大量に蓄積《ちくせき》できるようになったことに対応して，個人情報の用い方や保護のルールが決められるようになり，プライバシーの権利を保障するものとなっている。

(3)　国民の世論を受けて，国会は，国民の生活向上のために法律を制定します。

国会は全国民を代表する機関で，両議院の議員ともに，国民による直接選挙で選ばれます。選挙では，投票者がみずから投票用紙に候補者名もしくは政党名を記入する方法が用いられています。この方法は，国民のある能力を前提としていますが，問題点も指摘《してき》されています。前提とする能力と，この能力のない人が投票した際に生じる問題点について説明しなさい。

(4)　公害をなくすことは，「持続可能な社会」を目指すことにもつながります。現在国際連合では，「持続可能な開発目標」(以下，SDGs)を掲《かか》げ，2030年までに取り組む17の目標と目標到達《とうたつ》のための169の具体的目標(以下，ターゲット)を設けています。

次の①～④を読み，「電気自動車」の普及《ふきゅう》が目標到達にどのように関わるのか，下の文章の(**う**)～(**お**)にあてはまることばを入れなさい。

① 「すべての国々で持続可能な経済成長を実現し，すべての人びとに働きがいのある人間らしい仕事を提供する」という「目標８」の中には，「2030年までに，世界の消費と生産における資源効率を改善させ，先進国主導の下，経済成長と環境悪化の分断を図《はか》る」というターゲットがあります。

② 「強靭《きょうじん》な公共設備を整え，国民生活・経済を持続的に発展させる」という「目標９」の中には，「2030年までに，資源の利用効率を向上させ，環境に配慮《はいりょ》した技術等を用いた公共設備・産業を整え，持続可能性を向上させる。すべての国々は各国の能力に応じて取り組む」というターゲットがあります。

③ 「人間の居住空間としての都市の環境を改善する」という「目標11」の中には，「2030年までに，大気の質や廃棄物《はいきぶつ》の管理に注意し，都市の人びとの生活環境を向上させる」というターゲットがあります。

④ 「持続可能な消費と生産のパターンを確保する」という「目標12」の中には，「2020年までに，化学物質の大気・水・土壌《どじょう》への放出を大幅に削減《さくげん》する」というターゲットがあります。

電気自動車は，(**う**)を含《ふく》む排気《はいき》ガスを出さないため，地球温暖化や(**え**)などの環境悪化を進めない。そのため③・④のターゲットを達成し，目標到達を期待できる。電気自動車の普及は，ガソリン車ではできなかった，環境保全と経済成長を(**お**)できる可能性があるため，①・②のターゲットを達成し，目標到達を期待できる。

問９　下線部⑨に関して。世界では多くの人びとが慢性《まんせい》的な水不足に悩《なや》んでいます。

水資源について考えるとき，「バーチャルウォーター(仮想水)」という考え方にもとづいて貿易を捉《とら》え直す議論があります。これは，食料を輸入している国(消費国)において，もしその輸入食料を生産した場合どの程度の水が必要かを推定するものです。

この観点に立つと，「日本は降水量が多いうえ，さらに世界中の水資源を活用して豊かな生活をしている」ということができます。

「バーチャルウォーター」で考えると，小麦と牛肉では，どちらの方がその量は大きくなるでしょうか。またそれはなぜですか，説明しなさい。

【理　科】（40分）〈満点：80点〉

1　次の(1)～(8)の問いに答えなさい。

(1)　試験管に水を入れガスバーナーでおだやかに加熱しながら，水の温度変化を測定しました。図１のように試験管の下部を加熱したときと図２のように試験管の中央部を加熱したとき，図中の試験管の３ヶ所(Ⓐ，Ⓑ，Ⓒ)の温度変化を表すグラフとして最も適切なものを次の**ア**～**カ**からそれぞれ１つ選び，記号で答えなさい。同じものを選んでもかまいません。図は試験管を支える器具を省略しています。

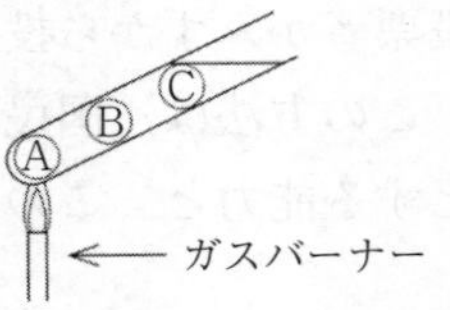

図１

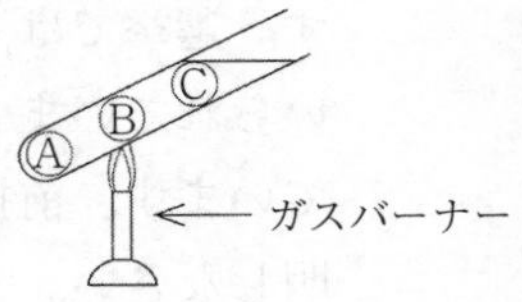

図２

ア

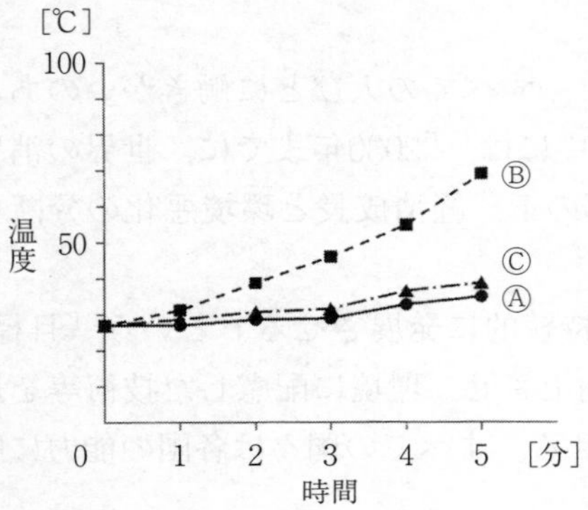

イ

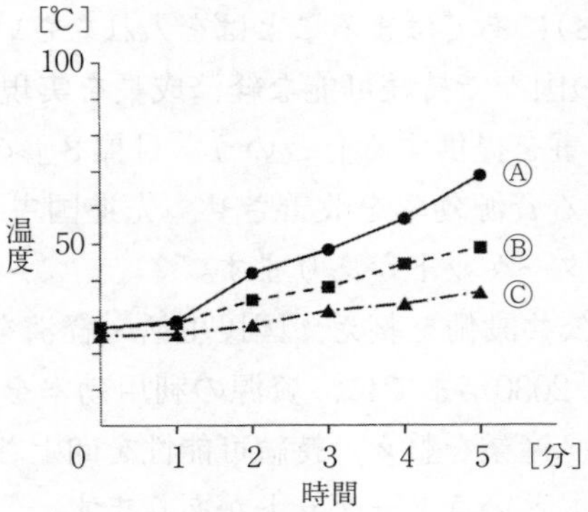

ウ

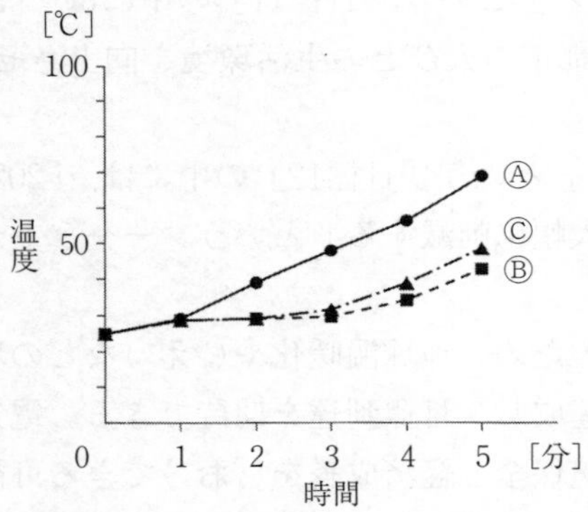

エ

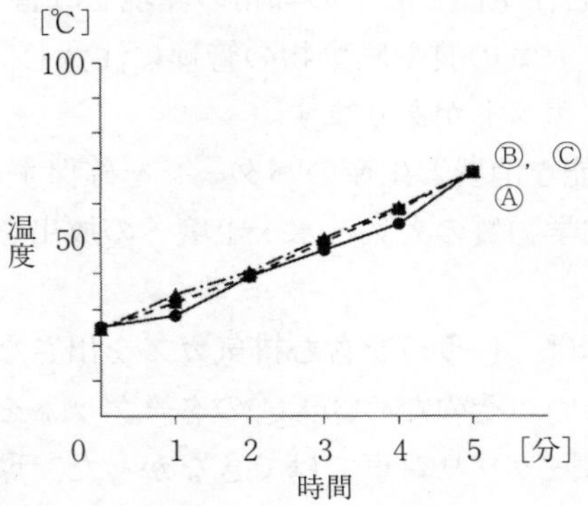

オ

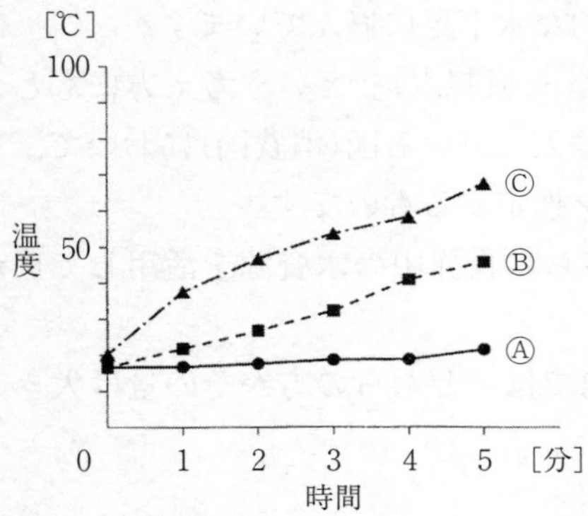

カ

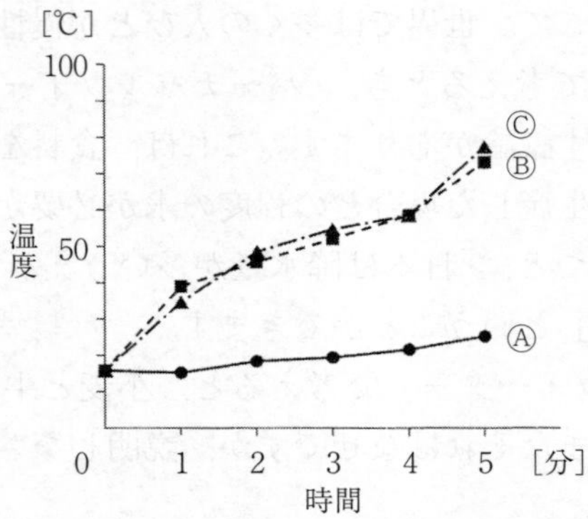

(2)　暖ぼうしている部屋では，上の方の空気の温度が下の方の空気の温度より高くなっていきます。同じ理由で起こると考えられる現象として，最も適切なものを次の**ア**～**オ**から１つ選び，記号で答えなさい。

ア．山頂付近の気温はふもとの気温より低くなる。

イ．金属スプーンの先をお湯にしばらく入れておくと，お湯に入れていない柄《え》の部分もあつくなる。

ウ．日なたの気温は日陰《かげ》の気温より高い。

エ．加熱したフライパンで，ハンバーグが焼ける。

オ．晴れた日の海辺では海風がふく。

(3)　ふつう「たね」と呼ぶものには，種子である場合と実(果実)である場合があります。次の**ア**～**エ**のうち，種子であるものをすべて選び，記号で答えなさい。

ア．梅干しの「たね」　　**イ**．カボチャの「たね」

ウ．ヒマワリの「たね」　**エ**．ヘチマの「たね」

(4)　ヒトの心臓は血液によって体全体に酸素を供給しています。心臓のはく動の数を１分間に70回，１回のはく動で心臓が血液を送り出す量を70mLとすると，１分間に何mLの酸素を供給することになりますか。小数第一位を四捨五入して整数で答えなさい。なお，１Lの血液が体全体へ供給する酸素の量を88mLとします。

(5)　夜空に光る星は，様々な色に見えます。次の**ア**～**オ**の星は白っぽく見える星と赤っぽく見える星に分けられます。白っぽく見える星をすべて選び，記号で答えなさい。

ア．ベガ　**イ**．デネブ　**ウ**．アルタイル　**エ**．アンタレス　**オ**．ベテルギウス

(6)　日本列島付近を通る台風は，時期によっておおよその進み方が異なります。その違《ちが》いを説明している文として最も適切なものを，次の**ア**～**エ**から１つ選び，記号で答えなさい。

ア．台風の進路は８月になると，７月よりも西よりのコースになり，９月はさらに西よりのコースになる。

イ．台風の進路は８月になると，７月よりも東よりのコースになり，９月はさらに東よりのコースになる。

ウ．台風の進路は８月になると，７月よりも西よりのコースになり，９月は８月よりも東よりのコースになる。

エ．台風の進路は８月になると，７月よりも東よりのコースになり，９月は８月よりも西よりのコースになる。

(7)　下図のように，おもりと棒を糸でつるしてすべての棒が水平になるようにしました。四角いおもりは100ｇです。丸いおもりの重さは何ｇですか。ただし，棒と糸の重さは無視できます。

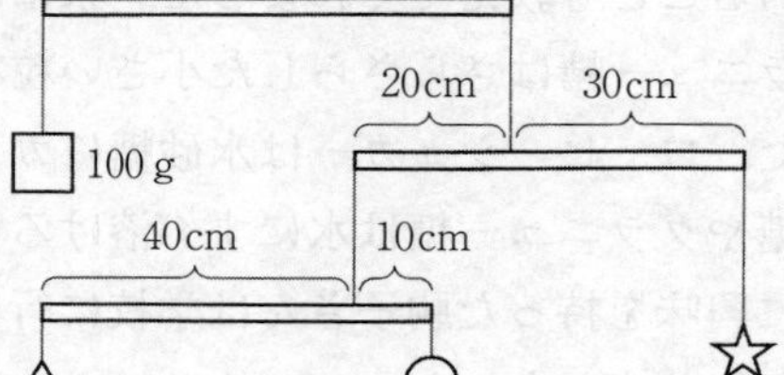

(8) 以下の文章を読み，あとの問いに答えなさい。

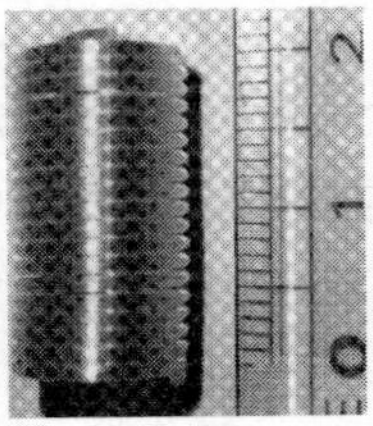

右の写真のような長さ2cmのプラスチック製のばねを用意し，右下図のようにえんぴつに引っかけてのばし，真上に飛ばすことにしました。

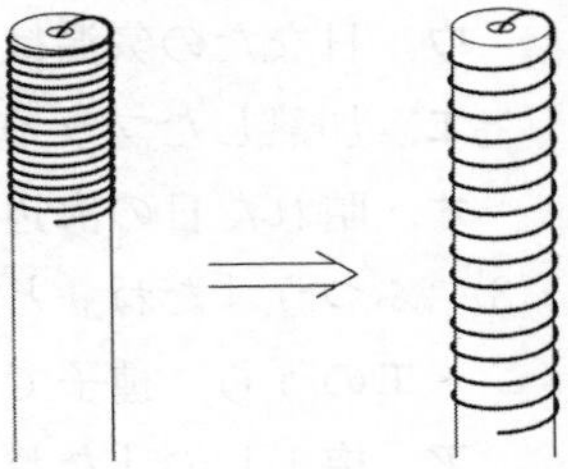

ばねを高く飛ばすにはたくさんのばせばよいことは予想できますが，のばし過ぎてしまうとばねが変形したり性質が変わったりしてしまうので，そうならない範《はん》囲で，どのくらいばねをのばせば，どのくらいの高さまで上がるかを実験で調べることにしました。ばねを引きのばす長さ(ばねののび)と飛び上がる高さ(高さ)について測定をした結果が次の表です。測定は3回行い，その平均の値を計算しました。

表

ばねののび〔cm〕		0	2	3	4	5	6
高さ〔cm〕	1回目	0	14	36	69	102	145
	2回目	0	15	37	71	101	143
	3回目	0	15	39	71	98	148
	平　均	0	15	37	70	100	146

① 表の結果をもとに，各測定値における(ばねののび)×(ばねののび)の値と平均の高さの関係をグラフにえがきなさい。なおグラフは，結果の値を表す点を小さな白丸(○)で記し，2つの量の関係の特徴《とくちょう》がわかるように，折れ線ではなく，なめらかな曲線または直線でえがきなさい。

② ばねののびを7cmにしたとき，ばねが飛び上がる高さは何cmと予想できますか。最も近いと思われる値を，次の**ア**～**オ**から1つ選び，記号で答えなさい。

ア．170cm　　**イ**．179cm

ウ．185cm　　**エ**．196cm

オ．207cm

2 下の文章を読んで，あとの問いに答えなさい。

駒《こま》子さんの家で，お母さんが「氷砂糖」を使って梅酒をつくっていました。氷砂糖はキャンディーと同じような大きさのかたまりで，1つもらってなめてみると，あっさりとした甘みがしました。お母さんに尋《たず》ねると，砂糖にはいろいろな種類があり，私たちが普段《ふだん》，砂糖とよんでいるのは「上砂糖」という砂糖で，お料理に使っているのも上砂糖であると教えてくれました。氷砂糖はゆっくり溶《と》けていくのでおいしい梅酒をつくれること，コーヒーや紅茶に入れるスティックシュガーは「グラニュー糖」という砂糖であることも教えてくれました。家にある砂糖を調べてみると，上砂糖はふわっとした粉状，グラニュー糖はさらさらした小さい粒《つぶ》状でした。また，茶色の「コーヒーシュガー」もありました。コーヒーシュガーは氷砂糖にカラメル溶液《ようえき》を加えてつくった大きな粒の砂糖でした。上砂糖やグラニュー糖は水にすぐ溶けるのに，氷砂糖はゆっくり溶けていくという話を聞き，水溶液に興味を持った駒子さんは学校に行き，先生と相談しながら，水溶液について実験してみることにしました。

(1)　上砂糖，グラニュー糖，氷砂糖それぞれ20gの量は次のようになりました。

上砂糖 20g　　グラニュー糖 20g　　氷砂糖 20g

上砂糖，グラニュー糖，氷砂糖などすべての砂糖は同じ種類の目に見えない小さな「砂糖粒《りゅう》子《し》」からできていると考えることにします。それぞれ20gを30mLの水に加えてガラス棒でかき混ぜました。しばらくかき混ぜると上砂糖とグラニュー糖は溶けましたが，氷砂糖はなかなか溶けませんでした。上砂糖やグラニュー糖に比べて，氷砂糖がゆっくり溶けていく理由を砂糖粒子の並び方と関連させて説明しなさい。

(2)　氷砂糖の代わりにコーヒーシュガーを使って，溶け方を観察しました。コーヒーシュガーが水に溶けると茶色の水溶液になります。シャーレに水を入れ，中央にコーヒーシュガーを置きしばらく放置しておくと，シャーレの水の色は上から見てどのように変化していくと考えられますか。次の**ア**～**エ**から最も適切なものを１つ選び記号で答えなさい。色が濃《こ》いところは，濃い茶色になったことを表しています。

ア　　**イ**　　**ウ**　　**エ**

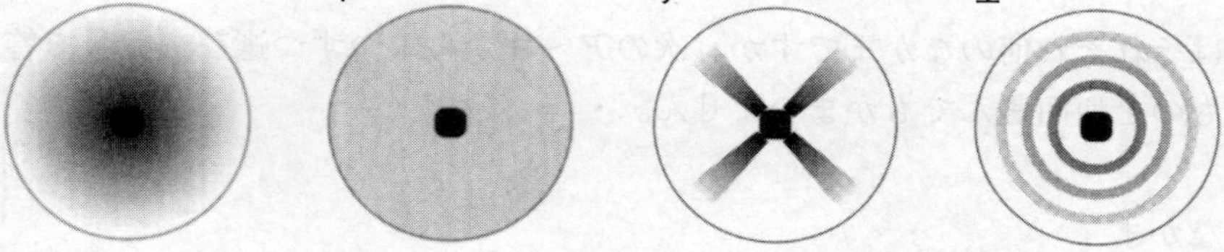

(3)　右表に示すように，水溶液Ａ，Ｂ，Ｃをつくりました。３つの水溶液の体積はどのようになると考えられますか。次の**ア**～**エ**から最も適切なものを１つ選び記号で答えなさい。また，そのように考えた理由を書きなさい。なお，水溶液Ａの体積はおよそ43mLになりました。

水溶液Ａ	水30mL＋上砂糖20g
水溶液Ｂ	水30mL＋グラニュー糖20g
水溶液Ｃ	水30mL＋氷砂糖20g

ア．３つの水溶液とも体積はほぼ同じ43mLになる。

イ．水溶液ＡとＢはほぼ43mLであるが，水溶液Ｃは43mLよりもかなり少なくなる。

ウ．水溶液ＡとＢはほぼ43mLであるが，水溶液Ｃは43mLよりも多くなる。

エ．水溶液Ａ，水溶液Ｂ，水溶液Ｃの順に体積は小さくなる。

(4)　ガムシロップとよばれるとろみのある濃い砂糖水溶液があります。30gの砂糖を50mLの水に溶かして砂糖水溶液をつくり，これを加熱して，水を蒸発させ，60%のガムシロップをつくるとき，水を何g蒸発させればよいですか。整数で答えなさい。なお，50mLの水の質量は50gでした。

3 下の〔文１〕・〔文２〕を読んで，あとの問いに答えなさい。

〔文１〕 海岸を歩いていると，貝がらや木の実，ガラスの破へん，プラスチックゴミなど，さまざまなものが打ち上げられています。このような海岸のひょう着物を拾って観察することをビーチコーミングといいます。下の写真１は，ある砂浜で行なったビーチコーミングの結果です。

写真１

(1) 写真１のａ～ｃはそれぞれ何のなかまですか。次の**ア**～**オ**から１つずつ選び，記号で答えなさい。なお，同じものを何回選んでもかまいません。

ア．魚のなかま

イ．エビ・カニのなかま

ウ．貝・イカ・タコのなかま

エ．ナマコ・ウニ・ヒトデのなかま

オ．サンゴのなかま

(2) 写真１のａ～ｃの成体は，ふだん生きているときにどのようにして生活していますか。次の**ア**～**オ**からあてはまるものを１つずつ選び，記号で答えなさい。なお，同じものを何回選んでもかまいません。

ア．海底を移動したり砂の中にもぐったりして生活している。

イ．水中を浮《ふ》遊して生活している。

ウ．つねに泳いで生活している。

エ．岩の表面などに固着して生活している。

オ．他のいきものに寄生して生活している。

〔文２〕 ビーチコーミングを行なった砂浜の１kmほどはなれた場所には，海岸線の侵《しん》食を防ぐための波消しブロックが設置されており，写真１のｆのなかまが２種(f１種およびf２種)生息していました。よく見ると，２種の分布状況《きょう》が違っていました。そこで，２種の分布状況を明らかにするため，大潮の干潮時に，中等潮位《ちゅうとうちょうい》(年平均海水面)からの高さ５cmごとに５cm×５cmの調査区を設置しました(図１)。調査区内では，大きな個体(口が開いている部分の直径が

1 mm 以上)だけ，種ごとに個体数を数えました。

また，5ヶ所の調査区(調査区Ａ～Ｅ)において，全個体の口が開いている部分の直径を測定しました。ただし，口が開いている部分の直径が1 mm 未満の個体は，f1種かf2種かの判別ができなかったので，個体数だけを数えました。

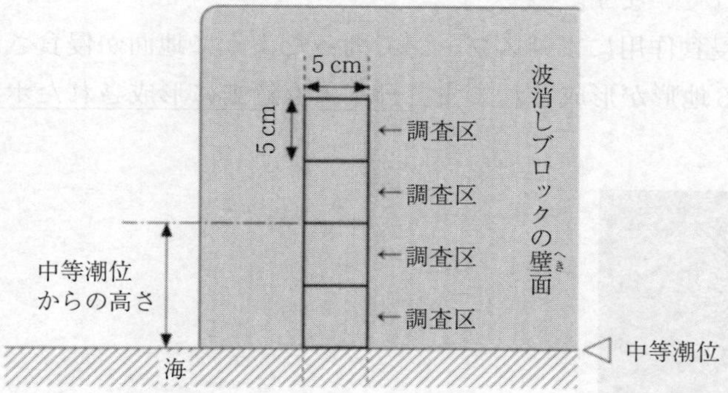

図1

(3) 調査の結果を図2と図3に示します。これらの図から，f1種およびf2種の分布状況について，分かることをそれぞれ述べなさい。ただし，口が開いている部分の直径が1 mm 未満の個体は，両種が含《ふく》まれているとして考えなさい。

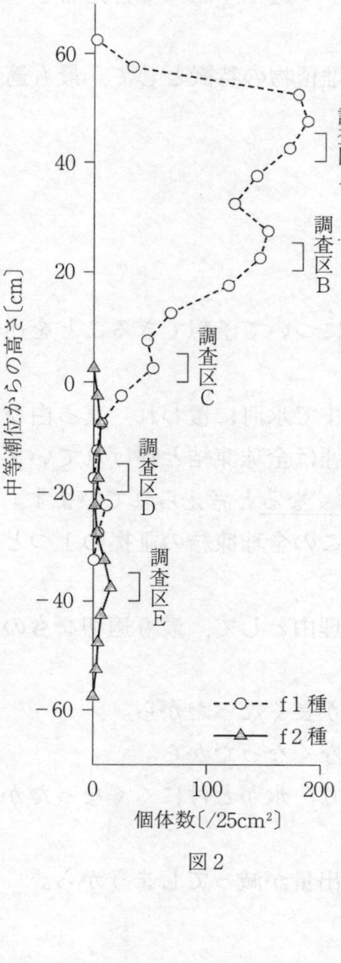

図2

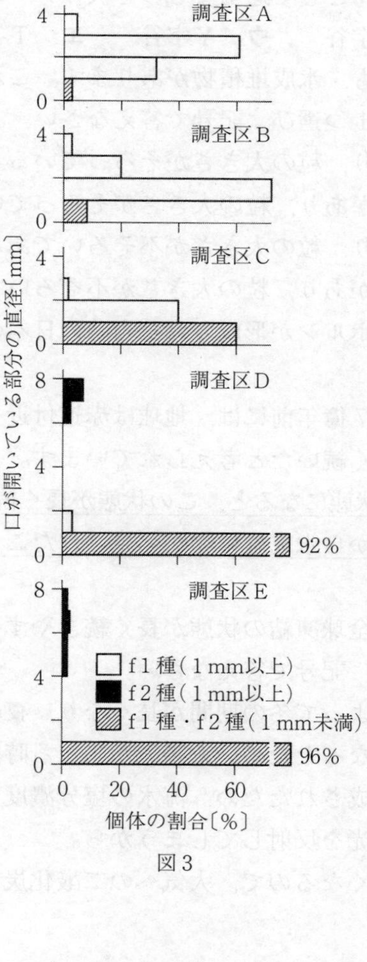

図3

4　下の〔文１〕・〔文２〕を読んで，あとの問いに答えなさい。

〔文１〕 氷河は固体の状態ですが，水のように少しずつ移動しています。そのため，水と同様に周囲を侵《しん》食したり，物質を運搬《うんぱん》したりする作用があります。また，氷河がとけると，それまで氷河により運搬されていた岩石が氷河から落下し，堆積《たいせき》する作用もあります。氷河の作用により堆積したものは氷成堆積物と呼ばれています。

氷河が存在する地域では，氷河の侵食作用によりスプーンで削《けず》ったように地面が侵食され，ホルン(下の写真)や(　　)と呼ばれる地形が形成されます。日本にも過去に形成されたホルンが存在しています。

(1)　文中の(　)に入る語句として適切なものを次の**ア**～**エ**から１つ選び，記号で答えなさい。

ア．Ｖ字谷　　**イ**．Ｕ字谷　　**ウ**．Ｙ字谷　　**エ**．Ｔ字谷

(2)　氷河の両側や先端にも，氷成堆積物があります。これらの堆積物の特徴として，最も適切なものを次の**ア**～**エ**から１つ選び，記号で答えなさい。

ア．角が丸くなっており，粒《つぶ》の大きさがそろっている。

イ．角張っているものがあり，粒の大きさがそろっている。

ウ．角が丸くなっており，粒の大きさが不ぞろいである。

エ．角張っているものがあり，粒の大きさが不ぞろいである。

(3)　下線部の事実から，ホルンが形成された当時の日本の気候について予想できることを述べなさい。

〔文２〕 約23億年前と約７億年前には，地球は赤道付近や海洋まで氷河に覆《おお》われ，真っ白な地球になり，この状態が長く続いたと考えられています。この状態は全球凍結《とうけつ》と呼ばれています。①いったん全球凍結の状態になると，この状態が長く続きやすくなると考えられています。②大陸から離れた海洋の層から氷成堆積物が発見されたことが，この全球凍結の証拠《しょうこ》の１つとされています。

(4)　下線部①に関して，全球凍結の状態が長く続きやすくなる理由として，最も適切なものを次の**ア**～**カ**から１つ選び，記号で答えなさい。

ア．氷ができることによって冬の期間が長くなり，夜の時間が長くなったから。

イ．日食の回数が多くなったため，太陽光が当たる時間が少なくなったから。

ウ．氷が地球全体で形成されたため，海水の塩分濃《のう》度が上がり，氷がとけにくくなったから。

エ．氷河は鏡のように光を反射してしまうから。

オ．生物の活動が少なくなるので，大気への二酸化炭素の排《はい》出量が減ってしまうから。

カ．地球内部まで冷やされることにより，火山活動が止まってしまうから。

(5)　全球凍結の証拠としては下線部②の情報だけでは不十分です。この地層が堆積した場所の情報を，他にも読み取る必要があります。どのような情報が必要なのか，次の**ア**～**エ**から１つ選び，記号で答えなさい。

ア．地層が堆積した当時の海水の温度

イ．地層が堆積した当時の緯度《いど》

ウ．地層が堆積した当時の経度

エ．地層が堆積した当時の塩分濃度

(6)　図１に，２地点の地層を示します。この２地点には同じ時代の全球凍結を記録した層が含《ふく》まれます。炭酸塩岩《たんさんえんがん》は，塩酸をかけると二酸化炭素が発生する岩石です。地点Ｂの地層には，マンガンや鉄などの金属を多く含む層がみられます。図１を見て，この２地点の地層からわかることとして，最も適切なものを下の**ア**～**オ**から１つ選び，記号で答えなさい。地層の上下の逆転はないものとします。また，層の厚さは実際の厚さを反映していません。

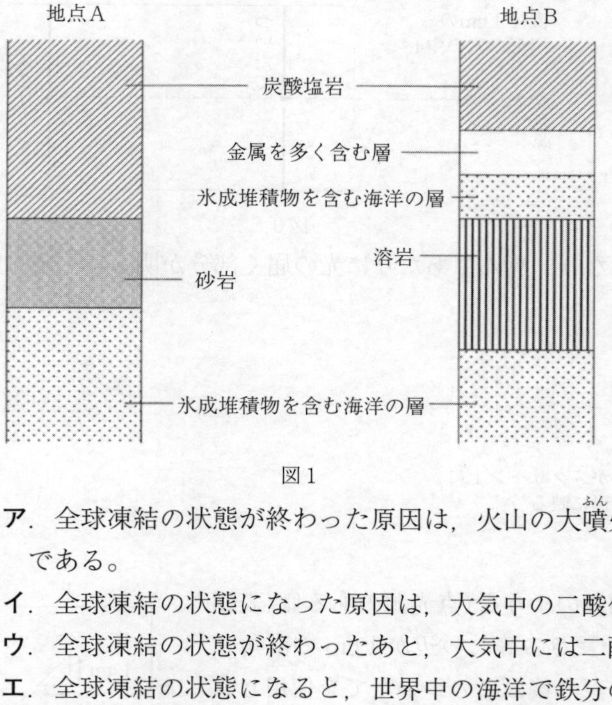

図１

ア．全球凍結の状態が終わった原因は，火山の大噴《ふん》火で流れ出した溶岩が世界中を覆ったからである。

イ．全球凍結の状態になった原因は，大気中の二酸化炭素が大量に減少したからである。

ウ．全球凍結の状態が終わったあと，大気中には二酸化炭素が大量に存在した。

エ．全球凍結の状態になると，世界中の海洋で鉄分の濃度が増大した。

オ．全球凍結の状態になった原因は，生物が繁《はん》栄したからである。

5 下の文章を読んで，あとの問いに答えなさい。

光を出すものを光源《こうげん》といいます。1つの点が光源として光るものを点光源といい，そこから四方八方あらゆる方向に光がまっすぐ広がっていきます。途《と》中にさえぎるものがなければ，どの方向からその点光源をながめても光を見ることができます。その様子を模式的《もしきてき》に表したのが図1です。

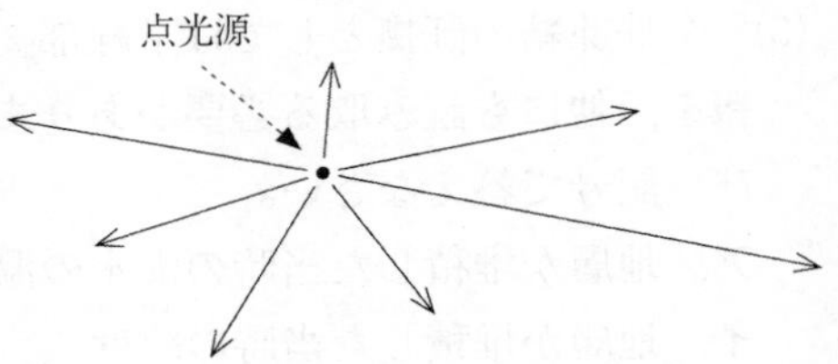

図1

実験は，すべて暗室内でおこなうものとし，紙の厚さや点光源の大きさ，フィラメントの太さは考えなくてよいものとします。

図2のように，点光源，ついたて(厚紙の真ん中に直径1cmの円形の穴を空けたもの)，スクリーンの順に並べ，点光源，ついたての丸い穴の中心，スクリーンの真ん中の点Aを一直線上にそろえます。そしてその直線に対して垂直になるように，ついたてとスクリーンを置きます。図3はこれを真横からながめた様子です。

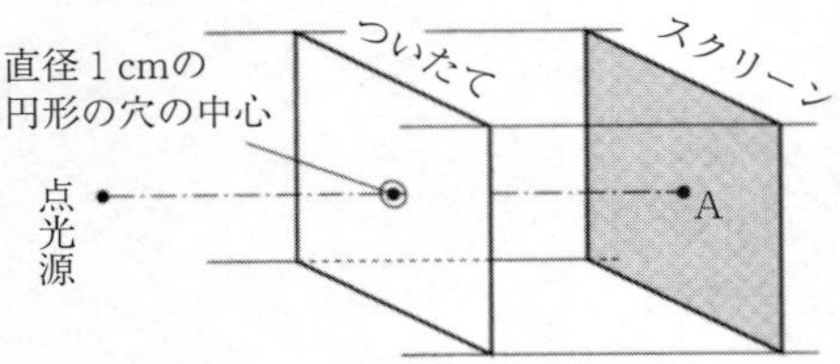

図2

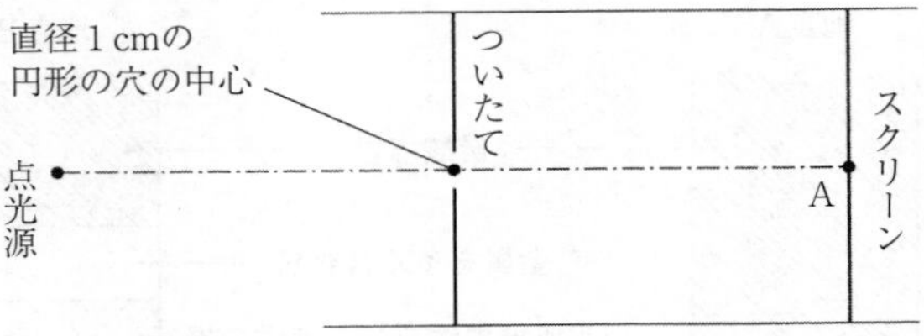

図3

このときスクリーンはまわりが影《かげ》となり，真ん中あたりに光の届く部分が明るく円形に映ります(図4)。

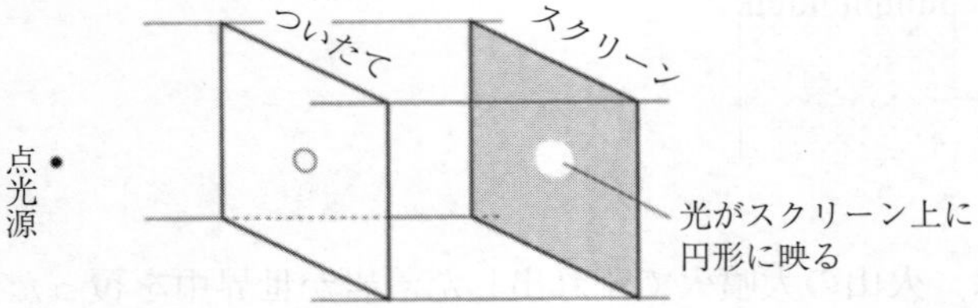

図4

つぎに，新しいついたてとして，図5のような(点光源のある側(表側とします)からついたてを見た様子)，長さの等しい辺が1cmの直角二等辺三角形の穴を空けた厚紙を用意し，今後はこのついたてを使用します。

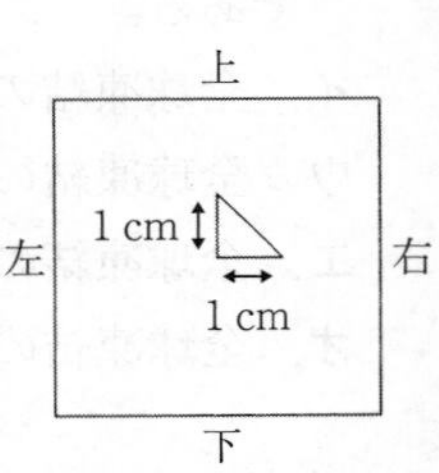

図5

(1) 図6のように，点光源，ついたての穴の直角の頂点，スクリーンの点Aを一直線上に並べ，この直線に対して垂直になるように，ついたてとスクリーンを置きます。なお，点光源からついたてまでの距離《きょり》と，ついたてからスクリーンまでの距離が，等しく15cmとなるようにします。このついたてを通して点光源からの光をスクリーンに映したとき，スクリーン上に現れる光が届く明るい部分の形状と大きさはどのようになりますか。表側から見たときの上下左右に気をつけてえがきなさい。なお，解答らんのマスは1マスを1cmとし，・(黒点)はスクリーン上の点Aを表しています((3)と(4)も同様に考えること)。

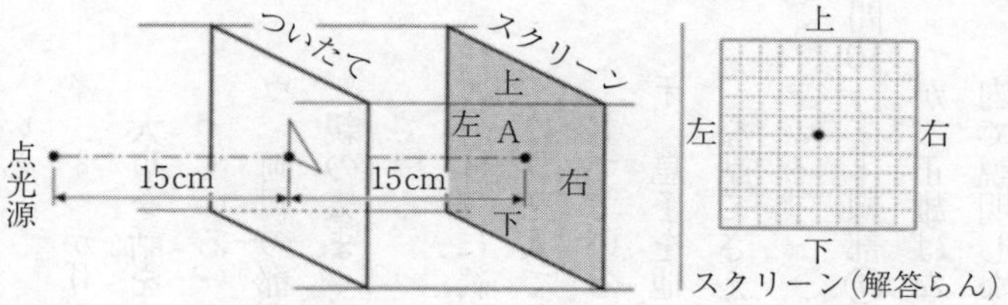

図6

(2)　(1)に続いて，点光源とスクリーンは固定し，ついたての位置だけを点光源から遠ざけると，スクリーン上に現れる光が届く部分の形状と大きさはどのようになりますか。簡潔に説明しなさい。

(3)　ついたてを元の位置に戻《もど》して(1)と同じ状態にしました。図7のように，元の点光源の2cm上側の位置に，もう1つの点光源を置いたとき，スクリーン上に現れる光が届く明るい部分の形状と大きさはどのようになりますか。(1)との違いが分かるようにえがきなさい。

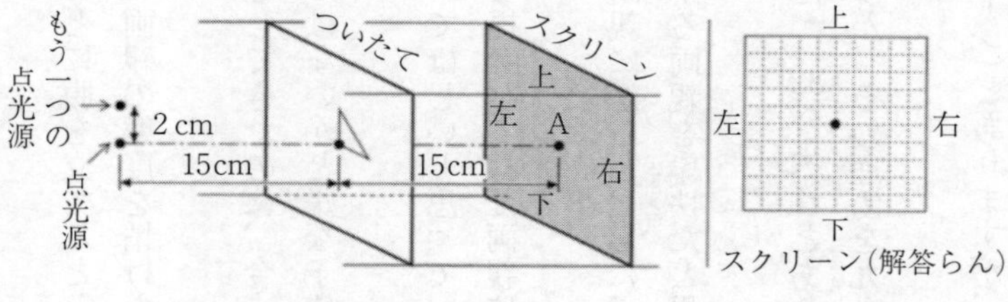

図7

(4)　豆電球などの白熱電球は細い金属線であるフィラメントを持ち，それが光を出します。フィラメントのどの部分も同じ明るさとします。(1)の点光源を，図8のように直線状のフィラメント(長さ4cm)を持った電球(直線光源といいます)に取りかえて，フィラメントが上下方向になるように置きました。フィラメントの中心，ついたての穴の直角の頂点，スクリーンの点Aを一直線上に並べたとき，スクリーン上に現れる光が届く明るい部分の形状と大きさはどのようになりますか。解答らんにえがきなさい。

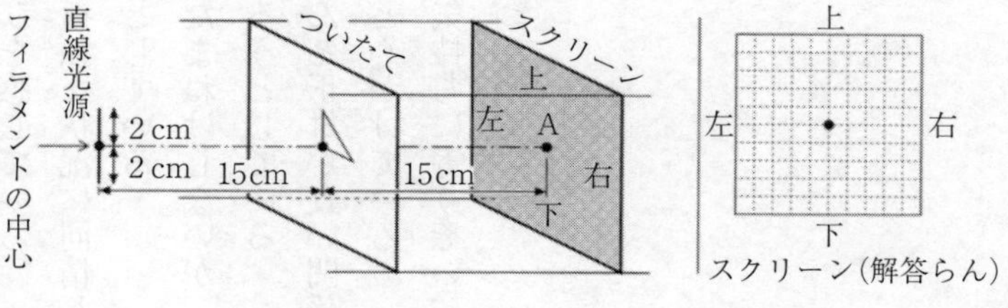

図8

に、態度をはっきりさせない両親にさらにいきどおりを覚えている。

イ　すっかり忘れていた両親が現れたことに腹を立てるとともに、大事な話を自分たちから言い出さない両親の態度を情けなく思っている。

ウ　両親の都合でさんざん悲しい思いをしてきたのに、今また両親の気まぐれで迷惑をかけられるのではないかと嫌《いや》な予感がしている。

エ　すでに終わったことを蒸《む》し返さないでほしいと思っているのに、三人で暮らしたいと今さらながら提案してきた両親に腹を立てている。

オ　息子を他人に託《たく》しても平気でいる両親に怒るとともに、肝心《かんじん》な話でさえむーさんに言わせようとする両親を卑怯《ひきょう》だと思っている。

問10　――線部⑦「私が父と母を捨てたのだ」（32ページ）とありますが、正雄はなぜこのように思ったのですか。その理由を九十字以内で説明しなさい。

問11　〰〰線部C「助け□を出し」（31ページ）とありますが、□に当てはまる漢字一字を答えなさい。

問12　――線部⑧「今の僕に一番ぴったりだと思ったのが、寒き夜や我身をわれが不寝番《ねずのばん》」（30ページ）とありますが、正雄はなぜ「ぴったり」だと思ったのですか。「寒き夜や我身をわれが不寝番」の句の内容もふまえて一〇〇字以上一二〇字以内で説明しなさい。

問13　――線部⑨「マー坊、ひと晩ですっかり大人になったのね」（30ページ）とありますが、和子さんは本文の中でどのように描《えが》かれていますか。その説明として最も適切なものを次の中から選び、記号で答えなさい。

ア　正雄を孫のように感じ、その成長を日々見守ることができることに喜びを感じている。

イ　正雄の孤独《こどく》な状況に同情し、美味《おい》しいものをふるまって満足させようとしている。

ウ　出過ぎたまねはしないが、正雄がこれ以上傷つかぬように両親から守ろうとしている。

エ　むーさんと正雄が良い関係を維持《いじ》できるように、常に場を和《なご》ませようと心がけている。

オ　正雄の気持ちに寄りそい、落ち着いて生活できるようにそれとなく気づかっている。

問5 ――線部②「そんなことより、本当に中退してもいいのか」（37ページ）とありますが、なぜむーさんはこのように言ったのですか。その説明として最も適切なものを次の中から選び、記号で答えなさい。

ア 中卒で社会に出て働く中で多くの挫折《ざせつ》を味わい尽くしてきたため、正雄につらい思いをさせたくなかったから。

イ 学校生活が楽しくないとはいえ、軽々しく中退ということばを口にしてしまう正雄に説教しようと思ったから。

ウ 自分のことを慕《した》ってくれるのは良いが、甘《あま》いことばかり言っている正雄に世間の厳しさを教えようとしたから。

エ 自転車のことに話題をそらそうとする正雄に、まずは学校生活を充実させるために努力をしてほしかったから。

オ 自転車のことに気を取られる正雄に、話題を高校中退の件に戻してどこまで本気なのか確かめようとしたから。

問6 ――線部③「今夜、母は、父への定まらない想《おも》いに、はっきりと決着を付けたのだ」（36ページ）とありますが、このときの母はどのような気持ちですか。その説明として最も適切なものを次の中から選び、記号で答えなさい。

ア 夫との関係をどうすべきか悩《なや》んでいたが、借金取りに押しかけられる中で頼《たよ》れるのは正雄だけだと思い直した。

イ 夫婦で協力して和菓子屋《わがしや》を営んできたが、夫の作った借金にこれ以上振《ふ》りまわされるのはやめようと腹をくくった。

ウ 迷惑《めいわく》をかけられた夫に複雑な感情を抱《いだ》きながらも、夫が帰ってくる日のために今できることをしようと決意した。

エ 別れようと思いつつも夫を気づかってしまっていたが、これからは夫を当てにせずに生きていこうと決心した。

オ 夫と連絡《れんらく》が取れないのは不安ではあるが、息の詰《つ》まる生活から抜け出すためなら何でもしようと開き直った。

問7 ――線部④「私は少し恨《うら》みがましく言ってみた」（36ページ）とありますが、このときの正雄はどのような気持ちですか。その説明として最も適切なものを次の中から選び、記号で答えなさい。

ア 高利貸しからの嫌《いや》がらせを受けてとても心細い思いをしたので、父の代わりにむーさんに守ってもらいたかったと不満を感じている。

イ 包丁を持ちだした日から初めてむーさんに会えたので、甘えたいと思いつつも素直に表現せずにむーさんの様子をうかがっている。

ウ 包丁を持ちだした自分をむーさんが嫌《きら》いになってしまったのではないかと少し不安を覚え、むーさんの気持ちを確かめようとしている。

エ 中野への怒りから持ちだした包丁をむーさんに預けたままにしていたので、むーさんがそのことを母に告げはしないか心配している。

オ 松野屋の危機に直面しても、むーさんに言われたとおり母を助けてきたことを誇《ほこ》らしく思い、それを褒《ほ》めてもらいたいと思っている。

問8 ――線部⑤「随分《ずいぶん》と錆《さ》びてたでしょ」（35ページ）とありますが、むーさんが研《と》いだことで、出刃包丁は正雄にとってどのようなものになりましたか。解答欄《かいとうらん》につながるように四十字以内で説明しなさい。

問9 ――線部⑥「またまた、怒りが込み上げる」（33ページ）とありますが、このときの正雄はどのような状態ですか。その説明として最も適切なものを次の中から選び、記号で答えなさい。

ア つらいことにも去年決着をつけて今さら話すことなどないの

われたことも似ている。

私の将来も、一茶と同じで、暗くて寂しいものになるのだろうか。行火を胸の所まで手繰《たぐ》り上げ、ダンゴ虫みたいに体を丸めて、行火を抱《だ》きしめる。

机の上の置き時計を、掛け布団のすき間から上目遣《うわめづか》いに見ると、八時を指している。いつもより二時間も寝坊《ねぼう》してしまった。

「おはようございます。きのうの夜は、いろんなことを考えてたら眠れなくなっちゃって……寝坊しちゃって……」

むーさんは前の冬と同じように、こたつの中で寝そべって本を読んでいる。

「ねえ、むーさん、僕、きのう眠れないから一茶の句集読んでたんだ」

「ほう、そうか。いいだろう、一茶って」

「今朝起きて、句集を見たら、暗い句ばっかり選んで、印を付けてた」

「夜中に読んだからだろう」

「そうかな」

「どんな句だ？」

「⑧今の僕に一番ぴったりだと思ったのが、寒き夜や我身をわれが不寝番」

「マー坊、なかなかいいセンスしてるじゃないか」

「きのう、むーさんに言われた将来のこと、気合入れて考えないとダメだね」

和子さんがトーストと目玉焼きを運んで来てくれた。紅茶もある。

「⑨マー坊、ひと晩ですっかり大人になったのね」

「ひと晩で大人になることもあるのさ」

と、和子さんに応えるむーさんの言葉に、訳もなく涙が出てきそうになる。

（ねじめ正一『むーさんの自転車』）

問1 ═線部1～15のカタカナを漢字に直しなさい。

問2 〰線部A「気丈《きじょう》に」（39ページ）・B「堂に入《い》っていて」（38ページ）とありますが、この言葉の本文中の意味として最も適切なものを後の中からそれぞれ選び、記号で答えなさい。

A「気丈に」（39ページ）

ア 必死に歯をくいしばって

イ 心を強く持って

ウ 心の準備をして

エ 心を落ち着かせて

オ わざと明るくふるまって

B「堂に入っていて」（38ページ）

ア 手慣れていて

イ どっしりとしていて

ウ 男らしくて

エ すばやくて

オ 目について

問3 ……線部X「むーさんに話したら気持ちがスッとして、体の震《ふる》えも止まった」（38ページ）、Y「私は、むーさんの背中から響《ひび》いてくるむーさんの声を、しっかり心に留めた」（37ページ）とありますが、正雄にとってむーさんはどのような存在ですか。それが暗示されている表現を……線部XからYまでの範囲《はんい》で探し、十五字以上二十字以内で抜《ぬ》き出して答えなさい。

問4 ――線部①「さっきまで真っ白だった頭の中に、血液がようやく流れ始めてきた」（38ページ）とありますが、このときの正雄の状態を六十字以内で説明しなさい。

「どうしたいかって、言われても……」

自分の将来を深く考えたことはない。

「松野屋」が13ケンザイだった頃は、高校を卒業したら、二流大学くらいには進学して、四年間、適当に勉強して自由に遊びたいなあと、思っていただけだ。

「急にそんなこと言われたって、将来どうしたいかなんて分からないわよ。ねえ、マー坊」

和子さんがC助け[D]を出してくれる。

「親父さんもおふくろさんも、マー坊と暮らしたいっていう希望は捨てていないみたいだけど、マー坊が親との縁《えん》を切る覚悟《かくご》なら、これからどうやって生きていくか、しっかり考えておくんだな」

むーさんは、一年遅《おく》れでもいいから、高校に行くのはどうかとも言う。

それに、いつの日か、高円寺に帰らなくてはいけないと言うのだ。

「なんで?」と尋《たず》ねても、

「帰らなきゃいけないんだ。マー坊は高円寺で生きていくんだ」

と繰《く》り返すばかりだ。

その夜、布団《ふとん》に入ったけれど、目が冴《さ》えて眠《ねむ》れない。外は雪が降り始めたみたいだ。

長野の夜は、14ヒョウテンカまで気温が下がる。エアコンを設置しようと言っていたけれど、設置しないまま、また冬になってしまった。

「川上リンゴ園」でずっと働くのはどうだろうか? 一人前になって、リンゴ園を経営する? そうしたら、高円寺には帰れないし、リンゴ作りに情熱を持てるとも思えない。

長野市内で仕事を見つけて就職する? 高校中退の私を、正規で雇《やと》ってくれる所があるだろうか? せいぜいアルバイトだ。目が醒《さ》めると、朝になっていた。

枕元の電気スタンドは点いたままで、横に一茶《いっさ》句集(信濃《しなの》国出身で江戸時代後期の俳人である小林一茶の句集。正雄はむーさんの影響で読み始めている)がうつ伏《ぶ》せに置いてある。

15アマりにも眠れないから、一茶句集を本棚から取り出して、布団の中でパラパラ見ている内に、眠ってしまったのだ。

やっぱり、夜の間に雪が降り積もったようだ。雪の仄白《ほのじろ》い反射光がカーテンから漏《も》れている。鼻先の感覚がないほど冷え切っているから、部屋の中でもヒョウテンカのはずだ。

足元の行火《あんか》(足を暖める道具)を両足で挟んで、太ももの辺りまで引き上げる。行火があっても体が悴《かじか》んでいる。布団の中から手を伸《の》ばして、句集の伏せたページを見る。

うそ寒《さむ》や　親といふ《(う)》字を　知《しっ》てから

「親」の漢字にむっとなる。

他にも、ページの角を大きく折り曲げたところが、何カ所もある。句集を開くのは三度目で、新品同様のきれいな本に、随分大胆《ずいぶんだいたん》な折り曲げ方をしたものだが、覚えていない。

寒き夜や　我身《わがみ》をわれが　不寝番《ねずのばん》(一晩中ねないで見張りをすること)

特にこの句は、昨夜の私の心境にぴったりだったので、ページを折り曲げた記憶《きおく》がある。

それにしても、気の滅入《めい》る寂《さび》しい句ばかりだ。一茶は継母《ままはは》と仲が悪くて、十五歳の時、父親が江戸《えど》に奉公《ほうこう》に出したと、むーさんから聞いたことがある。十五歳なら私と大して変わらない年齢《ねんれい》だ。親に追《お》い払《はら》誰を刺したいのだ？

父親か？

母親か？

途端《とたん》、涙が溢れてきた。

声を立てて泣いた。

電気も点《つ》けず、陽も落ちてしまった暗い部屋で、出刃包丁だけがキラキラしている。

むーさんが丁寧に研いでくれた包丁で、人を刺すなんて出来ない。出来る訳がない。

漠然《ばくぜん》とだけど、私が大人になって自立できるようになったら、母と一緒に暮らせると思っていた。なのに、母は一年も経たないのに、私に相談もなく、プライドも意地も捨てて、また父と暮らすことを決めた。

母は、私ではなく父を安易に選んだ。私は母から捨てられたのだ。親子三人でなんて言っているが、私がいなくても、母は父と二人で暮らしたいのだ。そう思ったら、却《かえ》って気持ちが落ち着いて、涙も止まった。

むーさんの包丁を、またタオルでしっかり包み直し、箪笥の奥に仕舞う。

玄関でむーさんと和子さん、父母が帰りの挨拶《あいさつ》をしている声が聞こえる。

庭に面した窓際《まどぎわ》に行って、窓を透《す》かし、二人の後ろ姿を二階から見送る。

私は、松野正樹、千鶴子《ちづこ》と血の繋がった親子であることは間違いないけれど、この二人の姿を見るのは、これが最後だ。

「マー坊、下りて来いよ。飯だぞ」

父母が帰ってしばらくしてから、むーさんが二階に上がって来て、襖戸《ふすまど》越しに声を掛けてくれる。

この一年、母の姿や、話し声や、体温が時々恋《こい》しいと思うこともあったけれど、「松野屋」の危機崩壊《ほうかい》から、ずっと私を支えてくれたのがむーさんだ。今も支えてくれている。

父と母が私を捨てたのではなく、⑦私が父と母を捨てたのだ。

階下に下りて行き、まずは謝《あやま》ろうと、

「むーさん、さっきは……」

と言いかけたら、和子さんが、

「さあさあ、熱いうちに食べようよ」

と、アルマイト(アルミニウムを加工したもの)の大鍋《おおなべ》をこたつの上に置いた。

味噌煮込《みそにこ》み饂飩《うどん》だ。

大鍋の煮込み饂飩を三人ですっかり食べきり、こたつの上も片付いて、和子さんが淹れてくれるほうじ茶を飲む。

むーさんが、食後の一服(たばこの意)に火を付ける。

大きく煙《けむり》を吐いてから、

「マー坊、ところで……」

とても真面目な顔だ。

はっとする。

さっき、親の前で取った私の態度を、怒られるのだ。怒られる前に早く謝らなくっちゃと、素早くこたつから足を出して正座する。

「むーさん、和子さん、今日はすみませんでした。親のことは、もうどうでもいいです。これからもずっと、むーさんと和子さんと一緒に居たいので、よろしくお願いします」

二人にぺこんと頭を下げる。

「そんなことは分かっているよ。それより、マー坊はこれからどうしたいかっていうことだよ」

家も取られたし、これ以上、何の話があるっていうんだよ！

何もかも、決着してるじゃないかよ！と、怒鳴りそうになるが、むーさんの真剣《しんけん》な物言いに、気持ちを抑《おさ》える。

和子さんが私の前にお茶を置いてから、私の脇にぴったりと座る。

「旦那《だんな》さんからマー坊に話してください」

と、むーさんが父に話を差し向ける。

父はうな垂れた首を横に振る。

「それじゃあ、奥さんから……」

母もむーさんに懇願《こんがん》するような目を向けて、首を横に振る。

「じゃ、私から……」

両親から折り入っての話というのに、何で二人とも首を横に振って、むーさんに言わせるんだよ！ ⑥またまた、怒りが込み上げる。

「実はな、お父さんとお母さん、離婚したんだけど、将来のことをいろいろ考えて、これから一緒に暮らすそうなんだ。それで、マー坊とも、三人揃って暮らしたいって仰《おっしゃ》ってんだ」

心臓が止まりそうになる。

「勝手すぎるよ！ お母さんはこの男が何をしたか分かってんでしょ！ なのにまた、この男と一緒に暮らすの！」

父のことをどうしても「お父さん」と呼べない。

この馬鹿野郎《ばかやろう》な男と血の繋《つな》がっていることさえ恥ずかしい。なのにこの男と一緒に暮らそうとしている母が、8フケツで気持ち悪い。

やっと、母が口を開く。

「正雄の気持ちは、よく分かってるの。だけど、血の繋がりも9ギリもない他人のむーさんに、あんたの面倒《めんどう》を見てもらっているのは、本当に申し訳なくって……親子が一緒に暮らすのは当たり前のことだし……」

「それを壊したのは、この男じゃないか！」

「マー坊、お父さんのことを、この男っていうのは言い過ぎだぞ」

と、むーさんに窘《たしな》められても、この男としか私には言えない。

いつの間にか、和子さんの右手が私の膝の上に載っている。和子さんの手の平の温かさがズボンの上から伝わってくる。

「お父さんね、あれから新宿で真面目に10ケイビの仕事をしているの。私もね……伯母さんのスーパー手伝ってても、とっても気詰《きづ》まりで、伯母さんも年だから11ジッケンがないし……」

か細い声だけど、一度口火を切ったら止まらないらしく、母は言い訳がましいことを並べ続ける。

「三人で力を合わせれば、東京で何とか暮らしていけるんじゃないかしら」

父はずっとうな垂れたまま、母の話を聞いている。都合のいい母の言葉にムカつく。それにしても、父と母は別れた後も、私の知らないところで、お互いに連絡を取り合っていたのだ。

「死んだってあんたらとは暮らさないよ！ 帰れよ！」

「松野屋」の看板を少しでも守りたいというプライドと、「松野屋」を潰《つぶ》した父への意地から、母は一生懸命《いっしょうけんめい》おにぎりを作り、私は夜遅《おそ》くまで煙草を売っていたのではないのか。

私は立ち上がる。和子さんが私の膝から手をさっと引く。障子《しょうじ》戸を後ろ手でピシャッと閉め、階段を駆《か》け上がる。

「マー坊、待てよ！」

むーさんが追いかけて来て、階段下から呼び止める。

自分の部屋に飛び込み、真っ先に、箪笥《たんす》の奥に仕舞っておいた出刃包丁の包みを取り出す。中野を刺したいと思った時と同じ感情が、湧《わ》き起こっている。何重にも12マいたタオルを解くと、あのキラキラ光る出刃包丁が出てくる。

と言って、この間と同じようにさっさと自転車に乗って、帰って行った。むーさんに言われた通りに、乾《かわ》いた布巾で一本一本丁寧に拭《ふ》いて、台所に戻した。むーさんが丹念に研いだ包丁を、人を刺すという馬鹿《ばか》げたことで持ち出すなんてことは、二度としてはいけないと思った。

《結局、私の一家は店も家も失うことになり、両親はその年の冬に離婚《りこん》し、私は高校を退学した。私は伯母《おば》の元に身を寄せる母とは離れ、米屋をやめて故郷の長野へ帰るむーさんについて行った。長野では、むーさんとその母(和子《かずこ》)の三人で暮らし、近所の川上リンゴ園を手伝いはじめた。それから一年が経《た》った。》

やっと、むーさんの家に帰ることが、「自分の家に帰る」と、違和《いわ》感《かん》なく思えるようになってきた。

どこのリンゴの木も葉っぱだけになっていて、これからまた、冬に向けての作業が始まる。山からの日暮れの風はかなり冷たいが、冬のしびれる冷たさを経験した後だから、生温かく感じるくらいだ。

和子さんが作っている干《ほ》し柿《がき》が、軒先《のきさき》(屋根のはりだした部分)に吊《つ》り下がっているのが見えて来た。軒先の玄関《げんかん》脇には、むーさんの自転車が置いてある。

「ただいま!」

玄関の引き戸を開けて入ると、見慣れない男性の革靴《かわぐつ》と女性の靴が、きれいに揃《そろ》えて並んでいた。

革靴を履《は》いてくるお客さんて誰《だれ》だろう。

遠くの親戚《しんせき》の人でも来ているのだろうか。

玄関から台所に入ると、和子さんは台所にいない。隣のこたつの部屋の様子に、耳をそばだてる。

「マー坊か?」

むーさんが仕切り戸越《ご》しに声を掛ける。

「ちょっと、こっちに来てくれるか」

改まった雰囲気《ふんいき》が漂《ただよ》ってくる。

台所の仕切りのガラス戸を開けると、目の前に母が座っている。母と目が合う。

「お母さん、どうしたの?」

と言いながら、目を動かすと、母の隣に畏《かしこ》まって正座をしている男がいる。

父親だ!

二度と会うことはないと思っていた父だ。

去年のクリスマスの夜とは打って変わって、こざっぱりした恰好《かっこう》をしている。

父は私の顔を見ることもせず、俯《うつむ》いたまま殊勝《しゅしょう》げに(おとなしく)座っている。

「何でお前がここにいるんだよ!」

思わず大声を張り上げてしまった。

「落ち着いて、まあ、座れ」

と言うむーさんの言葉を合図に、和子さんが、「マー坊のお茶を淹《い》れて来ようね」と立ち上がる。そして、自分の座っていた席に座るよう私を促《うなが》し、台所に入っていく。

母とは時々電話で話をしていたから、長い間会っていないという感じはしないが、父とは、何年も会っていない人に会う思いだ。

この一年、私の頭からすっかり消え去っていた人なのだ。

「お父さんとお母さん、マー坊に折り入って話があるというので、今日、来られたんだ」

折り入ってって、何の話だよ。去年のクリスマスで離婚もしたし、と、鼻歌を歌いながら米袋を下ろす。米袋を下ろし終わったむーさんが、母が店番しているのを見定めてから、そっと私を手招きするのでむーさんの側に行くと、あの夜のタオルに包んだ出刃包丁を手に持っていた。

「マー坊、台所の包丁、全部持って来い」

「なんで?」

「なんでもいいから。それと、バケツも」

むーさんが何をしたいのか全然見当が付かないけれど、言われるままに包丁とバケツを持ってくると、むーさんはそれらを持って裏口の外にある水道栓《せん》の所に行って、バケツに水を入れ、その場に屈《かが》みこんだ。そこにはいつの間にか砥石《といし》が三本置いてあって、バケツの水でちょっちょっと砥石を濡《ぬ》らすと、むーさんは包丁を研《と》ぎ始めた。

「むーさん、包丁研ぐの!」

「オレ、若い頃《ころ》大工の見習いをやってたことがあるんだよ。ノミやカンナ(いずれも木材を加工する際に用いる道具)の刃を研ぐのも上手《うま》いんだぞ。包丁も切れ味よくなるぞ」

あの夜のことを包丁に引っ掛けて、むーさんは私に何かを言おうとしているのかどうかよく分からないけれど、むーさんの包丁を研ぐ姿は様になっていて、カッコいい。むーさんの動きは、何をやってもカッコいい。

「へえー、そうなんだ。でも、包丁研ぐのに砥石が三つもいるの?」

「荒砥《あらと》と中砥と仕上げ砥の三種類あるんだ」

「むーさん、本格的だね」

むーさんの研ぎで包丁の刃がキラキラ輝《かがや》いてきた。しゅっしゅっと包丁を研ぐリズミカルな音を聞きながら、むーさんの研ぐ姿を見ていると楽しくなってきた。むーさんもまた、鼻歌を歌っている。

「あら、むーさん、包丁研いでくれてるの?」

母がお客の切れ間に、裏口から顔をのぞかせた。

「包丁の切れ味は、料理の味につながりますからね」

「お祖父《じい》ちゃんがよく研いでくれていたんだけど、亡くなってからは、そのまんま。出刃包丁なんて二年も三年も使っていないわ」

台所から出刃包丁が無くなっていたことを、母は全く気が付いていなかった。

むーさんが、ピカピカに研ぎあげた出刃包丁を目の上にかざして、親指の腹で出刃包丁の刃を撫《な》でて、研ぎ具合を確かめる。

「奥さん、この出刃だと、魚が上手く捌《さば》けますよ」

「本当ね。⑤随分《ずいぶん》と錆《さ》びてたでしょ。今夜は鯵《あじ》のたたきでも作ろうかしら」

「いいですね」

「むーさんにもご馳走《ちそう》しなくっちゃね」

「お気持ちだけ7イタダいときますよ」

むーさんと母の会話を聞いていると、中野を刺してやろうとしたことも、毎晩のように中野の手下がやって来て、脅し文句を言って煙草の金を払っていかないことも、みーんな、なーんにもなかったことのように思えて、「松野屋」に穏《おだ》やかな空気が流れる。久しぶりに味わう気分だ。

母は十個ほど手際《てぎわ》よくおにぎりを作って、また、店に戻る。むーさんも最後の包丁の仕上げをしている。バケツの水を片手で掬《すく》って砥石に振《ふ》りかける度に、包丁の輝きが増してくる。むーさんは研いだ包丁三本を、バケツの水できれいに洗い、地べたに敷《し》いたタオルの上に、丁寧に並べる。狭《せま》い路地の空からさす夏の陽にキラキラ光っている。

むーさんは水道で手を洗うと、ズボンの後ろに差し込んでいた布に砥石を包んで、自転車の荷台に入れた。

「マー坊、布巾《ふきん》できれいに水っ気を取って、台所に戻しとけ」

「明日から、お店を開けます。おにぎりと煙草《たばこ》を売って、正雄と二人で、追い出されるまで頑張《がんば》ろうと、決めました。だから、正雄も手伝ってください。いいですね」

母の改まったきっぱりとした物言いに、「はい」と、素直《すなお》に答えるしかなかった。

「松野屋」で煙草を売り始めたのは、父の代になってからであった。店の左隅《ひだりすみ》の、和菓子の進物《しんもつ》(人へのおくりもの)セットを並べていた陳《ちん》列棚《れつだな》を取り払《はら》って、キャスター付きの煙草ガラスケース台を置いて売っている。和菓子やおにぎりに比べると煙草の利幅《りはば》は小さいけれど、数売れればそれなりの5ガクになるし、売れ残る心配がないから気楽だと父がよく言っていたことを思い出した。

煙草は利幅が小さくても、今は少しでも売って生活していかなければならない。それに、「おふくろさんを守ってやれよ」と、むーさんにも言われた。

母はぎろついた目つきで私をしっかり見つめながら、

「店を開ければ、中野の手下がもっと頻繁《ひんぱん》に来るかもしれないけれど、商店街の人たちが見ているから、6ランボウなことはできないでしょ。正雄も堂々としていなさい」

③今夜、母は、父への定まらない想《おも》いに、はっきりと決着を付けたのだ。こんなに逞《たくま》しい母を見たのは初めてであった。

《店を開けて二日目をむかえた。》

むーさんがおにぎり用の米を持ってきた。昨日、母が注文したのだろう。

「いよっ、マー坊、元気にしてたか」

むーさんは自転車の荷台から米袋《こめぶくろ》を下ろしながら、作業場でバット(料理に使う浅い容器)におにぎりを並べている私に声を掛けてきた。

あの日以来のむーさんの自転車だ。あの日以来のむーさんの声だ。

「むーさん！ どうしてたの」

「うーん、ずっと店休んでただろ」

「店閉まってても、来てくれればいいのに」

④私は少し恨《うら》みがましく言ってみた。出刃包丁のことも聞きたかった。昨日の夜、中野の手下が煙草を買いに来て、金も払わず脅《おど》して帰って行ったことも言いたかった。

米袋を下ろし終わったむーさんは、私の側に来て、私の肩《かた》に手を置いた。むーさんの手の平の硬《かた》さが、Tシャツの上から感じられる。

「店開けられてよかったな。マー坊、よく手伝ってるんだってな。マー坊、学校はちゃんと行けよ。行くんだぞ。いいな」

むーさんともっと話がしたかったのに、むーさんはそう念を押《お》して、裏口からさっさと出て行くので、後を追いかけて外に出ると、もう、自転車に乗ったむーさんの背中しか見えなかった。むーさんは、私に学校に行けよということを、どうしても言いたかったのだ。

母は毎日毎日、おにぎりを作る。前よりももっと丁寧《ていねい》に丹精《たんせい》を込めて作っている様子だ。「松野屋」のおにぎりの客は父が行方不明になる前よりも増え、夕方には売り切れてしまうこともある。

「明日は、あともう一回ご飯を炊《た》き足そうかしら」と、母はおにぎりに意欲満々だ。きっと、おにぎりを作ることで、「松野屋」が取られることを忘れようとしているのだ。

おにぎりがよく売れるので、むーさんが米の配達に「松野屋」に来ることが多くなった。

いよいよ、明日から高円寺阿波踊《あわおど》りという朝にむーさんが、米を持ってきた。

「奥《おく》さーん、今日の米は特上の特上だよ」

し、一緒《いっしょ》に暮らせるはずがないから、言わなかった。

「学校はどうするんだ」

「中退して、働くよ」

「オレは中卒だけど、高校ぐらいは出た方がいいと思うけどな」

お尻は痛いけど、むーさんの自転車はまったくゆれない。五十ccオートバイの後ろに乗ったことがあるが、オートバイよりも安定している。

「むーさんの自転車気持ちいい」

「そうか。この自転車とは長い付き合いになるからな」

「どのぐらいの付き合いになるの」

「②そんなことより、本当に中退してもいいのか」

「いいんだ。学校も好きじゃないし、部活もやってなかったし……」

中島小百合(中学時代の同級生)ともうデート出来ないし、むーさんにも会えないと思ったら、また泣きたくなってきた。

「むーさん、僕とお母さん、高円寺にも居られなくなるんだ」

「そんなことはないさ。松野屋がなくても高円寺に居ればいいさ」

むーさんはそう言うが、松野屋のない高円寺には居られない。居たくない。

「何処《どこ》に居ても、おふくろさんだけは、マー坊が守ってあげろよ」

「むーさん、うちのお母さん4ケッコウ強いんだ。お母さん、お父さんと別れるって。もう決めたって言ってたよ」

「そうか。おふくろさん、そう言ってたか」

Y私は、むーさんの背中から響《ひび》いてくるむーさんの声を、しっかり心に留めた。

むーさんは私を「松野屋」の裏口に下ろすと、「マー坊、しっかりしろよ」と言って、ウチの中に入らずに、帰って行った。

あくる日からも電話がじゃんじゃん鳴り続けた。電話機に座布団《ざぶとん》を被《かぶ》せて、電話が鳴っても出ないようにしたら、中野の手下で強面《こわもて》の三十歳《さい》くらいの男が、裏口から毎日のようにやってきて、親父を出せとしつこく言った。裏口の鍵《かぎ》を掛け、家の中で母と二人身を潜《ひそ》めるようにしていると、裏口の戸をガンガン叩《たた》いて、

「おい、こらぁー、松野、出てこい！　居留守使うな！　金返せ！」

と、隣近所《となりきんじょ》に響《ひび》き渡《わた》る大音声で嫌《いや》がらせをするようになった。母は見る間にげっそりと痩せてきた。

夏休みなのに、高利貸しの取り立てが恐《こわ》くて家から出られないなんて、これ以上我慢《がまん》できない。

「お母さん、お父さんのいる所、知ってんじゃないの。もうヤツらに、教えてしまいなよ。オレ、こんなのイヤだよ！」

「本当に知らないの。お父さん、何度か電話を掛けてきてたかもね。電話に出ないもんだから、連絡《れんらく》取れなくて、困っているんじゃないかしら……」

父を庇《かば》う母に、今度は腹が立った。

夏休み中ずっと、高利貸しの嫌がらせは続いた。買い物や用足しは、日が暮れてからまるで犯罪者みたいに辺りを見回して、そっと出て、そっと帰ってくる生活だ。相変わらず父の行方《ゆくえ》は分からない。母も本当に知らないようだ。週に三回は必ず「松野屋」に来ていたむーさんとも、あの時以来会っていない。むーさん、どうして訪ねて来てくれないのだろう。マー坊、どうしてると、顔を見に来てくれてもいいのに。むーさんに会えない不安と不満が、頭の中で渦《うず》まいてくる。

夏休みもそろそろ終わろうという日の夜、私がテレビを観《み》ていると、母が居間で正座して、

「正雄、話があるの。ここに座って」

と、いつもは父が座る場所を指差す。この数週間で母はすっかり頬がこけてしまい、目だけがぎろぎろしている。

が震えてきて、腰《こし》が抜《ぬ》けて立ち上がれなくなった。脇の下に挟んでいる包丁が急に重たく感じ、すっかり陽《ひ》の沈《しず》んだ道端《みちばた》に、へなへなと座《すわ》り込んでしまった。

私に人を殺す勇気はない。

血だらけになるのは怖い。

人を殺したら、殺人罪で刑務所《けいむしょ》に入る。

いやだ。そんなのは死んでもいやだ。

電信柱に摑《つか》まり、やっと立ち上がれた。足を踏《ふ》み出すと、ふらっと立ち眩《くら》みがした。ゆっくりゆっくり歩いて、住宅街を抜け、南口の駅前に戻《もど》ると、電気の明るさにまた、目が眩んだ。

「マー坊！」と声がした。

むーさん（松野屋と古くから取り引きのある米屋の武藤《むとう》さんのこと）だ。自転車に乗ったむーさんが私の方に向かってきて、目の前に止まった。

「マー坊！　どうしたんだ。顔が真《ま》っ青《さお》だぞ」

むーさんの顔を見たら、涙《なみだ》が溢《あふ》れてきた。むーさんの自転車の荷台に、タオルに包んだ出刃包丁を載《の》せた。

「何だこのタオル？」

「出刃包丁……。殺そうかと思って」

私は泣きながら父のことをむーさんに話した。

「そうか、そうか。ここで会えてよかったよ。もう、泣くな」

Xむーさんに話したら気持ちがスッとして、体の震えも止まった。

「親父さん、中野に騙されたんだな」

「むーさん、中野知ってるの？」

「ああ、ちょっとな」

「マー坊の親父さんはいい人だけど、いい人すぎるんだよな。でも、息子に出刃包丁を持たせるようなこと、しちゃいけないな。松野屋の店が担保《たんぽ》（借金のかた）に取られたという噂《うわさ》は本当だったんだ。そうだったんだ」

やっぱり、あの日、ゲンさんがあちこちで喋《しゃべ》ったんだ。

「マー坊、自転車の後ろに乗れ」

「この出刃包丁はオレが預かるからな」

と言って、むーさんはズボンとベルトの間に、出刃包丁を差し込んだ。むーさんのその仕草がB堂に入《い》っていて、思わず、

「カッコいい」

と、口に出てしまった。

私は荷台に飛び乗ったが、荷台がごつくて尻《しり》が痛かった。股《また》も大きく開かないと、跨《また》ぎきれない。

「痛っ！」

「おお、痛いか。出刃包丁で刺されたらもっと痛いぞ」

①さっきまで真っ白だった頭の中に、血液がようやく流れ始めてきた。むーさんはいつものように弾《はず》みをつけて自転車に乗ると、横に真《ま》っ直《す》ぐなハンドルを両手でしっかり握《にぎ》り直し、自転車を漕《こ》ぎ始める。夜の高円寺の駅前は、人がいっぱいでスピードは出せないけれど、むーさんの自転車は、するすると人の間を小気味よくすり抜けて行く。体中の力がふっと抜けて、私は、むーさんの背中に頭をもたせ掛けた。

「むーさん、松野屋いつ取られるんだろう」

「そんなすぐって事はないさ」

「お父さんは無責任だよ。一人でいなくなっちゃって」

「そうだな。マー坊もおふくろさんと、これからどうするか考えなきゃな」

「分からないよ」

「そうだよな。まだ高一だもんな」

「僕《ぼく》はお父さんともお母さんとも暮らしたくない」

むーさんとなら暮らしたいと言いたかったけど、むーさんは他人だ

二〇一八年度　駒場東邦中学校

【国　語】（六〇分）〈満点：一二〇点〉

次の文章を読み、後の問いに答えなさい。ただし、問題の都合上、本文の一部を改め、省略した箇所《かしょ》があります。

――私（正雄・マー坊《ぼう》）の家は、祖父の代から東京の高円寺《こうえんじ》で和菓子《わがし》屋《や》「松野屋《まつのや》」を営んでいたが、父が家族に無断で高利貸しの中野に借金をしていたことが分かった。父とはろくに話し合いもできないでいる。

翌朝、私が起きると、もう父は出かけてしまっていて、その日から、家に帰って来なくなった。と同時に、中野の手下らしき男から、一日に何度も、「親父《おやじ》を出せ。金を返せ」と、催促《さいそく》の電話が掛《か》かってくるようになった。私もその中の何回かは電話に出たが、どすの利《き》いたヤクザっぽい声で、脅迫《きょうはく》されているみたいで怖《こわ》かった。今までのほほんとしていた母は、電話が鳴る度《たび》に逃《に》げることなくA気丈《きじょう》に対応していたが、三日目にとうとう店を閉じた。母の頬《ほお》は痩《や》せて、目だけがギヨロギョロしてきたのが、はっきり分かった。

ゲンさん（松野屋の和菓子職人）もその日から、来なくなった。

「ゲンさん、1ヤめたの？」

「そう。居てもらっても仕方ないから」

「やっぱり、取られるの？」

店も家も、とは言えなかった。母は私の問いに答える気力もないくらい疲《つか》れ果てて、作業場の方をぼんやりと眺《なが》めている。

いよいよ、「松野屋」が壊《こわ》れていく。

父親にも腹が立ったが、私の高利貸し中野への怒《いか》りは、憎《にく》しみになっていた。中野の顔は知らないが、中野が経営する南口の旅館は知っている。住宅の2ミッシュウした一画にあり、木造アパートのような二階建てに「一楽旅館」と看板が掛かったちゃちい旅館だ。きっと、悪いヤツばかり泊《と》める旅館で、人を騙《だま》す高利貸しの隠《かく》れ蓑《みの》になっているに違《ちが》いないと思った。

「松野屋」が壊れる。

「松野屋」が無くなる。

中野を殺してやりたいという衝動《しょうどう》に駆《か》られた。台所から出刃包丁《でばぼうちょう》（刃が厚く広い、先のとがった包丁）を持ってきて何重にもタオルで包み、脇《わき》に挟《はさ》んで外に飛び出した。夕方の商店街は人が多くてイヤだから、裏道、わき道を選んで駅に出た。高架下《こうかした》をくぐり駅の南口から「一楽旅館」を目指して、速歩きで行く。気が昂《たか》ぶっているから、息が上がってくるのも早い。

「松野屋」が壊れる。

「松野屋」が無くなる。

中野を刺《さ》すのだ。悪人の高利貸しを殺すのだ。

駅の南口から、どこをどう通ってきたか分からないが、十メートル先に「一楽旅館」の看板が見えてきた。

足が止まった。息がはーはーしている。息がはーはーしているが、苦しくはない。

足ががたがた震《ふる》えはじめた。

すると、息がはーはーするのは止まった。

酸《す》っぱいものが込《こ》み上げてきた。

うえーっと側《そば》の電信柱に吐《は》いた。また、うえーっうえーっと吐きそうになるが、今度は出るものがなかった。吐き気《け》が3オサまると、膝《ひざ》

2018年度

駒場東邦中学校 ▶解説と解答

算 数 (60分) ＜満点：120点＞

解 答

1 (1) 2875円 (2) 70 (3) 4537.3cm^3 (4) (27, 54), (24, 72), (30, 45), (22, 99) 2 (1) ① (等脚)台形 ② 15cm (2) ① 解説の図2を参照のこと。 ② 75.36cm^2 (3) 15.7倍 3 (1) 解説の図1を参照のこと。 (2) 4 (3) 1 (4) 203通り 4 (1) 4通り (2) 88通り (3) 7通り／図…解説を参照のこと。

解 説

1 売買損益，相当算，計算のくふう，体積，相似，整数の性質

(1) 税込《ぜいこみ》価格は税抜《ぜいぬ》き価格の，1＋0.08＝1.08(倍)だから，税抜き価格は，3726÷1.08＝3450(円)とわかる。これが原価の，1＋0.2＝1.2(倍)なので，原価は，3450÷1.2＝2875(円)と求められる。

(2) $(104-65\div5)\div6=(104-13)\div6=91\div6=\frac{91}{6}=\frac{13\times7}{6}$となる。よって，$A\times B+A\times C=A\times(B+C)$となることを利用すると，$2018\times\frac{13}{372}+13-\frac{13\times7}{6}+\frac{51}{31}=13\times\frac{2018}{372}+13\times1-13\times\frac{7}{6}+\frac{51}{31}=13\times\frac{1009}{186}+13\times1-13\times\frac{7}{6}+\frac{51}{31}=13\times\left(\frac{1009}{186}+1-\frac{7}{6}\right)+\frac{51}{31}=13\times\left(\frac{1009}{186}+\frac{186}{186}-\frac{217}{186}\right)+\frac{51}{31}=13\times\frac{978}{186}+\frac{51}{31}=13\times\frac{163}{31}+\frac{51}{31}=\frac{13\times163+51}{31}=\frac{2119+51}{31}=\frac{2170}{31}=70$

(3) 直線lの右側を左側に折り返すと，右の図のようになる。この図形を1回転すると，三角形ABCを1回転してできる円すい㋐と，三角形ECAを1回転してできる円すい㋑を組み合わせた形の立体ができる。このとき，円すい㋐と円すい㋑が重なった部分の立体を㋒とすると，四角形ABCDを1回転してできる立体の体積は，円すい㋐の体積と円すい㋑の体積の和から，立体㋒の体積をひいて求めることができる。

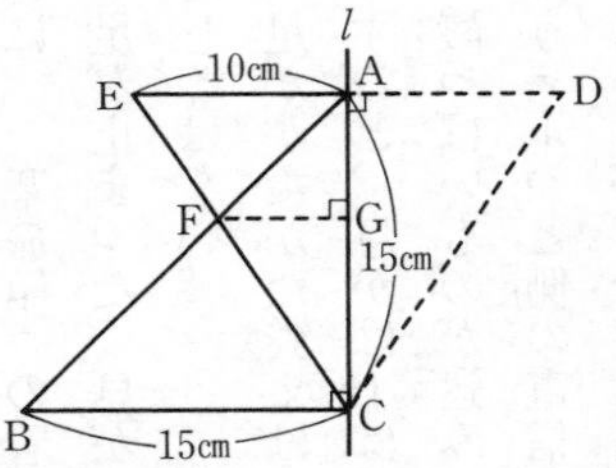

また，三角形AEFと三角形BCFは相似であり，相似比は，10：15＝2：3なので，AGの長さは，$15\times\frac{2}{2+3}=6$ (cm)と求められる。さらに，三角形ABCは直角二等辺三角形だから，三角形AFGも直角二等辺三角形であり，FGの長さも6cmになる。次に，立体㋒は直線lを軸《じく》として，三角形AFGを1回転してできる円すいと，三角形FCGを1回転してできる円すいを組み合わせたものである。この2つの円すいは，底面積が等しく高さの和が15cmなので，立体㋒の体積は，6×6×3.14×15÷3＝180×3.14(cm^3)と求められる。さらに，円すい㋐の体積は，15×15×3.14×15÷3＝1125×3.14(cm^3)，円すい㋑の体積は，10×10×3.14×15÷3＝500×3.14(cm^3)だから，この立体の体積は，1125×3.14＋500×3.14－180×3.14＝(1125＋500－180)×3.14＝1445×3.14＝4537.3(cm^3)となる。

(4) $\frac{1}{18}$の分母と分子に同じ整数をかけると，$\frac{1}{18}=\frac{2}{36}=\frac{3}{54}=\cdots$となる。$\frac{3}{54}$に注目すると，分子は，3＝2＋1と分けることができ，どちらも分母の約数になる。よって，$\frac{3}{54}=\frac{2}{54}+\frac{1}{54}=\frac{1}{27}+\frac{1}{54}$のように，

分子が１の分数(これを単位分数という)の和で表すことができる。同様に考えると，$\frac{4}{72}$と$\frac{5}{90}$の場合は右の図のようになる。次に，$\frac{6}{108}$の場合は$\frac{3}{54}$の場合と同じになる(これは，分子を，６＝４＋２と分けたとき，４と２がたがいに素でないためである)。また，$\frac{10}{180}$の場合は分母が100を超《こ》えてしまうので条件に合わない。同様にして調べると，考えられるのは図で○をつけた４通りである。

$\frac{1\times3}{18\times3}=\frac{3}{54}=\frac{2}{54}+\frac{1}{54}=\frac{1}{27}+\frac{1}{54}$ ○

$\frac{1\times4}{18\times4}=\frac{4}{72}=\frac{3}{72}+\frac{1}{72}=\frac{1}{24}+\frac{1}{72}$ ○

$\frac{1\times5}{18\times5}=\frac{5}{90}=\frac{3}{90}+\frac{2}{90}=\frac{1}{30}+\frac{1}{45}$ ○

$\frac{1\times6}{18\times6}=\frac{6}{108}=\frac{4}{108}+\frac{2}{108}=\frac{1}{27}+\frac{1}{54}$ ×

$\frac{1\times10}{18\times10}=\frac{10}{180}=\frac{9}{180}+\frac{1}{180}=\frac{1}{20}+\frac{1}{180}$ ×

$\frac{1\times11}{18\times11}=\frac{11}{198}=\frac{9}{198}+\frac{2}{198}=\frac{1}{22}+\frac{1}{99}$ ○

2　立体図形─分割，相似，展開図，面積，図形の移動，長さ

⑴　①　ＬとＭ，ＬとＮは同じ面上にあるから，直接結ぶことができる。次に，右の図１のように，Ｍを通りLNと平行な直線を引き，OCと交わる点をＰとすると，切断面は四角形LMPNになる。よって，MPとLNは平行なので，この四角形は台形である(等脚《とうきゃく》台形と答えてもよい)。　②　LNの長さは６cmである。また，三角形OMPと三角形OBCは相似であり，相似比は１：２なので，MPの長さは，$6\times\frac{1}{2}=3$(cm)となる。同様に，LM，PNの長さも３cmだから，四角形LMPNの周の長さは，６＋３×３＝15(cm)と求められる。

図１

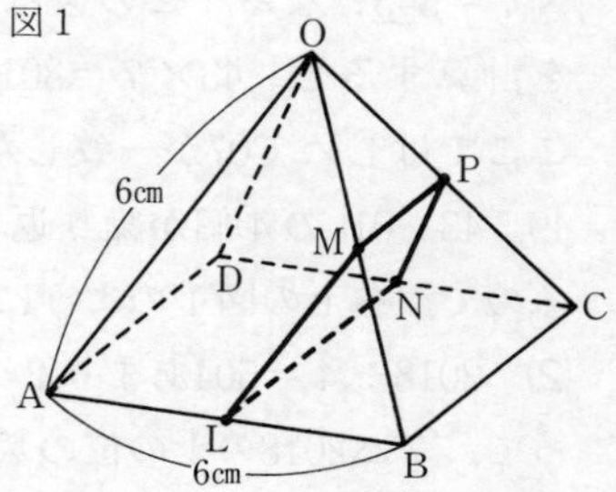

⑵　①　糸の先端《せんたん》が動くことができる範囲《はんい》は，展開図上で点Ｏから６cm以内の部分である。よって，点Ｏを中心とする半径６cmのおうぎ形をかくと，下の図２のようになる。　②　半径が６cmで中心角が60度のおうぎ形４つ分なので，動くことができる範囲の面積は，$6\times6\times3.14\times\frac{60}{360}\times4=24\times3.14=75.36$(cm²)となる。

⑶　糸の先端は，面OAB上と面OBC上で，OBを軸として線対称な動きをするから，面OAB上だけを考える。はじめに，OHの長さを２，HLの長さを１とすると，糸の長さは，２＋１＝３となる。また，はじめに糸の先端があった位置をＱとすると，糸は下の図３の太実線のようになる。この後，糸が点Ｏを中心として回転し，OLの位置まできたとき，糸の先端は太点線のように動く。次に，点Ｈの位置にある棒にひっかかるので，糸は点Ｈを中心として回転する。このとき，点Ｈは三角形OABの３つの頂点から等しい距離《きょり》にあるので，３つの辺からも等しい距離にある。よって，下の

図２

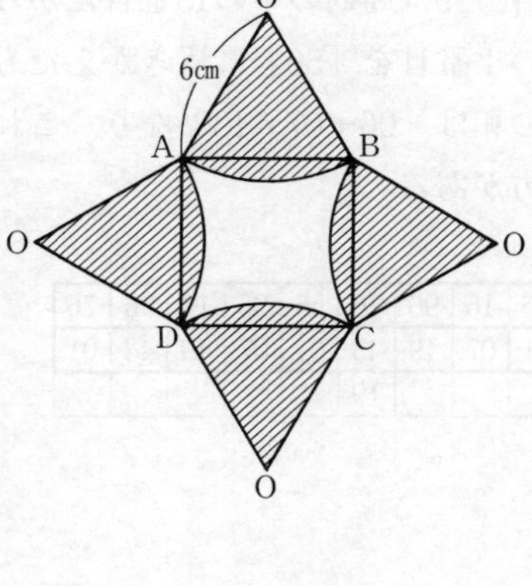

図３

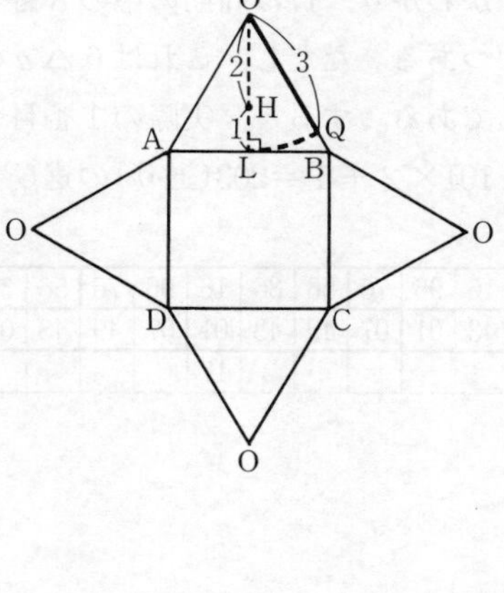

図４

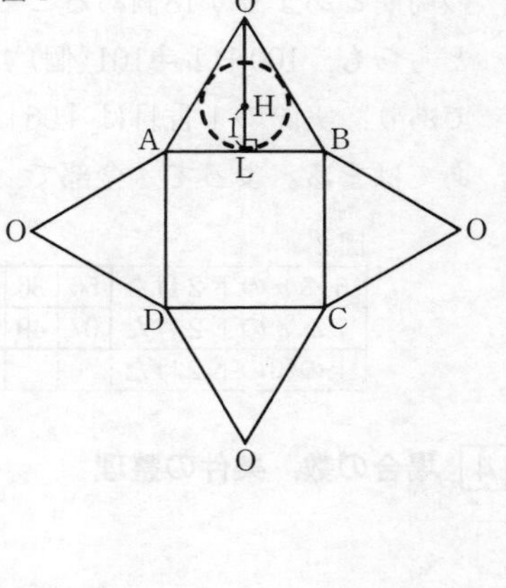

図4の太点線のように，糸の先端が動く部分は三角形OABの各辺にちょうど接することになる。つまり，糸の先端が動く部分は点Hを中心とし，半径が1の円になる。図3で，角QOLの大きさは，60÷2＝30(度)なので，図3と図4の太点線の長さの和は，$3\times2\times3.14\times\frac{30}{360}+1\times2\times3.14=$ $0.5\times3.14+2\times3.14=(0.5+2)\times3.14=2.5\times3.14$と求められる。面OBC上でも同じだから，糸の先端が描《えが》く図形の長さの総和は，$2.5\times3.14\times2=5\times3.14=15.7$となり，これはHLの長さの，15.7÷1＝15.7(倍)である(なお，「ぴんと張った状態で」とあるから，面OADと面OCDには行くことができない)。

3 周期算

(1)　7△1＝07，7△2＝7×7＝49，7△3＝49×7＝343となる。この後は，(下2けた)×7だけを計算すると，43×7＝301，01×7＝07となる。ここではじめて07が一致《いっち》したので，1番目から{07, 49, 43, 01}の4個が繰《く》り返されることになる。よって，十の位は{0，4，4，0}が繰り返されるので，右上の図1のようになる。

図1

a	1	2	3	4	5	6	7	8	9	10
7△aの十の位	0	4	4	0	0	4	4	0	0	4

(2)　2018÷4＝504あまり2より，{0，4，4，0}が504回繰り返されて，最後に2個あまる。よって，7△2018の十の位の数は4となる。

(3)　(1)，(2)と同様に考えると，6△1＝06，6△2＝6×6＝36，6△3＝36×6＝216，16×6＝96，96×6＝576，76×6＝456，56×6＝336となる。ここではじめて36が一致したから，2番目以降は{36, 16, 96, 76, 56}の5個が繰り返されることになる(1番目だけは「06」であることに注意)。2018番目は，2番目からかぞえて，2018－1＝2017(番目)なので，2017÷5＝403あまり2より，下2けたは繰り返しの中の2番目である16とわかる。よって，十の位は1である。

〔ほかの考え方〕　1番目を「56」に置きかえると，1番目から{56, 36, 16, 96, 76}の5個が繰り返されることになる(2018番目を求めるから，このように考えても問題はない)。すると，2018÷5＝403あまり3より，繰り返しの中の3番目である16とわかる。

(4)　(3)の〔ほかの考え方〕を利用すると，6△aの下2けたは{56, 36, 16, 96, 76}の5個周期，7△aの下2けたは{07, 49, 43, 01}の4個周期になるので，(6△a)＋(7△a)の下2けたは，5×4＝20(個)の周期になる。また，＿＿と……の和の十の位が1となる組み合わせは，16＋01＝17，76＋43＝119の2通りある(下の図2を参照)。さらに，2018÷20＝100あまり18より，全体は100個の周期とあまりが18個あることがわかり，17は周期の中の8番目，19は周期の中の15番目だから，どちらも，100＋1＝101(個)ずつある。ただし，これは6△aの1番目を「56」に置きかえたものであり，実際の1番目は「06」である。すると，実際の1番目の和は，06＋07＝13となり，これもあてはまる。よって，全部で，101×2＋1＝203(通り)の選び方がある。

図2

6△aの下2けた	56	36	16	96	76	56	36	16	96	76	56	36	16	96	76	56	36	16	96	76
7△aの下2けた	07	49	43	01	07	49	43	01	07	49	43	01	07	49	43	01	07	49	43	01
上の和の下2けた								17							19					

4 場合の数，条件の整理

図1

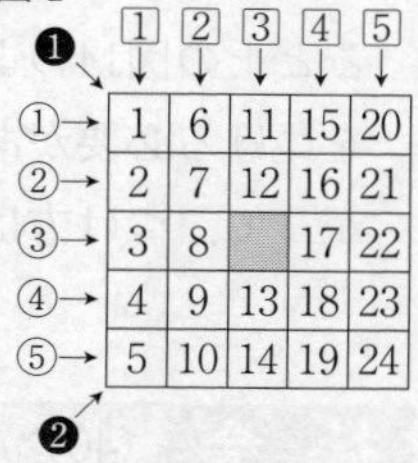

⑴　右の図１のように，横の列を①～⑤，たての列を[1]～[5]，ななめの列を❶，❷とする。４回で終わりになるのは，③の４個，[3]の４個，❶の４個，❷の４個を塗《ぬ》りつぶす場合だから，数字の組み合わせは４通りある。

⑵　５回で終わりになるのは，㋐「⑴の４個に加えて，それ以外の１個を塗りつぶす場合」，㋑「１列に並んだ５個を塗りつぶす場合」の２つの場合がある。㋐の場合，③の４個を塗りつぶしたとすると，それ以外の１個の選び方は③以外の，５×４＝20(通り)ある。ほかの場合も同様だから，全部で，20×４＝80(通り)となる。また，㋑の場合，①の５個，②の５個，④の５個，⑤の５個，[1]の５個，[2]の５個，[4]の５個，[5]の５個を塗りつぶす場合の８通りある。よって，全部で，80＋８＝88(通り)と求められる。

図2

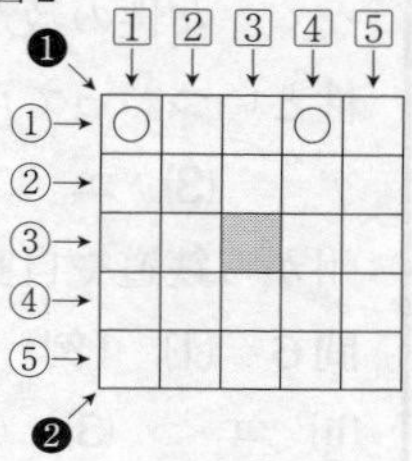

⑶　１をふくめて全部で，24－19＝５(個)の○をつけることになる。ここで，たとえば右の図２のように，①に２個の○をつけたとすると，残りの個数は３個だから，②，③，④，⑤の中には○がない列があらわれることになる。すると，その列はすべて塗りつぶされることになり，条件に合わなくなる。同様のことはたての列にもいえるので，①～⑤の中にそれぞれ１個ずつ，[1]～[5]の中にそれぞれ１個ずつ○をつけることになる。よって，○をつけた列にはそれ以上○をつける可能性はなくなるから，可能性がないマスには×をつけることにすると，下の図３のようになる。次に，[2]の列の○をつける位置で場合分けをして調べる。Aにつけると下の図４のようになるが，❷がすべて塗りつぶされてしまうので，条件に合わない。また，Bにつけると下の図５のようになる。このとき，❷がすべて塗りつぶされないようにするためには，aに○をつける必要があり，下の図６のようになる。すると，下の図７，図８のようなつけ方が見つかる。次に，Cにつけると下の図９のようになるから，bにつける場合とcにつける場合で，さらに場合分けをする。すると，bにつけると下の図10，図11のよう

図３
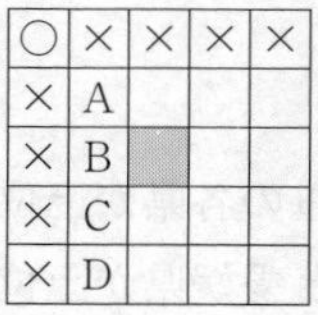

図４
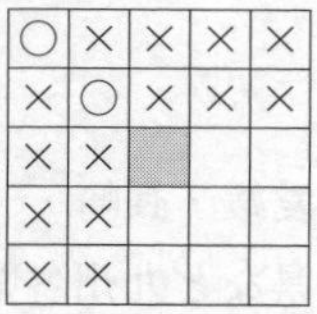

図５
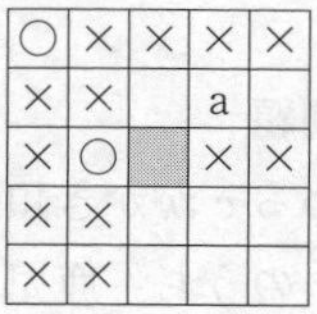

図６
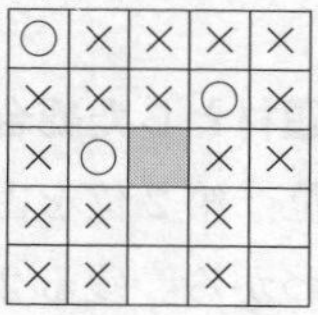

図７
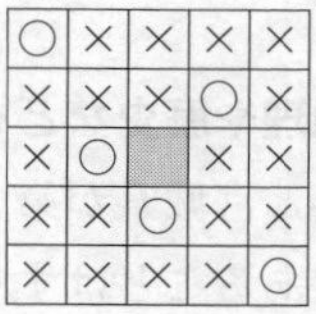

図８
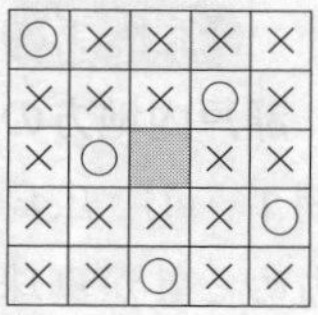

図９
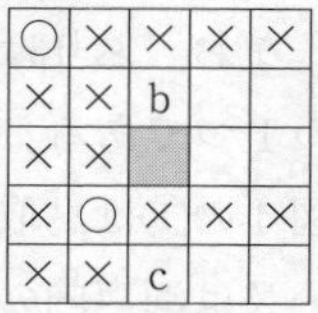

図10
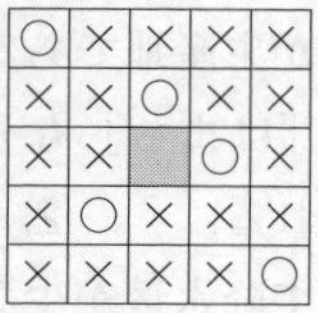

図11
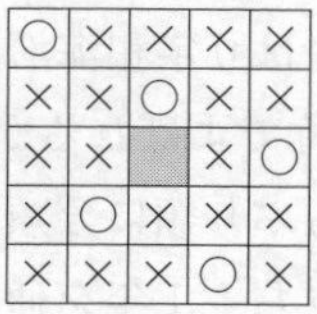

図12
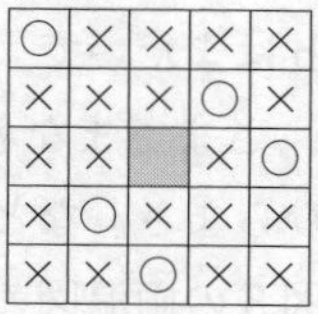

図13
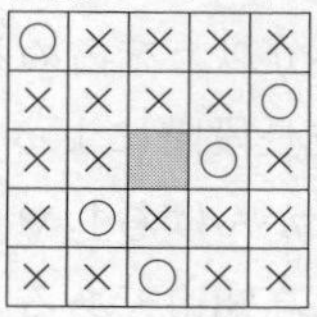

図14
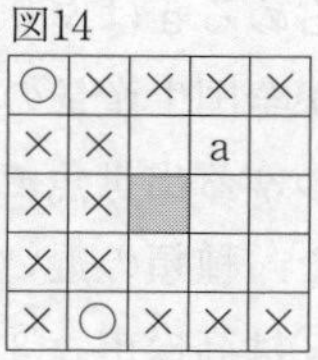

図15
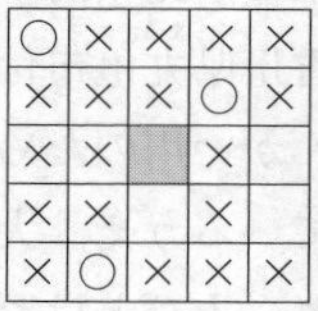

図16
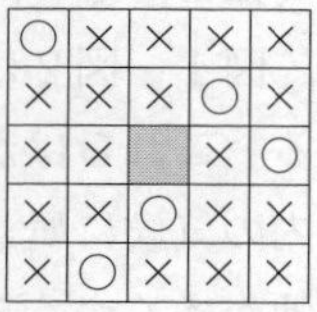

なつけ方が見つかり，ｃにつけると上の図12，図13のようなつけ方が見つかる。最後に，Ｄにつけると上の図14のようになる。このとき，❷がすべて塗りつぶされないようにするためには，ａに○をつける必要があり，上の図15のようになる。すると，上の図16のようなつけ方が見つかる。したがって，つけ方は図７，図８，図10，図11，図12，図13，図16の７通りある。

社 会 （40分）＜満点：80点＞

解 答

問１ ⑴ **ａ** ケ **ｂ** コ **ｃ** エ **ｄ** オ ⑵ エ ⑶ （例） 雨の少ない気候に対応するため，ため池をつくって農業用水を得ている。 **問２** （例） 戸籍を見ると男性が少なく，女性の数が不自然に多くなっている。これは，重い税の負担をまぬがれるため，男性を女性といつわって戸籍に登録する者が多かったためと考えられる。 **問３** ⑴ 寝殿造 ⑵ ア ⑶ エ **問４** ⑴ （例） 本州四国連絡橋の１つである瀬戸大橋が開通したことで，本州から鉄道や自動車を利用して香川県を訪れる観光客が増えたから。 ⑵ ウ **問５** ウ **問６** ⑴ （例） 前年から続いていた日露戦争の戦費を調達するため。 ⑵ (i) 朱印状 (ii) エ ⑶ （例） 塩田はなくなり，跡地は工場用地やゴルフ場になっている。また，その北側につくられた埋め立て地にも多くの工場が立地している。 **問７** イ **問８** ⑴ **あ** 報道 **い** 情報公開 ⑵ ウ ⑶ （例） 現行の選挙制度は投票者が読み書きできることを前提としている。読み書きができない人は代筆を頼むことが認められているが，それは秘密選挙の原則からはずれることになる。 ⑷ **う** 二酸化炭素 **え** 大気汚染 **お** 両立 **問９** （例） 牛肉を輸入する場合，その牛を育てるのに大量の飼料作物を必要とするが，これは飼料作物を生産するために消費した多量の水を輸入するのと同じことであるから，小麦を輸入する場合よりもバーチャルウォーターの量は大きい。

解 説

瀬戸内地方の地理や歴史などを題材とした総合問題

問１ ⑴ 広島県と宮城県が第１位，第２位を占《し》めるｃがかき類，愛媛・長崎・三重の各県が上位を占めるｄが真珠であることはすぐわかる。残る２つのうち，鹿児島県など九州各県と愛媛県が上位を占めるａはぶり類で，鹿児島湾(錦江《きんこう》湾)沿岸や愛媛県の宇和海沿岸で特にその養殖がさかん。愛媛県が全国生産量の半分以上を占めるｂはまだいで，やはり宇和海沿岸が主産地である。なお，ぶりはいわゆる出世魚で成長段階によって，さまざまな名称でよばれるが，「はまち」もその１つである。また，種類の近い「かんぱち」や「ひらまさ」などもぶり類に分類される。 ⑵ 図４の①は鳥取市，②は高松市，③は高知市である。図３の雨温図のうち，１年を通して降水量が少ないＸは瀬戸内の気候に属する高松市，夏の降水量が多いＹは太平洋側の気候に属する高知市，冬の降水量が比較的多いＺは日本海側の気候に属する鳥取市の雨温図と判断できる。 ⑶ 図１・図２は香川県丸亀《まるがめ》市付近の地形図で，いずれの地図にも多くの池が点在していることがわかる。これらはかんがい用のため池で，この地域をふくむ讃岐《さぬき》平野は１年を通して降水量が少ない瀬戸内の気候に属しているうえ，大きな川も少なく，水が得にくい。そのため，昔からかんがい用のため池が多くつくられ，人びとはおもに農業用水をそこから得てきた。

問２　史料１からは，備中《びっちゅう》(岡山県西部)のある郷《ごう》で，７世紀から10世紀にかけて男性の人口が極端に減り続けていることがわかる。表２からは，律令制度の下で，女性には税として租(稲)が課せられるだけであるのに対し，男性には調(布・糸・特産物)や庸《よう》(布または労働)，兵役なども課せられ，特に21～60歳の男性の負担が非常に重いことがわかる。表３からは，阿波《あわ》国(徳島県)のある郷の戸籍において，男性が少なく，女性の数が不自然に多いことがわかる。以上のことから，平安時代になると，律令制度の下での重い税をまぬがれるため，男性を女性といつわって戸籍に登録する者や，土地から逃げ出す者が多くなったと考えられる。

問３　⑴　厳島《いつくしま》神社の社殿に取り入れられている建築様式は，平安時代の貴族の住宅様式である寝《しん》殿《でん》造。寝殿造は，主人の住む寝殿(正殿)とよばれる正面の建物を中心に，その周囲に家族の住む対屋《たいのや》を配し，透渡殿《すきわたどの》とよばれる渡り廊下《ろうか》でこれをつなぎ，寝殿の前には池のある庭園が設けられた。
⑵　『曽根崎心中《そねざきしんじゅう》』などの作品で知られる歌舞伎《かぶき》や人形浄瑠璃《じょうるり》の台本作家は近松門左衛門《もんざえもん》。ほかの３人はいずれも浮世絵画家である。　⑶　百姓や町人の子どもが読み書きなどを学んだのは寺子屋であるから，エが誤り。藩校は各藩が建てた武士の子弟のための学校である。

問４　⑴　図１と図２を見比べると，図２には図１になかった「本四備讃《ほんしびさん》線(瀬戸大橋線)」という鉄道と，「瀬戸中央自動車道」が表示されているのがわかる。これらは，1988年に開通した本州四国連絡橋の児島－坂出ルートにあたる瀬戸大橋を通る鉄道と高速道路である。したがって，1988年の観光客数が前年に比べて大きく増えているのは，瀬戸大橋の開通により鉄道や自動車を利用して香川県を訪れる観光客が増えたことを示している。図５のグラフの内わけからも，それが正しいことが読み取れる。　⑵　１月の観光客数が非常に多いアは琴平《ことひら》で，初詣《はつもうで》のために金刀比羅宮《ことひらぐう》を訪れる人が多いためと判断できる。８月の観光客数が最も多くなっているのは小豆島《しょうどしま》。海水浴のために島を訪れる人が多いためと考えられる。４月と11月の観光客数が多いエは栗林《りつりん》公園。４月は桜，11月は紅葉を楽しむためにここを訪れる人が多いためと考えられる。残るウが屋島で，登山やハイキングのためにここを訪れるので，５月は観光客が多く，梅雨の６・７月には少ないことがわかる。

問５　ア　史料２に，３分割した田畑や山林などの土地のうち，「３分の２の土地は領家(荘園領主)の分とし，残りの３分の１は地頭の分とする」とある。　イ　史料２に，漁場の管理権については，「嶋尻《しまじり》はすべて荘園の役人の分，釣浜《つりはま》はすべて地頭の分とする」とあり，辺屋路島《へやじしま》については「この島からとれたものは荘園の役人と地頭で半分ずつとする」とある。　ウ　図７を見ると，「津原目《つはらめ》」のところに「漁場なし・地頭の分」とあり，「大谷《おおたに》」のところには「新しい漁場は荘園の役人の分」とあることから，この文が誤っている。　エ　史料２に，「この取り決めに違反した場合は，処罰《しょばつ》を受けることを約束する」とある。

問６　⑴　1904年におきたできごととは，日露戦争のこと。明治政府が1905年に塩を専売制にしたのは，そこから得られる収入を日露戦争の戦費にあてるためであった。　⑵　(i)　17世紀の初めに江戸幕府が発行した貿易許可証とは朱印状のこと。朱印状を持った船は朱印船とよばれ，その多くは東南アジアに渡って貿易を行い，現地には日本町とよばれる日本移民だけの居住地も多く生まれた。なお，図８中のＡはメキシコのことで，1613年に仙台藩主伊達政宗《だてまさむね》がスペイン領国との通商交渉のために派遣した支倉常長《はせくらつねなが》たち一行(慶長遣欧使節)は，フランシスコ会の宣教師らとともに太平洋を横断し，当時，ノビスパンとよばれたメキシコに到着。さらに大西洋を横断して，イスパニア(スペイン)やイタリアを訪れ，ローマ法皇にも謁見《えっけん》している。　(ii)　石炭と鉄鉱石の最大輸入先であるBはオーストラリア，鉄鉱石の輸入先で第２位のCはブラジル，肉類の最大輸入先であるDはアメリカ合衆国である。　(3)　図２を見ると，かつてあった蓬莱《ほうらい》塩田はなくなり，塩田の跡地は工場用地やゴルフ場になっている。また，その北側には埋め立て地がつくられており，やはり多くの工場が建設されている。

問７　ア　1900年ごろまでは銅の地金の生産量と輸出量は同じくらいであったから，国内で生産された銅の多くは輸出にまわされ，国内ではほとんど消費されていなかったと考えられる。　イ　第一次世界大戦は1914～18年のできごと。銅の輸出量が急増しているのは大戦中の1916年と1917年であるから，この文が誤り。　ウ　満州事変は1931年のできごと。これ以降，銅の輸入量は急増しており，軍需《ぐんじゅ》品の製造に多くの銅が必要とされたことがうかがえる。　エ　1940年から41年にかけて，日本は日中戦争の局面の打開と資源の確保をはかるため，フランス領インドシナに侵攻《しんこう》した。これに対し，アメリカやイギリスなどは日本への石油輸出を禁止するなどの制裁措置《そち》をとった。このようにアメリカやイギリスとの対立が深まるなかで，銅の輸入もむずかしくなっていったと考えられる。

問８　(1)　国民がみずからの権利を守り，さらには主体的に政治に参加するためには，社会に存在するさまざまな情報を正しく知ることが必要となる。そして，正しい情報を知るためには，マスメディアの「報道」の自由が保障されることと，国や地方公共団体が持つ情報の公開を求める「情報公開」制度が欠かせないものとなる。　(2)　ア　2013年の公職選挙法改正により，インターネットを使って選挙運動を行うことが認められるようになった。　イ　地方の過疎《かそ》地域などのなかには，医師や病院の不足を補うため，医療《いりょう》機関や薬局などが患者《かんじゃ》に関する情報を共有する情報ネットワークを活用したり，パソコンやテレビ電話を用いた遠隔診療《えんかくしんりょう》を行ったりするなど，地域医療の取り組みを進めるところも増えてきている。　ウ　外国人定住者は増えているが，それに対応するための外国語教育や外国語情報を受ける機会が増えているとはいえない。　エ　個人情報の用い方や保護のルールを定めるため，2003年に個人情報保護法が制定されている。　(3)　投票者みずからが投票用紙に候補者名もしくは政党名を記入する方法は，有権者が読み書きできることを前提としている。読み書きができない人や障害があって投票用紙に自力で記入ができない人には代筆が認められているが，その場合，どの候補者や政党に投票したか，代筆した人に知られてしまうので，秘密選挙の原則が守られないという問題が生じる。　(4)　電気自動車は充電《じゅうでん》した電気により電気モーターを動かすことで走行する。したがって，ガソリンエンジンを用いる従来の自動車と異なり，「二酸化炭素」や窒素《ちっそ》酸化物などをふくむ排気ガスを出さないため，地球温暖化や「大気汚染」などの環境悪化を進めない。このことは，「大気の質や廃棄物《はいきぶつ》の管理に注意し，都市の人びとの生活環境を向上させる」という③のターゲットや，「化学物質の大気・水・土壌《どじょう》への放出を大幅に削減《さくげん》する」という④のターゲットの達成につながるといえる。また，電気自動車の普及《ふきゅう》は環境保全と経済成長を「両立」できる可能性があるから，「世界の消費と生産における資源効率を改善させ～経済成長と環境悪化の分断を図《はか》る」という①のターゲットや，「資源の利用効率を向上させ，環境に配慮した技術等を用いた公共設備・産業を整え，持続可能性を向上させる」という②のターゲットの達成にもつながるといえる。

問９　小麦の生産には水が必要であるから，小麦を輸入すれば，その小麦を生産するために使用した水を輸入したと見なされる。つまり，多くのバーチャルウォーター（仮想水）を消費したことになる。一方，牛肉を輸入する場合，その牛を育てるために使用した大量の飼料作物を輸入したのと同じことになり，それらの飼料作物を生産するために使用した多量の水も輸入したと見なされる。したがって，牛肉を輸入することは，小麦よりも多くのバーチャルウォーターを消費することになる。

理　科　(40分)　＜満点：80点＞

解　答

[1] (1) 図1　エ　図2　カ　(2) オ　(3) イ，エ　(4) 431mL　(5) ア，イ，ウ　(6) イ　(7) 240ｇ　(8) ①　解説の図を参照のこと。　②　エ　[2] (1) (例)　氷砂糖は，砂糖粒子がきちんと並び，固く結びついているので，ばらばらになりにくいから。　(2) ア　(3) ア／理由…(例)　どの水溶液にも同じ数の砂糖粒子が水の中に散らばっているから。　(4) 30ｇ　[3] (1) **a**　ウ　**b**　イ　**c**　エ　(2) **a**　ア　**b**　ア　**c**　ア　(3) **f1**…(例)　口の開きが1mm以上の個体の多くは，中等潮位より上にいて，上ほど口の開きが大きく，数も多い。　**f2**…(例)　口の開きが1mm以上の個体は中等潮位より下にいて，数が少なく，高さによる大きさの差が小さい。　[4] (1) イ　(2) エ　(3) (例)　氷河ができるほど，気温の非常に低い気候であった。　(4) エ　(5) イ　(6) ウ　[5] (1) 解説の図①を参照のこと。　(2) (例)　形状は直角二等辺三角形で変わらないが，大きさは小さくなる。　(3) 解説の図②を参照のこと。　(4) 解説の図③を参照のこと。

解　説

[1] 小問集合

(1) 水が温まる場合には，温められた部分が軽くなって上昇《じょうしょう》し，温度の低い部分が下降するという動き(対流)によって全体が温まっていく。加熱位置が図1の場合には，試験管内の水全体が対流するので，Ⓐ～Ⓒの部分の水はほぼ一様に温度が上がっていく。一方，図2の場合には，Ⓑより上だけで対流が起こるため，Ⓑ，Ⓒの部分は一様に温度が上がるが，Ⓐの部分はなかなか温まらない。

(2) 温められた空気は水と同じように軽くなって上昇するので，暖ぼうしている部屋では，上の方の空気は下の方の空気より気温が高くなっている。また，晴れた日の海辺では，陸地が温められてその上の空気の温度が上がり，上昇したあとに海側から温度の低い空気が流れ込《こ》んで海風となる。これらは対流によるものである。

(3) カボチャやヘチマは，子ぼうの部分が成長して実(果実)をつくり，子ぼうの内部にあるはいしゅが種子になる。この種子を「たね」と呼んでいる。ヒマワリの場合も子ぼうが実になるが，果肉がほとんどつかず，実の大部分を種子がしめる。ふつうヒマワリの「たね」と呼ばれるものは，表面が果実の表面(果皮)であり，果実である。また，一般に梅干しの「たね」と呼ばれる部分は，実の内側の一部が固くなったものがウメの種子を包んだつくりとなっている。

(4) 1分間に心臓から送り出される血液量は，70×70＝4900(mL)なので，この血液が体全体へ供給する酸素の量は，$88\times\frac{4900}{1000}=431.2$より，431mLと求められる。

(5) こと座のベガ，はくちょう座のデネブ，わし座のアルタイルは白っぽく見える。一方，さそり座のアンタレス，オリオン座のベテルギウスは赤っぽく見える。

(6) 日本列島付近を通る台風の進路は，7月から10月にかけておよそ西から東へ順に変わっていく。

台風の進路には太平洋高気圧の勢力が影響《えいきょう》していて，台風はその高気圧のへりに沿うように進むことが多い。夏から秋にかけて太平洋高気圧の勢力が弱まるにつれ，台風の進路は東へ移っていく。

(7)　いちばん上の棒の右端《うたん》につながった糸には，100×50÷10＝500(g)の力がかかっている。真ん中の棒ではこの500gの力が，左端と右端の糸に，$\frac{1}{20}:\frac{1}{30}$＝３：２に分かれてかかるので，左端の糸には，500×３÷(３＋２)＝300(g)がかかる。いちばん下の棒では，300gの力が左端と右端の糸に，$\frac{1}{40}:\frac{1}{10}$＝１：４に分かれてかかっているため，右端の丸いおもりの重さは，300×４÷(１＋４)＝240(g)とわかる。

(8)　①　表より，(ばねののび)×(ばねののび)の値が，０×０＝０，２×２＝４，３×３＝９，４×４＝16，５×５＝25，６×６＝36における平均の高さはそれぞれ，０cm，15cm，37cm，70cm，100cm，146cmである。これらの点をグラフに○で記すと，グラフは右の図のような原点を通る右上がりの直線となる。　②　右の図より，(ばねののび)×(ばねののび)の値と高さは，比例(正比例)の関係にあるとわかる。(ばねののび)×(ばねののび)の値が５のときに高さがおよそ20cmになっていることから，ばねののびを７cmにしたときにばねが飛び上がる高さはおよそ，20×７×７÷５＝196(cm)となる。

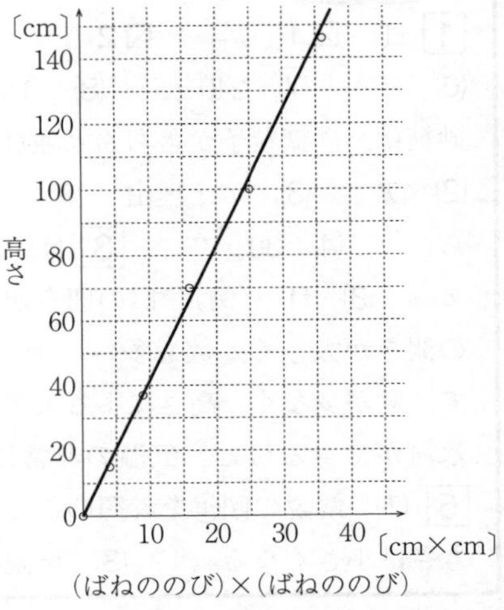

2　砂糖の溶《と》け方についての問題

(1)　ここでは，３種類とも同じ砂糖粒子《りゅうし》からできているので，溶け方の違いは砂糖粒子の散らばり方の違いといえる。また，ここではゆっくり溶ける理由を砂糖粒子の並び方と関連させる。写真で，同じ重さの３種類の砂糖は同じ数の砂糖粒子でできていると考えられ，この３種類の砂糖のうち，氷砂糖が最も全体の体積が小さく，また１つのかたまりが大きい。このことから，氷砂糖はかたまりが大きく，砂糖粒子が規則正しく並んでいてたがいの結びつきが強いため，水の中に入れても散らばりにくくゆっくりと溶けていくと考えられる。

(2)　コーヒーシュガーは氷砂糖にカラメル溶液《ようえき》を加えてつくったと述べられていることから，氷砂糖と同じようにゆっくり溶ける。はじめにコーヒーシュガーを置いた中央付近では濃《こ》い砂糖水(カラメル溶液を含《ふく》む)になっていて色も濃く，周囲に広がるにつれて色がうすくなる。よって，アのように見える。

(3)　(1)で述べたように３種類の砂糖とも同じ砂糖粒子でできているとするので，同じ重さの砂糖を溶かせば，３種類の水溶液とも同じ数の砂糖粒子が一様に溶けた水溶液となる。したがって，どれも同じ体積を示す。

(4)　30gの砂糖を溶かした水溶液が60％の濃さになったとき，全体の重さは，30÷0.6＝50(g)となっている。はじめの水溶液の重さは，30＋50＝80(g)なので，80－50＝30(g)の水を蒸発させればよい。

3　海の生物についての問題

(1)　a　二枚貝で，軟体《なんたい》動物のなかまである。貝，イカ，タコは軟体動物に属する。　b　カニの甲《こう》らであり，カニはエビなどと同じ節足動物の甲カク類のなかまである。　c　タコノマクラのなかまで，ナマコやウニ，ヒトデと同じキョク皮動物に属する。

⑵　a～cは，いずれも海底や海底の砂の中で生活している。

⑶　図２で，調査区Ａ～Ｃなどの中等潮《ちょう》位《い》よりも上の区域では，f1種の個体が多い。一方，f2種は，調査区Ｃ～Ｅなどで見られ，ほとんどが中等潮位よりも下の区域で見られるが，個体数そのものはあまり多くない。図３では，f1種は高さが高い区域に口の開きの大きいものが多いことがわかる。f2種は高さの違う調査区Ｄと調査区Ｅを比べても，口の開きの大きさに差があまり見られない。また，口の開きが１mm未満のものは，おもに中等潮位より下の区域に多いこともわかる。

4　氷河の形成についての問題

⑴　流れる水の侵食《しんしょく》作用によりＶ字谷を形成するが，氷河が移動するときには氷のかたまりが移動することで，断面がＵ字形のＵ字谷が形成される。

⑵　流れる水によって運ばれる岩石は，途《と》中《ちゅう》でたがいにぶつかり合ったりこすれ合ったりして角が取れ丸くなるが，氷河でけずり取られた岩石はそのまま氷に包まれて運ばれるため，角ばっているものが多い。また，岩石どうしがぶつかることもないため，粒《つぶ》の大きさは不ぞろいな場合が多い。

⑶　ホルンは氷河によってけずられてできた地形であるから，日本にも過去に氷河ができるほどの，気温が非常に低い時代があったと考えられる。

⑷　氷はその表面がおよそ平らなため，また白っぽい色をしているため，太陽光を反射する性質がある。地球が全球凍結《とうけつ》して氷河で太陽光が反射されると，地表で熱が吸収されにくいので温度がなかなか上がらず，氷がとけにくくなる。

⑸　氷成堆積《たいせき》物が緯度の低い場所でも発見されれば，ふつうは気温が高いと考えられる緯度の低い地域も氷でおおわれたと考えられ，全球凍結があった証《しょう》拠《こ》となる。

⑹　地点Ａや地点Ｂで，全球凍結の証拠となる氷成堆積物を含む海洋の層より上に，炭酸塩岩の層があることから，全球凍結の状態が終わった後に，大気中に二酸化炭素が大量に増えたと考えられる。なお，全球凍結が終わるきっかけになったのは，火山の噴《ふん》火《か》で二酸化炭素が放出され，二酸化炭素の大気中濃度《のうど》が高くなり，その温室効果によって地球の平均気温が上昇したことといわれている。

5　光の進み方についての問題

⑴　点光源から出た光は拡散光線なので，ついたてとスクリーンの点光源からの距離《きょり》を，15：(15＋15)＝１：２にした場合，ついたてを光が通過した幅《はば》とスクリーン上に光が届く幅も同様に１：２となる。よって，ついたての１cmの幅を通過した光は，２cmの幅でスクリーン上に映る。点光源とついたての直角二等辺三角形の直角の頂点，スクリーン上の点Ａは一直線上にあるので，下の図①のように，スクリーン上には点Ａを直角の頂点とする，２つの辺の長さが２cmの直角二等辺三角形が明るく映ることになる。

⑵　点光源からの光は直進しているので，ついたての位置を点光源とスクリーンの間で点光源より遠ざけても，ついたての直角二等辺三角形の穴を通過する光がスクリーン上に届くと，⑴と同じように直角二等辺三角形の形に映る。しかし，ついたての穴の上端と下端を通過する光線のなす角が⑴の場合よりも小さくなることなどから，スクリーン上の形は小さくなると考えられる。

⑶　もう１つの点光源とついたての直角二等辺三角形の直角の頂点を結ぶ光は，スクリーン上で点Ａよりも２cm下の位置に届く。スクリーン上に映る直角二等辺三角形の辺の長さは⑴と同じよう

に２cmになるので，下の図②のように，⑴でできた直角二等辺三角形の明るい像をたてに２つ並べた形の像が映る。

⑷　直線光源の上端から出た光は，⑶のもう１つの点光源の位置と同じである。そのため，ここから出た光がスクリーンに届く部分は，図②の下の直角二等辺三角形と同じになる（下の図③では斜線部分）。そして，直線光源の下端から出た光は，ついたての直角二等辺三角形の直角の頂点を通ると，スクリーン上の点Ａよりも２cm上の位置に届く。このことから，ここから出た光は，スクリーン上では図③のぬりつぶした部分に届く。スクリーン上では，直線光源の上端と下端から出た光が届いた部分の間にも直線光源からの光が届くので，図③の太線部分の内側が明るい部分となる。

図①

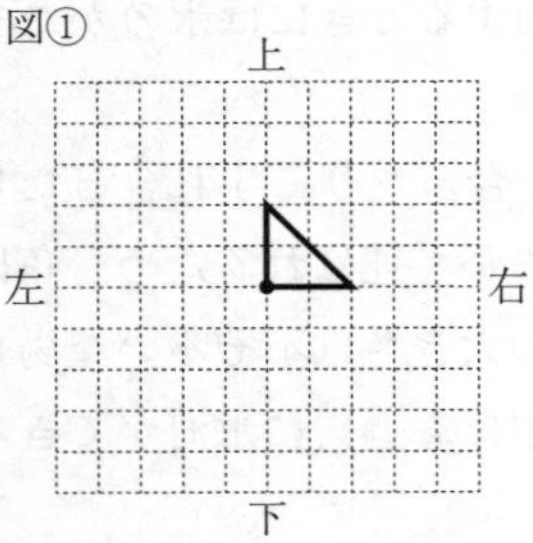

図②

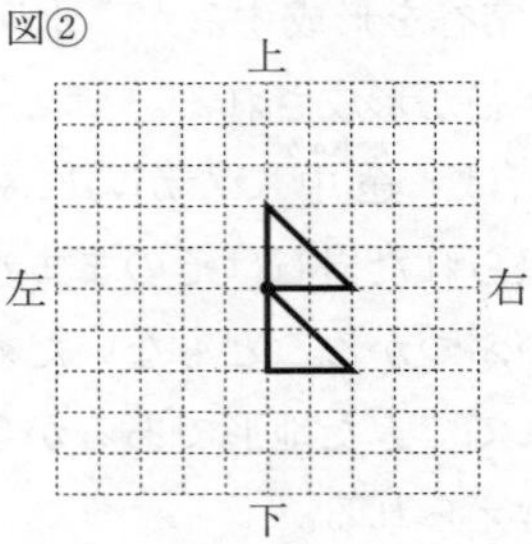

図③

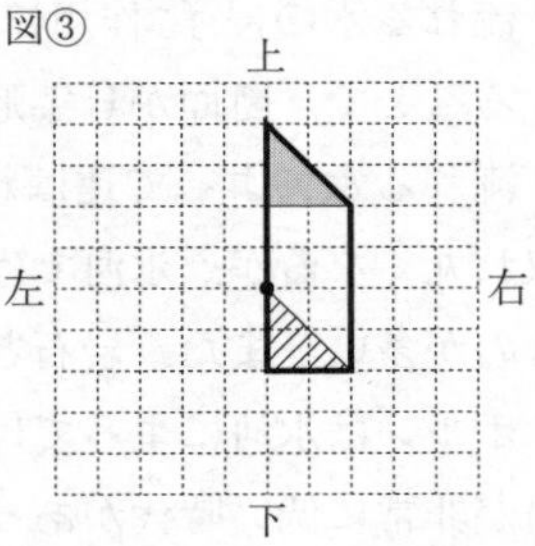

国　語　（60分）＜満点：120点＞

解　答

問１　下記を参照のこと。　**問２**　Ａ　イ　Ｂ　ア　**問３**　私は，むーさんの背中に頭をもたせ掛けた　**問４**　（例）　憎しみから中野を殺したいという衝動に駆られたことへの恐ろしさから何も考えられずにいた状態から，平常心を取り戻しつつある。　**問５**　オ　**問６**　エ　**問７**　イ　**問８**　（例）　むーさんとの繋がりを思い出させ，人を刺そうなどと二度としてはいけないといましめる（ものになった。）　**問９**　ア　**問10**　（例）　自分が大人になって自立できるようになったら一緒に暮らせると思っていた母にも裏切られ，捨てられたことに対するショックや怒りを，自分が捨てたと思い直すことで，冷静になろうとしたから。　**問11**　舟　**問12**　（例）　親との縁を切り，自分の将来についてあれこれと思いめぐらしてなかなか眠れないでいる今の自分の心境が，親に追い払われて江戸に奉公に出た一茶が，寒い夜に一晩中，自分自身のことに思いをめぐらしているという気の滅入る寂しい印象と重なり合ったから。　**問13**　オ

●漢字の書き取り

問１　１　辞　２　密集　３　治　４　結構　５　額　６　乱暴　７　頂　８　不潔　９　義理　10　警備　11　実権　12　巻　13　健在　14　氷点下　15　余

解　説

出典はねじめ正一《しょういち》の『むーさんの自転車』による。父が家族に無断で高利貸しから借金をしていたことが原因で「私」（正雄）の両親は離婚《りこん》し，「私」はむーさんという知り合いの実家で暮らし始める。

問1　**1**　音読みは「ジ」で，「辞退」などの熟語がある。　**2**　すきまなく，ぎっしりと集まっていること。　**3**　音読みは「ジ」「チ」で，「政治」「全治」などの熟語がある。訓読みにはほかに「なお(る)」などがある。　**4**　“十分に”という意味。　**5**　ここでは，お金の量のこと。　**6**　暴力をふるうなど，やり方があらっぽいこと。　**7**　音読みは「チョウ」で，「頂上」などの熟語がある。訓読みにはほかに「いただき」がある。　**8**　よごれていて，きたないようす。　**9**　ここでは，血の繋《つな》がらない親子や兄弟などの関係のこと。　**10**　事故や事件などが起こらないように，用心して守ること。　**11**　実際に人々をしたがわせるような力。　**12**　音読みは「カン」で，「上巻」などの熟語がある。訓読みにはほかに「まき」がある。　**13**　元の状態と変わりなく，おとろえていないこと。　**14**　零《れい》度よりも低い温度。　**15**　音読みは「ヨ」で，「余白」などの熟語がある。

問2　**A**　「気《き》丈《じょう》」は，気持ちがしっかりとしていて，強いようす。　**B**　「堂に入《い》る」は，技などがしっかりと身についていること。

問3　本文の後半に，「『松野屋』の危機崩壊《ほうかい》から，ずっと私を支えてくれたのがむーさんだ。今も支えてくれている」とあることに注目する。「私」にとって「むーさん」は，無条件に自分のことを支えてくれる存在であり，そのような存在であることが，「私は，むーさんの背中に頭をもたせ掛《か》けた」という表現に暗示されている。

問4　「私」は，「松野屋」が壊《こわ》れる原因を作った高利貸しの中野を「殺してやりたい」という「衝《しょう》動《どう》に駆《か》られ」，出刃《でば》包丁を持ち出して中野の元を目指したが，いざ実行に移そうとした時，「私に人を殺す勇気はない～人を殺したら，殺人罪で刑務《けいむ》所に入る～そんなのは死んでもいやだ」と，人を殺すことやその結果に思いいたっている。その恐《おそ》ろしさから何も考えられない状態，つまり，頭が「真っ白」な状態でいたところに「むーさん」と出会い，話をするうちに「気持ちがスッとして，体の震《ふる》えも止まった」のである。やっと落ち着いた状態になったのであり，「むーさん」の自転車に「飛び乗った」時には，「血液がようやく流れ始め」，平常心を取り戻《もど》したのだと考えられる。

問5　「私」が高校を中退することについての，「むーさん」の考えがうかがえる言動に注目する。「むーさん」は，「オレは中卒だけど，高校ぐらいは出た方がいいと思うけどな」と「私」をさとしたり，この後の場面でも，「学校はちゃんと行けよ。行くんだぞ。いいな」と「私」に語りかけたりしている。また，本文の後半では，両親と縁《えん》を切る覚悟《かくご》でいる「私」に対して，「一年遅《おく》れでもいいから，高校に行くのはどうか」と提案しており，「むーさん」は「私」に，安易に高校を中退することを考えないでほしいと思っていることがわかる。だから，「自転車」のことに話題が移った時に，高校中退のことに話題を戻したのである。

問6　「私」が「むーさん」との会話の中で，「お母さん，お父さんと別れるって。もう決めたって言ってたよ」と言っていることから，母は父と別れる意思を固めつつあることがわかる。しかし，一方では，「連絡《れんらく》取れなくて，困っているんじゃないかしら」と，父を気づかうことを言ってもいる。この点が，エの「別れようと思いつつも夫を気づかってしまっていた」にあてはまる。

問7　少し前の部分に，「週に三回は必ず『松野屋』に来ていたむーさんとも，あの時以来会っていない。むーさん，どうして訪ねて来てくれないのだろう～むーさんに会えない不安と不満が，頭の中で渦《うず》まいてくる」とあることに注目する。そんな折に，久しぶりに「むーさん」が訪ねて来てくれたのである。「むーさん」のことを待ち望み，甘《あま》えたいと思っていながら，その気持ちを素直《すなお》に表すことができないようすが「少し恨《うら》みがましく言ってみた」という行動で表現されている。

問8 少し後の部分に,「むーさんが丹念《たんねん》に研《と》いだ包丁を,人を刺《さ》すという馬鹿《ばか》げたことで持ち出すなんてことは,二度としてはいけないと思った」とある。また,この後,離婚した両親が「むーさん」の家を訪ねて来た場面で,両親への怒《いか》りを爆発《ばくはつ》させた「私」が「キラキラ光る出刃包丁」を取り出しながら,「むーさんが丁寧《ていねい》に研いでくれた包丁で,人を刺すなんて出来ない。出来る訳がない」と思っていることにも注目する。「むーさん」が研いでくれた「出刃包丁」は,「私」にとって「むーさん」との繋がりを思い出させるものとなり,二度と人を刺そうなどとしてはならないといましめるものになっていたことが読み取れる。

問9 「私」は,「二度と会うことはないと思っていた」父が訪ねて来たことに,まず怒りを感じている。次に,「何もかも,決着してる」と思っていたのに,今さら「折り入って話がある」と告げられたことにも怒りを感じている。さらに,父も母もその話を自分からしようとしないで「むーさんに言わせ」ようとしたので,「またまた,怒りが込《こ》み上げ」てきたのである。よって,「去年決着をつけて今さら話すことなどないのに,態度をはっきりさせない両親」とあるアがあてはまる。

問10 「私」がここまで激しく怒ったのは,「漠然《ばくぜん》とだけど,私が大人になって自立できるようになったら,母と一緒《いっしょ》に暮らせると思っていた」からである。母はその思いを裏切るように,「一年も経たないのに,私に相談もなく,プライドも意地も捨てて,また父と暮らすことを決め」,「私ではなく父を安易に選んだ」のである。だから「私」は,「父と母が私を捨てた」のではなく「私が父と母を捨てた」のだと思うことで,冷静になろうとしたのだと考えられる。

問11 「助け舟《ぶね》(船)を出す」で,誰《だれ》かが困っている時に,助けの手を差しのべること。

問12 一茶の句は,“寒い夜に,一晩中ねないで,自分で自分のことを見守るように思いをめぐらせている”という内容で,「私」は「気の滅《め》入《い》る寂《さび》しい句」だと感じている。この夜,「私」は「これからどうやって生きていくか,しっかり考えておくんだな」という「むーさん」の言葉を受け,将来のことをあれこれと考えていた。親とは縁を切る覚悟で,一人で生きていこうとする今の自分の状況《じょうきょう》が,「継母《ままはは》と仲が悪くて,十五歳《さい》の時,父親が江戸に奉公《ほうこう》に出した」,つまり,「親に追い払《はら》われた」一茶の状況と「似ている」ことからも,「昨夜の私の心境にぴったりだった」と感じたのだと考えられる。

問13 両親が訪ねて来た場面での,和子《かずこ》さんの言動をふまえて考える。和子さんは,「私」が父に対して思わず大声を上げた時,「マー坊《ぼう》のお茶を淹《い》れて来ようね」と,その場の緊張《きんちょう》をゆるめるような一言を言っている。また,両親が「折り入って」話をしようとした時には,緊張する「私」に寄りそうように,「私」の脇《わき》に「ぴったりと座《すわ》」り,父に対する怒りの気持ちの昂《たか》ぶりをかくせなくなった「私」をなだめるように,「膝《ひざ》の上」に温かい手を置いてくれていた。さらに,両親が帰った後の夕食では,話をむし返すこともせずに,まず食事をとることをすすめている。こうしたようすから,「私」のことをよく見守りながら,寄りそうようにして,「私」のことを支えてくれていることがわかる。よって,オが合う。

平成29年度　駒場東邦中学校

〔電　話〕 (03) 3466－８２２１
〔所在地〕 〒154-0001　東京都世田谷区池尻４－５－１
〔交　通〕 京王井の頭線―「駒場東大前駅」より徒歩10分
東急田園都市線―「池尻大橋駅」より徒歩10分

【算　数】　(60分)　〈満点：120点〉

1　(1)　次の空らんにあてはまる数を求めなさい。

$$0.75\times\left(\frac{1}{2}-\frac{1}{3}\right)\div\frac{23}{7+\boxed{}}=\frac{4}{7}\div\left\{\left(\frac{1}{7}+\frac{1}{11}\right)\div4.5\right\}$$

(2)　大きい箱と小さい箱に玉が入っていて，玉の個数の比は５：３です。小さい箱から15個の玉を取り出して大きい箱に入れたところ，玉の個数の比が３：１になりました。大きい箱と小さい箱に入っている玉の個数の合計を求めなさい。

(3)　同じ大きさの立方体の面どうしをはり合わせてできる立体を考えます。例えば，２個の立方体を使うと１通り，３個の立方体を使うと２通りの立体が考えられます。では，４個の立方体を使うと何通りの立体が考えられますか。

(4)　今まで算数を学んできた中で，実生活において算数の考え方が活かされて**感動したり，面白いと感じた**出来事について簡潔に説明しなさい。

2　(1)　図１のように台形ABCDと辺BC上に点Eがあります。次のものを求めなさい。

①　三角形AEDの面積

②　三角形AEDの辺AEの長さ

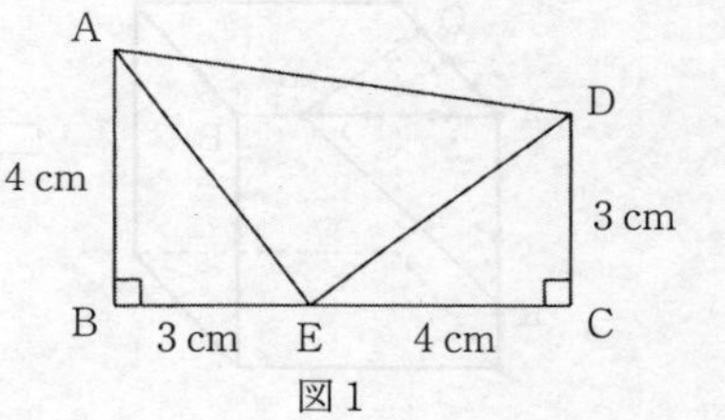

図１

(2)　図２のような台形ABCDがあります。この台形を図３のように直線**ア**上をすべらないように転がし，点Aが再び直線**ア**上に来たら止まるものとします。このとき，頂点AはA→A_1→A_2→A_3と動きます。

点Aが動いてできる線**イ**を解答用紙の図にコンパスを用いてかきなさい。また，次のものを求めなさい。ただし，円周率は3.14とします。

①　線**イ**の長さ

②　線**イ**と直線**ア**によって囲まれる部分の面積

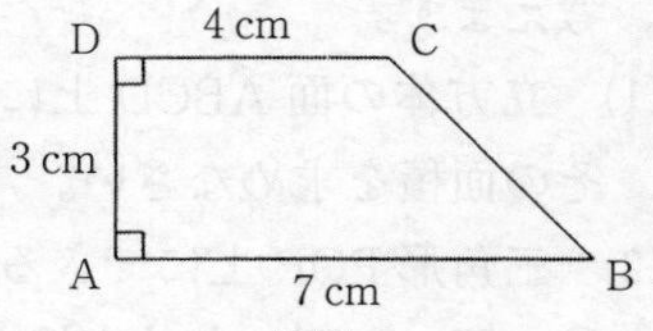

図２

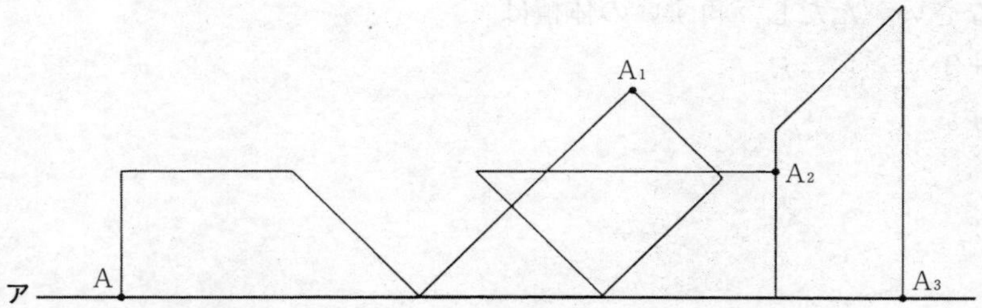

図３

3　次のように，分子が１以上434以下の整数で，分母が435である分数を小さい順に並べたものを考えます。

$\frac{1}{435}$，$\frac{2}{435}$，$\frac{3}{435}$，……，$\frac{434}{435}$

(1)　それ以上約分できない分数のことを既約《きやく》分数といいます。次の分数を既約分数で表しなさい。

①　$\frac{285}{435}$　②　$\frac{377}{435}$

(2)　既約分数は全部でいくつあるか答えなさい。

(3)　既約分数**ではない**分数が最も長く続く並びをすべて求めなさい。ただし，約分はしないで，「$\frac{\boxed{}}{435}$ から $\frac{\boxed{}}{435}$」のように答えなさい。

4　１辺の長さが４cmの立方体について，次のような[作業]を行います。

[作業]　（編集部注：次のページの大きな図を参照してください。）

①　立方体の各辺を４等分します。

②　１つの頂点に注目したとき，その頂点を端《はし》の点とする３つの辺上にある分点(分ける点)のうち，頂点から最も離《はな》れている３つの分点を通る平面で切り取ります。

例えば，下の図は頂点Aに対し，３点P，Q，Rを通る平面で切り取った図です。

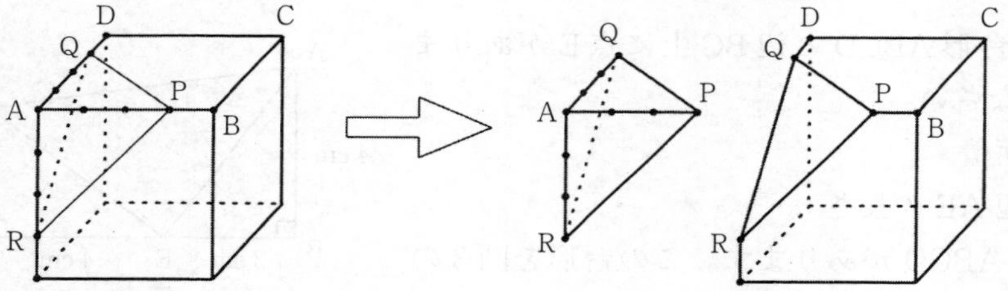

この[作業]を立方体の８個あるすべての頂点に対し，同時に行った後に残る立体**あ**について考えます。

(1)　立方体の面ABCD上にできる立体**あ**の面を解答用紙の図に斜線《しゃせん》で示し，その面積を求めなさい。

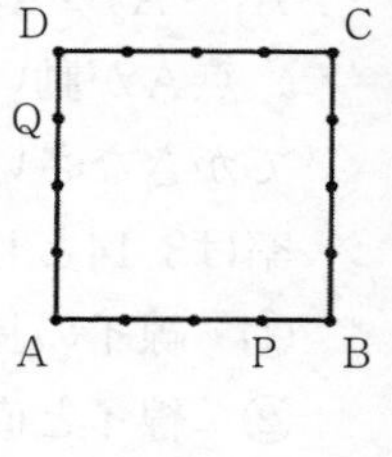

(2)　三角形PQR上にできる立体**あ**の面を面**い**とします。

①　面**い**の形の名前を答えなさい。

②　（三角形PQRの面積）：（面**い**の面積）を最も簡単な整数の比で求めなさい。

(3)　立体**あ**の体積を求めなさい。ただし，角すいの体積は

（底面積）×（高さ）÷3

で求めることができます。

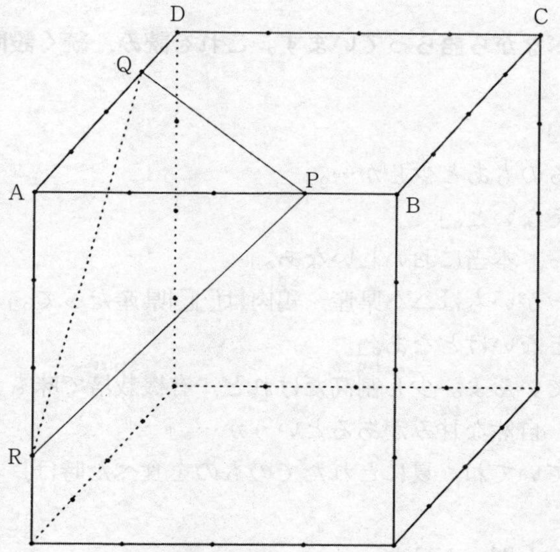
D
C
Q
A
P
B
R

【社　会】（40分）〈満点：80点〉

卒業を間近に迎《むか》えた小学生が，給食を食べながら語らっています。これを読み，続く設問に答えなさい。

「みんなで食べる給食って，おいしいよね。」

「もうすぐ卒業だから，こうして食べられるのもあと少しか…。」

「そうだ，①今度行く卒業旅行のことも考えないと。」

「そうだね。でも，今日のごはんとシチュー，本当においしいなあ。」

「お米は○○県産で，シチューの野菜とじゃがいもは△△県産，鶏《とり》肉は□□県産だって。」

「ぼくは，産地とか，あんまり気にしたことないけどなあ。」

「家では，産地直送の野菜を届けてもらっているよ。少し割高《わりだか》だけれど，有機栽培《さいばい》で味もよいからって…。確かに私もおいしいなと思う。自然な甘《あま》みがあるというか…。」

「そうそう，うちではとうもろこしを作っていてね，夏にとれたてのものを食べた時は，本当に甘くておいしかったな。」

「そういえば，とうもろこしの自給率は０％と聞いたけど…。」

「②日本の食料自給率は低いって言うよね。でも，今日の食材は，どれも日本産だよ。本当に自給率って低いのかな。」

「うちでは，外国産の牛肉とか，時々食べるよ。大好きなチョコレートの原料とか，日本では作れないし…。」

「社会科の授業で習ったけど，③食料事情は，国によってもかなり違《ちが》うみたいだね。栄養不足の人の割合や，５歳《さい》になる前に命を失う子どもの割合があまりに高い国が，この現代でもあると聞いて，少しショックだったな。」

「④日本でも，時代によっては，戦争やききんなど，今とは比べものにならないくらい，生きていくのが大変だった時代があったらしいね。」

「こうして，安心して給食を食べられるのって，すごいことなんだね。今でも，色々な問題があるみたいだし，どう向き合えばいいのかな。」

「卒業まで，みんなでもっともっと色々話し合いたいね。」

「あと少しのみんなで食べる給食も楽しもう。」

「どうせなら，自分たちで給食のメニューを決めてリクエストできたら楽しいかもね。」

「それはいいね。でも⑤みんなの意見をまとめるのは難しそう…。」

問１　下線部①に関して。彼《かれ》らは卒業旅行で茨城《いばらき》県，埼玉《さいたま》県，千葉県の３県の県境付近をサイクリングに行くことにしました。次のページの**図１**は，そのサイクリングコース周辺の２万5,000分の１の地形図（平成13年発行「宝珠花《ほうしゅばな》」）を縮小したものです。なお，図中の**Ｘ**・**Ｙ**・**Ｚ**は，茨城県・埼玉県・千葉県のいずれかを示しています。

※地図が発行されて以降の市町村合併《がっぺい》により，現在では存在しない市町村名が記されています。

(1)　図中の**Ｘ**・**Ｙ**・**Ｚ**の県の工業について述べた次の(あ)～(う)の文と**Ｘ**・**Ｙ**・**Ｚ**との正しい組合せを，下の**ア**～**カ**から１つ選び，記号で答えなさい。

(あ)　この県が含《ふく》まれる工業地域は金属工業と化学工業の割合が他の工業地域と比べ高くなっている。

(い)　この県には南部に自動車工場が立地し，周辺の都県にある多くの関連工場から高速道路などを利用して部品が運ばれる。

(う)　この県南東部の巨大《きょだい》な港をもつ工業地域には，製鉄所や石油化学工場，火力発電所が立地している。

ア　(あ)―X　(い)―Y　(う)―Z
イ　(あ)―X　(い)―Z　(う)―Y
ウ　(あ)―Y　(い)―X　(う)―Z
エ　(あ)―Y　(い)―Z　(う)―X
オ　(あ)―Z　(い)―X　(う)―Y
カ　(あ)―Z　(い)―Y　(う)―X

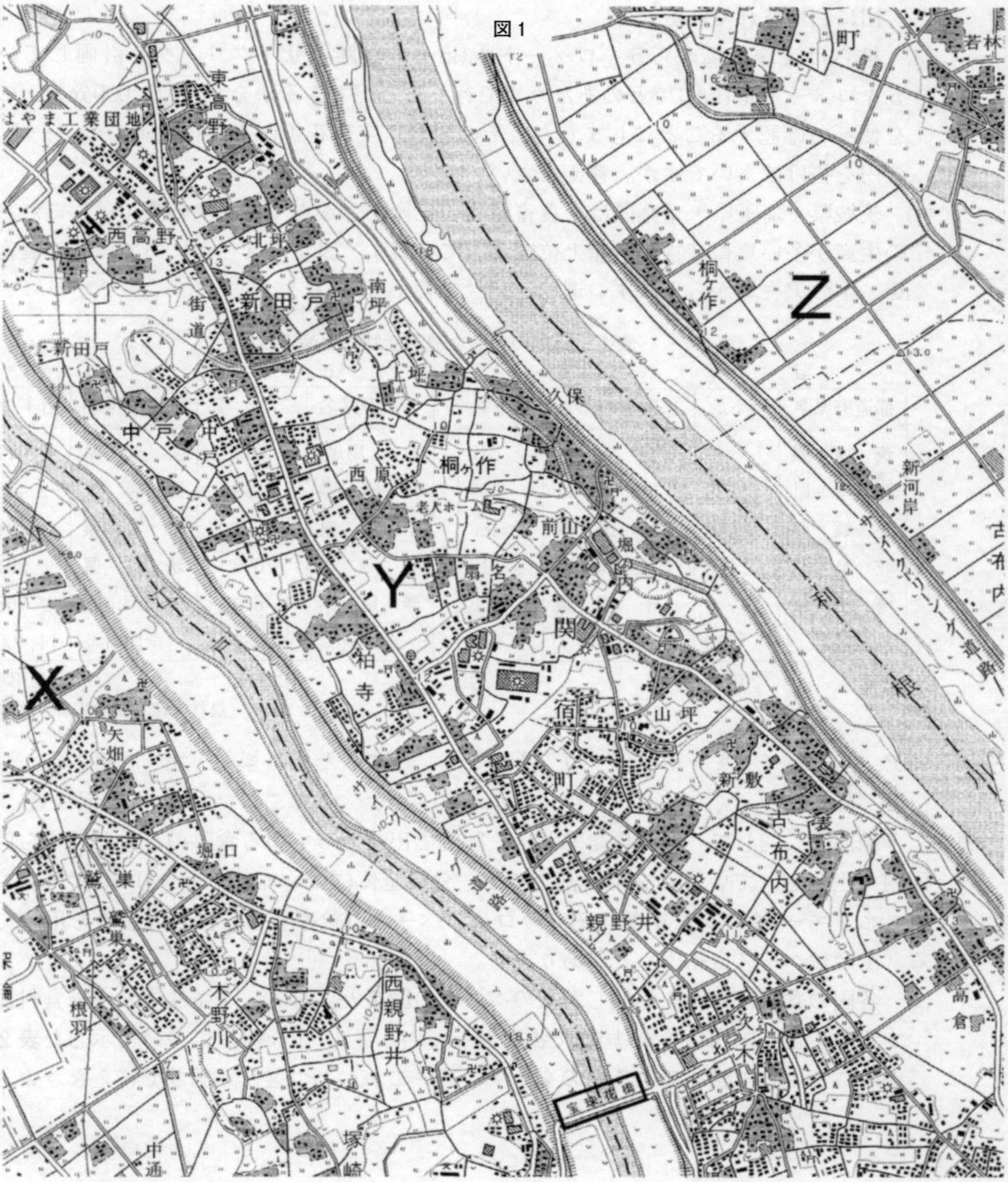

図1

(2) **図1**について述べた文として適切なものを，次の**ア**～**エ**から1つ選び，記号で答えなさい。

ア　**X**県や**Y**県には，工場や工業団地がみられ，鉄道や高速道路の発達により工業化が進んだことがわかる。

イ　**Y**県の「街道《かいどう》」や**Z**県の「新河岸《しんがし》」などの地名から，この地域は交通の要所であったことがうかがえる。

ウ　**Z**県では集落は標高の高いところに多く，水田は標高0m未満のところも多くみられる。

エ　図中には多くの堤防《ていぼう》がみられ，堤防と河川《かせん》との間の土地は標高が低いため，おもに水田に利用されている。

(3) 彼らは宝珠花橋から5キロメートル(km)の距離《きょり》のサイクリングを計画しています。5キロメートル(km)でどのあたりまで行くことができるかを，2万5,000分の1の地形図を使って確認《かくにん》することにしました。その場合，宝珠花橋から半径何センチメートル(cm)の円を描《えが》けばよいですか。答えなさい。

(4) 茨城県・埼玉県・千葉県は，農畜産物《のうちくさんぶつ》の生産がさかんです。次の**表1**は，これら3県での生産が多い農畜産物の生産上位を示しています。**表1**の**a**～**d**にあてはまる農畜産物名を，下の**ア**～**コ**から1つずつ選び，記号で答えなさい。

表1　日本のおもな農畜産物の生産上位

a

都道府県名	百トン
茨城県	49
熊《くま》本《もと》県	39
愛《え》媛《ひめ》県	16
岐《ぎ》阜《ふ》県	10
埼玉県	7
全国計	210

2013年

b

都道府県名	百トン
宮《みや》崎《ざき》県	647
群《ぐん》馬《ま》県	559
埼玉県	482
福島県	417
千葉県	328
全国計	5,744

2013年

c

都道府県名	千頭
鹿児島《かごしま》県	1,332
宮崎県	839
千葉県	681
北海道	626
群馬県	613
全国計	9,537

2014年

d

都道府県名	百トン
愛知県	2,614
群馬県	2,499
千葉県	1,301
茨城県	994
神奈川《かながわ》県	766
全国計	14,400

2013年

（農林水産省統計表より作成）

ア　米　**イ**　キャベツ　**ウ**　きゅうり　**エ**　たまねぎ　**オ**　乳用牛
カ　豚《ぶた》　**キ**　くり　**ク**　みかん　**ケ**　りんご　**コ**　じゃがいも

問2　下線部②に関して。食料自給率とは，国内で出まわっている食料のうちどのくらいがその国内で生産されているかを示す割合です。食料全体については，カロリー（食料にふくまれるエネルギー）を用いて計算する「カロリーベース自給率」と，食料の値段を用いて計算する「生産額ベース自給率」とがあります。

(1) 各国の食料自給率を比較《ひかく》した次のページの**図2**と，日本，イギリスの主な食料品目に関する生産量，国内供給量（国内で出まわっている量），主な用途《ようと》について示した**表2**からわかることとして**誤っているもの**を，下の**ア**～**エ**から1つ選び，記号で答えなさい。

図2　食料自給率の国ごとの比較　(単位：%，2009年)

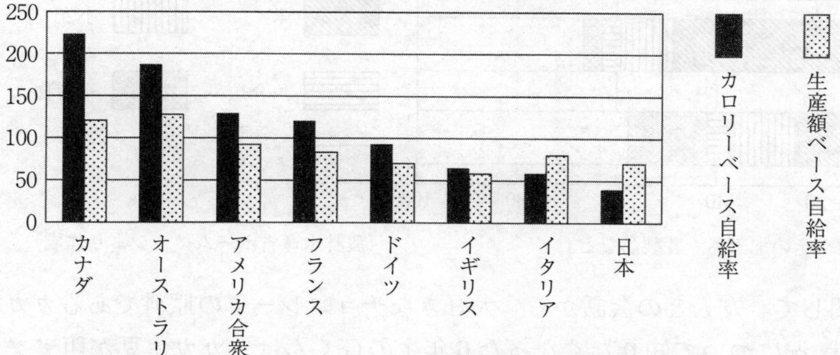

(農林水産省ホームページにもとづき作成)

表2　日本・イギリスの品目別生産・供給量と主な用途　(単位：十万トン，2009年)

食料品目	日本				イギリス			
	生産量	国内供給量	主な用途		生産量	国内供給量	主な用途	
			食料	飼料			食料	飼料
穀物	79	341	145	161	216	214	71	102
小麦	7	70	61	5	141	142	61	66
米(精米)	71	74	68	1	—	—	—	—
野菜	117	141	129	0	26	60	55	1
果実	34	76	67	—	4	79	77	—
肉類	32	59	58	—	35	53	52	0

※「—」はデータ無し。　(『世界国勢図会 第24版 2013/14』にもとづき作成)

ア　**図2**によると，カロリーベースと生産額ベースの両方で，国内で必要とされる以上の食料を生産している国がある。

イ　**図2**にあげられている国々の食料自給率は，カロリーベースではすべて日本を上回っているが，生産額ベースでは日本と同程度，または日本を下回っている国もある。

ウ　日本は，2009年時点で，米・小麦以外の輸入穀物で穀物飼料の大半をまかなっている。

エ　日本もイギリスも，2009年時点で，野菜や果実の国内供給量の半分以上を輸入に頼《たよ》っている。

(2)　**図2**で日本が，生産額ベース自給率でイギリスを上回っている主な理由について，**表2**の食料品目のうち，日本で国内生産量が比較的多いものに注目し，説明しなさい。

(3)　次の**表3**は，1960年から半世紀間の日本の自給率(カロリーベース)の変化を示しています。このような変化はさまざまな理由で生じたと考えられますが，**表2**および次のページの**図3**にもとづくと，どのような理由が考えられますか。**表3**から読み取れる変化を明示したうえで，考えられることを説明しなさい。

表3　日本の食料自給率の変化　(単位：%，カロリーベース)

	1960年	1970年	1980年	1990年	2000年	2010年
自給率	79	60	53	48	40	39

(農林水産省「食《しょく》糧《りょう》需《じゅ》給《きゅう》表」に基《もと》づく『数字でみる日本の100年』改訂《かいてい》第6版　2013年より作成)

図3　日本人ひとり1日あたりの食べ物の割合の変化　（単位：％，カロリーベース）

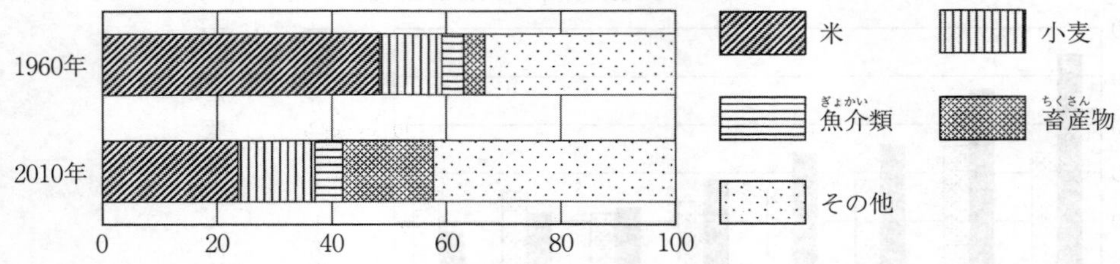

※畜産物：肉やその加工品，乳製品など。　　（農林水産省ホームページより作成）

問3　下線部③に関して。友人との会話から，大好きなチョコレートの原料であるカカオ豆産地の子ども達の状況《じょうきょう》について知りたくなった6年生のGくんは，カカオ豆が西アフリカのコートジボワールとガーナという国で多く生産されていることを知り，関連する統計・資料を調べ，まとめました。

資料1　世界の子ども達の状況

	5歳未満児死亡率（人）	初等教育就学率（％）	児童労働率（％）	1人あたりGNI（ドル）	年人口増加率（％）	
					1990-2013	＊2013-2030
世界平均	46人	91%	13%	10,449	1.3%	1.0%
後発開発途上国	80人	82%	22%	818	2.5%	2.1%
コートジボワール	100人	62%	26%	1,380	2.2%	2.1%
ガーナ	78人	82%	34%	1,760	2.5%	1.8%
日本	3人	100%	データなし	46,140	0.2%	0.3%

（注）　5歳未満児死亡率：1,000人生まれた子どものうち5歳をむかえる前に死亡する子どもの人数。
初等教育就学率：小学校に通う年齢《ねんれい》の子どものうち学校に通っている子どもの割合。
児童労働率：児童労働を行っている5～14歳の子どもの割合。
1人あたりGNI（国民総所得）：GNIとは国民全体が1年間にあらたに生み出した価値の合計。
1人あたりGNIは，年間所得水準を国ごとに比べる目安になる。
後発開発途上国：途上国の中でも特に開発が遅《おく》れていると国際連合（以下，国連）が分類した国々。
＊2013-2030の数値は予測に基づく。　　（ユニセフ「世界子供白書2015」より作成）

まとめ

カカオ豆をたくさん生産しているコートジボワールやガーナと日本とでは，子ども達をとりまく状況に大きな違いがあることがわかった。

世界カカオ基金やILO（国際労働機関）が実施《じっし》した調査（2002年）によると，コートジボワールだけで約13万人の子どもがカカオ豆農園で働き，農園経営者の子ども（6～17歳）の3分の1は，一度も学校に通っていない。農園経営者の家族や親せきではなく働いている子どもも1万人以上いて，他国からさらわれ強制的に働かされている例もある。そんな子ども達が，農薬や刃物《はもの》を使った危険な作業を行い作ったカカオ豆からできたチョコレートを僕《ぼく》は食べているのかもしれない。

彼らが学校で学べるためにはどうしたらよいのだろう。子どもが働いて作ったカカオ豆を使ったチョコレートは買わないことも大事だ。でもそれだけでは，彼らが働かなくてはいけない状況は変わらないかもしれない。少し調べてみたら，国連WFP(国連世界食糧《しょくりょう》計画)が，子どもの発育や家族の生活を助け，より学校に通ってもらえるよう，給食支援《しえん》事業を行っていることがわかった。チョコレートを作っている日本の会社や日本政府も資金協力をしている。僕にも何かできることがないだろうか。

(NGO ACE(エース)ホームページ，国連 WFP 冊子「国連 WFP の学校給食プログラム(2015)」より作成)

(1) **資料1**(「**まとめ**」も含む)からわかることとして適切なものを，次の**ア**～**オ**から1つ選び，記号で答えなさい。

ア 世界の人口増加率は年々下がっているので，2030年以降は世界人口の減少と食料不足の緩和《かんわ》が予想される。

イ 開発の遅れた国では，子どもを産んでも幼いうちに死んでしまうので，人口増加率は豊かな国よりも低い。

ウ 1人あたりのGNIが低ければ低いほど，初等教育就学率は下がり，児童労働率は上がるため，1人あたりのGNIをみればその国の子どもの状況は判断できる。

エ 児童労働は，家族の仕事を手伝う形で行われるため，子どもが親といっしょに働くことを禁じる法律をつくれば解消される。

オ 日本は，途上国と比べれば子どもの死亡率も極めて低く，初等教育就学率も高いが，働いている子どもがいないかどうかは，このデータだけでは確認できない。

(2) Gくんは，世界の子ども達が安心して学校で学べるようになるためには，給食支援事業のような国際協力のための予算を増やすことが重要だと考えました。この考えに関連する説明として適切なものを，次の**ア**～**オ**から1つ選び，記号で答えなさい。

ア 税金の使い道を決定するのは内閣の仕事である。

イ 日本の国家予算では，健康や生活を守るための社会保障費への支出が最も多くなっている。

ウ 日本の国家予算はすべて税金からの収入でまかなっているため，国際協力のための予算を増やすには，税収を増やさなければならない。

エ 税金の使い道は，高齢者や子どもの数などによって自動的に決まるものであるため，国民が意見を表明しても意味はない。

オ 国連がつくられた当初からの加盟国として，日本は多額の資金を分担しており，そのお金が途上国の子ども達の教育環境《かんきょう》改善にも役立っている。

問4 下線部④に関して。

(1) 奈良《なら》時代には『万葉集』という歌集がつくられました。『万葉集』には，天皇や貴族から庶民《しょみん》までのはば広い人々の作品がおさめられています。次のページの**史料1**で示したものも，きびしい生活を送っている農民の気持ちを貴族がよんだ歌とされています。この歌をよんだ人物として正しいものを，下の**ア**～**エ**から1人選び，記号で答えなさい。

史料１

私は他の人と同じように耕作しているのに，ぼろぼろの着物を着て，かたむいた家の中に住んでいる。地面にじかにわらをしき横になっている私の周りには，父母と妻子がすわり，なげき悲しんでいる。かまどには火もなく，米をむす道具にはクモの巣が張っている。……

（『万葉集』におさめられている歌をわかりやすく書き直した。）

ア 小野妹子《おののいもこ》　**イ** 山上憶良《やまのうえのおくら》　**ウ** 紀貫之《きのつらゆき》　**エ** 行基《ぎょうき》

(2)　鎌倉《かまくら》時代から農業は大きく発展し，室町時代には生産力を高めた村が各地にあらわれました。次のページの**図４**は室町時代に描かれた屏風《びょうぶ》の絵です。鎌倉時代から室町時代の農業や社会について述べた文として**誤っているもの**を，**図４**も参考にしながら，次の**ア～エ**から１つ選び，記号で答えなさい。

ア　鎌倉時代から室町時代には，鉄製の刃先《はさき》をもった鍬《くわ》や鋤《すき》が一般的《いっぱんてき》に用いられていた。

イ　農業では男性が耕作《こうさく》や苗《なえ》の運搬《うんぱん》などの力仕事をにない，女性は田植えをになうなど共同作業が行われ，村としてのまとまりも強くなった。

ウ　人力で田畑を耕す一方で，牛などに農具を引かせて耕す方法も各地で広く行われていた。

エ　田植えのときに，面をつけておどったり笛を吹いたりして豊かな実《みの》りを願う芸能も行われるようになり，この芸能が歌舞伎《かぶき》に取り入れられた。

図４　室町時代の田植えの様子

(「月次風俗《つきなみふうぞく》図屏風《ずびょうぶ》」より)

(3)　江戸《えど》時代には，海産物の加工も広く行われました。次の**図5・図6**は明治時代初期の出版物に描《えが》かれている加工場《かこうば》のようすですが，江戸時代もほぼ同じように加工をしていたと考えられています。

図5　なまこ（海鼠）の加工のようす

図6　あわび（鮑・鰒）の加工のようす

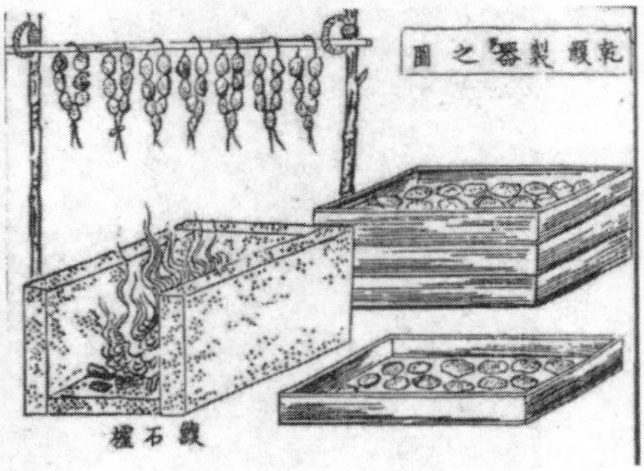

（『水産小学・下巻』(国立国会図書館所蔵《しょぞう》）より）

(i)　**図5・図6**はそれぞれ海産物である「なまこ(海鼠)」と「あわび(鮑・鰒)」の加工のようすを示したものです。「なまこ」や「あわび」を加工する方法として，どのような共通点が指摘《してき》できますか。またそのように加工するのはなぜですか。説明しなさい。

(ii)　次の**図7**は，江戸時代の長崎《ながさき》港のようすを描いたものです。加工された「なまこ(海鼠)」や「あわび(鮑・鰒)」の多くが，図にみられるような俵《たわら》につめられ，高級食材として長崎港に運び込《こ》まれました。それらの量は，18世紀になると増えていきました。それはなぜでしょうか。**図7**および次のページの**史料2**を参考にして考えられることを説明しなさい。なお，**史料2**は18世紀はじめごろに江戸幕府の政治の中心にいた人物の言

図7　長崎港のようす

（長崎歴史文化博物館ホームページ「唐蘭館絵巻《とうらんかんえまき》の唐館図《とうかんず》・荷揚水門図《にあげすいもんず》」より）

葉です。

史料2

17世紀はじめから約100年の間に，日本から外国に運び出された金と銀のおよその量を数えた。すると，……金は４分の１が運ばれ，銀は４分の３が運ばれてなくなっていた。……銅は，すでに外国との取引で使用する量が足りないうえ，日本で１年間に使用する量さえ足りないのである。……やむをえないときには，日本で使用する(金・銀・銅の)量と，毎年日本で作られる量を数えてから，長崎などから外国に運び出す量を定めるべきである。

(新井白石《あらいはくせき》『折《おり》たく柴《しば》の記《き》』より。わかりやすい表記に改めた。)

(4)　大正期には食料をめぐって人々が立ち上がる動きがありました。このことに関係する次の**表４**・**史料３**・次のページの**史料４**をふまえて，あとの問いに答えなさい。

表４　東京の米の値段

時期		値段
1914年	平均	16.1
1915年	平均	13.1
1916年	平均	13.7
1917年	平均	19.8
	10～12月	23.8
1918年	１～３月	25.1
	４～６月	27.7
	７～９月	35.8
	10～12月	41.4
1919年	１～３月	39.7
	４～６月	41.8
	７～９月	49.5
	10～12月	52.4
1920年	１～３月	54.2
	４～６月	48.4
	７～９月	42.8
	10～12月	31.7
1921年	平均	30.8

※値段の単位：１石《こく》(約180リットル(L))あたりの値段(円)

(『日本歴史大系《たいけい》』(山川出版社)にもとづき作成)

史料３

富山県富山市の住民の大部分は出稼《でかせ》ぎをしているが，今年(1918年)は出稼ぎ先の樺《から》太《ふと》の漁が不漁で，帰りの費用も支払《しはら》えない状況《じょうきょう》で，さらに近ごろ米の値段が急に高くなり，とても困っていた。(1918年８月)３日午後７時，漁師の住む町一帯《いったい》の女性たち200名は海岸に集まり３つに分かれて米屋や米の所有者を襲《おそ》い，米を他の業者などへ売らないように，そして自分たちに安く売ってほしいと願い出た。もし要求を聞き入《い》れなければ，家屋《かおく》を焼き払うなどと言い出す状況になったため，これを聞きつけた警察署の職員が出動して解散するように命じた。午後11時ごろに解散したが，一部の女性たちは付近に残り，米を他の者へ売るのではないかと警戒《けいかい》していた。

(『東京朝日新聞』1918年８月５日より。わかりやすい表記に改めた。)

史料4

私(吉野作造《よしのさくぞう》)は必ずしも出兵《しゅっぺい》に反対しているわけではありません。ただ，兵を立ち上げることは，ありふれた平凡《へいぼん》な言葉ではありますが，国家の一大事であります。最大限に慎重《しんちょう》な考えと議論をふまえたあとに，はじめて出兵をゆるすべき問題であります。……いったい日本がシベリア(ロシアの東部)に出兵するとすれば，どのような目的をもってするべきでしょうか。私が考えられる目的は少なくとも3つあります。ひとつは，日本を守るためです。もうひとつはロシアを助けるためです。最後は連合国(アメリカ，フランス，イギリス)の共通目的を助けるためです。……

(吉野作造「出兵論といわれる考え方にどのような根拠《こんきょ》があるか」『中央公論』1918年4月号より。わかりやすい表記に改めた。)

(i) **表4**によると，米の値段は1917年ごろから上昇《じょうしょう》をみせ，**史料3**・**史料4**が記された1918年には大きく上昇しています。この時期には米をはじめとして，さまざまな物の値段が上昇しました。その背景には世界を巻き込《こ》んだ戦乱があり，日本の輸出が増え，景気がよくなったことが関係しています。1914年から起こったその戦乱とは何ですか。漢字で答えなさい。

(ii) **史料3**の新聞記事で述べられている事件は，何という出来事ですか。適切な名称を答えなさい。

(iii) 米の値段が大きく上昇した1918年ごろの状況について説明した文として**誤っているもの**を，**表4**・**史料3**・**史料4**を参考にしながら，次の**ア**～**エ**から1つ選び，記号で答えなさい。

ア　1918年に米の値段が上がって混乱が大きくなったあと，1919年前半には米の値上がりは一時的に落ち着きをみせたが，その後1920年にかけてふたたび上昇した。

イ　当時は米を求める声が高まっており，一部の米屋や資産家が米を買いしめたり，意《い》図的《とてき》に高く売ったりするのではないかという心配があった。

ウ　米をめぐって起きた運動が，各地で警察や軍隊によりしずめられたため，生活を守るための運動や普通《ふつう》選挙を求める運動などはそのあと下火になった。

エ　当時は日本が外国に軍隊を派遣《はけん》する動きが高まっており，軍の兵士も多くの米を必要としたため，米の値段がさらに高くなるのではないかという心配があった。

(iv) **史料4**の吉野作造は，彼の生きた時代の日本の政治に対して，「民主主義」という言葉を用いずに，「民本《みんぽん》主義」という言葉で，民衆の意見が尊重され，その幸福と利益に役立つ政治の実現を説きました。これに関する以下の文の空欄《くうらん》にあてはまる語句を答え，文中の波線部に関する説明として適するものを，下の**ア**～**エ**から1つ選び，記号で答えなさい。

吉野作造が「民主主義」という言葉を用いなかったのは，「民主主義」が人民(　あ　)という意味を持つのに対し，当時の日本は，天皇に(　あ　)があったからである。第二次世界大戦後，天皇(　あ　)から国民(　あ　)へと基本原則が大きく変更されるのにともない，日本国憲法は第1条で「天皇は，日本国の(　い　)であり日本国民統合の(　い　)であって，この地位は，(　あ　)の存する日本国民の総意に基《もとづ》く。」と，天皇に関する規定でありながら国民(　あ　)を明示するという形をとった。

憲法には，天皇が国の政治に直接かかわることはできないと定められているが，男子でなくてはならないといった性別の条件や，引退についての規定はない。そのため，女性が天皇になる資格を持てるようにしたり，天皇の引退を可能にするように制度を変えることを国民がのぞむのであれば，憲法を改正するのではなく，いまある法律を改正するか，新しい法律をつくることが必要となる。

ア　法律の制定や改正には，衆参両議院の総議員の３分の２以上の賛成が必要である。

イ　重要な法案については，国民の意見を直接問う国民投票が行われる。

ウ　国民の意思は，国民によって選ばれた代表者である議員を通じて法律に取り入れられる。よって選挙は，その重要性から，日本国憲法の定める国民の義務にあたる。

エ　法律の制定や改正は国会の仕事だが，法案は議員だけでなく内閣も提出することができる。

(5)　昭和に入ると世界中が不景気になり，それ以降の日本は戦後にいたるまでの間，さまざまな形で食料や物資をめぐる問題に直面しました。このことについて述べた文として**誤っているもの**を，次の**ア**～**エ**から１つ選び，記号で答えなさい。

ア　世界中が不景気になると，日本でも会社や工場がつぶれ，都市では失業者が増えた。農村では作物の値段が大きく値下がりしたため，生活に行きづまる人々が多くなっていった。

イ　昭和初期に深刻《しんこく》な不景気が押《お》し寄せてくると，一部の軍人や政治家は広大な土地と豊かな資源があるハワイやブラジルへの移民を進めて国民の生活を豊かにするべきだと主張し，その考えが国民にも広まった。

ウ　太平洋戦争がはじまると，日本は東南アジアや太平洋の島々を占領《せんりょう》して戦場を広げた。しかし，物資が不足すると占領地で食料や資源を集めたため，現地の住民まで戦争のために苦しい生活に巻き込まれるようになった。

エ　戦後の焼けあとの暮らしは，食料や衣類が不足した。人々は闇市《やみいち》で必要な物を探しまわったり，混《こ》んだ列車に乗って農村部に買い出しに行ったりして手に入れるようになった。

問５　下線部⑤に関して。卒業式前日の給食について，学年ごとに希望の多いメニューを２つまであげ，その意見を持ち寄り，各学年の代表者が話し合うことになりました。先生は「どうするとみんなの意見が反映できるかを考えてごらん」と言っています。以下は，各学年の希望メニューと，代表者の意見をまとめたものです。

資料2　各学年の希望メニューと代表者の意見

学年	児童数	第1位(希望児童数)	第2位(希望児童数)
6年	62人	スパゲティミートソース(24人)	鶏のからあげ(16人)
5年	76人	鶏のからあげ(49人)	スパゲティミートソース(12人)
4年	60人	スパゲティミートソース(20人)	カレーライス(19人)
3年	70人	スパゲティナポリタン(26人)	カレーライス(25人)
2年	68人	カレーうどん(26人)	カレーライス(20人)
1年	70人	ハンバーグ(34人)	カレーライス(27人)

Aさん(6年代表)：6学年のうち2学年で第1位になった「スパゲティミートソース」にすべきだ。

Bさん(5年代表)：第1位にあげている児童数が最も多い「鶏のからあげ」にすべきだ。学年ごとに児童数も違うのに，児童数が多い5年生の意見と，児童数が少ない6年生や4年生の意見が同等に扱《あつか》われるのはおかしい。

Cさん(4年代表)：6学年のうち3学年がスパゲティを第1位にあげているので，少なくとも「スパゲティ」のどれかにすべきだ。

Dさん(3年代表)：第1位にあげられた5つのメニューでもう一度決選投票を行ってはどうか。

Eさん(2年代表)：「カレーライス」は残さなくていいのかな…。

Fさん(1年代表)：第1位にあげた人が多い「鶏のからあげ」か「ハンバーグ」のどちらかがいいな。

(1) 麺類《めんるい》が大好きで，麺類なら何になってもよいと思っているCさん(4年代表)は，麺類が選択肢《せんたくし》にないFさんの意見には反対です。それに加えて，Dさんの意見(5つのメニューでの決選投票)も麺類に決まらない可能性があるため避《さ》けたいと考えています。Cさんはなぜそう考えるのでしょうか。

(2) Eさん(2年代表)は，カレーライスも候補に残すべきと考えていますが，自信がなくて意見をはっきり伝えられずにいます。Eさんの主張を後押《あとお》しするためには，どのような根拠《こんきょ》をあげるとよいでしょうか。

(3) Bさん(5年代表)の意見のように，国政選挙でも，選挙区ごとの有権者数や議席数の違いから，1票の価値に違いがあることが問題になっています。次のページの**表5**は，昨年7月に行われた参議院議員選挙で，議員1人あたりの有権者数が最も少なかった福井《ふくい》県と，議員1人あたりの有権者数の多い上位10都道府県における1票の価値の違いをまとめたものです。これに関連する説明として適するものを，下の**ア**～**エ**から1つ選び，記号で答えなさい。

表5　2016年7月参議院議員選挙における都道府県別「1票の価値」

※福井県の有権者が持つ1票の価値を「1」とした場合(小数第3位を四捨五入)

埼玉県	0.32票	大阪《おおさか》府	0.36票
新潟《にいがた》県	0.34票	長野県	0.37票
宮城県	0.34票	千葉県	0.38票
神奈川県	0.35票	岐阜県	0.39票
東京都	0.35票	栃木《とちぎ》県	0.40票

(総務省ホームページ「選挙関連資料」により作成)

ア　人口100万人以上の大都市を抱《かか》える都道府県では1票の価値が低く，過疎《かそ》の進む地方では1票の価値が高いことがわかる。

イ　「ひとり1票」の実現が平等選挙の原則であるが，住む場所によっては，実質「ひとり3票」分の価値を有している有権者がいることがわかる。

ウ　国民が選んだ代表者が国会で決めた選挙区や議席数の設定について，裁判所が憲法《けんぽう》違《い》反《はん》を指摘《してき》することはできない。

エ　参議院議員は，都道府県民を代表する立場であるため，都道府県の枠組《わくぐ》みを無視した選挙区や，複数の都道府県を合わせた選挙区が設定されたことはない。

【理　科】（40分）〈満点：80点〉

1　次の(1)〜(7)の問いに答えなさい。

(1)　やかんでお湯をわかすとやかんの口から湯気が出てきますが，よく見ると，やかんの口のすぐ近くは透《とう》明に，その先は白くなって見えます。この透明から白くなる現象と同じ理由でおこる現象と考えられるものを，次の**ア**〜**カ**から１つ選び，記号で答えなさい。

ア．雨が降ってできた水たまりが，しばらくするとなくなっている。

イ．洗濯《たく》物が乾《かわ》く。

ウ．氷に食塩を加えると，温度が低くなる。

エ．冬の室内で窓ガラスが曇《くも》ってくる。

オ．ドライアイスを空気中に置いておくと，しだいに小さくなり，やがてなくなってしまう。

カ．食塩水を加熱していくと，白い固体が見られるようになる。

(2)　図は，物体の運動のようすを表すグラフで，横軸《じく》が時間，縦軸がスタート地点からの位置(距離《きょり》)を表しています。

説明文中の空欄《らん》①〜③に当てはまるグラフ上の区間を，**ア**〜**ケ**から，それぞれすべて選び，記号で答えなさい。

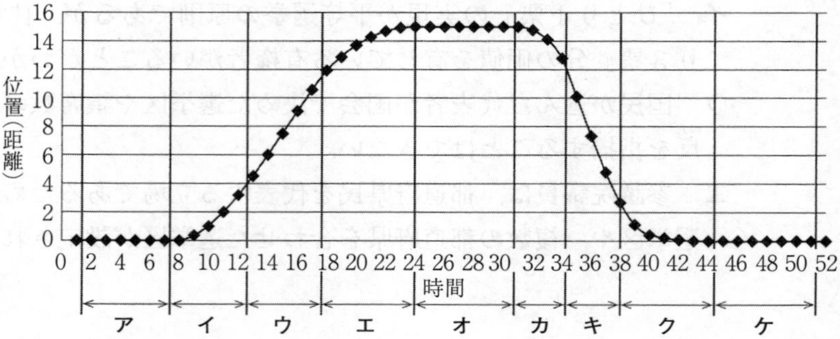

「物体が止まっているのは（ ① ）で，だんだん速くなっているのは（ ② ），そして，最も速いのは（ ③ ）である。」

(3)　次の**ア**〜**エ**は，それぞれ顕微《けんび》鏡の使い方について書いたものです。**ア**〜**エ**を使い方の正しい順に並べなさい。

ア．ステージ(のせ台)の中央にプレパラートを置き，クリップ(とめ金)でとめる。

イ．真横から見ながら調節ねじを回して，対物レンズとプレパラートをすれすれまで近づける。

ウ．対物レンズの倍率を一番低い倍率にする。

エ．接眼レンズをのぞきながら調節ねじを回して，対物レンズからプレパラートを遠ざける。

(4)　次の**ア**〜**ウ**は，顕微鏡を使って，それぞれ適した倍率で観察した水中の生物のスケッチです。このスケッチを見て，あとの①，②の問いに答えなさい。

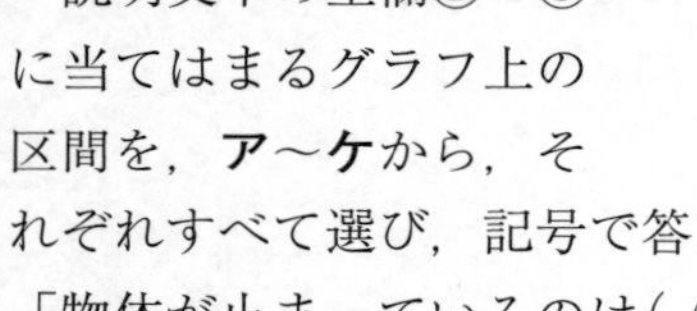

①　日光によって体内にでんぷんを作る生物を**ア**〜**ウ**からすべて選び，記号で答えなさい。

②　観察倍率が一番大きい生物はどれですか。**ア**〜**ウ**から選び，記号で答えなさい。

(5)　台風は雨や風により，大きな被《ひ》害をもたらします。台風について，次の①，②の問いに答えなさい。

①　低気圧はある風速を超《こ》えると台風と呼ばれるようになります。その風速を次の**ア**〜**エ**から

１つ選び，記号で答えなさい。

ア．17mm/秒　**イ**．17cm/秒　**ウ**．17m/秒　**エ**．17km/秒

②　台風による直接的な被害を次の**ア**～**オ**からすべて選び，記号で答えなさい。

ア．津《つ》波　**イ**．洪水《こうずい》　**ウ**．液状化　**エ**．倒《とう》木　**オ**．地割れ

(6)　太陽の光を鏡で反射する実験をしました。鏡の向きを変えると，反射した光の進む方向が変わります。反射した光の進む方向は，鏡の向きを変えた角度に対して，どのように変わりますか。図を参考にして，説明として最も適切なものを，次の**ア**～**オ**から１つ選び，記号で答えなさい。ただし，図中の角度などは正しく描《えが》かれていません。

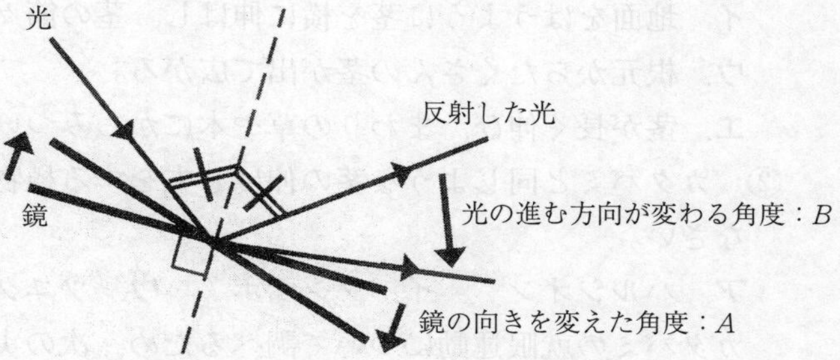

ア．BはAよりも小さい。
イ．BはAと等しい。
ウ．BはAより大きく，Aの２倍より小さい。
エ．BはAの２倍と等しい。
オ．BはAの２倍より大きい。

(7)　川ではコンクリートのブロックを使い，川岸が流水の働きで侵食《しんしょく》されることを防いでいます。右図のような川があるとき，コンクリートのブロック(群)をどこに置くと，侵食を防ぐ効果が高いですか。最も効果が高い場所を右図の**ア**～**エ**から１つ選び，記号で答えなさい。川の傾斜《けいしゃ》はどこでも同じだとします。

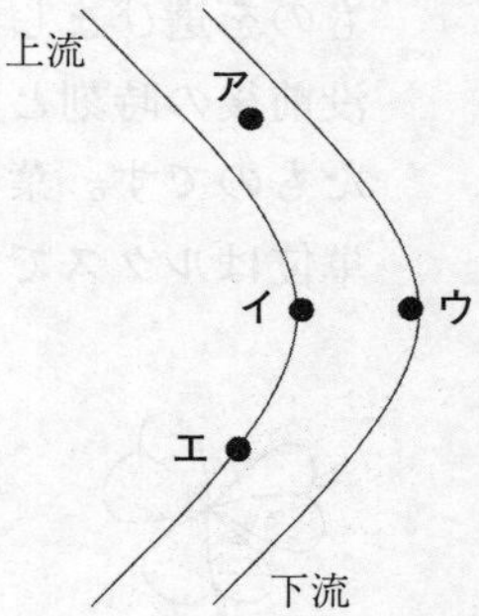

2　下の文章を読んで，あとの問いに答えなさい。

庭に生えているカタバミに実がついているのを見つけ，さわってみると，実が縦《たて》にさけて小さい種がプチプチっとはじけましたが，種がはじけない実もありました(図１)。よく見てみるとカタバミは花だんの中や植木ばちの中，コンクリートのすき間や道の片すみなど，いろいろな所に生えていました。また，カタバミの葉が夕方になると閉じていることに気がつきました。次の日の朝，同じカタバミを見ると，葉は開いていました。このようなカタバミの葉の開閉を就眠《しゅうみん》運動と呼びます。

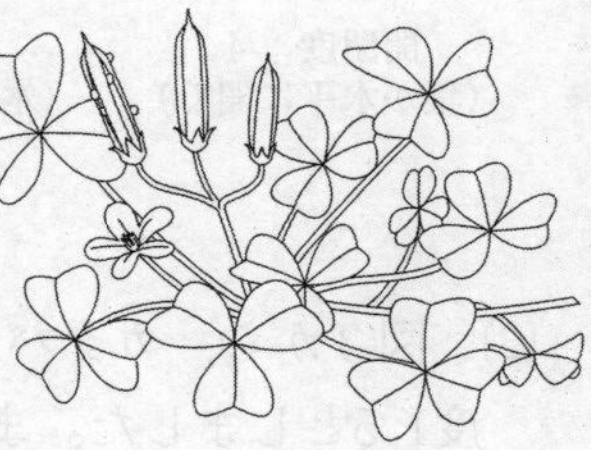
図１

(1)　種の散布方法は植物によって違《ちが》います。カタバミと同じように種や実がはじけて種を散布する植物を，次の**ア**～**エ**から１つ選び，記号で答えなさい。

ア．カラスノエンドウ
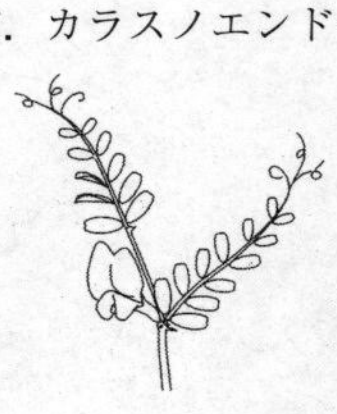

イ．タンポポ

ウ．ヘビイチゴ
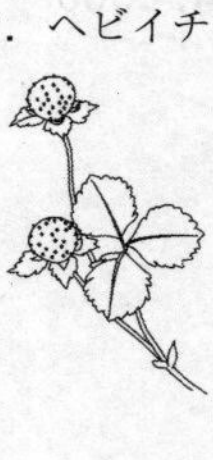

エ．オナモミ

(2)　カタバミが土のほとんどないような道の片すみやコンクリートのすき間に生えることができる理由の1つは，その茎《くき》の伸《の》ばし方にあります。

①　カタバミの茎の伸ばし方を，次の**ア**～**エ**から1つ選び，記号で答えなさい。

ア．地中深くに茎を伸ばし，途《と》中で枝分かれしながら広がる。

イ．地面をはうように茎を横に伸ばし，茎の節々で根や葉を出して広がる。

ウ．根元からたくさんの茎が出て広がる。

エ．茎が長く伸び，まわりの草や木にからみついて広がる。

②　カタバミと同じような茎の伸ばし方をする植物を，次の**ア**～**エ**から1つ選び，記号で答えなさい。

ア．ハルジオン　　**イ**．タンポポ　　**ウ**．ツユクサ　　**エ**．アサガオ

カタバミの就眠運動について調べるため，次の実験をしました。

【実験】　カタバミの葉がどのくらいの明るさで開閉するのかを調べるため，日没《ぼつ》(18：45)前後，日の出(5：00)前後のカタバミのようすを観察することにしました。カタバミは，葉が20枚ほどついているものを選び，1日中よく日が当たる場所，常に日陰《かげ》の場所の2カ所に生えているものを選びました。葉の開閉の程度は4段階の数値で示しました(図2)。図3は「日の出，日没前後の時刻と葉の開閉の程度の関係」と「日の出，日没前後の時刻と明るさの関係」を示したものです。葉の開閉の程度は平均値で示し，明るさは照度計を用いて測定しました。照度の単位はルクスです。

開閉度：4（葉が水平に開く）　開閉度：3（水平よりやや下がる）　開閉度：2（半分閉じる）　開閉度：1（全部閉じる）

図2

(3)　図3から，カタバミが葉を閉じ始めたときを開閉度3.8とし，閉じた(就眠した)ときを開閉度1.5としました。また，カタバミが葉を開き始めたときを開閉度1.5とし，ほぼ開いたときを開閉度3.0以上としました。次の文中の①～④に入る最も適切な数値を，下の**ア**～**サ**からそれぞれ1つずつ選び，記号で答えなさい。

「葉が閉じ始めたときの明るさは(①)ルクスで，就眠したときの明るさは(②)ルクス。葉を開き始めたときの明るさは(③)ルクスで，ほぼ開いたときの明るさは(④)ルクス。」

ア．0　**イ**．100　**ウ**．200　**エ**．300　**オ**．400　**カ**．500

キ．600　**ク**．700　**ケ**．800　**コ**．900　**サ**．1000

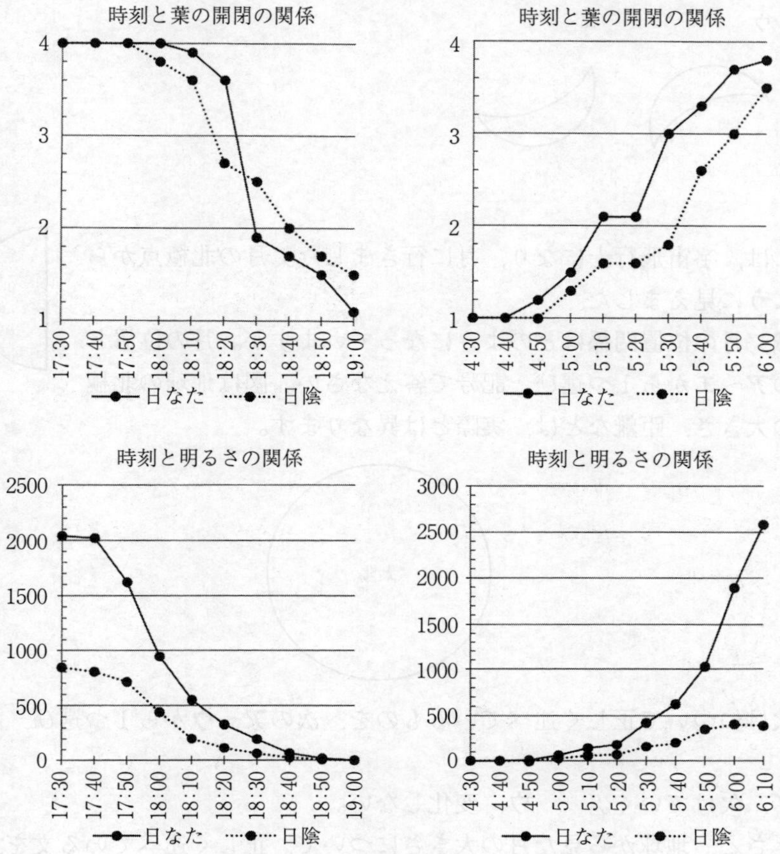

図3

(4)　実験の結果から，日なたのカタバミが①葉を閉じ始める時刻と，②葉をほぼ開く時刻を，次の**ア**～**カ**からそれぞれ1つずつ選び，記号で答えなさい。

ア．日没前　　**イ**．日没　　**ウ**．日没後

エ．日の出前　　**オ**．日の出　　**カ**．日の出後

(5)　ここまでの実験結果からは，カタバミの就眠運動は明るさに関係すると考えられましたが，カタバミを室温が変化しない24時間明るい室内に移しても，数日間は就眠運動を継《けい》続することがわかっています。就眠運動が継続される理由を考えて，簡潔《かんけつ》に説明しなさい。

3　下の文章を読んで，あとの問いに答えなさい。

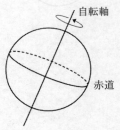

世田谷区に駒《こま》男くんという男の子が住んでいました。4月のある日，学校の宿題で月の観察をしました。地球は北極と南極を結ぶ線を軸として，西から東へ約1日で1回転しています。この回転のことを自転といい，回転の軸を自転軸といいます。月も同様に自転しています。地球の自転軸と月の自転軸は平行であると仮定できるものとし，月の北極は地球の北極と同じ側にあります。

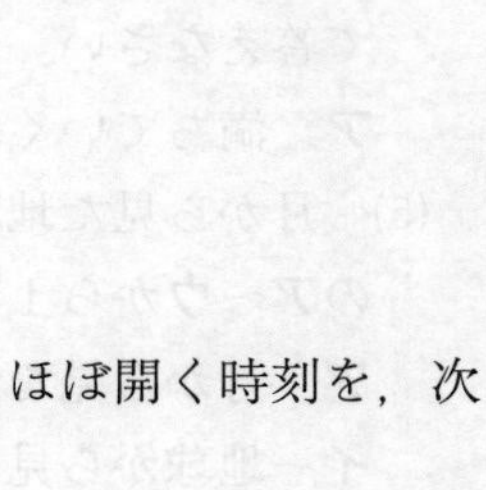

(1)　駒男くんが明け方に月を観察すると，南東の空に月が見えました。このときに見える月の形として最も適切なものを，下の**ア**～**エ**から1つ選び，記号で答えなさい。

ア　イ　ウ　エ

(2)　省略

大人になった駒男くんは，宇宙飛行士になり，月に行きました。月の北極点から地球を見ると，右図のように見えました。

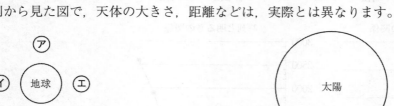

(3)　このとき，太陽，地球，月の位置関係はどのようになっていますか。月の位置として適切なものを，次の**ア**～**エ**から１つ選び，記号で答えなさい。図は地球の北極側から見た図で，天体の大きさ，距離などは，実際とは異なります。

(4)　この後の地球の満ち欠けについて正しく述べているものを，次の**ア**～**ウ**から１つ選び，記号で答えなさい。

ア．満ちていく。　**イ**．欠けていく。　**ウ**．変化しない。

(5)　月から見た地球の大きさと，地球から見た月の大きさについて，正しく述べている文を，次の**ア**～**ウ**から１つ選び，記号で答えなさい。

ア．月から見た地球の方が大きい。

イ．地球から見た月の方が大きい。

ウ．地球から見た月と，月から見た地球の大きさは同じ。

(6)　(3)と同じ時刻に月の赤道から，地球を見ると，地球は真上ではなく水平線近くに見えました。そのときに見える地球の形として最も適切なものを，次の**ア**～**オ**から１つ選び，記号で答えなさい。

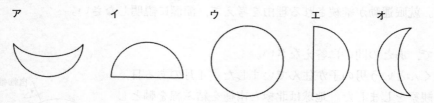

ア　イ　ウ　エ　オ

4 下の文章を読んで，あとの問いに答えなさい。

邦《くに》子さんは，ゼリーをつくろうと思い買い物に行ったところ，売り場にはゼリーの材料として「ゼラチン」と「寒天」が売られていました。どちらを使うとよいのかわからなかったので両方を買ってきました。両方とも粉末状のものです。ゼラチンの箱，寒天の箱にはそれぞれ栄養成分が表示されていました。一部を右の表に示します。

	ゼラチン(５g)	寒天(５g)
エネルギー	18kcal	0 kcal
たんぱく質	4.6 g	0 g
脂《し》　質	0 g	0 g
炭水化物	0 g	3.9 g

ゼラチンにはたんぱく質，寒天には炭水化物が多く含《ふく》まれています。違う成分なのに同じようにゼリーをつくることができることを不思議に思い，先生に聞いてみました。

固まったゼリーでは，容器を斜《なな》めにしてもゼリーの中から水がこぼれてくることはありませんが，水自身が固体となって固まった氷とは固まり方が違っています。先生はゼリーが固まる理由について「ゼラチンにも寒天にも，目に見えない細長い鎖《くさり》のようなものが含まれているんだ。水溶《よう》液にして温めると鎖がくにゃくにゃ動いているんだけど，冷えていくと動きにくくなって，からまった網《あみ》のようになり，そこに液体の水が捕《とら》えられて動けなくなってしまった，そんな状態と考えてごらん。」と話してくれました。ゼリーをつくるときは，ゼラチンも寒天も，一度，温めて完全に溶《と》かしてから冷やして固めるので，邦子さんは納得することができました。ゼラチンのゼリーはプルプルとやわらかく透《とう》明で，寒天のゼリーはカチカチにしっかり固まっています。また，寒天の箱には「酸味の強い食品や果汁《じゅう》と一緒《しょ》に煮《に》立てると固まらなくなることがあります」と書いてありました。ゼラチンは酸味の強い酢《す》(食酢)を使ってゼリーをつくれるのでしょうか。邦子さんは先生に相談しながらいくつかの実験をしてみました。

また，邦子さんは，寒天には炭水化物が含まれているのにエネルギーは0 kcalと表示されていることを先生に聞いてみると，「0 kcalというのはエネルギーとして利用できないということだね。炭水化物にもいろいろな種類があって，人間は寒天に含まれる炭水化物を(　　)して吸収できないからだよ。」と説明してくれました。

(1) 文中の空欄(　)にあてはまる適切な語を漢字で答えなさい。

【実験１】 100 gの水に，ゼラチン，寒天をそれぞれ1g，3g，5g溶かし，お湯(40℃)，水(20℃)，氷水(2℃)に1時間浸《ひた》しておき，固まるか調べました。

ゼラチン			
加えた量	お　湯	水	氷　水
1g	×	×	△
3g	×	△	○
5g	×	○	○

寒　天			
加えた量	お　湯	水	氷　水
1g	○	○	○
3g	○	○	○
5g	○	○	○

○：固まっている。
△：容器を斜めにすると形が変化するが，ゼリーの中から水はこぼれてこない。
×：液体のままである。

(2) **【実験１】**から，ゼラチンと寒天のゼリーの固まりやすさについてどのようなことが考えられますか。最も適切なものを，次の**ア**～**エ**から１つ選び，記号で答えなさい。

ア．ゼラチンも寒天も，加える量に関係なく，ゼリーが固まる温度は決まっている。

イ．ゼラチンは加える量に関係なく，0℃以下にすればゼリーが固まる。

ウ．寒天は加える量に関係なく，どんな温度でもゼリーが固まる。

エ．ゼラチンは加える量を多くして，温度を低くすればゼリーが固まる。

【実験２】　100ｇの水を温め，ゼラチン，寒天をそれぞれ３ｇ溶かし，氷水に１時間浸してゼリーを固めて，そのゼリーを違う温度のお湯に浸してとけるか調べました。

お湯の温度	ゼラチンゼリー	寒天ゼリー
20℃	１時間後，変化なし	１時間後，変化なし
40℃	10分ほどでとけた	１時間後，変化なし
60℃	すぐにとけた	１時間後，変化なし

(3)　**【実験１】**と**【実験２】**からゼラチンゼリーについて考えられることとして，最も適切なものを，次の**ア**～**エ**から１つ選び，記号で答えなさい。

ア．ゼラチンゼリーでは細長い鎖がからまって網ができたり，網がほどけたりを繰《く》り返すことができる。

イ．ゼラチンゼリーでは細長い鎖がからまって網ができる温度と，網がほどける温度はほぼ等しい。

ウ．ゼラチンゼリーでは細長い鎖がからまって網ができる温度より，網がほどける温度の方が低い。

エ．ゼラチンゼリーでは細長い鎖がからまって網ができる温度より，網がほどける温度の方が高い。

(4)　**【実験１】**と**【実験２】**から考えられることとして，最も適切なものを，次の**ア**～**エ**から１つ選び，記号で答えなさい。

ア．ゼラチンでも寒天でも，口の中に入れるととけるゼリーをつくることができる。

イ．寒天ゼリーは口の中に入れてしばらくしてもしっかり歯ごたえがあり，口の中でとけにくい。

ウ．ゼラチンを使うと，口の中に入れてしばらくしてもしっかり歯ごたえがあるゼリーも，口の中でとけるゼリーもつくることができる。

エ．ゼラチンでも寒天でもゼリーが固まるので，加える量が同じなら，同じような食感のゼリーになる。

【実験３】　冷蔵庫の中の温度は８℃でした。100ｇの水を温め，ゼラチンは３ｇ，寒天は１ｇ溶かし，冷蔵庫に２時間入れておくとゼリーになっていました。そのゼリーの表面をティッシュで拭《ふ》いた後，乾いたゼリーの表面に食塩を置き，冷蔵庫に入れ，食塩の変化を観察しました。

食塩の量	ゼラチンゼリー	寒天ゼリー
１ｇ	すぐにすべてとけた。	１時間後，ほとんどとけていた。
３ｇ	10分後，ほとんどとけていて，少し固体が残っていた。	１時間後，少しとけていたがほとんど固体のままだった。
５ｇ	15分後，かなりとけていたが固体も残っていた。	１時間後，少しとけていたがほとんど固体のままだった。

(5) **【実験３】**から考えられることとして，最も適切なものを，次の**ア**～**エ**から１つ選び，記号で答えなさい。

ア．ゼラチンゼリーでも寒天ゼリーでも，網の中の水はしっかり網の中にとどまっているので動くことができない。

イ．ゼラチンゼリーでも寒天ゼリーでも，条件によって網の中の水は動くことができるが，寒天ゼリーの網の中の水の方が動きやすい。

ウ．ゼラチンゼリーでも寒天ゼリーでも，条件によって網の中の水は動くことができるが，ゼラチンゼリーの網の中の水の方が動きやすい。

エ．ゼラチンゼリーでも寒天ゼリーでも，条件によって網の中の水は動くことができるが，網の外に出られる水の量は決まっている。

【実験４】 邦子さんは酢100ｇを温めてゼラチンを３ｇ加え，氷水に１時間浸しておき，固まるかどうか調べましたが，液体のままでした。邦子さんはうすい酸の溶液ならゼリーになるかもしれないと考え，用いた酢を10倍にうすめた水溶液を使って同じようにゼリーをつくってみると，ゼリーは固まりました。うすめていない酢を［酢Ａ］，10倍にうすめた酢の水溶液を［酢Ｂ］とします。

(6) ［酢Ａ］を10倍にうすめて［酢Ｂ］を100ｇつくるにはどのようにすればよいですか。必要な器具を使って，［酢Ｂ］を100ｇつくる方法を１行で書きなさい。

(7) BTB液を加えた水を使ってゼラチンゼリーをつくりました。このゼリーを，冷蔵庫で冷やした［酢Ｂ］に入れて冷蔵庫にしばらく放置しておくと，ゼリーはとけることなく，色が変化しました。このことから考えられることを１行で書きなさい。ただし，BTB液は，水溶液の酸性，アルカリ性を色で調べるもので，酸性では黄色，中性では緑色，アルカリ性では青色を示します。

(8) BTB液を加えた水を使って氷をつくりました。この氷を冷蔵庫で冷やした［酢Ｂ］に入れて，冷蔵庫にしばらく放置しておくと氷は小さくなっていました。小さくなった氷の色はどのようになっていると予想されるか書きなさい。

5 下の文章を読んで，あとの問いに答えなさい。

電流回路における，電流を流れにくくするはたらきを「電気抵抗《ていこう》」または単に「抵抗」と呼びます。抵抗を持つ器具には，豆電球やモーター，電熱器などがありますが，「スライド抵抗器」と呼ばれる抵抗の大きさを変化することのできる器具もあります。このスライド抵抗器は，上部のつまみをスライドさせることで，抵抗の大きさを変えられます。

今，次のページの左の図のように，このスライド抵抗器に，電流計と乾《かん》電池１個，スイッチをすべて直列にリード線でつなぎ，まずは，スライドつまみの位置をいろいろと変えて，スイッチを入れたときの電流の大きさを測る実験をしたところ，スライドつまみを左に寄せると流れる電流の大きさが大きくなり，右に寄せると電流の大きさは小さくなることがわかりました。スライド抵抗器の構造をよく見ると，このつなぎ方の場合，左端《はし》からつまみの位置までの長さに比例して，回路につながれる抵抗の部分が長くなることもわかりました。つまり，回路につながれる抵抗の部分が長いほど，流れる電流の大きさが（　　）くなることがわかります。

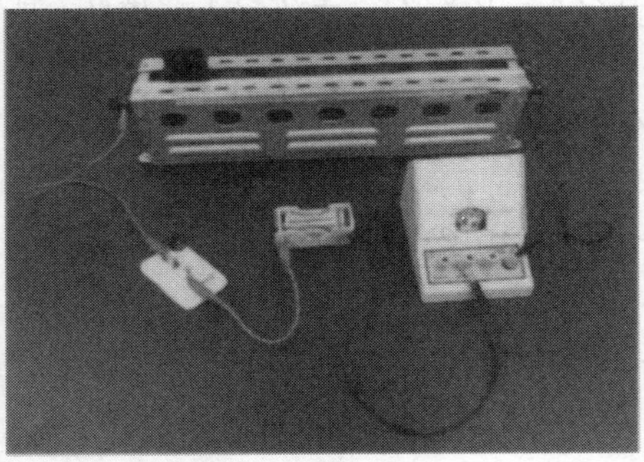

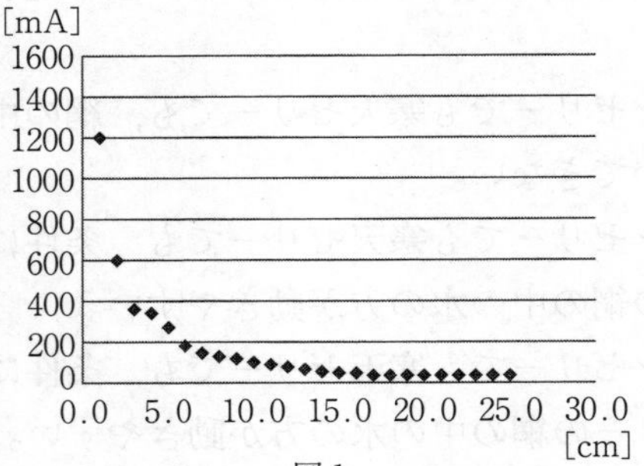

図1

スライドつまみの位置と流れる電流の大きさの詳《くわ》しい関係を調べようと思い，つまみの位置を左端にしたときを0 cmとして，そこから1 cmずつ，つまみを右側にずらしながらそれぞれのときの電流値を測定して記録し，グラフに表したのが，図1です。このグラフは，横軸がつまみの位置〔cm〕，縦軸が電流の大きさ〔mA〕として描かれています。

(1) 回路に接続する電流計のマイナス端《たん》子は，初め，どの端子に接続するべきですか。次の**ア**～**ウ**の中から選び，記号で答えなさい。

ア．50mA 端子　　**イ**．500mA 端子　　**ウ**．5 A端子

(2) 説明文中の下線部の空欄(　)を適切なことばで埋《う》めなさい。

図1からは，スライドつまみの位置と流れる電流の大きさの関係について，その詳しい規則性がよくわかりません。そこで，今度は，つまみを右端近くに寄せてスイッチを入れ，スイッチを入れたままで，電流計の示す値を見ながら，つまみを徐々《じょじょ》に左側に移動させ，まず，電流計の値が50mAのときのスライドつまみの位置を調べ，その後，電流計の値が10mA増えるたびにスライドつまみの位置を調べて記録しました。その結果の一部を示したのが次の表です。

電流の大きさ	mA	50	70	100	150	200	300	400	500
つまみの位置	cm	27.7	19.9	13.5	8.8	6.1	3.8	2.6	1.8

(3) 表のデータから，電流の大きさに対するスライド抵抗器のつまみの位置を表すグラフを描きなさい。グラフは，横軸が電流の大きさ〔mA〕，縦軸がつまみの位置〔cm〕として，描きなさい。

この(3)のグラフから，回路の中の抵抗部分の長さと回路に流れる電流の関係は，およそ「反比例」の関係になりそうなことが予想できますが，本当に反比例するのか調べるため，測定したすべてのデータを用い，横軸にスライド抵抗器のつまみの位置〔cm〕，縦軸に流れる電流の値の逆数（1を電流の値で割った値)〔1/mA〕をとって描いたのが，図2です。

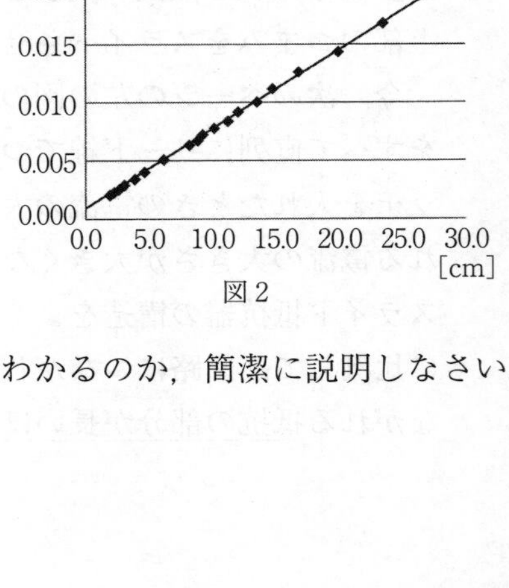

図2

(4) この図2から，回路の中の抵抗部分の長さと回路に流れる電流の関係は，正確には「反比例」の関係にならないことがわかります。図2のグラフのどのようなことからそれがわかるのか，簡潔に説明しなさい。

さらに考察を進めるにあたり，正確に反比例の関係を表すグラフが得られるためにはどのような処理をしたら良いのか，いろいろと試したところ，横軸にスライド抵抗器のつまみの位置の値に1cm加えた値〔cm〕，縦軸に流れる電流の値の逆数〔1/mA〕をとれば，図3のようなグラフが得られました。また，横軸に流れる電流の値〔mA〕，縦軸に流れる電流の値とつまみの位置をかけた値〔mA×cm〕をとって描いたグラフが図4，横軸に流れる電流の値〔mA〕，縦軸に流れる電流の値とつまみの位置に1cm加えた値をかけた値〔mA×cm〕をとって描いたグラフが図5です。

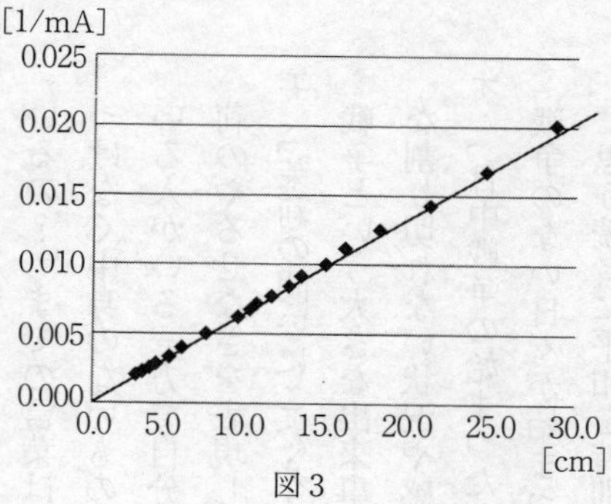

図3

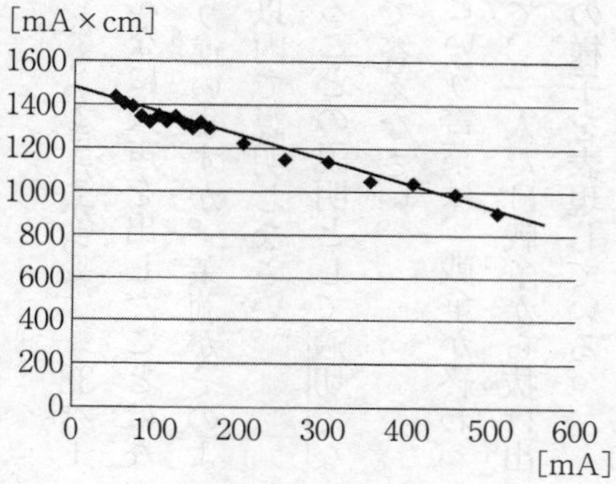

図4

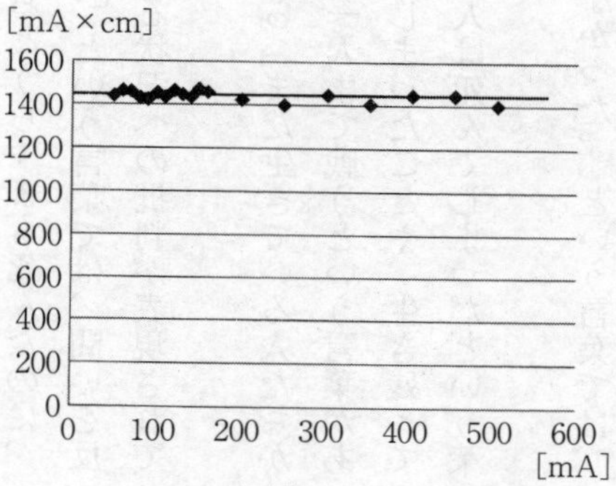

図5

(5)　図2と図3との違い，および図4と図5との違いに注目して，つまみの位置に「1cm加える」ことで，流れる電流の値との関係が正確に反比例の関係になるのはなぜか，簡潔に説明しなさい。

ありますが、このように言った祖母の気持ちはどのようなものですか。五十字以内で説明しなさい。

問12 ……線部X「茉莉は声を上げることもできなかった」（38ページ）ときの茉莉と、……線部Y「こんなに大声を出したことはなかった」（31ページ）ときの茉莉はどう違《ちが》いますか。茉莉がそのように変化した理由もふくめて九十字以内で説明しなさい。

問13 ［の部分（31ページ）から読み取れることの説明として適切でないものを次の中から一つ選び、記号で答えなさい。

ア 「母の言葉を思いだしていた」という言葉は、戦争が終わっても亡くなった母を思い出し続《つづ》けて、一人だけ戦争から抜《ぬ》け出せず、冷静さを取り戻《もど》せない茉莉の様子を表現している。

イ 「玉砕するはずじゃなかったの？」「なんのためにみんな死んだの？」「なんでおかあちゃまもおとうちゃまも死んだのに、まだ生きている人たちがいるの？」という言葉では、問いを反復することで戦争と戦争に関係する状況への批判が表現されている。

ウ 「茉莉は信じられなかった。」から「まだ生きている人たちがいるの？」までの言葉は、最後の一人まで戦うという言葉があっけなく中身のないものとなってしまったことや、生き残っている人がいる一方で自分の大切な人は死んでしまったという茉莉のやるせなさを表現している。

エ 「茉莉の問いにこたえるものはなかった。」という言葉では、戦争という大きな出来事においてはだれにも説明できないような割り切れない状況や感情が伴《ともな》うことが表現されている。

オ 「日中戦争の始まった年に生まれた茉莉にとって、初めての、戦争のない日々が始まった。」という言葉は、平和を当たり前に思う読者に平和を特別なものとして意識させる表現である。

ウ　家族の死を理解しはじめた結果生きている自分を実感し、さらに生きている人の中でも自分の存在は固有であると気づいたということ。

エ　両親が死んでしまった今、だれにも頼《たよ》ることができず一人で生きていかなければならない自分が孤独《こどく》な存在だと気づいたということ。

オ　空襲で多くの人が亡くなった中でも自分は確かに生きており、命が助かった自分は幸運な存在であると気づいたということ。

問7　――線部⑤「よっちゃんはなぜあんなことができたんだろう」（36ページ）とありますが、茉莉がこのように思ったのはなぜですか。その理由の説明として最も適切なものを次の中から選び、記号で答えなさい。

ア　食べ物が少ない中でも自分のものを分けてくれた美子にお礼を言わなかったことを思い出し、自分も世間の人と同じように失礼な人間であったと反省したから。

イ　力づくで手からものを取り上げられた感覚が残る中で、優しくさし出された美子の手の記憶《きおく》を思い出し、美子の優しさが実は偽善《ぎぜん》だったのではないかと疑いはじめたから。

ウ　他人のものを平気で奪うような身勝手な世の中で、自分を中心に考えていた茉莉に対してさえも迷わず自分のものをさし出す美子のことが、とても際立って感じられたから。

エ　美子はためらうことなく茉莉にものを分けてくれたが、それは今思い直してみるととても優しい行為《こうい》であり、世間の人もそのような態度を見習うべきだと思ったから。

オ　自分からものを取るようなひどい人が多くいるので、美子のように自分にものを分けてくれる人もいることを思い浮《う》かべて、辛《つら》い気持ちをなぐさめようとしたから。

問8　――線部⑥「けれども勝士は茉莉にわらって見せた」（35ページ）とありますが、勝士はなぜそうしたのですか。その理由を四十字以内で説明しなさい。

問9　――線部⑦「指きりげんまんしておけばよかった」（34ページ）とありますが、このときの茉莉の気持ちはどのようなものですか。その説明として最も適切なものを次の中から選び、記号で答えなさい。

ア　清三の言葉によって母の死が決定的になったが、それでも母に会えない寂《さび》しさから、母の死を全く認めることができずもがいている。

イ　いなくなってようやく母の大切さや母から受けた愛情を実感し、家族を助けられず自分だけが生き残ったことを後悔《こうかい》している。

ウ　母が死んだという事実をついに理解し、母にもう会えないと実感することで、母に生きていてほしかったという思いがわきあがっている。

エ　これまでなら辛いときには家族が助けてくれたのに、みんなが死んだ今それもかなわず、このまま苦しい状況が続くのかと絶望している。

オ　死んだ母とのやりとりを振《ふ》り返ると、わがままを言って母に苦労をかけていた幼稚《ようち》な自分が思い出され、情けなかったと恥《は》じている。

問10　――線部⑧「これまでずっと正しいと信じていたこと。それが揺《ゆ》らぎはじめていた」（33ページ）とありますが、これはどういうことですか。ここまでの内容をふまえて百二十字以上百四十字以内で説明しなさい。

問11　――線部⑨「ひとりでいいから、行っておいで」（32ページ）と

ウ　せっせと　　エ　ちゃくちゃくと
オ　たんたんと

B　「立ちすくみ」（38ページ）
ア　怒《いか》りで立ち上がり
イ　注目して立ち止まり
ウ　悲しみで立っていられず
エ　衝撃《しょうげき》で足が震《ふる》え
オ　驚《おどろ》きで足が動かず

問3　――線部①「茉莉は踵《きびす》を返し、家のあった場所に駆《か》けもどった」（39ページ）とありますが、茉莉が「踵を返」そうと思った理由を三十字以内で説明しなさい。

問4　――線部②「茉莉は母の言葉を思いだし、初めて、その言葉を本当に理解した」（39ページ）とありますが、茉莉はなぜ理解できたのですか。その理由の説明として最も適切なものを次の中から選び、記号で答えなさい。
ア　空襲《くうしゅう》で焼け出されて板の下で眠ったり、水しか飲めなかったりして物のない生活を送ったことで、貧しさというものが自分のこととして理解できたから。
イ　空襲で焼け出されるというきわめて深刻な状況《じょうきょう》の中で猫《ねこ》を抱《だ》いていたため、周りからのんきな子どもだと勘違《かんちが》いされ、相手にされなくなったから。
ウ　空襲で焼け出されて食べ物が不足している状況で、じゃがいもを盗《ぬす》みに来た大人たちの気まずそうな顔を見て、憐《あわ》れみや同情を抱いてしまったから。
エ　空襲で焼け出されて何もかもを失ったときに、普段《ふだん》つきあいのある近所の人たちが現れたのを見て、人から物をもらいたいと思うようになったから。
オ　空襲で焼け出されたために空腹のまま一人で過ごさなければならなくなったのに、近所の人たちから見てはいけないものを見るような目で見られたから。

問5　――線部③「茉莉は、おばさんの着ている白い割烹着《かっぽうぎ》が眩《まぶ》しくて、目がくらんだ」（38ページ）とありますが、このときの茉莉の様子はどのようなものですか。その説明として最も適切なものを次の中から選び、記号で答えなさい。
ア　一人で生き残った自分と比べて、周囲の支えがある人をうらやましく思っている。
イ　楽しみにしていたことがいきなり奪《うば》われてしまい、がっかりして生きる気力を失っている。
ウ　生きるためには仕方がないが、汚《きたな》いことをする大人を見て怒《いか》りがわき起こっている。
エ　次々と起こる衝撃的《しょうげきてき》な現実を目《ま》のあたりにして、状況を受け入れきれず混乱している。
オ　他人をかえりみない醜《みにく》い人間の行動を見て、戦争の悲惨《ひさん》さに心を痛めている。

問6　――線部④「茉莉は初めて、自分がほかのだれともちがう存在であることを知った」（37ページ）とありますが、どういうことですか。その説明として最も適切なものを次の中から選び、記号で答えなさい。
ア　大勢の人が死んだ絶望的な状況でも、前向きに生きていこうと強い気持ちを持っている自分は特別な存在であると気づいたということ。
イ　死んだ人はきれいなものやかわいいものを見ることができないため、自分が生きていることはすばらしいと気づいたということ。

ころにぼんやりすわっていた。

「おばあちゃん、入れてくれなかったよ」

茉莉が訴《うった》えると、祖母ははっとして、茉莉を見た。

「そうかい。じゃあ、おばあちゃんと一緒に、おかあちゃまのところに行こうかね」

祖母はそう言うと、茉莉に15テマネきをした。その目の前には仏壇《ぶつだん》があり、母親たちの遺骨の白い包みがあった。

茉莉は首を振って、後ずさった。

そっちには行きたくない。

空からはごおっという飛行機の音がした。空気にぐうっと押される感じがする。低い。そして近い。

わたしは死ぬわけにはいかない。朝比奈のおばあちゃまにもおじいちゃまにも、あんなにかわいがられたわたし。

わたしは生きのびなくてはいけない。

茉莉は表へ飛びだした。

防空壕まで走っていき、外から壕の入り口をどんどん叩《たた》いた。中から扉が開き、さっきのおじさんが顔を出した。

「わたし、町内の子です」

茉莉は怒鳴《どな》った。

「五十嵐《いがらし》茉莉です。中川《なかがわ》のおばあちゃんのところに引っ越《こ》してきたんです。入れてください」

Yこんなに大声を出したことはなかった。おじさんは後ろに下がると、茉莉を入れ、扉を閉めた。

「中川さんとこの」

「空襲でみんな死んだって」

自分を見てささやく大人のほうは見なかった。空襲警報が解除されると、茉莉は走って家に帰った。

祖母の家は無事だった。祖母も仏壇の前にそのまますわっていた。次の警報のときには祖母をひきずってでも防空壕に連れていこうと茉莉は思った。

けれども、それから間もなく、戦争が終わった。

負けたとか敗戦だとか大人たちは騒《さわ》いでいたが、茉莉には戦争に勝とうが負けようがどうでもよかった。

さっさと終わらせなきゃしょうがないじゃないか。

母の言葉を思いだしていた。

さっさと終わらなかった戦争がやっと終わった。

玉砕《ぎょくさい》（玉がくだけるように美しく死ぬこと）するはずじゃなかったの？　わたしたち。

茉莉は信じられなかった。騒いだり泣いたりしている大人たちを見て、幾度も幾度も思った。

最後のひとりまで戦って、玉砕するはずじゃなかったの？　なんのためにみんな死んだの？

なんでおかあちゃまもおとうちゃまも死んだのに、まだ生きている人たちがいるの？

茉莉の問いにこたえるものはなかった。

日中戦争《にっちゅうせんそう》（一九三七年に起きた日本と中国の戦争）の始まった年に生まれた茉莉にとって、初めての、戦争のない日々が始まった。

（中脇初枝《なかわきはつえ》「世界の果てのこどもたち」）

問1　━━線部1〜15のカタカナを漢字に直しなさい。

問2　〜〜線部A「めいめいに」（38ページ）・B「立ちすくみ」（38ページ）とありますが、この言葉の意味として最も適切なものを後の中からそれぞれ選び、記号で答えなさい。

A「めいめいに」（38ページ）

ア　それぞれに　イ　つぎつぎに

いた。白楽もかなりやられており、茉莉の祖母の家の三軒《さんげん》先までは焼けていたが、そこで風向きがかわったらしい。

「茉莉ー」

茉莉の祖母は茉莉を見るなり家から飛びだしてきて、茉莉をぎゅうっと抱きしめた。そして、茉莉以外の家族全員が死んだと知らされると、その場に泣き崩れた。

「おばあさん、茉莉ちゃんをどうぞよろしくお願いします」

勝士は茉莉の祖母に、深く頭を下げた。祖母は泣きながら、幾度《いくど》も頷いた。

勝士は茉莉の前にしゃがみ、顔を掬《すく》いあげるように見上げて言った。

「茉莉ちゃん、必ず十年したら迎えにくるからね。いい子にして待ってるんだよ」

茉莉は頷いた。

「かっちゃんとせいちゃんはどこに行くの？」

「わからない」

それでも、勝士は茉莉にわらって見せた。

「もう学校にも行けないからね、働けるところを探して、お金を稼《かせ》ぐよ。一緒に暮らせるようになったら、必ず迎えにくるからね」

勝士と清三は何度もふりかえっては茉莉に手を振り、焼け跡に戻っていった。

茉莉の祖母は、娘《むすめ》一家が茉莉だけを残して死んでしまったことに胸を痛め、茉莉が運んできたお骨の入った白い包みをぼんやり眺めながら一日を過ごすようになった。

ある夜、警戒《けいかい》警報13ハツレイのサイレンが鳴ったが、祖母は起きなかった。やがて空襲警報が出たが、祖母は布団の上に起きあがっただけで、動こうとしない。茉莉が祖母の肩《かた》をたたいてせかすと、初めて茉莉がいることに気づいたかのように、茉莉を見た。

「そうだ、茉莉。あんたがいたね」

祖母はそうつぶやいた。早く娘のところに行きたいとばかり願い、孫娘《まごむすめ》のことを忘れていたのだ。

祖母は茉莉の頭に防空頭巾《ずきん》をかぶせ、町内の防空壕を教えた。

「ここらの人はみんな入るんだから、⑨ひとりでいいから、行っておいで」

「おばあちゃんは逃げないの？」

茉莉の問いに祖母は一瞬《いっしゅん》口ごもったが、言った。

「あんたひとりのほうが、早く走れるだろう」

「じゃあおばあちゃんも後から来る？」

「行くよ」

その言葉に背中を押され、茉莉は走りだした。灯火管制《とうかかんせい》（夜間の空襲に備えて明かりが外にもれないようにすること）で町は真っ暗だった。

防空壕は近かった。白楽駅のすぐそばにあった。茉莉が入ると、中にはもうたくさんの人がいた。どの顔も知らない人だった。入り口近くにすわっていた男が茉莉の腕を掴んだ。

「おまえ、見たことのない子だな」

男は茉莉の真っ赤な鹿《か》の子《こ》（もようの一種）の、綿がたっぷりとつめられてふっくらとふくらんだ防空頭巾を見上げた。

「入っちゃだめだ」

男は茉莉の腕を掴んでいた手で肩を押し、茉莉を外へ押しだすと、防空壕の扉《とびら》を中から閉めた。

爆音《ばくおん》が響《ひび》き、あたりはうってかわって、照明弾《しょうめいだん》で昼間のように明るくなっていた。茉莉は警報が鳴り響き、だれもが避難して14ヒトケのない道を走った。人間が滅《ほろ》びた町のようだった。

祖母の家に戻ると、祖母は、茉莉が出ていったときのまま、同じと清三は阿波青石の上で新聞紙を広げた。中からアルマイト（アルミニウムを加工したもの）の弁当箱が出てきて、蓋《ふた》を開けると、高粱と菜っ葉の混じったごはんが詰《つ》められていた。黄色いたくあんも添《そ》えてある。茉莉は唾《つば》を飲んだ。

「すごいだろう」

清三が言いおわらないうちに、勝士は弁当を取りあげた。荒々《あらあら》しく蓋をしてばさばさと新聞紙で包み直す。久しぶりのごちそうは夢のように消えた。

「戻してこい」

勝士は弁当を清三の前に突きだした。

「おまえのやったことは泥棒《どろぼう》だ」

勝士の顔は真っ赤だった。

「お母さんとお父さんが生きてたらどれだけ嘆《なげ》かれるか。すぐに戻してこい。いや」

勝士は清三の腕《うで》を摑《つか》み、歩きだした。

「兄さんも一緒に行く」

清三はうなだれたまま、勝士についていった。

茉莉は阿波青石に腰掛《こしか》け、猫を抱いて二人が戻ってくるのを待った。一日だけ見た弁当が消えてしまったことが残念でたまらなかった。けれども、勝士の言葉はそれ以上に胸につきささった。

泥棒。

人の弁当を見て、食べられることを喜んだ自分だって、清三と同じ、泥棒だった。

死体の懐に手を入れたおじさん、じゃがいもを取ったおじさん、キャラメルを奪ったおばさん、青いお空の布団を盗んだ近所の人。あんなに憎《にく》いと思ったのに、自分だって同じだった。

茉莉は自分の手のひらを見下ろした。ぎゅっと開かれて奪われた感触。まだこの手に残っていた。でも。

奪われたキャラメルは、おばさんの傍らにいたこどもに渡《わた》された。きっとその子も茉莉と同じ、空襲で家も衣類も食糧も焼き尽くされたこどもなんだろう。キャラメルを奪ってきてくれる母がいるということだけが、茉莉とはちがっていた。

清三は自分に食べさせるために弁当を盗んできてくれた。盗むのはいけないこと。そんなことはわかっていた。それなら、盗まないで、飢えて死んでしまうのはいいことなのだろうか。

茉莉にはわからなくなった。⑧これまでずっと正しいと信じていたこと。それが揺《ゆ》らぎはじめていた。

茉莉は二人の帰りを待ちかね、遠くまで目をやった。だれもが草までむしって食べていた。取り尽くされて、初夏の焼け野原には雑草さえ12‖ハえていなかった。

しばらくして戻ってきた二人は、もう弁当を持っていなかった。泣いたのか、勝士の目も清三の目も真っ赤だった。

「茉莉ちゃん」

勝士は待っていた茉莉の前にしゃがみ、優しく声をかけた。

「このままここにいても、みんな飢え死にしてしまうからね、茉莉ちゃんは白楽《はくらく》（横浜の地名）のおばあちゃんの家に行こうか。焼け残っているかどうかわからないけど、明日行ってみよう」

茉莉の実の祖母は母の母で、白楽に住んでおり、朝比奈兄弟とも一緒に何度か遊びにいったことがあった。

「茉莉ちゃんもおなかがすいたろう。もう少しだけ辛抱《しんぼう》してね」

勝士は茉莉の頭をなでてくれた。茉莉は頷いた。

翌日、幸いに雨も降らなかったので、茉莉は勝士と手をつなぎ、清三に遺骨を持ってもらって、白楽の祖母の家にむかった。

殆ど一日かけて歩いて行ってみると、茉莉の祖母の家は焼け残って

（前線ではないが、間接的に戦争に関わっている状態）でもおしゃれを忘れないで」

勝士はつぶやいた。

清三が焼けトタンを探して持ってきてくれたので、茉莉は自分で幸彦の小さな体を持ちあげた。

茉莉は勝士と清三とともに、父親と母親の体も、ひとかけらも残さないように手で掬《すく》い、指でつまんで、トタンの上にのせた。

朝比奈の家の焼け跡では、朝比奈の父が崩《くず》れた軒《のき》の下に横たわっていた。そして、朝比奈の母は最後にみつかった。倉の中にいたらしい。

「お母さん、わかってたのかな。茉莉ちゃんに二回もごはんを食べさせて」

勝士はどこへともなくつぶやいた。

勝士と清三が庭に穴を掘り、死体を穴に並べた。勝士が油をかけ、火をつけた布を投げると、ぽっと火がついて燃えあがった。

骨壺《こつつぼ》はなかったが、白木の箱とそれを包む白い布は配られた。そのころ、焼け跡のあちこちで家族や親戚《しんせき》を荼毘《だび》に付す（遺体を焼くこと）煙が上がっていた。どこへ行っても10ヘイジでは耐《た》えられないほどの臭《にお》いに満ちていたが、いつのまにかだれもが慣れきっていた。

茉莉の両親と弟の骨はひとつにして、白木の箱に入れ、白い布で包んだ。

茉莉はそれを何度か見たことがあった。戦死した英霊《えいれい》（戦死者の魂をうやまっていう語）を迎えるときと同じ。初めて駅で見たとき、幼い茉莉は「兵隊さんはどうやってあんなに小さい箱に入るの？」と訊いて、両親を困らせたものだった。あのとき、茉莉たちは海水浴に出かけるところだった。まさか銃後の両親たちが同じ箱の中に入る日が来るとは、茉莉は思ってもみなかった。

それから茉莉は、勝士と清三とともに防空壕で雨をしのぎ、焼け跡で生活をした。

ただ、食べるものはなにもなかった。朝比奈の家も茉莉の家も焼き尽《つ》くされていた。そして、防空壕に入れてあったはずのものは奪われていた。配給はただではない。金がなくては、配給切符《きっぷ》があってもなにも買えないのだ。

「おふくろの大福もちが食べたいなあ」

焼け残った電信柱（当時は木でできていた）の真ん中の白いところを割って、噛《か》みながら清三がつぶやいた。茉莉はその言葉を聞いてようやく、自分の母親の永遠の不在を知った。死体を持ちあげて運び、焼いて骨にしたのに、それでもその不在が決定的なものとは、まだ思えていなかった。

もうおかあちゃまには会えない。

茉莉はやっと悟《さと》った。

もう二度と。

おとうちゃまにもゆきちゃんにも。おばあちゃまにもおじいちゃま（朝比奈家の父を茉莉はこう呼んでいた）にも。

約束しておけばよかった。青いお布団とか絵本とかおままごとの道具なんか、どうでもよかった。

おかあちゃまが死なないで、わたしのそばにずっといてくれることを、⑦指きりげんまんしておけばよかった。

清三は近所で炊き出しがないか、探しにでかけた。茉莉は清三に割ってもらった電信柱のかけらを噛みながら、勝士と焼け跡を片付け、金に換《か》えられそうなものがないか探した。昼近くなって戻ってきた清三は、新聞紙の包みを持っていた。

「どうしたんだ、それ」

勝士がおどろいて訊《たず》ねた。

「曙町《あけぼのちょう》の工事現場で11ヒロってきた」

清三がわらった。

「ぼくも食べてりゃよかったよ」

「かっちゃんはどこにいたの？」

「蒲田《かまた》に建物疎開《そかい》(空襲時の延焼を防ぐため、あらかじめ建物を取りこわすこと)に行っててね、横浜《よこはま》が焼けるのを見てた。真っ黒い煙《けむり》に、焦《こ》げた紙が蒲田まで飛んできてね、もう横浜は終わりだって言って、電車もみんな止まってるから歩いて帰ってきたんだ。家があんまり焼けてるから、きっと逃げてるんだろうと思って、5キュウゴショをあっちこっち、探して回ってた」

「ぼくは学校(清三は関東学院に通っていた)の兵器6コに避難《ひなん》してた。バケツリレーして本館が焼けるのを食いとめてね。院長先生は立派《りっぱ》なおひげを焼かれてしまわれたんだよ」

清三はおどけて言った。茉莉はわらった。

「清三は焼けだされた人たちを助けてたんだよ。それで学校のキュウゴショでやっと会えてね、それから二人で探したんだけど、でもどこへ行ってもいなくてね。黄金町《こがねちょう》の駅前の広場に死体の山ができてるからって、そこへ行って、筵《むしろ》(わらなどを材料にして編んだしき物)をめくって見てね、でもわからなくて。市電通りもトタンをかぶせてあるのをめくって見てね。久保山にも死んだ人が集められて山になってたから、見に行った。どうしてもわからないから、もういっぺんここを探してみようと思ったんだよ」

「茉莉はどこにいたの？」

「運動場の防空壕」

「茉莉ちゃんだけ？」

勝士に訊《き》かれ、茉莉はおずおずと頷いた。清三はすすと血に汚《よご》れた手で顔を覆《おお》った。

「そうか」

⑥けれども勝士は茉莉にわらって見せた。

「じゃあ、やっぱり、みんな、ここにいるね。みんなを探してあげないとね」

それから、茉莉は勝士と清三と一緒に家の焼け跡を手で掘った。焼けた瓦《かわら》をどかして、真っ黒に焼けた材木を持ちあげる。配給米を搗《つ》く(げん米を白米にすること)のに使っていた一升瓶《いっしょうびん》が、水飴《みずあめ》のようにとろりと溶《と》けて固まっていた。茉莉は白いごはんがすきだからと、母はいつも時間をかけ、丁寧《ていねい》に7セイハクしてくれた。

はじめにみつかったのは茉莉の父親だった。周りに白いタイルが散らばっていたので風呂場《ふろば》だとわかった。真っ黒に焦げていたが、ベルトの8トめ金はたしかに見覚えがあった。

よほどに気に入っていたのか、なにかいわれのあるものだったのか、茉莉がいくら非国民だと言っても、父親はわらって、金属回収(戦争のため国が金属を集めること)に出さなかったトめ金だった。

そこから周りを掘っていくと、近くにやはり真っ黒に焦げた死体があった。茉莉の母親だった。うつぶせになっていたのを勝士と清三でひっくり返すと、その下には弟の幸彦《ゆきひこ》がいた。お誕生前(一才の誕生日前)で外へ出ることも殆《ほと》どなく、真っ白い顔をしていたのに、黒くなって死んでいた。

母は幸彦を抱きしめていたらしい。胸のあたりが焼けておらず、着ていたものが焼け残っていた。茉莉は、あちこちが黒く焦げながらも9モヨウのはっきりわかるその布地を知っていた。

小さな薔薇《ばら》の花。

茉莉の母は、絣《かすり》(もようの一種)の着物ともんぺ(ズボンのような衣服)の上下の中に、茉莉のすきだった薔薇の花の柄《がら》のブラウスを着ていたのだ。

「おふくろ(勝士と清三は、茉莉の母をこう呼んでいた)らしいね。銃後《じゅうご》開いたばかりの茉莉の目に、勝士《かつじ》と清三《せいぞう》（朝比奈の家の息子たち）が運動場を走ってくるのが映った。

「茉莉ちゃん、生きてたんだねー」

二人とも、顔も国民服（戦争中に着用すべきとされた軍服に似た服）もすすで真っ黒だった。

茉莉は起きあがり、そのとき初めて、声を上げて泣いた。

「どこにいたの、茉莉は」

「ごめんね。茉莉ちゃん、みつけてあげられなくて」

勝士は茉莉を抱きしめて言った。

いくら泣いても、「茉莉ちゃんは歌が上手《じょうず》だねー」と褒《ほ》めてくれた朝比奈の母はもういない。

「死んじゃったと思ってたよ。よく生きていたね」

「おなかすいたろう。さあ、これ食べな」

勝士は手のひらに高粱《コーリャン》（穀物の一種）のまじったおむすびをのせてさしだしてきた。

「炊《た》き出しがあったんだよ」

「ぼくたちはもう食べたから」

茉莉はおずおずと手をのばした。久しぶりの食べ物に、頭は飢《う》えていたが、食べ方を忘れたように口が動かなかった。ゆっくりかみしめながらおむすびを食べている間、二人はうれしそうに茉莉が食べるのをみつめていた。

茉莉は満洲《まんしゅう》（中国東北部の旧地域名、当時日本が進出していた）に行ったときのことを思いだした。

川べりの寺で、美子《よしこ》（満洲でできた友達。こどもだけで遠出をして帰れなくなり、一晩を過ごしたことがあった。そのときの食べ物は、美子のおむすび一つであった）は、自分のおむすびを茉莉にくれた。茉莉はその手を思いだした。

はじめにわたしにくれた。わたしに一番大きいかたまりをくれた。わたしが一番おちびちゃんだったから。

あのとき、わたしはお礼を言っただろうか。

茉莉は思いだせなかった。

きっと言ってない。

これまで、茉莉はいつでもどこでも自分が一番大事にされるのが4トウゼンだと思っていた。お礼を言うほどのことでもなかった。おぼえているのは、全くためらいなくさしだされた美子の手と、美子が自分をみつめていた優《やさ》しい顔だけだった。

⑤よっちゃんはなぜあんなことができたんだろう。

茉莉の手に、今はおむすびがあったが、力づくで指を開かれたその感触《かんしょく》は消えなかった。

わたしの手のひらからキャラメルを奪った人、防空壕を暴《あば》いてうちの物を取っていった人、おばあちゃまの畑のじゃがいもを掘り起こして食べた人、死んだ人の懐から財布を盗《ぬす》んだ人、この世界は、そんな人たちばかりなのに。

「食べるものがなくてね、ぼくたち、革靴《かわぐつ》の底の革を食べたんだよ。そしたらおなかをこわしちゃって」

清三が言った。

「靴《くつ》の底が焼けてするめみたいになってね、おいしそうだったんだよ」

茉莉はわらった。

勝士はその笑顔《えがお》をじっとみつめて言った。

「茉莉ちゃん、本当によく生きていたね。朝ごはんを二回食べたのがよかったのかな（空襲の日の朝、茉莉は自分の家と朝比奈の家のそれぞれで朝食をとった）」

「そういえばそうだったね」

空襲から幾日《いくにち》たったのか、茉莉にはわからなかった。

どこにも行くあてがなく、猫を抱いて焼け跡をさまよっていた。焼け跡といってもなかなか火は消えず、まだぼこぼことあちこちで燃えていた。雨が降ると火は消えたが、しばらくすると、またぼっと火がついた。

茉莉は猫を抱き、暗闇《くらやみ》のあちこちで3フイにぽっぽっと火がつくのをみつめていた。自分が寝《ね》ている間に火がついて、焼けてしまうことをおそれていた。

茉莉はまだ生きのびるつもりだった。ひとりぼっちでも、たしかに、死ぬことをおそれていた。

道には黒こげになった死体がごろごろと転がっていた。それらの死体は初夏の日差しのもとで腐《くさ》りはじめており、軍や学徒動員(国が学生を強制的に働かせたこと)の学生たちがトラックで回収にやってきた。鳶口《とびぐち》(先の曲がった鉄製の長い棒状のもの)で死体を引っ掛《か》けては引き寄せ、二人一組で死体の手と足を持っては「一、二、三」と掛け声をかけて、死体をトラックの荷台に放りあげ、堆《うずたか》く積みあげていった。

「久保山に埋《う》めるらしい」

近所のおじさんやおばさんたちがその作業を眺《なが》めながら話していた。

茉莉は、大人たちの話し声を後ろに、そこを離れた。

学院の運動場に続く階段まで歩いていったが、そこで倒《たお》れて、動けなくなった。

茉莉は母や父たちが死んだということが、やっとわかりはじめていた。生きていれば茉莉のそばにいてくれるだろうし、茉莉に食べものもくれるだろうし、膝《ひざ》にのせてもくれるはずだった。

自分のそばにだれもいないということは、母も父もみんな死んだということ。そして自分は生きている。

道に倒れている人たちは死んでいた。踏《ふ》んづけてしまいそうになった、自分と同じくらいの年の女の子も死んでいた。おかあちゃまもおとうちゃまもみんな死んでいる。だからここにいない。

わたしだけは生きている。

④茉莉は初めて、自分がほかのだれともちがう存在であることを知った。死んでいる人たちと生きている自分はちがう人間。決してとりかえることはできない。

わたしはわたし。

茉莉には世界がちがって見えた。自分だけがいて、あとの人たちはみんな自分以外の人たち。たくさんの自分以外の人たちがいる。死んでいる人も生きている人も。数えきれないほど。

そして、生きている自分は、決して死にたくはなかった。

茉莉が階段に横たわっていると、雀《すずめ》が飛んできた。

見渡《みわた》す限り焼け野原となって緑がなくなった景色の中、茉莉が動かないので気づかないのか、雀たちは茉莉の目の前でぱたぱたと羽ばたきをした。

茉莉は雀たちをかわいいと思った。茉莉はいつでも、きれいなものとかわいいものがだいすきだった。

「ちいちいぱっぱ　ちいぱっぱ
雀の学校の先生は
むちを振《ふ》り振りちいぱっぱ」

茉莉は歌った。空襲でひとりぼっちになって以来、初めて歌った歌だった。

すると、どこかから声がした。

「茉莉ちゃーん」

茉莉は目を開き、それまで自分が目をつむっていたことに気づいた。

「茉莉ー」

近所の人たちはAめいめいに皿を取って、食べはじめた。空襲前、このじゃがいもは白い花を咲《さ》かせていた。茉莉は花をむしってごはんにし、この石の上で遊んだ。朝比奈の母は茉莉を叱《しか》らず、ただ、「この白い花がおばあちゃまはだいすきなのよ」と言った。茉莉は皿のじゃがいもをぼうっと見ながら、そう言った朝比奈の母の顔を思いだしていた。

そのとき、隣《とな》りにすわっていた近所のおじさんが、自分の箸《はし》で、茉莉の皿のじゃがいもを突き刺《さ》して取って食べた。X茉莉は声を上げることもできなかった。その間に、もうひとつ、もうひとつ、と取って食べられ、茉莉の皿は空になった。

まだ鍋にはじゃがいもが残っていた。茉莉はそれを求める手段を知らなかった。これまで、求めなくても、いつも与《あた》えられてきた茉莉だった。茉莉は猫を抱き、朝比奈の家の庭を出た。

自分の家の焼け跡に戻《もど》ると、瓦礫《がれき》で見えなくなっていた防空壕《ぼうくうごう》（空襲時にひなんするために掘った穴）の入り口がいつの間にか片付けられ、入れるようになっていた。中は焼けていなかった。その晩はその中にもぐりこんで眠った。

翌朝、特別配給（食べ物などが配られること）があったらしく、町会の人たちがこどもたちにキャラメルを配りはじめた。こどもたちは喜んで歓声《かんせい》を上げた。だれもがキャラメルなんて、いつから食べていなかったのか忘れてしまうほどだった。茉莉はその声を聞いてそばに寄っていったが、白い割烹着《かっぽうぎ》を着たおばさんたちは茉莉にはくれなかった。茉莉はあきらめて、そこを離《はな》れた。

同じ隣組《となりぐみ》（戦時中に作られた地域住民の組織）の家の焼け跡の前を通り、その家の防空壕に、青い布団《ふとん》が引きこまれているのが見えた。その青い布地には見覚えがあった。弟の枕元《まくらもと》で母が2トいていた晴れ着の綸子地《りんずじ》（光たくのある布地）だ。思えば、茉莉の家の防空壕には布団の他にも、食糧《しょくりょう》や衣類など、いろいろなものがしまわれていたはずだった。父や母がせっせと運び入れていたのを、茉莉は見ていた。けれども、防空壕の入り口はいつの間にか開いて、いつの間にか中の物は失われていた。

B立ちすくみ、青い布団から目を離せないでいると、じゃがいもをくれたおばさんが後ろから追いかけてきた。

「茉莉ちゃん、もらってないんでしょう」

おばさんの声は隣組に気兼《きが》ねしているのか、ひそやかだった。茉莉が頷《うなず》くと、おばさんは、茉莉の手のひらに、キャラメルを一粒《ひとつぶ》のせてくれた。茉莉はおどろいておばさんを見上げた。

「落とさないでね。どこかで食べてね」

おばさんはそうささやくと、茉莉の小さな手をおばさんの大きな固い手で包みこんだ。茉莉が決して落とすことのないように、ぎゅっと。

おばさんがいなくなるのを見送ってから、茉莉は学院（関東学院という学校。茉莉はここの階段からよく景色をながめていた）の階段で食べようと歩きだした。そこへ別のおばさんが来て、茉莉の前に立ちふさがった。

おばさんは一言も話さず、茉莉が握《にぎ》らせてもらったばかりの小さな手の指を、その太い指で一本一本開かせ、キャラメルを奪《うば》った。そして、傍《かたわ》らにいた自分のこどもにそれをやった。

③茉莉は、おばさんの着ている白い割烹着が眩《まぶ》しくて、目がくらんだ。

おばあちゃまのすきだった白いじゃがいもの花。おかあちゃまがくれると約束してくれた空のように青いお布団。紫色《むらさきいろ》に膨《ふく》れあがった女の子の顔。道路に流れた赤い血。真っ黒に焼けた家。階段から見ていた空と海。空に浮《う》かんだ白い雲。

なにもかもが眩しくて、茉莉はもう目を開けていられなかった。

平成二十九年度 駒場東邦中学校

【国　語】（六〇分）〈満点：一二〇点〉

次の文章を読み、後の問いに答えなさい。ただし、問題の都合上、本文を一部改めた箇所《かしょ》があります。

——第二次世界大戦（日本が中国やアメリカと戦っていた戦争）の終わりの頃《ころ》、八才の茉莉《まり》は自分の家と近所に住む朝比奈《あさひな》の家の二つの家でかわいがられて育っていた。本文は、激しい空襲《くうしゅう》（飛行機からばくだんを落とし、工場や町を焼きはらうこと）を受けた後、みんなを探しながら茉莉が焼け跡《あと》を歩く場面から始まっている。

長く続く塀際《へいぎわ》には、幾人《いくにん》もの人がうずくまったまま、動かないでいた。外で空襲に遭《あ》ったときは塀に沿ってうずくまり、爆風《ばくふう》でやられないよう親指で耳をふさぎ、その他の指で目を押《お》さえるように教わっていた。動かない人たちは、茉莉もこれまで何度も練習した防空訓練通りの退避《たいひ》姿勢を取っていた。

久保山《くぼやま》（横浜市の地名、墓地がある）のほうから坂を降りてきた男が、うずくまる女の横で塀に背もたれて動かない男の懐《ふところ》に手を入れて、財布《さいふ》を抜《ぬ》き取った。茉莉が見ていることに気づくと、茉莉にむかってにやっとわらい、別の人のそばに行って、またその懐に手を突《つ》っこんだ。

①茉莉は踵《きびす》を返し、家のあった場所に駆《か》けもどった。

日が暮れると、黒い雨が降ってきた。茉莉は自分の家の焼け跡で、焼けた板の下に体を半分さしいれ、少しでも雨にぬれないようにして眠《ねむ》った。五月の末なのに寒く、猫《ねこ》を抱《だ》いてぬくもりにした。母はいつものら猫にえさをやっていたので、生き残った近所の猫たちはみな茉莉に馴《な》れていた。

破裂《はれつ》した水道管から水がちょろちょろ流れていた。茉莉は喉《のど》が渇《かわ》くと、猫と一緒《いっしょ》にぺちょぺちょとそれを飲んだ。その日、空襲の後で茉莉が口にできたものはそれだけだった。

あくる朝、茉莉が朝比奈の家の庭で猫を抱いてすわっていると、近所の人たちが十人ほど入ってきた。茉莉がいることに気づくと、だれもが見てはいけないものを見てしまったように目をそらした。茉莉は家によく来ていたおこじきさんを、そしておこじきさんを見た人の顔を思いだした。そういう風に見てはいけないと、茉莉の母はいつも言っていた。

おこじきさんだって、好きでしてるんじゃないんだよ。

②茉莉は母の言葉を思いだし、初めて、その言葉を本当に理解した。

近所の人たちは茉莉に声もかけずに庭を掘《ほ》りはじめた。そして、朝比奈の母が育てていた、まだ小さいじゃがいもを掘りかえし、庭で火を熾《おこ》して、鍋《なべ》で煮《に》はじめた。醤油《しょうゆ》と1サトウの香《こう》ばしいにおいがあたりに広がった。

煮っころがしができると、近所の人たちは、茉莉がいつもままごとをしていた阿波青石《あわあおいし》（徳島名産の青い石）の上に鍋を置き、小皿に取り分け、石の上に並べはじめた。

そのじゃがいもは、おばあちゃま（朝比奈家の母を茉莉はこう呼んでいた）のじゃがいもなのに。

茉莉は猫を下ろし、思わず石のそばに近寄った。文房具屋《ぶんぼうぐや》のおばさんが茉莉の前にじゃがいもをよそった皿を置いて言った。

「茉莉ちゃん。朝比奈さんも死んじゃったわね。茉莉ちゃんかわいがってもらってたから、茉莉ちゃんが一番にお上がりなさいよ」

平成29年度 駒場東邦中学校 ▶解説と解答

算　数　(60分)＜満点：120点＞

解　答

1 (1) 2017　(2) 120個　(3) 8通り　(4) (例) 解説を参照のこと。　2 (1) ① $12.5cm^2$　② 5 cm　(2) 図…解説の図Ⅱを参照のこと。　① 25.12cm　② $91.075cm^2$　3 (1) ① $\frac{19}{29}$　② $\frac{13}{15}$　(2) 224個　(3) $\frac{114}{435}$から$\frac{117}{435}$，$\frac{318}{435}$から$\frac{321}{435}$
4 (1) **図**…解説の図1を参照のこと。／**面積**… $2cm^2$　(2) ① 正六角形　② 3：2
(3) $32cm^3$

解　説

1 逆算，倍数算，立体図形の構成

(1) $0.75\times\left(\frac{1}{2}-\frac{1}{3}\right)=\frac{3}{4}\times\left(\frac{3}{6}-\frac{2}{6}\right)=\frac{3}{4}\times\frac{1}{6}=\frac{1}{8}$，$\frac{4}{7}\div\left\{\left(\frac{1}{7}+\frac{1}{11}\right)\div4.5\right\}=\frac{4}{7}\div\left\{\left(\frac{11}{77}+\frac{7}{77}\right)\div\frac{9}{2}\right\}=\frac{4}{7}\div\left(\frac{18}{77}\times\frac{2}{9}\right)=\frac{4}{7}\div\frac{4}{77}=\frac{4}{7}\times\frac{77}{4}=11$より，あたえられた式は，$\frac{1}{8}\div\frac{23}{7+\square}=11$となる。よって，$\frac{23}{7+\square}=\frac{1}{8}\div11=\frac{1}{8}\times\frac{1}{11}=\frac{1}{88}=\frac{23}{2024}$，$7+\square=2024$，$\square=2024-7=2017$である。

(2) 大きい箱と小さい箱に入っている個数の合計は変わらないから，移す前と移した後の比の和をそろえると，下の図1のようになる。よって，そろえた比の，6－5＝1（または，3－2＝1）にあたる個数が15個なので，大きい箱と小さい箱に入っている玉の個数の合計は，15×（5＋3）＝120(個)とわかる。

図1

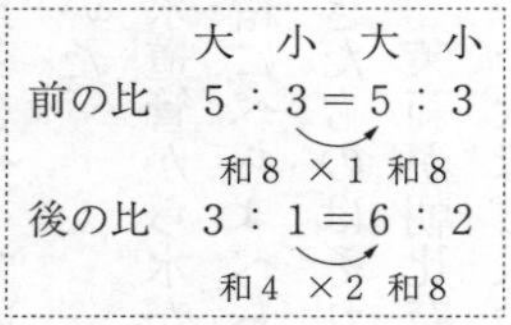

図2

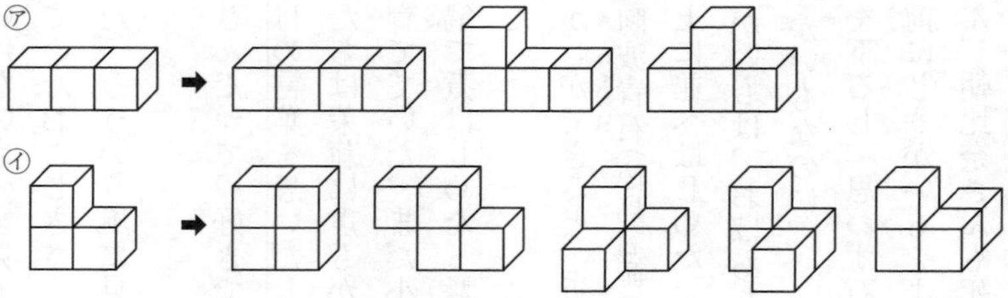

(3) 3個の立方体を使うと，上の図2の㋐，㋑の2通りの立体が考えられる。これにもう1個の立方体を付け加えると，それぞれ図2のようになる(㋑からできる立体のうち，㋐と同じものはのぞく)。よって，4個の立方体を使うと8通りの立体が考えられる(㋑の最後の2つは，向きを変えても同じ立体にはならない)。

(4) 「多くの紙があるとき，一部の枚数と重さを調べることで，全体のおよその枚数を知ることができた。」，「単位分数の考え方を使って，3個のスイカを5等分することができた。」などが考えられる。

2 平面図形―面積，図形の移動，作図，長さ

図Ⅰ

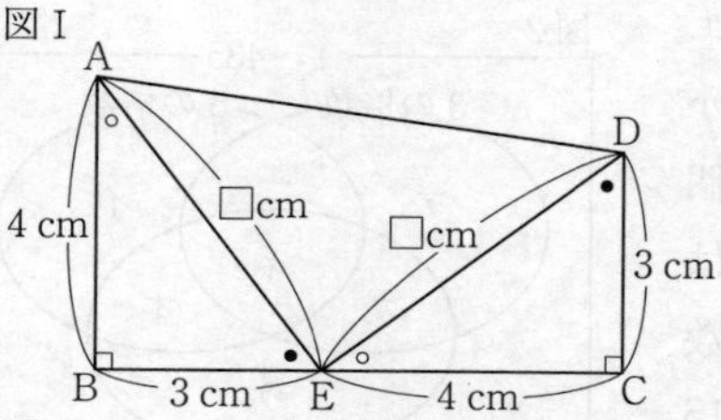

⑴　左の図Ⅰで，台形ABCDの高さは，$4+3=7$ (cm)だから，台形ABCDの面積は，$(3+4)\times 7\div 2=24.5$ (cm²)である。また，三角形ABEと三角形ECDの面積はどちらも，$3\times 4\div 2=6$ (cm²)なので，三角形AEDの面積は，$24.5-6\times 2=$ 12.5(cm²)(…①)とわかる。次に，三角形ABEと三角形ECDは，２辺の長さとその間の角の大きさがそれぞれ等しいから，合同である。よって，同じ印をつけた角の大きさはそれぞれ等しくなる。また，○と●の大きさの和は90度なので，角AEDの大きさも90度になる(つまり，三角形AEDは直角二等辺三角形である)。よって，AE(＝DE)の長さを□cmとすると，三角形AEDの面積は，□×□÷２＝12.5(cm²)と表すことができるから，□×□＝12.5×２＝25＝５×５より，□＝5 cm(…②)とわかる。

⑵　下の図Ⅱのように，１回目はBを中心としてAからA_1まで動き，２回目はC_1を中心としてA_1からA_2まで動き，３回目はD_2を中心としてA_2からA_3まで動く。次に，下の図ⅢのEBの長さは，$7-4=3$ (cm)なので，三角形CEBは直角二等辺三角形である。よって，角ABCの大きさは45度だから，１回目に回転した角CBC_1の大きさは，$180-45=135$(度)，２回目に回転した角$D_1C_1D_2$の大きさは，$90-45=45$(度)，３回目に回転した角$A_2D_2A_3$の大きさは90度となる。さらに，図Ⅲの三角形ACDは⑴の三角形EABと合同なので，ACの長さは５cmとわかる。したがって，線イの長さは，$7\times 2\times 3.14\times\frac{135}{360}+5\times 2\times 3.14\times\frac{45}{360}+3\times 2\times 3.14\times\frac{90}{360}=\left(\frac{21}{4}+\frac{5}{4}+\frac{3}{2}\right)\times 3.14=8\times 3.14=$ 25.12(cm)(…①)と求められる。最後に，②の面積は，３つのおうぎ形BA_1A，$C_1A_2A_1$，$D_2A_3A_2$と，２つの三角形A_1BC_1，$A_2C_1D_2$の面積の合計である。おうぎ形の面積の合計は，$7\times 7\times 3.14\times\frac{135}{360}+5\times 5\times 3.14\times\frac{45}{360}+3\times 3\times 3.14\times\frac{90}{360}=\left(\frac{147}{8}+\frac{25}{8}+\frac{9}{4}\right)\times 3.14=\frac{95}{4}\times 3.14=$ 74.575(cm²)となる。また，三角形A_1BC_1と三角形$A_2C_1D_2$を合わせると台形ABCDになるから，その面積は，$(4+7)\times 3\div 2=16.5$(cm²)とわかる。よって，求める面積は，$74.575+16.5=$ 91.075(cm²)(…②)となる。

図Ⅱ

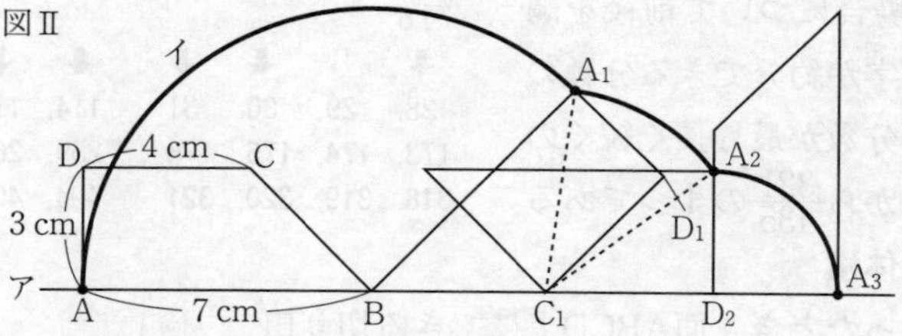

図Ⅲ

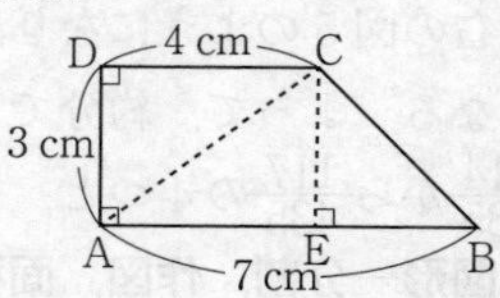

3　素数の性質，集まり，整数の性質

⑴　分母と分子をそれぞれ素数の積で表すと，右の図１のようになる。よって，$\frac{285}{435}=\frac{\cancel{3}\times\cancel{5}\times 19}{\cancel{3}\times\cancel{5}\times 29}=\frac{19}{29}$(…①)，$\frac{377}{435}=\frac{13\times\cancel{29}}{3\times 5\times\cancel{29}}=\frac{13}{15}$(…②)のように約分できる。

図１

3) 435
5) 145
　　29

3) 285
5) 95
　　19

13) 377
　　29

⑵　$435=3\times 5\times 29$だから，約分できないのは，分子が３でも５でも29でも割り切れない場合である。よって，下の図２のクの部分の個数を求めればよい(あたえられた分子は１～434であるが，分子が435の場合は約分できるので，１～435の場合で求めてもクの部分の個数は同じになる)。と

図2

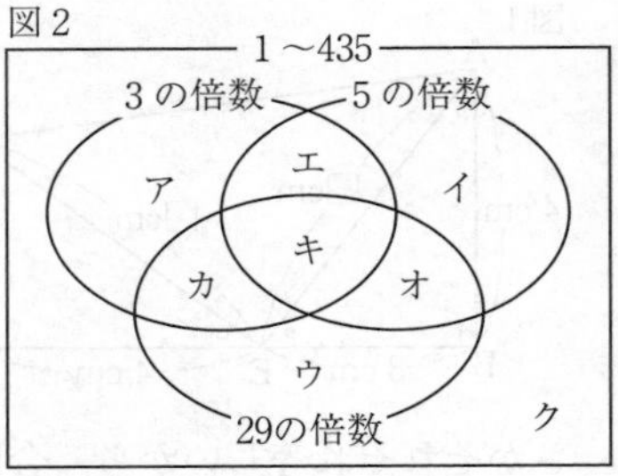

ころで，下の図3のように考えると，ク以外(ア，イ，ウ，エ，オ，カ，キ)の部分の個数は，3，5，29の倍数の個数の和から，2つずつの公倍数の個数を引き，最後に3つの公倍数の個数を加えることで求められる。1から435までに，3の倍数は，435÷3＝145(個)，5の倍数は，435÷5＝87(個)，29の倍数は，435÷29＝15(個)ある。また，3と5の公倍数(3×5＝15の倍数)は，435÷15＝29(個)，5と29の公倍数(5×29＝145の倍数)は，435÷145＝3(個)，3と29の公倍数(3×29＝87の倍数)は，435÷87＝5(個)ある。さらに，3と5と29の公倍数(3×5×29＝435の倍数)は，435÷435＝1(個)あるから，ク以外の部分の個数は，145＋87＋15－29－3－5＋1＝211(個)と求められる。よって，クの部分の個数は，435－211＝224(個)である。

図3

(ア＋カ＋エ＋キ)＋	(イ＋エ＋オ＋キ)＋	(ウ＋オ＋カ＋キ)－	(エ＋キ)－	(オ＋キ)－	(カ＋キ)＋	キ
3の倍数	5の倍数	29の倍数	3と5の公倍数	5と29の公倍数	3と29の公倍数	3と5と29の公倍数

＝(ア＋カ＋~~エ~~＋~~キ~~)＋(イ＋エ＋~~オ~~＋~~キ~~)＋(ウ＋オ＋~~カ~~＋~~キ~~)＋キ
＝ア＋カ＋イ＋エ＋ウ＋オ＋キ
＝ア＋イ＋ウ＋エ＋オ＋カ＋キ

(3) はじめに，分子が3の倍数と5の倍数の場合だけを考える。3の倍数と5の倍数は右の⬇の部分にあらわれるので，⇩の部分が29の倍数になれば，3，5，29の倍数が4つ並ぶことになる(つまり，既約《きやく》分数ではない分数が4つ続くことになる)。左側の⇩は5の倍数よりも1小さい数だから，一の位は4または9であり，29の倍数で一の位が4または9になるのは，29×1＝29，29×6＝174，29×11＝319の3つである。同様に，右側の⇩は5の倍数よりも1大きい数なので，一の位は1または6となり，29の倍数で一の位が1または6になるのは，29×4＝116，29×9＝261，29×14＝406の3つとわかる。それぞれの場合について前後を調べると右の図5のようになり，太字が約分できる分数の分子となる。よって，約分できる分数が最も長く続くのは，$\frac{114}{435}$から$\frac{117}{435}$の4つと，$\frac{318}{435}$から$\frac{321}{435}$の4つである。

図4

		⬇	⇩	⬇	⬇			⬇	⬇	⇩	⬇			⬇
1	2	**3**	4	**5**	**6**	7	8	**9**	**10**	11	**12**	13	14	**15**
16	17	**18**	19	**20**	**21**	22	23	**24**	**25**	26	**27**	28	29	**30**

図5

⬇	⇩	⬇	⬇	⬇	⬇	⇩	⬇
28,	**29**,	**30**,	31	**114**,	**115**,	**116**,	**117**
173,	**174**,	**175**,	176	259,	**260**,	**261**,	262
318,	**319**,	**320**,	**321**	404,	**405**,	**406**,	407

4 立体図形―分割，作図，面積，体積

(1) 頂点Aに対して［作業］を行ったとき，面ABCD上にできる切り口の線は右の図1の直線Ⓐになる。同様に，頂点B，C，Dに対して行ったときの線はそれぞれ直線Ⓑ，Ⓒ，Ⓓになるから，立体**あ**の面は斜線《しゃせん》部分である。また，正方形ABCDは図1の点線のように小さな正方形に分割することができるから，斜線部分は対角線の長さが2cmの正方形とわかる。よって，斜線部分の面積は，2×2÷2＝2(cm^2)と求められる。

図1

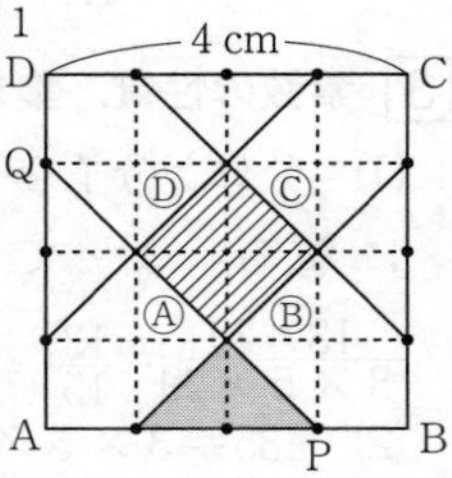

(2) ① 下の図2のように，頂点Bに対して［作業］を行ったときの立方体の切り口の面を[B]とする。また，面[B]と直線PQが交わる点をF，面[B]と直線PRが交わる点をGとすると，面[B]と三角形

PQRは直線FGで交わることになる。同様に，頂点D，Eに対して［作業］を行ったときの立方体の切り口の面をそれぞれ🄳，🄴とすると，面🄳と三角形PQRは直線HIで交わり，面🄴と三角形PQRは直線JKで交わる。よって，面いは六角形FHIJKGとなる。また，図1から，PFとFHとHQはすべて1辺1cmの正方形の対角線になることがわかるので，長さは等しい。したがって，下の図3のように表すことができ，面いは正六角形とわかる。　②　図3のように，三角形PQRは9個の正三角形に分割することができるから，三角形PQRと面いの面積の比は，9：6＝3：2とわかる。

⑶　立体あは下の図4のような立体である。もとの立方体の8個の頂点に対して［作業］を同時に行うと，三角すいR－APQと合同な三角すい(これを㋐とする)が8個切り取られる。このとき，たとえば頂点Aから切り取られる㋐と頂点Bから切り取られる㋐は三角すいG－FLPの部分で重なり，その部分が2回切り取られることになる。この三角すいを㋑とすると，㋑と合同な三角すいは立方体の辺にあたる部分に1個ずつあらわれるので，全部で12個あることがわかる。よって，立体あの体積は，(もとの立方体の体積)－(㋐の体積)×8＋(㋑の体積)×12で求められることになる。もとの立方体の体積は，$4\times4\times4=64(\mathrm{cm}^3)$，㋐の体積は，$3\times3\div2\times3\div3=4.5(\mathrm{cm}^3)$である。また，三角形FLPと三角形GLPは図1のかげをつけた三角形と合同だから，㋑の体積は，$2\times1\div2\times1\div3=\frac{1}{3}(\mathrm{cm}^3)$とわかる。したがって，立体あの体積は，$64-4.5\times8+\frac{1}{3}\times12=32(\mathrm{cm}^3)$と求められる。

図2

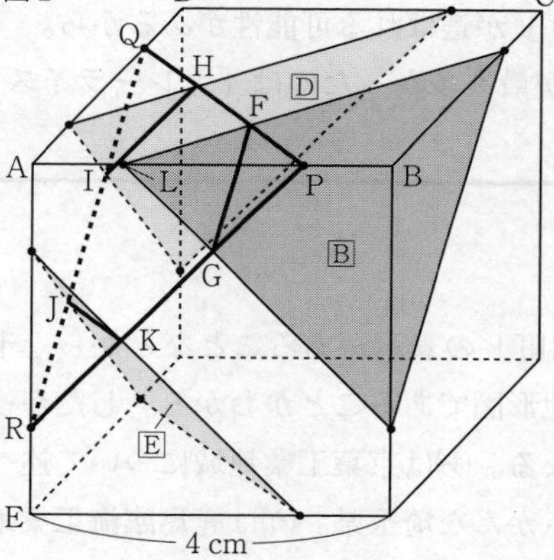

図3

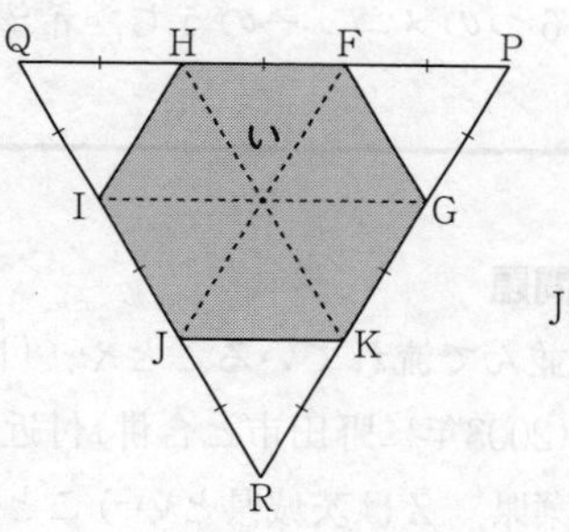

図4

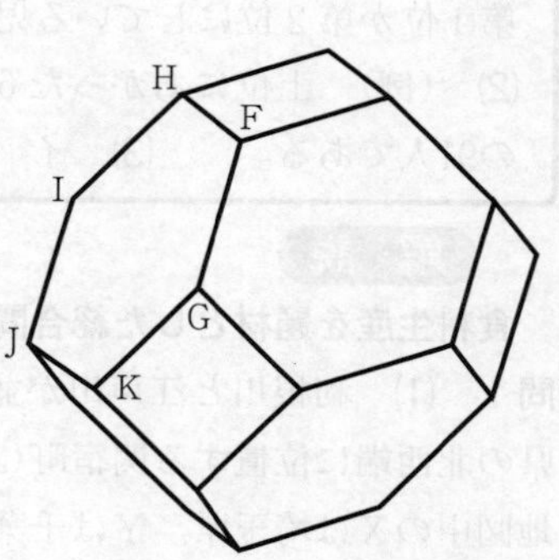

〔ほかの解き方〕　立体あの各辺を延長すると，右の図5のように，2個の四角すいを組み合わせた形の立体から，6個の四角すいを切り取った形の立体になる。また，HIは1辺1cmの正方形の対角線の長さと等しいので，四角形XYZWは右の図6のように

図5

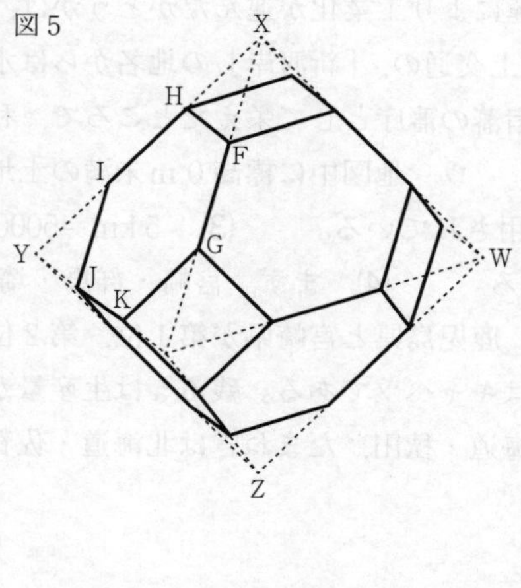

図6

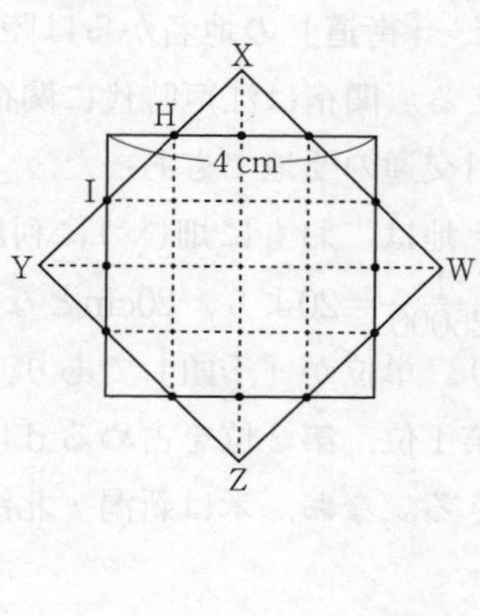

表すことができる。よって，組み合わせた四角すい１個の体積は，$6 \times 6 \div 2 \times 3 \div 3 = 18$ (cm^3)，切り取った四角すい１個の体積は，$2 \times 1 \div 3 = \frac{2}{3}$($\mathrm{cm}^3$)と求められるから，立体**あ**の体積は，$18 \times 2 - \frac{2}{3} \times 6 = 32$($\mathrm{cm}^3$)である。

社　会　(40分)＜満点：80点＞

解　答

問１　⑴　ウ　⑵　イ　⑶　20(cm)　⑷　**a**　キ　**b**　ウ　**c**　カ　**d**　イ　**問２**　⑴　エ　⑵　(例)　日本は穀物に比べて値段の高い野菜が多いため。　⑶　(例)　日本では1960年以降，食料自給率が減り続けている。これは，国民の食生活が洋風化したことにより自給率の高い米の消費量が減り，自給率のそれほど高くない畜産物の消費量が増えたことと，畜産物の生産に必要な穀物飼料の大半を輸入にたよるようになったことによる。　**問３**　⑴　オ　⑵　イ　**問４**　⑴　イ　⑵　エ　⑶　(i)　(例)　加熱した後，乾燥させている。これは，長期間の保存がきくようにするためである。　(ii)　(例)　江戸時代前期の長崎貿易で金・銀・銅の海外流出が深刻な問題となり，それに代わるものとして俵物の輸出が奨励されたから。　⑷　(i)　第一次世界大戦　(ii)　米騒動　(iii)　ウ　(iv)　**あ**　主権　**い**　象徴　**記号**…エ　⑸　イ　**問５**　⑴　(例)　５つのメニューに限定した決選投票が行われた場合，第１位か第２位にしている児童数が最も多い「鶏のからあげ」が選ばれる可能性があるから。⑵　(例)　上位にあがった６つのメニューのうち，希望者が最も多かったのは「カレーライス」の91人である。　⑶　イ

解　説

食料生産を題材とした総合問題

問１　⑴　利根川と江戸川が並んで流れていることや，「関宿《せきやど》町」の表示があることなどから，千葉県の北西端に位置する関宿町(2003年に野田市と合併)付近の地形図であることがわかる。したがって，地図中のXは埼玉県，Yは千葉県，Zは茨城県ということになる。(あ)は京葉工業地域について述べた文であるから千葉県。(い)は南部の狭山《さやま》市などで自動車工業がさかんな埼玉県。(う)は鹿島臨海工業地域について述べた文であるから，茨城県にあてはまる。　⑵　ア　X県側に工業団地はみられない。また，鉄道や高速道路の発達により工業化が進んだかどうかは，この地図だけでは判断できない。イ「街道」の地名からは陸上交通の，「新河岸《しんがし》」の地名からは水上交通の要所であったことがうかがえる。関宿は江戸時代に関宿藩の藩庁として栄えたところで，利根川と江戸川の分流点に位置する河川交通の要地でもあった。　ウ　地図中に標高０m未満の土地はない。　エ　堤防《ていぼう》と河川の間の土地は，おもに畑(∨)に利用されている。　⑶　5km＝5000m＝500000cmであるから，$500000 \times \frac{1}{25000} = 20$より，20cmとなる。　⑷　まず，宮崎・群馬・埼玉の各県が上位を占《し》めるbはきゅうり。単位が「千頭」であり，鹿児島県と宮崎県が第１位，第２位を占めるcは豚《ぶた》。愛知県と群馬県が第１位，第２位を占めるdはキャベツである。残るaは生産量が少ないことなどから，くりと判断できる。なお，米は新潟・北海道・秋田，たまねぎは北海道・佐賀・兵庫の順。乳用牛は北海道が全体

の60％近くを占める。みかんは和歌山・愛媛・静岡，りんごは青森・長野の順。じゃがいもは北海道が80％近くを占め，第２位が長崎である。統計資料は『日本国勢図会』2016／17年版などによる(以下同じ)。

問２ ⑴　ア　カナダとオーストラリアはカロリーベースと生産額ベースの両方で自給率が100％を上回っているから，国内で必要とされる以上の食料を生産していることになる。これらの国では，国内消費量を超《こ》えて生産した分は輸出に回していると考えられる。　イ　図２にあげられている国々の食料自給率は，カロリーベースではすべて日本を上回っているが，生産額ベースをみるとイギリスは日本を下回っており，ドイツも日本と同程度である。　ウ　表２から，日本では小麦と米は大部分を食料として利用しており，飼料としての利用はわずかであること，穀物全体でみると国内供給量が生産量を大きく上回っていること，穀物の用途としては食料より飼料のほうが多いことなどが読み取れる。以上のことから，日本は米・小麦以外の輸入穀物で穀物飼料の大半をまかなっていることがわかる。ちなみに，代表的な輸入穀物としてはとうもろこしや大麦があげられる。　エ　日本の場合，野菜の生産量は1170万トン，国内供給量は1410万トンであるから，量的には自給率は80％以上あることになる。　⑵　日本が生産額ベース自給率でイギリスを上回っているのは，穀物に比べて価格の高い野菜の生産量が多く，自給率も高いためであると考えられる。イギリスの場合，果実の自給率が極端に低いことも生産額ベースの自給率が低い理由の１つとなっている。　⑶　表３から，日本のカロリーベースにおける食料自給率は，1960年以降下がり続けていることがわかり，また，図３からは，1960年と比べて2010年には米の消費量が大きく減り，畜産物の消費量が大きく増えていることがわかる。さらに表２からは，穀物飼料の大半を輸入にたよっていることがわかる。以上のことから，1960年以降の半世紀間で日本の食料自給率(カロリーベース)が大きく低下した原因として，国民の食生活が洋風化したことにより自給率の高い米の消費量が大きく減り，自給率の低かった畜産物の消費量が増えたこと，さらに，その畜産物を生産するのに必要な穀物飼料の大部分を輸入にたよっていることなどがあげられる。

問３ ⑴　ア「1990－2013」「2013－2030」という大きなくくり方なので，人口増加率が「年々下がっている」かどうかまではわからない。また，増加率が少し下がっても世界の人口が増え続けることに変わりはないので，「世界人口の減少」は起こり得ないし，「食料不足の緩和《かんわ》」も考えにくい。　イ　開発途上国の例としてあげられているコートジボワールとガーナの年人口増加率(1990－2013)はそれぞれ2.2％，2.5％と，ともに高い数値を示している。ウ　コートジボワールとガーナを比べると，GNIの高いガーナのほうが児童労働率も高くなっている。　エ「農園経営者の家族や親せきではなく働いている子どもも１万人以上いて」とあるから，「児童労働は，家族の仕事を手伝う形で行われる」とあるのは誤り。　⑵　ア　税金の使い道は予算で決められる。予算を決定するのは国会である。　イ　2016年度の一般会計歳出の項目別割合は，社会保障関係費33.1％，国債《こくさい》費24.4％，地方交付税交付金15.7％の順となっている。　ウ　予算の歳入は税金でまかなわれるのが本来の姿であるが，実際にはそれだけでは不足するため，公債が発行される。2016年度の一般会計歳入の項目別割合は，租税・印紙収入59.6％，公債金35.6％，その他4.8％となっている。　エ　税金の使い道は，高齢者や子どもの数によって自動的に決まるものではない。また，予算は内閣が作成し，国会の議決によって決定される。　オ　国際連合が発足したのは1945年で，日本の国連加盟が実現したのは1956年である。

問4 (1) 史料1は山上憶良《やまのうえのおくら》の「貧窮問答歌《ひんきゅうもんどうか》」。『万葉集』に収められている長歌で，筑紫《つくし》国の国司などもつとめた貴族の憶良が，貧しい農民の立場に立ってよんだ歌といわれる。 (2) 「田植えのときに，面をつけておどったり笛を吹いたりして豊かな実りを願う芸能」は田楽のこと。こっけいな物まねや言葉芸を中心とする猿楽《さるがく》とともに，やがて能に取り入れられたから，エは誤り。歌舞伎《かぶき》は出雲阿国《いずものおくに》が始めた歌舞伎踊《おど》りがもとになり，江戸時代に演劇として完成された芸能である。 (3) (i) なまこ(海鼠)・あわび(鮑・鰒)は生でも食べるが，干したものも食べられている。干しなまこをつくるには，なまこの内臓を抜《ぬ》き，塩ゆでして乾燥させる(干したものは「いりこ」ともよばれる)。また，干しあわびをつくるには，あわびの肉を塩づけした後，煮《に》て干す方法がとられる。いずれも特に中国では高級食材として珍重《ちんちょう》される。図5・図6はその加工のようすを描いたもので，ゆでたり煮たりしたものを天日，または炭火などで乾燥させるのは，長期間の保存がきくようにするためである。 (ii) いりこや干しあわびなどは「俵物《たわらもの》」とよばれ，18世紀以降，これらを俵づめして長崎から清(中国)などにさかんに輸出された。17世紀に行われた長崎貿易で多くの金・銀が海外に流出し，国内で産出する金・銀が不足するようになると，それに代えて銅が輸出されたが，しだいに銅の産出高も減っていった。そのため，これらに代わる輸出品として，俵物の輸出が奨励《しょうれい》されたのである。なお，新井白石は第6代・第7代将軍に仕えた儒学《じゅがく》者・政治家で，「正徳の治《ち》」とよばれる文治政治を行い，金銀の海外流出を防ぐため，「海舶互市《かいはくごし》新例」を出して長崎貿易に制限を加えたことでも知られる。 (4) (i) 1914年に起きた戦乱とは第一次世界大戦のこと。ヨーロッパが主戦場となったこの戦争の期間中，日本では輸出が大きく伸《の》びて好景気となったが，物価が上昇して民衆の生活は苦しくなった。 (ii) 史料3で述べられている事件は，1918年に富山県で起きた「越中女一揆《えっちゅうおんないっき》」とよばれるできごと。この事件が新聞で報道されると，全国各地で人々が米屋や商店などを襲《おそ》う騒《さわ》ぎへと発展し，米騒動《そうどう》とよばれた。ここでは「米騒動」とするのが適当と考えられる。 (iii) 米騒動の背景には，第一次世界大戦中に物価が上昇したことに加え，寺内内閣によるシベリア出兵が決まると，米商人たちが値上がりをみこして米の買い占めや売りおしみを行ったため，米の値段が急上昇したという事情があった。したがって，ア，イ，エは正しい。米騒動が警察・軍隊によってしずめられた後，普通選挙や婦人参政権を求める運動が高まり，労働者たちによる労働争議，農民たちによる小作争議もしばしば起きるようになったから，ウが誤りである。 (iv) **あ** 国の政治的なあり方を最終的に決める権限を主権という。大日本帝国憲法の下では国の主権は天皇にあった。吉野作造がデモクラシーを「民本主義」と訳したのは，これを「民主主義」とすると人民主権という意味にとられるおそれがあると心配したためである。 **い** 日本国憲法において，天皇は「日本国および日本国民統合の象徴」と定められている。 ア 衆参両議院の総議員の3分の2以上の賛成が必要なのは，憲法改正を発議するとき。法律の制定や改正は，出席議員の過半数の賛成で可決される。 イ 国民投票が行われるのは憲法改正を承認するかどうかを問う場合。法律について一般国民による投票が行われるのは，特定の地域だけに適用される法律(特別法)を制定する場合に，その地域の住民の承認を得るために実施される「住民投票」だけである。 ウ 選挙で投票することは国民の権利であり，義務ではない。 エ 法律案は国会議員または内閣によって作成され，いずれかの議院の議長に提出される。 (5) 昭和時代初期，不景気が広がる中で，一部の軍人や政治家が中国大陸に進出することで不景気から脱《ぬ》け出すべきだと主張するようになった。したがって，イが誤り。なお，ハワイやブラジルなどへの移民は明治時代から行われており，ハワイへの移民はアメリカで「1924年移民法(排日移民法)」が制定されるまで続いた。

問５　⑴　Ｄさんの意見が採用されると，決選投票では選択肢《し》が５つのメニューに限定されるが，その場合，１回目にその他のメニュー，つまり「カレーライス」を選んだ人たちが決選投票でどのメニューに投票するかがわからないので，麺《めん》類に決まらない可能性がある。また，第１位にあげられたメニューのうち，第１位か第２位にしている児童数が最も多かった「鶏《とり》のからあげ」が選ばれる可能性も高い。そのため，Ｃさんはそうした方法は避《さ》けたいと考えているのである。　⑵　各学年で第１位と第２位となった６つのメニューについて希望した人数を合計すると，最も多いのは「カレーライス」の91人である。したがって，「カレーライス」は候補として残すのに十分な根拠《こんきょ》があるといえる。⑶　ア　表にある10の都府県のうち，人口100万人以上の大都市があるのは埼玉・宮城・神奈川・東京・大阪の５つだけで，県内に過疎《かそ》地域をかかえる県も含《ふく》まれている。　イ　福井県の有権者が持つ１票の価値を１としたとき，埼玉県の有権者が持つ１票の価値は0.32に過ぎない。言いかえれば，福井県の有権者の１票は埼玉県の有権者の約３票分の価値を持つことになるわけである。　ウ　選挙区や議席数の決定は公職選挙法を改正することで実施される。したがって，違憲立法審査権を持つ裁判所は，それらが憲法に適合しているかどうかを，具体的な裁判を通して審査することができる。実際，国会議員の議員定数配分の適合性についてはこれまで何回も訴訟《そしょう》が起こされており，これを「違憲」または「違憲状態」とする判決も数多く出されている。　エ　参議院の選挙区選挙は各都道府県を選挙区として行われてきたが，2015年の公職選挙法改正にともない，2016年７月に行われた参議院議員選挙から，いわゆる「合区」により鳥取県と島根県，徳島県と高知県が，それぞれ１つの選挙区とされた。

理科　(40分)　＜満点：80点＞

解答

1　⑴　エ　⑵　①　ア，オ，ケ　②　イ，カ　③　キ　⑶　ウ，ア，イ，エ　⑷　①　ア　②　ア　⑸　①　ウ　②　イ，エ　⑹　エ　⑺　ウ　**2**　⑴　ア　⑵　①　イ　②　ウ　⑶　①　カ　②　ア　③　イ　④　オ　⑷　①　ア　②　カ　⑸　(例)　就眠運動を起こす体内の物質の変化がしばらく残るから。　**3**　⑴　エ　⑵　省略。　⑶　ウ　⑷　ア　⑸　ア　⑹　イ　**4**　⑴　消化　⑵　エ　⑶　エ　⑷　イ　⑸　ウ　⑹　(例)　上皿てんびんなどで酢Ａ10ｇ，水90ｇをはかり取り，よく混ぜ合わせる。　⑺　(例)　ゼリーの中の水に酢がとけこんで移動することができる。　⑻　(例)　もとのままの色で変化しない。　**5**　⑴　ウ　⑵　小さ　⑶　解説の図を参照のこと。　⑷　(例)　グラフの直線が原点を通っていないこと。　⑸　(例)　つまみが左端の位置にあるとき，１cm分の抵抗がもともとあるから。

解説

1　**小問集合**

⑴　やかんの口のすぐ近くの透明《とうめい》な部分には水蒸気が出ていて，この水蒸気が空気中で冷やされて細かい水滴《すいてき》となる。この水滴の集まりが白いけむりのように見え，これを湯気という。同じように，

目に見えない水蒸気が冷えて水滴となる変化として，窓ガラスの曇《くも》りがある。部屋の中の水蒸気が冷たいガラス窓にふれ，水滴となってガラスの表面につくために曇る。

(2)　①　物体が止まっているのは，時間がたっても物体の位置が変化しないときであり，ア，オ，ケの区間があてはまる。　②　物体の速さがだんだん速くなっているのは，時間の経過にともないグラフの上がり方または下がり方がしだいに大きくなっているときで，イとカの区間があてはまる。なお，ウ，キの区間のように，グラフが直線的になっているときは，速さがほぼ一定で，エとクの区間のように，グラフの上がり方または下がり方がしだいに小さくなっているときは，速さがだんだん遅くなっている。　③　ア～ケの区間の中で，キの区間が，グラフのかたむきが最も大きいので最も速い。

(3)　顕《けん》微《び》鏡《きょう》を使うときは，直射日光の当たらない明るい場所で，水平な面の上に置く。接眼レンズ，対物レンズはこの順に取りつけ，はじめは倍率が一番低くなるようにする。次に，接眼レンズをのぞきながら反射鏡を動かして視野の明るさを調節する。そして，プレパラートをステージの中央にのせてクリップでとめ，真横から見ながら調節ねじを回して，対物レンズとプレパラートをできるだけ近づける。その後，接眼レンズをのぞきながら調節ねじを回し，対物レンズとプレパラートの間をはなしていきピントを合わせる。

(4)　①　アのクンショウモは，細胞《さいぼう》内に葉緑体をもち，日光を利用して光合成を行い，でんぷんをつくる。なお，イのミジンコとウのゾウリムシは，葉緑体をもたず光合成を行わない。　②　アのクンショウモは200倍くらい，イのミジンコは20倍くらい，ウのゾウリムシは100倍くらいの倍率で観察する。

(5)　①　日本の南の赤道近くの海上で発生した熱帯低気圧のうち，中心付近の最大風速が17.2m/秒以上になったものを台風とよぶ。　②　台風によって，大雨で河川がはんらんしたり(洪《こう》水《ずい》)，強い風で木が倒《たお》れたり(倒木《とうぼく》)することがある。なお，地震のときには，津波や液状化，地割れなどの被害が出ることがある。

(6)　鏡に光が反射するとき，光が鏡に入射する点に鏡と垂直に引いた線(法線)に対して，入射する光線と反射する光線がそれぞれつくる角度は等しくなる。ここで鏡の向きを変えると，その変えた角度の分だけ，法線と入射する光線がつくる角度が大きくなり，法線と反射する光線がつくる角度も同じ角度だけ大きくなる。よって，反射する光は鏡の向きを変えた角度の2倍ずれることになる。

(7)　川が曲がって流れているところでは，曲がりの外側ほど流速が大きくなり，川岸の侵食《しんしょく》が進みやすい。したがって，ウにブロックを置くとよい。

2　カタバミの就眠《しゅうみん》運動についての問題

(1)　カラスノエンドウの果実は，熟して乾燥《かんそう》するとはじけ，中にある種子が飛び散って散布される。なお，タンポポの種子は風に運ばれる。ヘビイチゴの種子は果実が動物に食べられることで広がる。オナモミの種子は実が動物の体にくっついて運ばれる。

(2)　①　カタバミの茎《くき》は，地面をはうようにして横に伸《の》び，茎の節から根や葉を出して広がる。
②　ツユクサは，茎が上へ伸びることもあるが，地面をはうように伸びた茎の節から根を出して広がることもある。

(3)　①　図3の左上のグラフより，カタバミの葉が閉じ始めの開閉度3.8となるのは，日なたでは18：10を少し過ぎたころ，日《ひ》陰《かげ》では18：00ごろで，その時刻の明るさは図3の左下のグラフより，日なたで500ルクス，日陰で約450ルクスである。このことより，葉の閉じ始めるときの明るさとして500ルクスが選べる。　② 就眠したときの開閉度1.5となる時刻は，図３の左上のグラフより，日なたでは18：50ごろ，日陰では19：00ごろであり，その時刻の明るさは左下のグラフより，日なたでも日陰でも０ルクスと読み取れる。　③ 葉を開き始めたときの開閉度1.5になる時刻は，図３の右上のグラフより，日なたで５：00ごろ，日陰で５：10の少し前で，その時刻の明るさは右下のグラフより，日なたも日陰もおよそ100ルクスである。　④ ほぼ開いたときの開閉度3.0以上となる時刻は，図３の右上のグラフより，日なたで５：30，日陰で５：50であり，その時刻の明るさは右下のグラフより，日なたで400ルクスくらい，日陰で350ルクスくらいになっている。このことから，ほぼ開き始めるときの明るさとして400ルクスが選べる。

⑷　① 図３の左上のグラフより，日なたのカタバミの葉が閉じ始めるのは18：10を少し過ぎたころで，これは日没《にちぼつ》の18：45よりも前である。　② 日なたのカタバミが葉をほぼ開く時刻は，図３の右上のグラフより５：30で，これは日の出の５：00よりも後である。

⑸　就眠運動は，葉を閉じさせる物質と葉を開かせる物質が増減し，一定のリズムではたらくことによって起こる。これによって，体内に時計のようなもの(体内時計)ができ上がり，その時計にしたがって運動を生じさせる反応が起こる。体内にできたこの物質変化とリズムは，明るさの変化がなくなっても少しの間は継続《けいぞく》する。

3　月の見え方と月から見た地球の見え方についての問題

⑴　明け方に南東の空に見える月は，新月から数えて二十七日ごろの月で，左側(東側)が細く光り，エのようにかたむいて見える。

⑵　省略。

⑶　上弦《じょうげん》の月のように地球が見えたとき，月の北極点から見ると，地球には右側から太陽の光が地球に当たっていることになる。したがって，月の位置はウである。

⑷　北極の上空側から見て，月は地球のまわりを反時計回りに公転しているので，ウの位置にある月はその後，地球と太陽の間に入る向きに移動する。このとき，月から見える地球は，明るい面が広くなる。つまり，地球は満ちていくことになる。

⑸　月の半径は地球の半径の約$\frac{1}{4}$(倍)と小さい。同じ距離《きょり》だけはなれたところより見ているため，地球から見た月の方が月から見た地球よりも小さくなる。

⑹　月の赤道上の地点から地球が地平線近くに見えるのは，太陽側の向きにいる時刻か，太陽と反対側の向きにいる時刻になる。前者の時刻では，地球は上半分が光る半月状に見え，後者の時刻では，地球は下半分が光る半月状に見える。

4　ゼラチンと寒天の固まり方についての問題

⑴　食べ物を体内に吸収できる形にするはたらきを消化という。寒天に含まれる炭水化物を消化できなければ，それらは体内に吸収されず，そのまま体外に排出《はいしゅつ》される。

⑵　ゼラチンは，加える量が少ない１ｇの場合，お湯や水では固まらず，氷水ではゼリー状になるが，容器をかたむけると形が変化してしまう。ゼラチンを加える量が増えるにつれて，氷水で固まるようになり，さらに水でも固まるようになっている。つまり，ゼラチンは加える量を多くし，温度を十分低くすれば固まるといえ，エが選べる。なお，ウは，ここでは温度を40℃，20℃，２℃の３つの条件しか実験を行っていないので，どんな温度でも固まるかどうかはわからない。

(3)　実験１で，ゼラチンは100ｇの水に３ｇ加えたとき，20℃の水に１時間浸《ひた》しておくと，容器をかたむけると形が変化してしまうがゼリー状になっている。一方，実験２で，温めた水100ｇにゼラチン３ｇを加えて冷まして固めたものを，20℃のお湯に１時間浸すと，固まったままである。このことから，細長い鎖《くさり》がからまって網《あみ》ができる温度より，網がほどける温度の方が高いことがわかる。よって，エが選べる。なお，アは，ゼラチンのゼリーを冷やしたり温めたりを繰《く》り返す実験をしていないため，確かめられない。

(4)　実験２より，寒天ゼリーは，口の中の温度に近い40℃で１時間温めてもとけていない。そのため，寒天ゼリーは口の中に入れても長時間とけず，しばらくしても歯ごたえがあると考えられる。

(5)　実験３で，乾《かわ》いたゼリーの表面に食塩を置くと，ゼラチンゼリーでも寒天ゼリーでも，食塩がすべて，または一部とけているので，どちらも網の中の水は動くことができると考えられる。また，ゼラチンゼリーの方が寒天ゼリーよりも，食塩が早い時間に多くとけているので，網の中の水が動きやすいといえる。

(6)　水溶液《すいようえき》を10倍にうすめるときは，もとの水溶液の重さに対して９倍の重さの水を加えて，全体の重さを10倍にすればよい。酢《す》Ａを10倍にうすめた酢Ｂを100ｇつくるには，酢Ａ10ｇに水90ｇを加えてよく混ぜ合わせる。重さをはかるには，上皿てんびんや電子てんびんなどを用いる。

(7)　ゼリーの色が変化したのは，酢がゼリーの中の水にとけこんでいき，ゼリーの鎖の中に捕《とら》えられた液体の性質が変わったことを示している。つまり，ゼリーの鎖の中に捕えられた水に，酢がとけこんで移動できることがわかる。

(8)　水がこおってできた氷は，酢の中に入れると表面からとけて小さくなっていき，氷の内部の水に酢は入りこめない。したがって，氷の色はもとのまま変化しない。

5　スライド抵抗《ていこう》器の抵抗と電流の関係についての問題

(1)　流れる電流の大きさが不明な場合には，最も大きな電流をはかれる５Ａ端子《たんし》を用いる。針のふれが小さ過ぎるときには，500mA端子，50mA端子の順につなぎかえる。

(2)　スライドつまみを右に寄せるほど，左端《はし》からの長さが長くなって，抵抗の部分が長くなり，電流の大きさは小さくなる。

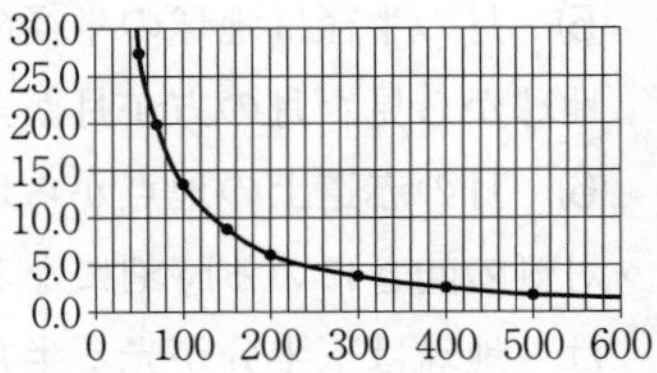

(3)　表の各値をグラフ上に点で印し，これらの点を通るようになめらかな曲線で結ぶと，右の図のようなグラフがかける。

(4)　反比例となる２つの量について，一方の量について逆数をとると，もう一方の量と比例する。比例する２つの量の一方の量を横軸《よこじく》に，もう一方の量を縦軸にとってグラフをかくと，原点（０の点）を通る右上がりの直線となる。図２の場合，グラフは直線になっているが，原点を通っていないので，抵抗部分の長さと流れる電流の値の逆数とは比例していない。よって，抵抗部分の長さと流れる電流は反比例していない。

(5)　抵抗部分の長さに１cmを加えると，図３のように抵抗部分の長さと流れる電流の逆数が比例するのは，つまみの位置が左端にあるときの状態でもともと１cm分の抵抗が存在するためである。なお，抵抗部分の長さと流れる電流の値の逆数が比例していれば，（抵抗部分の長さ）＝□×$\frac{1}{(\text{流れる電流の値})}$の式において□はある一定の値となり，（抵抗部分の長さ）×（流れる電流の値）＝□（□はある一定の値）という，反比例を表す式が成り立つ。このようすをグラフにすると，図５のような一定の値を表す直線となる。

※　学校より，3の(2)の問題に不備があったため，この問題については合否の結果へ影響が出ないように対処するという発表がありました。なお，本誌では学校の了解のもと削除しております。

国　語　(60分)　＜満点：120点＞

解　答

問1　下記を参照のこと。　**問2**　A　ア　B　オ　**問3**　(例)　死んだ人の懐から財布を抜き取る男を見ておそろしくなったから。　**問4**　オ　**問5**　エ　**問6**　ウ　**問7**　ウ　**問8**　(例)　家族が死んだことで辛い思いをしている茉莉を，少しでも元気づけようと思ったから。　**問9**　ウ　**問10**　(例)　他人の物を盗むのは悪いことだと信じ，死体から財布を盗んだ人や，自分や家族の物を奪った人を憎いと思っていたが，人の弁当を見て食べられると喜んだ自分も泥棒と同じだと気づき，盗まなければ飢え死にしてしまうような状況で，盗みを悪と言い切ることはできるのだろうかとなやみはじめたということ。　**問11**　(例)　娘が死んでしまったことで生きる気力を失い，自分はこのまま空襲で死んでしまってもよいと思っている。　**問12**　(例)　Xでは，何かを自分から求めることもできずにいたが，Yでは，死んでしまった人たちの愛情に応えるためにも生きのびなくてはいけないと強く思い，自分から進んですべきことを実行している。　**問13**　ア

●漢字の書き取り

問1　1　砂糖　2　解　3　不意　4　当然　5　救護所　6　庫　7　精白　8　留　9　模様　10　平時　11　拾　12　生　13　発令　14　人気　15　手招

解　説

出典は中脇初枝《なかわきはつえ》の『世界の果てのこどもたち』による。激しい空襲《くうしゅう》のために自分の家族も，また，自分のことをかわいがってくれていた朝比奈《あさひな》の家の父母も失った茉莉《まり》は，朝比奈の家の息子《むすこ》たちと焼け跡《あと》を歩いて祖母の家に向かう。

問1　1　サトウキビなどからとれる甘《あま》い調味料。　2　音読みは「カイ」「ゲ」で，「解決」「解熱」などの熟語がある。　3　とつぜんであること。　4　そうなることが当たり前であるようす。　5　災害時などに，けがや病気などで困っている人を助けたり世話したりする場所。　6　音読みしかない漢字。ほかに「ク」という音読みもあり，「庫裏」などの熟語がある。　7　玄米をついて表皮をとり，白米にすること。　8　音読みは「リュウ」「ル」で，「留学」「留守」などの熟語がある。　9　かざりとしてつける絵や形。　10　戦争などがあるような非常時ではなく，平和なとき。　11　音読みは「シュウ」「ジュウ」で，「拾得」「拾万円」などの熟語がある。　12　音読みは「セイ」「ショウ」で，「生物」「生薬」などの熟語がある。訓読みにはほかに「い(きる)」「う(む)」「お(う)」「き」「なま」などがある。　13　法令や指示などを出すこと。　14　人がいるような気配。　15　「手招き」は，手を振《ふ》ってこちらへ来るように合図をすること。

問２　**Ａ**「めいめい」は，各自。　**Ｂ**「立ちすくむ」は，おそろしさや驚《おどろ》きなどから，立ったままその場を動けなくなるようす。

問３「踵《きびす》を返す」は，来た道を引き返すこと。茉莉が，自分の家族を探すために焼け跡を歩いていたことをおさえる。そんな茉莉が家族を探すという目的も忘れ，「自分の家の焼け跡」に「駆《か》けもどった」のは，死んだ人の懐《ふところ》から「財布《さいふ》を抜《ぬ》き取っ」てまわる男の姿を目撃《もくげき》しておそろしくなったからだと読み取れる。

問４「母の言葉」とは，母が「おこじきさん」について「そういう風に見てはいけない」「おこじきさんだって，好きでしてるんじゃないんだよ」と言っていたことを指す。茉莉がその「母の言葉」を思い出したのは，近所の人たちが茉莉に気づき，「見てはいけないものを見てしまったように目をそらした」からである。

問５　茉莉はこの直前で，ようやくもらえた「キャラメル」を子連れのおばさんに無理やり奪《うば》われている。空襲で家族を失ってひとりぼっちになってからというもの，茉莉は近所の人々から厳しい仕打ちを受け，焼け跡の中でもざんこくな現実を目にしてきた。そのような衝撃《しょうげき》的な現実を前に混乱する茉莉のようすは，「おばあちゃまのすきだった白いじゃがいもの花～なにもかもが眩《まぶ》しくて，茉莉はもう目を開けていられなかった」という続く部分からもうかがえる。

問６　両親や朝比奈の家の人が生きていたときは，いつでも「茉莉のそばにいてくれ」たので，「自分のそばにだれもいないということ」で両親や朝比奈の父母の死を意識し，さらに，「生きている自分」を実感するようになった。また，両親や朝比奈の父母が亡くなってから，茉莉のことをだれも助けてくれないばかりか，ひどい仕打ちさえ受けるようになり，自分が周囲とは異質な固有の存在であることを強く感じているのだと考えられる。

問７　茉莉はこの後，自分から「キャラメル」を奪ったおばさんや防空壕《ぼうくうごう》を暴いて家の物を取っていった人，朝比奈の家の畑のじゃがいもを勝手に掘《ほ》り起こして食べた人，死んだ人の懐から財布を盗んだ人のことを思い出し，「この世界は，そんな人たちばかりなのに」と思っている。そうした人たちと比べたときに，自分のおむすびをくれた美子《よしこ》の行動は特別なものであったことに気がついたのである。

問８　茉莉はひとりだと言ったのだから，勝士《かつじ》は茉莉の両親が亡くなってしまったことを察したはずである。勝士が茉莉に「わらって見せた」のは，両親を失ってつらい思いをしているであろう茉莉をはげまそうとしたからだと考えられる。

問９　前の部分に「ようやく，自分の母親の永遠の不在を知った」「もうおかあちゃまには会えない。茉莉はやっと悟《さと》った」と書かれており，茉莉が母の死を実感し，もう会えないことを理解したことがわかる。そうした実感がわいてくると同時に，ずっと一緒《いっしょ》にいてくれることを約束しておけばよかったと思ったのだから，ウがあてはまる。

問10　前の部分から読み取る。茉莉はこれまで，他人の物を「盗む」ことは悪いことだと思ってきた。しかし，自分が飢《う》え死にしそうな状況《じょうきょう》となって，空腹を我慢《がまん》して死ぬのははたして正しいのか，生きていくために盗むことははたして本当に悪いことなのかという判断がつかなくなり，ぼう線部⑧のような気持ちになったのだと想像できる。

問11　祖母のようすがわかる表現に注目する。祖母は空襲警報が発令されても「布団《ふとん》の上に起きあがっただけで，動こうと」せず，「早く娘《むすめ》のところに行きたいとばかり願い，孫娘のことを忘れていた」と前にある。また，茉莉が防空壕に入るのをこばまれ，再び家に戻《もど》ってきたときには，「じゃあ，おばあちゃんと一緒に，おかあちゃまのところに行こうかね」と言ったと後に書かれている。祖母は娘である母の死にショックを受け，生きる気力を失っているのである。

問12　Xの場面では，自分に配られたじゃがいもを隣《とな》りのおじさんに勝手に取り上げられても，茉莉は非難の声さえ出せずにいる。「求めなくても，いつも与《あた》えられてきた」茉莉はそのような仕打ちを受けたことがなく，どうしたらよいのかわからずにぼう然としたのである。一方，Yの場面では，茉莉は生きのびるために，自分は「町内の子」で「中川のおばあちゃんのところに引っ越《こ》してきた」ということを「大声」で告げ，防空壕に入れてもらえるように求めている。身近な人の死を目の当たりにして，「あんなにかわいがられたわたし。わたしは生きのびなくてはいけない」と強く思えるようになったから，自分から進んで生きるために必要な行動をとったのだと考えられる。

問13　アの「一人だけ戦争から抜け出せず，冷静さを取り戻せない茉莉」がおかしい。「茉莉には戦争に勝とうが負けようがどうでもよかった」という表現から，茉莉にとっては戦争が終わったかどうかということよりも，自分は大切な家族を失ったのに「まだ生きている人たちがいるの？」という理《り》不尽《ふじん》さが納得《なっとく》いかないのだから，茉莉は戦争というものの理不尽さについて冷静に考えていると言える。

Dr.福井の
入試に勝つ！脳とからだのウルトラ科学

歩いて勉強した方がいい？

みんなは座って勉強しているよね。だけど，暗記するときには歩きながら覚えるといいんだ。なぜかというと，歩いているときのほうが座っているときに比べて，心臓が速く動いて（脈はくが上がって）脳への血のめぐりがよくなるし，歩いている感覚が背骨の中を通って脳をつつくので，頭が働きやすくなるからだ（ちなみに，運動による記憶力アップについては，京都大学の久保田名誉教授の研究が有名）。

具体的なやり方は，以下のとおり。まず，机の上にテキストを広げ，１ページぐらいをざっと読む。そして，部屋の中をゆっくり歩き回りながら，さっき読んだ内容を思い出す。重要な語句は，声に出して言ってみよう。その後，机にもどってテキストをもう一度読み直し，大切な部分を覚え忘れてないかをチェック。もし忘れている部分があったら，また部屋の中を歩き回りながら覚え直す。こうしてひと通り覚えることができたら，次のページへ進む。あとはそのくり返しだ。

さらに，この“歩き回り勉強法”にひとくふう加えてみよう。それは，なかなか覚えられないことがら（地名・人名・漢字など）をメモ用紙に書いてかべに貼っておくこと。ドンドン貼っていくと，やがて部屋中がメモでいっぱいになるハズ。これらはキミの弱点集というわけだが，これを歩き回りながら覚えていくようにしてみよう！　このくふうは，ふだんのときにも自然と目に入ってくるので，知らず知らずのうちに覚えることができてしまうという利点もある。

歴史の略年表や算数の公式などを大きな紙に書いて貼っておくのも有効だ。

Dr.福井（福井《ふくい》一成《かずしげ》）…医学博士。開成中・高から東大・文Ⅱに入学後，再受験して翌年東大・理Ⅲに合格。同大医学部卒。さまざまな勉強法や脳科学に関する著書多数。

Memo

Memo

平成28年度　駒場東邦中学校

〔電　話〕 (03) 3466－８２２１
〔所在地〕 〒154-0001　東京都世田谷区池尻４－５－１
〔交　通〕 京王井の頭線―「駒場東大前駅」より徒歩10分
東急田園都市線―「池尻大橋駅」より徒歩10分

【算　数】（60分）〈満点：120点〉

1 (1)　次の空らん**ア**～**ク**にあてはまる数を答えなさい。

2016の約数を考えます。約数は全部で［ア］個あり，そのうち偶数《ぐうすう》は［イ］個あります。次に，約数を小さいものから順に並べ，１番目から31番目までをすべてたすと［ウ］になり，約数をすべてたすと［エ］になります。また，約数をすべてかけた数は，２で［オ］回割り切れ，３で［カ］回割り切れ，７で［キ］回割り切れるので，2016で割ると［ク］回割り切れます。

(2)　ある製品をつくるのに，機械Aを使うと８分後に11個同時にできあがり，機械Bを使うと11分後に16個同時にできあがります。ただし，一方の機械を使っているときは，もう一方の機械を使うことはできません。１時間20分以内につくることができる製品は最大でいくつですか。

(3)　正確な時計Aと，１時間あたり12分おくれる時計Bがあります。いま，２つの時計はともに12時を指しています。２つの時計の長針と短針のつくる角度が次に等しくなるとき，時計Aは何時何分何秒を指していますか。ただし，秒の値《あたい》は分数《ぶんすう》で答えなさい。

2　AをBで割ったときのあまりがCであることを$(A,\ B)=C$と表すことにします。例えば，63を28で割ると７あまるから，$(63,\ 28)=7$と表せます。

いま，$(A,\ B)=C$において，Aを624から，Bを１からそれぞれ１ずつ増やしていくことを考えます。右の表はそのときのA，B，Cの値《あたい》の一部をまとめたものです。

A	B	C
624	1	0
625	2	1
626	3	2
627	4	3
628	5	3
629	6	5
630	7	［ア］
631	8	7
632	9	2
633	10	3
634	11	［イ］
⋮	⋮	⋮

(1)　空らん**ア**，**イ**にあてはまる整数を求めなさい。
(2)　$(A,\ B)=0$となるような２けたの整数Bを求めなさい。
(3)　$(A,\ B)=5$となるような２けたの整数Bがない理由を，すべての場合を調べることなく説明しなさい。

3　右の図のような，面積が８cm^2の正方形の向かい合う辺のそれぞれに，半円を２つくっつけた図形があります。この図形の内側を，面積が２cm^2の正方形が図の位置から矢印の方向にすべらないように１周して，もとの位置にもどります。

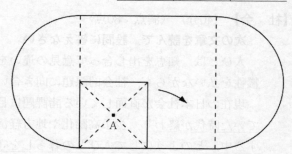

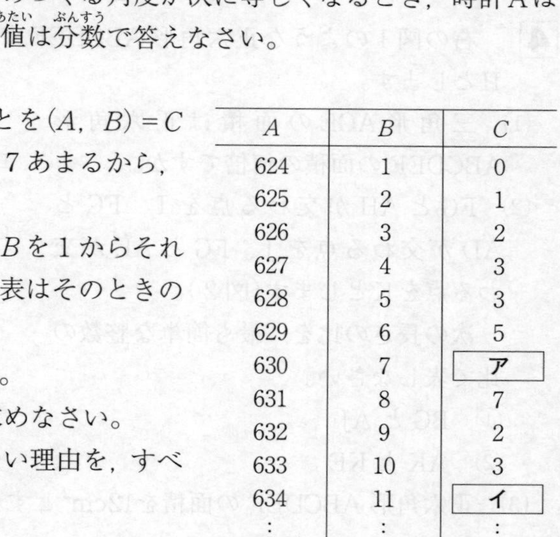

このとき，次の問いに答えなさい。ただし，円周率は3.14とします。

(1)　面積が２cm^2の正方形の対角線の交わる点Aが動いてできる図形を，コンパスを用いてかき，その内側に斜線《しゃせん》をひきなさい。

(2)　(1)でできた図形のまわりの長さを求めなさい。

(3)　面積が2 cm^{2}の正方形が通過した部分から，(1)でできた図形の内側をのぞいた部分の面積を求めなさい。

〈下　書　き　用〉

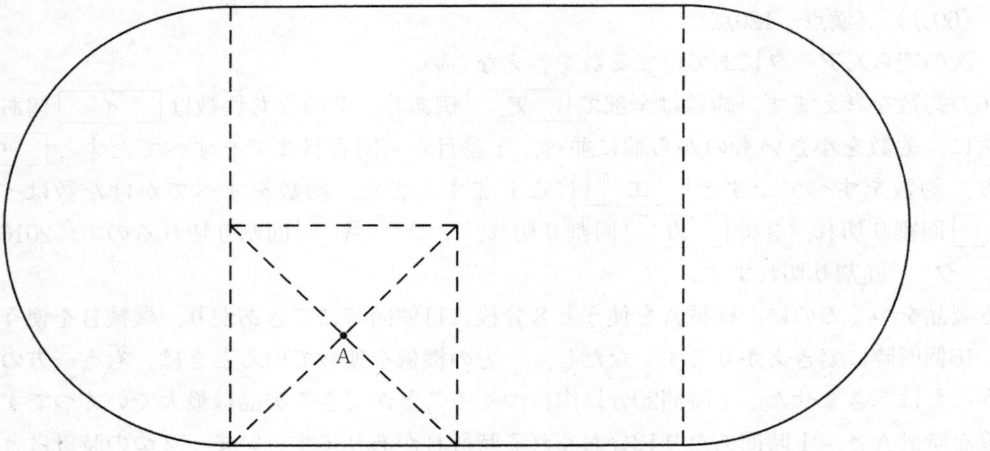

4　右の図1のような正六角形ABCDEFがあります。辺BC，CDのまん中の点をそれぞれG，Hとします。

(1)　三角形AGEの面積は正六角形ABCDEFの面積の何倍ですか。

(2)　FGとAHが交わる点をI，FGとADが交わる点をJ，FGとAEが交わる点をKとします(図2)。

次の長さの比を，最も簡単な整数の比で表しなさい。

①　BGとAJ

②　AKとKE

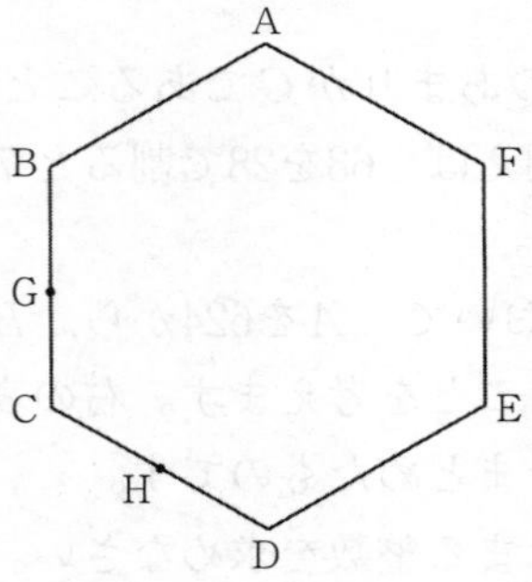

図1

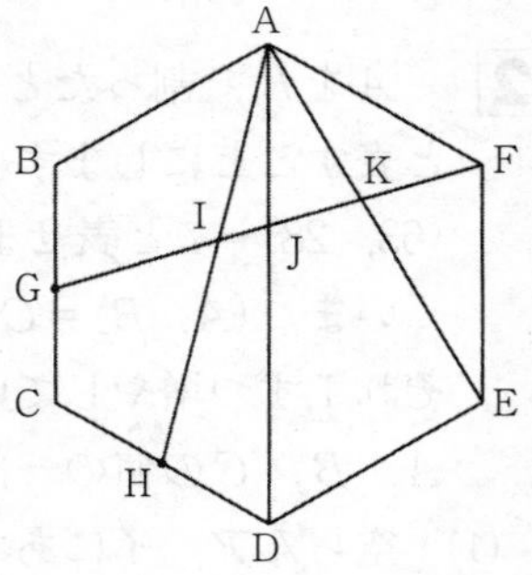

図2

(3)　正六角形ABCDEFの面積を12cm^{2}とするとき，三角形AIKの面積を求めなさい。

【社　会】　(40分)　〈満点：80点〉

次の文章を読んで，設問に答えなさい。

人びとは，知恵《ちえ》を出し合って意見の違《ちが》いを調節し，力を合わせながら，そして時には大きな犠牲《ぎせい》を払《はら》いながらも，社会的課題に向き合い，乗り越《こ》えてきました。

現在の日本社会が直面している諸課題に目を向けると，人口が増加し①生産力が上がり続けていた時代が終わり，少子《しょうし》高齢《こうれい》化《か》や地方経済の低迷が問題となっています。②社会情勢が変化する中，どのようにして人びとの暮らしを守り育てていくべきか，③社会をどう活性化していくべきか，議論が行われています。

議論を進めていくためには，歴史的経験を出来るかぎり正しく認識し，そこから教訓を得ていくことが大切です。しかし，④「出来るかぎり正しい歴史認識」を共有するためには，注意深さが求められます。また，自然との関わりについて，大きな視野で考えることも大切です。私たちの祖先は，長い年月をかけ，⑤地球上の多様な自然環境《かんきょう》に適応しながら，暮らしを営み，文化を育んできました。大きな自然の力に向かい合って生き抜《ぬ》くことは，これからも重要な課題です。

現代社会において，人びとが⑥よりよい社会を作り上げていこうとするためには，⑦異なる立場の人びとが，議論を交わし，協力していくことが大切です。しかし，そこには難しさもあります。⑧現実には，性質の異なる複数の課題に同時に取り組まないといけないため，意見の集約や優先順位をどうすべきかなど，重要な課題があります。

それでもなお，私たちは，それらの困難から目をそらさず，社会や自然についてしっかり学び，その時点での最善をつくすことは可能です。共に話し合い，協力しながら，粘《ねば》り強く，未来を切り開いていこうではありませんか。

問1　下線部①に関して。日本の工業は，主要な産業を変化させながら，生産力を上げてきました。戦後は鉄鋼工業や石油化学工業を中心に，1970年代以降は自動車などの機械工業を中心として，また，1980年代後半からは，それに集積回路（IC）を用いた機械工業を加えて，工業の国際競争力を高めてきました。図1は，鉄鋼工場（製鉄所），石油化学工場（石油化学コンビナート），自動車工場（組立工場），IC関連工場という4種類の工業別に，主な工場の分布（北海道・沖縄《おきなわ》を除く／2014年）について示したものです。次の問いに答えなさい。

(1)　IC関連工場の分布図として適切なものを下の図1から1つ選び，**ア**～**エ**の記号で答えなさい。

(2)　IC関連工場の分布は，日本全体の産業の発展において，どのような役割を果たしたと考えられますか。図1の各種類の工場の分布図から読み取れることをもとに，説明しなさい。

図1　工業別工場の分布（北海道・沖縄を除く／2014年）

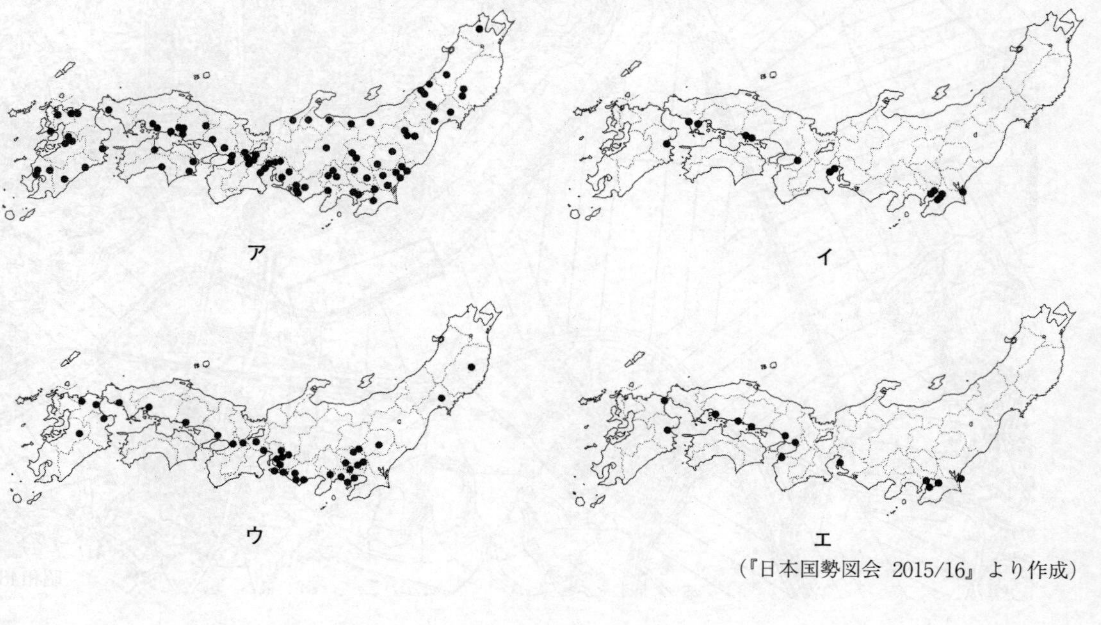

（『日本国勢図会 2015/16』より作成）

問2　下線部②に関して。次の2枚の地形図は，国土地理院発行2万5千分の1地形図「佐倉《さくら》」の一部を縮小したもので，「昭和48年(1973年)発行」と「平成17年(2005年)発行」のものです。佐倉市は，千葉県北部に位置し，江戸《えど》時代からの城下町として発展しました。戦後1960年代後半に入ると，都心からは40キロメートル(km)ほどの距離《きょり》にあることから大型団地の造成が進み，住宅地としての性格が強まりました。新旧の地形図を比較《ひかく》して，次の問いに答えなさい。

(1)「平成17年発行」の地形図をみると，新しく住宅地(地形図上の○で囲まれた範囲《はんい》)が形成されたことがわかります。これらの3カ所の住宅地は，どのような場所に，どのような理由で形成されたと考えられますか。3カ所の住宅地に共通する地形的な特徴《とくちょう》と，その

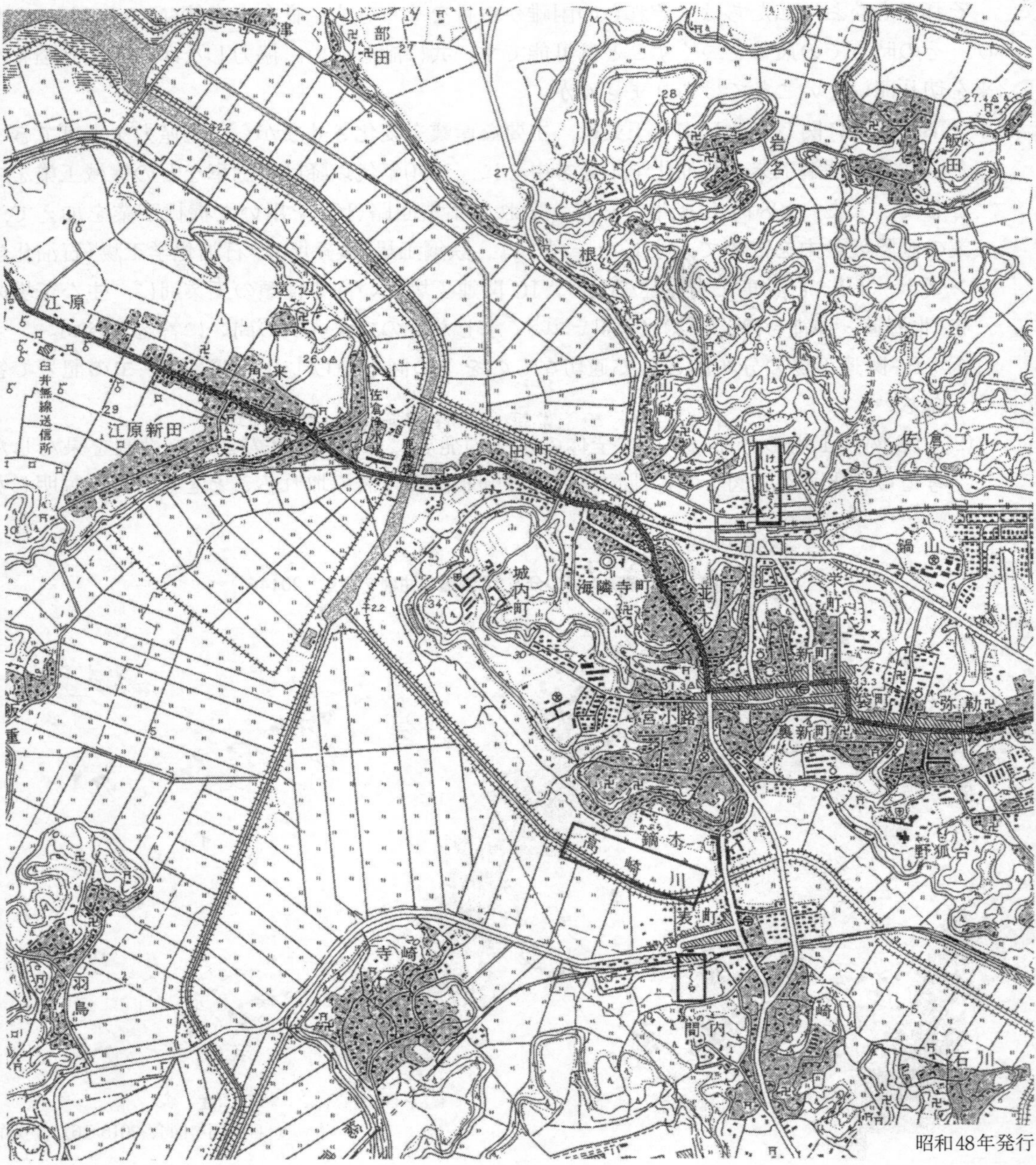

昭和48年発行

場所が選ばれた理由を答えなさい。

(2) 「昭和48年発行」と「平成17年発行」の２枚の地形図から読み取れることとして，最も適するものを，下の**ア**～**エ**から１つ選び，記号で答えなさい。

ア 商店街や官公署のある市中心部の街道《かいどう》は，かつての城下町のなごりで，かぎ状に曲がっていたが，交通の便をよくするために直線に改修された。

イ 「けいせいさくら」駅と「さくら」駅の間の街道沿いに集中していた商店街(建物密集地)は，地域人口の増加にともなって拡大し，両駅をつなぐようになった。

ウ 高崎《たかさき》川の流域には，かつては棚田《たなだ》が広がっていたが，区画の一つひとつが大きくなり，耕地が整理された。

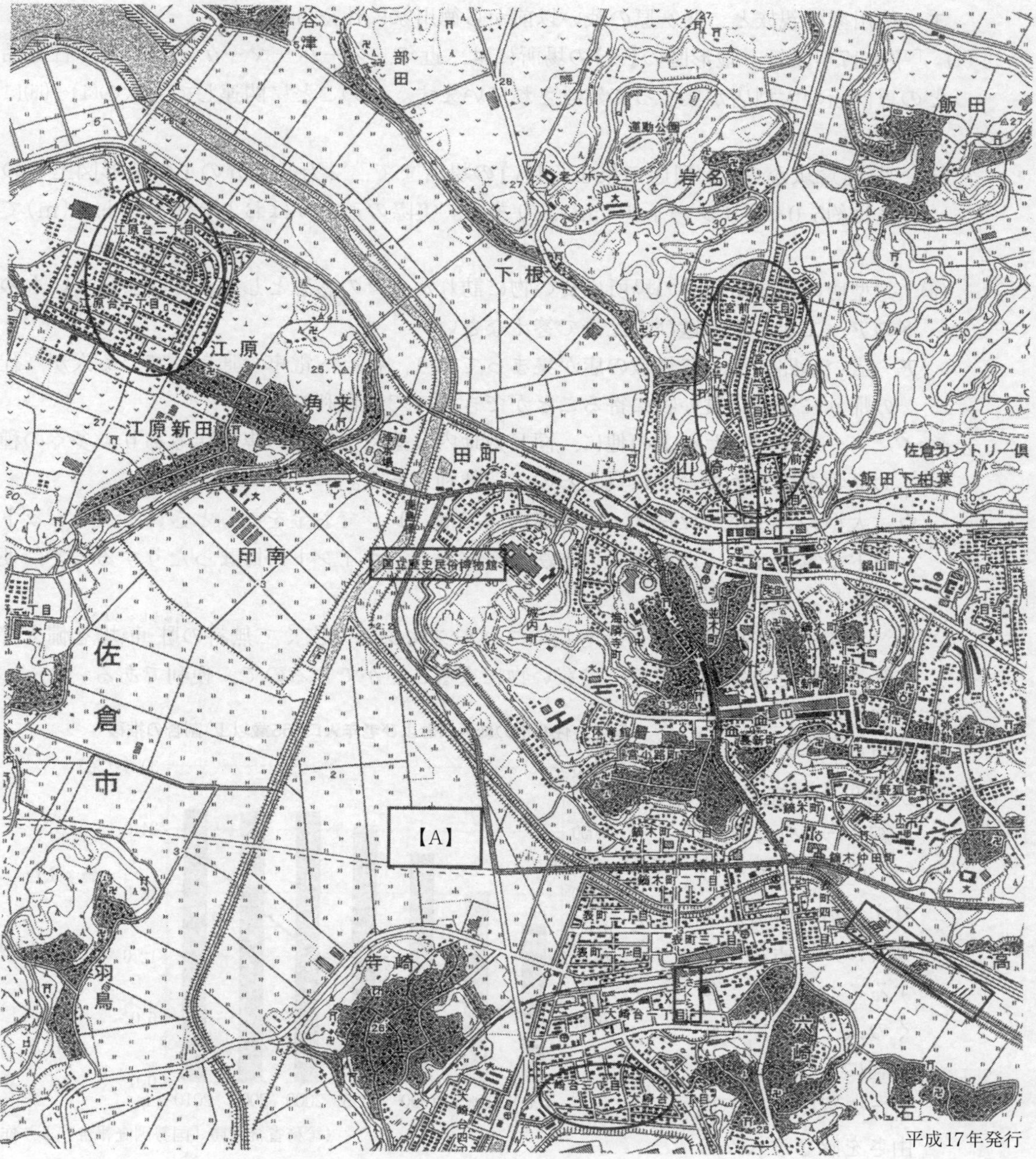

平成17年発行

エ　地形図の【A】付近を通る，東西・南北方向に延びる道幅《みちはば》の広い新しい道路は，かつて水田や荒地《あれち》だった場所を通るように建設されている。

(3)「平成17年発行」の地形図をみると，国立歴史民俗《みんぞく》博物館付近に城跡《しろあと》記号が見られます。それは，佐倉城跡《さくらじょうせき》を示しており，佐倉城は，江戸時代を通じ，多くの譜代《ふだい》大名が城主となり，幕府の要職をつとめたことでも知られます。「譜代」の説明として適切なものを，下の**ア**～**エ**から１つ選び，記号で答えなさい。

ア　江戸時代に最も大きな石高《こくだか》を保持した大名

イ　徳川家の親族

ウ　関ヶ原《せきがはら》の戦い以前から徳川家に仕えていた家臣

エ　徳川家の親族と，関ヶ原の戦い以前から徳川家に仕える家臣

(4)「平成17年発行」地形図の【A】の場所には，近年，スーパーマーケットや薬や日用品などの専門店の大型店が集まって建設されています。このことに関連して，次の(i)～(iii)に答えなさい。

(i)　JR佐倉駅から，大型店の集まる【A】の場所まで，２万５千分の１の地形図上での道のりは約5.0センチメートル(cm)あります。実際の道のりはおよそ何メートル(m)ですか。

(ii)　大型店の集まる【A】の場所に買い物に訪《おとず》れた人々の感想として**あてはまらない**ものを，下の**ア**～**エ**から１つ選び，記号で答えなさい。

ア　広い道路に沿って複数の店が集まっており，都心へ電車で通勤している人が，仕事の帰りに気軽に買い物に寄ることができるので，便利である。

イ　スーパーマーケットの他に，同じ敷地《しきち》内に薬や日用品の専門店もあり，多くの種類の品物をまとめて一度に買えるので，便利である。

ウ　大型のスーパーマーケットや専門店では，レジでお金を払うときに，クレジットカードや電子マネーなど支払い方法が選べたり，ポイントが貯《た》まったりするので，便利である。

エ　お年寄りや障害のある人専用のスペースもある，広くて無料の駐車場《ちゅうしゃじょう》を備えており，家族で自家用車を使って買い物に来ることができるので，便利である。

(iii)　図２は，佐倉市の人口(棒グラフ)および老年人口割合(折れ線グラフ)の推移について示したものです。【A】のような場所に大型店が集中することにより，多くの人々の買い物が便利になる一方で，日々の買い物に不自由さを感じる人々も

図２　佐倉市の総人口および老年人口(65歳《さい》以上)割合の推移

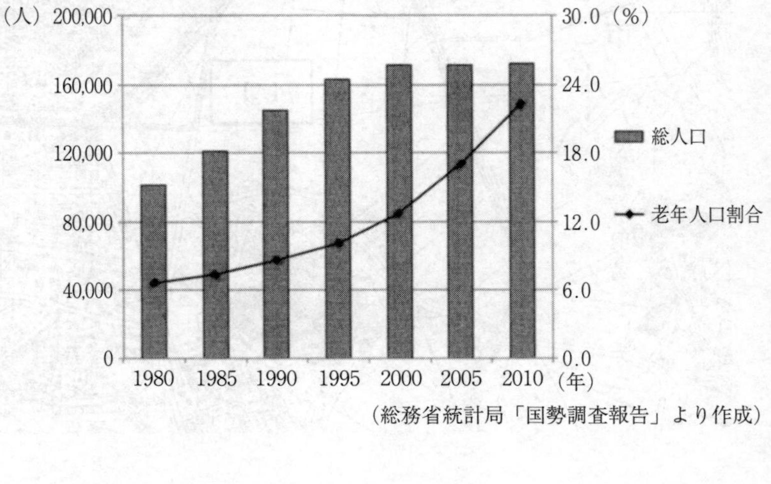

(総務省統計局「国勢調査報告」より作成)

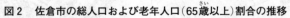

増えてきました。そのような人々は，どのようなことを，どのような点で不便であると感じるのか，地形図および図２からわかることをもとに説明しなさい。

問３　下線部③に関して。2020年の東京オリンピック開催《かいさい》に向けて，再開発事業が進んでいます。その地域のひとつに，東京23区東部があげられます。現在のこの地区の街路のほとんどは，1924年～1930年の間に整備されたものです。

以下の史料１は1924年に当時の東京市長によって市民に出された宣言で，図３は現在の中央区日本橋浜町《はまちょう》の整備前後の様子を示したものです。

史料１　1924年に出された宣言

我々東京市民は今やいよいよ区画整理の実行に取りかからなければならない時となりました。

第一に我々が考えなければならないことは，この事業は実に我々市民自身がなさなければならない事業であることです。我々は何としても(あ)昨年の災害によって受けた苦痛を忘れることはできません。父母兄弟妻子をなくし，(い)実にあらゆる困難にあったのです。我々はいかなる努力をしても，再びこのような苦しい目にあいたくはありません。また我々の子孫に何としても，我々と同じような苦しみを受けさせたくありません。

（『東京の都市計画』所収「区画整理に就《つい》て市民諸君に告ぐ」より）

※史料は問題作成上，省略したりわかりやすく改めたところがある。

図３　現在の中央区日本橋浜町の整備前後の様子

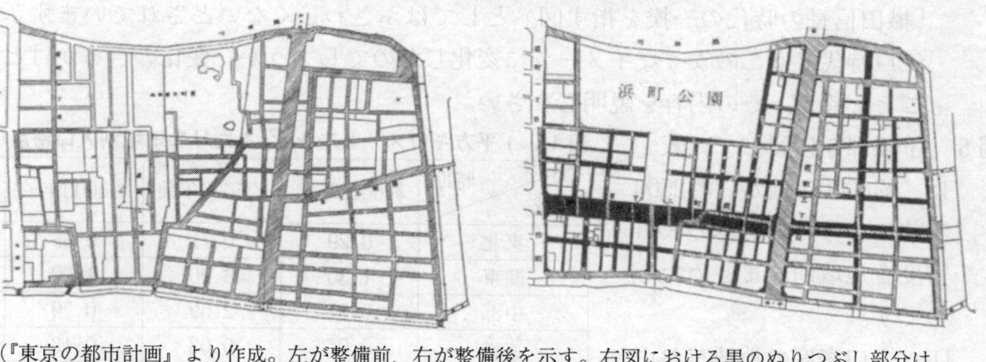

（『東京の都市計画』より作成。左が整備前，右が整備後を示す。右図における黒のぬりつぶし部分は，新しく作ったり拡張したりした道路を示している。）

(1)　史料中の下線部(あ)の「昨年の災害」とは現在何と呼ばれていますか。

(2)　史料中の下線部(い)の「あらゆる困難」が今後起きないように，東京市は図３のような道路拡張などの整備事業を行いました。この「あらゆる困難」の具体例を１つ答えなさい。

問４　下線部④に関して。農民や僧侶《そうりょ》などが，自分たちの意思を実現するために作る組織のことを「一揆《いっき》」と呼んでいます。幕府や領主たちはこれに対し，武力でおさえたり話し合いをしたりしていました。「一揆」のかたちは江戸時代とそれ以前では大きく異なっていると言われています。図４は，織田信長《おだのぶなが》と戦う「一向一揆《いっこういっき》」と呼ばれる民衆の一揆の様子を示したものです。

図４　織田信長と戦う「一向一揆」の様子

（『絵本《えほん》拾遺《しゅうい》信長記《しんちょうき》』（江戸時代後半に描《えが》かれたもの）より）

(1)　この図で人々は太鼓《たいこ》や旗，竹やりなどを持っていますが，それ以外で人々が織田信長と戦うために持っている道具は何ですか。

(2)　この図は「江戸時代の人々が農民の一揆に対して持つイメージ」をそのまま描いていて，「織田信長の時代の一揆を指す図」としてはふさわしくないとされています。では，なぜ江戸時代ではこのようなイメージに変化したのでしょうか。変化のきっかけとなったできごとを答え，その内容を説明しなさい。

問５　下線部⑤に関して。表１は，約6000年前から約2500年前にかけての日本の人口密度を地域別にまとめたものです。

表１　１平方キロメートル（km^2）あたりの地域別人口密度（単位：人）

地域＼時期	約6000年前	約5000年前	約4000年前	約3000～2500年前
東北	0.29	0.71	0.66	0.50
関東	1.30	3.00	1.60	3.20
中部	0.91	2.59	0.79	3.07
近畿《きんき》	0.05	0.08	0.13	3.33
中国	0.04	0.04	0.08	1.80
四国	0.02	0.01	0.14	1.61
九州	0.14	0.13	0.24	1.56
全国平均（北海道除く）	0.36	0.89	0.55	2.04

（泉拓良《いずみたくら》の研究による。問題作成上，データの一部および出典名は省略する。）

(1)　人口密度の地域差および変化について，表１から読み取れる説明として**あてはまらない**ものを，下の**ア**～**エ**から１つ選び，記号で答えなさい。

ア　約5000年前から約4000年前にかけての人口密度は，全国平均では減少したが，近畿地方より西側では増加した。

イ　約3000～2500年前の人口密度は，中部地方より西側では，約4000年前の３倍を超《こ》えている。

ウ　東北地方の人口密度は，約3000～2500年前には全国で最も低い。

エ　関東地方の人口密度は，約6000年前から約2500年前を通して全国で最も高い。

(2)　表1に示される地域ごとの人口密度と，図5・表2・表3からわかる食料との関連についての説明として**あてはまらない**ものを，下の**ア**～**エ**から1つ選び，記号で答えなさい。

図5　約6000～5000年前における日本の森林分布

落葉樹林：ブナ・ミズナラ・トチ・クリ・クルミなど

照葉樹林：シイ・カシ・クスノキなど

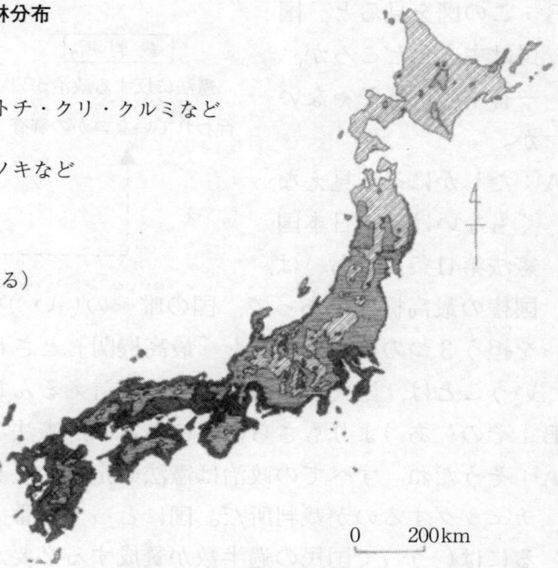

（泉《いずみ》 拓良《たくら》の研究（安田《やすだ》喜憲《よしのり》原図）による）

表2　約6000～5000年前の人々の主な食料

春	若草・木の芽・アサリ・ハマグリ・イワシ
夏	保存した木の実・カツオ・ハマグリ・アジ・サバ
秋	トチ・クリ・クルミ・シイ・サケ・マス
冬	保存した木の実・魚の干物・シカ・イノシシ

（岡村《おかむら》道雄《みちお》・小林《こばやし》 達雄《たつお》作成の図による）

表3　約3000～2500年前において穀物の形跡《けいせき》が確認された遺跡の数

穀物／地方	コメ	ムギ	アワ	ヒエ	キビ
東北	14	3	1	4	1
関東	18	7	3	2	–
中部	27	1	2	1	1
近畿	29	–	2	1	–
中国・四国	27	9	1	5	3
九州	33	8	3	–	–

※「–」は該当《がいとう》データなし

（伊藤《いとう》寿和《としかず》のまとめによる。元となるデータは黒尾《くろお》和久《かずひさ》・高橋《たかはし》克範《かつのり》の研究による。）

ア　約6000～5000年前において，人口密度が全国平均より高い地域は，当時の人々の主な食料であったトチ・クリ・クルミを含む落葉樹が多く分布している。

イ　約6000～5000年前において，人口密度が全国平均より高い地域は，当時の人々の主な食料であったアジ・サバの漁獲量が多い。

ウ　約3000～2500年前において，約4000年前と比べて人口密度の増加した割合が高い4つの地域は，コメの形跡の確認される遺跡数が多い地域にあてはまる。

エ　約3000～2500年前において，コメの形跡の確認される遺跡数が多い地域ほど人口密度が高い，とは必ずしも言えない。

問6　下線部⑥に関して。どのような社会を作るかを最終的に決める，国の政治の主人公が国民であるという原則が「国民主権」です。国民主権について小学生Aくんがまとめた図6と，その図に関するBくんとの対話文を読み，問いに答えなさい。

図6 「国民主権」についてAくんがまとめた図

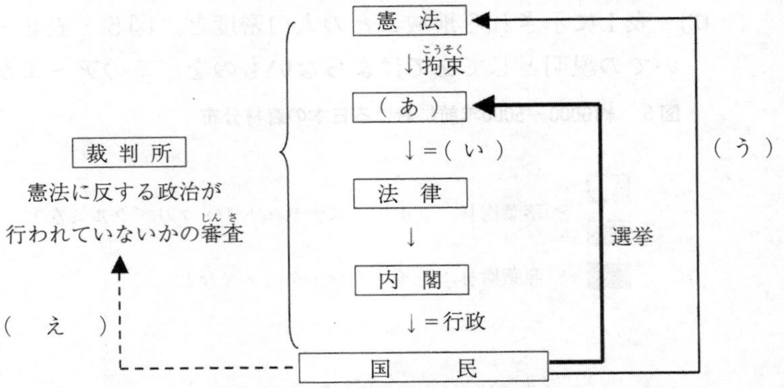

A：国民主権について調べたことを図にまとめたよ。

B：この図を見ると，国民は主人公どころか，一番下の位置じゃないか。

A：たしかにそう見えなくもないけど，日本国憲法第41条「(　あ　)は，国権の最高機関であって，国の唯一《ゆいいつ》の(　い　)機関である。」という規定の通り，国の政治を担《にな》う３つの機関の中でも「最高機関」とされる(　あ　)のメンバーを国民が選んでいるということは，国民が政治の主人公と言えるんじゃないかな。

B：その(　あ　)よりもさらに上にあるのが憲法なんだね。

A：そうだね。すべての政治は憲法の定めに反しないように行わなくてはならない。それをチェックするのが裁判所だ。国にとって一番大切な決まりである憲法についても，改正するには(　う　)で国民の過半数が賛成する必要があるんだ。これも国民主権の重要なしくみだよ。

B：だとすると，［　　　　　］ことで，この図のしくみが成り立たなくなってしまうね。

A：そうかもしれないね。主権者が常日頃《つねひごろ》から政治に関心を持つことが大切だ。

B：ひとつ疑問があるのだけど，「国民主権」の「国民」は，選挙権・(　う　)権のある人ということで，僕《ぼく》たちは主権者ではないのかな。

A：たしかに…。それについては，中学生になったらまたしっかり勉強しよう。

(1)　図中の空欄《くうらん》(あ)～(う)にあてはまる語句を答えなさい。

(2)　対話文中の空欄［　　］にあてはまるものを，下の**ア**～**エ**から１つ選び，記号で答えなさい。

ア　憲法を改正する手続きをとらないまま，憲法の内容を変えるような政治が行われる

イ　内閣が，法律にしばられ，国際情勢や経済状況《じょうきょう》の変化に対応しきれないまま行政を行う

ウ　国民によって選ばれたわけではない裁判官が，法律や政策の内容を否定するような判決を出す

エ　国民が，選挙後も自分たちが選んだ代表者の政策や行動に目を光らせ口を出す

(3)　図中の空欄(え)にあてはまるものを，下の**ア**～**エ**から１つ選び，記号で答えなさい。

ア　最高裁判所裁判官に対する国民審査と，一般《いっぱん》の国民だけで罪の有無《うむ》や重さを決める裁判員制度への参加

イ　最高裁判所裁判官に対する国民審査と，一般の国民が裁判官といっしょに罪の有無や重さを決める裁判員制度への参加

ウ　すべての裁判官に対する国民審査と，一般の国民が裁判官といっしょに罪の有無や重さを決める裁判員制度への参加

エ すべての裁判官に対する国民審査と，一般の国民だけで家族や知人のあいだで起きた争いごとを解決する裁判員制度への参加

(4) 対話文中の波線部に関して。2016年6月19日以降に行われる国政選挙から，何歳《さい》以上の国民が選挙で投票できるようになりますか。

問7 下線部⑦に関して。議論をする上で，自分とは違《ちが》う考えを持つ人の意見を聞き，その意見にどう対応するかを考えることも大切です。次は，2020年東京オリンピック開催《かいさい》について，駒場東邦生《こまばとうほうせい》が「賛成」か「反対」の立場に分かれ，勝敗をかけて行った討論の主な内容と，その感想をまとめたものです。これを読み，それぞれの主張や感想から言えることとして**誤っている**ものを，下の**ア～オ**から**2つ**選び，記号で答えなさい。

東京オリンピック賛成の主な理由

・オリンピックを開催することで大規模工事が増え，関連商品・サービスの売り上げが伸びるなど，経済が活性化し，仕事が増える。
・東北の企業《きぎょう》に仕事やオリンピック効果による利益をまわすことで震災《しんさい》復興も進む。
・前回オリンピック時に建設され，古くなった施設《しせつ》や交通網《こうつうもう》を新しくできる。
・スポーツが活発になる。競技場がその後も活用できる。
・日本の良い文化を外国の人にアピールする機会になる。

東京オリンピック反対の主な理由

・競技場の建設や改修，終了後の維持《いじ》に多くのお金がかかり，開催後に借金が残る。
・新しい施設をつくることで，環境破壊《はかい》や立ちのき問題が生じる。
・東北復興のための人員，予算が不足する。
・期待されているほどの経済効果はない。仕事もその時だけで続かない。
・交通機関がさらに混雑する。治安の悪化やテロの可能性が心配される。

討論を行った感想

・違う立場の人々の言い分をよく聞いて，それに対する反論を考えることで，異なる意見も理解でき，自分の意見もより説得力のあるものにできる。しかし，賛成・反対の２方向からはとらえにくい問題を多数決でおしきり，結論を出してしまう恐《おそ》れがある。
・自分の意見や相手の意見の何が正しく何が対立しているのかを整理することができるが，勝敗を決めるという性質上，両方の意見を合わせたものや新しい考えにもとづく結論を出しにくい。

ア オリンピックによる経済効果が論点の一つになっているが，これについて議論するには経費と見《み》込《こ》まれる効果の額が提示される必要がある。

イ 賛成派もしくは反対派の片方だけがあげていて，もう片方はそれについて触《ふ》れていない内容があり，論点を整理する必要がある。

ウ 反対派が東北復興を重視しているのに対し，賛成派は重視していない。

エ 賛成，反対の二者に分かれて議論をすることで，どんな問題で両者の意見が対立し，それを解決しなくてはならないのか，争点を明確にすることができる。

オ　賛成，反対の二者に分かれて議論をすることで，それぞれの意見の良いところを取り入れた解決策を見いだしやすくなる。

問８　下線部⑧に関して。日本では，「主権者」である国民が選挙で選んだ代表が政治を行う方法がとられています。この方法で政治を行う場合に注意すべき課題について，問いに答えなさい。

(1)　2014年の衆議院議員総選挙で多数の議席を得て政権を担当することになったＡ党とＤ党からなる政権は，選挙権を持つ国民全体の約何％の支持を得たと考えられますか。表４をふまえ，最も近い数値を，下の**ア**～**エ**から選び，記号で答えなさい。

表４　2014年衆議院議員総選挙の投票率および政党別得票率（政党別に得た票の割合）（％）

投票率／52.65	Ａ党 33.11	Ｂ党 18.33	Ｃ党 15.72	Ｄ党 13.71
	Ｅ党 11.37	Ｆ党　2.65	Ｇ党　2.46	Ｈ党　1.93

（総務省ホームページの選挙結果データにより作成。政党別得票率は，比例代表〈各政党が得た票数の割合に基《もと》づいて議席を配分する選挙制度〉の結果に基づく上位８位まで。）

ア　約25％　　**イ**　約50％
ウ　約66％　　**エ**　約75％

(2)　選挙の時，各政党は，様々な政治課題についてどのように取り組むかという約束（公約）をかかげ，選挙活動を行います。国民は自らの関心のある政治課題についての各政党の公約などを判断材料にして投票し，選挙後，各政党は，公約を実行しようとします。しかし，政策によっては，公約としてかかげていたにも関わらず，国民の賛同をなかなか得られないこともあります。なぜそのようなことが起きるのでしょうか。その理由について，資料１からわかることをふまえて説明しなさい。

資料１　選挙の時に国民が判断材料にした問題（複数回答）（％）

1	景気対策	55.9
2	年金	48.6
3	医療《いりょう》・介護《かいご》	48.4
4	消費税	38.0
5	子育て・教育	29.0
6	雇用《こよう》対策	24.1
7	原発・エネルギー	23.6
8	財政再建	18.8
9	外交・防衛	17.4
10	震災からの復興	16.6

（明るい選挙推進協会ホームページ上の2014年総選挙時のデータより作成。上位10位まで。）

【理　科】（40分）〈満点：80点〉

1　次の(1)～(8)の問いに答えなさい。

(1)　生物は「食べる」「食べられる」の関係で，たがいにつながっています。これを食物連鎖《れんさ》といいます。次の**ア**～**エ**は，食物連鎖を「食べる」←「食べられる」の順につなげて表したものです。正しいものを1つ選び，記号で答えなさい。

ア．ザリガニ←メダカ←ミジンコ←イカダモ

イ．ワシ←ヘビ←キツネ←カエル

ウ．サメ←イワシ←カツオ←オキアミ

エ．ライオン←シマウマ←バッタ←草

(2)　棒やおもりをつるして，バランスをとる実験をしました。

①　均質で太さが一様でない木の棒の両端《りょうたん》を，ばねばかりでつるしたところ，ばねばかりの示す値《あたい》は，左側が40ｇ，右側が60ｇでした。この木の棒の全体の重さは，いくらですか。

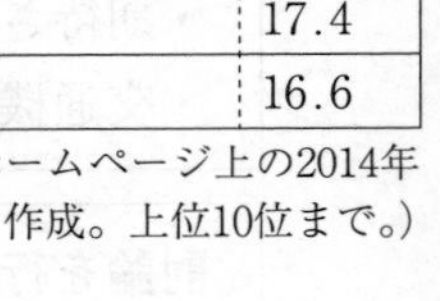

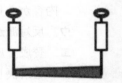

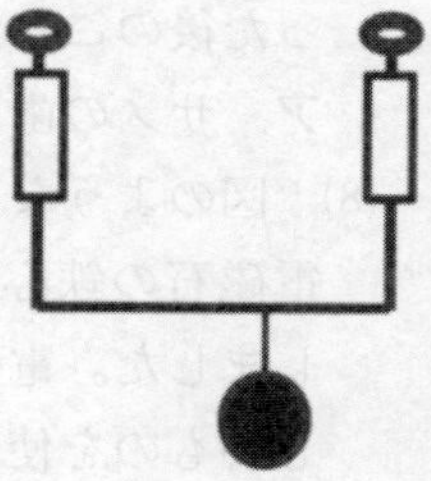

② 重さが無視できる細い頑丈《がんじょう》な棒の両端をばねばかりでつるし，①の木の棒と同じ重さのおもりを，細い棒のある位置につるしたところ，ばねばかりの示す値は，①と同じ，左側が40ｇ，右側が60ｇになりました。おもりをつるした位置は，棒を，左側から何：何に分ける点ですか。もっとも簡単な整数の比で答えなさい。

③ ①の木の棒のちょうど真ん中を糸でつるし，木の棒の左端に，ある重さのおもりをつるすと，うまくバランスがとれてつりあいます。つるすおもりの重さは，いくらですか。

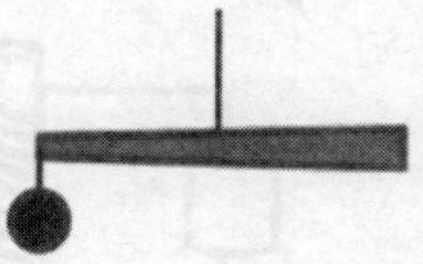

(3) 実験操作について述べた次の**ア**～**エ**の文のうち，正しいものをすべて選び，記号で答えなさい。

ア．ビーカーに入った溶液《ようえき》を加熱するときは，全体がなるべく同じ温度になるよう，温度計でよくかき混ぜる。

イ．溶液を試験管に多く取りすぎてしまったときは，溶液を流しに捨てて量を調節する。

ウ．リトマス紙を使うときは，ガラス棒に溶液をつけ，それをリトマス紙にふれさせて色の変化を観察する。

エ．上皿てんびんを使うときには，分銅は付属のピンセットでつまむ。

(4) 次の文は，東京で「明け方頃《ころ》に見える月」について述べています。誤っている文を2つ選び，**ア**～**オ**の記号で答えなさい。

ア．日がたつにつれて，太陽から遠ざかる。

イ．形の見え方は，日がたつにつれて，次第《しだい》に細くなる。

ウ．日によっては，見えてから真南を通らないこともある。

エ．かがやいている部分といない部分があるときは，左側がかがやいている。

オ．日がたつにつれて，三日月から半月，そして満月へと形の見え方が変わる。

(5) 生物は，呼吸によって体の中に酸素を取り入れ，体の外に二酸化炭素を出しています。

① ヒトが空気中の酸素を体内に取り入れるときの経路は，次のように表されます。(　)にあてはまる言葉を，それぞれ漢字２字で答えなさい。

「鼻や口→のど→(**あ**)→肺→(**い**)」

② 次の**ア**～**オ**のうち，肺を持たない動物をすべて選び，記号で答えなさい。

ア．カラス　　**イ**．カエル　　**ウ**．ドジョウ　　**エ**．フナ　　**オ**．クジラ

(6) 気体とその用途《ようと》について述べた次の**ア**～**エ**のうち，誤っているものを１つ選び，記号で答えなさい。

	気体の名称	用　途
ア	二酸化炭素	消火器，炭酸水
イ	プロパン	ガスコンロの燃料
ウ	酸　素	ポテトチップスの袋《ふくろ》をふくらませる
エ	ヘリウム	風船，飛行船

(7) 次の**ア**～**オ**の化石をある基準で２つのグループになかま分けすると，１つと４つに分かれました。１つだけのものはどれですか。記号で答えなさい。ただし，用途など化石として見つか

った後のことがらは，なかま分けの基準とはしません。

ア．サメの歯　**イ**．恐竜《きょうりゅう》の足あと　**ウ**．まつかさ　**エ**．石炭　**オ**．アサリの貝がら

(8)　図のような**ア～オ**の電磁石を用意して，そのうちの２つの電磁石どうしを縦に並べて，下の電磁石の鉄心の上端《じょうたん》に，上の電磁石の鉄心の下端《かたん》を近づけると，反発したり，引き合ったりしました。電磁石の鉄心やエナメル線は，すべて同じものを用い，電池はすべて同じ種類の新しいものを使いました。

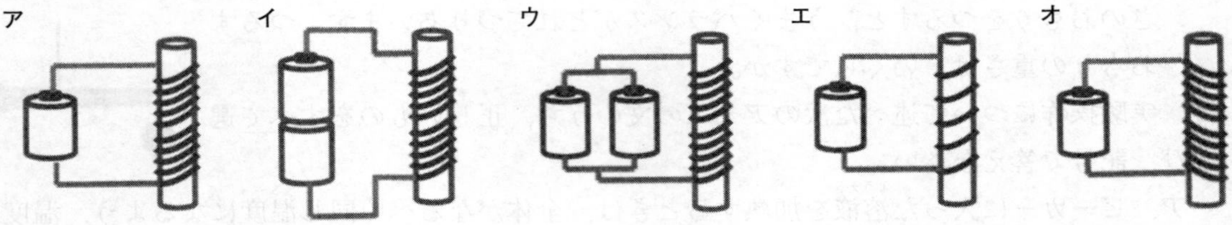

①　もっとも強く反発するのは，**ア～オ**のどれとどれを近づけたときですか。その組み合わせを，1つだけ答えなさい。

②　お互《たが》いに引き合うが，その引き合う力がもっとも弱いのは，**ア～オ**のどれとどれを近づけたときですか。その組み合わせを，１つだけ答えなさい。

2　以下の文章を読み，問いに答えなさい。

ジャガイモを育てるため，花壇《かだん》に30cmほどの穴を掘《ほ》り，①肥料を入れて土をかけ，その上にたねいもを植えました。２ヶ月もすると，ジャガイモの葉は大きく茂《しげ》り，②茎《くき》の外側にはギザギザしたでっぱりが何本も出てきました。白っぽい花も咲《さ》きました。土をそっと掘り返してみると，小さいジャガイモがいくつかできていました(図１)。植えつけから３ヶ月半たつと，葉や茎が枯《か》れてきました。土を掘り返すと，大きいジャガイモがたくさんできていました。

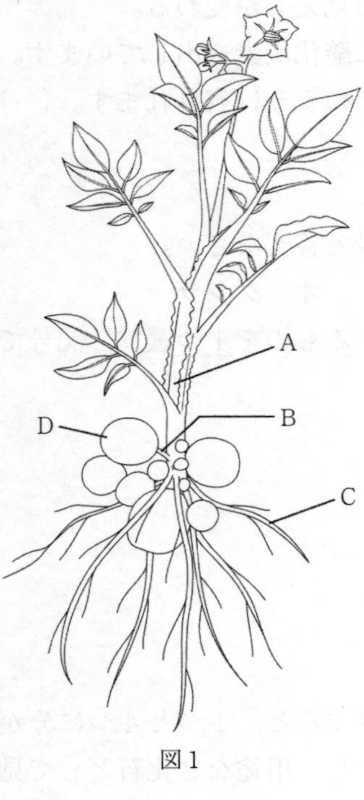

図1

(1) ジャガイモは現在ナス科に分類されています。ジャガイモと同じナス科の植物の花を，次の**ア**～**エ**から１つ選び，記号で答えなさい。

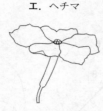

ア．カボチャ　**イ**．アサガオ　**ウ**．トマト　**エ**．ヘチマ

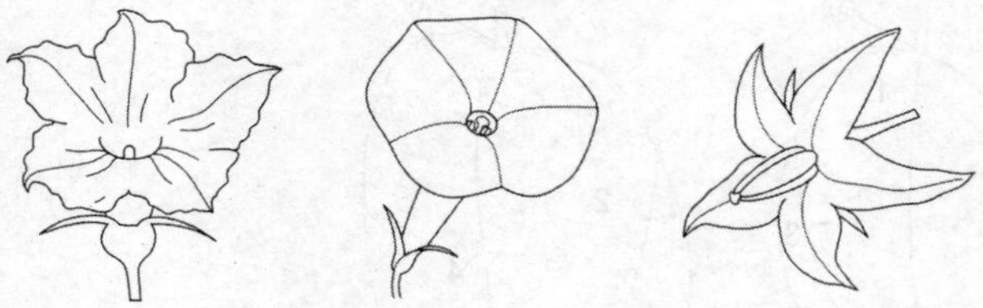

(2) ジャガイモを日の当たるところに置いておくと，ジャガイモが緑色になりました。ここにはソラニンなどの毒が含《ふく》まれています。このソラニンという物質は，芽などに多く含まれています。ジャガイモのつくる有毒物質は，ジャガイモにとってどのような利点があると考えられますか。簡単に説明しなさい。

(3) 下線部①について，肥料は，どこからどのようにしてジャガイモに取り入れられますか。簡単に説明しなさい。

(4) 下線部②について，茎のギザギザのでっぱりは何のためにあると考えられますか。次の**ア**～**エ**から１つ選び，記号で答えなさい。

ア．動物に食べられにくくする

イ．植物を大きく見せる

ウ．茎を強くして倒《たお》れにくくする

エ．日光に当たりやすくする

[実験]　図１のジャガイモの土をきれいに落とし，食紅を溶かした水につけ，半日おいておきました。次に，Ａ，Ｂ，Ｃの部分をカッターで横に切り，虫眼鏡で観察したところ，赤く染まった部分が見られました(下図)。赤く染まった部分は黒色で示してあります。

Ａ　Ｂ　Ｃ

(5) 図１のＤを右図の線の位置で切った断面では，どこの部分が赤く染まりますか。[実験]の結果を踏《ふ》まえて，次の**ア**～**エ**の模式図の中から１つ選び，記号で答えなさい。模式図では，赤く染まった部分を黒色で示してあります。

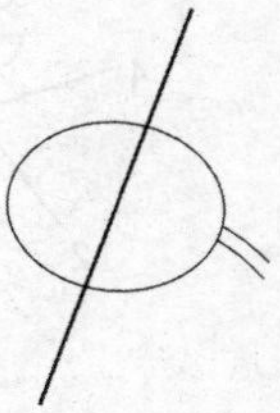

ア　**イ**　**ウ**　**エ**

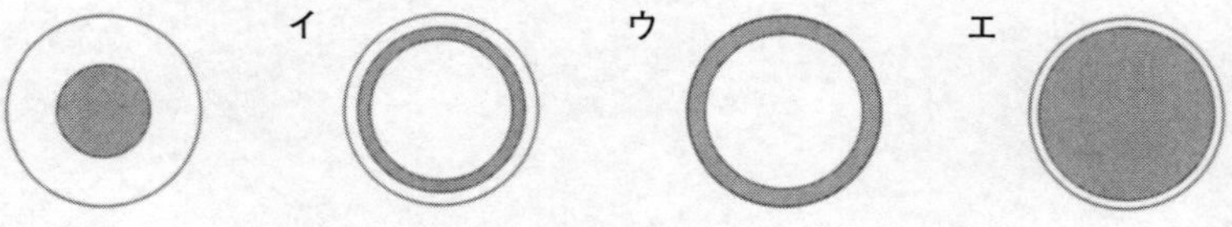

[観察]　大きくなったジャガイモをきれいに洗い，観察すると，表面にたくさんのくぼみがありました。よく見ると，ジャガイモが茎とつながっていたⓐの側はまばらで，その反対のⓘの側にくぼみがたくさんあります。まばらな側から１つずつくぼみをたどっていくと，くぼみはらせん状にならんでいることがわかりました(図２)。さらに，ジャガイモがつながっていた部分ⓐと反対側のⓘをつないでみると，その線上にくぼみの**1**と**6**がありました

(図３)。同じように，くぼみの**2**と**7**，**3**と**8**，**4**と**9**，**5**と**10**がそれぞれの同じ線上にありました。

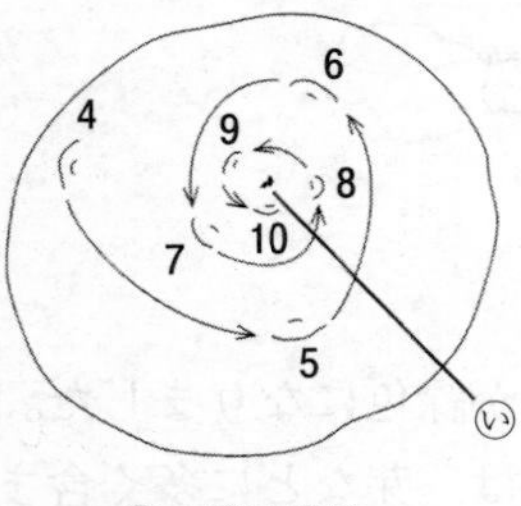

＊あの側は省略

図２

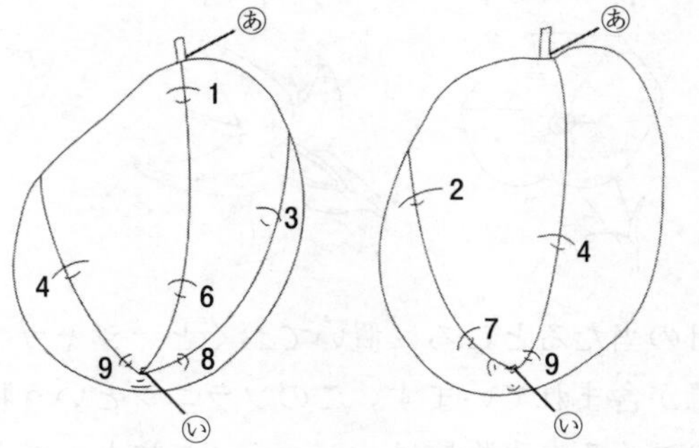

図３

(6)　ジャガイモの葉のつき方の規則性は，［観察］の結果から考えることができます。ジャガイモを茎の真上からみると，葉は上から順にらせん状についていて，重ならないようになっています。では，上の葉を**1**番として下に向かって数えたとき，**1**番目の葉と重なるのは何番目の葉と考えられますか。次の**ア**〜**エ**の中から１つ選び，記号で答えなさい。

ア． 3番目の葉と重なる

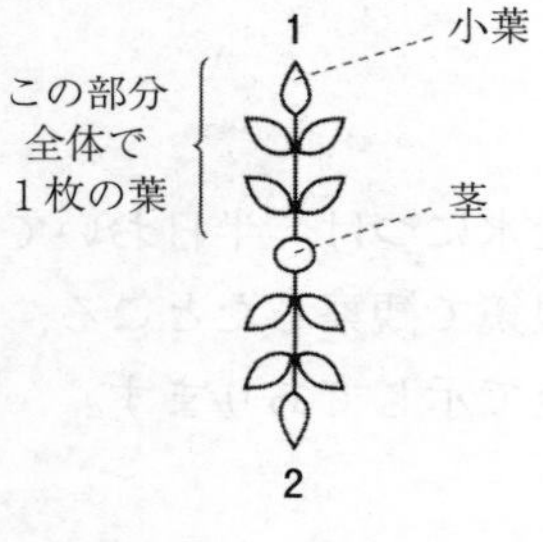

イ． 4番目の葉と重なる

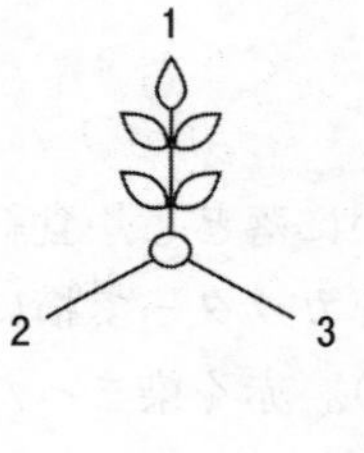

＊2番目以降の小葉は省略

ウ． 6番目の葉と重なる

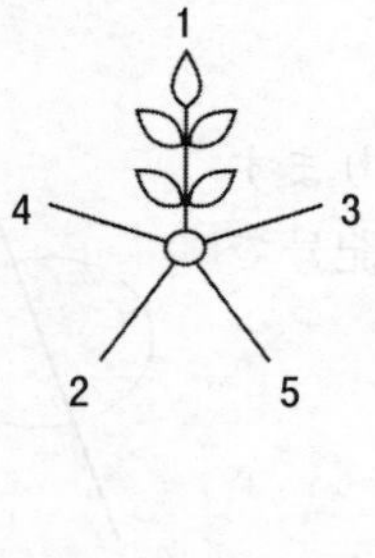

＊2番目以降の小葉は省略

エ． 9番目の葉と重なる

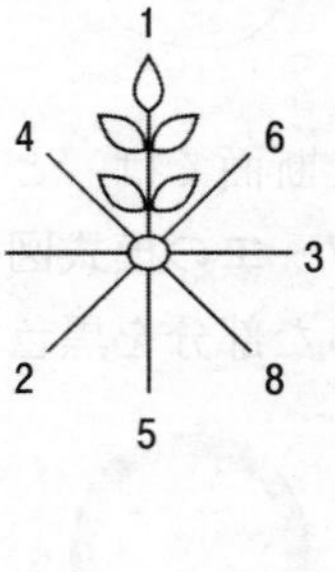

＊2番目以降の小葉は省略

3 塩酸の濃《こ》さに関する以下の文章を読み，問いに答えなさい。

塩酸を水で薄《うす》めたり，あるいは，塩酸と化学反応するものを加えることで，塩酸の濃さを低くする(酸性を弱くする)ことができます。塩酸の濃さを調べる方法として，BTB 液の色を比《ひ》較《かく》する，比色法《ひしょくほう》という実験が知られています。

操作１　うすい塩酸(塩酸Ａ)を試験管に10mL とった。

操作２　塩酸Ａを別の試験管に１mL とり，水を加えて10mL とした(塩酸Ｂ)。

操作３　塩酸Ｂをさらに別の試験管に１mL とり，ここに，水を加えて10mL とした(塩酸Ｃ)。同じ操作を繰《く》り返し，塩酸Ｄ，Ｅを用意した。

操作４　塩酸Ａ～Ｅにそれぞれ BTB 液を１滴ずつ入れ，よく振《ふ》り混ぜた。なお，BTB 液は，酸性では黄色，中性では緑色，アルカリ性では青色を示す。

(1)　この実験を繰り返して塩酸を薄めていくと，BTB 液の色は何色になりますか。次の**ア**～**エ**から正しいものを１つ選び，記号で答えなさい。

ア．緑色　**イ**．黄色　**ウ**．青色　**エ**．無色

(2)　BTB 液を入れた後の塩酸Ｃにアルミニウムの粉末を加えました。溶液《ようえき》の色の変化として正しいものを，次の**ア**～**ウ**から１つ選び，記号で答えなさい。

ア．BTB 液の色は，塩酸Ａの色に近くなる。

イ．BTB 液の色は粉末を入れる前後で変わらない。

ウ．BTB 液の色は，塩酸Ｅの色に近くなる。

(3)　群馬《ぐんま》県を流れる，利根川《とねがわ》支流の湯川《ゆがわ》は，草津《くさつ》温泉からの水が流れ込むため，酸性が強く，生き物が住むことはできませんでした。現在では，川の途中《とちゅう》で酸性を弱める処理を行って，下流の環境《かんきょう》を保護しています。

①　川の水の酸性を弱める処理として最も適当なものを，次の**ア**～**エ**から１つ選び，記号で答えなさい。

ア．食塩水を加える　**イ**．ミョウバンを加える

ウ．石灰《せっかい》石を加える　**エ**．加熱して酸を蒸発させる

②　川の水の酸性を弱める処理として，金属の粉末を加えることは適当ではありません。その理由を15字以内で説明しなさい。

では，アルカリ性についてはどうでしょうか。同様に，石灰水を水で薄めていくことで，BTB 液の色も変化し，その濃さを比較することができます。

比色法はわかりやすいので，様々な調査に使われています。たとえば，水や大気に有害な物質がどれだけ含まれるかを調査するときは，その物質と反応して色変化する薬品を用意しておけば，比色法によってその量を調査することができます。

(4)　石灰水を作るのに必要な水酸化カルシウムという物質は，水１Ｌに1.5ｇぐらいしか溶けません。そのため，水酸化カルシウムを水に対して多めに入れた後，ろ過して石灰水を作っています。また，石灰水を，ビーカーに入れて放置しておくと，水面に白い膜《まく》ができたり，底に沈《ちん》殿《でん》がたまったりして，濃さが低くなっていきます。

①　下線部の理由を簡単に説明しなさい。

②　石灰水はいたみやすいのですが，実験で使うたびに作るのは大変です。また，水にものが

どれだけ溶けるかは，気温によっても変わります。そこで，石灰水をためておくことのできる専用の容器が市販《しはん》されています。それは，次の図**ア**～**ウ**のどれでしょうか。1つ選び，記号で答えなさい。

ア

イ

ウ

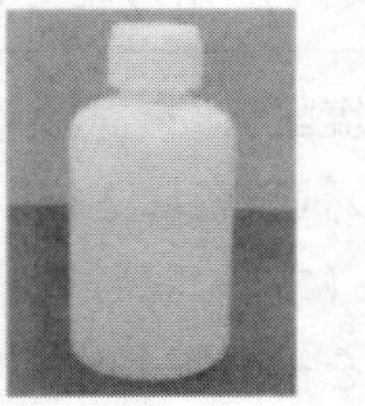

(5) 以上のことをふまえ，水や大気の調査について述べた次の**ア**～**エ**の文のうち，正しいものをすべて選び，記号で答えなさい。

ア．屋外で雨水を集めるときは，セッケンでよく洗った容器を使う。

イ．海水は，密閉できる容器に入れておけば，長期間保管できる。

ウ．酸性雨の調査では，調査した日にちや時間だけでなく，気温や測定した場所の情報なども記録しておく。

エ．大気中の窒素《ちっそ》酸化物や微粒子《びりゅうし》などが光化学スモッグの原因と考えられるため，東京都ではその濃度《のうど》を日々調査している。

4 日本付近の天気とその変化について，次の各問いに答えなさい。

(1) 雲の量は，空全体の広さを10としたときの雲が占《し》める広さで決め，0から10までの11段階で表します。次の文中の(　)にあてはまる整数を答えなさい。

雲の量が(　　)より大きいと，天気はくもりと決められています。

(2) 次の文は，ある日の天気の変化を雲の種類を中心に述べています。文中の(　)にあてはまる，それぞれの雲の種類を下から選び，**ア**～**カ**の記号で答えなさい。

午前中は晴れで，はけで描《えが》いたような線状の(1)が空に広がっていました。午後になると，(2)に変わり，太陽のまわりを明るく輝《かがや》く輪が囲んでいるのが見えました。この輪は，この雲が出れば，必ずしも見られるものではありません。夜になると，月をぼんやりかくす(3)になりました。日付が変わるころには，(4)に変わり，弱い雨が降り出しました。

ア．すじ雲(巻雲)　**イ**．雨雲(乱層雲)　**ウ**．わた雲(積雲)

エ．入道雲(積乱雲)　**オ**．おぼろ雲(高層雲)　**カ**．うす雲(巻層雲)

(3) 真上の空を見ると，いくつもの雲のかたまりが動いていました。そのようすを，真上の空を見上げたままの状態で，図1のように記録しました。雲のかたまりはどれもアからイの方向に動いていました。雲のかたまりを動かしている風はどの方位から吹いていますか。8方位から選び，答えなさい。

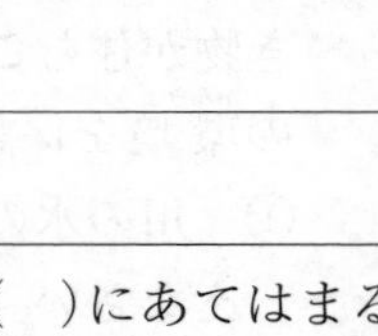

図1

(4) 下の図2は，日本付近の人工衛星からの雲画像です。㋐と㋑の撮影間隔《さつえいかんかく》は24時間です。(あ)では西日本に，(い)では東日本の太平洋側に大きな雲のかたまりがあります。ただし，台風に伴《ともな》う雲ではありません。

① 先に撮影した雲画像はどちらですか。(あ)，(い)の記号で答えなさい。

② (あ)と(い)の天気として最も適するものをそれぞれ１つ，次の**ア**～**ウ**から選び，記号で答えなさい。ただし，重複しないものとします。

ア．東京は雨，鹿児島《かごしま》はくもりだった。

イ．東京はくもり，鹿児島は雨だった。

ウ．東京は晴れ，鹿児島も晴れだった。

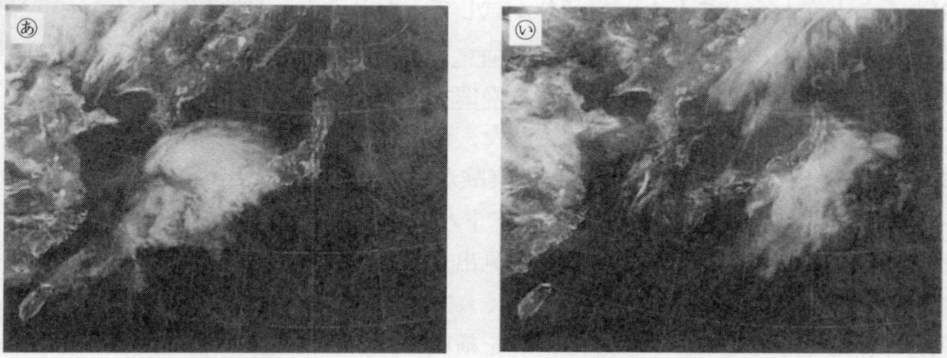

図２

(5) 次の文は，天気の変化に関する言い伝えの一例とその科学的根拠《こんきょ》について述べています。文中の各(　)にあてはまる言葉をそれぞれ１つ下から選び，**ア**～**シ**の記号で答えなさい。同じ番号の(　)には同じ言葉が入ります。

> 多くの地域で次のような言い伝えがあります。
>
> 「朝，虹《にじ》が見えると，その日は(１)になる。」
>
> 虹は，空に浮《う》かぶ雨粒《あまつぶ》などの水滴《すいてき》に太陽の光があたってできるので，虹は観測者から見て，(　 ２　)にできます。したがって朝，虹が見えるときは(３)の方の天気が，(１)だと考えられます。日本付近では，雲はおおよそ(４)へ動くので，この言い伝えは科学的にはおおよそ正しいといえます。

（１） **ア**．晴れ　　**イ**．雨

（２） **ウ**．太陽と同じ側　　**エ**．太陽の反対側

（３） **オ**．東　**カ**．西　　**キ**．南　**ク**．北

（４） **ケ**．東から西　　**コ**．西から東　　**サ**．南から北　　**シ**．北から南

5 次の文章を読み，後に示す図や表を参照して，各問いに答えなさい。

中学校１年生の駒造《こまぞう》君は，小学校３年生の弟，邦彦《くにひこ》君と，屋外で虫眼鏡を使って太陽光を集める実験をしました。虫眼鏡は「凸《とつ》レンズ」であり，太陽光が集まる点を「焦点《しょうてん》」，凸レンズから焦点までの距離《きょり》を「焦点距離」と呼ぶことなどを，邦彦君に教えながら楽しんでいると，そこへ通りかかった駒造君の同級生の東子さんから，「(1)実験は安全に注意しなきゃ。」と指摘《してき》され，屋内で電球の光を集める実験に変更《へんこう》しました。

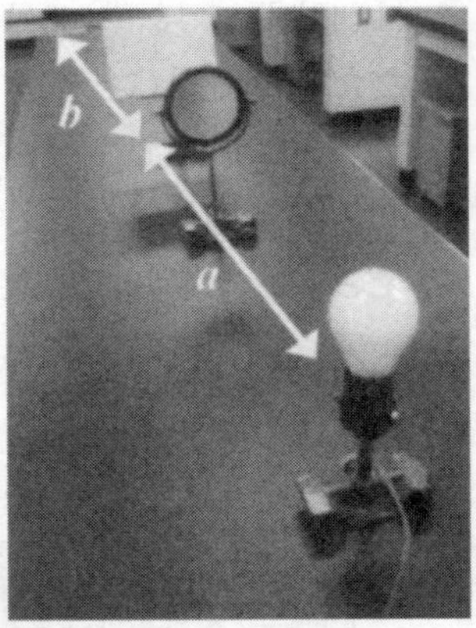

屋内で，電球の光を凸レンズで集めてみると，太陽光を集めるのとはちょっと様子が異なりました。(2)太陽光を集めたときのように一点に集めることができず，代わりに，紙の上に電球が映し出されたのです。電球と凸レンズの距離を変えると，うまく映し出されるときの紙の位置や，像の大きさが変わることもわかりました。家にあった参考書を調べると，これは，凸レンズによって「像」が映し出される現象で，凸レンズから電球までの距離aと凸レンズから像が映し出される位置までの距離bの間には，決まった関係があることがわかりました。何通りか試《ため》してみたところ，凸レンズから電球までの距離aを長くすると，凸レンズから像が映し出される位置までの距離bが短くなり，その像が小さくなることもわかりました。

駒造君と東子さんは，そこへちょうど帰宅した，駒造君の兄で高校1年生の大輔《だいすけ》君に，どんな関係があるのか教えてもらおうとすると，「実験から何かを見つけ出すには，まずはたくさんの結果，つまり多くのデータが必要だ。」とアドバイスされましたので，ひたすらデータを取り，それらのデータを眺《なが》めましたが，規則が見出せません。

ここからは，大輔君がデータ処理を手伝ってくれました。パソコンに，駒造君たちの集めたデータを入力し，aとbをきれいに表にし，aを横軸《じく》に，bを縦軸にとって，すべてのデータを，グラフ上の点として表してくれたのが，図1です。このグラフを見て，駒造君は気づきました。「これって，反比例の関係じゃないかな。」

ところが，大輔君があっさりと，「違《ちが》うな。」と否定。「反比例なら，aとbをかけた値が，どのデータでも同じ値になるはずだけど，ほら。」と，aとbをかけた値を表に追加してくれました。確かに同じ値になっていません。そして，「反比例なら，実はaを横軸に，$(1 \div b)$の値を縦軸にとると，グラフが(3)ある条件を満たした直線になるはずなんだけど，このグラフをみると，どうかな。」と，作って見せてくれたのが，図2です。「え，このグラフ，直線になってるようにも見えるけど。」という駒造君に，大輔君が，「反比例なら，aが2倍，3倍になると，bは2分の1，3分の1になる。ということは，aに対して$(1 \div b)$は，（ 4 ）の関係になるはずで。」すかさず，東子さんが，「ほんとだ，（ 4 ）になってない。」と気づきました。実は，aに対して$(1 \div b)$をグラフに表してみるこの方法は，反比例の関係かどうかを確かめる方法なのだそうです。

では，aとbは，いったいどんな関係なのでしょうか。パソコン処理で，大輔君がもう一つ作って見せてくれたグラフが，図3です。$(1 \div a)$の値を横軸に，$(1 \div b)$の値を縦軸にとったグラフで，各点が見事にほぼ直線状に並んでいます。大輔君は言います。「どんな関係かな。」「直線が，横軸，縦軸にぶつかるところの値は。」駒造君が気づきました。「両方とも，同じ。」東子さんが，「ということは，（ 5 ）がいつも同じ値。」見事，aとbの関係が発見されました。

大輔君が，教えてくれました。「1をその同じ値（ 5 ）でわった値が，実は『焦点距離』fなんだ。」大輔君は，さらにパソコン処理をして，fの値を表に追加し，「ここに並んだfの値は，ばらついてるね。」「でも，こんな処理をしてみるとどうかな。」と，さらにもう一つグラフを見せてくれました。図4です。今までのグラフとは違って棒グラフです。0.2cm ごとに区切ったそれぞれの区間に，fの値が何個ずつあるか数えて作った「度数分布」のグラフです。

駒造君と東子さんには，試験の「得点分布」のグラフと同じ種類のグラフだとわかりました。ここで，大輔君が問いかけます。「さて，君たちが使った凸レンズについて，何がわかるかな。」東子さんが答えます。「焦点距離は，（ 6 ）cm。」駒造君が，「じゃあ，随分《ずいぶん》いっぱい，(7)失敗のデータがあるんだね。」と言ったところ，大輔君に指摘されました。「それは違うよ。初めに言ったじゃない。実験から何かを見つけ出すには，まずはたくさんの結果，つまり多くのデータが必要だって。」「あ，そうか。」駒造君も，失敗のデータがたくさんあるわけではないことに，すぐに思い至りました。「ところで，邦彦君はどこ？」と，東子さん。難しい話に飽《あ》きて，遊びに行ってしまったようです。

表

a	$1 \div a$	b	$1 \div b$	$a \times b$	f
20.0	0.0500	43.0	0.0233	860.0	13.7
20.0	0.0500	43.0	0.0233	860.0	13.7
20.0	0.0500	49.0	0.0204	980.0	14.2
20.0	0.0500	57.0	0.0175	1140.0	14.8
21.0	0.0476	42.0	0.0238	882.0	14.0
25.0	0.0400	32.0	0.0313	800.0	14.0
25.0	0.0400	32.0	0.0313	800.0	14.0
25.0	0.0400	32.0	0.0313	800.0	14.0
25.0	0.0400	33.0	0.0303	825.0	14.2
25.0	0.0400	34.5	0.0290	862.5	14.5
25.0	0.0400	37.0	0.0270	925.0	14.9
30.0	0.0333	26.0	0.0385	780.0	13.9
30.0	0.0333	26.0	0.0385	780.0	13.9
30.0	0.0333	26.5	0.0377	795.0	14.1
30.0	0.0333	26.5	0.0377	795.0	14.1
30.0	0.0333	27.0	0.0370	810.0	14.2
30.0	0.0333	27.0	0.0370	810.0	14.2
30.0	0.0333	30.0	0.0333	900.0	15.0
30.0	0.0333	31.0	0.0323	930.0	15.2
30.0	0.0333	31.0	0.0323	930.0	15.2
32.0	0.0313	28.0	0.0357	896.0	14.9
35.0	0.0286	23.0	0.0435	805.0	13.9
35.0	0.0286	23.3	0.0429	815.5	14.0
35.0	0.0286	24.0	0.0417	840.0	14.2
36.0	0.0278	23.5	0.0426	846.0	14.2
36.0	0.0278	25.0	0.0400	900.0	14.8
40.0	0.0250	20.0	0.0500	800.0	13.3
40.0	0.0250	21.0	0.0476	840.0	13.8
40.0	0.0250	22.0	0.0455	880.0	14.2
40.0	0.0250	22.0	0.0455	880.0	14.2
40.0	0.0250	22.0	0.0455	880.0	14.2
40.0	0.0250	23.2	0.0431	928.0	14.7
40.0	0.0250	23.8	0.0420	952.0	14.9
45.0	0.0222	20.5	0.0488	922.5	14.1
50.0	0.0200	19.5	0.0513	975.0	14.0
50.0	0.0200	20.0	0.0500	1000.0	14.3
50.0	0.0200	21.0	0.0476	1050.0	14.8
56.0	0.0179	19.5	0.0513	1092.0	14.5

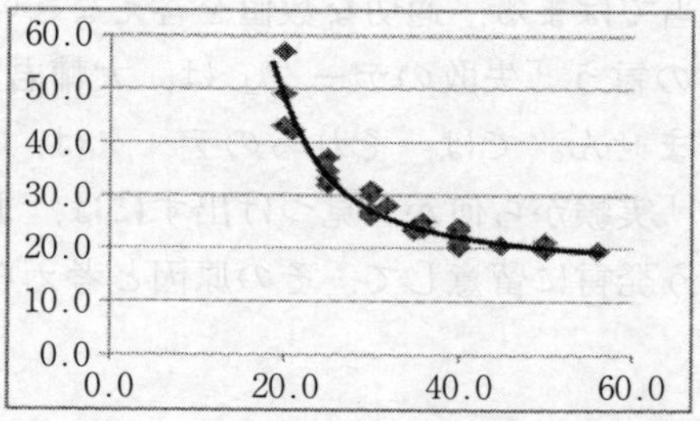

図1

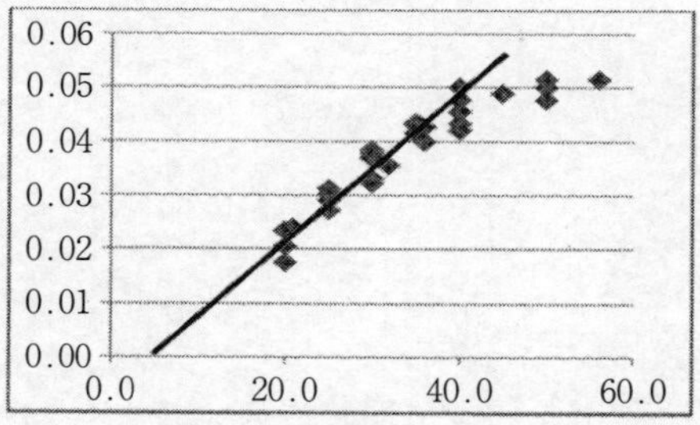

図2

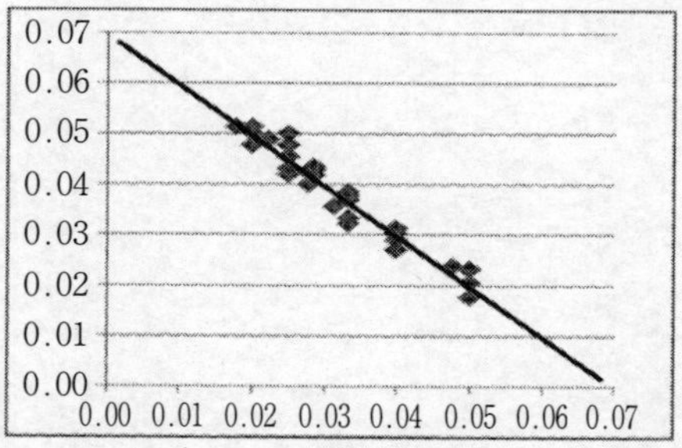

図3

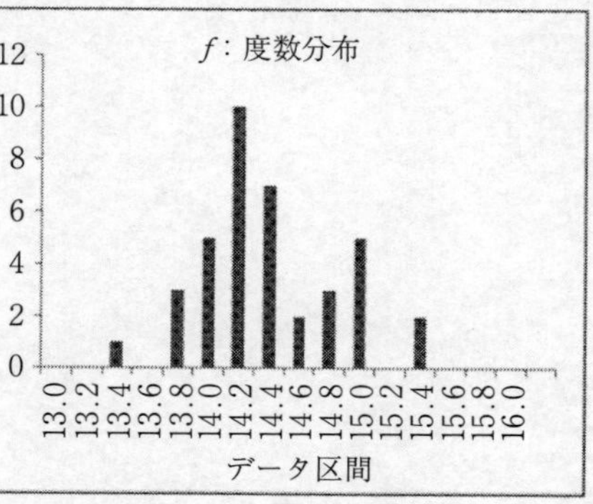

図4

(1)　駒造君は，東子さんから「安全に注意が必要」と指摘されたのはなぜですか。その理由となる「危険」なことを，１つ挙げなさい。

(2)　太陽光は，なぜ「凸レンズによって一点に集まる」のでしょうか。「電球の光を凸レンズで集める」ときとの違いに注目して，簡潔に説明しなさい。

(3)　もし反比例なら，「a を横軸に，$(1\div b)$ の値を縦軸にとったグラフ」は，どんな条件を満たす直線になるはずですか。その「条件」を，簡潔に示しなさい。

(4)　（４）に当てはまる，適切な言葉を答えなさい。

(5)　（５）に当てはまる，適切な式を答えなさい。

(6)　（６）に当てはまる，適切な数値を答えなさい。

(7)　駒造君の言う「失敗のデータ」は，大輔君に指摘されて駒造君も気づいたように，「失敗」ではありません。では，それらのデータは，なぜ本当に正しい値からずれたのでしょうか。大輔君の「実験から何かを見つけ出すには，まずはたくさんの結果，つまり多くのデータが必要」という発言に留意して，その原因と考えられることを，短い言葉で示しなさい。

問12 ――線部⑨「あたしったら、まるで清教徒に育てちゃって……」とありますが、これはどういうことですか。その説明として最も適切なものを次の中から選び、記号で答えなさい。

ア まだ学生の妹に変なうわさがたたないように、自分も結婚せず、妹にも男性との交際をさせなかったということ。

イ 二人の生活を支えているのは自分の収入なので、学生の妹を自分のいいなりにして、がまんさせてきたということ。

ウ 両親を失い、日々の生活はきびしいので、妹に自分が決めた生活規則を守らせ、自由にさせなかったということ。

エ 学生の妹は卒業論文や就職活動でいそがしい様子だったのに、無理に家事の手伝いをさせてきてしまったということ。

オ まだ子どもでわがままな妹に、立派に自分で生活できるようになるように、厳しい規則を課してきたということ。

問13 ――線部⑩「だいじょうぶよ、あたし、やっとこれで小学は卒業しました」とありますが、これはどういうことですか。本文全体をふまえて、百字以上百二十字以内で説明しなさい。

次の中から選び、記号で答えなさい。

ア　戦争中の困難な状況で私の母がマミーを助け、その恩を返すように三宅家が戦後の困難な状況で私の家を助けるなかで、両家に特別な結びつきが生まれたということ。

イ　戦争中でもマミーたちはいつも勤勉で、苦しい生活にも全く不平を言わなかったので、私の家族は三宅家の人たちに、特別な敬意をはらうようになったということ。

ウ　戦時中、日本語が不自由だったマミーを私の母が助けたことが縁となって、戦後は私の姉が英語を教わり、言語の壁《かべ》をこえた相互《そうご》理解が生まれたということ。

エ　戦争に勝つためには、海外帰りの者であっても関係なく、一丸となって敵と戦う必要があったため、私たちと三宅家の間には強い協力関係が生まれたということ。

オ　戦争というものは、どんな立場の人間にも等しく食糧不足をもたらしたので、大変な状況を生《い》き抜《ぬ》くためには、隣人《りんじん》同士の助け合いが必要だったということ。

問5　――線部③「何もかもが逆になった」とありますが、これはどういうことですか。マミーの立場に則して六十字以内で説明しなさい。

問6　本文中の□で囲まれた箇所の私の順ちゃんへの思いを八十字以内で説明しなさい。

問7　――線部④「それまで勝手に順ちゃんを、私のプリンス・チャーミングにきめていたんだ。順ちゃんは、眠り姫の私の目をさましに、日本にやってくるはずだった」とありますが、これに対して順ちゃんは私をどのように見ていますか。それを端的《たんてき》に表した一文を探し、はじめの七字を抜き出して答えなさい。

問8　――線部⑤「そら、きた！　と、私は思った」とありますが、なぜ私は「そら、きた！」と思ったのですか。その理由を三十字以内で説明しなさい。

問9　――線部⑥「頭をかっきりひっつめて、黒っぽい服を着て、おねえさんは、三十一になってしまった」とありますが、これはどういうことですか。その説明として最も適切なものを次の中から選び、記号で答えなさい。

ア　おねえさんはわざわざ男性の関心をひかないような格好を長年し続けてきた結果、実際の年齢《ねんれい》以上に老《ふ》けて見えるようになってしまったということ。

イ　わがままな妹を甘やかさずきびしくしつけようと、おねえさんはすきのない格好をし続けたために、男性に相手にされず結婚しそびれてしまったということ。

ウ　戦争や両親の死に対する悲しみを表す服や髪型を長年してきたことで、おねえさんは同世代より大人びて見えるようになってしまったということ。

エ　姉妹《しまい》二人だけの生活のなか、おねえさんは自分のことを後回しにし、おしゃれもせずに質素な生活を続け、恋愛《れんあい》もせずにいい年になってしまったということ。

オ　おねえさんは異性とおつき合いをする経験もなく、わき目もふらずに働いてきたために、本人の意志に反してかたくなな大人になってしまったということ。

問10　――線部⑦「グロテスク」とありますが、この言葉の意味として最も適切なものを次の中から選び、記号で答えなさい。

ア　軽薄《けいはく》だ　イ　非常識だ　ウ　不気味だ
エ　横暴だ　オ　下品だ

問11　――線部⑧「私は、腹いせのように、私の卒業論文に熱中した」とありますが、この時の私の心情を五十字以内で説明しなさい。

その晩から、私は高熱をだし、ひと月寝た。夜と昼の見さかいもつかない二、三日がすぎて正気にもどった時、私は、おねえさんの狂気《きょうき》じみた13カンビョウぶりに、びっくりしてしまった。おねえさんは、十年一日と守ってきた日課をかなぐりすてていた。会社も休んだし、乱費もした。ふしぎなことに、私は、十も年とったようなおだやかな気もちになって、そのおねえさんを見ることができた。「かわいそうなおねえさん。」私の病気を知ったマミーからは、毎日のように14コウクウビンがきて、枕《まくら》もとにたまっていた。それには、さりげなくニューヨーク郊外《こうがい》のおそい春のようすなどが書いてあったが、何か自分のむすこの心なしをわびているような調子があるような気がして、私にはしかたがなかった。

私、なにか、とんでもないこと、うわ言で言ったのかしら、私は思ったが、そんなこと、どうでもいいと思った。

はじめて、からだをおこした日、順ちゃんは私を抱《だ》いて、縁側の籐《とう》いすまでつれていってくれた。

一月ぶりの日光がしみわたって、からだがうきあがりそうだった。

「どんな？」おねえさんが聞いた。

「いい気もち……、このまま、天国までのぼっていきそうだ。」

「ばかね。」天国にいく私をひきとめるように、おねえさんは、わきに坐《すわ》って私の手をにぎっていた。

「もうすぐピンピンだよ。なおったらね、とも子、ダンスにでもいこうか。」順ちゃんが、わきからのぞきこみながら、言った。

「順ちゃんたら！」私は、ほんとにおかしくなってしまって、キャッキャッと笑いだした。「いやだわ、カキモチくらいで15バイシュウされて……、⑩だいじょうぶよ、あたし、やっとこれで小学は卒業しました。」

（石井桃子《いしいももこ》『においのカゴ　石井桃子創作集』所収「春のあらし」）

問1　‖線部1〜15のカタカナを漢字に直しなさい。

問2　〰線部A「有無を言わせず」、B「間髪を入れず」とありますが、この言葉の意味として最も適切なものを後の中からそれぞれ選び、記号で答えなさい。

A「有無を言わせず」
ア　厚かましく　イ　強引《ごういん》に　ウ　無言で
エ　こっそりと　オ　気前よく

B「間髪を入れず」
ア　即座《そくざ》に　イ　我慢《がまん》できず　ウ　大声で
エ　大喜びで　オ　髪を振《ふ》り乱《みだ》して

問3　――線部①「ちょっと眉をよせてみせ、そのくせ、配達さんには、あいそよく笑って」とありますが、これはどういうことを示していますか。その説明として最も適切なものを次の中から選び、記号で答えなさい。

ア　おねえさんは私に困ってしまったので、配達さんに同意を求めるように笑いかけているということ。
イ　おねえさんは私にいらだちを感じたが、配達さんには姉妹の不和を悟《さと》られまいとしているということ。
ウ　おねえさんは私のことをたしなめたが、他人への礼儀は忘れず、配達さんをねぎらっているということ。
エ　おねえさんは私にうんざりしたので、気持ちを落ち着かせようと配達さんの方へ顔を背《そむ》けているということ。
オ　おねえさんは私をにらみつけたが、配達さんのいたことに気がつき、あわててごまかしているということ。

問4　――線部②「戦争がなかったら、私たちは、あれほど親しくならなかったかもしれない」とありますが、これはどのようなことをいっているのですか。その内容の説明として最も適切なものをない。少くとも、私たちのいうドライじゃない。むしろ、古風だった。おねえさんのおねえさんに対するサービスなんかときたら。それは、おねえさんのコブである私にも、もちろん、やさしくはしてくれたけれど……、私がまん中になって歩いている時など、私の頭ごしにかわされる、たのしげな、したしげな会話を、私は何度がまんしなくちゃならなかったろう。私は、時どき、心の中でみにくい悪罵《あくば》(口汚くののしること)を二人になげつけたりした。

「三十一の女と二十六の男なんて、⑦グロテスクじゃないの！」

⑧私は、腹いせのように、私の卒業論文に熱中した。テーマは、「女子日雇《ひやとい》労働者の労働状況《じょうきょう》。」それから、就職だって、自分の手で片づけてみせるから！ 私は、寒い十二、一月を口数も少なく、かけまわった。

いく晩か徹夜《てつや》して、やっと卒論をしあげて、二、三日すると、私は身心ともからになって、くたくたという気がした。そして、とうとう、ある夕、ごはんもたべずに寝こんだ。ひと眠りして、汗《あせ》びっしょりかいて、夢ともうつつともなくうつらうつらしていると、茶の間に順ちゃんがきたらしい。

「とも子は？」

「寝たのよ。かぜらしいの。」おねえさんが言った。「ねむったから、しずかにしてね。ここしばらくむりがつづいたから疲《つか》れたんでしょ……、カキモチ焼く？」

「うん！」と少年のように。

カタコト、家庭的な音がして、やがて、ぷーんとおもちの焼けるにおいがしてきた。

おねえさんが、しんみりとはじめた。

「ね、順ちゃん、いつかあなたにお願いしようと思ってたんだけど、これから少し、とも子を外につれだしてよ。さっきアスピリン(薬品名)のましたら、すうすう寝こんじゃって、その寝顔見てたら、かわいそうになっちゃった。⑨あたしったら、まるで清教徒に育てちゃって……」

「なんだか、小さいころとずいぶんかわったね……」

「ちがうのよ！」おねえさんの声が、大きくなった。「焼けたわ。」

ボリボリ、カキモチをかじる音がおこった。

「少し前まで、もっと明かるかったの。もっとわがままで……かわいかったの……」

私の目から、お湯のような涙がころがりおちはじめた。

「なんだか……あなたがきてから、かわったみたい……」

「なんだい、ぼくのせいにして！」

「でも、そうなんだもの。いままで、ふたりっきりで、まあ、あの子だいじにって育ててきたでしょ？ だのに、このごろは、のけ者って気がするんじゃないかしら？ 今度、かぜなおったら、ダンスにでもさそってよ。」

また、ボリボリがはじまった。

「いや、これから、気をつけるよ。なんだか、まだ子どもみたいな気がしてしかたがないもんだから……」

「子どもったって、もう二十一よ。」

「……とも子、おどれるのかい？」

「じょうずらしいわよ。このごろは、体操の時間にやるんじゃない？」

「ふん、体操で？……」

私は、頭のなかがクルクルまわって、

「私のだいじな問題、カキモチたべながら論じないでよ！ 同情なんかしないでちょうだい！」と、ふたりのところへどなりこんだ錯覚《さっかく》さえもった。

おねえさんは笑って、すぐ涙を払《はら》うと、順ちゃんを、かれが、これから8ドウキョする板倉家の人たちに紹介《しょうかい》した。そして、私たちは、にぎやかに家に帰ってきた。

その晩、私はよく眠《ねむ》れなかった。

なんて思いがけない、へんてこなことになってしまったんだろ、と私は思った。私は、④それまで勝手に順ちゃんを、私のプリンス・チャーミング（おとぎ話でシンデレラと結婚する王子）にきめていたんだ。順ちゃんは、眠り姫《ひめ》（王子のキスで目をさますおとぎ話の主人公）の私の目をさましに、日本にやってくるはずだった。それなのに……ことによったら、あの時、十七だった順ちゃんには、二十二のおねえさんが、初恋《はつこい》の人だったんじゃないかな……。

つぎの朝、私はいつもの日曜日のように、十時には、おふろ場の裏にタライをもちだして、一週間分の洗濯《せんたく》をしていた。万事《ばんじ》、おねえさんのきめた時間割りどおりだった。順ちゃんが、首にスウェター（セーター）をひっかけるという9ケイソウで、木戸の上から顔をだしたのは、十時半ごろだった。

「ハァイ、とも子！」順ちゃんは、きげんのいい笑顔で言った。

「おはよ！」しかし、私は10ヒニクをとばさずにいられなかった。

「けさは、まちがえなかったわね。よく眠れた？」

「うん、さっきまでぐっすり。だって、何十時間とんだんだ？」そして、木戸をあけてはいってくると、「日曜に洗濯かい？」

「だってきょうしなけりゃ、いつするの？」

私は泡《あわ》の上にうかんでいる下着類を、かれの目にとどかないところにつっこんだ。

「かわいそうに。」と、兄らしく言って、「ヤスは？」

⑤そら、きた！と、私は思った。

「あっちよ。もうお掃除《そうじ》すんだでしょ。」

順ちゃんは、またあとでねというような目顔で、庭の方へまわっていった。たちまち、茶の間の方角から、おねえさんの明かるい笑い声がおこった。

それから、ああ、私の世界に、なんという価値のテントウがおこったのだろう。

私は、それまで、私の家の中心だった。なるほど、おねえさんは万事、家の中をきりもりして、寝《ね》るも起きるも、おねえさんのさしずどおりではあった。

「だって、少しでも規則的にやってエネルギー11セツヤクしなかったら、私の細腕《ほそうで》で私たちの生活もちきれないわ。そのかわり、あなたが卒業して、自分で生活できるようになったら、あなたは、あなたの自由よ。責任もって、あなたらしく暮らしてちょうだい。だけど、それまでは、おねえさんの言うこと聞いてね。」と、おねえさんは言うのだ。

私のために青春をなげうってしまったとも言えるおねえさん。⑥頭をかっきりひっつめて、黒っぽい服を着て、おねえさんは、三十一になってしまった。「あなたといっしょに、私も結婚するわよ。」と、おねえさんは笑うのだけれど。

でも、なんとなく、私は、それがあたりまえの気がしていた。おねえさんは、私のためにあるような気がしていた。

それが、いま、完全にみそっかすなのは、私だった。順ちゃんは、形式的な板倉さんとの交渉《こうしょう》をめんどくさがって、朝に晩に裏からやってきて、「ヤス、ヤス」の12レンパツだった。理解者を得て、おねえさんが日に日に、明るくなり、若がえるのは、だれの目にだってわかった。

それにしても、順ちゃんも妙な人だった。ちっともアメリカ式じゃいくのを、十二の私は、泣いて見送った。

　すぐ帰るといって、家も売らずにいったのに、それから九年、三宅家では帰ってこなかった。順ちゃんは、大学を出て、ダディーの関係している日本の6ボウエキ会社にはいっていた。だから、今度の東京転勤になるというたよりに、私たちは歓声《かんせい》をあげた。

「ねえ、あのころ、私も若かったからわからなかったけど、あのダディーって人は、よっぽどがんこなんだわね。」姉は言った。

「どうしても自分の子を日本人にしようってのよ。」

　順ちゃんのつく日は、あいにく、霧《きり》がたちこめていた。爆音《ばくおん》が大きくなったと思うと、もうその大きな飛行機は、滑走路《かっそうろ》を私たちの方へすべってくるところだった。

　私は送迎《そうげい》所の手すりからのりだして、窓だけ明るい飛行機を、じっと立っていられない気もちで見つめていた。あの中に順ちゃんがとじこめられている！　すぐタラップが飛行機の胴《どう》中にくっついて、係員らしい人が、上ったりさがったりしてから、やっと乗客たちが、出口にあらわれた。一人出てくる毎《ごと》に、どこかで声があがった。十五、六人めに、うす水色に見えるコートに、あさ黒い顔の青年が、照明の中にうきあがった。

「わァ順ちゃんだ！」B間髪《かんはつ》を入れず、私はどなった。

「およしなさいよ、そんな声だすの。まだよくわからないじゃないの。」

　でも、私の声は、もうとまらなかった。だって、順ちゃんが、手をふったのだもの。

「順ちゃあん！」私も手をふった。

姉も声をかけだした。いま、おとなりに住んでいる板倉さんの人たちも呼んだ。

　順ちゃんは、タラップをおりてくると、うれしそうに笑いながら、私たちの足下《あしもと》まで来て、手をふり、それから、税関の中へ消えた。

　私は、もうはァはァになって、姉の手をひっぱって、税関の出口の階段の上へまわった。

　ジリジリする二十分がすぎて、7ケンサのすんだ四、五人が出てきたが、その中に順ちゃんがいた！　まあ、ダディーにそっくり、と私は思った。順ちゃんは、階段をかけあがってくると、そこに立ちならぶ人垣にざっと目をさらし、笑顔《えがお》でまっすぐ私のところへやってきて、

「ヤス！……」

「あら、あたし、とも子よ！」私は、ぎょうてんして言った。私の耳にも、私の声が悲鳴にきこえた。

　順ちゃんは、正直にぱくっと口をあけ、

「え、とも子こんなに大きくなったの！」というまに、順ちゃんの目は、私のななめうしろに立っている、ひっつめ髪《がみ》（無造作にゆった女性の髪型）のおねえさんをさがしあてていた。

「ヤス！」順ちゃんは、私のわきをすりぬけて、おねえさんの手をとっていた。

　みるみるうちに、おねえさんの目に、涙《なみだ》がいっぱいにたまった。

　もちろん、私には……、その時、おねえさんの頭を去来した、いろんな思いが、わかった。戦争のこと、両親の死、それから三宅家のさしのべてくれたあたたかい手。

　でも……、同時に私には……、この再会のシーンは、ショックだった。

人は、アメリカや日本や濠洲《ごうしゅう》（オーストラリア）や満洲（中国東北部の旧地域名）を経めぐって、戦争が本格的になったころ、ダディーの希望で、また日本へもどってきた。

ひっこしてきたころ、マミーは、ふっくらした、かわいい感じのおばさんで、くるくるとじつによく働いた。

「あの人は、日本生まれより日本的だな。」

と、国文学の教師だった私の父が、よく言った。

「でも、あの御主人のサービスをごらんなさいよ。」と、母は、やり返した。

マミーも働き者だったが、ダディーの勤勉ぶりにも驚《おどろ》かされた。夏冬、朝は六時におきて、水道がなかったから、まずタンクに一日分の水をくむ。庭をひとまわり。枯《か》れ枝《えだ》を集めて、薪《たきぎ》の束をつくる。燃料も不足しはじめたころで、私たちはよく順ちゃんのたくおふろをもらいにいった。また、三宅家の2サイエンには、いつも青い物がたえなかった。

ダディーは若いころ、きっと好男子だったにちがいないと、母などよくうわさしたが、そのスマートの紳士《しんし》の口からズーズー弁（東北地方の方言を、その発音からこのように呼ぶ）が出るので、私たちはおかしかった。

みょうな話だけれど、②戦争がなかったら、私たちは、あれほど親しくならなかったかもしれない。防空演習に出て、いじ悪い人たちのさし図で、マミーが屋根の上に乗せられ、よくまわらない口で、「敵機二機東方上空にあらわれ……」とやらされるのを見て、私の母はおこってしまった。マミーは3カイランバンも読めなかったから、隣《とな》り組（戦時中に作られた地域住民の組織）の組長になると、ほんとに難儀《なんぎ》（苦労すること）したが、「だいじょうぶ、私がついてます。」と、母は姉のようにかばってやった。

たべ物がいよいよ乏《とぼ》しくなってくると、バタ（バター）やお砂糖で育ったマミーは、たちまち、梅ぼしのようにしなびはじめた。それは、子どもの私の目にもいたましい光景だった。それでも、マミーは、ダディーをおいて、いなかへいこうとしなかった。精神的なショックも手つだったのだろう。戦争のおわるころには、マミーの顔は、右半分がピクピクひきつっていた。私の父母を驚かしたのは、そのころでさえ、お隣りの三人の口からは、愚痴《ぐち》一つこぼれなかったことである。

「えらい人たちだな。」と、父は言った。

戦争がおわった。③何もかもが逆になった。もと町会長が小さくなって街を歩き、アメリカ軍人家族の自動車が三宅家の前に横づけになったりした。英語のできる人はひっぱりだこだったから、マミーは女中さんを雇《やと》って、働きに出るだろうと、家では話した。ところが、そのけはいもなかった。ただ一時、マミーはアメリカ軍人の家族にお花を教えはじめた。が、その時も、お礼をお金でなく食糧《しょくりょう》でもらったのは、ちょうど私の父が、病《や》みはじめたからにちがいないと、母は4スイリョウした。とにかく、マミーは、裏口からやってきては、バタだのお砂糖だの、A有無《うむ》を言わせず、おいていってしまうのだった。

それから三年、私たちは、三宅家の人たちに支えられて生きてきたみたいだ。第一に、私の父が亡《な》くなった。その後二年で、姉が学校を卒業したら、がっくりしたように、母も父のあとから逝《い》った。私たちは二人になった。幸い姉は、マミーにしこまれて、英語もタイプ（タイプライター）もできたから、すぐ仕事が見つかった。そこで、家の一部を人に貸し、私は小学校から帰ると、夕方まで三宅家にあずけられるという生活の5セッケイも、マミーと姉の間でたてられた。

戦後のひどいところを通って、また三宅家はアメリカに渡《わた》った。マミーや私の「理想の男性」順ちゃんを乗せた船がだんだん遠ざかって

平成二十八年度 駒場東邦中学校

【国語】〈六〇分〉〈満点：一二〇点〉

次の文章を読み、後の問いに答えなさい。ただし、問題の都合上、本文に一部改めた箇所《かしょ》があります。

待ちに待った順ちゃんからの電報がきた時、私たちは玄関《げんかん》にいた。おねえさんは会社へ、私は学校にいこうとして。

配達さんの手にあるのが、外国電報とわかったとたん、私は「わっ……」と声をあげた。

「おねえさん、来た！　順ちゃんからよ！」

おねえさんは、私がさわぎたてる時のくせで、①ちょっと眉《まゆ》をよせてみせ、そのくせ、配達さんには、あいそよく笑って、「御苦労《ごくろう》さま！」

電文には、"Arriving Saturday. PAA Flight I. Jun."（「土曜日PAAフライトIで着く。順」の意）とあった。

「フライトIって、なんだろ。」と私はせきこんで言った。

「飛行機のナンバーよ。それで時間がわかるのよ。あたし、きょう、交通公社（旅行業務をあつかう公共企業）で聞いてみるわ。さあ、いよいよやってくるのね！」

静かな姉も、さすがに昂奮《こうふん》したように言って、私たちは、十月はじめのその朝、足どりも軽く駅にいそいだ。

その夕、おねえさんが帰って、順ちゃんの飛行機は午後十時十五分着とわかった。私には、それまでの二、三日が、ワクワクの連続だった。とにかく、順ちゃんといえば、私たちにとっては、まったくとくべつな存在だったから。

私が順ちゃんについてもっている、最初の記憶《きおく》は、私の六つの時のできごとだ。

私は、その時、夢中で生《い》け垣《がき》のすきまから、となりの家をのぞいていた。少し前まで空き地だったその場所に、新しい二階家がたって、そこへ奇妙《きみょう》な一族がひっこしてきたのだ。年とった（と私には思えた）男女と、一人の若者（これが、つまり、その時十一だった順ちゃん）であった。かれらは、私にわかる日本語でも話したけれど、突如《とつじょ》、異様な叫《さけ》び声《ごえ》に似たことばでしゃべりだすことがあった。また、やることがすべて、私の家とはかわって見えた。

私は、ひまさえあれば、裏の生け垣からその家の生活を監視《かんし》した。ある日、またまた熱心にのぞきこんでいると、縁側《えんがわ》に立っていた若者が、まっすぐ私を見つめはじめた。私の顔は、モジャモジャのムベ（植物名）のつるにかくれていたから、私は若者に私が見えるとは思わなかった。しかし、かれの目は、じっと私に注がれている。そのうち、かれは、「ピーキュー」というような叫び声をあげた。私は、こわくて動けなくなった。若者は、ゆっくり庭におりてくると、鼻のくっつくほど私に近づいて、

「なに見るんだ！」

私は、わっと泣きだして、うしろのドブにひっくりかえった。両方の家からおとながとびだしてきた。

これが、両家の1シンコウのはじまりだった！

もちろん、これから書くことは、私が大きくなるにつれて、だんだん知ったことだけれど、順ちゃんたちは長い外国生活から帰ってきた人たちだった。順ちゃんがマミーとよんでいた三宅《みやけ》夫人は、アメリカ生まれの二世、ダディーとよんでいた三宅さんは、東北出身の会社員で、アメリカ勤めをしていたころ、結婚《けっこん》して、順ちゃんができた。三

平成28年度

駒場東邦中学校 ▶解説と解答

算 数 （60分）＜満点：120点＞

解 答

1 (1) ア…36，イ…30，ウ…2016，エ…6552，オ…90，カ…36，キ…18，ク…18　(2) 113個　(3) 12時36分$21\frac{9}{11}$秒　**2** (1) ア…0，イ…7　(2) 89　(3) 解説を参照のこと。　**3** (1) 解説の図3を参照のこと。　(2) 9.42cm　(3) 9.71cm^2　**4** (1) $\frac{5}{12}$倍　(2) ① 2：3　② 3：4　(3) $\frac{90}{91}$cm^2

解 説

1 **素数の性質，条件の整理，時計算**

(1) 右の図1より，2016の約数は，2を0～5個，3を0～2個，7を0～1個かけ合わせてできる数とわかる(すべて0個の場合は1と考える)。よって，2016の約数の個数は，(5＋1)×(2＋1)×(1＋1)＝36(個)(…ア)である。また，このうち3と7だけを組み合わせてできた数は奇数《きすう》になる。したがって，約数のうち奇数は，(2＋1)×(1＋1)＝6(個)あるので，約数のうち偶数《ぐうすう》は，36－6＝30(個)(…イ)あることがわかる。

図1

```
2 ) 2016
2 ) 1008
2 )  504
2 )  252
2 )  126
3 )   63
3 )   21
       7
```

次に，素数の組み合わせをまとめると，右下の図2のようになる。図2で，1段目の和は，1＋3＋7＋9＋21＋63＝104であり，2段目の和はその2倍，3段目の和はその4倍，…，6段目の和はその32倍となるから，すべての約数の和は，104×1＋104×2＋104×4＋104×8＋104×16＋104×32＝104×(1＋2＋4＋8＋16＋32)＝104×63＝6552と求められる(…エ)。また，2016を2つの整数の積で表すと，1×2016，2×1008，3×672，4×504，6×336，…となるので，大きい方から，36－31＝5(個)の和は，2016＋1008＋672＋504＋336＝4536とわかる。よって，小さい順に並べたとき，1番目から31番目までの和は，6552－4536＝2016となる(…ウ)。

図2

	1	3	7	3×3＝9	3×7＝21	3×3×7＝63	
1	1	3	7	9	21	63	←1段目
2	2	6	14	…	…	…	←2段目
2×2＝4	…	…	…	…	…	…	←3段目
2×2×2＝8	…	…	…	…	…	…	←4段目
2×2×2×2＝16	…	…	…	…	…	…	←5段目
2×2×2×2×2＝32	…	…	…	…	…	…	←6段目
	↑1列目	↑2列目	↑3列目	↑4列目	↑5列目	↑6列目	

さらに，図2の2段目の数は2で1回ずつ，3段目の数は2で2回ずつ，…，6段目の数は2で5回ずつ割れるから，約数をすべてかけた数を2で割ると，6×1＋6×2＋…＋6×5＝6×(1＋2＋3＋4＋5)＝6×15＝90(回)(…オ)割り切れることがわかる。また，2列目と5列目の

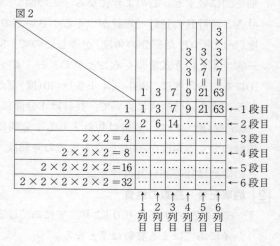

数は３で１回ずつ，４列目と６列目の数は３で２回ずつ割れるので，約数をすべてかけた数を３で割ると，６×１×２＋６×２×２＝36(回)(…カ)割り切れる。同様に，３列目と５列目と６列目の数は７で１回ずつ割れるから，約数をすべてかけた数を７で割ると，６×３＝18(回)(…キ)割り切れることがわかる。したがって，2016(＝２×２×２×２×２×３×３×７)で割るとき，２だけを考えると，90÷５＝18(回)，３だけを考えると，36÷２＝18(回)，７だけを考えると，18÷１＝18(回)割り切れるので，約数をすべてかけた数を2016で割ると，18回(…ク)割り切れることになる。

〔参考〕 エを求めるとき，「２」と「３と７」の組み合わせを考えたが，「２」と「３」と「７」の組み合わせを考えることにより，(１＋２＋４＋８＋16＋32)×(１＋３＋９)×(１＋７)＝63×13×８＝6552と求めることもできる。

⑵　１時間20分は，１×60＋20＝80(分)だから，80÷11＝７あまり３より，Ｂは最大で７回使うことができる(このとき，あまりの３分でＡを使うことはできない)。また，Ｂを６回使うとき，(80－11×６)÷８＝１あまり６より，Ａは１回使うことができる。同様に考えると，ＡとＢを使える回数の組み合わせは右の表のようになり，それぞれの場合について，できる製品の個数を求めると，表のようになる(ＡとＢの回数の合計が同じときは，Ｂの回数が最も多い場合だけを求めればよい)。よって，製品は最大で113個できることになる。

機　械　Ａ（回）	0	1	3	4	5	7	8	10
機　械　Ｂ（回）	7	6	5	4	3	2	1	0
製品の個数（個）	112	×	113	×	×	109	×	110

⑶　時計Ｂは１時間に，60－12＝48(分)しか動かないから，時計Ａの針と時計Ｂの針が動く速さの比は，60：48＝５：４である。よって，求める時刻を図に表すと，右のようになる。この図で，時計Ａと時計Ｂの長針と短針がつくる小さい方の角度(かげをつけた部分の角度)が等しいので，360－⑤＝④という式をつくることができる。よって，

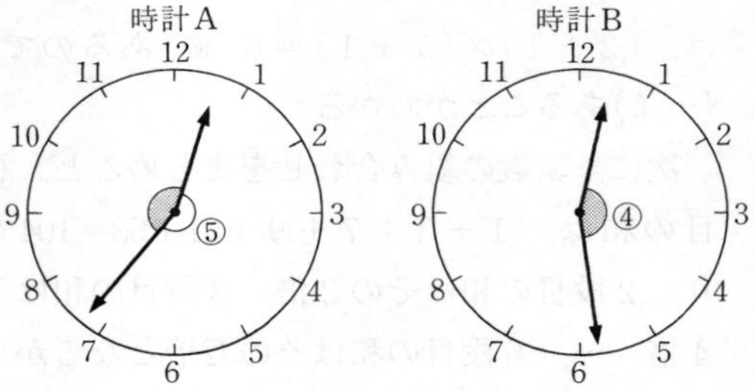

①にあたる角度は，360÷(４＋５)＝40(度)だから，⑤にあたる角度は，40×５＝200(度)と求められる。また，時計Ａについて，長針は１分間に，360÷60＝６(度)，短針は１分間に，360÷12÷60＝0.5(度)動くので，長針は短針よりも１分間に，６－0.5＝5.5(度)多く動く。したがって，長針と短針のつくる角度が200度になるまでの時間は，200÷5.5＝$36\frac{4}{11}$(分)であり，$\frac{4}{11}$×60＝$21\frac{9}{11}$(秒)より，この時刻は12時36分$21\frac{9}{11}$秒となる。

２ 約束記号，整数の性質

⑴　630÷７＝90(あまり０)より，アにあてはまる整数は０となる。また，634÷11＝57あまり７より，イにあてはまる整数は７となる。

⑵　(A，B)＝０となるのは，A÷Bが割り切れるときだから，BがAの約数(AがBの倍数)の場合である。また，AとBの差はいつでも，624－１＝623なので，下の図１のように表すことができる。よって，Bは，AとBの差の約数，つまり623の約数であることがわかる。623＝７×89より，623の約数は{１，７，89，623}だから，２けたの整数Bは89である。

図1
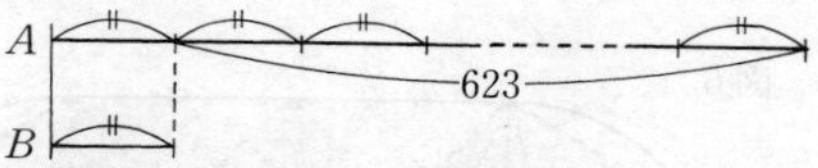

図2
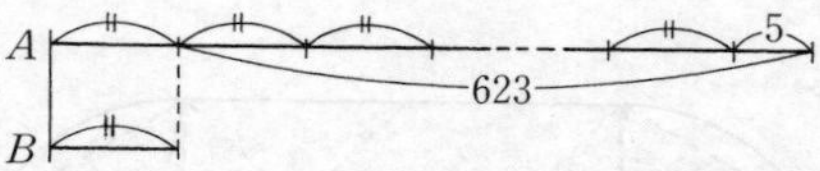

(3)　AをBで割ったときのあまりが5であるとき，上の図2のように表すことができる。よって，Bは，623－5＝618の約数のうち，5よりも大きい数となる。また，618＝2×3×103より，618の約数は{1，2，3，6，103，206，309，618}となるが，この中に2けたの整数はない。したがって，(A，B)＝5となるような2けたの整数Bはない。

3　平面図形―図形の移動，作図，長さ，面積

(1)　正方形と点Aは，下の図1のように動く。このとき，点Aが動く図形をコンパスのみで作図するには，次のようにすればよい。はじめに，下の図2のように，正方形の1辺の長さをa，対角線の半分の長さをbとする。そして，ア，イの点を中心として，半径がbの円周の一部をかく。すると，その曲線の交点が点Aになる。次に，イの点を中心として半径がaの円周の一部をかき，その曲線と半円の交点をウとする。そして，イ，ウの点を中心として半径がbの円周の一部をかくと，その曲線の交点が点Aになる。これをくり返し，点Aをコンパスで結ぶと，下の図3のようになる。

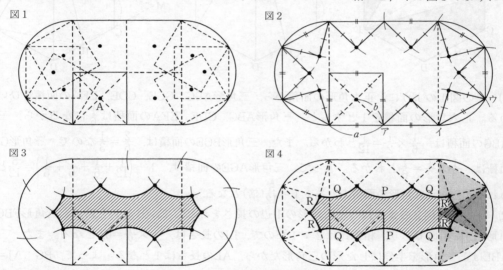

図1
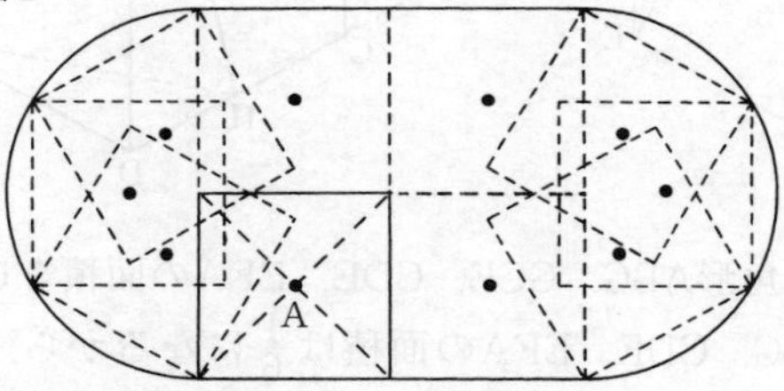

図2
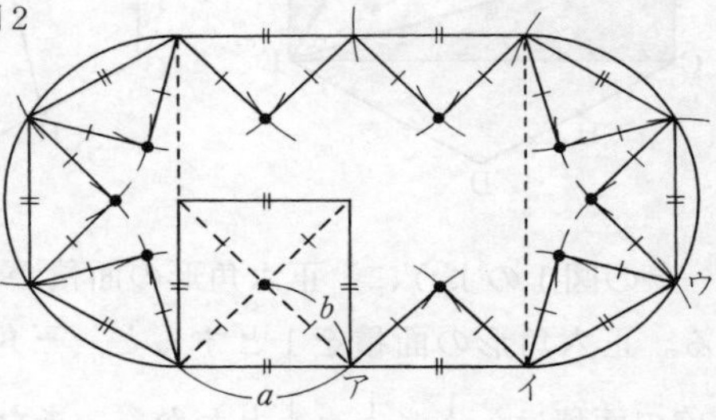

図3
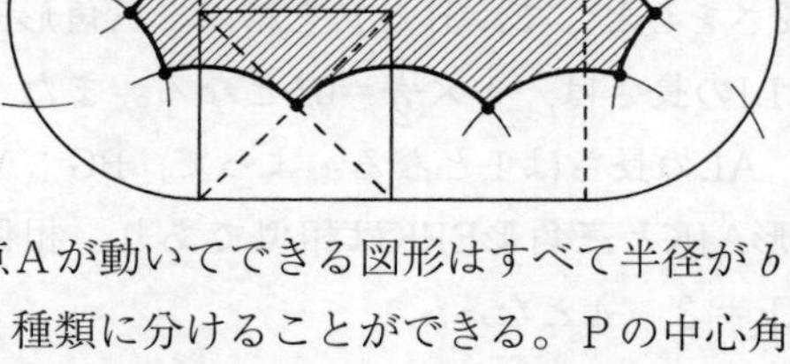

図4
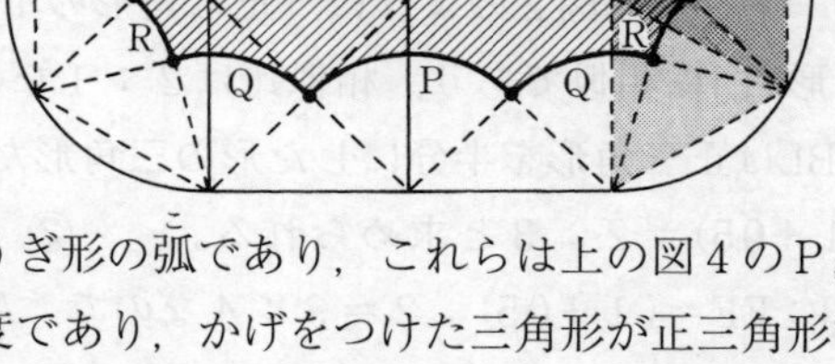

(2)　点Aが動いてできる図形はすべて半径がbのおうぎ形の弧であり，これらは上の図4のP，Q，Rの3種類に分けることができる。Pの中心角は90度であり，かげをつけた三角形が正三角形であることから，Qの中心角は，90＋60－45×2＝60(度)，Rの中心角は，60×2－45×2＝30(度)とわかる。よって，中心角の合計は，90×2＋60×4＋30×4＝540(度)と求められる。さらに，正方形の面積が2cm^2なので，(2×b)×(2×b)÷2＝2，2×b×b＝2，b×b＝1となり，b＝1とわかる。したがって，点Aが動いてできる図形のまわりの長さは，1×2×3.14×$\frac{540}{360}$＝9.42(cm)となる。

(3)　正方形が通過するのは下の図5のかげをつけた部分だから，ここから斜線部分をのぞいた部分(下の図6のかげをつけた部分)の面積を求めればよい。これは，図6のようにおうぎ形と直角二等辺三角形に分けることができ，おうぎ形の中心角の合計は540度なので，おうぎ形の面積の合計は，1×1×3.14×$\frac{540}{360}$＝4.71(cm^2)となる。また，直角二等辺三角形1個の面積は，1×1÷2＝0.5

(cm²)であり，これが全部で10個あるから，求める面積は，4.71＋0.5×10＝9.71(cm²)とわかる。

図5

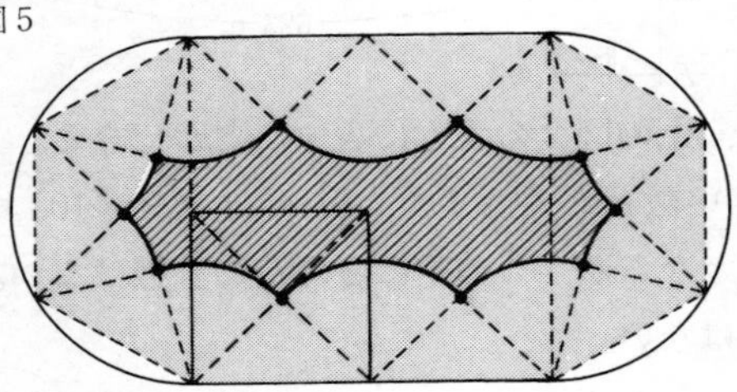

図6

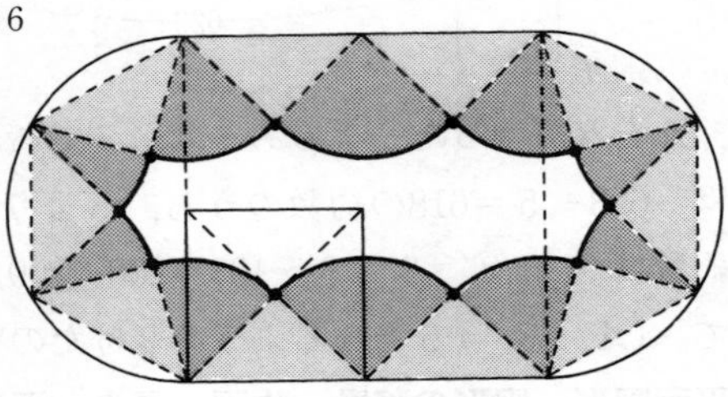

4 平面図形─辺の比と面積の比，相似

図1

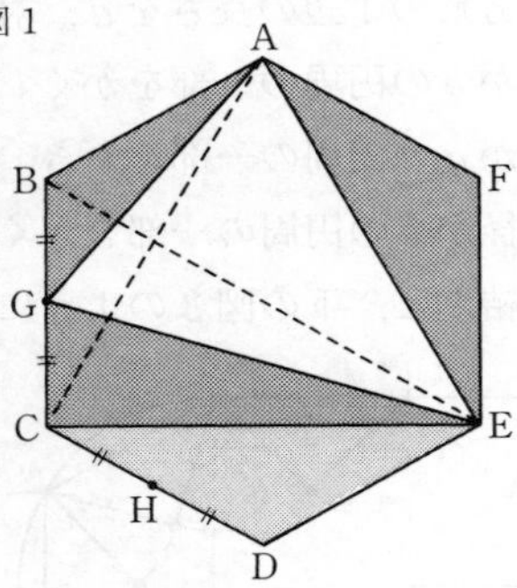

図2

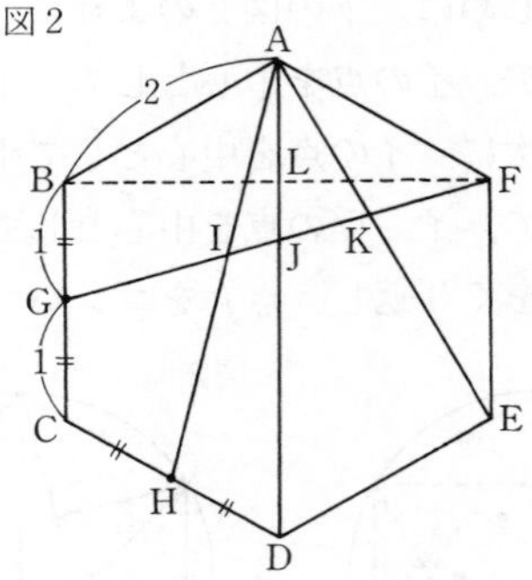

図3

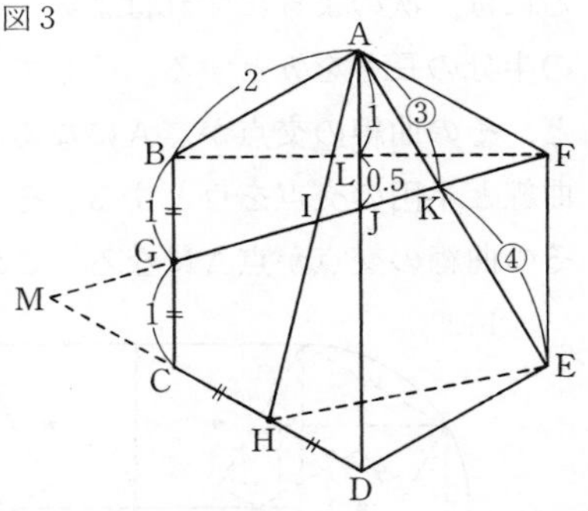

(1) 上の図1のように，正六角形の面積から，三角形ABG，GCE，CDE，EFAの面積をひいて求める。正六角形の面積を1とすると，三角形ABC，CDE，EFAの面積は$\frac{1}{6}$になるから，三角形ABGの面積は，$\frac{1}{6}\times\frac{1}{2}=\frac{1}{12}$とわかる。また，三角形BCEの面積は，$\frac{2}{6}=\frac{1}{3}$なので，三角形GCEの面積は，$\frac{1}{3}\times\frac{1}{2}=\frac{1}{6}$とわかる。よって，三角形AGEの面積は，$1-\left(\frac{1}{12}+\frac{1}{6}+\frac{1}{6}+\frac{1}{6}\right)=\frac{5}{12}$と求められるから，正六角形の面積の，$\frac{5}{12}\div 1=\frac{5}{12}$(倍)となる。

(2) ① 上の図2のように，正六角形の1辺の長さを2として，BとFを結ぶ。三角形FBGと三角形FLJは相似であり，相似比は2：1なので，LJの長さは，$1\times\frac{1}{2}=0.5$となる。また，三角形ABLは正三角形を半分にした形の三角形だから，ALの長さは1となる。よって，BG：AJ＝1：(1＋0.5)＝2：3と求められる。　② 三角形AJKと三角形EFKは相似であり，相似比は，AJ：EF＝(1＋0.5)：2＝3：4なので，AK：KE＝3：4となる。

(3) 上の図3のように，FGとDCを延長して交わる点をMとする。三角形MCGと三角形MDJは相似であり，JD＝2×2－(1＋0.5)＝2.5より，相似比は，GC：JD＝1：2.5＝2：5となるから，MC：CD＝2：(5－2)＝2：3より，MCの長さは，$2\times\frac{2}{3}=\frac{4}{3}$とわかる。また，三角形AIFと三角形HIMは相似であり，相似比は，AF：HM＝$2:\left(1+\frac{4}{3}\right)=6:7$なので，AI：IH＝6：7とわかる。よって，三角形AIKの面積は三角形AHEの面積の，$\frac{6}{6+7}\times\frac{3}{3+4}=\frac{18}{91}$(倍)となる。さらに，三角形AHEは(1)で求めた三角形EGAと合同だから，面積は，$12\times\frac{5}{12}=5$(cm²)である。したがって，三角形AIKの面積は，$5\times\frac{18}{91}=\frac{90}{91}$(cm²)と求められる。

社 会 （40分）＜満点：80点＞

解 答

問1 ⑴ ア ⑵ （例） 内陸部などにも工場が進出することで，太平洋ベルト以外の地域の経済を活性化させる役割を果たした。 **問2** ⑴ （例） 丘陵地や高台に住宅地が開発された。これは，洪水などの災害を避けるためだと考えられる。 ⑵ エ ⑶ ウ ⑷ (i) 1250（m） (ii) ア (iii) （例） 自動車を運転できないお年寄りにとって，大型店が駅や自宅から離れた場所にあることは，買い物に気軽に行けなくなるという点で不便である。 **問3** ⑴ 関東大震災 ⑵ （例） 地震で発生した火災が広がること。 **問4** ⑴ 農具 ⑵ （例） 豊臣秀吉が行った刀狩により，農民は刀ややり，鉄砲などの武器を持つことができなくなったから。 **問5** ⑴ エ ⑵ イ **問6** ⑴ **あ** 国会 **い** 立法 **う** 国民投票 ⑵ ア ⑶ イ ⑷ 18（歳） **問7** ウ，オ **問8** ⑴ ア ⑵ （例） 年金や医療・介護のための費用を確保するためには消費税の税率を上げる必要があるが，そうすると消費が落ち込んで景気の回復が遠のくように，国民の多くが望む政策には両立させることが難しいものも含まれるから。

解 説

「社会的課題」を題材とした総合問題

問1 ⑴ 内陸部も含《ふく》めて，全国各地に工場が分布しているアがIC関連工場にあてはまる。ICは小型・軽量のわりに価格が高いという特色を持つことから，トラックや航空機による長距離輸送を利用しても採算がとれる。また，特に広い工場用地を必要とするわけではなく，石油や石炭，鉄鉱石のような資源を大量に使用するわけでもないから，必ずしも工場が沿岸部に立地する必要はない。以上のような理由から，輸送に都合がよい高速道路のインターチェンジ付近や空港の周辺などに多くの工場が建設されている。なお，他の3つはいずれも太平洋ベルトに工場が集まっているが，市原市（千葉県）や四日市市（三重県），周南市（山口県）などにあるイは石油化学工場，関東地方と東海地方に多くの工場があるウは自動車工場，君津市（千葉県），東海市（愛知県），和歌山市（和歌山県），加古川市（兵庫県），福山市（広島県），北九州市（福岡県）などにあるエは鉄鋼工場である。 ⑵ 日本の工業は原材料の輸入や製品の輸出に便利な太平洋ベルトを中心に発展してきたが，⑴で触《ふ》れたように，IC関連工場は内陸部にも多くの工場が進出している。その結果，これまで工業がさかんでなかった地域にも工場が建設され，その地域の経済の活性化に貢献《こうけん》しているということができる。

問2 ⑴ 新しく形成された3カ所の住宅地に共通している点は，いずれも丘陵《きゅうりょう》地や高台など比較的標高の高い地域を開発して建設されていることである。これは，洪水《こうずい》などの被害を受けにくい場所を選んだ結果だと考えられる。実際，佐倉市は印旛《いんば》沼に近い低地に位置しており，集中豪雨による河川の氾濫《はんらん》も過去に起きている。 ⑵ ア 市役所などがある中心部の道路に大きな変化はみられない。 イ 「けいせいさくら」駅と「さくら」駅の間の街道周辺には，それほど大きな変化はみられず，「さくら」駅の北側で建物密集地もとぎれている。 ウ 高崎川流域に広がる水田は，一つひとつの区画は大きくなっているが，いずれも低地にあり，棚田《たなだ》ではない。 エ 地図中の【A】付近を通る道路は，かつて水田や荒地《あれち》だったところに建設されているから，この文は正しいと言える。

(3) 江戸幕府は大名を，徳川氏の一門である親藩《しんぱん》，古くから徳川氏の家臣であった譜代《ふだい》大名，関ヶ原の戦いの後に徳川氏に従った外様《とざま》大名の３つに分け，江戸の周辺や要地には親藩や譜代大名を配置し，外様大名は信頼がおけないとして遠くに配置した。　(4) (i) 実際の距離は，(地図上の長さ)×(縮尺の分母)で求められるから，５(cm)×25000＝125000(cm)＝1250(m)ということになる。

(ii)【A】は駅からは少し離れた場所にあるから，電車で通勤する人が仕事の帰りに気軽に立ち寄るというわけにはいかない。したがって，アがあてはまらない。【A】付近にあるのはいわゆる郊外型の大型店であるから，イ～エの３つは人々の感想として十分考えられる。　(iii) 図２のグラフからは，佐倉市では近年，老年人口割合が急増し，住民の高齢化が急速に進んでいることがわかる。自動車を運転できない高齢者にとって，駅や住宅地から遠く，交通が不便な位置にある【A】付近の大型店は行きづらく，日々の買い物に不便を感じることになると考えられる。

問３ (1) 宣言が出されたのは1924年のことで，その前年の1923年９月１日には，東京や横浜などを中心に10万人を超《こ》える死者・行方不明者を出した関東大震災が起きている。　(2) マグニチュード7.9の大地震は正午少し前に発生し，多くの家庭で昼食の準備のため火を使っていたことから各地で火災が発生し，それが被害の拡大につながった。震災後，東京市が道路や公園などの整備事業を進めたのは，火災が発生した場合に延焼を防ぎ，安全に避難《ひなん》できるようにするためである。

問４ (1) 図をよくみると，一揆を起こした人々の中には鋤《すき》や鍬《くわ》，鎌《かま》などの農具を持った者がいる。

(2) 一向一揆がさかんに起きた戦国時代には，農民の中に刀ややり，鉄砲，弓などの武器を所有する者が多く，信長も武器を持って戦う一向一揆に手をやいた。豊臣秀吉の時代には刀狩令(1588年)が出されて，農民が武器を持つことが禁止されたが，そうした政策は江戸幕府にも受け継《つ》がれたため，江戸時代の人々は農民に対して「武器を持たない人」というイメージを持ったのだと考えられる。

問５ (1) 関東地方の人口密度は，約6000年前，約5000年前，約4000年前はいずれも全国で最も高いが，約3000～2500年前は近畿地方の方が高くなっているから，エがあてはまらない。他の３つはいずれも正しい。　(2) ア　約6000～5000年前に人口密度が全国平均より高かったのは中部と関東。この２つを合わせた範囲《はんい》には落葉樹が多く，トチ・クリ・クルミなどの木の実が手に入りやすかったと考えられる。　イ　約6000～5000年前，アジやサバは夏の主な食料となっていたが，どの地域でさかんにとられていたのかはわからないので，この文があてはまらない。　ウ　約3000～2500年前において，約4000年前と比べて人口密度の増加した割合が特に高いのは，中部，近畿，中国，四国，九州の各地域で，いずれもコメの形跡が確認される遺跡の数が多くなっている。　エ　約3000～2500年前において，コメの形跡が確認される遺跡数をみると，九州や中国，四国の方が関東より多くなっている。しかし，人口密度は関東の方が多いから，コメの形跡が確認される遺跡数が多い地域ほど人口密度が高いとは必ずしも言えない。

問６ (1) **あ，い**　日本国憲法第41条には「国会は，国権の最高機関であって，国の唯一《ゆいいつ》の立法機関である」と規定されている。　**う**　日本国憲法の改正は，衆参両議院のそれぞれ総議員の３分の２以上の賛成で国会がこれを発議し，国民投票で過半数の賛成が得られれば成立する。　(2) ア　国会による発議や国民投票での承認といった手続きをとらず，内閣による憲法解釈《かいしゃく》の変更などにより憲法の内容を変えるような事態があれば，国民主権は成り立たなくなるから，この文があてはまる。　イ　内閣は法律にもとづいて政治を行う機関である。　ウ　裁判所は法律が憲法に違反していないかどうかを審査する違憲立法審査権を持っている。　エ　主権者である国民が，選挙後も議員などの政策や行動に目を光らせるのは当然のことである。　(3)　国民審査は最高裁判所裁判官が適任かどうかを国民が審査するもの。また，裁判員制度は，重大な刑事裁判の第一審に抽選《ちゅうせん》で選ばれた国民が裁判員として参加し，裁判官とともに審理を行うしくみである。したがって，あてはまるのはイである。　(4)　2015年6月に行われた公職選挙法の改正により，2016年6月19日以降に行われる国政選挙から，選挙権がこれまでの20歳以上から18歳以上に引き下げられることとなった。

問7　東北の復興については賛成派，反対派の両方とも重視しているのでウは誤り。また，討論を行った感想の中に「勝敗を決めるという性質上，両方の意見を合わせたものや新しい考えにもとづく結論を出しにくい」とあるから，オも誤りということになる。

問8　(1)　与党であるA党とD党の得票率の合計は，33.11＋13.71＝46.82より46.82％であるが，投票率が52.65％であるから，選挙権を持つ国民全体に対する割合は，0.5265×0.4682＝0.2465…より，約25％ということになる。　(2)　資料からは，選挙のさいに国民が判断材料とした問題としては，景気対策が最も多く，ついで年金や医療《いりょう》・介護《かいご》といった社会保障政策，消費税，さらには雇用《こよう》対策や財政再建などが上位10位に並んでいる。しかし，たとえば社会保障政策に多くの費用をあてようとすると，財源が不足するため消費税の税率を上げざるを得ないが，増税は消費を落ち込ませる要因となるので，景気対策とは正反対の方向に向かってしまう。このように，政策には両立させることが難しいものも多いため，ある政策がすべての国民の賛同を得られるということにはならない。

理　科　(40分)＜満点：80点＞

解　答

1　(1)　ア　(2)　①　100g　②　3：2　③　20g　(3)　ウ，エ　(4)　ア，オ　(5)　①　**あ**　気管　**い**　血管　②　ウ，エ　(6)　ウ　(7)　イ　(8)　①　イとオ　②　アとエ(またはウとエ)　**2**　(1)　ウ　(2)　(例)　動物に食べられるのを防ぐことができる。　(3)　(例)　肥料は水に溶けて根から吸収される。　(4)　ア　(5)　イ　(6)　ウ　**3**　(1)　ア　(2)　ウ　(3)　①　ウ　②　(例)　溶けた金属が水をよごすから。　(4)　①　(例)　空気中の二酸化炭素と石灰水が反応するから。　②　イ　(5)　ウ，エ　**4**　(1)　8　(2)　**1**　ア　**2**　カ　**3**　オ　**4**　イ　(3)　南西　(4)　①　あ　②　あ　イ　い　ア　(5)　**1**　イ　**2**　エ　**3**　カ　**4**　コ　**5**　(1)　(例)　太陽の光を集めたときの焦点は高温になりすぎるから。　(2)　(例)　電球の光は広がって進むが，太陽の光は平行光線だから。　(3)　(例)　原点を通る右上がりの直線。　(4)　正比例　(5)　$1 \div a + 1 \div b$　(6)　14.3　(7)　(例)　実験中に生じる誤差。

解　説

1　**小問集合**

(1)　アのように，イカダモなどの植物プランクトンはミジンコなどの動物プランクトンに食べられ，これらのプランクトンはメダカなどの小さな魚に食べられる。そして，小さな魚を水中にすむザリガニや大きな魚などが食べる。なお，ふつうキツネはカエルを食べず，ヘビはキツネを食べないので，イは誤り。ウはイワシとカツオの位置が逆である。エはシマウマが草食動物でバッタを食べない。

(2) ① 木の棒の重さを両端《りょうたん》のばねばかりが支えているので，棒の重さは，40＋60＝100(ｇ)である。 ② ２つのばねばかりが支えている重さの比は，それぞれのばねばかりの位置からおもりをつるしたところまでの距離《きょり》の比の逆比になる。左側のばねばかりが40ｇ，右側のばねばかりが60ｇを示しているとき，おもりは左端から，60：40＝３：２に棒を分ける点につるしてある。 ③ ①と②より，①の木の棒の重さは，②のおもりをつるしたところに集まっているとみなせる。木の棒の長さを５として，糸で棒をつるしている点(左端から2.5の位置)を支点にてこのつりあいを考えると，左端につるしたおもりの重さは，100×(３－2.5)÷2.5＝20(ｇ)と求められる。

(3) ア 温度計の球部はこわれやすいので，温度計をガラス棒のかわりに使って溶液《ようえき》などを混ぜてはいけない。 イ 溶液によっては，流しに捨ててはいけないものがある。 ウ リトマス紙を使うときには，リトマス紙を直接溶液に入れたりせず，ガラス棒に溶液をつけて，それをリトマス紙にふれさせて色の変化を見る。 エ 分銅を直接手でさわるとよごれがつき，分銅がさびて重さが変化するおそれがあるため，分銅は必ず付属のピンセットでつまむ。

(4) 明け方ごろに見える月は，満月から新月までの間の月で，しだいに太陽に近づいていく。また，光っている部分は，満月からしだいに右側が欠けていき，左半分が光っている下げんの月，左側が細く光る月，新月へと形をかえる。

(5) ① ヒトが空気を鼻や口から吸い込《こ》むと，空気はのどから気管を通り，肺へと入る。気管は気管支へと枝分かれし，さらに細かく分かれた管の先には袋《ふくろ》状の肺胞《はいほう》がある。肺胞のまわりは毛細血管に囲まれていて，酸素が肺胞のかべを通って毛細血管内の血液中に取り込まれ，血液中の二酸化炭素が肺胞内の空気中へ放出される。 ② ドジョウは魚類のなかまで，えらで呼吸をする(腸や皮ふでも呼吸できる)。また，フナも魚類でえら呼吸を行う。なお，鳥類のカラス，両生類のカエル，ほ乳類のクジラは肺呼吸を行う。

(6) ポテトチップスの袋は，一般に窒素《ちっそ》を入れてふくらませている。これは，ポテトチップスがこわれにくいようにするためだけではなく，空気(酸素)にふれて変質しないようにするためである。

(7) 石炭は，地層の中の植物が押《お》し固められ，地球内部からの熱が加わり，長い年月をかけてできる。よって，サメの歯，まつかさ，アサリの貝がらだけでなく，石炭も生き物のからだがもとになってできている化石といえる。一方，恐竜《きょうりゅう》の足あとは，生き物の生活のあとが化石になったもので，生き物のからだがもとになっている化石とはいえない。

(8) ① ア～エの電磁石は，すべてコイルを巻く向きと電流の向きが同じであり，上端がＳ極，下端がＮ極となっている。一方，オの電磁石は，コイルを巻く向きがア～エとは逆なのでコイルに流れる電流の向きも逆になり，上端がＮ極，下端がＳ極である。したがって，ア～エの上端にオの下端を近づける(またはア～エの下端にオの上端を近づける)と，２つの電磁石は反発しあう。このとき，電池が２個直列になっていてコイルに流れる電流が最も強いイが，ア～エの中で最も磁力が強く，反発する力が大きくなる。 ② 上下の端にできる極が同じア～エのうち２つを使えば，２つの電磁石が引きあう。１つは，コイルの巻き数が最も少なく電池が１個つながり，磁力が最も弱いエとなる。もう１つは，ア～ウのうち，電池が１個のアまたは２個並列になっているウが選べる。

2 ジャガイモのからだのつくりについての問題

(1) ジャガイモもトマトもナス科の植物で，ナスに似た形の花をつける。なお，カボチャやヘチマはウリ科，アサガオはヒルガオ科の植物である。

⑵　ジャガイモがからだに有毒物質を含《ふく》んでいるのは，動物に食べられることをできるだけ防ぐためと考えられる。ふつう一度食べて毒があることを知った動物は，その植物を食べないようになる。

⑶　地中の肥料は水に溶《と》けて，植物の根から吸収される。根の先端部には，根毛と呼ばれる毛のような細い根がたくさん生えていて，水とそれに溶けた肥料はおもに根毛から吸収されている。

⑷　茎《くき》のギザギザのでっぱりやとげ，葉のギザギザなどは，動物に食べられにくくするための植物の工夫である。

⑸　ジャガイモのいもは，地下の茎が枝分かれしてのび，その先端に栄養分がたくわえられてできる。茎の内部には，根から吸収した水などが通る道管が通っていて，Aの茎から枝分かれしたBの部分の断面の管の通り方から，ジャガイモのいもの内部でも輪状に通っていることがわかる。なお，茎の道管の外側には師管が通っている。

⑹　ジャガイモのいものくぼみの並び方と，葉のつき方は同じであると考えられる。いものくぼみは1と6，2と7というように重なっているので，葉も1番目と6番目が重なっていると予想される。1と6が重なるまでに2回転しているので，となりあう葉の間の角度は，360×2÷(6－1)＝144(度)となる。

3　水溶液の性質と中和についての問題

⑴　塩酸などを水で薄《うす》めていくと，純すいな水に近づくので，その性質は中性に近づく。よって，BTB液の色は緑色に近づいていく。

⑵　アルミニウムが塩酸と反応して塩酸が減っていき，BTB液の色はCよりもっと薄いD，さらにEに近くなる。

⑶　①　酸性の性質を弱めるため，酸性の溶液に加えたときに酸性のもととなっている物質と反応して，その物質を減らすようなものを加える。石灰石を酸性の溶液に加えると，酸性の溶液と石灰石が反応して二酸化炭素が発生する。このとき，とくに有害な物質は生じないので，石灰石を加えるという処理が行われている。なお，加熱する方法は，固体が溶けた酸性の溶液には効果がなく，さらに川の水全体を加熱することは困難である。　②　酸性の溶液に溶ける金属の粉末を加えるとき，金属が溶けて生じる物質は有害なものが多い。このため，金属を用いて処理するのは適切ではない。

⑷　①　石灰水はアルカリ性の水溶液であり，空気中の二酸化炭素と反応して炭酸カルシウムという水に溶けない白色の固体を生じる。空気とふれた石灰水の表面にできる白い膜《まく》も，この炭酸カルシウムである。　②　空気とふれて炭酸カルシウムができたり，気温の変化により水酸化カルシウムの溶け方が変化して石灰水中に水酸化カルシウムの固体が出てきたりすると，容器の底にたまる。したがって，石灰水を取り出すコックは容器の中ほどにつけてある。なお，コックがない容器は，石灰水を取り出すたびに空気にふれやすくなるので適していない。

⑸　ア　容器にセッケンの成分が残っていて，雨水に混ざるおそれがある。　イ　海水にはさまざまな成分のほかに細菌《さいきん》なども含まれているので，密閉《みっぺい》するだけでは長期間の保存に適さない。　ウ　酸性雨は，大気中のイオウ酸化物などが雨水に溶けて発生する。したがって，気温によって原因物質の溶け方が変わったり，場所により原因物質の濃度などが違っていたりするので，気温や測定場所の情報も大切である。　エ　東京都では，大気汚染《おせん》の状況をはあくするため，大気中の窒

素酸化物や微《び》粒《りゅう》子《し》などの濃度の調査を行っている。これらは光化学スモッグの原因にもなる。東京都では光化学スモッグ情報を提供して，予報や注意報，警報なども発令できるようにしている。

4 天気とその変化についての問題

⑴　雲量が0～1は快晴，2～8は晴れ，9～10はくもりである。雲量が8より大きければ，雲量が9または10になり，くもりとなる。

⑵　はけで描いたような線状の雲は，非常に高いところにできるすじ雲(巻《けん》雲)である。すじ雲が現れると，やがてうす雲(巻層雲)，ひつじ雲(高積雲)，おぼろ雲(高層雲)と続いて，その後雨雲(乱層雲)に変わり雨になることが多い。

⑶　真上の空を見たときに図1のようになるのは，南を向いて立って見上げたときで，右手側が西，左手側が東である。よって，アの方位は南西で，風は南西から北東に向かって吹いている。

⑷　①　㋐では西日本，㋑では東日本の太平洋側に大きな雲のかたまりがかかっている。日本付近ではへん西風の影響で雲は西から東に移動するので，㋐の方が先に撮影されたものとなる。　②　㋐では，鹿児島は大きな雲がかかっているため天気がぐずつき，東京には大きな雲はかかっていないため天気はぐずついていないと考えられ，イが選べる。また，㋑も同じように考えると，アが適している。雲画像では薄い雲は写りにくいので，雲がなく晴れていると思われる場所でもくもりの場合がある。

⑸　虹《にじ》は，太陽とは反対の方角で大気中に水滴《すいてき》がたくさんあるときに見られる。朝に虹が見えるときは，太陽が東にあるので，観測者から見て西の地域では大気中に水滴が多く，雨が降っていると考えられる。日本付近ではへん西風の影響で天気が西から東に移ることが多いので，観測者のいる地域はしだいに天気がくずれると予想される。

5 凸《とつ》レンズと光の進み方についての問題

⑴　凸レンズを使った実験を屋外で行うときには，凸レンズのあつかいに十分注意する。太陽光は強いので，凸レンズで光を集めると焦点《しょうてん》では非常に高温になり，紙などをこがして火がついたり，手などに当てるとやけどをしたりするおそれがある。また，凸レンズを通して太陽を直接見るのは，目を傷めてしまうので絶対にやってはならない。

⑵　電球の光は広がって進むため，レンズを通過したあとの光が1点に集まることはなく，ある大きさをもった像ができる。一方，太陽光は平行光線なので，レンズを通過した光は1点に集まる性質がある。

⑶，⑷　aとbが反比例の関係であれば，$a\times b=c$（cは一定の値）となる。このとき，aが2倍，bが$\frac{1}{2}$倍となれば，（$1\div b$）は2倍になり，aが3倍，bが$\frac{1}{3}$倍となれば，（$1\div b$）は3倍となるので，aと（$1\div b$）は正比例(比例)の関係である。正比例の関係にある2つの量をグラフに表すと，原点を通る右上がりの直線となる。

⑸　図3では，（$1\div b$）が0に近づくとき，（$1\div a$）は0.07に近づき，（$1\div a$）が0に近づくとき，（$1\div b$）は同じ0.07に近づいている。このことから，図3は，$\{(1\div a)+(1\div b)\}$の値がつねに0.07が成り立つことを表すグラフといえる。

⑹　1を，$\{(1\div a)+(1\div b)\}$でわった値が焦点距離であるから，$1\div0.07=14.28\cdots$より，焦点距離は14.3cmと求められる。図4でも，この前後の値の14.2と14.4がとくに多くなっている。

⑺　実験を行うと，必ず誤差(正しいと考えられる値からのずれ)が生じる。この誤差は，正しいと

考えられる値より大きい場合も小さい場合もあるが，データの数を多く取るほど，図４のようなグラフにしたときに，正しいと考えられる値を頂上として左右に均等にすそが広がる山型のグラフに近づく。

国語 （60分）＜満点：120点＞

解答

問１　下記を参照のこと。　**問２**　Ａ　イ　Ｂ　ア　**問３**　ウ　**問４**　ア　**問５**　（例）　アメリカ生まれで日本語が得意でなく戦争中は苦労したが，戦後は英語ができたことで，社会的に貴重な存在になったということ。　**問６**　（例）　久しぶりに順ちゃんに会えることで有頂天になっていたが，順ちゃんは私を姉とまちがえたばかりか，姉との再会ばかりを喜んでいるようだったので，傷ついた気もちになった。　**問７**　なんだか，まだ　**問８**　（例）　順ちゃんが家に来た目的は姉に会うためだと察していたから。　**問９**　エ　**問10**　ウ　**問11**　（例）　順ちゃんと姉の仲が深まるにつれて，私がみそっかすのような立場になった不満をまぎらせたいと思っている。　**問12**　ウ　**問13**　（例）　順ちゃんを「理想の男性」と思っていた小学生のころの気もちを引きずったまま，順ちゃんと姉の仲に腹を立てたり反発したりしていたが，青春をなげうって私を育ててくれた姉のやさしさと苦労を実感することで，順ちゃんへの未練をたちきれたということ。

●漢字の書き取り

問１　１　親交　２　菜園　３　回覧板　４　推量　５　設計　６　貿易　７　検査　８　同居　９　軽装　10　皮肉　11　節約　12　連発　13　看病　14　航空便　15　買収

解説

出典は石井桃子《いしいももこ》の『においのカゴ　石井桃子創作集』所収の「春のあらし」による。子どものころにとなりに住んでいた順ちゃんの家族(三宅《みやけ》家)は，長い外国生活から帰ってきた人たちで，やがて「私」の家と深くつき合うようになる。

問１　１　したしく交際すること。　２　野菜などを栽培《さいばい》するための畑。　３　町内会などで，連絡事項《れんらくじこう》などを書いた文書などを板につけて，各家庭に回して通知するもの。　４　たぶんこうであろうとおしはかること。　５　計画をたてること。　６　外国との間で商取引を行うこと。　７　異状がないかどうかを調べること。　８　同じ家にいっしょに住むこと。　９　活動しやすい，身軽な服装。　10　相手を遠回しに，いじ悪く非難することば。　11　むだづかいをせず，切りつめること。　12　続けざまに同じことを行うこと。　13　病人の世話をすること。　14　航空機を利用して運ばれる郵便。　15　見返りをあたえることで，自分に有利になるように相手を動かすこと。

問２　Ａ　「有無」は，承知するかしないかということ。「有無を言わせず」で，相手の同意を待たず，強引に何かをするようすを表す。　Ｂ　少しの時間もおかずに実行するようす。

問３　「眉《まゆ》をよせる」は，不快なことなどがあって，顔をしかめること。「順ちゃんからの電報」が届いたことに「さわぎたてる」「私」に対して，さわぎたててはいけないとたしなめたあとで，配達さんには「御苦労《ごくろう》さま！」とねぎらいのことばを「あいそよく」笑いながら伝えているのだから，ウが選べる。

問4　順ちゃんの母親であるマミーは「アメリカ生まれの二世」で，日本語があまり得意ではなかったために，戦時中は「防空演習に出て，いじ悪い人たちのさし図で」「屋根の上に乗せられ，よくまわらない口で，『敵機二機東方上空にあらわれ……』」とやらされたり，回覧板が読めずに苦労したりしていた。そんな時に「私」の母は，マミーへの仕打ちにおこったり，マミーのことをかばったりして，支えてあげたのである。一方で，戦争がおわったあと，「私」の父が病みはじめ，生活が困難な状況《じょうきょう》になると，マミーは「アメリカ軍人の家族にお花を教え」ることで得た「食糧《しょくりょう》」を，有無を言わせず「私」の家においていき，「私」たちを支えてくれた。それぞれが困っている時に支え合ったことで，親交がより深まったのだから，アがあてはまる。

問5　物語の背景となっている「戦争」が，主に日本とアメリカが敵対して戦っていた太平洋戦争であることをふまえたうえで，マミーの立場をおさえて考える。マミーは「アメリカ生まれの二世」で，日本語はあまり得意でなかったことが戦時中のようすから伝わってくる。そのため，戦時中はいじ悪を受けたり，さまざまな苦労をしたりしていた。しかし，日本の敗戦で「戦争」がおわると，日本はアメリカに占領《せんりょう》されて「英語のできる人はひっぱりだこ」となり，マミーのような人は社会の中で貴重な存在になったのである。

問6　「私」が大声で順ちゃんの名を呼んでいることや，姉とまちがえられて「ぎょうてん」していることなどから，「私」が順ちゃんに対して好意をもっており，順ちゃんも「私」に対して好意をよせていてほしいと思っていたことがわかる。順ちゃんに対して特別な思いをもっていた「私」は，順ちゃんと再会できることに有頂天になっていたが，順ちゃんが「私」のことをしっかりと覚えてくれていなかったことや，「私」との再会よりも姉との再会を喜んでいる姿を見て傷つき，「ショック」を受けたのである。

問7　順ちゃんのことばに注目して，順ちゃんが「私」をどのように見ていたかを読み取る。あとの方で「なんだか，まだ子どもみたいな気がしてしかたがないもんだから……」と言っているように，順ちゃんにとって「私」は恋愛《れんあい》の対象にはならない「子ども」のような存在だったのである。

問8　「私」は順ちゃんとの再会をはたしたあとで，「ことによったら，あの時，十七だった順ちゃんには，二十二のおねえさんが，初恋《はつこい》の人だったんじゃないかな……」と考えている。ぼう線部⑤の「そら，きた！」という思いも，姉であるヤスの居場所をたずねる順ちゃんのことばに向けられていることに注意する。「私」に気安く声をかけてきたものの，家をたずねてきた目的は「私」に会うことではなく，姉に会うことだと「私」は察していたのだと推測できる。

問9　「私」たちの両親が亡くなり，順ちゃんたちの家族が再びアメリカへ渡《わた》ったあと，姉が一人で「私」のことを育ててきたことをおさえる。「少しでも規則的にやってエネルギー節約しなかったら，私の細腕《ほそうで》で私たちの生活もちきれないわ」と姉が言っていることからも，姉妹の生活はさほどゆとりのあるものではなかったことがわかる。そのような状況で，姉は「私」のために「青春をなげうって」，おしゃれをしたり恋愛をしたりすることもなく，「私」のことを育ててくれたというのである。

問10　「グロテスク」は，不気味なようす。

問11　「腹いせ」は，怒《いか》りやうらみをほかのものに向けてまぎらせ，気を晴らすこと。「私」が思いをよせていた順ちゃんは，実は姉に思いをよせていたのであり，姉も「理解者を得て」「日に日に，明るくなり，若がえる」ように見え，二人の仲は急速に深まっていったのである。一方，それまで「家の中心」だった「私」は「完全にみそっかす」「おねえさんのコブ」という立場におかれてしまった。順ちゃんと姉が「たのしげな，したしげな会話」をしていることに腹を立て，「時どき，心の中でみにくい悪罵《あくば》を二人になげつけ」たとあるように，「私」は順ちゃんと姉ばかりが仲良くなり，自分が「みそっかす」にされたことが不満だったのであり，その思いをまぎらせるように「卒業論文に熱中した」のだと読み取れる。

問12　「清教徒」は，まじめで潔癖《けっぺき》な人のことをたとえた表現。両親が亡くなったあと，姉は親がわりとなって「私」のことを育てたのだが，自分たちの生活を支えていくために「万事，家の中をきりもりして，寝《ね》るも起きるも，おねえさんのさしずどおり」の生活を「私」に送らせた。「あなたが卒業して，自分で生活できるようになったら，あなたは，あなたの自由よ〜だけど，それまでは，おねえさんの言うこと聞いてね」と少し前で言っていることからも，「清教徒に育てちゃって」とは，生活のためとはいえ「私」を自由にさせなかった育て方をしてきたことを，姉が悔《く》いていることばであることがわかる。

問13　「小学は卒業しました」とあることに注目し，「小学」のころの「私」のようすなどをふまえて考える。「私」が順ちゃんに初めて会ったのは「六つの時」で，そのあとしたしくなった順ちゃんの家族が再びアメリカに渡った時には，「十二の私」は泣きながら「理想の男性」である順ちゃんを見送っている。順ちゃんに対するその思いは，二十一のおとなになったいまでも，「勝手に順ちゃんを，私のプリンス・チャーミングにきめていたんだ。順ちゃんは，眠り姫の私の目をさましに，日本にやってくるはずだった」という形で残っていたのだが，順ちゃんは「私」には目もくれず姉との仲を深め，「私」は「みそっかす」の立場に立たされてしまった。「小学」のころの思いを引きずったままの「私」はそんな順ちゃんと姉に腹を立て，「心の中でみにくい悪罵を二人になげつけ」もしたのである。しかし，直前の場面で，「私」は「高熱をだし」て「ひと月寝」こむことになり，「十年一日と守ってきた日課をかなぐりすて」「会社も休んだし，乱費も」して自分を看病してくれた姉の姿に接して，「十も年とったようなおだやかな気もち」になり，姉のことを「かわいそう」だと感じられるようになったのである。「私」のために「青春をなげうって」，おしゃれも恋愛もすることなく三十一にまでなった姉の苦労とやさしさを実感することができたことで，「かわいそう」と思いやることができたのである。そして，やっと順ちゃんに対する未練がたちきれて，姉の幸せを素直に願おうという気もちになれたのだと読み取れる。

Memo

平成27年度　駒場東邦中学校

〔電　話〕（03）3466－８２２１
〔所在地〕〒154-0001　東京都世田谷区池尻４－５－１
〔交　通〕京王井の頭線－「駒場東大前駅」より徒歩10分
東急田園都市線－「池尻大橋駅」より徒歩10分

【算　数】（60分）〈満点：120点〉

1　(1)　次の計算をしなさい。

$4.875-\frac{9}{8}\times3\frac{1}{3}-\frac{5}{4}\div2.25+2\frac{1}{2}\times0.75$

(2)　AB＝12cm，AD＝21cmの長方形ABCDの辺BC，CD上に点P，QをBP＝3cm，CQ＝9cmとなるようにとります。PQを折り目として三角形PCQを折り返して三角形PEQを作りました。ADとPE，QEとの交点をF，Gとすると，三角形EFGと三角形GQDの面積は等しくなりました。このとき，次のそれぞれを求めなさい。

①　四角形FPQDの面積

②　PFの長さ

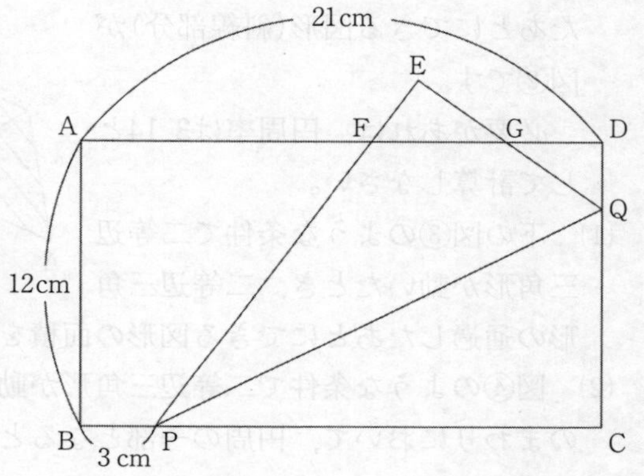

(3)　川に沿ったA市の上流にB市があります。静水での速さが毎時10kmである船でA市からB市に行くのに２時間30分，B市からA市に行くのに１時間40分かかります。

①　A市とB市の距離は何kmですか。

②　ある日，川の上流で雨が降ったため，川の流れの速さがいつもより速くなっていて，A市からB市に行くのに４時間かかりました。
このとき，B市からA市に行くのに何時間何分かかりますか。

(4)　分子と分母がともに整数で，分子と分母の和が360になる分数Aがあり，約分したときの分母は７です。このAの分子からある整数を引き，分母に同じある整数を加えて約分すると$\frac{1}{7}$になります。ある整数として考えられる整数をすべて求めなさい。ただし，Aは１より小さい分数とし，ある整数は０でないものとします。

2　2015のように各位の数字がすべて異なる整数を「おもしろい整数」とします。

(1)　４けたの整数のうち，「おもしろい整数」はいくつあるか答えなさい。

(2)「おもしろい整数」ではない４けたの整数が最も長く連続するのは，［　ア　］から［　イ　］の［　ウ　］個です。ア，イ，ウにあてはまる整数を答えなさい。

(3)　４けたの「おもしろい整数」が連続するのは2013から2019のように最も長くても７個です。このように４けたの「おもしろい整数」が７個連続するうち，一番小さい「おもしろい整数」の一の位が９である場合をすべて答えなさい。ただし，「2013から2019」のように答えなさい。

3　図①のような折れ線ABCにおいて，二等辺三角形をすべらせます。ただし，頂点Bのところでは，折れ線と接している二等辺三角形の辺のまん中の点が頂点Bに来たときに，辺のまん中の点を中心として時計回りに折れ線と辺が接するまで回転し，またすべります。このとき，二等辺三角形が通過したあとにできる図形（斜線部分）が図②です。

必要があれば，円周率は3.14として計算しなさい。

(1)　下の図③のような条件で二等辺三角形が動いたとき，二等辺三角形の通過したあとにできる図形の面積を求めなさい。

(2)　図④のような条件で二等辺三角形が動いたとき，二等辺三角形の通過したあとにできる図形のまわりにおいて，円周の一部となるところの長さを求めなさい。

図①

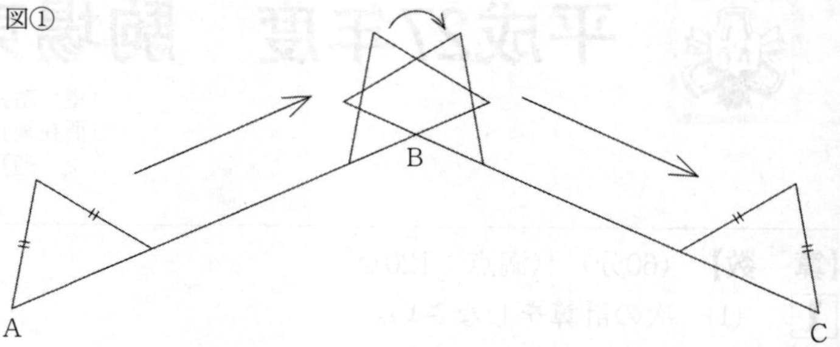

図②

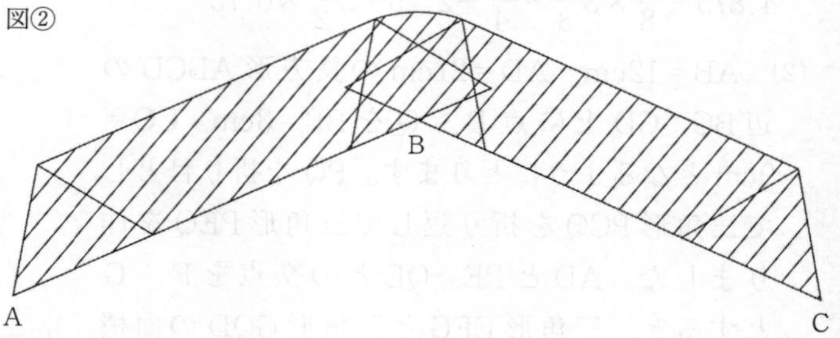

図③

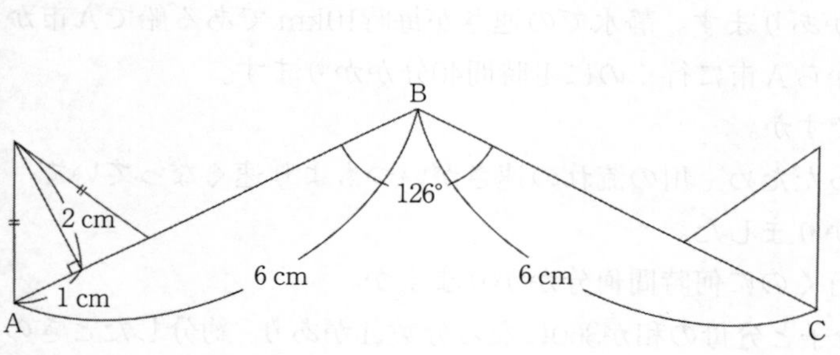

図④

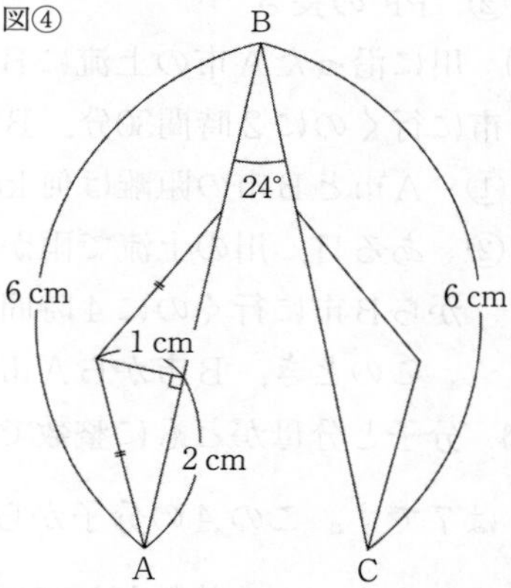

4　例図のように，１辺が１cmの小正方形の中に１と２がところどころに書かれています。この小正方形の辺に沿って，全ての１が囲みの内側に，全ての２が囲みの外側になるように，一筆書きの太線で囲みます。ただし，囲みはとちゅうでくっついたりはしません。

例図

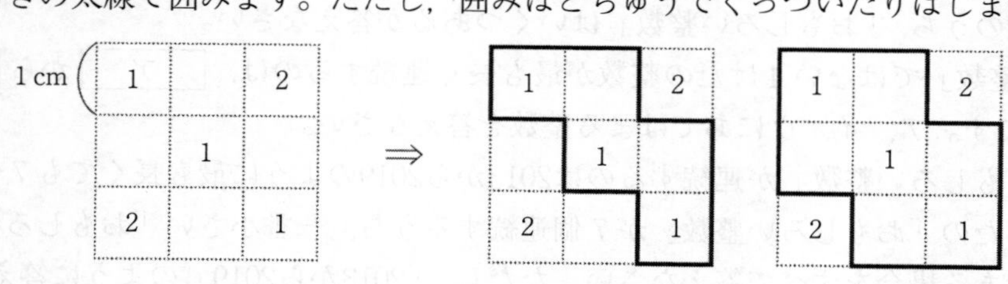

(1) 右図について，囲まれる面積が，6 cm^2である囲み方は［ア］通り，7 cm^2である囲み方は［イ］通りあります。また，囲み方は全部で［ウ］通りあり，その中で囲んだ図形が線対称な図形となる囲み方は［エ］通りあります。空らんア～エにあてはまる数を答えなさい。

	2	2	
1		1	
1	1	1	2
2		2	

(2) 下図の①，②について，囲む面積がなるべく小さくなるように，解答用紙の図に太線で囲みなさい。ただし，複数の囲み方がある場合はそのうち1つだけでよいです。

①

1	2	1		1
		2	2	
1	2	1		
			2	1
	1		1	

②

2		1	2	1	
1					
	2	1		1	
1		2	2	2	
					1
2	1	2	1	2	

【社　会】（40分）〈満点：80点〉

次の文章を読んで，設問に答えなさい。

みなさんは，「働く」とは，どんなことだと思いますか。遊びたい，休みたいけれど，必要だから，やらなくてはいけないことでしょうか。確かに日本国憲法でも，税を納めること，(　　　　)ことと並んで，働くこと(勤労)は，国民の義務とされています。

みなさんが，「働く」という言葉で思い浮《う》かべるのは，「会社員」である場合が多いかもしれません。

産業は，①第一次・第二次・第三次産業などに分類されています。第一次産業は農林業・漁業，第二次産業は鉱業・建築業・製造業，第三次産業は金融《きんゆう》業・サービス業・通信業など第一次・第二次産業以外の産業です。

現代の日本では，第三次産業で働く人が65％以上を占《し》めており，続いて第二次産業が約24％，②第一次産業は4％程度です。第三次産業分野で働く人が圧倒《あっとう》的に多くなっているのです。そのため，第三次産業分野で働く会社員が「働く人」の一般《いっぱん》的なイメージになっているのかもしれません。

しかし，こうした「働く人」のあり方は，現代に特有のものです。③働き方や産業分野は，時代によって異なります。例えば，④明治初期の産業構造は，第一次産業が8割以上を占めており，一方で第三次産業は1割程度で，農業が中心の国でした。産業の構造が変化すると，職業の種類や働き方も変わっていきます。社会の変化にともない，⑤新しい職業が登場します。それは明治時代以降だけのことではありません。⑥「働く人」も，男性に限ったことではありません。

日本国憲法第27条に「すべて国民は，勤労の権利を有し，義務を負う」とあるように，働くことは国民の義務であると同時に権利です。働くことができなければ，生活できないからだと考えることもできます。もちろん，自分や家族の生活のために働くことは必要です。しかし，それだけではありません。働くことは，学んだ知識を生かして興味ある分野で活躍《かつやく》するなどの自己実現でもあります。さらに，⑦社会参加であり，働くことを通じて社会の中で役割を果たすことだといえます。

どのような職業であっても，働くためには，⑧知識や技能が必要であり，それらを取得するための場所や機会がさまざまに存在してきました。

みなさんは，なぜ中学・高校で学ぶのでしょうか。大学への進学を目標とするだけではなく，将来，働くことを通じて社会に参加する。そのために，幅《はば》広い知識やものの見方を身につけるという意識をもち，この6年間を学び，過ごしてほしいと思います。

問1　本文中の(　)に入る内容を，**15文字以内**で答えなさい。

問2　下線部①に関して。図1は，茨城《いばらき》県つくば市，群馬《ぐんま》県太田市，千葉県銚子《ちょうし》市，東京都世田谷区の，4つの自治体について，産業別に就業者の割合(2005年)を示し，製造品の出荷《しゅっか》額(2008年)が多い順に，上から並べたものです。次の問いに答えなさい。

図1　産業別就業者の割合(2005年)

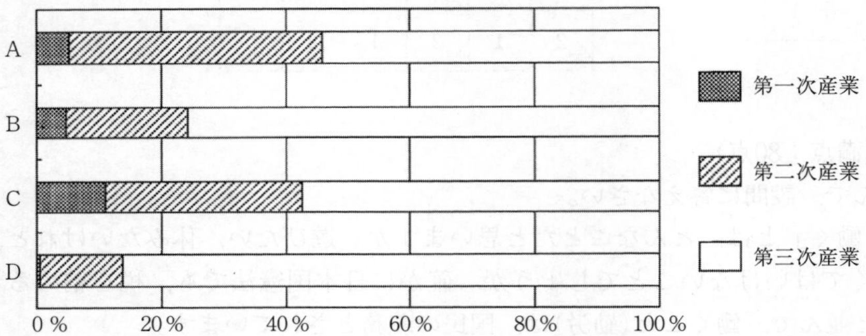

(『データでみる県勢 2011』より作成)

(1)　図1のA～Dと4つの自治体との正しい組み合わせを，下のア～オから1つ選び，記号で答えなさい。

ア　A：世田谷区　B：銚子市　C：太田市　D：つくば市
イ　A：つくば市　B：世田谷区　C：太田市　D：銚子市
ウ　A：太田市　B：つくば市　C：銚子市　D：世田谷区
エ　A：太田市　B：世田谷区　C：銚子市　D：つくば市
オ　A：銚子市　B：太田市　C：つくば市　D：世田谷区

(2)　図1のAとCの自治体では，他の2つの自治体と比べて，いずれも第二次産業就業者の割合が高くなっています。AとCの自治体について，その地域の主な製造業を，下のア～オから1つずつ選び，記号で答えなさい。

ア　鉄鋼《てっこう》　イ　輸送用機械　ウ　IC　エ　印刷　オ　食料品

(3)　図2-1は，アメリカ合衆国(2008年)，中国(2008年)，ブラジル(2007年)の3つの国について，産業別に就業者の割合を示したものです。また，図2-2は，図1のAの自治体における外国人住民の国別割合を示したものです。図2-1および図2-2のX～Zと3つの国との正しい組み合わせを，下のア～カから1つ選び，記号で答えなさい。なお，図2-1と図2-2のX～Zは，同じ国です。

ア　X：アメリカ合衆国　Y：中国　Z：ブラジル
イ　X：アメリカ合衆国　Y：ブラジル　Z：中国
ウ　X：中国　Y：アメリカ合衆国　Z：ブラジル
エ　X：中国　Y：ブラジル　Z：アメリカ合衆国
オ　X：ブラジル　Y：アメリカ合衆国　Z：中国
カ　X：ブラジル　Y：中国　Z：アメリカ合衆国

図2－1　産業別就業者の割合

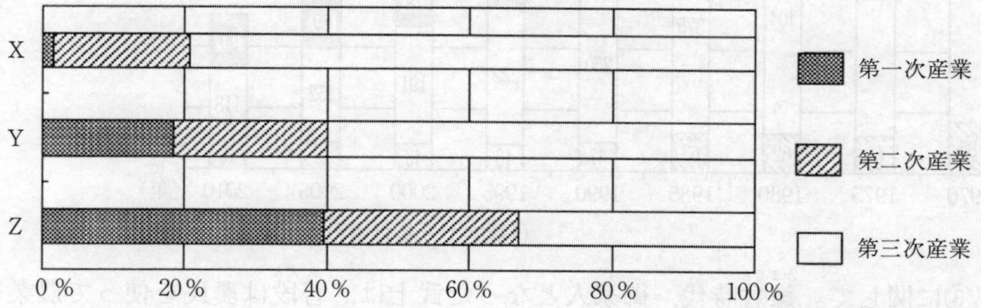

（『データブック 2012』より作成）

図2－2　Aの自治体の外国人住民の国別割合（2012年）

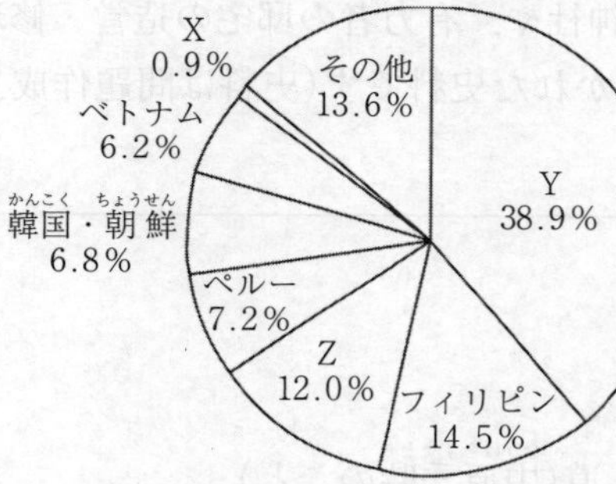

総数7,333人

※図2－2での中国は，「中国・台湾《たいわん》」
（Aの自治体統計資料より作成）

問3　下線部②に関して。次ページの図3は，農家数の移り変わりについて示したものです。農業により収入を得るという農家の実態を正確にあらわすことができなくなってきたため，1990年からは，専業・兼業《けんぎょう》農家を販売《はんばい》農家とし，それとは別に自給的農家に分ける統計のとり方になりました。

新しく自給的農家にも分ける必要が生じたのは，農家の実態がどのように変化したためですか。その例として，あてはまるものを下のア～オから**2つ**選び，記号で答えなさい。

ア　定年退職を機に，都会から地方に移り，農作物を家族や親戚《しんせき》などで消費することを主な目的とした農家が増えてきた。

イ　高齢《こうれい》化のため，耕作の規模を縮小したり，作業をうけおいに出したりする農家が増えてきた。

ウ　水害や震災《しんさい》などの自然災害の増加にともない，年間を通して出荷できる作物を蓄《たくわ》えておく農家が増えてきた。

エ「フード・マイレージ」という考え方から，身近な地元の消費者に直接販売する農家が増えてきた。

オ　化学肥料や農薬にたよらずにつくった有機野菜を，大手スーパーマーケットチェーンと契約《けいやく》して，安定して供給する農家が増えてきた。

図3　農家数の移り変わり

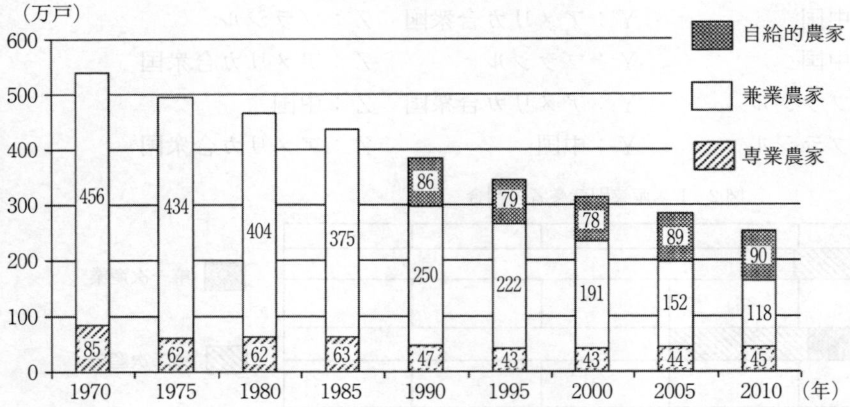

（『数字でみる日本の100年』より作成）

問4　下線部③に関して。鎌倉《かまくら》時代，御家《ごけ》人となった武士は，普段《ふだん》は農民を使って農業を営みながら収入を得て，その収入の一部を幕府に納め，戦いが起これば幕府のために戦い，戦いのないときは幕府の要請《ようせい》に応じて働いていました。これらはまとめて「奉公《ほうこう》」と言われていますが，その仕事のひとつに，幕府の保護を受けた神社や，有力者の邸宅《ていたく》の造営《ぞうえい》・修理がありました。以下は，その仕事の割り振《ふ》りについて書かれた史料です（史料は問題作成上，わかりやすく改めたところがある）。

＜史料1＞

閑院殿《かんいんでん》造営の担当者について

紫宸殿《ししんでん》　相模守《さがみのかみ》（北条時頼《ほうじょうときより》のこと）

清涼殿《せいりょうでん》　甲斐前司《かいのぜんじ》（長井泰秀《ながいやすひで》のこと）・駿河《するが》入道（中原季時《なかはらすえとき》のこと）

仁寿殿《じじゅうでん》　修理権大夫《しゅりのごんのだいぶ》跡（北条時房《ほうじょうときふさ》のこと）

宜陽殿《ぎようでん》　陸奥守《むつのかみ》（北条重時《ほうじょうしげとき》のこと）

（後略）

※閑院殿：当時は天皇の別荘《べっそう》となっていた

※紫宸殿・清涼殿・仁寿殿・宜陽殿：閑院殿内の屋敷《やしき》名

（『吾妻鏡《あずまかがみ》』建長《けんちょう》2（1250）年3月1日条より）

＜史料2＞

一、六条八幡新宮《ろくじょうはちまんしんぐう》を造営するための分担について

建治《けんじ》元（1275）年五月

鎌倉の武士の分担

相模守（北条時宗《ほうじょうときむね》のこと）　五百貫《かん》

武蔵守（北条義政《ほうじょうよしまさ》のこと）　三百貫

修理権大夫跡（北条時房のこと）　三百貫

左京権大夫《さきょうのごんのだいぶ》跡（北条政村《ほうじょうまさむら》のことか）　二百貫

（後略）

※六条八幡新宮：六条八幡宮のこと。幕府の保護をうけていた。

（『田中穣氏旧蔵典籍《ゆたかしきゅうぞうてんせき》古文書《こもんじょ》』より）

＜史料１＞では，邸宅内の屋敷《やしき》名と，御家人の名前が並べて書かれてあり，それぞれの立場に応じて責任をもって各屋敷を建てていたと考えられます。そして＜史料２＞では，御家人の名前と（A）の量のみが記されていることから，御家人はそれぞれの立場に応じて（A）を出すようになったと考えられます。

このように，御家人の「奉公」が変化した背景には，社会全体の中で（A）が広く使われるようになったことがあげられます。表１の100年間の変化からどんなことが言えるのか，（A）に共通して入るものを解答に用いて説明しなさい。

表１　土地の取引における支払い手段の内訳（％）

年代	絹・布・米	（Ａ）
1200〜	76.1	23.9
1220〜	59.2	40.8
1240〜	46.6	53.4
1260〜	37.2	62.8
1280〜	30.7	69.3

（鈴木公雄《すずききみお》の研究による）

問５　下線部④に関して。幕末から，日本と欧米《おうべい》諸国との貿易が開始されます。明治政府は富国強兵政策をとって産業の発展を目指し，外国人の技術者を招いて各地に工場をつくり，工業製品の生産に力をいれました。こうした工業製品は次第《しだい》に生産量が増え，外国への輸出品になりました。表２は，主要輸出品の構成の変化と1930年の主要輸出先を示しています。これを見て次の問いに答えなさい。

表２　主要輸出品の構成（５ヵ年平均，％）と1930年の主要輸出先（％）

	綿糸	綿織物	生糸《きいと》	機械類
1890-94	0.2	0.9	38.0	0.1
95-99	8.4	1.7	31.7	0.2
1900-04	9.3	2.4	29.2	0.5
05-09	7.7	3.8	28.8	1.3
10-14	10.9	5.1	30.8	0.9
15-19	7.2	9.9	25.3	4.1
20-24	6.8	16.3	34.9	1.7
25-29	2.8	19.1	37.9	1.4
30-34	1.1	20.3	23.0	3.6
1930年の主要輸出先	英領インド（44％） 香港《ホンコン》（17％）	中国（32％） 英領インド（22％）	アメリカ（96％）	該当データなし

（『近現代日本経済史要覧（補訂《ほてい》版）』，『数字でみる日本の100年』より作成）

(1)　明治政府は官営工場を設立して，まずは生糸の生産と輸出に力を注ぎました。綿製品などが生糸に遅れて輸出が増えていることから，生糸の輸出はどのような役割を果たしたか，説明しなさい。

(2)　次ページの図４は生糸などの価格の変化を示しています。これによると，1929年以降，生糸やその原料となるマユの価格は特に下がっていますが，その理由を当時の世界の経済状況《じょうきょう》と表２を参考にして，説明しなさい。

図4　1927年～1932年の物価の変動(1929年を100とする)

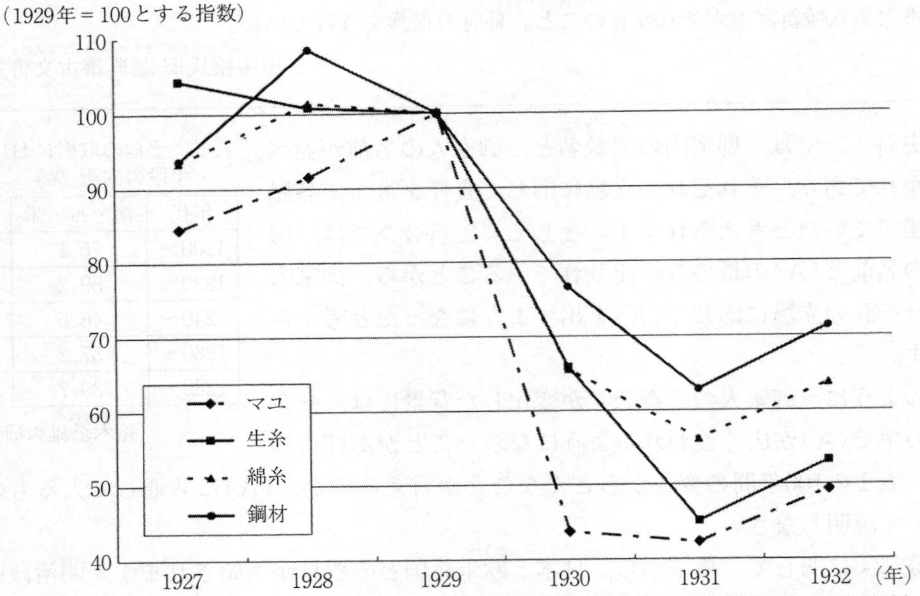

(『近現代日本経済史要覧(補訂版)』より作成)

(3)　工場数が増えるとそこで働く労働者も増えました。しかし工業が発展する一方で，長時間労働や深夜労働など，きびしい労働環境《かんきょう》の問題が出現しました。こうした問題に対処する欧米の思想が紹介《しょうかい》されると，働く環境を改善しようとする労働運動が行われるようになりました。1911年には労働者の保護を目的として工場法が制定されましたが，内容は不十分なものでした。以下は，工場法の一部です(史料は問題作成上，わかりやすく改めたところがある)。

＜史料3＞　工場法　明治44(1911)年3月29日公布
第1条　この法は，以下に該当《がいとう》する工場に適用する。
常に15人以上の労働者を働かせている工場。
第2条　工場主は，12歳《さい》未満の者を工場で働かせてはならない。ただし，この法が(※)施行《しこう》される時に10歳以上の者を引き続き働かせる場合には，この限りではない。
第3条　工場主は，15歳未満の者や女子を，1日12時間以上働かせてはならない。
第4条　工場主は，15歳未満の者や女子を，午後10時から午前4時の間は，働かせてはならない。
※法の効力が発生すること。工場法の施行《しこう》は1916年9月。

(『日本史史料・近代』より作成)

下の①～③の状況で，それぞれの人が工場法施行《しこう》前の1916年8月に働いていたと仮定します。＜史料3＞から考えて，工場法の施行後に違法《いほう》になる場合の組み合わせとして正しいものを下のア～クから1つ選び，記号で答えなさい。

① 20人の労働者がいる工場で，午前7時から10時間働く11歳の男子
② 10人の労働者がいる工場で，午前6時から13時間働く13歳の女子

③　15人の労働者がいる工場で，午後5時から11時間働く16歳の女子

ア　①のみ　　イ　②のみ　　ウ　③のみ

エ　①と②　　オ　①と③　　カ　②と③

キ　①②③のすべて　　ク　違法となるものはない

問6　下線部⑤に関して。新しい思想や技術の発展・政策など，さまざまな社会変化の背景から，新しい役割や職業が出現します。これについて述べた文として**誤り**を含《ふく》むものを下のア～エから1つ選び，記号で答えなさい。

ア　種子島《たねがしま》に鉄砲《てっぽう》が伝わると，それを生産する職人があらわれて，国内で大量につくられるようになった。

イ　豊臣秀吉《とよとみひでよし》の刀狩《かたなが》りによって身分が決められ，「百姓《ひゃくしょう》」は，戦う役割の「武士」とは異なり，農業や漁業に従事することになった。

ウ　明治維新《いしん》直後の文明開化で，デパートの店員や電話の交換《こうかん》手，バスの車掌《しゃしょう》といった職業婦人が活躍した。

エ　1950年代半ば以降の急速な経済成長は，地方の農村から集団で上京して就職した「金の卵」によって支えられた。

問7　下線部⑥に関して。女性の働き方に関して，次の問いに答えなさい。

(1)　平安時代の貴族社会では，華《はな》やかな宮廷《きゅうてい》文化がうまれました。その担《にな》い手となったのは，宮中で働く女性たちでした。宮中の女性たちはかな文字を使い，紫式部《むらさきしきぶ》や清少納言《せいしょうなごん》などによって，現在でも読み継《つ》がれている物語や，当時の宮廷での生活を記した作品が書かれました。紫式部や清少納言は，藤原《ふじわら》氏によって宮中に招かれた女性たちです。彼女たちは，何のために宮中に仕えていたのか答えなさい。

(2)　図5は，労働力人口(働いている人や仕事をさがしている人)の割合について，年齢《ねんれい》および男女の別にあらわしたものです。女性の労働力人口の割合は，30代で一度低下し，その後再び上《じょう》昇《しょう》する傾向《けいこう》にあります。女性の労働力人口の割合が変化する背景について，男女の違《ちが》いに注目して，説明しなさい。

図5　年齢別労働力人口の割合(2010年)

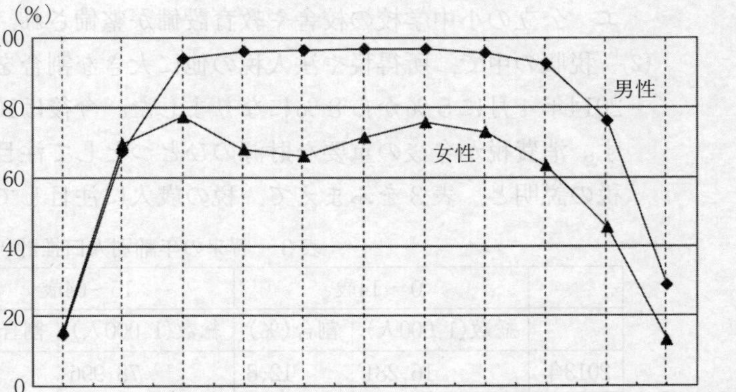

(『日本の統計 2012』より作成)

問8　下線部⑦に関して。次ページの図6にあるように，所得税と法人税は，税収の中では大きな割合を占めています。働くことにより所得税や法人税が納められ，それらが財源になって，公共財・サービスの充実《じゅうじつ》に役立っています。

公共財・サービスとは，不特定多数の人が利用するもので，国民が安全で健康的・文化的な生活を送るために社会的には必要ですが，利益が出ないので，国や地方公共団体が税金で

提供する必要があるものです。

図6　平成26年度一般《いっぱん》会計予算案(歳入)

総額 958,823億円

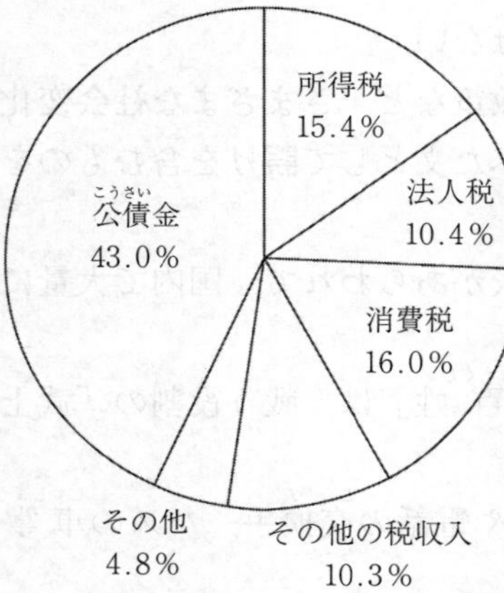

～税の説明～

所得税：個人が得た所得にかかる。

法人税：会社が得た所得にかかる。

消費税：商品を買ったりサービスを受けたりしたときにかかる。すべての人に一律の税率。

(『日本の財政関係資料』より作成)

(1)　税金がさまざまな形で使われ，公共財・サービスが提供される例として，**あてはまらない**ものをア～エから１つ選び，記号で答えなさい。

ア　事業費の一部に補助を受けた企業《きぎょう》が独創的な商品づくりに取り組み，地域経済を活性化することができる。

イ　火災や災害などから国民の暮らしを守るために消防署が活動し，緊急《きんきゅう》時にはだれでも利用できる。

ウ　家庭・学校・企業からのごみの回収が定期的に行われ，衛生的な住環境で生活することができる。

エ　公立の小中学校の校舎や教育設備が整備され，充実した教育環境で学ぶことができる。

(2)　税収の中で，所得税や法人税の他に大きな割合を占めているのが消費税です。消費税は2014年４月に５％から８％になりました。今後は10％へと，さらに上がる可能性があります。消費税が今後の重要な財源のひとつとして注目されている理由について，図６および税の説明と，表３をふまえて，税の歳入に注目して説明しなさい。

表３　将来の年齢別人口推計(予測)

	０～14歳		15～64歳		65歳以上	
	総数(1,000人)	割合(％)	総数(1,000人)	割合(％)	総数(1,000人)	割合(％)
2013年	16,281	12.8	78,996	62.1	31,971	25.1
2023年	13,766	11.3	71,920	58.9	36,436	29.8
2033年	11,544	10.1	65,412	57.4	37,013	32.5

(『日本の将来人口推計』より作成)

問９　下線部⑧に関して。江戸《えど》時代には，それぞれの藩《はん》の力を強くするために，藩士の子どもを教育する藩校や，新しい知識を広める私塾《じゅく》などの教育機関が充実していました。

(1)　藩校や私塾がある一方で，以下のような施設《しせつ》もありました。図７は２階建ての建物ですが，①１階と②２階に入っている施設をそれぞれ**漢字３文字**で答えなさい。なお，図７の１階は図８と同じ施設です。

図７

（『都鄙図巻《とひずかん》』より）

図８

（『江戸名所図会《えどめいしょずえ》』より）

(2)　＜史料４＞は，幕末に日本を訪れた外国人の日記の一部です。(1)で答えたものをふまえた上で，史料中の（　）に共通して入る内容を**10文字以内**で答えなさい（史料は問題作成上，わかりやすく改めたところがある）。

> ＜史料４＞
>
> 「日本人は，工芸品において蒸気機関を使わずに達することのできる最高の完成度に達している。それに教育はヨーロッパ以上に行き渡《わた》っている。アジアの他の国では女たちが完全な無知の中に放置されているのに対して，日本では，男も女もみな（　　　　）。」
>
> （『シュリーマン旅行記　清《しん》国・日本』より）
>
> 「日本人が愚鈍《ぐどん》な国民でも無学な国民でもないことは，ある程度は知られるだろう。確かにこの国の教育は高度のものでも深い奥《おく》行きのあるものでもない。だが，その代わり，国民の全階層にほとんどむらなく教育が行き渡っている。（中略）どんな辺《へん》鄙《ぴ》な寒村へ行っても，歴史上の人物を知らなかったり，江戸や都その他のおもだった土地が自分の村の北の方角にあるのか西の方角にあるのか知らないような，それほどの無知な者に出会うことはない。（中略）（　　　　）人間の数においては，日本はヨーロッパ諸国のどの国にもひけをとらない。」
>
> （『ニコライの見た幕末日本』より）

(3)　私塾で学び，明治維新で活躍する者も多くいました。このうち，伊藤博文《いとうひろぶみ》が学んだことでも知られる吉田松陰《よしだしょういん》の私塾の名を答えなさい。

【理　科】（40分）〈満点：80点〉

1　次の(1)〜(8)の問いに答えなさい。

(1)　下の図は，川の中流付近を上から見たものです。この川の①〜③地点のA〜Bの断面を下流側から見ると，どのように見えますか。①〜③地点のそれぞれについて，次のア〜ウから選び，記号で答えなさい。

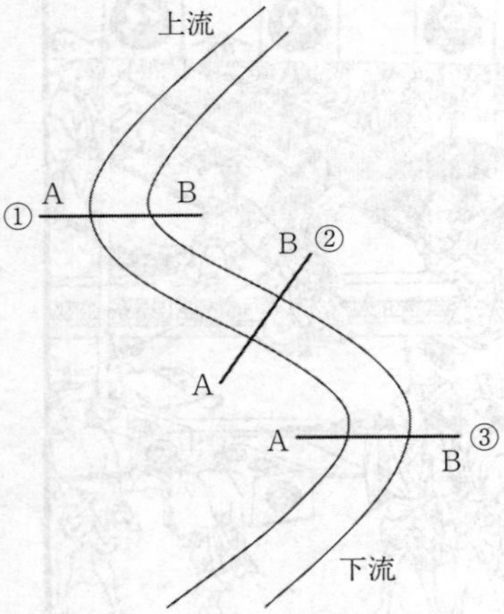

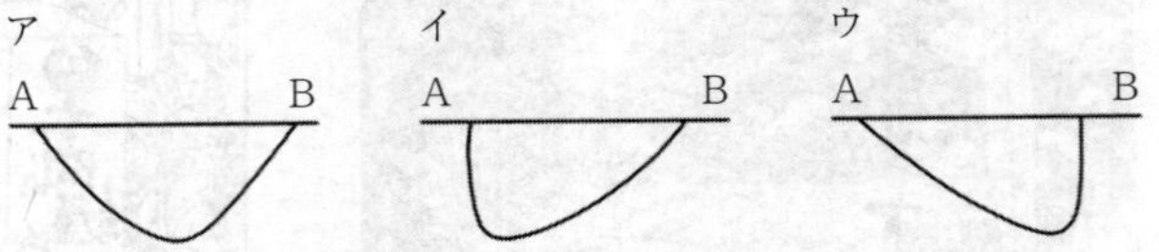

(2)　右の図は，ある崖《がけ》で見られた地層のようすをスケッチしたものです。この図から，この場所では，次のア〜オの変化がどういう順番で起こったことがわかりますか。記号を並べ替《か》えなさい。なお，図の同じ印は同じ地層を表しています。

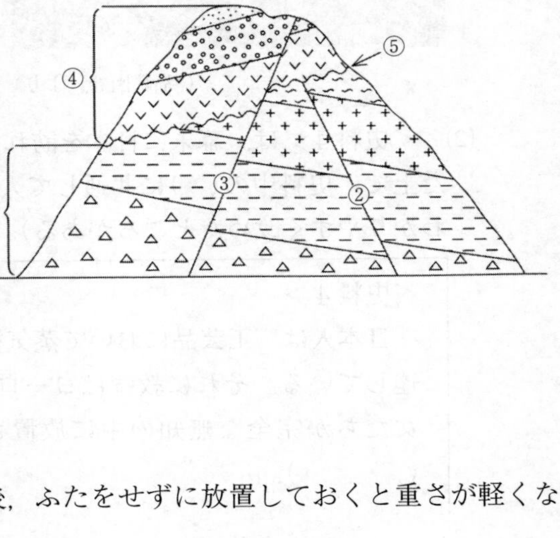

ア．①の地層ができた
イ．②の断層ができた
ウ．③の断層ができた
エ．④の地層ができた
オ．⑤の境目ができた

(3)　次のア〜エのうち，ビーカーにはかりとった後，ふたをせずに放置しておくと重さが軽くなっていくものを2つ選び，記号で答えなさい。

ア．アルコール　　イ．ミョウバン
ウ．ナフタレン　　エ．石灰石《せっかい》

(4)　次のア〜エのうち，空気中の酸素によっておこされる現象をすべて選び，記号で答えなさい。

ア．鉄製のくぎや針金がさびて赤茶色になる。
イ．お餅《もち》をゆでるとやわらかくなる。
ウ．食塩の水への溶《と》けやすさは，温度によって変わってくる。
エ．紙に火をつけると，どんどん燃え広がり，最後には灰が残る。

(5)　植物が，気孔《きこう》から水を排出《はいしゅつ》する働きを何といいますか。漢字2字で答えなさい。

(6)　図のように，暗くした部屋のゆかに，まん中に白い紙をはった鏡を置いたところ，左のかべの四角い窓から入った太陽の光が鏡だけに当たり，右のかべに明るい部分が見えました。部屋の手前に立って，図のように，鏡と明るい部分を見ると，あ，い の部分の明るさは，それぞれどのように見えますか。ア～エから１つずつ選び，記号で答えなさい。

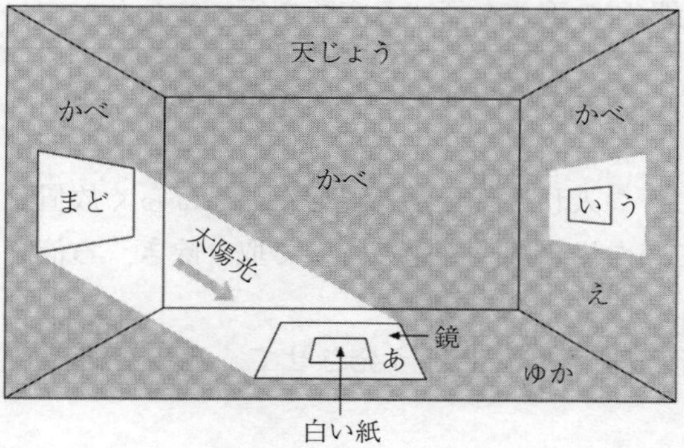

ア．う の部分より明るい
イ．う の部分とほとんど同じ明るさ
ウ．う の部分と え の部分の中間の明るさ
エ．え の部分とほとんど同じ明るさ

(7) 陸上競技の100m走を10秒で走ったオリンピック選手がいます。

① スタートしてからの時間(秒)を横軸《じく》に，選手の速さを縦軸に取ったグラフは，ア～オのうち，どれに一番近くなりますか。１つ選び，記号で答えなさい。ただし，時間は秒ではかり，速さは１秒あたりに進む距離《きょり》(mではかる)で表すものとします。

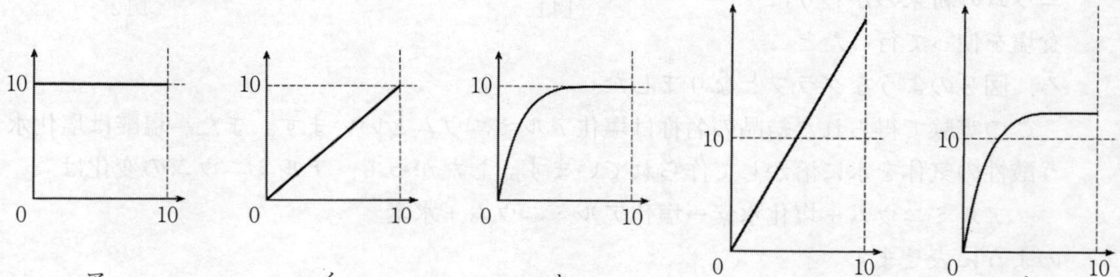

ア　イ　ウ　エ　オ

② 前半の５秒間に走った距離と，後半の５秒間に走った距離は，どちらが長いですか，あるいは同じですか。ア～ウから１つ選び，記号で答えなさい。

ア．前半の５秒間に走った距離
イ．後半の５秒間に走った距離
ウ．どちらも同じ

(8) 次の文のA，B，Cにあてはまる語句をそれぞれの選択肢《せんたくし》から選び，記号で答えなさい。

血液から不要なものをこしとる働きをするのは(A)で，ヒトでは(B)側の(C)の高さのところに左右一対あります。

Aの選択肢　ア．腎臓《じんぞう》　イ．肝臓《かんぞう》　ウ．ぼうこう
Bの選択肢　ア．背中　イ．腹
Cの選択肢　ア．胸　イ．腰《こし》

2 以下の文章を読み，問いに答えなさい。

塩酸の性質を調べるために，以下の実験を行いました。

【実験１】 塩酸とアルミニウムの反応で生じた物質の重さを調べる実験を行いました。

> 操作１　うすい塩酸を50mL ビーカーにとった。また，電子てんびんを用いて，アルミニウムの粉末をはかりとった。
>
> 操作２　塩酸にアルミニウムの粉末を少しずつ入れ，よくかき混ぜた。しばらく放置したのち，アルミニウムの粉末が残っていた場合は，ろ過を行って取り除き，ろ液をビーカーに集めた。
>
> 操作３　操作２のあとのビーカーの中の溶《よう》液をすべてじょう発させて，残った結晶《けっしょう》の重さをはかった。
>
> アルミニウムの粉末の重さを変えて，操作１～３を繰り返した。

アルミニウムの粉末の重さ(g)を横軸，得られた結晶の重さ(g)をたて軸としてグラフに表したところ，図１のようになりました。

同様の実験を，アルミニウムの粉末のかわりに食塩を使って行ったところ，図２のようなグラフとなりました。

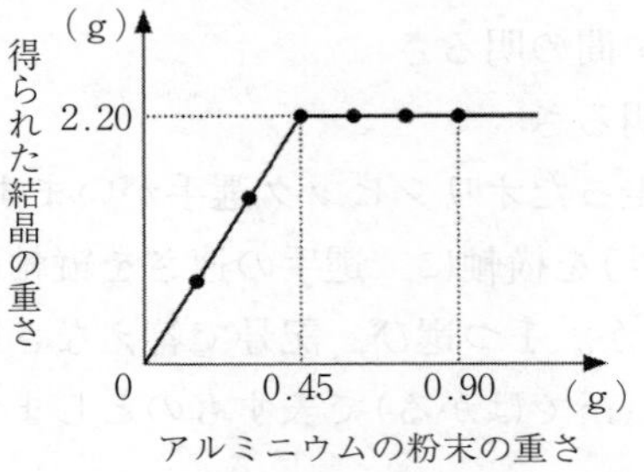

図１

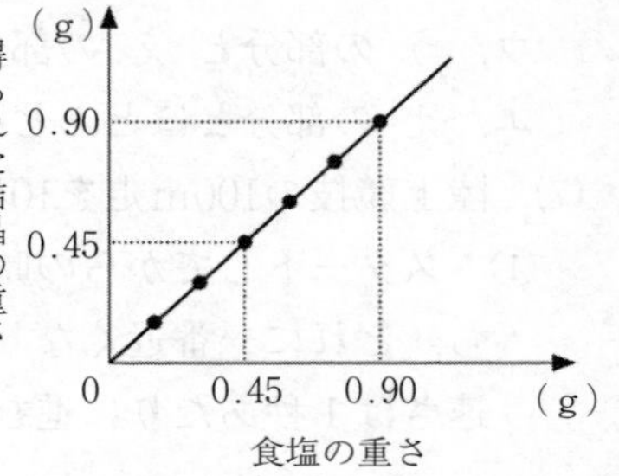

図２

この実験で得られた結晶の名称は塩化《えんか》アルミニウムといいます。また，塩酸は塩化水素という酸性の気体を水に溶かして作られています。したがって，アルミニウムの変化は

アルミニウム＋塩化水素→塩化アルミニウム＋水素

のように表せます。

このような，前後で異なる物質に変化する現象を化学反応といいます。

(1) ろ過とじょう発の操作について述べた次のア～エの文のうち，正しいものを２つ選び，記号で答えなさい。

ア．ろうとの先を，受けとなるビーカーの内側にふれさせる。

イ．ろ紙はよく洗って乾燥《かんそう》させれば再利用できる。

ウ．あらかじめ加熱しておいたじょう発皿に溶液を少しずつたらしていく。

エ．アルコールランプでじょう発させる場合，溶液から立ちのぼるじょう気を吸い込まないようにする。

(2) 食塩を使用した場合は，図２のように，はじめの食塩の重さと，得られた結晶の重さはつねに同じでした。その理由はなぜか，簡単に説明しなさい。

(3) この実験について述べた次のア～エの文のうち，正しいものを２つ選び，記号で答えなさい。

ア．うすい塩酸の入ったビーカーにアルミニウムの粉末を入れていくと，ビーカーは温かくなる。

イ．じょう発皿に残った結晶は白色で水に溶けにくく，磁石にもつかない。

ウ．アルミニウムの粉末0.25gを反応させた後の溶液は透明《とうめい》である。

エ．アルミニウムの粉末0.25gを反応させた後の溶液は，赤色のリトマス紙を青色に変化させる。

(4) アルミニウムの粉末を0.45gより多くしても，得られる結晶の重さは変わりません。その理由はなぜか，簡単に説明しなさい。

【実験2】 反応前後の(ビーカーと溶液の)重さの変化に注目して，塩酸とアルミニウムを反応させる実験を行いました。

> 操作1　電子てんびんを用いて，0.45gのアルミニウムの粉末を，薬包紙にはかりとった。
>
> 操作2　【実験1】と同じ濃《こ》さの塩酸50mLをビーカーにはかりとり，全体(ビーカーと塩酸)の重さをはかったところ，76.25gであった。
>
> 操作3　アルミニウムの粉末を少しずつ，すべて塩酸に加えた。すべて入れ終わったら，気体の発生がおさまるのを待って，全体(ビーカーと溶液)の重さをはかったところ，76.65gであった。
>
> なお，操作中に水のじょう発はみられなかった。

(5) 発生した水素の重さ(g)を答えなさい。

(6) 化学反応では，反応前の物質の重さの合計と，反応後の物質の重さの合計は，つねに等しく，変化しないことが知られています。つまり，反応したアルミニウムと塩化水素の重さの和は，反応で生じた塩化アルミニウムと水素の重さの和と等しいということです。これを利用して，うすい塩酸50mLに含《ふく》まれる塩化水素の重さ(g)を答えなさい。

3 以下の文章を読み，問いに答えなさい。

ダンゴムシは庭先や校庭などでも普通《ふつう》に見られる生き物です。よく目にしているのはオカダンゴムシという種類で，ヨーロッパが原産でもともとは日本に住んでいなかったと考えられています。日本に以前から住んでいたのは森林性のコシビロダンゴムシ類や海岸に生息するハマダンゴムシなどです。コシビロダンゴムシ類はまだまだ知られていない種類も多いらしく，駒《こま》場東邦《ばとうほう》の生物部が伊豆《いず》大島で採取したコシビロダンゴムシがまだ知られていない種類だったこともありました。ダンゴムシは子供の頃《ころ》からの身近な生き物であったと思いますが，分類や生態などわかっていないことも多いようです。

(1) ダンゴムシの頭部を描《えが》いたものを次のア〜エから1つ選び，記号で答えなさい。

ア　イ　ウ　エ

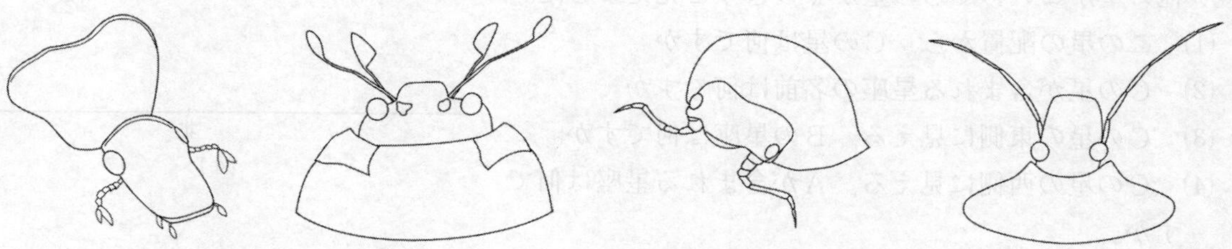

(2) ダンゴムシに最も近い仲間を次のア～オから１つ選び，記号で答えなさい。

ア．アリ　イ．エビ　ウ．テントウムシ　エ．カタツムリ　オ．アルマジロ

(3) 体の半分が白くなっているダンゴムシを見かけることがありますが，これはどのような状態なのでしょうか。次のア～エから１つ選び，記号で答えなさい。

ア．脱皮《だっぴ》している　イ．死にかけている

ウ．卵を産んでいる　エ．カビが生えてきている

(4) ダンゴムシを捕食《ほしょく》する生き物を次のア～オから2つ選び，記号で答えなさい。

ア．ムクドリ　イ．アカガエル　ウ．カミキリムシ

エ．コガネムシ　オ．クワガタムシ

(5) ダンゴムシは住宅地などではよくコンクリートの上にいることがありますが，どのような理由でしょうか。最も適当だと考えられる理由を次のア～ウから１つ選び，記号で答えなさい。

ア．コンクリートをかじって石灰分(カルシウム)を補給している。

イ．白いところで目立つため，仲間をみつけやすい。

ウ．あたたかいコンクリートから熱をもらっている。

(6) ダンゴムシの子育てについて述べた次のア～エの文のうち，正しいものを１つ選び，記号で答えなさい。

ア．卵は木に産み付けられ，卵からかえると子供(幼虫)はすぐに自分で餌《えさ》をとる。

イ．卵は地面に産み付けられ，卵からかえると子供(幼虫)はすぐに自分で餌をとる。

ウ．メスは地面に巣を作って卵をかえし，子供(幼虫)に餌を与《あた》えて育てる。

エ．メスは卵をおなかの袋《ふくろ》の中でかえし，子供(幼虫)をしばらくの間保護している。

(7) ダンゴムシに感染《かんせん》する病原菌《びょうげんきん》(ウイルス)の一種であるインドリウイルスに感染したダンゴムシは体の色が青くなることが知られています。また，体の色の変化だけでなく習性(行動)も普通の個体と変わってしまうことが報告されています。普通のダンゴムシは暗いところに隠《かく》れる習性がありますが，青いダンゴムシは明るいところに出てきやすくなるというものです。この習性は感染したウイルスによって引き起こされている可能性がありますが，ウイルスにとってはどのような利点があると考えられますか。簡単に説明しなさい。

4 以下の文章を読み，問いに答えなさい。

東京郊外《こうがい》の小高い丘《おか》の上から，８月上旬《じょうじゅん》の午後８時に星を観測しました。図１は，その丘の上から北の方を見たときの，主な星のスケッチです。ＡもＢも非常に特徴《とくちょう》的な配置をしていました。そしてＡとＢの間に，ちょっと暗いけれども回りに明るい他の星がないのでＣの星がくっきりと見えました。

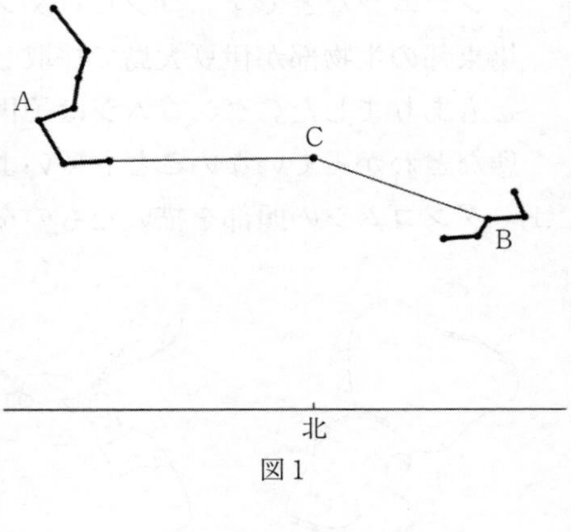

図１

(1) この星の配置から，Ｃの星は何ですか。

(2) Ｃの星が含まれる星座の名前は何ですか。

(3) Ｃの星の東側に見える，Ｂの星座は何ですか。

(4) Ｃの星の西側に見える，Ａが含まれる星座は何ですか。

(5)　Bの星座は3時間後の午後11時には，どの位置に見えますか。図2のア～ウの中から選びなさい。

(6)　Bの星座の位置が1日のうちで変わっていくのは，地球のあることが原因です。その原因とは何ですか。

(7)　Aの星座を2ヶ月後，10月上旬の午後8時に見ると，どの位置に見えますか。下の図3のア～エの中から選びなさい。

(8)　この丘の上から東の空にある星Dを見ていると，時間がたつにつれてどんなふうに動いていきますか。図4のア～エの中から選びなさい。

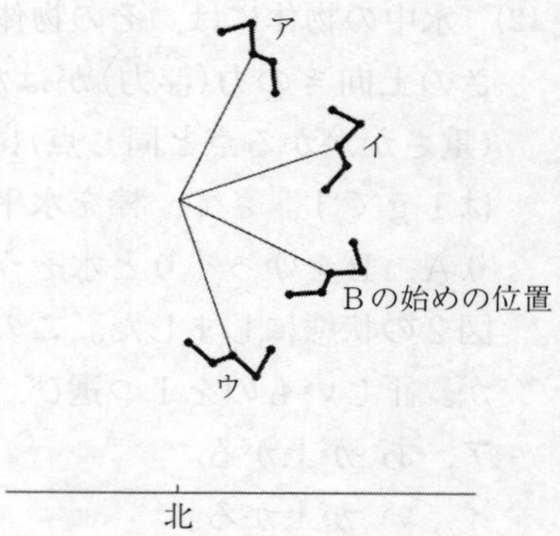

図2

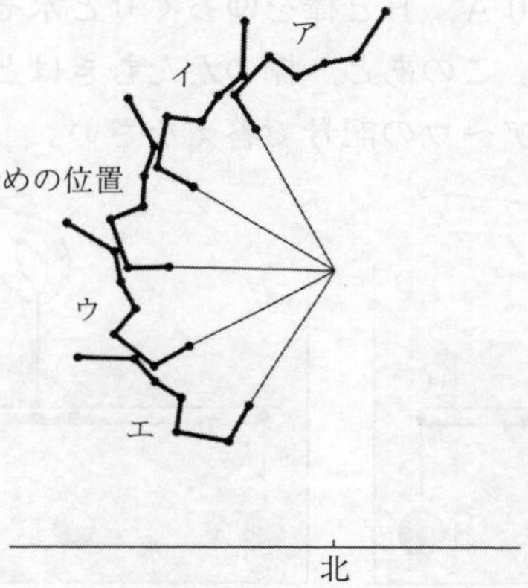

図3

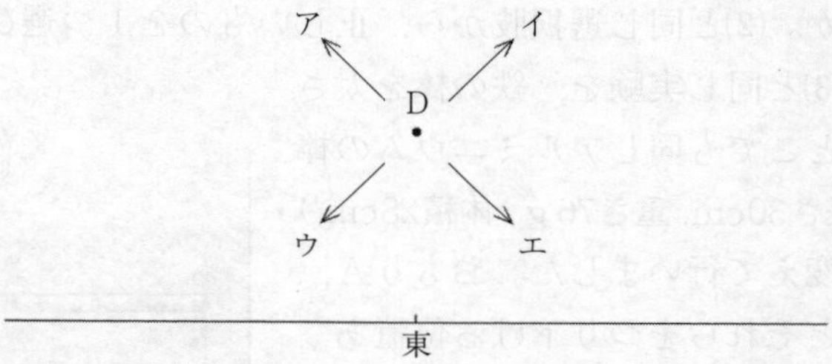

図4

5　以下の文章を読み，問いに答えなさい。

(1)　図1のように，太さがどこでも同じ鉄の棒(長さ30cm)の両はしの点あ，い に，それぞれ軽くて細い(重さと体積を考えなくてよい)ひもで，鉄のおもりA(重さ55ｇ，体積7 cm^3)と鉄のおもりB(重さ110ｇ，体積14cm^3)をつり下げ，点う を軽くて細いひもでつるしたところ，棒は水平になって静止しました。点う から棒の中心の点え までの長さは，3cmでした。なお，棒の重さは，点え にかかると考えてよいものとします。

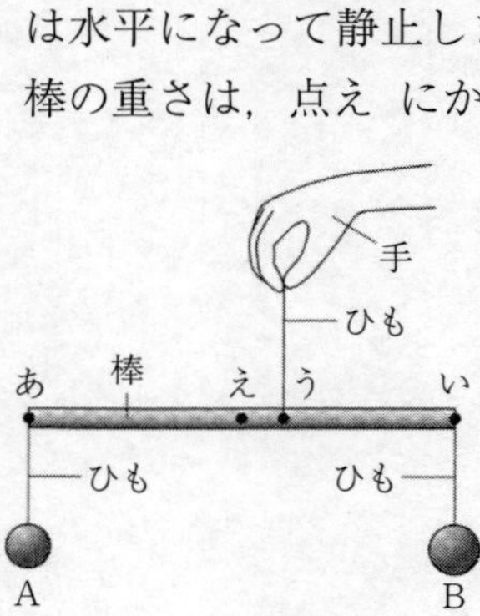

図1

①　棒の重さは，何ｇですか。

②　手がひもを引く力の大きさは，何ｇですか。

③　棒の体積は，何cm^3ですか。

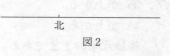

(2)　水中の物体には，その物体が押しのけた水の重さに等しい大きさの上向きの力（浮力《ふりょく》）がはたらきます。浮力は物体の中心の点（重さがかかる点と同じ点）にかかります。また，水１cm^3の重さは１ｇです。さて，棒を水平に保つように手で支えながら，おもりＡ，Ｂをゆっくりと水そうの水の中に入れ，そっと手をはずし，図２の状態にしました。このあと，棒のかたむきはどうなりますか。正しいものを１つ選び，ア～ウの記号で答えなさい。

ア．あ が上がる。

イ．い が上がる。

ウ．棒は水平のままである。

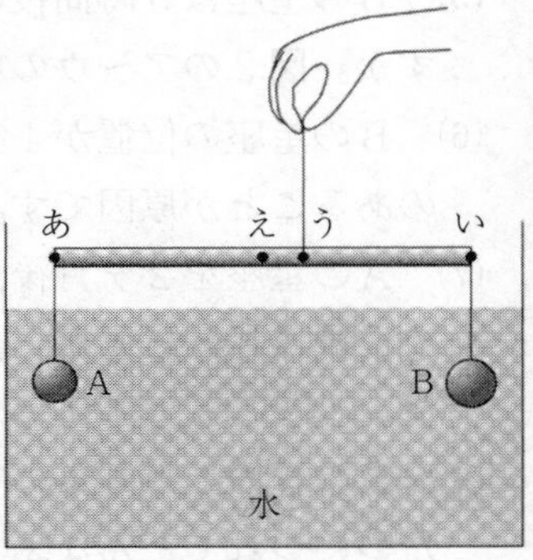

図２

(3)　次に，棒を水平に保つように手で支えながら，おもりＡ，Ｂと棒をゆっくりと水そうの水の中に入れ，そっと手をはずし，図３の状態にしました。このあと，棒のかたむきはどうなりますか。(2)と同じ選択肢から，正しいものを１つ選び，ア～ウの記号で答えなさい。

(4)　(3)と同じ実験を，鉄の棒を太さがどこでも同じアルミニウムの棒（長さ30cm，重さ76ｇ，体積28cm^3）に変えて行いました。おもりＡ，Ｂとそれらをつり下げる位置あ，い，棒をつり下げる位置う は図３と同じです。すると，図４のように，棒の中心の点え に軽くて細いひもで，ある重さの鉄のおもりＣをつり下げたとき，棒を水中で水平に静止させることができました。おもりＣの重さは，何ｇですか。

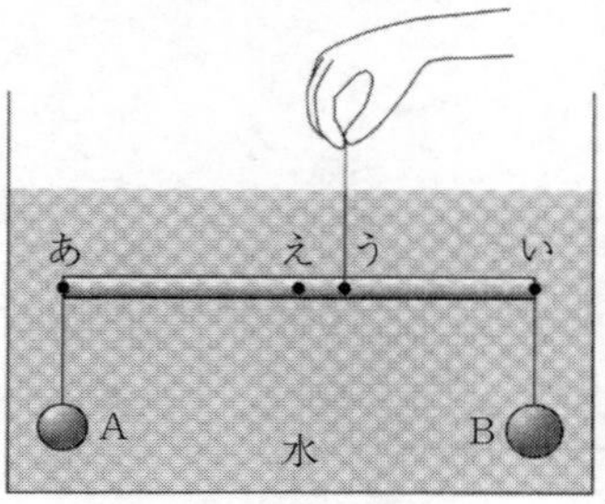

図３

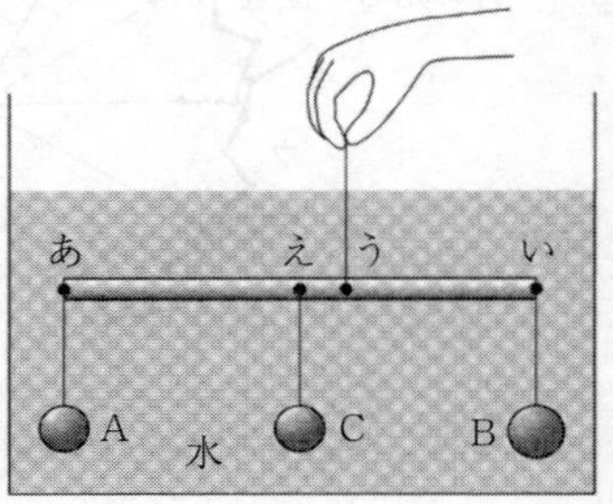

図４

から。

問6 ——線部③「わたし、すごくいいお姉さんになる自信がある。」とありますが、「わたし」がそのように思うのはなぜですか。二十五字以内で説明しなさい。

問7 ——線部④「ね、わかるでしょ、という顔をわたしに向けた。」とありますが、この時の「ママ」の気持ちを五十字以内で説明しなさい。

問8 ——線部⑤「ママはまるでいいお話を聞いて胸が熱くなりました、みたいな言い方をした。」、——線部⑥「悲しい、とわたしは思った。」とありますが、「ママ」と「わたし」は、それぞれアスパラが子猫の飼い主をさがした理由についてどのように考えていますか。違《ちが》いがわかるように七十字以内で説明しなさい。

問9 ——線部⑦「気もちの落とし穴」とありますが、それはどういうものですか。それを具体的に示した三十五字以内の部分を本文中から探し、初めと終わりの七字を抜《ぬ》き出《だ》して答えなさい。

問10 ——線部⑧「どうしてアスパラはそういうものを見つけちゃうんだろう。」とありますが、「そういうもの」にあてはまるものを「鳥の死骸《しがい》」以外に本文中からもう一つさがして答えなさい。

問11 ——線部⑨「きっとアスパラはへらへらわらっているにちがいない。」とありますが、「わたし」がこのように考えた理由の説明として、最も適切なものを次の中から選び、記号で答えなさい。

ア 三人でいると、お母さんが自分を残して出ていってしまったつらさをアスパラが感じずにいられるだろうと思ったから。

イ アスパラがいつもやるようにパパの顔色をうかがって、自分の気持ちを言わないようにしているのだろうと思ったから。

ウ 家族で旅行などしたことがないアスパラは、突然《とつぜん》どこに行きたいかをたずねられてもとまどうだけだろうと思ったから。

エ アスパラは子どもなので、様々なところへ連れていってもらえるうれしさをわかりやすく表現するだろうと思ったから。

オ 両親の優《やさ》しさにふれる機会のないアスパラは、親子のように話しかけられるのを照れくさく感じるだろうと思ったから。

問12 ——線部⑩「〜のだそうだ」（四か所）とありますが、この表現に対する説明として最も適切なものを次の中から選び、記号で答えなさい。

ア たった今事態が終了《しゅうりょう》したこととして繰《く》り返《かえ》し表現することで、利香《りか》もその現場にいたような臨場感を表現している。

イ 既《すで》に終わってしまったこととして表現することで、アスパラの無力さと自分のうかつさに対する利香の怒《いか》りを表している。

ウ すべてが終了してしまったこととして表現することで、アスパラのお母さんの身勝手さに対する利香の強い憤《いきどお》りを示している。

エ すべて伝え聞いたこととして繰り返し表現することで、予想外の出来事に対する子どもの利香の無力さを示している。

オ まったく同じ文末表現を繰り返すことで、物事に動じず環《かん》境《きょう》の変化にすぐに適応できるアスパラの性格を暗示している。

問13 ——線部⑪「何からかははっきりしないけれど、アスパラが泣いてしまうようなことから守りたい。」とありますが、このように言っている「わたし」の気持ちを百字以上百二十字以内で説明しなさい。

なる、と思う。

わたしはアスパラに大きくなってほしくない。大きくなると、きっと泣くぞ、と思う。悲しみがわかっちゃうぞ、と思う。

おばあちゃんとママはまだ話しこんでいる。

わたしはぬいぐるみを抱いて、15マドの外を見た。

風が吹《ふ》いているのがわかる。道のむこうのほうに並んでいる交通安全の幟《のぼり》がぱたぱたはためいている。よその家の軒下《のきした》に干された洗濯物《せんたくもの》がゆれている。

空を見あげると、かたまりになった雲が浮かんでいた。雲はゆっくりと流れていく。

アスパラが泣くとき、わたしはそばにいてあげたい、と思う。そこがどこであっても、アスパラのそばに飛んでいってあげたい、と思う。わたし、ぜったいそうする。わたしはアスパラを守りたい。⑪何からかははっきりしないけれど、アスパラが泣いてしまうようなことから守りたい。

守る。

雲を見ながら、わたしは自分に約束した。

(岩《いわ》瀬成子《せじょうこ》「アスパラ」)

問1 ═線部1～15のカタカナの部分を漢字で書きなさい。

問2 [1]～[5]にあてはまることばとして最も適切なものを次の中からそれぞれ一つ選び、記号で答えなさい。

ア あっさり　イ しげしげ　ウ とうとう
エ おずおず　オ だんだん

問3 〔A〕～〔C〕にあてはまることばとして最も適切なものを後の中からそれぞれ一つ選んで記号で答えなさい。

A 「油の上に手を〔A〕」
ア こまねいて　イ かざして　ウ 焼いて
エ つけて　オ 加えて

B 「耳を〔B〕」
ア 疑い　イ 傾《かたむ》け　ウ 貸し
エ おおい　オ そろえ

C 「胸に〔C〕」
ア 余る　イ 秘《ひ》める　ウ 刻む
エ 納める　オ しみる

問4 ――線部①「大人の考えていることはわからない」とありますが、「わたし」は誰《だれ》のどういう行為《こうい》が理解できないのですか。三十字以内で説明しなさい。

問5 ――線部②「大人の考えていることは、ほんとわからない。」とありますが、「わたし」がこのように感じた理由の説明として、最も適切なものを次の中から選び、記号で答えなさい。

ア おじいちゃんは、庭に穴を掘《ほ》られて困ったはずなのにアスパラを叱《しか》ることもせず、雑草を捨てることでその穴を役立てたから。

イ おじいちゃんが、いくら掘っても宝が見つからないアスパラを気の毒に思い、宝の代わりに雑草をたくさん穴に入れてあげたから。

ウ おじいちゃんは、冷たい言い方でアスパラに宝探しをやめさせたが、後で掘られた穴を雑草を捨てる場所として活用してあげたから。

エ おじいちゃんが、アスパラが宝探しを続けたがっていることに気づかないふりをして、雑草を捨て強引《ごういん》に宝探しをやめさせたから。

オ おじいちゃんが宝物を求めているアスパラの気持ちもおかまいなしに、アスパラの掘った穴を雑草を捨てる場所に利用したあれっと思った。アスパラはどうして怒らないんだろう。いつもわらっている。だれにでもわらっている。

いまもわたしと目が合うと、わたしがわらうより先に、アスパラはわらった。アスパラ、いつもわらっている。なんで？

「行こうか」

パパが席を立った。

来週の日曜日も、三人でどっかへ行こうよ。わたしは、帰りの車の中でパパに言った。

「冬くん。行ってみたいところがあるの？」

パパは助手席のアスパラに聞く。

えー。アスパラは頭を右に左にうごかす。後ろからは見えないけれど、⑨きっとアスパラはへらへらわらっているにちがいない。

「動物園に行きたい」とわたしは言った。

「動物園ね」パパが言う。「冬くんはどう？」

うーん。アスパラの頭がまた右に左にうごく。

「釣りなんてのはどうだ」

パパがアスパラに聞く。

「うん」

アスパラがうなずく。

アスパラ、ほんとは動物園に行きたいんじゃないのかな、とわたしは思う。パパに合わせて、うんって返事したんじゃないのかな。そういう子だもん、アスパラって。

「よおし。じゃ、釣りに行こうぜ。そのかわり、朝早く出発するんだぞ」

パパは前を向いたまま言った。

「ママにお14ベントウを作ってもらおうか」とわたしは言った。

アスパラが顔を半分だけこっちに向けた。わたしを見ている。くりんとした目がわらっている。

でも、アスパラと一緒に釣りに行くことはできなかった。

その週の木曜日に、おばあちゃんの家におばさん、つまりアスパラのお母さんがやってきて、アスパラを連れていってしまったのだ。

「あたしゃ、腹が立ってね。自分勝手もいいかげんにしてちょうだいって、言ってやったの」

ママに向かって、おばあちゃんが言った。

わたしはアスパラが持っていくのを忘れたらしい猫のぬいぐるみを机の下に見つけていた。

おばさんは今、バーで働いている⑩のだそうだ。アパートも借りている⑩のだそうだ。自分の車を運転してアスパラを迎えに来た⑩のだそうだ。アスパラはよろこんで車に乗り込《こ》み、おばあちゃんに「さよならー」と手を振《ふ》った⑩のだそうだ。

アスパラ、きっとこんど暮らすことになるアパートにもすぐになじむだろうな、と思う。新しい学校にも、きっとなじむ。新しい学校の友だちとも仲良しになるだろう。

アスパラは迎えに来てくれたお母さんをにこにこ顔で迎えて、にこにこ顔でおばあちゃんに「さよなら」を言ったと思う。そうに決まっている。わたしにはわかる。だってアスパラは、にこにこする以外の方法を知らないんだから。「にこにこ」に、アスパラのぜんぶの気もちが入ってるんだから。

そんなことを考えながら猫のぬいぐるみをなでていたら、突然《とつぜん》、涙がでてきた。

アスパラはぜったい泣かなかった。

でも、アスパラもそのうち、わたしと同じ五年生くらいになったら、悲しいことで泣けるようになる、と思う。自分のことで泣けるように

「猫をもらってくださいって、いろんな人に頼むのは、いやじゃなかった？」

「うーん」と、アスパラは頭をシートにもたせかけた。それから「でもね」と、また顔を半分こっちに向けて、わたしを見た。

「猫の気もちって、わかんないでしょ」とアスパラは言った。「猫を見た人はみんな、かわいいね、とか言うんだ。でも、もしかしたら、猫はそんなことをいちいち言われるのは迷惑《めいわく》かもしれないよ」

アスパラは前を向いて言った。空のほうを見ている。

「だよね」

アスパラの言葉がなんか胸に［ C ］。

パパは工場地帯を抜《ぬ》けたあと、海沿いの道を走って、防波堤《ぼうはてい》のそばに車を止めた。

車からおりて、コンクリートの防波堤の切れ目から砂浜《すなはま》におりる。工場地帯の煙突《えんとつ》や工場が見える。白い煙《けむり》が何本も空にのぼっている。陽《ひ》ざしがきらきら海に11ハンシャして、なんか海に負けてしまいそうな気がする。自分がばかな小学生のような気がする。海よ、おまえはそんなに偉《えら》いのか、と心の中で言ってみる。

アスパラが砂の上に、かちんかちんになった鳥の死骸《しがい》を見つけている。⑧どうしてアスパラはそういうものを見つけちゃうんだろう。

「ウミウだな」と、パパがそばでアスパラに言っている。

離れたところに犬を散歩させている人がいる。12ハナされている犬はなんという種類かわからないけれど、あまりかっこよくない。砂浜をよたよた歩いているし。太っているし。

飼い主のおじさんは犬のことを忘れたみたいに、一人でむこうへ歩いていく。煙草《たばこ》を吸いながら。犬も、おじさんと来たことを忘れたみたいな顔で砂をほじくりかえしはじめた。それからしだいに13イキオいづいて、鼻を砂だらけにして、砂をぱっぱ、ぱっぱと掘っている。

パパがわたしを呼んだ。

走ってパパのそばに行き「なに？」とたずねると、

「昼ごはん、何を食べたい？」とパパは聞いた。

わたしは、犬のほうへそろそろと近づいているアスパラのところに行って、「昼ごはん、何が食べたい？」と聞いた。

アスパラはうーんと空を見て目を細め、空を見たまま「ぼくねえ、回転寿司《ずし》」と言った。

アスパラは卵の皿ばかりに手をのばした。

「なんで卵ばっかり？」とわたしは聞いた。わたしは自分が取ったイクラやウニやアナゴの皿から「食べなよ」と、一つをアスパラの皿に移してあげた。

「えー」と、そのたびに困ったように口の中で言ってから、アスパラは箸《はし》で［ 5 ］と寿司《すし》をつまみ、口に運んだ。食べ終えると、「うん、おいしい」と言った。

アスパラはにこにこわらった。

「いいんだよ。卵がそんなに好きなら、卵ばっかり食べたっていいんだよ。そこが回転寿司のいいところなんだから」

パパは、アスパラの前に卵がのっていた皿が重なっていくのを面白《おもしろ》そうに眺めながら言った。

アスパラはまた卵の皿を取り、それを食べ終えると、メロンを食べた。それから鶏《にわとり》のから揚《あ》げを取り、プリンでしめくくった。

「あー、とってもおいしかった」

アスパラはパパに言って、首をぐるっとまわし、へへっとわらった。

わたしたち三人はきっと親子に見えているだろうな、とわたしは思った。アスパラ、うちの子になればいいのに、とまた思った。アスパラはいい子だし。アスパラ、怒《おこ》ったことがないし。そう思ってから、

「で、猫は？」とわたしはママに聞いた。

ママはわらった。「アスパラくん、一軒一軒《けん》の家をたずねては、『この猫を飼ってくれませんか』って、おねがいして歩いたんだって。何軒も何軒もそうやってたずねて歩いて、どの家でも断られて、困りはてて電柱の下にしゃがんでいたら、自転車に乗った女の子が通りかかって、［4］子猫をもらってくれたんだって」

アスパラが8ガイトウの下にしゃがんでいる姿が目に浮《う》かぶ。その自転車の女の子が自分じゃなくて、それがとても残念な気がする。

「やさしいのね、アスパラくん。感心しちゃった」と、⑤ママはまるでいいお話を聞いて胸が熱くなりました、みたいな言い方をした。

⑥悲しい、とわたしは思った。お母さんにもお父さんにも見捨てられたアスパラは子猫を見捨てることができなくて、知らない家を一軒一軒たずね歩いていたんだ。そう思うと、胸がざわざわして、それから胸の、9ホネとほねのあいだがぎゅうっと痛くなった。残酷《ざんこく》だよ、とわたしは思った。ざんこく、という言葉が頭の中でちかちか点滅《てんめつ》して、頭がちくちくしてきて、目の中が熱くなって、涙《なみだ》がぽろぽろ流れた。

「あら、どうしたの」とママは言った。

わたしは泣くのをやめられない。いますぐ走ってアスパラのところへ行きたいと思った。行って、「アスパラ、もうだいじょうぶだよ、わたしが来たからね」って言ってあげたい。アスパラを守るのは、やっぱりわたししかいない。そう思うと、涙は止まらなくなった。

「アスパラがかわいそうだよ」

泣きながら、わたしは言った。でも言ってしまってから、かわいそう、なんて言い方をすると、アスパラがもっとかわいそうになる、と気がついた。

「おばあちゃんはアスパラくんの世話だけでも大変だってことは、利《り》香《か》にだってわかるでしょ。猫の世話まではできないわよ。わかるでしょう？」

わたしは、子どもってなんて不幸なんだろう、と思う。猫一匹《ぴき》飼うことさえ自分で決めることができないんだから。

そう考えていたら、しだいに腹がたってきて、そしたら涙は止まっていた。

パパに「冬くんをさそってドライブにでも行こうか」と言われて、車でアスパラを迎《むか》えに行った。

電話で「ドライブに行こうよ」とアスパラに言うと、「ドライブって？」と、アスパラはドライブの意味さえ知らないみたいだった。アスパラは親にドライブに連れていってもらったこともないのかと、アスパラに同情する気もちがわきかけたけれど、わたしはその落とし穴には落ちないように気をつけた。⑦気もちの落とし穴に。すぐに泣いたり、だれかをかわいそうに思うのは気もちの落とし穴で、罠《わな》みたいなもんだから、やすやすと罠にはまってしまってはいけない。いい人ぶるのは、いやだ。

おばあちゃんの家の前にアスパラは立っていた。

アスパラを助手席にすわらせて、わたしは後ろの席に移った。アスパラの髪《かみ》、寝《ね》ぐせがついている。

パパはだまって運転している。

「どこに行くの？」とわたしがたずねても、「うん」と言ったきりで、でも迷っているふうでもなくて、交差点を10オれたり、つぎは曲がらずに直進したりして、どこかに向かって運転をつづけている。

「子猫、もらってくれる人がいてよかったね」

わたしが言うと、アスパラは顔を半分だけこちらに向け、わたしを見た。その目がくりんと丸くてかわいい。

「ねえ、これはぼくのコロッケ？　それとも、おばあちゃんのコロッケ？」とアスパラがたずねている。

「冬ちゃんのコロッケです。冬コロッケ」

おばあちゃんが言うと、アスパラはすごくうれしそうにわらった。持ってきたアスパラはコロッケの4ツけ合わせにぴったりだった。

アスパラはどんな場所にもすうっとなじんじゃうんだな、とわたしは思う。だれとでも、なじむ。なんか、ずっと前からの友だちみたいに。わたしも、アスパラといるとアスパラの気もちが全部わかるような気がする。アスパラとわたしは大の仲良しなんだという気もちになる。アスパラが不満を言ったり、文句を言ったりするのをわたしは聞いたことがない。だれかの言葉に、いつも「うん、うん」うなずいている。

「アスパラのコロッケ、めっちゃおいしいよ」

わたしが言うと、アスパラはママの顔とおばあちゃんの顔を見て、それから「うん、うん」と、うれしそうにわらった。

ママが電話で話している相手はおばあちゃんのようだ。

「それで5ケッキョク、あの子、子猫《こねこ》をどうしたの？」とママが聞いている。

おばあちゃんの言葉に耳を［Ｂ］、それから「そう」とうなずいている。アスパラの話をしているらしい。

わたしはママに「アスパラをうちの子にして」と頼んだ。アスパラがうちの子になったら、と考える。そしたら、③わたし、すごくいいお姉さんになる自信がある。アスパラも家族が四人になると、きっともうさみしくなくなるだろうし。

ママは「そうねえ」と、あいまいな返事をした。

「ダメな理由は、何？」わたしは聞いた。

「そんなに簡単なことじゃないのよ」

ママは、④ね、わかるでしょ、という顔をわたしに向けた。

この場合の「かんたん」って、どういう意味なのか、とわたしは考える。「簡単な算数の問題」というときの「かんたん」じゃないことはわかる。いろいろ6フクザツな事情があるってことだろうか。じゃあ、それは何？　だれか反対する人がいるってこと？　アスパラの両親はどっかへ行っちゃって反対どころじゃないし、おばあちゃんはきっと賛成してくれるはずだし。じゃ、だれ？　市役所の人？　まさかね。

ほんとうの理由をママはわたしに言いたくないだけなんだ、と思う。それはわたしが子どもだから？

わたし、ママの考えていることならわかってるんだよ、とママに言いたい。でも言わない。けんかになっちゃうから。

パパはアスパラのことをどう思ってるんだろう。パパは、ほんとは娘《むすめ》より息子がほしかったんじゃないだろうか。でも、そんなことは、いまはもうパパに聞けない。小五にもなって、そんなことは聞けない。

ママが7ジュワキを置いた。

わたしが見つめているのに気づいて、ママは首をかしげてから、「あのね」と言った。それから、ちょっとわらった。

「子猫をひろったんだって、アスパラくん」とママは言った。

でも、おばあちゃんは、子猫は飼えないとアスパラに言い、ほかの人にもらってもらいなさい、と言《い》い渡《わた》したのだそうだ。アスパラは猫を抱《かか》えて出ていき、それっきり、暗くなっても家に帰ってこなかった。おばあちゃんは［２］心配になって、［３］アスパラをさがしに出かけた。でも、どこに行ってしまったのか、近くの公園にも、学校にも、駅のまわりにも、アスパラはいなかった。疲《つか》れはててておばあちゃんが家に帰ると、アスパラは先にもどっていたのだという。

い。

アスパラは穴を掘りつづけた。しまいには穴の中におりて掘っていた。アスパラの膝《ひざ》ぐらいまでの深さになったとき、おじいちゃんが庭に出てきた。

「冬。なんか出てきたか？」

おじいちゃんはのんびりした声でたずねた。

「まだだよ」

穴の中からアスパラは答えた。

「そのくらいでやめなよ。そこには宝なんてなかったんだろ。もう出ておいで」

おじいちゃんは、やはりなんでもないように言った。

アスパラはすごくなごりおしそうな顔で穴から出てきた。そして、穴のふちに立って、自分の掘った穴を［ 1 ］と眺《なが》めていた。

おじいちゃんはそのあとで、その穴を雑草を埋める穴に使った。

②大人の考えていることは、ほんとわからない。子どもって、半分、大人にだまされてるのかな。

でも、アスパラはそんなことも気にしていないみたいだった。かといって、べつの穴を新しく掘って、宝を探そうともしなかった。アスパラはわたしみたいに、すんでしまったことをあれこれ考えて、人を疑ったり、憎《にく》んだり、いじけたりもしないみたいだった。

四十九日の法事（人の死後四十九日目に行う仏教の儀式（ぎしき））がすんで一週間すると夏休みになった。ママの車で、わたしはおばあちゃんの家に向かう。

玄関《げんかん》を入ると、家にはおいしそうな匂《にお》いがただよっていた。

「アスパラ。おみやげ」

わたしは長方形の2ミッペイ容器を台所のテーブルに置いた。中にはグリーンアスパラガスがぎっしり詰《つ》まっている。わたしが「そうしようよ」と、八百屋でママにしつこく頼《たの》んで、五本ずつ束ねてあったグリーンアスパラガスを十束買ってもらったのだ。それを切らずにゆでて、詰めたのだ。

アスパラは台所で腕《うで》まくりした手を3コナだらけにしていた。手を洗ってからアスパラは容器のふたをあけ、中身をたしかめた。

「やや、やや、やや」

アスパラはおじさんみたいな声を出した。でも顔がぱっと輝《かがや》いたのが、わたしにはわかった。よかった、とわたしは思った。わたしもアスパラも子どもで、子どもはわかりやすくて、それは子どものいいところだ、とわたしは思った。

アスパラが作っていたのはコロッケだった。

おばあちゃんはコンロの前で、鍋《なべ》のてんぷら油の上に手を（A）温度をたしかめている。

「もう油に入れていい？」アスパラがたずねる。

「オッケー」

おばあちゃんが答えている。おばあちゃん、なんだか楽しそうだ。

アスパラが丸めたコロッケを油の中に入れる。ものすごく真剣《しんけん》な顔をしている。一個入れると、後ろに飛びのく。油がぴちぴちとはねる。

「だいじょうぶだってば」

おばあちゃんはわらっている。

アスパラはコロッケを一つ入れては飛びのく、を繰《く》り返《かえ》し、そのあとはテーブルの椅子《いす》の上に立って、離《はな》れた場所から鍋の中を観察していた。

「ほうら、もう、こんがりきつね色になっちゃった」

おばあちゃんはどんどん無邪気《むじゃき》な声になって、得意げに油からコロッケを引きあげている。

平成二十七年度 駒場東邦中学校

【国 語】(六〇分)〈満点：一二〇点〉

次の文章を読み、後の問いに答えなさい。

「アスパラ」は、グリーンアスパラガスが好きないとこの冬二《ふゆじ》(小学校二年生)に「わたし」がつけたあだ名である。おじいちゃんのお葬式《そうしき》で、「わたし」はアスパラと再会したが、アスパラの離婚《りこん》した両親は姿を見せなかった。

おじいちゃんが生きていたころ、ママと一緒《いっしょ》に遊びに行くと、アスパラが一人で庭の隅《すみ》に穴を掘《ほ》っていたことがある。

「なに、してるの？」

近づいてから、わたしはたずねた。穴の深さは二十センチくらいだった。

「宝物を探してる」とアスパラは答えた。

「どういう宝物？」

「そりゃわからないよ。掘ってみなきゃ」

アスパラはスコップで土を掘りつづけた。そこに何か埋《う》められていることを1カクシンしているみたいな掘り方だった。

「だれが埋めたんだろ」

わたしはそばで穴の底を見つめていた。穴は、ただ穴だった。石ころが二つ三つ見えていた。アスパラは答えなかった。

「チロが掘った穴ぐらいになった」とアスパラは言った。

「チロって？」

「犬」

「飼ってたの？」

「うん」

アスパラは掘る手を休めずに言った。

ふうんと思った。アスパラが自分のことを話すのを聞くのははじめてだと思った。それまで、親子三人で暮らしていた時のことや、前に住んでいた家のことなどをアスパラが話すのを聞いたことがなかった。前はどんな小学校に行っていたのか、その学校には友だちはいたのか、その友だちとはどんな言葉でお別れを言ったのか。アスパラは何も言わない。

アスパラのお母さんは、アスパラと一緒にこの家にもどってきたあとしばらく、おじいちゃんとおばあちゃんと四人で暮らしていたのに、ある日、ふいとどこかへ行ってしまったのだ。アスパラを残したまま。行先も言わずに。そのまま帰ってこなかった。

①大人の考えていることはわからない、とわたしは思う。それが入り組んだ事情なのか、なんでもない気まぐれなのか、それもわからない。わたし、もう五年生なのに、わからなくてくやしい。

おばさんはアスパラがじゃまだったのか、と考える。自分の息子《むすこ》なのに、アスパラのことが気にならないのか、とも考える。親って、何？と考える。

出ていったお母さんのことをどう思っているのか、アスパラに聞いてみたい気もするけれど、でも、わたしは聞けない。

ママは「昔は、あんな子じゃなかったんだけど」と、おばさんのことをパパに話していた。それはどういうこと、とわたしは考える。人間は、いつのまにか性格が変わってしまうんだろうか。前は思いやりがあったのに、時間がたつと、思いやりはその人の中から消えてしまうんだろうか。ああ、わかんない。大人の考えていることがわからな

平成27年度

駒場東邦中学校　▶解説と解答

算　数　(60分)　<満点：120点>

解　答

1 (1)　$2\frac{4}{9}$　(2)　①　81cm²　②　15cm　(3)　①　20km　②　1時間20分　(4)　35, 63, 105　**2** (1)　4536個　(2)　ア…9877，イ…9999，ウ…123　(3)「6789から6795」，「7689から7695」，「7859から7865」，「8759から8765」　**3** (1)　23.884cm²　(2)　8.792cm　**4** (1)　ア…4，イ…7，ウ…24，エ…4　(2)　(例)　①　解説の図10を参照のこと。②　解説の図12を参照のこと。

解　説

1 **四則計算，面積，長さ，流水算，速さと比，整数の性質，比の性質。**

(1)　$4.875-\frac{9}{8}\times3\frac{1}{3}-\frac{5}{4}\div2.25+2\frac{1}{2}\times0.75=4\frac{7}{8}-\frac{9}{8}\times\frac{10}{3}-\frac{5}{4}\div2\frac{1}{4}+\frac{5}{2}\times\frac{3}{4}=\frac{39}{8}-\frac{15}{4}-\frac{5}{4}\div\frac{9}{4}+\frac{15}{8}$ $=\frac{39}{8}-\frac{30}{8}+\frac{15}{8}-\frac{5}{4}\times\frac{4}{9}=\frac{24}{8}-\frac{5}{9}=3-\frac{5}{9}=2\frac{9}{9}-\frac{5}{9}=2\frac{4}{9}$

(2)　①　右の図で，三角形EFGと三角形GQDの面積が等しいから，両方に四角形FPQGを加えると，三角形EPQと四角形FPQDの面積も等しくなる。また，三角形EPQは三角形CPQと合同なので，その面積は，$(21-3)\times9\div2=81(cm^2)$である。よって，四角形FPQDの面積も81cm²とわかる。　②　三角形EFGと三角形DQGはどちらも直角三角形であり，○印をつけた角の大きさが等しいから，残りの角の大きさも等しくなる。

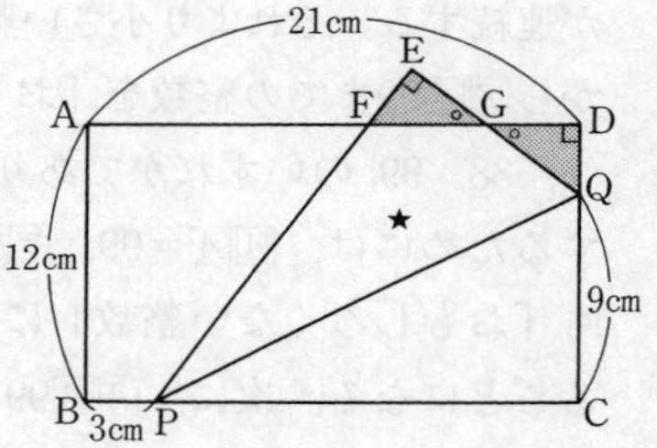

よって，この2つの三角形は相似であり，しかも面積が等しいので，合同とわかる。したがって，EFの長さはDQの長さと等しいから，$12-9=3$(cm)である。また，EPの長さはCPの長さと等しく，$21-3=18$(cm)なので，PFの長さは，$18-3=15$(cm)と求められる。

(3)　①　上りと下りにかかった時間の比は，2時間30分：1時間40分＝150分：100分＝3：2だから，上りと下りの速さの比は，$\frac{1}{3}:\frac{1}{2}=2:3$である。よって，上りの速さを2，下りの速さを3とすると，右の図より，静水での速さは，$(2+3)\div2=2.5$となる。これが毎時10kmにあたるので，1にあたる速さは毎時，$10\div2.5=4$(km)となり，上りの速さは毎時，$4\times2=8$(km)と求められる。したがって，A市とB市の距離《きょり》は，$8\times2\frac{30}{60}=20$(km)とわかる。　②　この日の上りの速さは毎時，$20\div4=5$(km)だから，この日の流れの速さは毎時，$10-5=5$(km)とわかる。よって，この日の下りの速さは毎時，$10+5=15$(km)なので，下りにかかる時間は，$20\div15=1\frac{1}{3}$(時間)と求められる。これは，$60\times\frac{1}{3}=20$(分)より，1時間20分となる。

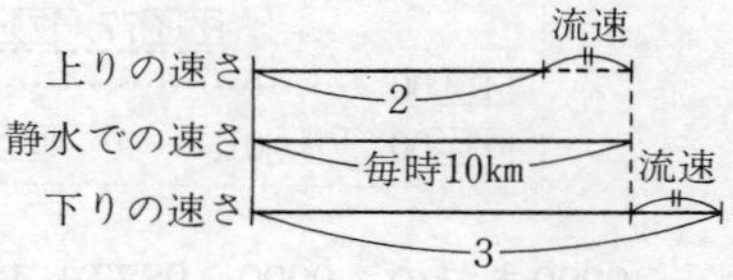

(4)　Aは1より小さいから，Aを約分したときの分数は$\left\{\frac{1}{7},\ \frac{2}{7},\ \frac{3}{7},\ \frac{4}{7},\ \frac{5}{7},\ \frac{6}{7}\right\}$のいずれかである。また，$A$の分子と分母の和は360なので，$A$を約分したときの分子と分母の和は360の約数になる。さらに，ある整数は0でないから，条件にあてはまるのは$\left\{\frac{2}{7},\ \frac{3}{7},\ \frac{5}{7}\right\}$の3つあり，360÷(2＋7)＝40，360÷(3＋7)＝36，360÷(5＋7)＝30より，約分する前の分数Aはそれぞれ，$\frac{2\times40}{7\times40}=\frac{80}{280}$，$\frac{3\times36}{7\times36}=\frac{108}{252}$，$\frac{5\times30}{7\times30}=\frac{150}{210}$となる。次に，分子からある整数を引き，分母に同じ整数を加えても，分子と分母の和は360のまま変わらない。この比が1：7になるから，約分する前の分子は，$360\times\frac{1}{1+7}=45$，分母は，360−45＝315とわかる。よって，右の図のようになるので，ある整数は，$A=\frac{80}{280}$のときは，80−45＝35，$A=\frac{108}{252}$のときは，108−45＝63，$A=\frac{150}{210}$のときは，150−45＝105と求められる。

$\frac{80-\square}{280+\square}=\frac{45}{315}$

$\frac{108-\square}{252+\square}=\frac{45}{315}$

$\frac{150-\square}{210+\square}=\frac{45}{315}$

[2]　場合の数，条件の整理。

(1)　千の位には0以外の9通りの数字を使うことができ，百の位には，千の位で使った数字をのぞいた9通り(0をふくむ)の数字を使うことができる。また，十の位には，千の位と百の位で使った数字をのぞいた8通り，一の位には，千の位と百の位と十の位で使った数字をのぞいた7通りの数字を使うことができる。よって，「おもしろい整数」は全部で，9×9×8×7＝4536(個)ある。

(2)　「おもしろい整数」ではない整数を「おもしろくない整数」と呼ぶことにする。下の図1のように，千の位と百の位の数字がともに[A]の場合，[A][A]00から[A][A]99までは「おもしろくない整数」が連続する。それより小さい整数について考えると，[ア]または[イ]の一方を9にすることで，[ア][イ]89から[ア][イ]99までの整数を「おもしろくない整数」にすることができる。ここで，[A][A]は{11，22，…，88，99}のいずれかであり，[ア][イ]は[A][A]よりも1小さい整数だから，[ア]または[イ]の一方を9にするためには，[A][A]＝99，[ア][イ]＝98とすればよいことになる。この結果，[ア][イ]77から[ア][イ]88までも「おもしろくない整数」になるので，[ア][イ]77(＝9877)から[A][A]99(＝9999)までの整数が連続することになる。次に，[A][A]99より大きい整数について考えると，[ウ]または[エ]の一方を0にすることにより「おもしろくない整数」を連続することができるが，[ウ][エ]は[A][A]よりも1大きい整数だから，[ウ]または[エ]を0にすることはできない。さらに，[A][B]□□のように，千の位と百の位の数字が異なる場合，[A][B]00から[A][B]99の中には必ず「おもしろい整数」が存在するから，この場合は「おもしろくない整数」が100個以上連続することはない。よって，最も長く連続するのは，9877から9999までの，9999−9877＋1＝123(個)である。

図1

[ア][イ]77，[ア][イ]78，[ア][イ]79，[ア][イ]80，……，[ア][イ]88，[ア][イ]89，[ア][イ]90，……，[ア][イ]99
[A][A]00，……………………………………………………………………，[A][A]99
[ウ][エ]00，[ウ][エ]01，……，[ウ][エ]09

(3)　右の図2で，1番小さい整数を[A][B][C]9とすると，1番目から2番目にかけて一の位から十の位に1くり上がるので，2番目の整数は[A][B][D]0となる。このとき，1番小さい数が「おもしろい整数」だから[C]は9ではなく，十の位から百の位にくり上がることはない。よって，[D]は[C]よりも1大きい数なので，[D]＝[C]＋1となる。ここで，[C]＝0とすると，[D]＝1となり，

図2

1番目…[A][B][C]9
2番目…[A][B][D]0
3番目…[A][B][D]1
4番目…[A][B][D]2
5番目…[A][B][D]3
6番目…[A][B][D]4
7番目…[A][B][D]5

3番目の数が「おもしろくない整数」になってしまうので，あてはまらない。また，$\boxed{C}$＝1とすると，$\boxed{D}$＝2となり，4番目の数が「おもしろくない整数」になってしまうので，あてはまらない。同じように考えると，$\boxed{C}$として考えられる数字は{5，6，7，8}とわかる。$\boxed{C}$＝5（$\boxed{D}$＝6）のとき，$\boxed{A}$，$\boxed{B}$にあてはまる数字は{0，1，2，3，4，5，6，9}以外の数字なので，7と8と決まる。したがって，1番小さい数は7859と8759である。また，$\boxed{C}$＝6（$\boxed{D}$＝7）のとき，$\boxed{A}$，$\boxed{B}$にあてはまる数字は{0，1，2，3，4，5，6，7，9}以外の数字だから8しかなく，条件に合わない。同じように考えると，$\boxed{C}$＝7（$\boxed{D}$＝8）のとき，$\boxed{A}$，$\boxed{B}$にあてはまる数字は6しかなく，条件に合わない。また，$\boxed{C}$＝8（$\boxed{D}$＝9）のとき，$\boxed{A}$，$\boxed{B}$にあてはまる数字は6と7なので，1番小さい数は6789と7689である。以上より，条件に合うのは，「6789から6795」，「7689から7695」，「7859から7865」，「8759から8765」の4つの場合である。

3 平面図形―図形の移動，面積，長さ。

(1)　右の図1のかげをつけた2個の台形とおうぎ形の面積の合計を求めればよい。台形の上底の長さは，6－1＝5(cm)だから，台形1個の面積は，(5＋6)×2÷2＝11(cm²)である。また，おうぎ形の中心角は，360－(90＋90＋126)＝54(度)なので，おうぎ形の面積は，$2\times2\times3.14\times\frac{54}{360}=0.6\times3.14=1.884$(cm²)となる。よって，二等辺三角形の通過したあとにできる図形の面積は，11×2＋1.884＝23.884(cm²)と求められる。

図1

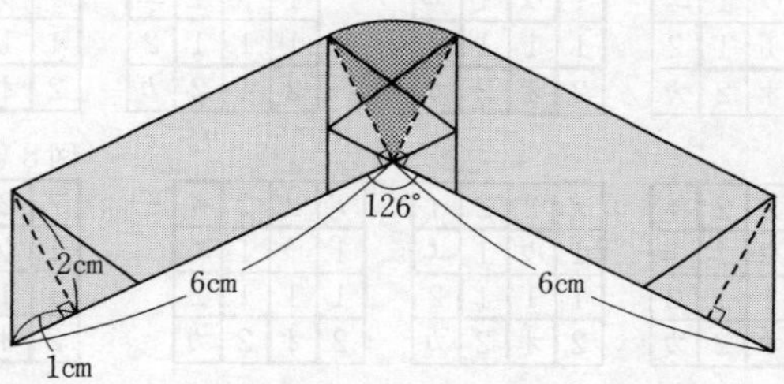

図2

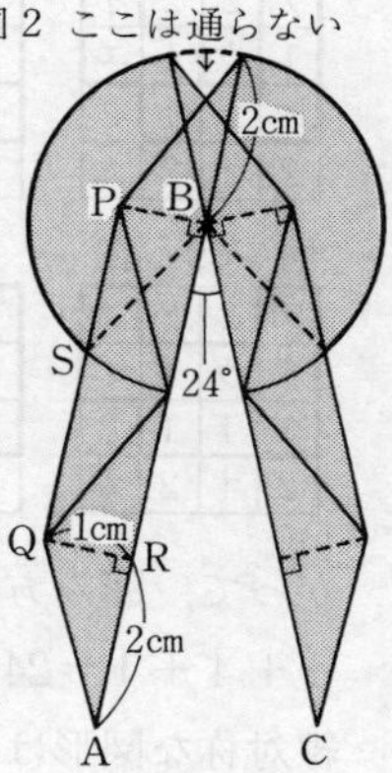

(2)　二等辺三角形は右上の図2のかげをつけた部分を通過するから，太実線の部分の長さを求めればよい。図2で，四角形PQRBは長方形だから，角BPQは直角である。また，BPの長さは1cm，BSの長さは2cmなので，三角形BPSは正三角形を半分にした三角形である。よって，角SBAの大きさは，90－60＝30(度)だから，太線部分(点線部分をふくむ)の中心角は，360－(24＋30×2)＝276(度)と求められる。また，太点線部分の中心角は角ABCの大きさと等しく24度なので，太実線部分の中心角は，276－24＝252(度)とわかる。したがって，太実線部分の長さは，$2\times2\times3.14\times\frac{252}{360}=2.8\times3.14=8.792$(cm)である。

4 調べ。

(1)　1が書かれた正方形は5個あるから，囲まれる面積を6cm²にするには，右の図1のア～カのうち1個をふくむように囲めばよい。このとき，イとカをふくむことはできないので，下の図2の4通り(…ア)の囲み方がある。また，囲まれる面積を7cm²にするには，ア～カのうち2個をふくむように囲めばよい。このとき，カをふくむことはできず，イをふくむことができるのはエをふくむ場合だけであることに注意すると，下の図3の7通り(…イ)の囲み方がある。次に，囲まれる面積を5cm²にする囲み方は下の図4である。さらに，囲まれる面積を8cm²にするには，ア～カのうちの3個(カをふくむことはできないから，ア～オのうちの3個)をふくむように囲めばよい。このとき，イとエをふくむ場合は下の図5，イをふくまない場合は下の図6のようになる。同じように，囲まれる面積を9cm²にするに

図1

ア	2	2	イ
1	ウ	1	エ
1	1	1	2
2	オ	2	カ

は，ア～オのうちの4個をふくむように囲めばよいから下の図7のようになり，囲まれる面積を10 cm^2にするには，ア～オのうちの5個をふくむように囲めばよいので下の図8のようになる。したがって，囲み方は全部で，4＋7＋1＋3＋4＋4＋1＝24(通り)(…ウ)あり，このうち線対称な図形はかげをつけた4通り(…エ)ある。

図2（6 cm^2）

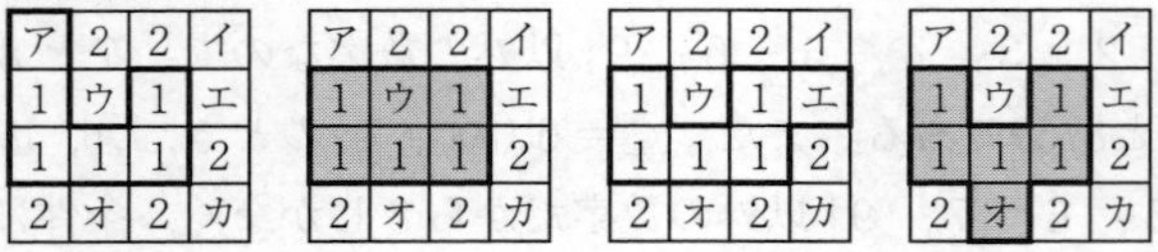

図4（5 cm^2）

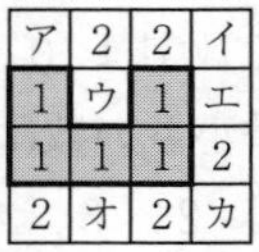

図3（7 cm^2）

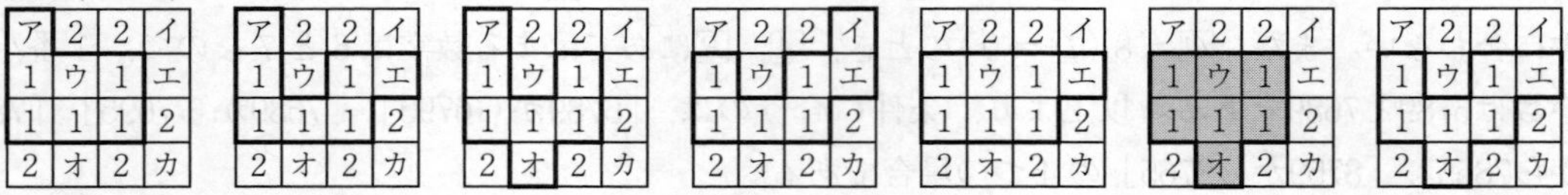

図5（8 cm^2）

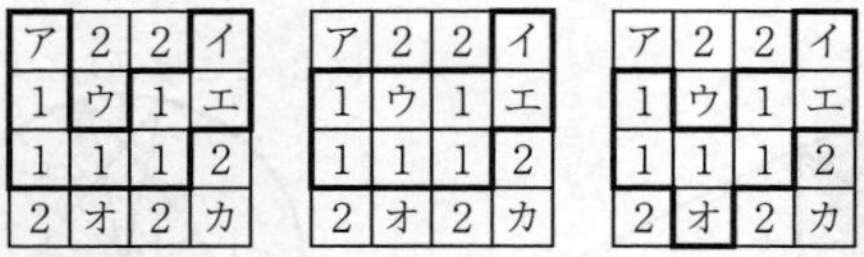

図6（8 cm^2）

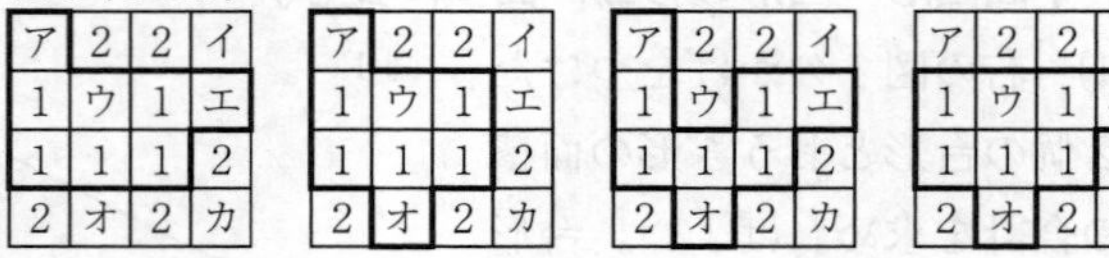

図7（9 cm^2）

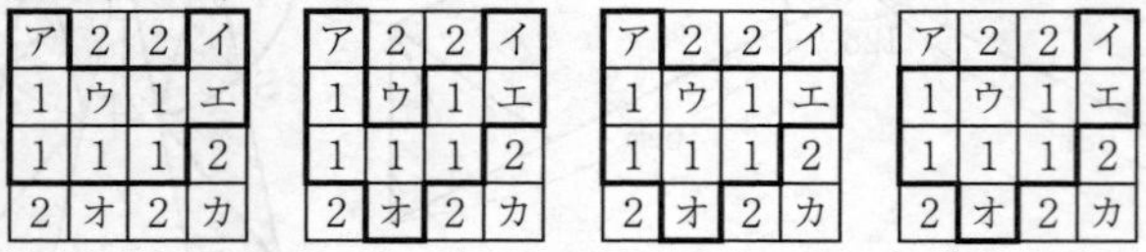

図8（10cm^2）

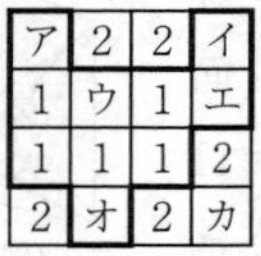

図9

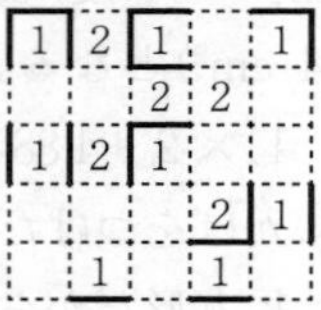

図10

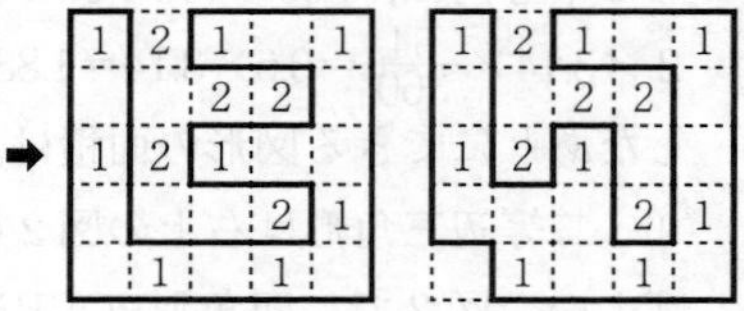

(2)　①　1と2が接する部分と，1のうち外側の辺になっている部分には必ず線が引かれるから，上の図9のようになる。これをもとにして，囲む面積がなるべく小さくなるように他の線を引くと，たとえば，右上の図10のようになる。　②　①と同じようにすると，右の図11➡右の図12のような囲み方が考えられる。

図11

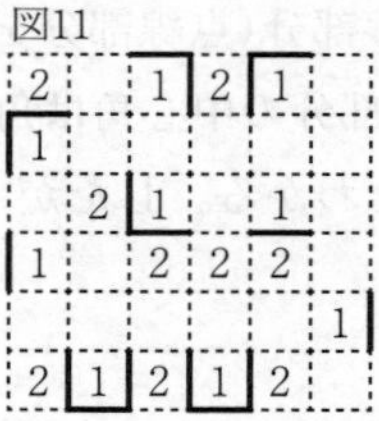

図12

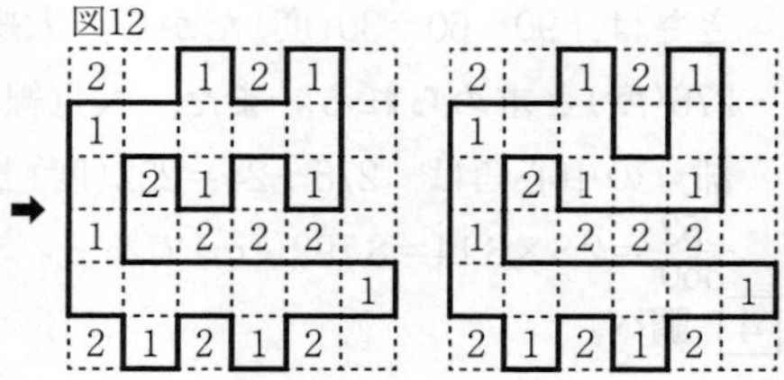

社　会　(40分)　＜満点：80点＞

解　答

問1　子どもに普通教育を受けさせる　　問2　(1)　ウ　　(2)　A　イ　　C　オ　　(3)　イ　　問3　ア，イ　　問4　(例)　それまで通貨の役割を果たしていた絹・布・米などに代わり，銭(貨幣)が広く使われるようになった。　　問5　(1)　(例)　生糸を輸出して獲得した外貨で原料や機械を輸入することで，他の工業を育成する役割を果たした。　　(2)　(例)　世界恐慌が起こ

り，生糸の最大の輸出先であったアメリカが不景気になったため。　(3)　ウ　　問６　ウ
問７　(1)（例）天皇のきさきとなった藤原氏の娘の身の回りの世話や教育にあたるため。
(2)（例）結婚や出産をきっかけにいったん仕事を辞め，子育てが一段落したあと再就職する女性が多いため。　　問８　(1)　ア　(2)（例）今後，少子高齢化がいっそう進むことが予想される中で，働く世代の負担をできるだけ減らすため，安定した財源であり，すべての人に一律の税率で負担を求める消費税はますます重要な財源となると考えられるから。　　問９　(1)　①　貸本屋　　②　寺子屋　　(2)（例）読み書きができる　　(3)　松下村塾

解　説

「働く」ことを題材とした総合問題。

問１　日本国憲法で定められた国民の三大義務とは，子どもに普通教育を受けさせる義務(第26条)，勤労の義務(第27条)，納税の義務(第30条)の３つである。

問２　(1)　第二次産業の就業者の割合と製造品の出荷額がともに４つの中で最も高いＡが，関東内陸工業地域に属し自動車工業がさかんなことで知られる群馬県太田市，製造品の出荷額が最も低く，第三次産業の就業者の割合が非常に高いＤが，住宅密集地域で農地は多くないと考えられる東京都世田谷区であることはすぐにわかる。残る２つのうち，第三次産業の就業者の割合がより高いＢは，大学や研究所などが集まる筑波研究学園都市が形成されている茨城県つくば市で，第一次産業の就業者の割合がより高いＣは，全国有数の水揚《みずあ》げ量をほこる銚子港があり水産業の従事者が多いと考えられる千葉県銚子市と判断できる。　　(2)　太田市は自動車工業がさかんであるから，輸送用機械があてはまる。銚子市は漁港があることから水産加工業が発達しており，伝統産業であるしょう油醸造業もさかんであるから，食料品が選べる。　　(3)　第三次産業の就業者の割合が非常に高いＸは，３つの国の中で唯一《ゆいいつ》の先進国であるアメリカ(合衆国)と判断できる。第一次産業の就業者の割合が高いＺは，世界最大の人口をもつため食料生産量も世界有数で，農業がさかんに行われている中国があてはまる。残るＹがブラジルで，太田市にはブラジルから出かせぎに来ている日系人とその家族が多く住んでいる。なお，アメリカは世界一の農産物生産国であるが，機械を使った大規模経営が中心であるため農業従事者の割合は非常に小さい。

問３　販売農家とは，経営耕地面積が30アール以上あるか，農産物販売金額が年間50万円以上ある農家のことをいい，規模がそれに満たない農家を自給的農家という。新たに自給的農家という分類ができた大きな理由は，イで述べられているように，住民の高齢化により，耕地をせばめたり，農地を貸したりすることで経営規模を縮小した農家が増えたためと考えられる。また，アで述べられているように，定年退職をしたのち，都会から地方に移り住んで小規模な農業を営み，農作物を家族で消費したり，親類・知人などに配ったりするような人が増えているとも考えられる。なお，ウは内容が不適切。エとオは，主に販売農家の取り組みである。

問４　史料２の中にある「五百貫《かん》」や「三百貫」は銭《ぜに》(貨幣《かへい》)の単位。つまり，神社の造営にあたって，御家人たちが金銭《きんせん》を負担していたことがわかる。鎌倉時代に農業や手工業の生産が高まり，商業も活発に行われるようになると，取引に貨幣が多く用いられるようになり，さらには領主などに納める年《ねん》貢《ぐ》も，収穫物の代わりに貨幣で納めることが増えていった。表１を見ると，土地の取引における支払いの手段も，それまでの絹・布・米に代わり，貨幣が用いられるようになっていったことがわかる。

このように，それまで通貨の役割を果たしてきた絹・布・米に代わり，生活のさまざまな場面で貨幣が用いられるようになったのである。なお，日本では平安時代中期以降，貨幣の鋳造《ちゅうぞう》が行われなくなったため，取引には主に宋《そう》(中国)との日宋貿易で輸入された宋銭が利用されていた。

問5　(1)　江戸時代末期に外国との貿易が開始されたが，日本の生糸は質がよく高値で売れたため，輸出品の中心となっていった。そのため明治政府は，富岡製糸場(群馬県)などの官営工場を建てるなどして生糸の生産と輸出を進め，そこで得た外貨で綿花などの原料や機械を購入し，紡績《ぼうせき》業や綿織物業など他の工業の近代化を進めていったのである。また，製糸業の場合，原料となる蚕《かいこ》のマユが，国内の養蚕《ようさん》農家から安く手に入れることができた点も有利であった。　(2)　1929年はアメリカで株価の大暴落が起こり，世界恐慌《きょうこう》が始まった年である。日本の生糸の最大の輸出先であったアメリカが深刻な不景気となったため輸出量が減り，売れなくなった生糸の価格が暴落して日本経済にも大きな影響をあたえた。　(3)　工場法の第2条に「工場主は，12歳未満の者を工場で働かせてはならない」と定めているので，11歳以上の男子を働かせている①は違法になるが，同時に「この法が施行される時に10歳以上の者を引き続き働かせる場合には，この限りではない」とあるので，この場合には適法ということになる。②も，女子を13時間働かせており，第3条にある「女子を，1日12時間以上働かせてはならない」という規定に違反するが，工場法は「常に15人以上の労働者を働かせている工場」に適用されるものであるので，10人の労働者がいるこの工場の場合，違法とはされないことになる。③は15人の労働者がいる工場で，女子を午後5時から11時間働かせているから，第4条にある「女子を，午後10時から午前4時の間は，働かせてはならない」という規定に違反する。

問6　デパートの店員や電話の交換手《こうかんしゅ》，バスの車掌《しゃしょう》といった職業婦人が活躍《かつやく》するのは大正時代から昭和時代初期にかけてのことであるから，ウが誤り。

問7　(1)　藤原氏などの有力な貴族は，自分たちの娘を天皇のきさきとし，天皇の子を産ませることで自らの地位を高め，権力をにぎろうとしていた。そうしたきさきなどの世話役や教育係をつとめさせるため，貴族の娘などの中から優秀な女性を選び出し，宮中に招いたのである。一条天皇のきさきの彰子《しょうし》に仕えた紫式部《むらさきしきぶ》や，同じく一条天皇のきさきの定子に仕えた清少納言《せいしょうなごん》も，そのようにして宮中に招かれた女性であった。　(2)　日本の女性の年齢別人口の割合は，30代で一度低下し，40代で再び上昇するため，グラフ上で「M字型カーブ」と呼ばれる曲線をえがく。こうした傾向になるのは，結婚・出産を機にいったん仕事を辞め，子育てが一段落する40～50代に再就職する女性が多いためである。このような状況《じょうきょう》に対しては，労働力の確保や女性の活用という面から，保育施設の充実などにつとめ，女性が結婚・出産後も働き続けることができる環境をもっと整備すべきだとする声も強い。

問8　(1)　アは，特定の地域経済の活性化にはつながるが，不特定多数の人が利用する「公共財・サービスが提供される例」にはあてはまらない。　(2)　図6からわかるように，消費税は所得税や法人税とともに国の歳入の中で大きな割合を占《し》めており，しかも，景気によって税収が増減する所得税や法人税と異なり，比較的安定した財源ということができる。また，表3では少子高齢化は今後ますます進むことが示されており，社会保障費が増大し，働く世代1人あたりにかかる負担がいっそう増すことが予想される。そうした負担を少しでも軽減するためには，できるだけ多くの国民でその負担を分け合う必要があり，そのためにもすべての国民に一律の税率を課す消費税の役割に注目すべきである，というのが消費税を重視する立場の見方である。

問９　⑴　問題文に「藩校《はんこう》や私塾《しじゅく》がある一方で」とあることに注意し，江戸時代には身分の高い人々だけでなく，町人や農民など民間にも教育が広がったことをふまえて考える。　①　図７の建物の１階の店には本が並べられており，図８の店先には座って本を読む女性がいることなどから，これらは現在の本屋にあたる施設と考えられるが，当時の書物は高価で，一般庶民《しょみん》が気軽に買うことはできなかった。よって，この施設は江戸時代に多く見られた，料金をとり期限を定めて本を貸す「貸本屋」と考えられる。　②　図７の建物の２階は，文字を習う子どもたちがいることから寺子屋と判断できる。寺子屋は江戸時代に全国各地につくられた農民や町人の子どもの教育機関で，僧や神官，浪人などが教師となり，「読み・書き・そろばん」などを教えた。　⑵　どちらの史料からも，来日した外国人が，日本では教育が行き渡《わた》っているという点に感心していることがわかる。したがって，空らんに共通して入る内容としては，「読み書きができる」などがあてはまる。　⑶　吉田松陰《しょういん》は長州藩（山口県）出身の思想家・教育者で，1854年にペリーが来航したさい海外への密航をくわだてたが失敗してとらえられた。その後，長州藩の萩《はぎ》郊外で松下村塾を開き，高杉晋作《しんさく》や伊藤博文など明治維新で活躍する多くの人材を育てた。しかし，1859年，幕府の対外政策を批判したとして，大老井伊直弼《なおすけ》が行った安政の大獄《たいごく》のさいに処刑された。

理　科　(40分)　＜満点：80点＞

解　答

1　⑴　①　イ　②　ア　③　ウ　⑵　ア→イ→オ→エ→ウ　⑶　ア，ウ　⑷　ア，エ　⑸　蒸散　⑹　あ…エ，い…エ　⑺　①　オ　②　イ　⑻　A…ア，B…ア，C…イ　2　⑴　ア，エ　⑵　（例）　食塩は塩酸とは反応せず，溶液を蒸発させると食塩だけが残るから。　⑶　ア，ウ　⑷　（例）　塩酸中に溶けている塩化水素がすべて反応してなくなったから。　⑸　0.05 g　⑹　1.80 g　3　⑴　ウ　⑵　イ　⑶　ア　⑷　ア，イ　⑸　ア　⑹　エ　⑺　（例）　明るいところでは鳥などに見つかりやすく，食べられてふんの中に出され，広く拡散できる点。　4　⑴　北極星　⑵　こぐま座　⑶　カシオペヤ座　⑷　おおぐま座　⑸　イ　⑹　（例）　地球が地軸を中心に自転していること。　⑺　エ　⑻　イ　5　⑴　①　110 g　②　275 g　③　14cm³　⑵　イ　⑶　ウ　⑷　55 g

解　説

1　小問集合。

⑴　①や③のように川が曲がって流れているところでは，曲がりの外側（①のA側，③のB側）の方が内側よりも流れが速く，そのため川底が深く，川岸は切り立ってがけになっている場合が多い。また，②のように川がまっすぐ流れているところでは，川の中央部の川底が最も深くなるような断面をつくる。

⑵　③の断層による境目はすべての地層を通っているので，いちばん最後に起こったことがわかる。また，⑤の境目は不整合とよばれる地層の重なり方で，その下の地層ができた後，いったん陸地になり，表面がしん食されてでこぼこになった後に再び海底となって，その上に新たに土砂がたい積

してできる。したがって，⑤の下の層だけに見られる②の断層は，⑤の境目より前にできたとわかる。これらのことから，①の地層ができた→②の断層ができた→⑤の境目ができた→④の地層ができた→③の断層ができたと考えられる。

(3)　液体のアルコールは蒸発する性質が常温でも強く，固体のナフタレンは常温で直接気体になっていく。そのため，これらを容器に入れてふたをせずに放置しておくと，重さはだんだん軽くなっていく。

(4)　鉄などの金属がさびるのは，金属に空気中の酸素が結びついて，金属の性質を失った別の物質(酸化物)に変化することによる。また，紙などのものが燃えるのは，ものと空気中の酸素が熱と光を出して激しく結びつく変化である。よって，アとエが選べる。なお，イはお餅《もち》のでんぷんの構造が変わることによる現象，ウは物質の温度による水への溶《と》け方の変化による現象である。

(5)　植物は，体内の水分を水蒸気の姿《すがた》で気孔《きこう》から排出《はいしゅつ》する働きを行う。この働きは蒸散とよばれ，根からの水の吸収を助けたり，体温の上がり過ぎを防いだりするのに役立っている。

(6)　太陽光は平行光線なので，鏡の面「あ」で反射した光は図の右側のかべに向かって進み，部屋の手前に立って見ている人の方には直接届かない。したがって，鏡の面「あ」の部分はかべの光のあたっていない部分である「え」の部分と同じように暗く見える。また，「う」の部分は鏡による反射光が届くので最も明るいが，鏡の上に置いた白い紙にあたった太陽光はさまざまな方向へ広がるように乱反射し，その像にあたる「い」の部分にはごくわずかな量の光しか届かない。そのため，「い」の部分は「え」の部分とほとんど同じ明るさになって見えると考えられる。

(7)　①　時間を横軸《じく》に，速さを縦《たて》軸に取ったグラフでは，グラフの下側(グラフの線と横軸がつくる面)の面積が進んだ距離《きょり》を示している。その面積は100mにあたり，これにあてはまるグラフはア，エ，オの3つである。100m走では，はじめ速さが0からしだいに増していき，途中から速さがほぼ一定になる。よって，オが選べる。　②　前半の5秒間には，速さが0からしだいに速くなっていき，後半の5秒間では速さがほぼ一定で最も速くなっているので，5秒間に進む距離は後半の方が長い。

(8)　腎臓《じんぞう》は，血液中から尿素《にょうそ》などの不要なものをこし取り，体外に排出する働きを行う。ヒトの腎臓は，背中側のほぼ腰《こし》の高さに，左右1個ずつある。

2　化学反応と物質の重さについての問題。

(1)　ろ過を行うときには，ろうとに合った大きさのろ紙を取りつけ，水でしめらせてろうとに密《みっ》着《ちゃく》させた後，溶液《ようえき》をガラス棒に伝わらせてろ紙上に注ぐ。ろうとの先は，とがった方をろ液を受けるビーカーの内側のかべにふれさせる。蒸発皿に溶液を入れて蒸発させるときには，液が飛び散らないように溶液を静かに加熱してゆっくり温度を上げていく。また，溶液には有毒な気体が溶けている場合もあるので，蒸気を吸い込まないように注意する。

(2)　アルミニウムの場合は，塩酸と反応して水素を発生するため，反応後に得られた塩化アルミニウムの結晶《けっしょう》の重さは，はじめに加えたアルミニウムの重さとは異なっている。また，塩酸が十分にある場合，得られた結晶の重さがはじめに加えたアルミニウムの重さに比例して増えていく。一方，食塩の場合は，塩酸とは反応せず，そのまま塩酸中の水に溶け込む。そして，溶液を蒸発させると，塩酸中に溶けている気体の塩化水素が水といっしょに空気中へ逃げ，あとには食塩だけが残る。そのため，得られた結晶の重さははじめに加えた食塩の重さと等しい。

(3)　ア　塩酸にアルミニウムなどの金属が溶けるときの反応では熱が発生するので，溶液を入れているビーカーが温かくなる。　　イ　反応後の溶液に溶けている塩化アルミニウムは，溶液を蒸発させることによって取り出せる。つまり，蒸発皿に残った塩化アルミニウムの結晶は水に溶けやすい。　ウ　図１のグラフより，0.45ｇより少ない0.25ｇのアルミニウムは，すべて塩酸と反応して塩化アルミニウムとなる。この塩化アルミニウムはすべて水に溶けるので，反応後の溶液は透明《とうめい》である。　　エ　塩酸50mLはアルミニウムを0.45ｇまで溶かすので，0.25ｇのアルミニウムと反応した溶液中には塩酸がまだ残っている。したがって，溶液は酸性であり，赤色リトマス紙につけても色の変化は見られない。

(4)　図１のグラフで，アルミニウム0.45ｇのときにグラフが折れ曲がり，その後，グラフは横軸に水平になっている。これは，アルミニウム0.45ｇを加えたときに，塩酸に溶けている塩化水素がすべて反応に使われてなくなり，それ以上アルミニウムを加えても，アルミニウムと反応する塩化水素が残っていないため，得られる結晶の重さが変わらなくなったことを示している。

(5)　反応前の全体の重さは，0.45＋76.25＝76.70(ｇ)であり，反応後の全体の重さは発生した水素の重さの分だけ軽くなる。したがって，発生した水素の重さは，76.70－76.65＝0.05(ｇ)である。

(6)　塩酸50mLにアルミニウム0.45ｇは過不足なく反応し，図１のグラフより塩化アルミニウムは2.20ｇ，(5)より水素は0.05ｇ生じているとわかる。よって，塩酸50mLに含まれている塩化水素の重さを□ｇとすると，0.45＋□＝2.20＋0.05が成り立ち，□＝1.80(ｇ)と求められる。

3　ダンゴムシについての問題。

(1)　ウのように，ダンゴムシの頭部は横に細長く，その左右の端《はし》に複眼《ふくがん》が１対ある。また，１対の目立つ触角《しょっかく》が見られる(もう１対の触角はきわめて小さく，退化して確認できないものもある)。

(2)　ダンゴムシは，エビやカニなどと同じ節足動物の甲殻《こうかく》類という仲間である。

(3)　節足動物には骨格がなく，体はかたい殻《から》に包まれていて，脱皮《だっぴ》によって体が大きくなり成長する。ダンゴムシは，下半身側から上半身側に向かって脱皮し，はがれた殻が白く見える。殻にはカルシウム分が含まれていて，脱皮を終えると殻を食べる。

(4)　ムクドリとアカガエルは肉食で，小さな節足動物を補食《ほしょく》する。なお，カミキリムシ，コガネムシ，クワガタムシはいずれも草食の昆虫《こんちゅう》類である。

(5)　ダンゴムシは石灰分を多く含む土を好む。また，コンクリートなどの表面をかじってカルシウム分をおぎなうこともある。

(6)　ダンゴムシには育児のうとよばれる袋《ふくろ》がおなか側(あしのつけ根あたり)にあり，この袋の中で卵がふ化する。幼虫は歩けるようになると，この袋から外に出てくる。

(7)　明るいところに出ると，鳥などの天敵に見つかりやすくなり，食べられる可能性が高くなる。ウイルスに感染《かんせん》したダンゴムシを鳥などが食べ，移動した別の場所でふんとともにウイルスを体外に排出すると，このふんを他のダンゴムシが食べてウイルスへの感染が広がる。このことでウイルスは増殖《ぞうしょく》できるので都合がよい。

4　星座と星の動きについての問題。

(1)，(3)　Aは北斗七星，Bはカシオペヤ座で，ともに右の図のようにして北極星を見つけるときに利用される。このことから，Cは北極星とわかる。

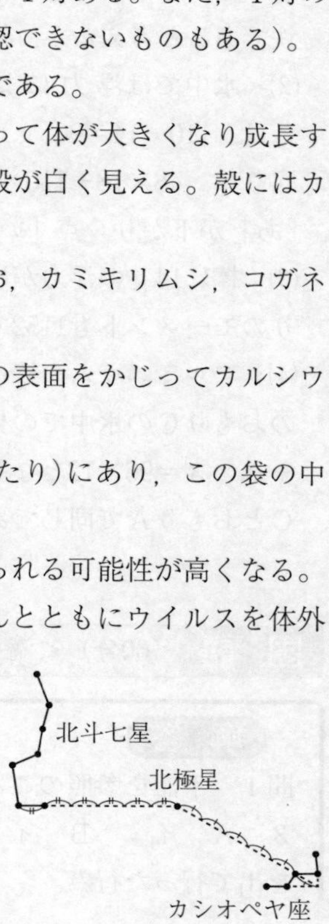

(2)　北極星は，こぐま座の尾の先付近に位置する。

(4)　北斗七星は，おおぐま座の尾を含む部分にあたる。

(5)　星や星座は，1時間に15度の速さで東から西に回転して見える。北の空では北極星を中心として，左回り(反時計回り)に移動していく。3時間で，15×3＝45(度)回るので，Bの星座は図2でイの位置に移動する。

(6)　地球は地軸を中心にして，およそ1日かけて西から東の向きに1回転しており，これを地球の自転という。太陽や星などが東から西に移動して見えるのは，この地球の自転による見かけの動きである。

(7)　地球の公転によって，同じ時刻における星や星座の見える位置(方角)は，1日に約1度，1か月で約30度ずつ西から東に移動していく。したがって，2か月後にはおよそ，30×2＝60(度)移動し，Aの星座は図3でエの位置に見える。

(8)　東京では，星や星座は東から右上がりにのぼり，南の空を通って，西に右下がりにしずんでいくように見える。

5 てこのつり合いについての問題。

(1)　①　点「う」を支点にてこのつり合いを考えると，おもりA，Bそれぞれの支点からの距離は，15＋3＝18(cm)，15－3＝12(cm)である。棒の重さを□gとして，(加わる力の大きさ)×(支点からの距離)で求められるモーメントのつり合いを考えると，55×18＋□×3＝110×12の関係が成り立ち，□＝110(g)と求められる。　②　棒の重さとおもりA，Bの重さの合計が手にかかる。よって，手がひもを引く力は，110＋55＋110＝275(g)である。　③　棒もおもりと同じ種類の鉄であると考えると，棒の重さはおもりBと同じ110gなので，体積は14cm^3とわかる。

(2)　水中では浮《ふ》力《りょく》により，おもりAの見かけの重さは，55－7＝48(g)，おもりBの見かけの重さは，110－14＝96(g)となる。よって，点「う」を支点にモーメントのつり合いを考えると，左回りは，48×18＋110×3＝1194，右回りは，96×12＝1152になるので，棒は左にかたむいて，点「あ」が下がり，点「い」が上がる。

(3)　棒に14gの浮力がはたらくので，左回りのモーメントは，48×18＋96×3＝1152となる。右回りのモーメントも1152であり，棒は水平につり合う。

(4)　アルミニウムの棒は水中での見かけの重さが，76－28＝48(g)である。点「え」につるした鉄のおもりCの水中での見かけの重さを△gとすると，モーメントのつり合いより，48×18＋48×3＋△×3＝96×12となり，△＝48(g)と求められる。したがって，水中での見かけの重さがおもりCとおもりAで同じであることから，おもりCの重さは55gとわかる。

国　語　(60分)＜満点：120点＞

解　答

問1　下記を参照のこと。　問2　1　イ　2　オ　3　ウ　4　ア　5　エ　問3　A　イ　B　イ　C　オ　問4　(例)　アスパラのお母さんの，アスパラを残して家を出て行った行為。　問5　オ　問6　(例)　アスパラの気もちがわかり，大の仲良しと思えるから。　問７　(例)　利香の気もちも理解できるが，簡単に家へ引き取れない事情も大人にはあることを察してほしいという気もち。　問８　(例)　ママはアスパラがやさしいから子猫を助けたと考えているが，わたしは両親から見捨てられたアスパラが子猫に自分の姿を重ねたのだと考えている。　問９　かわいそう，な～わいそうになる　問10　子猫　問11　イ　問12　エ　問13　(例)　身勝手な大人にふり回されながらも悲しむことを知らず，にこにこする以外に方法がないアスパラが，大きくなって悲しむことがわかり，泣くようなことがあったときに，いい人ぶるのではなく，しっかりとアスパラを支えられるような大人になりたいと思っている。

●漢字の書き取り

問１　１　確信　２　密閉　３　粉　４　付　５　結局　６　複雑　７　受話器　８　街灯　９　骨　10　折　11　反射　12　放　13　勢　14　弁当　15　窓

解　説

出典は岩瀬《いわせ》成子《じょうこ》の『くもりときどき晴レル』所収の「アスパラ」による。両親が離婚《りこん》しただけでなく，母親にも見捨てられ，祖父母と暮らす「アスパラ」(冬二《ふゆじ》)のことを「わたし」(利香《りか》)は気にかけている。

問１　１　心から信じて疑わないこと。　２　すきまができないように，ぴったりと閉じること。　３　音読みは「フン」で，「粉末」などの熟語がある。訓読みにはほかに「こ」がある。　４　音読みは「フ」で，「付近」などの熟語がある。　５　“最後には”という意味。　６　こみいっていること。　７　電話機で，耳にあてて相手の声を聞くための装置。　８　道路を明るく照らすために備えられた電灯。　９　音読みは「コツ」で，「筋骨」などの熟語がある。　10　音読みは「セツ」で，「折半」などの熟語がある。訓読みにはほかに「おり」がある。　11　光や音などが，ものに当たってはね返ること。　12　音読みは「ホウ」で，「放出」などの熟語がある。訓読みにはほかに「ほう(る)」がある。　13　音読みは「セイ」で，「勢力」などの熟語がある。　14　外出先で食べるために，容器に入れて持ち歩けるようにした食べ物。　15　音読みは「ソウ」で，「車窓」などの熟語がある。

問２　１　じっとよく見るようすの「しげしげ」が入る。「宝物」のことをあきらめきれない「アスパラ」の気もちをおさえる。　２　時間がたつにつれて心配がつのってきたのだから，“少しずつ”という意味の「だんだん」が合う。　３　おばあちゃんは心配になり，結局「アスパラ」をさがしに出たのだから，“ついに”という意味の「とうとう」がよい。　４　子猫を飼ってくれる家が見つからなくて「アスパラ」は「困りはてて」いたが，通りかかった女の子は簡単に「子猫をもらってくれた」というのである。よって，“たやすく”という意味の「あっさり」があてはまる。　５　「わたし」から「卵」以外の寿司《すし》をすすめられた「アスパラ」は「困ったように」「えー」と言ったのだから，ためらいながら行動するようすの「おずおず」があてはまる。

問３　A　熱した油にふれることなく温度をたしかめているのだから，「手をかざして」とするのがよい。「手をかざす」は，物をおおうように手を差し出すこと。　B　「耳を傾《かたむ》ける」は，よく注意して聞くこと。　C　「胸にしみる」は，心に深く感じるようす。

問4　ここでの「大人」とは，「アスパラのお母さん」のことを指す。すぐあとに，「それが入り組んだ事情なのか，なんでもない気まぐれなのか，それもわからない」とあることから，「アスパラを残したまま」，「ふいとどこかへ行ってしまった」行為《こうい》に対して「わからない」と感じていることが読み取れる。

問5　「アスパラ」が「宝物」を探すために穴を掘《ほ》っていたのを，「そこには宝なんてなかったんだろ」と言ってやめさせて，「そのあとで，その穴を雑草を埋《う》める穴に使った」おじいちゃんの行為に対して，「わたし」は「大人の考えていることは，ほんとわからない」と感じている。また，おじいちゃんにさえぎられた「アスパラ」は「なごりおしそうな顔」をしていたのだから，「宝物」を探すことに未練を残していることがわかる。こういった状況《じょうきょう》に合うのはオである。　ア　「庭に穴を掘られて困ったはずなのに」が合わない。　イ　おじいちゃんは「雑草」を「宝の代わり」にしてあげようとしたわけではない。　ウ，エ　おじいちゃんは「アスパラ」に「のんびりした声でたずね」，「なんでもないように言った」のである。

問6　「アスパラ」との関係を「わたし」がどのように考えているかを読み取る。「アスパラ」は「だれとでも，なじむ」ことができる子どもで，「わたし」は「アスパラといるとアスパラの気もちが全部わかるような気がする。アスパラとわたしは大の仲良しなんだという気もちになる」と感じている。だから，「アスパラ」が家族になっても，「いいお姉さんになる自信がある」と思えたのだと考えられる。

問7　「アスパラ」を「わたし」の家で引き取ることに対して，ママは「そんなに簡単なことじゃない」と言っている。そして，くわしい事情を説明しなくても「わかるでしょ」と，「わたし」に複雑な事情を察することを求めるような対応をしている。

問8　ひろった子猫を，おばあちゃんの家では飼えないと告げられた「アスパラ」は，見捨てるのではなく，最後まで飼ってくれる人を探しまわったのである。そのことに対して，ママは「やさしいのね」と言って「いいお話」のように感じているが，「わたし」は「お母さんにもお父さんにも見捨てられたアスパラは子猫を見捨てることができなくて」必死に飼ってくれる人を探したのだろうと考え，「残酷《ざんこく》だよ」と感じている。捨てられた子猫の姿に自分のことを重ねたからこそ，「アスパラ」は必死だったのだろうと，「わたし」は考えているのである。

問9　直後の一文で，「すぐに泣いたり，だれかをかわいそうに思うのは気もちの落とし穴で，罠《わな》みたいなもんだから」と語っていることに注目する。「罠」は，何かよくないことが起こることを暗示しており，具体的には，「かわいそう，なんて言い方をすると，アスパラがもっとかわいそうになる」ということである。「同情する気もちがわきかけたけれど」，その「落とし穴」にはまって「いい人」ぶったならば，「アスパラ」のことをもっと傷つけてしまうと感じているのである。

問10　ここで「アスパラ」が見つけたのは「かちんかちんになった鳥の死骸《しがい》」であり，どこか「アスパラ」の身の上に重なるような，かわいそうだと感じてしまうようなものであることをおさえる。これと同じようなものは，「アスパラ」が見捨てることができずにひろってきてしまった「子猫」である。

問11　「アスパラ」のわらい方を「にこにこ」ではなく，「へらへら」と多少卑屈《ひくつ》な感じがする言葉で表現していることに注意する。これは，そのわらいが本心からのものではなく，父に気をつかったものなのだろうと感じた「わたし」の気もちを暗示している。「わたし」は，「アスパラ」のことを「だれとでも，なじむ」ことができ，不平不満を口にすることもなく，「だれかの言葉に，いつも～うなずいている」子だと考えていた。だから，「アスパラ」がいつもわらっていたこともごく自然なこととして受け止めていたが，この場面で初めて，「アスパラはどうして怒《おこ》らないんだろう」，「アスパラ，いつもわらっている。なんで？」と疑問に思ったのである。その疑問は，「パパに合わせて，うんって返事したんじゃないのかな。そういう子だもん，アスパラって」という結論に結びつき，両親から見捨てられた「アスパラ」が，自分の気もちを言えずに，たえずみんなに「にこにこ」しているしかなかったのだということに「わたし」は気がついたのだから，イが選べる。

問12　「そうだ」は，伝聞を表す助動詞。おばあちゃんの家から母親によって「アスパラ」が引き取られたときのようすや事情を，大人たちの話から「わたし」は伝え聞くしかなかったことを示している。身勝手な大人たちの事情にまきこまれながらも，それでも始終「にこにこ」していたアスパラのようすを聞いたあとで，「わたし」は「アスパラは，にこにこする以外の方法を知らないんだから。『にこにこ』に，アスパラのぜんぶの気もちが入ってるんだから」と考えている。アスパラのつらさを思いながらも，子どもであるために自分がその場にいることができなかったことを悲しく感じているのである。

問13　本文が，「アスパラ」，「わたし」，「大人」という三つの枠《わく》組みの中で描《えが》かれていることをとらえる。「わたし」にとって「大人」は，「考えていることはわからない」，「子どもって，半分，大人にだまされてるのかな」と感じられる存在であり，「大人」の事情によって「猫一匹飼うことさえ自分で決めることができない」のだから「子どもってなんて不幸なんだろう」と感じている。そして，幼い「アスパラ」をつらい目にあわせているのは，そういう身勝手な「大人」たちなのだということを感じ取り，「アスパラを守るのは，やっぱりわたししかいない」と考えている。一方で，「アスパラ」については，「にこにこする以外の方法を知らないんだから。『にこにこ』に，アスパラのぜんぶの気もちが入ってるんだから」と考え，いまだに，悲しみ方も泣くことも知らないでいると考えている。「わたし」は，やがて幼い「アスパラ」も「悲しいことで泣けるようになる」，「自分のことで泣けるようになる」と考え，そのときには「アスパラ」のことを守りたいと決意しているのである。「わたし」の「アスパラ」に対する態度は，「気もちの落とし穴」に落ちて「いい人ぶる」ようなことはしたくないというものであり，そのことを忘れずに「大人」になっていきたいという決意のような強い気もちが，最後の「わたしは自分に約束した」という表現に込《こ》められている。

Dr.福井の

入試に勝つ！脳とからだのウルトラ科学

試験場でアガらない秘けつ

キミたちの多くは，今まで何度か模擬試験（たとえば合不合判定テストや首都圏模試）を受けていて，大勢のライバルに囲まれながらテストを受ける雰囲気を味わっているだろう。しかし，模擬試験と本番とでは雰囲気がまったくちがう。そういうところでも緊張しない性格ならば問題ないが，入試独特の雰囲気に飲みこまれてアガってしまうと，実力を出せなくなってしまう。

試験場でアガらないためには，試験を突破するぞという意気ごみを持つこと。つまり，気合いを入れることだ。たとえば，中学の校門前にはあちこちの塾の先生が激励《げきれい》のために立っている。もし，キミが通った塾の先生を見つけたら，「がんばります！」とあいさつをしよう。そうすれば先生は必ずはげましてくれる。これだけでもかなり気合いが入るはずだ。ちなみに，ヤル気が出るのは，TRHホルモンという物質の作用によるもので，十分な睡眠をとる，運動する（特に歩く），ガムをかむことなどで出されやすい。

試験開始の直前になってもアガっているときは，腹式呼吸が効果的だ。目を閉じ，おなかをふくらませるようにしながら，ゆっくりと大きく息を吸う。ここでは「ゆっくり」「大きく」がポイントだ。そして，ゆっくりと息をはく。これをくり返し何回も行うと，ノルアドレナリンという悪いホルモンが減っていくので，アガりを解消することができる。

よく「手のひらに“人”の字を書いて飲みこむことを3回行う」とアガらないというが，そのようなおまじないを信じて実行し，自分に暗示をかけてもいいだろう。要は，入試に対するさまざまな不安な気持ちを消し去って，試験に集中できるようなくふうをこらせばいいのだ。

Dr.福井（福《ふく》井《い》一成《かずしげ》）…医学博士。開成中・高から東大・文Ⅱに入学後，再受験して翌年東大・理Ⅲに合格。同大医学部卒。さまざまな勉強法や脳科学に関する著書多数。

Memo

Memo

2025年度用

中学スーパー過去問

■編集人 声の教育社・編集部

■発行所 株式会社 声の教育社

〒162-0814 東京都新宿区新小川町8-15

☎03-5261-5061(代) FAX03-5261-5062

https://www.koenokyoikusha.co.jp

※本書の内容についての一切の責任は当社にあります。内容・解説・解答・その他は当社ホームページよりお問い合わせ下さい。

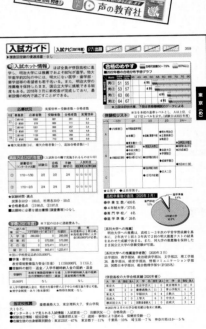

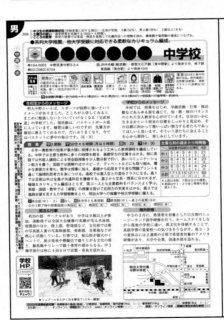

カコを追いかけ
ミライをつかめ

よくある解答用紙のご質問

01

実物のサイズにできない

拡大率にしたがってコピーすると，「解答欄」が実物大になります。配点などを含むため，用紙は実物よりも大きくなることがあります。

02

A3用紙に収まらない

拡大率164％以上の解答用紙は実物のサイズ（「出題傾向＆対策」をご覧ください）が大きいために，Ａ３に収まらない場合があります。

03

拡大率が書かれていない

複数ページにわたる解答用紙は，いずれかのページに拡大率を記載しています。どこにも表記がない場合は，正確な拡大率が不明です。

04

１ページに２つある

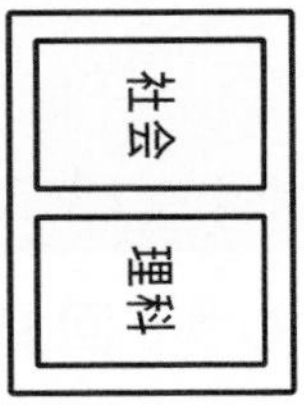

１ページに２つ解答用紙が掲載されている場合は，正確な拡大率が不明です。ほかの試験回の同じ教科をご参考になさってください。

駒場東邦中学校

【別冊】入試問題解答用紙編

解答用紙は本体からていねいに抜きとり、別冊としてご使用ください。

※　実際の解答欄の大きさで練習するには、指定の倍率で拡大コピーしてください。なお、ページの上下に小社作成の見出しや配点を記載しているため、コピー後の用紙サイズが実物の解答用紙と異なる場合があります。

●入試結果表

— は非公表

年度	項目	国語	算数	社会	理科	4科合計	合格者
2024 （令和６）	配点(満点)	120	120	80	80	400	最高点
	合格者平均点	84.5	66.6	53.3	49.0	253.4	—
	受験者平均点	78.7	57.2	50.0	44.1	230.0	最低点
	キミの得点						233
2023 （令和５）	配点(満点)	120	120	80	80	400	最高点
	合格者平均点	77.0	90.2	58.1	55.5	280.8	—
	受験者平均点	72.5	80.7	55.5	52.5	261.2	最低点
	キミの得点						262
2022 （令和４）	配点(満点)	120	120	80	80	400	最高点
	合格者平均点	83.8	42.6	50.1	58.5	235.0	—
	受験者平均点	78.3	35.5	46.6	54.7	215.1	最低点
	キミの得点						215
2021 （令和３）	配点(満点)	120	120	80	80	400	最高点
	合格者平均点	72.8	73.0	54.8	59.4	260.0	—
	受験者平均点	67.2	60.6	50.5	54.2	232.5	最低点
	キミの得点						238
2020 （令和２）	配点(満点)	120	120	80	80	400	最高点
	合格者平均点	66.9	84.0	53.9	59.3	264.1	—
	受験者平均点	60.8	74.0	49.6	55.1	239.5	最低点
	キミの得点						242
2019 （平成31）	配点(満点)	120	120	80	80	400	最高点
	合格者平均点	68.4	89.1	53.5	48.8	259.8	—
	受験者平均点	63.7	78.4	50.5	45.2	237.8	最低点
	キミの得点						236
2018 （平成30）	配点(満点)	120	120	80	80	400	最高点
	合格者平均点	64.3	87.3	52.7	42.4	246.7	—
	受験者平均点	58.9	79.9	48.9	39.3	227.0	最低点
	キミの得点						226
平成29	配点(満点)	120	120	80	80	400	最高点
	合格者平均点	70.3	98.6	53.0	51.4	273.3	—
	受験者平均点	63.7	88.4	49.1	47.9	249.1	最低点
	キミの得点						249
平成28	配点(満点)	120	120	80	80	400	最高点
	合格者平均点	74.1	72.6	52.0	52.1	250.8	—
	受験者平均点	67.1	58.3	48.4	48.7	222.5	最低点
	キミの得点						228
平成27	配点(満点)	120	120	80	80	400	最高点
	合格者平均点	81.5	79.7	45.9	61.5	268.6	—
	受験者平均点	75.8	68.8	41.4	57.1	243.1	最低点
	キミの得点						252

※　表中のデータは学校公表のものです。ただし、４科合計は各教科の平均点を合計したものなので、目安としてご覧ください。

声の教育社

２０２４年度　駒場東邦中学校

算数解答用紙

番号		氏名		評点	／120

1 (1) ①　　個　②　ウ　　エ　　オ　(2)

(3) ①　　通り　②　　通り　③　　通り　(4) ①　三角形AGD：三角形GEC＝　　：

(4) ②（説明）

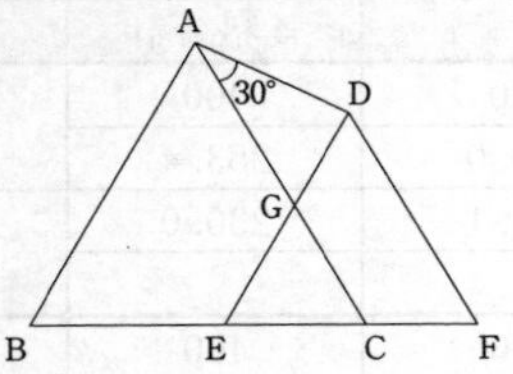

2 (1)　　度　(2)　　cm　(3)　答　　の方が　　cm^2 大きい

(3)（答えの出し方）

3 (1)　　個　(2)　　個　(3) ②　　個

(3) ①

4 (1)　ア　　イ　　ウ　(2)

(3)（答えの出し方）

答

（注）この解答用紙は実物を縮小してあります。172％拡大コピーをすると、ほぼ実物大の解答欄になります。

〔算　数〕120点(推定配点)

1 (1)，(2)　各６点×３＜(2)は完答＞　(3)　各３点×３　(4)　各６点×２　**2**　(1)，(2)　各７点×２　(3)　答えの出し方…７点，答…６点　**3**　各７点×４＜(3)の①は完答＞　**4**　(1)　各２点×３　(2)　７点　(3)　答えの出し方…７点，答…６点

２０２４年度　　駒場東邦中学校

社会解答用紙

番号		氏名		評点	／80

問１		
問２		
問３	(1)	(2)①
	(2)②	
問４	(1)	
	(2)	
問５	A	B
問６		
問７	(1)	
	(2)	
	(3)	(4)　(5)
問８	(1)	(2)
	(3)	
問９	(1)	
	(2)	
問10		

（注）この解答用紙は実物を縮小してあります。Ｂ５→Ａ３(163%)に拡大コピーすると，ほぼ実物大の解答欄になります。

〔社　会〕80点(推定配点)

問１，問２　各３点×２　問３　(1)　３点　(2)　①　４点　②　５点　問４　(1)　４点　(2)　５点　問５　各４点×２　問６　５点　問７　(1)～(3)　各４点×３　(4)，(5)　各３点×２　問８　(1)，(2)　各３点×２　(3)　５点　問９　(1)　３点　(2)　４点　問10　４点

２０２４年度　駒場東邦中学校

理科解答用紙

番号		氏名		評点	／80

1

(1)	a		b		c		(2)		(3)	
(4)			(5)							

2

(1)		(2)					
(3)		(4)	東		西		(5)	
(6)		(7)					

3

(1)	①		②		③	
(2)		(3)		(4)		
(5)						
(6)	(3)・(4)	理由				

4

(1)				
(2)	①		②	
(3)	〈a〉		〈b〉	
(4)				
(5)				
(6)				

(3) グラフ

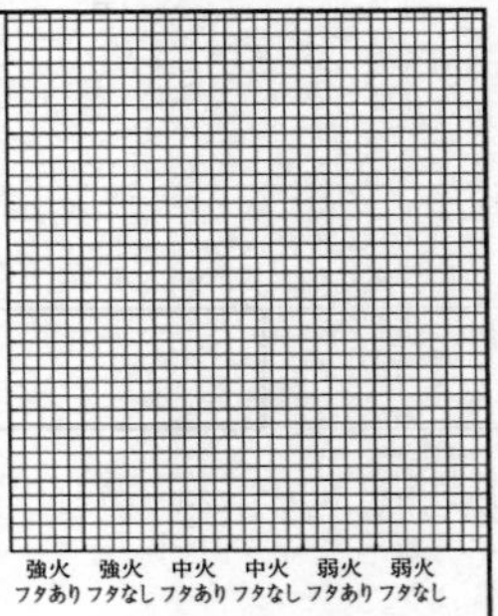

図　湯が沸くガスの量

5

(1)						
(2)						
(3)		(4)		(5)		(6)	
(7)						
(8)						

（注）この解答用紙は実物を縮小してあります。Ｂ５→Ａ３（163%）に拡大コピーすると、ほぼ実物大の解答欄になります。

〔理　科〕80点（推定配点）

1　(1)　各１点×３　(2)～(5)　各２点×５　2　(1)～(6)　各２点×６＜(2)，(4)は完答＞　(7)　３点＜完答＞　3　(1)　各１点×３　(2)～(5)　各２点×４　(6)　３点　4　(1)～(4)　各２点×７＜(2)は完答＞　(5)　３点　(6)　２点　5　(1)，(2)　各３点×２＜(1)は完答＞　(3)～(7)　各２点×５＜(6)は完答＞　(8)　３点

2024年度　駒場東邦中学校

国語解答用紙

番号　　氏名　　評点　／120

注意：『、』『。』『「』『」』も一字に数えます。

問1　1　2　3　4　5　6　7　8　9　10　11　12　13　14　15

問2　A　B　C

問3

問4

問5

問6

問7

問8

問9

問10　100　120

問11

問12

（注）この解答用紙は実物を縮小してあります。B5→A3（163％）に拡大コピーすると、ほぼ実物大の解答欄になります。

〔国　語〕120点（推定配点）

問1，問2　各2点×18　問3　6点　問4　8点　問5　4点　問6　14点　問7　4点　問8　10点　問9　4点　問10　20点　問11　各4点×2　問12　6点

2023年度　駒場東邦中学校

算数解答用紙

番号		氏名		評点	／120

1

(1) 答

(2) ①答　cm²　②答　cm²

(3) ①答　個，　②答　ア　イ

2

(1)

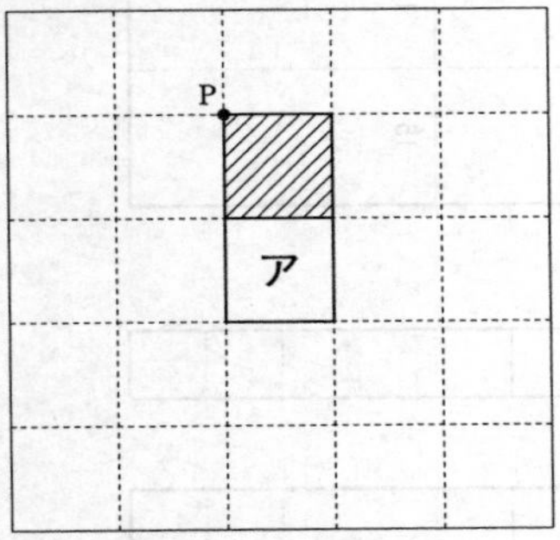

(2)

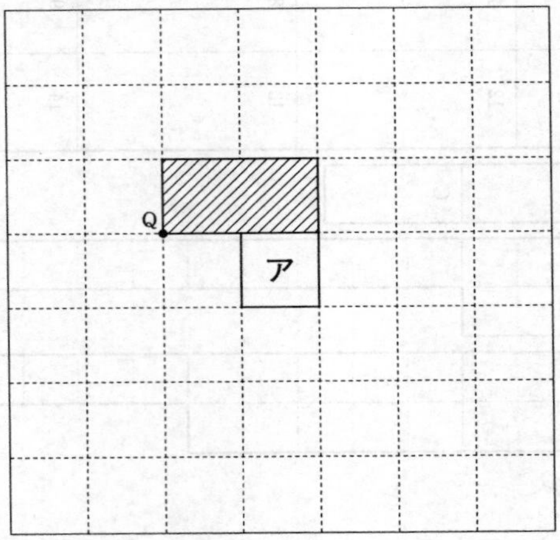

(1) 答　cm²

(2) 答　cm²

3

(1) 答

(2) 答

(2) (答えの出し方)

4

(1)

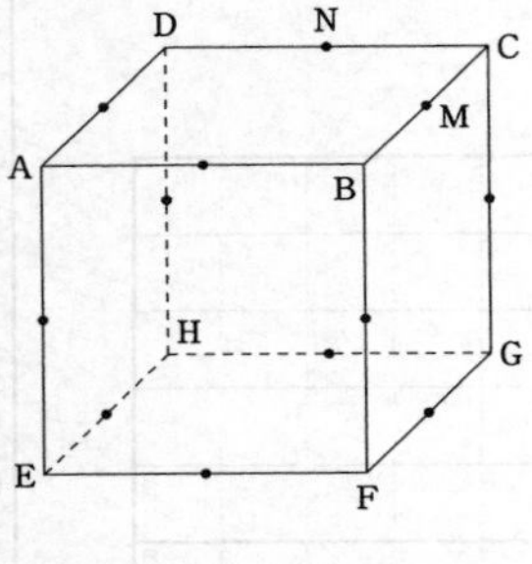

(2)

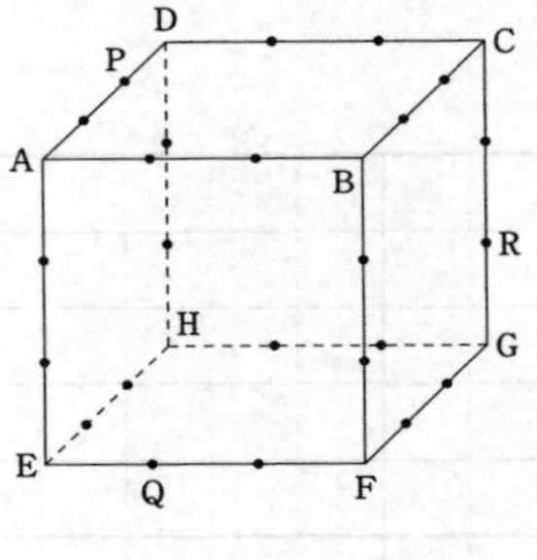

(2) (答えの出し方)

答　cm³　　答　cm³

(注) この解答用紙は実物を縮小してあります。167%拡大コピーをすると、ほぼ実物大の解答欄になります。

〔算　数〕120点(推定配点)

1　各6点×7<(1)，(3)の①の条件を満たす整数は完答>　2　(1)　図…7点，答…6点　(2)　図…7点，答…6点　3　(1)　6点　(2)　答えの出し方…7点，答…6点<完答>　4　(1)　図…7点，答…6点　(2)　図…7点，答えの出し方…7点，答…6点

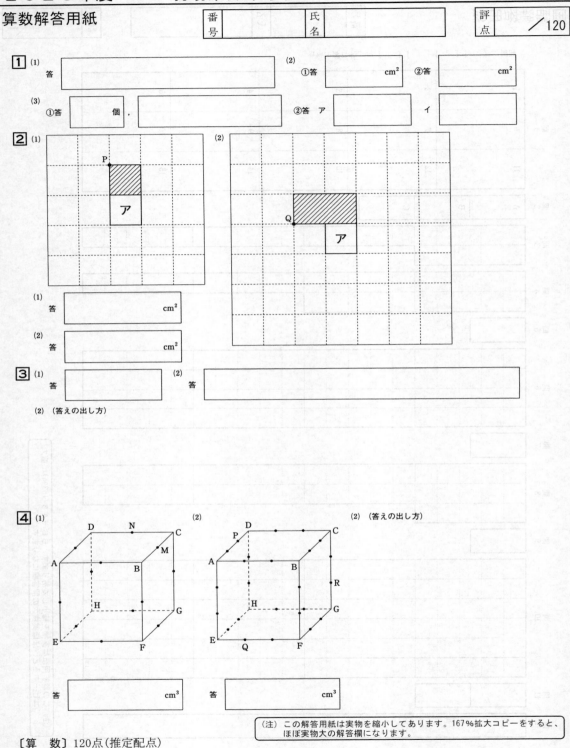

２０２３年度　　駒場東邦中学校

社会解答用紙

番号		氏名		評点	／80

問１

問２

問３　　問４

問５
(1)
(2)
(3)

問６
(1)　　(2)
(3)【1　　　】は【2　　　】を決める大切な情報なので，敵国に知られてはならないから。
(4)

問７
(1) 条約を結ぶ：　　条約を認める：
(2)　　と　　(3)
(4)

問８

問９
(1) パレスチナの人々のイスラエル軍への【1　　　】の方法が，石を投げるという原始的なやり方で，石と戦車は両勢力の【2　　　】の差を象徴している。
(2) A　　B

問10

（注）この解答用紙は実物を縮小してあります。Ｂ５→Ａ３（163%）に拡大コピーすると，ほぼ実物大の解答欄になります。

〔社　会〕80点(推定配点)

問１，問２　各５点×２　問３，問４　各３点×２　問５　各４点×３　問６　(1)，(2)　各４点×２　(3)　５点＜完答＞　(4)　３点　問７　(1)，(2)　各２点×４　(3)　３点　(4)　５点　問８～問10　各４点×５＜問９の(1)は完答＞

２０２３年度　駒場東邦中学校

理科解答用紙

番号		氏名		評点	／80

1

(1)	①	A		B		C					
	②	B		C		D		(2)		(3)	
(4)		(5)	①		②		(6)		(7)		cm

2

(1)		(2)					
(3)		(4)	A		C		D
(5)	①		②				

3

(1)		(2)		(3)		(4)		(5)	
(6)									
(7)	1								
	2								
	3								

4

(1)		(2)		(3)	
(4)					
(5)					
(6)					

5

(1)	①	cm	②	(2)	
(3)	秒後				
(4)					
(5)	図5		図6		

（注）この解答用紙は実物を縮小してあります。Ｂ５→Ｂ４（141％）に拡大コピーすると、ほぼ実物大の解答欄になります。

〔理　科〕80点（推定配点）

1　(1)　各１点×６　(2)～(4)　各２点×３　(5)　各１点×２　(6)，(7)　各２点×２　2　各２点×８　3　(1)～(5)　各２点×５　(6)　３点　(7)　各１点×３　4　(1)～(4)　各２点×４＜(1)は完答＞　(5)，(6)　各３点×２＜(5)は完答＞　5　(1)，(2)　各２点×３　(3)，(4)　各３点×２　(5)　各２点×２

二〇二三年度　駒場東邦中学校

国語解答用紙

番号		氏名		評点	/120

注意：『、』『。』『「』『」』も一字に数えます。

問1
1　2　3　4　5
6　7　8　9　10
11　12　13　14　15

問2　A　B

問3

問4

問5

問6

問7

問8

問9　100　120

問10

問11

問12

（注）この解答用紙は実物を縮小してあります。B5→A3（163%）に拡大コピーすると、ほぼ実物大の解答欄になります。

〔国　語〕120点（推定配点）

問1，問2　各2点×17　問3　12点　問4　4点　問5　8点　問6　4点　問7　14点　問8　4点　問9　16点　問10　12点　問11，問12　各4点×3

２０２２年度　駒場東邦中学校

算数解答用紙

番号		氏名		評点	／120

1 (1) ［　　］　(2) ［　　個］　(3) (a) ア ［　　］　イ ［　　］　ウ ［　　］

(3) (b) ［　　］

(4) (a) ア ［　　］　イ ［　　］　(b) ウ ［　　］　エ ［　　］

2 (1)

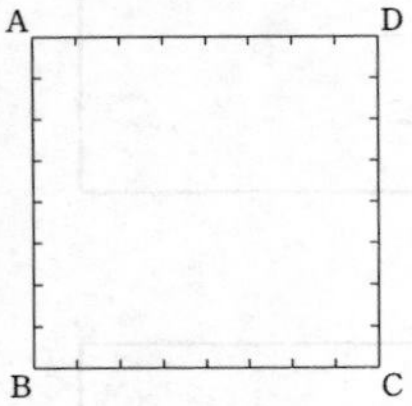

(答えの出し方)

［　　cm］

(2)

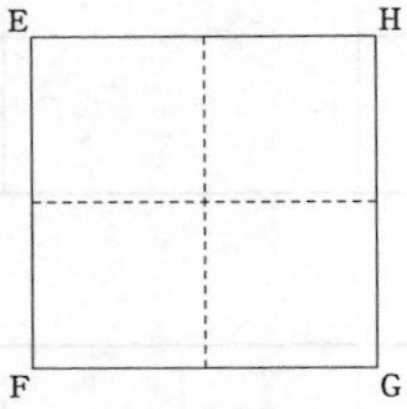

(答えの出し方)

［　　cm^2］

3 (1) ［最後に到達する整数は　　］

［1の真向かいに並んでいる数は　　］

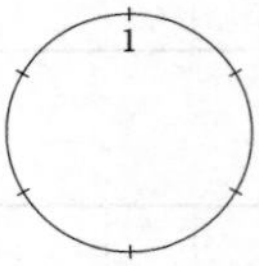

(2) (理由)

(3)

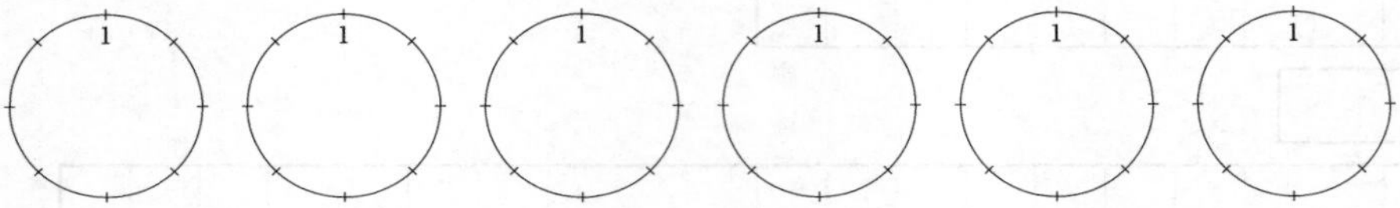

4 (1) ［X　　個］　［Y　　個］

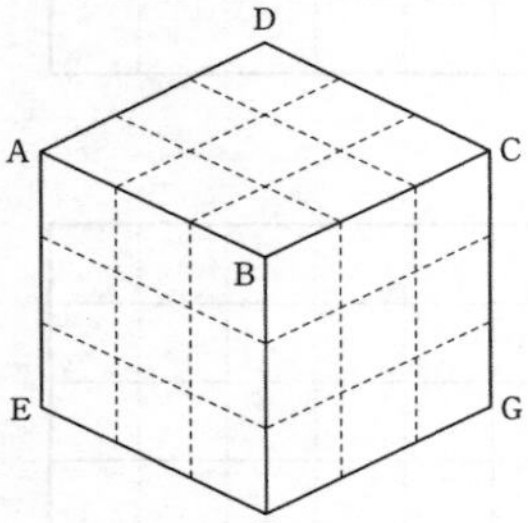

(2) (答えの出し方)

［　　個］

(3) (答えの出し方)

［　　個］

(注) この解答用紙は実物を縮小してあります。175％拡大コピーをすると、ほぼ実物大の解答欄になります。

〔算　数〕120点(推定配点)

1 (1), (2)　各6点×2　(3)　(a)　各4点×3　(b)　6点　(4)　各2点×4　2 (1)　図…6点, 答えの出し方…4点, 答え…4点　(2)　図…6点, 答えの出し方…4点, 答え…4点　3 (1)　各4点×3　(2), (3)　各6点×2＜(3)は完答＞　4 (1)　図…6点, 答え…4点　(2)　答えの出し方…6点, 答え…4点　(3)　答えの出し方…6点, 答え…4点

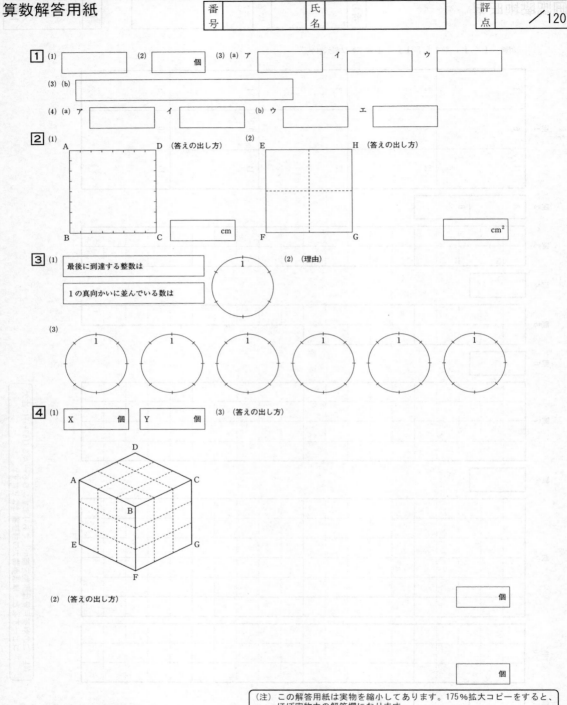

２０２２年度　　駒場東邦中学校

社会解答用紙

番号		氏名	

評点　／80

問１
(1)
(2)

問２

問３　(1)　(2)　(3)

問４

問５
(1)　１つ目
２つ目
(2)　(3)

問６
(1)
(2)

問７　(1)　(2)　(3)

問８　(1)　(2)

問９
(1)
(2)
(3)

（注）この解答用紙は実物を縮小してあります。Ｂ５→Ｂ４（141%）に拡大コピーすると、ほぼ実物大の解答欄になります。

〔社　会〕80点（推定配点）

問１，問２　各４点×３　問３　各３点×３　問４　４点　問５　(1)　各４点×２　(2)，(3)　各３点×２　問６，問７　各４点×５　問８　(1)　各３点×２　(2)　４点＜完答＞　問９　(1)　３点　(2)，(3)　各４点×２

２０２２年度　駒場東邦中学校

理科解答用紙

番号　　氏名　　評点　／80

1
(1)　(2)　(3)
(4) 実験Ⅰ　実験Ⅱ　(5)　(6)
(7) ①　②　③　(8)

2
(1)　(2)　(3)　(4)
(5)　(6)
(7)

3
(1)　(2)　(3)
(4)
(5)
(6)
(7)
(8)

4
(1)
(2)
(3) ①　②　③　④　(4)
(5) c ―水面― d
(6) （ Ⅰ ）→（　　）→（　　）→（　　）→（　　）→（ Ⅱ ）

5
(1)

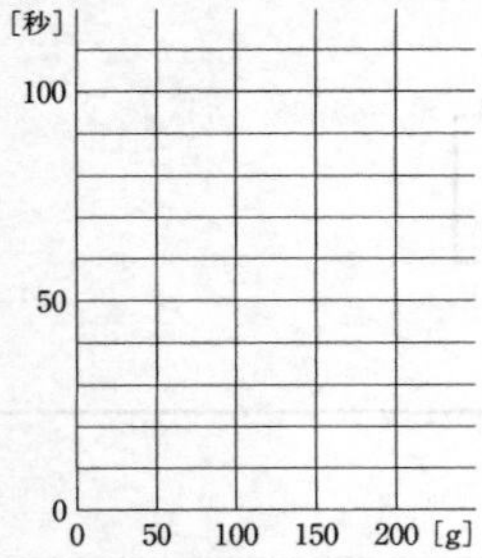

(2) ①　②
(3)
(4) ④　⑤
(5)

（注）この解答用紙は実物を縮小してあります。Ｂ５→Ａ３(163%)に拡大コピーすると、ほぼ実物大の解答欄になります。

〔理　科〕80点(推定配点)

1　(1)～(3)　各２点×３　(4)　各１点×２　(5)，(6)　各２点×２　(7)　各１点×３　(8)　２点　2　(1)～(5)　各２点×５＜(2)は完答＞　(6)　３点　(7)　２点　3　(1)～(7)　各２点×７＜(1)，(3)，(5)は完答＞　(8)　３点　4　(1)　２点　(2)，(3)　各３点×２＜(3)は完答＞　(4)～(6)　各２点×３＜(6)は完答＞　5　(1)　３点　(2)　各２点×２　(3)　３点　(4)　各２点×２　(5)　３点

二〇二二年度　駒場東邦中学校

国語解答用紙

番号　　氏名　　評点　／120

注意：「、」「。」「「」「」」も一字に数えます。

問1　1　2　3　4　5　6　7　8　9　10　11　12　13　14　15

問2　A　B　C

問3

問4

問5

問6　　問7　　問8

問9　30　40

問10

問11

問12　110　130

問13

（注）この解答用紙は実物を縮小してあります。B5→A3（163%）に拡大コピーすると、ほぼ実物大の解答欄になります。

〔国　語〕120点(推定配点)

問1　各2点×15　問2　各3点×3　問3　10点　問4　4点　問5　10点　問6～問8　各4点×3　問9　8点　問10　4点　問11　10点　問12　15点　問13　各4点×2

２０２１年度　駒場東邦中学校

算数解答用紙

番号		氏名		評点	／120

1
(1) 答
(2) 答　面積　　cm^2
(3) 答　NEW
(4) 答　＜199＞＝　　，＜2021＞＝
(5) 答　①　　種類，②　　種類

2
(1) 答　　通り
(2) 答　　通り
(3)（答えの出し方）

答　①　　通り，②　　通り

3
(1) 答　$S：T＝$　　：
(2)（答えの出し方）

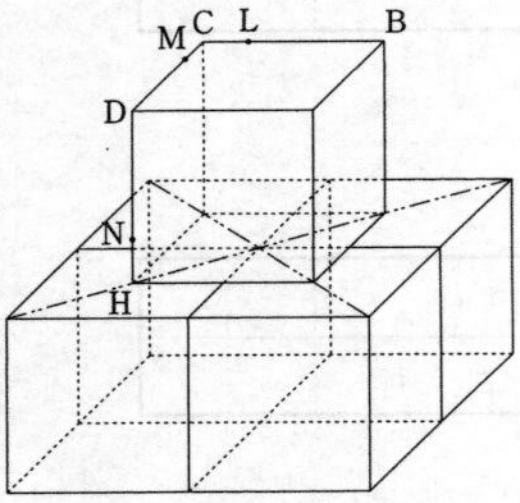

答　$S：U＝$　　：

4
(1) 答　　個
(2) 答
(3)（答えの出し方）

答

（注）この解答用紙は実物を縮小してあります。169％拡大コピーをすると，ほぼ実物大の解答欄になります。

〔算　数〕120点(推定配点)

1 (1)〜(3)　各７点×３　(4)，(5)　各６点×４　2 (1)，(2)　各６点×２　(3)　答えの出し方…各６点×２，答…各４点×２　3 (1)　７点　(2)　図…４点，答えの出し方…６点，答…４点　4 (1)，(2)　各６点×２　(3)　答えの出し方…６点，答…４点＜完答＞

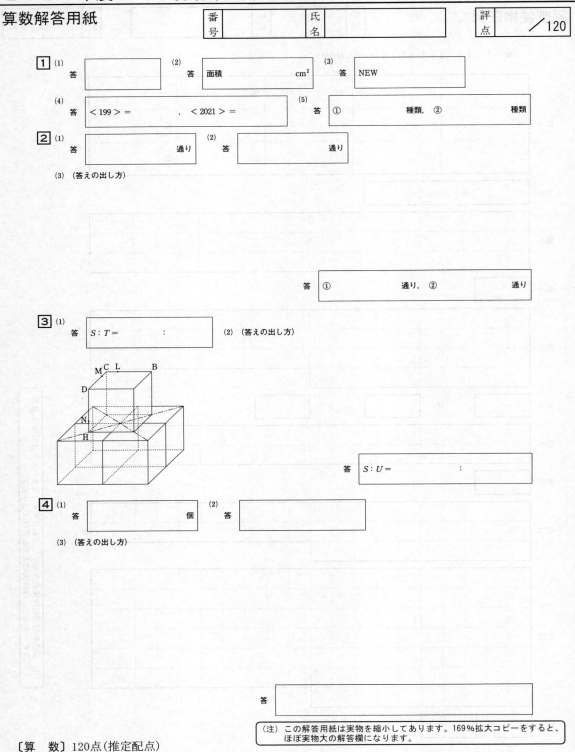

２０２１年度　駒場東邦中学校

社会解答用紙

番号		氏名		評点	／80

問１

問２

問３

問４　(1)　(2)

問５　(1)　(2)　(3)　A　B

問６　(1)　(2)　(3)　(4)　E　G

問７　(1)　(2)　(3)　(4)　(i)　(ii)　(iii)

問８　(1)　(2)　A　B　(3)

問９

（注）この解答用紙は実物を縮小してあります。Ｂ５→Ｂ４（141%）に拡大コピーすると、ほぼ実物大の解答欄になります。

〔社　会〕80点（推定配点）

問１　３点　問２，問３　各４点×２　問４，問５　各３点×６　問６　(1)　３点　(2)　４点　(3)，(4)　各３点×３＜(3)は完答＞　問７　(1)　３点　(2)　４点　(3)，(4)　各３点×４　問８　(1)，(2)　各３点×３　(3)　４点　問９　３点＜完答＞

2021年度　　駒場東邦中学校

理科解答用紙

番号		氏名		評点	／80

1

(1)		(2)			
(3)	色				
	理由				
(4)		(5)			
(6)	図3		図4		図5

2

(1)								
(2)	(i)	①		②		(ii)	③	⑤
	(iii)	④						
(3)								
(4)	と	と						
	試験管と接している水の面積が大きい方が,							
(5)	①		②		③			
	④		⑤					

3

(1)		(2)		(3)	
(4)					
(5)					
(6)					
(7)					

4

(1)	①		②									
(2)	①		②		③		④		⑤		⑥	
(3)	①		②									

（注）この解答用紙は実物を縮小してあります。Ｂ５→Ｂ４(141%)に拡大コピーすると、ほぼ実物大の解答欄になります。

〔理　科〕80点(推定配点)

1 各２点×9＜(4)，(5)は完答＞　2 (1)～(3) 各２点×7＜(1)は完答＞ (4) ３点＜完答＞ (5) 各２点×5　3 (1)～(3) 各２点×3 (4)，(5) 各３点×2 (6) 各２点×2 (7) ３点　4 各２点×8＜(1)，(3)は完答＞

二〇二二年度　駒場東邦中学校

国語解答用紙

番号　　氏名　　評点 /120

注意：『、』『。』『「』『」』も一字に数えます。

問1

1	2	3	4	5
6	7	8	9	10
11	12	13	14	15

問2　A　B

問3

問4

問5

問6

問7

問8　ように感じた。

問9

問10

問11　110　130

問12

問13

（注）この解答用紙は実物を縮小してあります。B5→A3（163%）に拡大コピーすると、ほぼ実物大の解答欄になります。

〔国　語〕120点（推定配点）

問1　各2点×15　問2〜問4　各5点×4　問5　10点　問6，問7　各5点×2　問8　10点　問9，問10　各5点×2　問11　15点　問12　10点　問13　5点

２０２０年度　駒場東邦中学校

算数解答用紙

番号		氏名		評点	／120

1

(1) 答

(2) 答　長さ　　cm

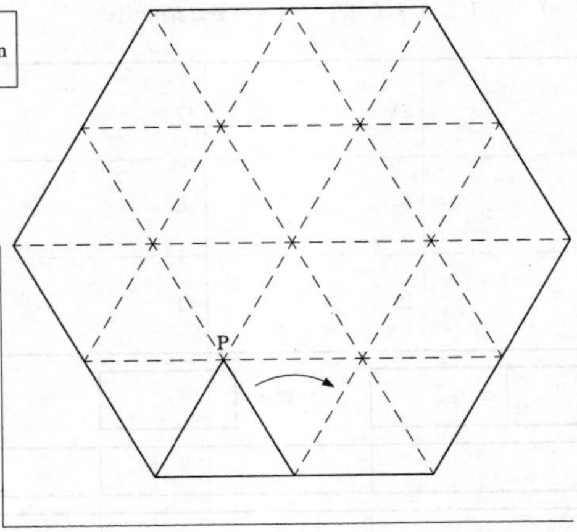

(3) 答　BP：PQ：QA＝　　：　　：

(4) ①　答　　②　答

2

(1) 答　〈1 ÷ 101〉＝

〈40 ÷ 2020〉＝

(2) （答えの出し方）

答

3

(1) 答　　m　　(2) 答　　m

(3) （答えの出し方）

答　1位　　君，2位　　君，3位　　君

4

(1) 答　（ア）の色　　，1辺の長さ　　cm

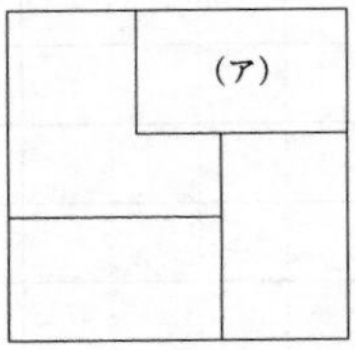

(2) （答えの出し方）

答　下から順に　　，　　，　　，

(3) 答　下から順に　　，　　，　　，　　面積　　cm^2

（注）この解答用紙は実物を縮小してあります。169％拡大コピーすると、ほぼ実物大で使用できます。（タイトルと配点表は含みません）

〔算　数〕120点（推定配点）

1　(1)　8点　(2)　図…6点，長さ…4点　(3)　8点　(4)　各7点×2　2　(1)　各6点×2　(2)　答えの出し方…6点，答…4点　3　(1)，(2)　各8点×2　(3)　答えの出し方…6点，答…4点＜完答＞　4　(1)　8点＜完答＞　(2)　答えの出し方…6点，答…4点　(3)　各7点×2

２０２０年度　　　駒場東邦中学校

社会解答用紙

番号		氏名	

評点	／80

問１

問２　(1)　(2)

問３　(1)　(2)　(3)

問４　(1)　(2)

問５　(1)　(2)

問６　(1)　(2)　(3)　(4)

問７　(1)　(2)　(3)

問８　（１つ目）　（２つ目）

問９　(1)　(2)　(3)

(注)　この解答用紙は実物を縮小してあります。Ｂ４用紙に137％拡大コピーすると、ほぼ実物大で使用できます。（タイトルと配点表は含みません）

〔社　会〕80点(推定配点)

問１　３点　問２　(1)　３点　(2)　４点　問３　(1)　３点　(2)，(3)　各４点×２　問４　(1)　３点　(2)　４点　問５　各３点×２　問６　(1)　３点　(2)〜(4)　各４点×３　問７　(1)　４点　(2)　３点　(3)　５点　問８　各４点×２　問９　(1)　５点　(2)，(3)　各３点×２

2020年度　駒場東邦中学校

理科解答用紙

番号		氏名		評点	／80

1

(1)	①		②	(2)	(3)
(4)	①	②	(5)	→ → → →	
(6)	③		④		
(7)	① 最小　g から 最大　g まで		②		

2

(1)	燃やす前		燃やした後	
(2)				
(3)				
(4)	番号		白い煙は　　でできている	
(5)		(6) ①	②	③

3

(1)		(2) A	B	(3)
(4)	①	②	(5)	
(6)	選んだ骨格			
	違い	チンパンジーは,		
		ヒトは,		

4

(1)	(2)	(3)	(4)	(5)

5

(1)	1 cm^3 あたり　g	記号	(2)　＞　＞	
(3)	(4) ①	②	③	④
(5)	氷がはやくとける液体			
	理由			

（注）この解答用紙は実物を縮小してあります。Ｂ４用紙に137％拡大コピーすると、ほぼ実物大で使用できます。（タイトルと配点表は含みません）

〔理　科〕80点（推定配点）

1 各２点×14＜(5)は完答，(6)，(7)は各々完答＞　2 各２点×７＜(1)，(4)，(6)は完答＞　3 (1)～(5)　各２点×６＜(3)，(4)は完答＞　(6)　３点　4 各２点×６　5 (1)～(4)　各２点×４＜(1)，(2)，(4)は完答＞　(5)　氷がはやくとける液体…１点，理由…２点

二〇二〇年度　駒場東邦中学校

国語解答用紙

番号		氏名		評点	/120

注意：『、』『。』『「』『」』も一字に数えます。

問1

1	2	3	4	5
6	7	8	9	10
11	12	13	14	15

問2　A　B

問3

問4

問5

問6

問7

問8　問9　問10　問11

問12

100

120

問13

（注）この解答用紙は実物を縮小してあります。Ａ３用紙に156%拡大コピーすると、ほぼ実物大で使用できます。（タイトルと配点表は含みません）

〔国　語〕120点（推定配点）

問１　各２点×15　問２　各５点×２　問３　７点　問４　10点　問５　５点　問６　８点　問７　７点　問８～問11　各５点×４　問12　13点　問13　各５点×２

2019年度　駒場東邦中学校

算数解答用紙

番号		氏名	

評点　／120

1

(1) 答

(2) 答　　個

(3) ① 答　AD : DP = 　:　　QB : BC = 　:

② 答　FH : HB = 　:　　FI : IC = 　:

③ 答　　倍

2

(1) (答えの出し方)

(2)

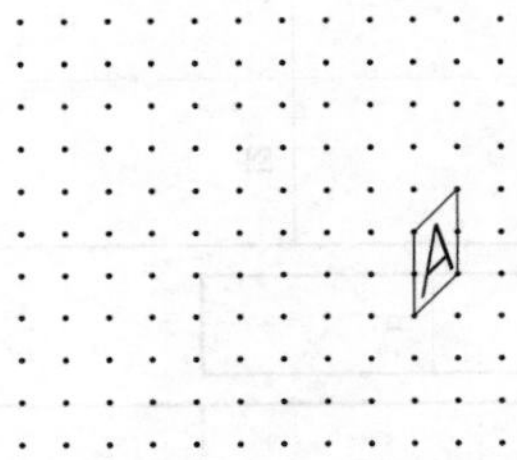

答　6時　　分　　秒　から　6時　　分　　秒

3

(1) 答　　個

(2) (答えの出し方)

答　　個

(3) (答えの出し方)

答　　個

4

(1) (答えの出し方)

答　　m^2

(2) 答　　m^2

(3) 答　　m

(注) この解答用紙は実物を縮小してあります。169%拡大コピーすると、ほぼ実物大で使用できます。(タイトルと配点表は含みません)

〔算　数〕120点(推定配点)

1 (1), (2)　各6点×2　(3) ①, ②　各7点×2＜各々完答＞　③　6点　2 (1)　答えの出し方…6点, 答…8点　(2)　8点　3 (1)　8点　(2)　答えの出し方…6点, 答…8点　(3)　答えの出し方…6点, 答…8点　4 (1)　答えの出し方…6点, 答…8点　(2), (3)　各8点×2

２０１９年度　駒場東邦中学校

社会解答用紙

番号		氏名		評点	／80

問 1	(1)	(2)
問 2		
問 3		
問 4	(1)	
	(2)	
問 5		
問 6		
問 7		
問 8	(1) (i)	
	(ii)	
	(2)	
問 9	(1)	
	(2) (i)	
	(ii)	(iii)
	(3)	
問10	(1)	
	(2)	
	(3)	
	(4)	(5)

（注）この解答用紙は実物を縮小してあります。Ｂ４用紙に143%拡大コピーすると、ほぼ実物大で使用できます。（タイトルと配点表は含みません）

〔社　会〕80点（推定配点）

問１～問３　各３点×４　問４　(1)　３点　(2)　４点　問５　５点　問６　３点　問７　５点　問８　(1)　(ｉ)　５点　(ii)　３点　(2)　４点　問９　(1)　３点　(2)　(ｉ)　５点　(ii)，(iii)　各３点×２　(3)　４点　問10　(1)　３点　(2)　５点　(3)　４点　(4)，(5)　各３点×２

2019年度　駒場東邦中学校

理科解答用紙

番号		氏名		評点	／80

1

(1) 方位　　形　　(2)
(3)　　(4)　　mg
(5) ①　　②　　(6)
(7)　　(8)

2

(1)　　雲　(2)　　(3)　　(4)
(5)

3

(1)　　mL　(2) 記号　　mL
(3) [物質名]　　と反応させると　[変化のようす]　　する方が㋐である。
(4)　　(5)

4

(1)　　(2)　　(3)　　(4)
(5) [チョウ・ガの名前]　　と　[食草・食樹の名前]
(6)　　(7)
(8)

5

(1)
(2)
(3)

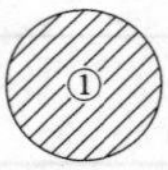

(4)

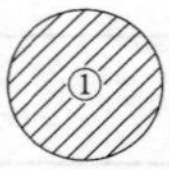

(5)

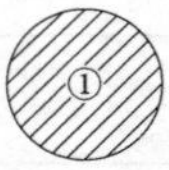

(6)

(注)この解答用紙は実物を縮小してあります。A３用紙に156％拡大コピーすると、ほぼ実物大で使用できます。(タイトルと配点表は含みません)

〔理　科〕80点(推定配点)

1　(1)　各２点×２　(2)　３点＜完答＞　(3)～(5)　各２点×５　(6)　３点＜完答＞　(7)，(8)　各２点×２　2　(1)～(4)　各２点×４　(5)　３点　3　(1)，(2)　各２点×３　(3)　３点　(4)，(5)　各２点×２　4　(1)～(5)　各２点×５　(6)　３点＜完答＞　(7)　２点　(8)　３点　5　(1)　２点　(2)　３点　(3)～(5)　各２点×３　(6)　３点

二〇一九年度　駒場東邦中学校

国語解答用紙

番号　　氏名　　評点　/120

注意：『、』『。』『「』『」』も一字に数えます。

問1　1　2　3　4　5　6　7　8　9　10　11　12　13　14　15

問2

問3　A　B

問4

問5

問6

問7

問8

問9

問10

問11

問12

問13

問14　100　120

(注) この解答用紙は実物を縮小してあります。A3用紙に161％拡大コピーすると、ほぼ実物大で使用できます。(タイトルと配点表は含みません)

〔国　語〕120点(推定配点)

問1　各2点×15　問2　7点　問3　各3点×2　問4　9点　問5　8点　問6，問7　各5点×2　問8　10点　問9～問11　各5点×3　問12　各3点×2　問13　7点　問14　12点

２０１８年度　駒場東邦中学校

算数解答用紙

番号		氏名		評点	／120

1

(1) 答　　　円　(2) 答　　　(3) 答　　　cm^3

(4) 答　(　　,　　), (　　,　　), (　　,　　), (　　,　　)

2

(1) 答　①　　　②　　　cm

(2) ①

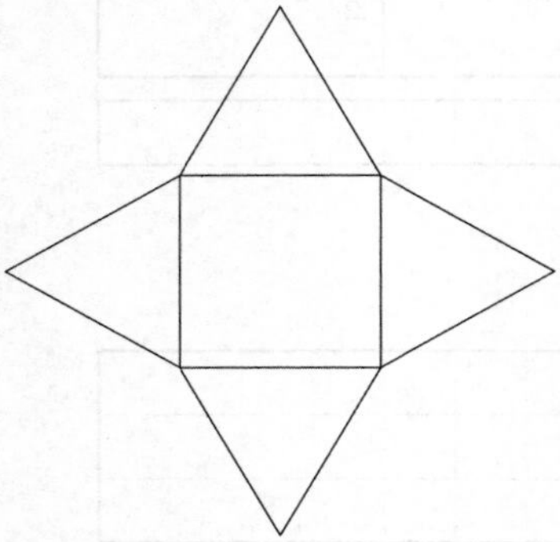

②（答えの出し方）

答　　　cm^2

(3)（答えの出し方）

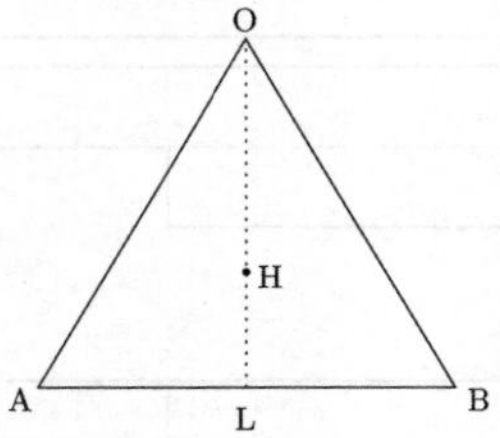

答　　　倍

3

(1) 答

a	1	2	3	4	5	6	7	8	9	10
7△aの十の位										

(2) 答

(3)（答えの出し方）

(3) 答

(4) 答　　　通り

4

(1) 答　　　通り

(2)（答えの出し方）

答　　　通り

(3) 答　　　通り

1	6	11	15	20
2	7	12	16	21
3	8		17	22
4	9	13	18	23
5	10	14	19	24

(注)　この解答用紙は実物を縮小してあります。175％拡大コピーすると、ほぼ実物大で使用できます。（タイトルと配点表は含みません）

〔算　数〕120点(推定配点)

1　(1)～(3)　各６点×３　(4)　７点＜完答＞　2　(1)　各５点×２　(2)　①　５点　②　答えの出し方…５点，答…６点　(3)　答えの出し方…５点，答…６点　3　(1)　各１点×10　(2)　５点　(3)　答えの出し方…５点，答…６点　(4)　５点　4　(1)　５点　(2)　答えの出し方…５点，答…６点　(3)　答…５点，具体例…６点

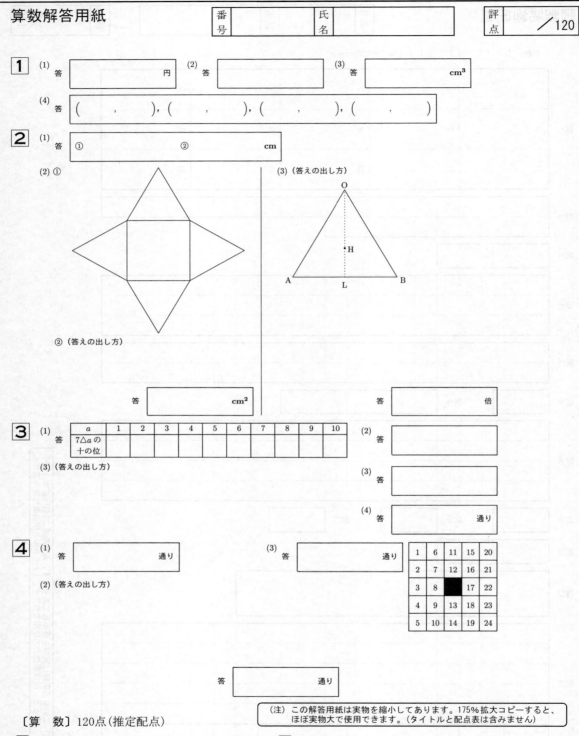

２０１８年度　駒場東邦中学校

社会解答用紙

番号		氏名		評点	／80

問１　(1) a　b　c　d　(2)　(3)

問２

問３　(1)　(2)　(3)

問４　(1)　(2)

問５

問６　(1)　(2) (i)　(ii)　(3)

問７

問８　(1) あ　い　(2)　(3)　(4) う　え　お

問９

(注)　この解答用紙は実物を縮小してあります。Ｂ４用紙に135％拡大コピーすると、ほぼ実物大で使用できます。(タイトルと配点表は含みません)

〔社　会〕80点(推定配点)

問１　(1)　各２点×４　(2)，(3)　各３点×２　問２　５点　問３，問４　各３点×５　問５　４点　問６　各３点×４　問７　４点　問８　各３点×７　問９　５点

2018年度　駒場東邦中学校

理科解答用紙

番号		氏名		評点	／80

1

(1) 図1　図2

(2)

(3)

(4)　mL

(5)

(6)

(7)　g

(8) ②

(8) ①

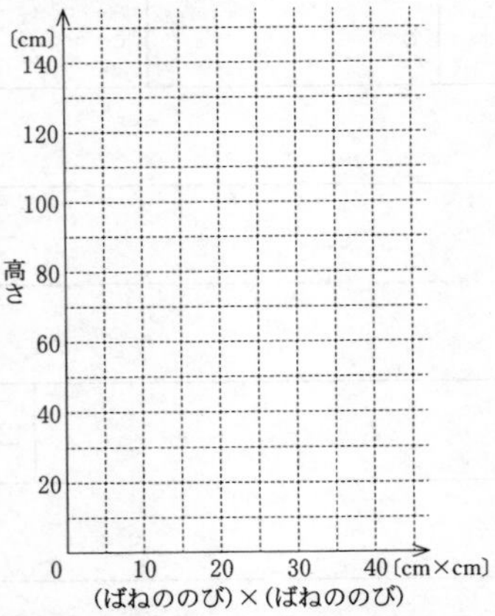

2

(1)

(2)

(3)　理由

(4)　g

3

(1) a　b　c

(2) a　b　c

(3) f1　f2

4

(1)

(2)

(3)

(4)

(5)

(6)

5

(1)

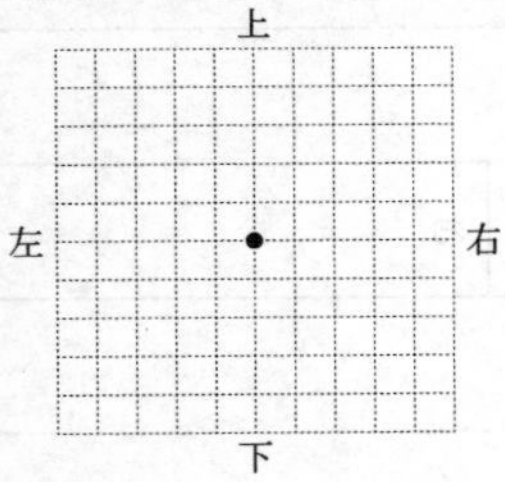

(3)

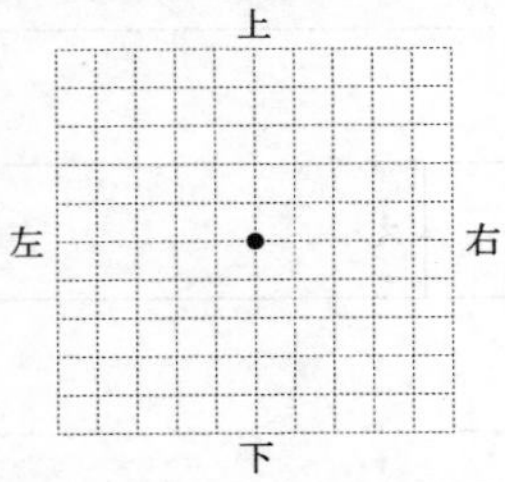

(4)

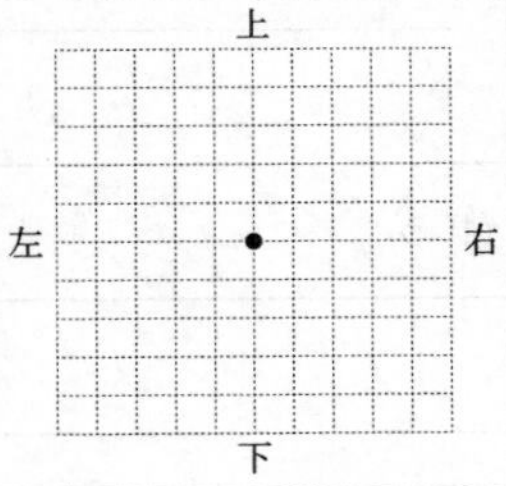

(2)

(注) この解答用紙は実物を縮小してあります。Ａ３用紙に145%拡大コピーすると、ほぼ実物大で使用できます。(タイトルと配点表は含みません)

〔理　科〕80点(推定配点)

1　(1)　各２点×２　(2)～(7)　各３点×６<(3)，(5)は完答>　(8)　各２点×２　2　(1)　３点　(2)，(3)　各２点×３　(4)　３点　3～5　各３点×14<3の(1)，(2)は完答>

二〇一八年度　駒場東邦中学校

国語解答用紙

番号　　氏名　　評点　／120

注意：『、』『。』『「』『」』も一字に数えます。

問1
1　2　3　4　5
6　7　8　9　10
11　12　13　14　15

問2　A　B

問3　15　20

問4

問5　問6　問7

問8　ものになった。

問9

問10

問11

問12　100　120

問13

（注）この解答用紙は実物を縮小してあります。Ａ３用紙に156%拡大コピーすると、ほぼ実物大で使用できます。（タイトルと配点表は含みません）

〔国　語〕120点（推定配点）

問1　各2点×15　問2　各3点×2　問3　7点　問4　10点　問5～問7　各6点×3　問8　8点　問9　6点　問10　11点　問11　6点　問12　12点　問13　6点

平成29年度　駒場東邦中学校

算数解答用紙

番号		氏名		評点	／120

1

(1) 答

(2) 答　個

(3) 答　通り

(4) 答

2

(1) ① 答　cm^2

② 答　cm

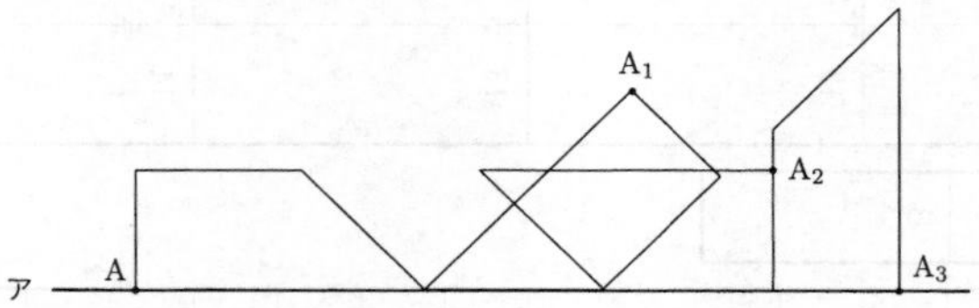

(2) ①（答えの出し方）

答　cm

②（答えの出し方）

答　cm^2

3

(1) ① 答

② 答

(2)（答えの出し方）

答　個

(3) 答

4

(1)

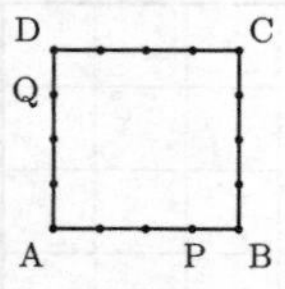

答　cm^2

(2) ① 答

② 答

(3)（答えの出し方）

答　cm^3

（注）この解答用紙は実物を縮小してあります。A３用紙に167％拡大コピーすると、ほぼ実物大で使用できます。（タイトルと配点表は含みません）

〔算　数〕120点（推定配点）

1　各６点×４　2　(1)　図　６点　①，②　各５点×２　(2)　答えの出し方…各５点×２，答…各６点×２　3　(1)　各５点×２　(2)　答えの出し方…５点，答…６点　(3)　６点＜完答＞　4　(1)，(2)　各５点×４　(3)　答えの出し方…５点，答…６点

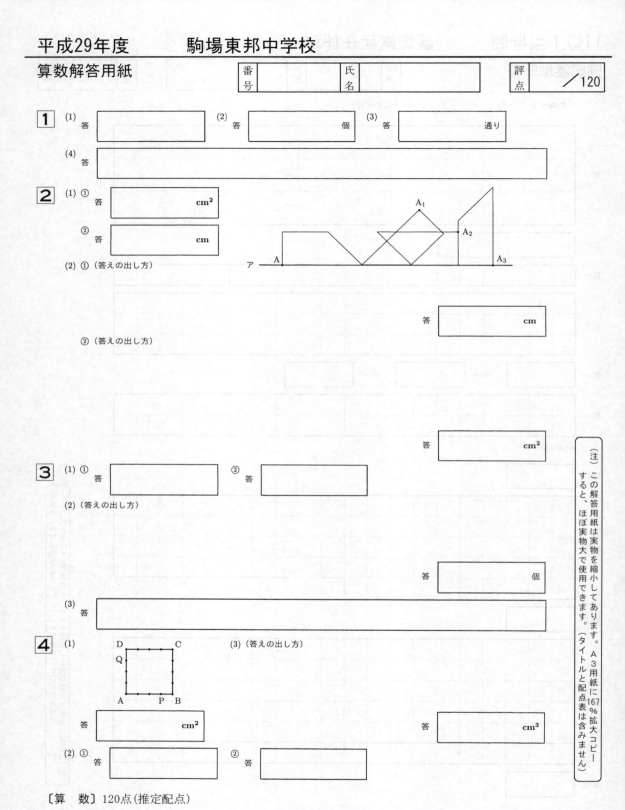

平成29年度　駒場東邦中学校

社会解答用紙

番号		氏名		評点	／80

問 1	(1)	(2)	(3) センチメートル(cm)	
	(4) a	b	c	d
問 2	(1)			
	(2)			
	(3)			
問 3	(1)	(2)		
問 4	(1)	(2)		
	(3) (i)			
	(ii)			
	(4) (i)	(ii)	(iii)	
	(iv) あ	い	記号	(5)
問 5	(1)			
	(2)			
	(3)			

（注）この解答用紙は実物を縮小してあります。B４用紙に141％拡大コピーすると、ほぼ実物大で使用できます。（タイトルと配点表は含みません）

〔社　会〕80点（推定配点）

問１　(1)～(3)　各３点×３　(4)　各２点×４　問２　(1)，(2)　各３点×２　(3)　５点　問３　各３点×２　問４　(1)，(2)　各３点×２　(3)　(ｉ)　３点　(ⅱ)　５点　(4)，(5)　各３点×７　問５　(1)，(2)　各４点×２　(3)　３点

平成29年度　駒場東邦中学校

理科解答用紙

番号		氏名		評点	／80

1

(1)	(2)						(3)
	①		②		③		

(4)				(5)				(6)	(7)
①		②		①		②			

2

(1)	(2)				(3)							
	①		②		①		②		③		④	

(4)				(5)
①		②		

3

(1)	(2)	(3)	(4)	(5)	(6)

4

(1)	(2)	(3)	(4)	(5)

(6)

(7)

(8)

5

(1)	(2)

(4)

(3)

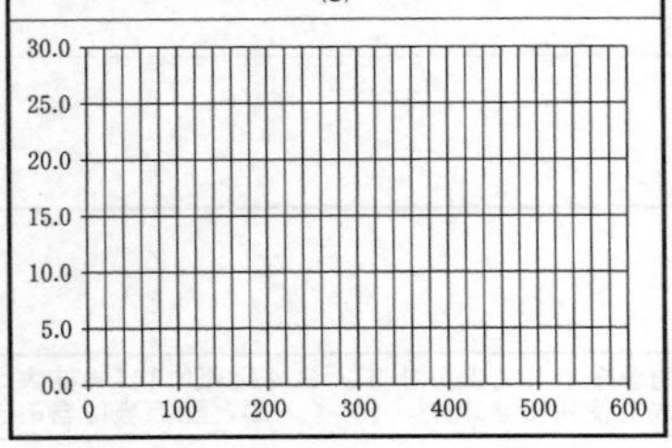

(5)

(注)この解答用紙は実物を縮小してあります。Ａ３用紙に159%拡大コピーすると、ほぼ実物大で使用できます。(タイトルと配点表は含みません)

〔理　科〕80点(推定配点)

1～3　各２点×24<1の(2)，(3)，(4)の①，(5)の②は完答>　4　(1)～(5)　各２点×5　(6)～(8)　各３点×3　5　(1)，(2)　各２点×2　(3)～(5)　各３点×3

平成二十九年度　国語解答用紙

駒場東邦中学校

番号　　氏名　　評点　／120

注意：『、』『。』『「』『」』も一字に数えます。

問1　1　2　3　4　5　6　7　8　9　10　11　12　13　14　15

問2　A　B

問3

問4　問5　問6　問7

問8

問9

問10　120　140

問11

問12

問13

（注）この解答用紙は実物を縮小してあります。Ａ３用紙に159％拡大コピーすると、ほぼ実物大で使用できます。（タイトルと配点表は含みません）

〔国　語〕120点(推定配点)

問1　各2点×15　問2　各3点×2　問3　8点　問4～問7　各6点×4　問8　8点　問9　6点　問10　12点　問11　8点　問12　12点　問13　6点

平成28年度　駒場東邦中学校

算数解答用紙

番号		氏名		評点	／120

1 (1)

答 ア	イ	ウ	エ
オ	カ	キ	ク

(2) 答　　個

(3) 答　　時　　分　　秒

2 (1) 答 ア　　イ

(2) 答

(3) (理由)

3 (1)

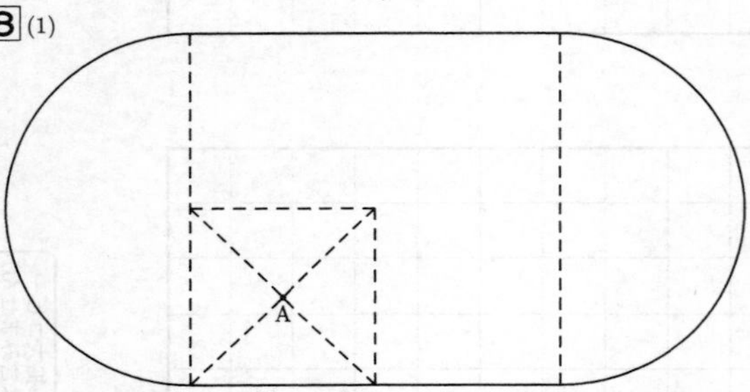

(2) (答えの出し方)

答　　cm

(3) (答えの出し方)

答　　cm^2

4 (1) 答　　倍

(2) ① 答 BG : AJ ＝

② 答 AK : KE ＝

(3) (答えの出し方)

答　　cm^2

（注）この解答用紙は実物を縮小してあります。169％拡大コピーすると、ほぼ実物大で使用できます。（タイトルと配点表は含みません）

〔算　数〕120点(推定配点)

1　(1)　各3点×8　(2), (3)　各6点×2　2　各6点×4　3　(1)　6点　(2)　答えの出し方…6点, 答…6点　(3)　答えの出し方…6点, 答…6点　4　(1), (2)　各6点×3　(3)　答えの出し方…6点, 答…6点

平成28年度　駒場東邦中学校

社会解答用紙

番号		氏名		評点	／80

問1
(1)
(2)

問2
(1)
(2)　(3)　(4)(i)　メートル（m）　(ii)
(iii)

問3
(1)
(2)

問4
(1)
(2)

問5
(1)　(2)

問6
(1)　あ　い　う
(2)　(3)　(4)　歳

問7

問8
(1)
(2)

（注）この解答用紙は実物を縮小してあります。Ｂ４用紙に141%拡大コピーすると、ほぼ実物大で使用できます。（タイトルと配点表は含みません）

〔社　会〕80点(推定配点)

問１　(1)　３点　(2)　５点　問２　(1)　５点　(2)，(3)　各３点×２　(4)　(ｉ)，(ⅱ)　各３点×２　(ⅲ)　５点　問３　(1)　３点　(2)　５点　問４　(1)　３点　(2)　５点　問５　各３点×２　問６　(1)　各２点×３　(2)～(4)　各３点×３　問７　各２点×２　問８　(1)　３点　(2)　６点

平成28年度　駒場東邦中学校

理科解答用紙

番号		氏名		評点	／80

1

(1)	(2)						(3)
	①	g	②	:	③	g	

(4)		(5)					(6)
		①	あ	い	②		

(7)	(8)			
	①	と	②	と

2

(1)	(2)

(3)	(4)	(5)	(6)

3

(1)	(2)	(3)			
		①		②	

(4)				(5)
①		②		

4

(1)	(2)								(3)
	1		2		3		4		

(4)						(5)							
①		②	㋐	㋑		1		2		3		4	

5

(1)	(2)

(3)	(4)	(5)

(6)	(7)

（注）この解答用紙は実物を縮小してあります。Ａ３用紙に149%拡大コピーすると、ほぼ実物大で使用できます。（タイトルと配点表は含みません）

〔理　科〕80点（推定配点）

1　(1)〜(3)　各２点×5＜(3)は完答＞　(4)　各１点×2　(5)　①　各１点×2　②　２点＜完答＞　(6)〜(8)　各２点×4　2，3　各２点×13＜3の(5)は完答＞　4　(1)　２点　(2)　各１点×4　(3)　２点　(4)　①　２点　②　各１点×2　(5)　各１点×4　5　各２点×7

平成二十八年度　駒場東邦中学校

国語解答用紙

番号　　氏名　　評点　／120

注意：『、』『。』『「』『」』も一字に数えます。

問1　1　2　3　4　5　6　7　8　9　10　11　12　13　14　15

問2　A　B

問3

問4

問5

問6

問7

問8

問9

問10

問11

問12

問13　100　120

(注)　この解答用紙は実物を縮小してあります。A３用紙に156%拡大コピーすると、ほぼ実物大で使用できます。(タイトルと配点表は含みません)

〔国　語〕120点(推定配点)

問１　各２点×15　問２　各３点×２　問３，問４　各６点×２　問５　９点　問６　10点　問７　７点　問８　８点　問９，問10　各６点×２　問11　９点　問12　６点　問13　11点

平成27年度　駒場東邦中学校

算数解答用紙

番号		氏名		評点	／120

1

(1) 答

(2) 答 ① cm² ② cm

(3) ① 答 km

② (答の出し方)

答 時間 分

(4) (答の出し方)

答

2

(1) 答 個

(2) 答 ア イ ウ

(3) 答

3

(1) (答の出し方)

答 cm²

(2) (答の出し方)

答 cm

4

(1) 答 ア イ ウ エ

(2) 答 ①

1	2	1		1
		2	2	
1	2	1		
			2	1
	1		1	

②

2		1	2	1	
1					
	2	1		1	
1		2	2	2	
					1
2	1	2	1	2	

(注) この解答用紙は実物を縮小してあります。A３用紙に164%拡大コピーすると、ほぼ実物大で使用できます。(タイトルと配点表は含みません)

〔算　数〕120点(推定配点)

1　(1), (2)　各６点×３　(3)　①　６点　②　答の出し方…６点, 答…６点　(4)　答の出し方…６点, 答…６点＜完答＞　2　各６点×３＜(2), (3)は完答＞　3　答の出し方…各６点×２, 答…各６点×２　4　各５点×６

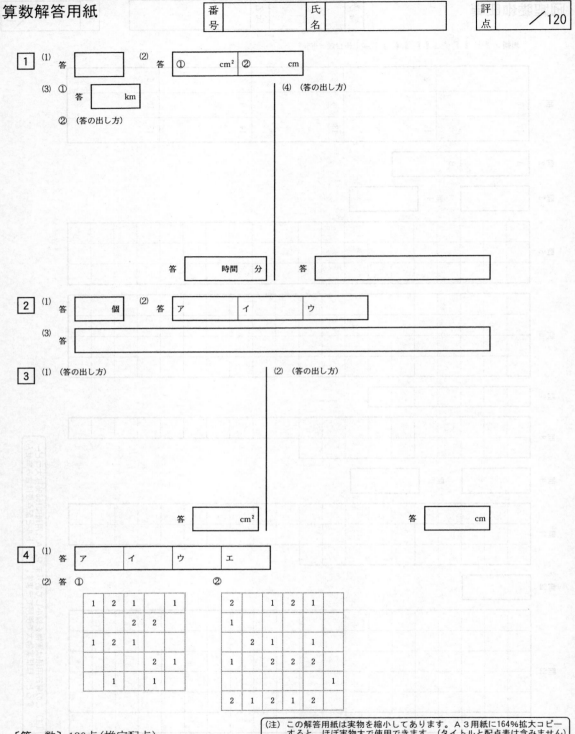

平成27年度　駒場東邦中学校

社会解答用紙

番号		氏名		評点	／80

問1				
問2	(1)	(2) A	C	(3)
問3				
問4				
問5	(1)			
	(2)			
	(3)			
問6				
問7	(1)			
	(2)			
問8	(1)			
	(2)			
問9	(1) ①	②		
	(2)			
	(3)			

〔社　会〕80点(推定配点)

問1　5点　問2，問3　各3点×6　問4　5点　問5　(1)，(2)　各5点×2　(3)　3点　問6　3点　問7　各5点×2　問8　(1)　3点　(2)　7点　問9　(1)　各3点×2　(2)，(3)　各5点×2

平成27年度　駒場東邦中学校

理科解答用紙

番号		氏名		評点	／80

1

(1)			(2)	(3)
①	②	③	→　→　→　→	

(4)	(5)	(6)		(7)	
		あ	い	①	②

(8)		
A	B	C

2

(1)	(2)

(3)	(4)

(5)	(6)
g	g

3

(1)	(2)	(3)	(4)	(5)	(6)

(7)

4

(1)	(2)	(3)	(4)
	座	座	座

(5)	(6)

(7)	(8)

5

(1)		
① g	② g	③ cm^3

(2)	(3)	(4)
		g

〔理　科〕80点(推定配点)

1　(1)～(6)　各2点×6＜(1)，(2)，(3)，(4)，(6)は完答＞　(7)　各1点×2　(8)　2点＜完答＞　**2**～**4**　各2点×24　**5**　(1)　各3点×3　(2)，(3)　各2点×2　(4)　3点

平成二十七年度　駒場東邦中学校

国語解答用紙

番号　　氏名　　評点　/120

注意：『、』『。』『「』『」』も一字に数えます。

問1　1　2　3　4　5　6　7　8　9　10　11　12　13　14　15

問2　1　2　3　4　5

問3　A　B　C

問4

問5

問6

問7

問8

問9　〜

問10

問11

問12

問13　100　120

(注) この解答用紙は実物を縮小してあります。Ａ３用紙に156%拡大コピーすると、ほぼ実物大で使用できます。(タイトルと配点表は含みません)

〔国　語〕120点(推定配点)

問1　各２点×15　問2，問3　各３点×8　問4　7点　問5　5点　問6　6点　問7　8点　問8　9点
問9〜問12　各５点×4　問13　11点

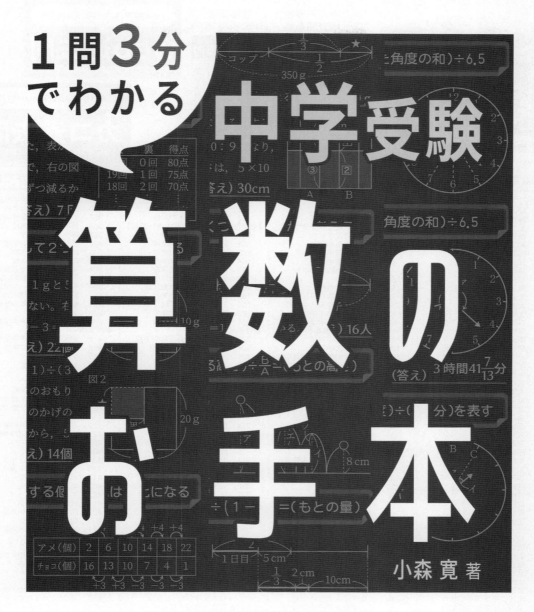